경험의 노래들

경험의 노래들

한 보편적 주제에 대한
근대 미국과 유럽의 변종들

마틴 제이 지음 신재성 옮김

글항아리

: 서문

바라건대 이 책을 '경험의 노래들'이라고 부른 것이 오만한 도용이라기보다는 경의의 표현으로 이해되었으면 좋겠다. 윌리엄 블레이크의 「경험의 노래들」은 그의 앞선 작품인 「순수의 노래들」[1]과 균형을 맞춘 유명한 장시로서 그가 '두 개의 상반된 영혼 상태'라고 부른 것에 대한 통찰을 제공하는바, 냉철하고 학문적인 이 동명의 논문은 그것을 모방하기를 헛되이 바랄 뿐이다. 산문의 '호랑이'는 그의 시에서처럼 캄캄한 밤에 눈부시게 빛나지 않을 것이고, 학문적인 벌레 먹은 '장미'는 그의 시에서처럼 병약해 보이지 않을 것이다. 신의 은총의 상실에 대한 종교적, 정치적, 도덕적, 심리적 함의를 훌륭하게 탐구한 블레이크의 시들은 지극히 무모한 사람이나 모방해보려 덤빌 만한 것이 되었다.

블레이크의 제목을 차용하고픈 유혹을 떨칠 수 없었던 것은 그것이 이 책의 주제와 아주 완벽히 맞아떨어지기 때문이었다. 물론 경험에 대해 불려온 그간의 '노래들'에 비하면 이 책이 경험이라 불리는 파악 불가능한 현실에 대해 이야기해주는 바는 적지만 말이다. 다시 말해 내 의도는 어떤 '경험'이 실제로 있는지 또는 무엇이 경험일 수 있는지에 대한 또 하나의 설명을 제시하려는 것이 아니라, 오히려 왜 그토록 다양한 전통에 속한 그토록 많은 사상가가 그 일에 매달렸는지를 이해해보려는 것이다. 전부는 아니더라도 적어도 많은 이는 조급함과 열의 때문에 하나의 개념을 정의하고 해명하려는 시도를 거의 동반하지 않은 채 그 일을 했다. 앞으로 보게 되겠지만, 그들이 한 일은 냉철한 분석일 뿐만 아니라 열정의 '노래'이기도 했다. 이 노래들은 때로는 서정적 찬가였고, 때로는 구슬픈 비가였으며, 또 때로는 쓰디쓴 비난이었지만, 거의 언제나 심층적으로 영향을 미친 것이 사실이다. 알고 보면 '경험'은 각자의 생각에 따라 경험에 특별한 강조점을 둔 많은 사람에게서 놀라운 감정을 촉발하는 하나의 기표다. 최근 한 논자는 다음과 같이 말했다. "경험과 자유, 이 두 단어는 모름지기 영어권에서 가장 강력한 슬로건에 해당될 것이다. 영국계 미국인들의 사유는 언제나 그 단어들에 의지해 사유의 토대와 방법과 목표를 규정해왔다."[2] 다른 문화 전통들에서도 논자들이 경험의 '추종' '신화' '숭배' '신비주의' 등을 이야기할 만한 충분한 이유가 있었으니, 경험의 유혹이란 정말 강력한 셈이다.[3]

사실, 다른 관찰자들이 근대 세계에서 경험을 할 수 있는 가능성이 위기를 맞게 된 것에 대해 암울하게 이야기할 수 있었던 것은 통상 그 단어에 부여되는 적극성 때문이었다. 발터 벤야민은 "인간적 경험의 빈곤"을 개탄했고,[4] 테오도어 아도르노는 "경험의 가능성이야말로 위험에 처했다"고 경고했으며,[5] 페터 뷔르거 또한 "진정한 경험을 보유할 가능성의 상실"을 한탄했다.[6] 이러한 유감에 기초해서, 이탈리아 철학자 조르조 아감벤은 1978년에 다음과 같이 결론지었다. "오늘날, 우리가 더 이상 쉽게 경험을 할 수 없게 되었다는 사실을 인정하지 않고는 경험의 문제를 다룰 수 없다. 왜냐하면 근대인이 자신의 일대기를 박탈당한 것과 마찬가지로, 근대인의 경험 또한 몰수되었기 때문이다. 사실, 경험을 하고 경험을 다른 것과 구분할 수 없는 그의 불능은 그가 주장할 수 있는 몇 안 되는 자기 확신 중 하나일 것이다."[7]

하지만 '경험'이라는 그 아우라를 띤 말 자체가 갖는 엄밀한 의미는 다소 불분명하다. 한스 게오르크 가다머는 경험이라는 말이 "우리가 가진 가장 모호한 말 중 하나"라고 적절히 이야기한 바 있다.[8] 사실, '경험'의 의미로 추정되는 것이 존재하는 만큼 이 단어의 혼란 또한 존재하기 때문에, 우리는 복수로 경험의 '노래들'을 말할 수밖에 없다. 왜냐하면 단일한 이야기가 나올 수는 없다는 것이 이 관념사의 메타서사를 추구하는 이들에게 당장 분명하게 드러날 것이기 때문이다. 단일한 출발점, 회복되어야 하는 어원학적 본질archê 혹은 획득되어야 하는 규범적 목적telos을 가정하는 총체적인 설명을 강요하느니, 차라리 이질적인 맥락들을 따라서 그것들이 인도하는 곳으로 가보는 게 좀더 생산적일 것이다. 그 단어의 유일한 의미를 탈환하거나 확정지으려는 부담에서 벗어난다면, 우리는 경험의 다원적이고 때로는 모순적인 의미들을 자유롭게 드러내놓고 살펴볼 수 있을 것이며, 그 의미들이 어떻게, 어떤 이유로 작용했기에 그처럼 강력한 영향을 미치게 되었는지를 이해할 수 있을 것이다.

하지만 서둘러 덧붙이자면, 이 책의 목표는 경험이라는 말을 구제할 길 없이 혼란스러운 것으로 폭로하려는 것도 아니고, 경험을 이야기하는 사람들을 돌이킬 수 없이 순진한 존재로 특징지으려는 것도 아니다. 사실 20세기 후반에 기존의 '경험'(더 나아가 '생생한 경험')에 도전하는 광범위한 경향이 존재했다. 그러한 경향은 특히, 스스로를 담론과 권력 장치에 대한 포스트구조주의 분석가로 특징지은 이들에게서 나타났다. 그들은 직접성의 단순한 토대로서의 기존 '경험'은 문화적 관계의 사전 매개라는 성격을, 그리고 경험의 전달자로 추정되는 주체의 변동성을 드러내지 못한다고 주장했다. 1980년대와 1990년대에 '정체성 정치'에 관한 뜨거운 논쟁에서, 경험의 중요성을 옹호한 조이스 A. 조이스와 바버라 크리스천 같은 흑인 학자들은 부지불식간에 자신들이 헨리 루이스 게이츠 주니어와 휴스턴 베이커 같은 거장들에게 대립하고 있음을 깨달았다.[9] 비슷한 전투가 페미니스트들에 의해 벌어졌는데, 페미니스트들 중 많은 이가 초기에 자신들이 취했던 여성 경험의 중요성과 특이성에 대한 찬사의 입장을 넘어섰기 때문이었다.[10]

사실, '경험의 죽음'을 그다지 슬퍼하지 않는 것이 어떤 방면에서는 거의 관습적인 지혜가 되었다.[11] 뒤에서 좀더 심층적으로 검토하게 될 한 가지 예를 들자면, 미국의 역사학자 조앤 월랙 스콧은 그/그녀의 담론 구성에 앞서는, 역사가들이 회복시키고자 하는 경험의 전달자로 행동할 수 있는 어떤 단일 주체를 상정하는 '본질주의'적 가정을 피하라고 경고했다.[12] 그녀는 공유된 경험들이 문화적 차이들의 궁극적 토대가 되어준다는 신념에 반대하면서, 그러한 접근이 우선적 주체를 구성하는 비인격적 과정들을 살펴보려는 모든 시도의 기반을 약화시킬 것이라고 주장했다. 하지만 스콧은 그 용어에 대한 어떤 근본주의적 권위도 단호히 부정함에도 불구하고 결국 다음과 같이 인정했다. "경험이라는 말이 정체성을 본질화하고 주체를 구체화하는 데 이용된다는 점에서 그 말을 완전히 포기하고픈 유혹이 들더라도, 경험이란 우리에게 없어도 되는 말이 아니다. 경험은 일상 언어의 확고한 한 부분으로서 우리의 서사와 너무나 겹치는 것인 만큼, 그 말의 추방을 논하는 것은 무익해 보인다. (…) 경험이라는 말이 도처에서 널리 쓰이고 있음을 생각할 때, 그 말을 대상으로 삼아 그것의 작동을 분석하고 그것의 의미를 재정의하는 것이 더 유용해 보인다."[13]

어떤 총체적인 설명으로도 시간의 흐름 속에 다양한 맥락에서 형성된, 경험의 다양한 외연과 함의를 제대로 다루기를 기대할 수 없는 것은 바로 그 단어의 편재성 때문임이 분명하며, 약간의 힘든 선택이 수반되어야 할 것이다. '경험'은 일상 언어의 용어일 뿐만 아니라, 고대 그리스 이래 사실상 모든 사유의 체계적 본체로 기능하며 철학적 탐구의 풍부한 광맥으로 존재해왔다. 우리가 그 문제의 거대함에 압도되지 않게끔 해주는 선택의 원리는 다음과 같다. 우리는 '경험'을 사유의 가장 큰 작업으로 놓았던 근대 사상가들—또한 그들의 작업을 '경험의 노래들'이라고 불러도 좋을 만큼 정서적 강렬함을 지닌—에게 좀더 세심한 주의를 기울일 것이다. 그들이 그 용어를 끌어들인 것을 살펴보고, 나아가 왜 그 용어가 그들의 어휘 속에서 그렇게 큰 힘을 행사해왔는지를 최선을 다해 설명해보는 것이 우리의 작업이 될 것이다. 언제 어떤 이유로 경험이 최근의 논자들을 불쾌하게 만드는 토대주의적 권위를 지니게 되었는가? '경험'을 끌어들이는 것은 무엇에 대한 반응인가? 그리고 경험을 끌어들이는 것이 힘을 잃는 것은 어떤 상황에서인가? 우리는 이런 질문들을 하게 될 것이다.

그러나 이런 제한을 두었음에도 우리는 많은 어려운 선택에 직면하게 된다. 비서구 사상가들의 어휘 속에서 경험이라는 말이 기능해온 방식에 대한 비교 분석을 제시하는 것은 꽤 유혹적인 일일 것이다. 예를 들어 20세기의 위대한 일본 철학자 니시다 기타로의 연구에서 경험의 중요성이 언급되고 있다. 그는 "순수한 경험"이 "내 사유의 기초"라고 분명히 밝혔다.[14] 또한 인도 사상가들은 자신들의 토착 전통 속에서 경험의 차원들을 탐구해왔다.[15] 하지만 그것은 그 사상가들 국가의 언어를 알고 그 사상가들이 부여한 경험의 역할을 헤아릴 줄 아는 저자들이나 할 수 있는 일일 것이다. 따라서 우리로서는 '경험'을 특별히 유력한 용어로 간주하는, 다양한 분과에 걸친 영국, 프랑스, 독일, 미국의 사상가들로 범위를 한정할 수밖에 없다. 논의의 토대를 마련하기 위해 베이컨이나 몽테뉴 같은 핵심 인물들이 앞서 경험을 언급했음을 논하는 것은 불가피한 일이겠지만, 우리의 초점은 대개 3세기 전의 사상가들에게 맞춰질 것이다.

우리가 다룰 주요 인물들은, 그들 각자의 사상에 대해 기원과 전개의 맥락을 파악하려면 매우 끈질긴 시도가 요구될 만큼 폭넓고 다양할 것이다.

게다가, 그들의 사상이 경험이라는 개념에서 생겨났다고 이야기된다는 점에서 그런 시도가 전반적으로 경험이라는 특정 개념을 전제하게 된다는 사실을 인식하는 것이 중요하다. 물론 이 책의 목표는 그런 가정의 자명성에 명백히 반대하는 것이다. 다시 말해 우리는 다양한 일을 하고 있던 이들의 경험을 참고해 경험이라는 개념의 변형들을 설명한다고 볼 수 없다. 분명 몇몇 사례에서는, 이전의 주석자들이 어떤 지성적 주장들과 그러한 주장을 한 이들의 삶 간의 상호 작용으로 본 것을 무시하기가 어렵겠지만, 우리는 그런 접근법이 지닌 순환성을 항상 염두에 둘 것이다.

우리의 설명을 체계화하기 위해서는, 블레이크의 메타포에서 좀더 나아가 연가곡song cycles을 생각해보는 것이 유용할 것이다. 각각 수식어가 붙은 경험의 변형들이 주제별로 전개되는 연가곡 말이다. 우리는 인식론적 담론에서의 경험의 지위라는 핵심 주제에서 시작해 경험의 종교적, 미학적, 정치적, 역사적 양상들의 세부로 이동해갈 것이다. 그런 뒤에, 이런 구분들을 극복하고 다소 종합적인 경험 개념을 도출하려는 시도들—변증법적이든 실용주의적이든 현상학적이든 포스트구조주의적이든 간에—을 세 개의 장에 걸쳐 소개하는 것으로 마무리할 것이다.

생생한 현실로서의 경험과 거리를 둔 채 경험 양태의 하위 유형들을 차분히 조사하다 보면 우리는 즉시 명백한 하나의 역설과 마주하게 된다. '경험'이라는 단어가 바로 개념들을 넘어서고 심지어 언어 자체를 넘어서는 것을 가리키기 위해 사용되곤 했다는 점이다. 그 말이 워낙 형언 불가능하고 개별적인(혹은 특정 집단에 고유한) 것의 표지로 흔히 쓰이다 보니, 경험은 경험이 없는 사람들에게는 관습적인 의사 전달 용어로 제시될 수가 없다. 물론 우리는 자신이 경험하는 것을 공유하거나 재현하려 할 수 있지만, 결국 그/그녀가 경험한 바를 정말로 아는 사람은 오직 경험 주체밖에 없다.

대리 경험은 참된 것이 아니며, 직접 겪어야만 참된 경험이다. 정체성 정치의 주문呪文들—"그건 남자들의 일이야. 너는 이해할 수 없어!" "그건 흑인들의 일이야. 너는 이해할 수 없어!" 등등—이 분명히 알려주듯이, 경험은 종종 대체 불가능한 것으로 간주되는 것이다. 사실, 경험이 교환 원리를 벗어나는 것은 때로 경험 자체가 하나의 목적이 될 수 있기 때문일 것이다. 요컨대, 자신의 성 경험을 다른 사람의 성 경험 이야기와 교환하려는 사람이 어디 있겠는가? 자기 이름으로 말할 권리를 다른 사람들에게 양도하는 데 완전히 만족할 사람이 어디 있겠는가? (예를 들어 남성 페미니스트들이 항상 여성의 상황을 대변한다든지, 비록 좋은 의도로 하는 것이겠지만, 백인만이 침묵하는 소수를 대신해 발언한다든지 말이다.)

그러나 20세기의 철학을 점차 지배하게 된 이른바 언어적 전회linguistic turn의 가르침을 의식하는 사람들에게서는, 경험의 절대적 자족성이라는 가정 자체가 문제시되었다. 그들의 주장에 따르면, 의미를 지닌 어떤 것도 언어적 매개의 경계 밖에서 출현할 수 없기 때문에, 그 어떤 용어도 의미론적 맥락의 중력에서 벗어날 수 없다. 조앤 월랙 스콧의 말을 재차 인용하자면, 이제 핵심은 "'경험'과 언어의 구분을 거부하고 그 대신 담론의 생산적인 특징을 주장"하는 것이다.[16] '경험'은 근본적이거나 직접적인 것이라기보다, 그 자체로 담론장에서 그것에 맞서 제기된 상대-개념들의 함수에 불과하다. 예를 들어 그것은 인식론적 담론에서는 '반성'이나 '이론'을, 종교적 담론에서는 '교조'나 '신학'을, 미학적 담론에서는 '예술품'을, 그 밖에 도덕적 담론에서는 '순수'를 상대하는 용어다. 계몽주의에서의 경험의 역할에 대한 한 연구의 제목에서 따온 것인 "경험의 권위"는,[17] 경험의 전달자가 될 수 있는 자족적인 창조자들이라는 바로 그 개념 자체가 의문에 처하면서 위기에 봉착한다.

내게는 이 선택지들 중 어떤 것도 그리 설득력 있어 보이지 않는다. 오히려 역설에 의해 생겨난 긴장 속에 머무르는 것이 더 유익한 결과를 낳을 수도 있다. 말하자면 '경험'을 어떤 집합적인 언어 개념, 즉 어떤 개별 힘의 장에 놓인 한 부류의 잡다한 기의들을 한데 엮는 기표이자, 동시에 그런 개념들이 온전히 통일적으로 파악될 수 없음을—한데 아우를 수 없는 것들이 꼭 남게 되기에—상기시켜주는 존재로 보는 방식에 눈뜰 필요가 있다. 결국 '경험'이란 공적 언어와 사적 주관성 사이, 표현 가능한 공통성과 개인들 내면의 형언 불가능성 간의 교차로에 놓인 결절점結節點이나 다름없다. 아무리 경험이 대리적으로 획득되기보다 직접 수행되거나 체험되어야 하는 것일지라도, 심지어 가장 '그럴듯해' 보이거나 '참되어' 보이는 경험도 그보다 앞선 문화적 모델들에 의해 이미 굴절되었을 수 있다(르네 지라르의 매개된 욕망이라는 유명한 논증이 옳다면,[18] 그동안 소설들이 특히 분명하게 보여준 통찰). 또한 경험은 프로이트적 의미의 2차 가공secondary elaboration처럼 사후에 소급해서 상술하는 과정을 통해서도 타자에게 활용될 수 있는데, 이것은 경험을 유의미한 이야기로 전환시킨다. 이렇듯 경험의 재구성과 재진술이 공유될 수 있다면, 그것은 집단 정체성의 특징이 될 수도 있을 것이다. 페미니스트들의 소위 의식 고양consciousness-raising 운동이 보여주는 것처럼 말이다. 그러나 좌절될 경우 그것들은 흔히 주인 없는 경험unclaimed experience이라 불리는 일종의 트라우마를 야기할 수도 있다.[19]

그러나 역설은 다른 식으로도 분명하다. 우리가 아무리 경험을 개인의 소유물로 여긴다 해도—"그 누구도 나에게서 나의 경험을 가져갈 수는 없다"고 주장되곤 한다—경험은 불가피하게 인간이든 아니든 어쨌거나 타자와의 만남을 통해서만 얻어질 수 있다. 이를테면, 우리가 경험을 정의한다 해도, 경험은 경험을 하는 사람의 이전 현실을 단순히 복제해 그/그녀를 이전과 똑같은 상태로 남겨둘 수 없다. 경험이라는 말이 유의미해지려면, 무언가가 변해야 하고 새로운 것이 발생해야만 하기 때문이다. 순수의 '몰락'이든 새로운 지혜의 획득이든 간에, 삶의 계발이든 어리석은 행동이 주는 쓰디쓴 교훈이든 간에, '경험'이란 이름에 걸맞은 무언가는 우리를 출발점에 가만히 남겨둘 수가 없다. 심지어 '경험'에 관한 책을 쓰는 것도 이런 의미에서 하나의 경험인데, 이전에 같은 주제를 다루었던 무수한 타자의 텍스트들과 조우하게 되기 때문이다. 그리고 그 책이 독자들을 만나게 되면, 그 책은 뒤에 오는 사람들의 사유 속으로 들어가게 될 것이다. 우리 이야기의 주인공 중 한 명인 미셸 푸코는 분명 경험을 노래했음에도 그렇게 간주되지 않을 때가 많은데, 그는 언젠가 이렇게 말했다. "나는 스스로 어떤 경험을 갖게 되기를—결정적인 역사적 내용을 관통함으로써—바란다. 오늘날의 우리, 즉 우리의 과거일 뿐만 아니라 우리의 현재이기도 한 존재의 경험을. 그리고 나는 그 경험을 공유하기 위해 타자를 초대한다. 말하자면, 우리를 모더니티에서 벗어나게 해줄, 우리의 모더니티에 대한 어떤 경험은 이제 바뀌었다."[20] 미셸 푸코가 이해한 바에 따르면, 그의 모든 저서는 '진리-책'이나 '논증-책'보다는 '경험-책'에 가까웠다. 내가 이런 엄정한 선택지들 중에서 선택을 할 정도로 열심인 것은 아니지만, 『경험의 노래들』을 쓰는 경험은 아마 내가 예상치 못하는 곳으로 나를 데려갈 것이다. 독자 여러분은 그것이 어떤 결론에 이르게 될지 조만간 알게 될 것이다. 저자인 나는 이 글을 쓰고 있는 순간에도 여전히 결론을 얻게 되기를 갈망하고 있다.[21]

차례

일러두기

• 본문에서 고딕체는 지은이가 강조한 것이다.

1장

‘경험’의 재판

그리스인들에서 몽테뉴와 베이컨까지

:

"'경험'이란 철학 용어에 속하는 말들 중에서 가장 다루기 어려운 말"이며, "경험이라는 말의 모호함을 피하는 것은 그 말을 쓸 정도로 무모한 모든 필자가 바라는 바임에 틀림없다"고 마이클 오크숏은 경고한다.[1] 그렇지만 그런 바람은 모호한 것 자체에 관심을 쏟는 지성사가들보다는 언어의 유희를 진정시키고 언어가 지시한다고 여겨지는 것에 대한 확고한 결론을 도출하려 노력하는 철학자들에게 더 어울릴 것이다. 일반적으로 철학자들은 다의성에 따른 불확실성을 줄이거나 없애기 위해 두 가지 방법 중 하나를 사용한다. 즉, 하나의 의미를 특권화하고 다른 의미들은 주변으로 추방하거나(오크숏 자신은 "따라서 나는 그것이 의미한다고 여겨지는 바를 제시하는 것으로 시작할 것이다"라고 분명히 밝히며 이 모델을 따른다[2]), 아니면 그 단어의 '기원적' 의미라고 추정되는 데서 진정성의 토대를 구하는 것이다.

어떤 단어를 "다루는"(오크숏의 말처럼) 그런 시도들은 그 단어가 '경험'일 경우 특히 위험하다. 왜냐하면 그런 시도들은 다양하게 변화해나간다고 인식되는 바로 그것에—다시 말해 그 자체가 잠정적으로 의미론적 경험이라 불릴 수 있는 것에—시간을 초월한 하나의 고정된 특성을 부과하기 때문이다. 어떤 용어의 무한한 유연성에 일정한 제한을 가하는 것은 인정할 수 있지만, 그렇다고 특정 의미들만이 적합하며 다른 의미들은 그렇지 않다고 서둘러 결정하는 것은 현명하지 못한 처사일 터이다. 용법으로서의 의미에 대한 비트겐슈타인의 강조와 말의 오용에 대한 해체 이론의 포용이 주는 교훈은, 한 단어가 '경험'처럼 충분히 오래되고 복잡한 역사를 가질 때 미성숙한 의미론적 종결이 감행하는 모험은 어떤 경우라도 정당화될 수 없다는 것이다.

물론 어원학이 언제나 언어의 모호함을 완화하는 데 봉사해야 하는 것은 아니다. 데릭 아트리지가 말했듯이, 한 단어의 기원을 찾으려는 의심스러운 시도들—종종 민간어원설이라 불리는—조차 우리에게 그 말의 외연적·내포적 역사의 풍부함을 인식시켜준다. "어원학이 매달리는 것은, 우리가 자주 접하면서 견고하고 단순한 전체로 취급하는 단어들이(견고하고 단순한 개념을 지시하는) 분명한 경계도 확실한 중심도 없이, 쪼개질 수도 있고 서로에게 용해될 수도 있고 또한 분할되고 자기 정체성을 결여한 것으로 드러날 수도 있는 그 방식이다."[3] 따라서 언어적 기원의 참된 지점을—그리스어나 히브리어나 라틴어처럼 대부분의 어원학적 조사에서 특권을 차지하는 원原-언어ur-language들도 결국 그보다 앞선 언어의 영향을 받았다—다시 포착할 수 있다고 주장하지 말고, 그저 '경험의 노래들'을 부른 많은 사람이 끌어들인 퇴적된 의미들의 흔적을 쭉 훑어보는 일은 충분히 유용할 것이다.[4]

experience라는 영어 단어는 라틴어 experientia에서 가장 직접적으로 파생되었다고 알려져 있는데, 이 라틴어는 '시험, 증명, 실험'을 의미한다. 프랑스어 expérience와 이탈리아어 esperienza는 과학 실험을 뜻하기도 한다. '시도하다expereri'가 '위험periculum' 같은 어원을 포함하는 한, 경험과 위험은 서로 분명한 관련이 있다. 이것이 시사하는 바는, 경험이란 우연한 만남으로부터 위기를 극복하고 뭔가를 배우는 데서 생겨난다는 것이다(ex는 무엇으로부터 나오는 것을 의미한다). 아마도 이런 맥락에서, '경험'은 삶이 제공하는 위험과 도전에 직면해 그것을 극복함으로써 이전의 순수함을 떠나버린 세속성을 함축하는 것이기도 하다.

라틴어에 선행하는 그리스어는 empeiria인데, 이것은 영어 단어 empirical의 어원이기도 하다. 실제로 권위나 이론보다 관찰에 의지한 그리스의 한 의학 학파는 Empiriki라고 불렸는데, 이는 Dogmatiki나 Methodiki로 알려진 경쟁 분파들과 대립되었다. 이미 여기서 경험과 (이성, 이론 혹은 관조와 반대되는 것인) 반성을 거치지 않은 날것 그대로의 지각이나 직접적 관찰 사이의 결정적인 관계가 명확히 드러난다. 일반적인 것보다 세부적인 것을, 보편적인 것보다 특수한 것을 더 많이 다루는 경험과 관련해서도 그렇다. 그러므로 이는, 어떤 용법들에서 보게 되겠지만, 경험이 집단적이고 교환 가능한 것이라기보다 개인적이고 전달 불가능한 것이라는 생각을 갖게 한다.

또 다른 그리스어인 pathos는 비록 어원학적 연관은 없지만 저 근대적 개념에 선행하는 단어들에 포함되곤 한다. 기본적으로 그것은 누군가가 겪거나 감내하는 것이라는 점에서 '발생하는 무엇'을 의미한다. 경험이 실험을 암시할 때는 적극적이거나 실천적인 차원이 활성화되지만, 파토스와 연결될 때는 경험의 수동적인 면—간구하거나 바라지 않아도 경험이 닥칠 수 있다는 인식—이 전면에 나타난다. 이때 인내는 미덕이 될 수 있고, 강제로 되는 것이 아닌 어떤 조우를 기다리는 것은 경험의 한 원천으로 이해된다.

'experience'에 상응하는 독일어들은 특별히 주목할 만한데, 독일 밖에서는 그 주제가 일반적인 문헌에서 매우 광범위하게 언급되어왔다. Erlebnis와 Erfahrung은 영어로는 모두 experience로 번역되지만, 각각 경험의 매우 상이한 개념을 지시하는 데 사용되어왔다. 빌헬름 딜타이, 마르틴 부버, 발터 벤야민 등 그 구분에 심취한 몇몇 이론가의 저작들에서 이 두 개념은 종종 신경에 거슬릴 정도로 서로 대조되었다(앞으로 보게 되겠지만, 이들이 언제나 똑같이 정의하거나 평가한 것은 아니다). Erlebnis는 그 안에 삶Leben이라는 어원을 담고 있기 때문에 '생생한 경험[체험]'으로 번역되곤 한다. erleben은 타동사라서 어떤 것의 경험을 의미하지만, 흔히 Erlebnis는 어떤 구별이나 대상화에 우선하는 근원적 일치를 시사한다. 그것은 주로 평범한 '일상 세계' 및 이론화할 수 없는 실천들에 속하며, 단조로운 일상의 구조를 강렬하고 생생하게 파열시키는 기능을 한다. Leben이 온전한 삶을 연상시키긴 하나, 일반적으로 Erlebnis는 Erfahrung보다 더 직접적이고 선반성적이며 개인적인 경험이라는 변종을 함축한다.

Erfahrung은 종종 외부의 감각 인상들이나 그에 대한 인식적 판단들과 연관된다(이마누엘 칸트와 관련된 전통에서 특히 그렇다). 그러나 그것은 좀더 시간적으로 연장된 경험 개념을 의미하기도 하는데, 이때 경험은 그것의 개별 순간들이 서사적인 전체나 하나의 모험으로 통합되는 학습 과정에 기초한다. 종종 경험의 변증법적 개념이라 불리는 후자의 견해는—항상 순탄한 것은 아니지만—시간의 흐름에 따른 진보적인 운동을 내포하며, 이는 Erfahrung에 들어 있는 Fahrt(여행)와 위험을 뜻하는 독일어 Gefahr의 결합에 의해 암시된다. 이처럼 이 단어는 기억과 경험의 연관을 활성화하는데, 이는 누적된 경험이 종국에 가서야 생기게 되는 지혜를 산출할 수 있다는 믿음과 마주하게 한다. 꼭 그런 것은 아니지만, Erlebnis가 뭐라 말하기 힘든 개인적인 것을 암시하는 반면 Erfahrung은 좀더 공적이고 집단적인 특징을 갖는다. 하지만 우리는 이와 반대로 적용된 변종들을 보게 될 것이다.

어원학적 증거가 시사하는 바가 있다면, 그것은 바로 '경험'이 퇴적된 의미들로 충만한 말로서 여러 다른 뜻으로 이해될 수 있으며 추정되는 다양한 반의어와 병치될 수 있다는 점이다. 독일어의 사례가 보여주듯이, 영어로는 한 단어인 것이 구별되는 두 개의 대등한 변종으로 분화되는 것까지도 가능하다. 그리하여 서문에서 보았듯이 (Erfahrung의 의미에서의) '경험'이 더는 가능하지 않다는 애통함도 될 수 있고, 동시에 우리가 이제야 비로소 참된 '체험사회Erlebnisgesellschaft'에 살고 있다는 모순적인 주장도 가능하다.[5] 우리는 경험이 과거에 항상 있었던 것인 양 경험에 '호소'할 수도 있고, 경험이 미래에나 향유할 수 있는 것인 양 경험을 '갈망'할 수도 있다. 경험을 '갖는다'거나 경험에서 '배운다'고 말해질 수 있는 명사 '경험'과, '경험하다'나 '경험하고 있다' 같은 동사—후자는 현재 '행하고' 있거나 '느끼고' 있는 것을 가리킨다—를 구분할 수도 있다.[6] 그 단어는 경험을 하는 주관적 과정뿐만 아니라 경험되고 있는 것도 포괄할 수 있다는 점에서, 종종 주체와 대상의 인식론적 단절을 극복하게 해주는 상위의 용어로 기능할 수도 있다. 이것은 특히 미국의 실용주의자들이 선호하는 방식이다. 사람들이 '생생한' '내적인' '진정한' 같은 한정적 수식어를 빈번히 사용할 가능성을 추가한다면, 왜 그 단어가 그토록 활력 넘치는 역사를 지니며 우리의 상상력을 계속 자극하는지를 이해하기 어렵지 않을 것이다.

하지만 동시에 강조해야 할 점은, 그 역사가 언제나 칭송으로 일관된 것은 아니었다는 사실이다. 종종 논의되듯이, 사실 고전적 사유에서는 우리가 지금 이 말의 선조 격으로 알고 있는 단어가 변변치 않은 역할을, 심지어 때로는 부정적인 역할을 했다. 전형적인 설명에 따르면 "그리스 시대에 그 개념은 empeiria라는 단순한 말에서 크게 벗어나지 않았는데, empeiria는 주석자들이 발전시킬 일종의 의미론적 씨앗으로서 예컨대 아리스토텔레스의 『형이상학』이나 『윤리학』에서 발견된다. 아마도 이러한 선례를 따라, 로마 시대에는 경험이라는 개념이 감각 기관에 작용함으로써 하나의 객체가 되는, 감각 가능한 사물의 작용으로 한정되었다."[7] 고전적 사유에서 경험을 무시하거나 심지어 폄하하는 것은 일상적 삶의 혼란스러움과 불확실성보다 관념, 지성, 형상의 순수성을 높게 쳐주는 합리주의 전통의 위계적 편견에 따른 것이다.

이런 식으로 설명한 가장 영향력 있는 인물은 미국의 철학자 존 듀이일 것이다. 그는 새롭게 경험을 중시하면서 관념론적 합리주의에 대한 실용주의적 대안을 마련하고자 했다.[8] 듀이에 따르면, 경험에 대한 고전적 폄하는 17세기까지 만연했는데 이는 과학의 확실성에 대립되는 것인 불완전한 단순한 생각을 경멸한 데 기인했다. 사물의 원인에 대한 합리적인 설명보다 관습과 습관에 더 의존하는 경험은 참된 지식의 장애물로서 플라톤에게 불신을 받았던 것이다. 그는 경험이 '주관적'이라는—이 혐의는 후에 근대의 '객관적' 과학 옹호자들에 의해 제기되었다—이유에서가 아니라 있을 수 있는 일과 우연적인 일을 다룬다는 이유에서 경험을 혐오했다. 따라서 듀이의 단언에 따르면, 플라톤과 그가 낳은 전통의 입장에서 경험은 "과거와 관습에의 예속"을 의미했으며, "경험은 이성에 의해 형성되거나 지적 통제하에 형성된 것이 아니라 반복과 맹목적인 어림짐작에 의해 형성된 기성 관습의 등가물이나 마찬가지였다."[9] 스펙트럼의 반대 극에는, 오류를 범할 수 있는 주체의 경험에서 생겨났든 아니든 간에 영원히 타당한, 수학의 필연적 진리가 있었다.

아리스토텔레스는 empeiria에 대한 스승의 강한 반감을 수정하고 직관적 합리성과 연역적 논증에 대한 믿음을 거부하긴 했지만, 그런 그조차 감각적 인상으로부터 체계적인 지각을 거쳐서, 냉정한 과학에 기초한, 좀더 합리적인 형태의 인식으로 나아가게 된다고 보았다. 이 최종적인 것은 개별 사건의 우연성을 초월해 보편적 진리가 되어야 했다.[10] 듀이는 고전철학의 맥락에서라면 경험이 '실천'의 범주에 포함되는 비관조적인 활동에 속할 것이라고 이해했다. theoria라는 단어의 어원학이 시사하듯 이론이 세상에 대한 무관심하고 방관자적인 관점에 의존하는 것으로 이해된 반면, 실천은 세상과 충분한 거리를 두지 않은 채 그 속에서 신뢰할 수 있는 지식을 만드는 데 몰두하는 것으로 여겨졌다. 듀이는 자신의 논증을 요약하면서 그리스 철학에서 경험이 갖는 세 가지 결점을 다음과 같이 명시했다.

> 경험적 지식(엄밀히 말해 지식이라기보다 믿음과 의견)과 과학은 대조를 이룬다. 합리적 사고가 자유로운 특징을 지니는 것과 대조적으로 실천은 제한적이고 의존적인 본성을 지닌다. 그리고 경험의 이런 두 가지 결점에 대한 형이상학적 토대는 바로, 감각과 신체활동은 현상의 영역에 제한되지만 이성은 타고난 본성상 궁극적인 실재와 유사하다는 것이다. 따라서 이 삼중의 대조는 경험에 대한 형이상학적, 인식론적, 도덕적—앞의 두 유형에 색을 입혀 인간적 가치를 부여하는—평가절하를 암시한다. 즉 욕구에서 비롯되고 일시적인 유용성을 제공하는 신체 및 물리적 사물에 국한된 활동과, 이상적이고 영원한 가치로 상승하는 활동이 가치적으로 구분되는 것이다.[11]

듀이는 그리스인들이 자신들의 인식 수준에서—경험된 것을 상호주관적으로 검증할 수 있는 실험적 방법의 도래에 앞서서—경험의 신뢰성을 의심한 것이 정당했다고 인정하면서도, 마치 대립이 영원하며 간극을 메울 수 없을 것처럼 경험을 이성과 겨루게 했다는 점에서 그들은 잘못을 범했다고 주장했다. 보편성, 필연성, 추상성에 대한 고전철학자들의 집착은 세계에 대한 실천적 활동의 가치를—오류를 범할 우려가 있더라도—이해하는 데 실패했음을 의미하는 것이었다. 듀이는 바로 이 점을 회복하고자 했다.

듀이 자신의 경험에 대한 설명이 그 자체로 완전히 성공적이었는지 여부는 뒤의 한 장에서 다루게 될 주제다. 다수의 논자는 그리스인들에 대한 그의 설명이 과연 타당한지 의문을 제기했다. 그들의 이의는 크게 네 가지였다. 첫째, 그리스 과학, 특히 의학, 광학, 음향학이 선험적이지 않았고, 경험적 관찰뿐만 아니라 듀이가 상정한 계산된 실험에도 적대적이지 않았다는 것은 충분히 입증된 사실이다.[12] 다만 이후에 회의론자나 초기 기독교도 같은 비판자들의 설명이 스며들면서, 그리스 과학은 empeiria의 감각에 기초한 결과보다는 삼단논법적 추론이라는 의심스러운 사고실험에 전적으로 의존했다는 식의 오해가 생겨났을 뿐이다. 똑같은 편견이 그 주제에 대한 프랜시스 베이컨의 유명한 언급에 의해서도 생겨났다. 부분적으로 이것은 여전히 잠재적 영향력을 지녔던 아리스토텔레스적 스콜라주의에 대한 그의 반감에서 비롯되었다.[13] 하지만 이론과 경험적 관찰의 완고한 구분을 해체시키는 좀더 최근의 연구는 그런 포괄적인 일반화가 얼마나 문제적인가를 보여주었다.

둘째, 문학적 전거들은 순전히 '이론적인' 인간의 지혜라는 것이 얼마나 의심스러운지를 잘 보여준다.[14] 호메로스가 남긴 서사시라는 유산은—경험Erfahrung에 담긴 그 위험스러운 여행Fahrt을 『오디세이아』만큼 생생하게 묘사한 것이 있었던가!—국가로부터 그것을 추방하려는 플라톤의 시도에도 불구하고 결코 완전히 망각되지 않았다. 듀이가 그리스 사유와 동일시한 반反경험적 관념론의 전통은 예컨대 에우리피데스와 아리스토파네스의 연극을 통해 신랄한 조소를 받곤 했다.[15] 연극적 재현에 대한 플라톤의 악명 높은 반감은 이성적 사변에 대한 그의 찬양이 무대에서 저항의 형태로 재현된 데 일정 부분 기인했다.

셋째, 대다수 주류 철학 전통은 관조적 삶vita contemplativa에 특권을 부여했지만, 민주적 폴리스에 속한 그리스 시민들의 일상적 삶에서는 활동적 삶vita activa이 마땅히 누려야 할 대접을 받았다는 점이다.[16] 철인 왕이 통치하는 플라톤의 권위주의적 공화국과 반대로, 페리클레스 시대의 아테네는 순수 관념보다 행동과 언어가 가장 우선시되는 정치적 실천의 중심지였다. 정치적 삶은 그 자체로 영웅적 행위를 긍정적으로 묘사하는 극장을 닮았다. 그리고 여기에는 미래 세대와 공유하기 위해 행위를 서사로 바꿀 줄 아는 안목 있는 관객들이 참석했다. 또한 그리스인들이 phronesis 혹은 실천적 지혜라고 부른 것의 가치는 순수 사변이 지식의 유일하게 타당한 방식이 아님을 의미하는 것이기도 했다. 한 논자의 언급에 따르면, 그것은 "원리에 따른 반성의 일반성과 주어진 상황에 대한 지각의 특수성"을 결합하는 것이다. "따라서 그것은 보편적이고 영원히 동일한 것이 아니라 특수하고 가변적인 것과 관계한다는 점에서 이론적 지식episteme과 구분된다. 실천적 지혜는 지식과 더불어 경험을 요한다."[17]

마지막으로, 그리스 철학 내부에서의 경험에 대한 가치도 듀이 시대 이후 더욱더 폭넓게 평가되기 시작했다. 이것은 최근 한 철학자가 언급했듯이 "철학적으로 경험 개념은 그리스 사유, 특히 아리스토텔레스까지 거슬러 올라간다"는 주장을 받아들여야 함을 의미한다.[18] 비록 아리스토텔레스가 『니코마코스 윤리학』 6권의 마지막에서 theoria에 비해 phronesis를 경시하는 주장을 펴긴 했지만, 또 다른 곳에서 그는 "경험이 풍부하고 나이 든 현명한 사람들의 입증되지 않은 확신과 의견은 그들이 증거를 가지고 뒷받침하는 확신과 의견 못지않게 주목받을 가치가 있다. 왜냐하면 그들은 경험을 통해 원리를 파악하기 때문이다"라고 주장했다.[19] 『형이상학』과 『분석론 후서』에서 empeiria에 대한 과학적 의존을 강조한 짧지만 중요한 논의들은 그것이 기억과 특수성에 긴밀히 연결되어 있음을 인정하는 것이다.[20]

물론 아리스토텔레스가 궁극적으로는 플라톤으로부터 물려받은, 보편적인 것과 증명적 논리를 선호하는 '귀족적' 편향과 완전히 단절하지 않았지만 말이다.

경험의 중요성에 대한 좀더 분명한 평가는 고대 철학자들 가운데 가장 주목할 만한 이들인 견유학파와 소피스트들에게서 찾아볼 수 있다. 디오게네스가 이성적 정신에 대한 관념론적 찬사에 맞서서 신체를 그것의 비루한 욕구 및 심각한 결함들과 함께 관습을 거스르면서까지 복권시킨 것은—가치들의 전통적 위계에 대한 근본적으로 유물론적인 전도—특정한 감각 경험들이 가르쳐줄 수 있는 것에 대한 개방성을 시사했다.[21] 저 유명한 등불의 일화는 플라톤적 천상에서 빛나는 영원한 형상이 아니라 발견의 여정에서 만나는 세속적인 광경을 향한 것이었다. 마찬가지로 철학적 탐구의 초점을 플라톤적 형상보다 인간에 둔 소피스트들의 활동은 감각-경험이 지식의 수단으로 진지하게 간주되었음을 보여준다. 프로타고라스에 따르면 "실재하는 것의 '현상성phenomenality' 및 실재하지 않는 것의 '비현상성non-phenomenality'과 관련하여, 모든 경험의 주인은 인간이다."[22] 고르기아스는 모순에 의해 찢긴 경험이 이성과 결코 화해할 수 없다고 결론지었지만, 안티폰 같은 또 다른 소피스트들은 비합리적인 회의주의를 피하기 위해 그 용어의 좀더 총체적인 이해를 전파하려고 노력했다.[23] 소피스트들이 변증술, 논리학, 수학보다 수사학을 강조한 것은 그들이 문자언어에 대립하는 것으로서 구술언어를 강조했기 때문이다. 그들에게 언어란 진리를 입증하는 것이라기보다는 청중을 설득하고 청중에게 영향을 미치기 위한 것, 즉 눈이 아니라 귀를 위한 것이었다.[24] 따라서 수행형의 언어는 플라톤적 전통에 의해 매도되는 연극조의 태도와도, 그리고 타자와의 조우로 이해되는 경험의 일부분인 상호주관성과도 밀접한 연관성을 띠었다.

끝으로 한 가지 언급되어야 할 점은 경험 논쟁의 역사에서 플라톤주의의 수용에 대한 것이다. 아이러니하게도 플라톤주의는 경험을 인식론의 한 범주로 받아들이는 데는 장벽으로 작용하곤 했지만, 경험이 미학적 용어나 종교적 용어로 이해되는 경우에는 플라톤의 직관 개념이 긍정적인 영향을 끼쳤다. 에른스트 카시러가 지적했듯이, 르네상스 때 플라톤주의가 부활하고 17세기에 케임브리지학파(가장 주목할 만한 이들은 헨리 모어, 벤저민 휘치코트, 랠프 커드워스)를 통해 영국에 플라톤주의가 확산된 것은 섀프츠베리가 개시한 미학적 경험의 담론이 생겨나는 데 일조했다.[25] 종교적 경험의 저명한 옹호자인 프리드리히 슐라이어마허 또한 플라톤의 대화편을 거의 다 독일어로 번역할 정도로 플라톤에게 빚을 졌다.[26]

이러한 경고에도 불구하고, 주류의 고전적 사고에 한정한다면 경험이 상대적으로 별 볼일 없는 역할만 했다는 듀이의 설명이 어느 정도 진실이라는 것을 부인하긴 어렵다. 무엇보다 소피스트적 수사학은 증명적 논리학과의 투쟁에서 승리하지 못했고, 디오게네스 같은 견유학파는 18세기에 부르주아 영웅들로 재창조되기까지 거의 직접적인 영향을 끼치지 못한 채 아웃사이더로만 남아 있었다.[27] 플라톤과 아리스토텔레스의 유산은 비그리스적 사유의 요소들과 다양하게 결합되고 선택적으로 취합되면서 중세 철학을 지배했다. 그 결과 일상의 경험적 사건들은 보편적 진리의 탐구에서 주변적인 것으로 전락해버렸다. 중세의 저자들은 "먼저 감각에 존재하지 않은 것은 지성에도 존재하지 않는다nihil in intellectu quod non prius in sensu"라는 아리스토텔레스학파의 정식을 즐겨 언급하긴 했지만,[28] 신성에 의해 고취되었다는 이유에서 더 높은 진리들로 재빠르게 이동했다. 감각들의 증거나 통제된 실험의 결과 대신 교회의 교리와 고대인들의 권위가 형이상학적 신념의 토대가 되었고, 특히 자연철학의 토대가 되었다.[29] 스콜라주의는 신자들의 종교적 체험을 살피는 것보다 신의 존재에 대한 이성적 증명에 더 많은 관심을 쏟았다. 감각이 지각 가능한 형태들의 수용을 의미한다는 아리스토텔레스의 주장은 실재하는 '종種'이 지각의 원천이라는 믿음에 의해 보존되었다. 13세기의 수도사 로저 베이컨은 심지어 신성한 교리Sacra Doctrina를 보완해주는 경험적 지식Scientia Experimentalis을 이야기하면서도 감각에 의한 지각 못지않게 신의 계시를 염두에 두었으며, 연금술이나 점성술 같은 비술의 실행을 그 안에 포함시켰던 것 같다.[30] 대체로 경험적 관찰 그 자체는, 단순한 의견과 확연히 다른 지식scientia이라는 의미에서의 신뢰할 만한 지식이나 지혜의 타당한 원천으로 존중받지 못했다. 물론 천문학이나 해부학 등 기타 학문 분야의 학자들은 적어도 부분적으로는 관찰에 의존했지만 말이다.[31] 확실히 experimentum은 마술이나 다른 '저열한 학문'과 연결될 때가 많았고, 'Emperick'라는 말은 경멸의 뜻으로 사용되었는데, 의학의 맥락에서는 17세기까지 줄곧 돌팔이와 동의어로 쓰일 정도였다.[32]

이처럼 경험에 대한 통상적인 혐오에서 가장 주목할 만한 예외는 아우구스티누스의 저작일 것이다. 그 저작에 담긴 아우구스티누스 자신의 영적 여정에 대한 고백적 성찰은 '내적 경험'에 대한 나중의 탐구를 위한 출발점으로 간주되곤 했다. 찰스 테일러에 따르면 "근본적 성찰의 내면화를 소개하고 서구의 사유 전통에 그것을 유산으로 남긴 이가 바로 아우구스티누스라는 것은 과언이 아니다."[33] 아우구스티누스가 일인칭 서술을 취하고 개인적 회상의 기능에 의지한 것은 경험을 진지하게 고려하는 내성적 고찰의 관행이 발전하는 데 기여했다. 한스 블루멘베르크 역시 "아우구스티누스의 memoria[기억]는 '내적 경험'이라고 기술될 만한 것을 형성해주는 기관과 내용을 처음으로 명시했다"고 말한다.[34]

분명 아우구스티누스의 내적 경험은 아직 세속세계와의 만남을 지향하지 않았고—사실, 호기심curiositas이라는 죄악에 대한 그의 혐오는 상반된 결과로 이어졌다—, 그의 기억도 더 비인격적인 플라톤적 상기anamnesis에 복무하는 것이었다. 예수의 빈곤하고 초라한 삶을 모방한 프란치스코회처럼 규칙 엄수보다 경험에 더 분명한 가치를 부여한 중세의 운동들이 있었지만, 그것들은 여전히 상대적으로 고립된 사건들에 불과했고, 독단적인 교회의 권위와 맞붙어서 패배하기 일쑤였다.[35] 블루멘베르크가 『근대의 정당성』에서 필적할 만한 것으로서 추적한 호기심의 재판처럼,[36] 경험의 '재판'이 피고의 무죄 판결로 끝난 것, 더 정확히 말해 피고의 가치에 대한 논쟁이 지금까지 계속되고 있는 불일치 배심으로 끝난 것은 오늘날 우리가 이른바 근대라고 부르는 것의 여명기에 이르러서였다. 스콜라적 합리주의에 대한 신뢰의 손상, 가톨릭교회의 영적 권력 독점의 상실, 고대적인 것과 근대적인 것의 위계의 역전과 더불어, 모더니티는 정당성의 새로운 토대를 구하고자 했다. 위르겐 하버마스는 그것을 이렇게 묘사했다. "모더니티는 더 이상 다른 시대에 마련된 모델들로부터 기준을 차용할 수 없으며 앞으로도 그럴 것이다. 그것은 스스로 규범을 설정해야만 한다."[37]

어떤 점에서 이런 탐색에는, 경험이 오로지 과거의 축적된 지혜와 동일시되고 따라서 전통적 권위의 보호막으로 간주될 때의 경험에 대한 은밀한 혐오가 담겨 있었다. 라인하르트 코젤레크에 따르면, 사실 모더니티(독일어로는 Neuzeit)는 "기대하는 바들이 이전의 모든 경험과 거리를 둔 것일" 때 처음으로 스스로를 '새로운 시대'—그는 18세기를 변화의 기점으로 놓았다—로 의식했다.[38] 다시 말해, 가장 최근의 일이나 앞으로 닥칠 수 있는 일에 어떤 특권도 주어지지 않은 채 동시에 실효성을 갖는 것으로서의 과거와 현재라는 공간 개념은, 모더니티를 통해서, 과거에 빚지지 않은 어떤 상상된 미래에서 어떤 기대 지평이 정당성을 갖게 되는 그런 시간적 대안으로 대체되었다. 코젤레크는 우리가 근대적 자의식과 결부시키는 바로 그 역사의식—특히 진보에 대한 믿음—이 과거와 현재와 미래의 매끄러운 연속성에 대한 믿음의 상실에 달려 있다고 주장한다.

에드먼드 버크 같은 이들을 통해서 과거의 '경험'이라고 불리는 것에 대한 정치적으로 보수적인 호소를 살펴보면서 알게 될 것이듯이 그 단절은 완벽하지 않았지만, 적어도 경험의 한 가지 일반적 의미—경험을 과거의 '교훈'에서 배우는 것과 전적으로 동일시하는—는 이제 역설적으로 고전 시대부터 이어져온 경멸적 의미를 획득했다. 발터 벤야민 같은 20세기의 매우 단호한 경험Erfahrung 옹호자조차 급진적인 목적을 위해 그 용어를 부활시키려 노력함으로써 저 부정적 함의를 넘어서야 했다.[39] 하지만 과거의 잔여물이라기보다 지금의 현실로 더 잘 이해되는 '경험', 또한 무상함과 덧없음이라는 새로운 평가로 덕을 보는 '경험'은 모더니티의 문턱에서, 적어도, 정당성의 토대가 더욱 낡고 신빙성이 떨어지게 되면서 포기되었던 역할을 새롭게 떠맡으려는 진지한 도전자로 떠올랐다.

변화된 태도는 여러 상이한 맥락에서 분명하게 포착되었다. 중세 교회의 통일성과 교리에 대한 독점적 권위가 붕괴된 종교에서는 종교개혁이나 가톨릭개혁Counter-Reformation이나 모두 '경험'에서 영혼을 위한 투쟁의 가용 자원을 발견했다. 많은 개신교도에게서는 "일상적 삶의 긍정"이라 불려온 것이[40] 교리적 가르침이나 교회의 제례에 대한 충성보다는 가족이나 종교 공동체의 일상의 세세한 부분들에 새로이 초점을 맞추는 것을 의미했다. 마르틴 루터의 주장에 따르면 "성서만이 아니라 경험도 있다. (…) 나는 성서 외에도 사건 자체와 경험을 가지고 있다. (…) 오로지 경험만이 성직자를 만든다."[41] 존 버니언의 유명한 우화소설 『천로역정』이 잘 보여주듯이, 영적 여정은 타자와의 위험한 조우와 경험의 변증법적 개념의 핵심 측면인 회고적 서사를 요구했다. 개인의 자연적 출생은 경험될 수 없는 것이지만, 전환의 위기(회심의 고비)—친숙한 비유를 들자면 '다시 태어남'—는 분명 경험 가능한 것이었다. 더 이상 교회의 위계적 지위를 통하지 않고 바로 접하게 된 영적 삶의 직접성은, 1732년에 경건주의 지도자 친첸도르프 백작이 언급한 것처럼 "종교란 어떤 개념도 없이 오로지 경험을 통해 파악할 수 있는 것이어야 한다"는 믿음에 근거해 행위와 동기들을 계속 파고들게 했다.[42] 3장에서 좀더 자세히 다루어질 '종교적 경험'의 강력한 전통은 이런 맥락에서 처음 출현했다.

많은 개신교도에게서 '경험'의 환기가 신성에 접근하는 민주적인 수평화를 의미했다면, 가톨릭 개혁의 몇몇 인물에게 경험은 전혀 다른 의미로 다가왔던 것 같다. 토마스 아퀴나스가 특별히 "체험을 통한 신의 인식cognitio dei experimentalis"[43]으로 정의한, 광신의 한 신비적 변형에 대한 평가는 여기서 새로이 발언의 기회를 얻었다. 이를 유대교적으로 변형한 위대한 역사가 게르숌 숄렘에 따르면, 신성과 세속, 신과 그의 세계의 우선적 통합이 상실되었으나 회복될 가능성이 있는 조건으로 강렬하게 느껴질 때 신비주의가 종교의 무대에 등장하는 경향이 있다.[44] 그것은 새로운 종교를 만들려는 근본적인 시도들을 불러일으키기보다는 전통적 종교 안에서 작동하면서 신과 속세 사이의 단절을 회복하려고 노력한다.

신비주의는 분명 종교개혁에 선행했지만—혹자는 신비적 합일 추구가 초월적 신과 그의 창조물의 일신교적 분리에서 시작되었다고 주장한다—사회적, 정치적 격변만큼이나 중세 기독교의 위기로부터도 새로운 자극을 받은 듯 보인다.[45] 프로테스탄트 설교자가 모두에게 따르라고 권하는 죄악에 대한 매일의 경계와 달리, 신비적 체험은 환희에 찬 자기희생에 대해, 또는 평정recollection이라 불리는 하나의 목표에 마음과 감정을 집중하는 훈련에 대해 특별한 재능을 부여받은 종교적 거장들만의 몫이었다.[46] 17세기 프랑스의 신비주의 수사 장조제프 쉬랭은 『실험적 학문』에서 '믿음'이 다수의 사람을 구원으로 이끄는 공통의 길이라면, 참된 신비적 '체험'은 '소수'만을 위한 길이라고 설명했다.[47] 하지만 윌리엄 블레이크의 시대에 이르러서는 신비주의의 엘리트적 의미가 도전받을 수 있었고, 누구나 '경험의 노래들'을 부를 수 있으리라는 희망이 피력될 수 있었다.[48] 그러한 계획의 실현 기회들이 어떤 것이든 간에, '경험'은 일단 그것의 종교적 기능을 탈각하면서 그 자체로 목적이 될 수 있는 강렬하고 심원한 현상으로서 새로운 함의를 얻었다.

르네상스를 야기한 좀더 인본주의적인 환경에서는 뛰어난 개인에 대한 유사한 가치 설정이 이루어져, 스스로 자신을 만드는 단독적 인간uomo singolare 혹은 독특한 인간uomo unico이 나타났으며, 이러한 인간은 야코프 부르크하르트 이래 줄곧 존재 가치를 인정받아왔다.[49] 여기서는 단독적 주체에 대한 새로운 열광으로부터 궁극적으로 다소 평등주의적인 의미도 도출될 수 있었다. 아마도 이런 새로운 감수성의 가장 위대한 사례는 미셸 드 몽테뉴(1533~1592)일 것이다. 그는 때로 바로크 시대나 심지어 반反르네상스로 추정되는 시기에 놓이기도 했지만, 오늘날 평범한 사람들과 진부한 일상으로까지 확대된 경험에 대한 르네상스의 매료를 앞서 보여준 인물이다. 경험의 담론에 대한 그의 막대한 기여가 다른 사람들과의 비교 기준이 되거나 때로는 다른 사람들의 부족함을 발견하게 하는 기준이 되는 한, 잠시 몽테뉴라는 존재(그의 뛰어난 저작이 발휘하는 여전한 힘 때문에 쉽게 마음을 끄는)를 살펴보는 것은 불가피한 일일 것이다.

: 몽테뉴와 인본주의적 경험

몽테뉴의 유명한 저작 『수상록』은 의미심장하게도, 그가 56세이던 1587~1588년에 쓴 「경험에 대하여」라는 장문의 글로 끝을 맺는다. 귀족으로 태어난 몽테뉴는 1557~1570년에 보르도 고등법원의 치안판사로 일할 만큼 한때 공직에 활발히 참여한 뒤, 생의 마지막 20년 동안 페리고르의 대저택에 머물면서 자신이 그간 배운 바에 대해 숙고하며 지냈다.[50] 그가 날카롭게 언급했듯이, "우리는 아무리 세상의 지고한 왕좌에 올라앉아도 결국은 자기 엉덩이 위에 앉아 있을 뿐이다."[51] 1580년대에 한동안 공직에 복귀하긴 했지만, 그는 아우구스티누스의 『고백록』과 루소의 『고백록』 사이에 놓인 1000년이 넘는 기간 중에 더할 수 없이 정교한 자기 성찰의 기록을—한 논자의 표현에 따르면 일종의 확장된 자기 인터뷰를[52]—생산할 만한 여가를 가질 수 있었다.

몽테뉴의 『수상록Essays』—제목부터 도그마보다는 탐색적이고 잠정적인 실험을 시사한다—에는 인간 조건에 관한 그의 놀라울 만큼 세심한 관찰과 자기 발견의 여정이 기록되어 있다. 구어체로 쓰인 특이하고 이해하기 쉬운 이 책은 저자 개인의 목소리를 드러내고자 애쓴다. 분명 그 목소리는 1563년 사랑하는 친구 에티엔 드 라 보에티의 죽음과 함께 몽테뉴가 잃게 된 그런 공감해주는 청취자를 찾고 있다.[53] 사제를 통해 신에게 말하는, 전통적 기독교의 의미에서의 고백은 이제 충분치 않다. 몽테뉴의 상상적 대화는 어떤 세속적 청중을 상정한다. 여기서 경험들은 축적되는 것이 아니라 공유된다.

하지만 몽테뉴는 또한 간접 공감의 한계와 자기 개인사의 특수성을 이해했던 듯하다. 고전 교육을 받았지만 고대에 우선권을 부여하는 것을 꺼린 그는 단호한 어조로 "나는 키케로보다 차라리 나 자신에게 권위를 부여하고 싶다"고 주장했다.[54] 시노페의 디오게네스를 환기하는 건방진 불경에의 애호를 드러내면서, 몽테뉴는 자신이 결코 공유할 수 없는 보편적 합리성에 대한 믿음을 갖고 있는 플라톤적 관념론자보다는 정체를 폭로하는 유물론자를 선호했다. 몽테뉴는 한 철학자가 디오게네스에게 더 많은 책을 읽어달라고 간청했던 것을 언급하면서, 이 견유학자가 뭐라고 답했는지를 찬성하며 인용했다. "아니 농담하시오? (…) 당신은 그림으로 그려진 것이 아니라 진짜 자연의 무화과를 선택하면서, 왜 글로 쓰인 것이 아니라 진짜 자연의 활동을 선택하지 않는 것이오?"[55]

몽테뉴는 일시적 현상 너머의 영원한 진리들에 전통적 위계에 따른 특권을 부여하는 것을 파기하고 신과의 합일이라는 신비적인 요청을 넌지시 거부하면서, "나는 존재를 묘사하지 않는다. 경과를 묘사할 뿐이다"라고 과감하게 단언했다.[56] 그가 이해한 바에 따르면, 시간은 영원한 풍부함으로 여겨지는 것에 견주어 측정되어서는 안 되며 부족하다고 여겨져서도 안 된다. 즉 순간의 삶은 영원한 삶보다 열등한 것이 아니다. 게다가 불완전한 기억은 전체 이야기를 종국에 가서 완전히 유의미한 서사로 합산하는 데 기여할 수도 없다. 그 기억이 과거의 파편들을 조사하는 데 아무리 가치가 있더라도 말이다.[57] 그 결과 일부 관찰자는 몽테뉴를, 바로크처럼 경험의 잡다한 모순들을 껴안는, 바로크를 특징짓는 일시적으로 스쳐 지나가는 덧없는 것들에 대해 고도의 감수성을 지닌 전형적인 인물로 해석하기도 했다.[58]

의미심장하게도, 몽테뉴는 경험에 대한 글을 쓰면서도 정작 경험이라는 말을 정의하려(혹은 오크숏의 말마따나 '다루려고') 하지 않았다. 다만 읽는 과정에서 그것의 의미가—혹은 복수의 의미가—조금씩 드러나도록 했을 뿐이다.[59] 그 글의 교훈은, 부분적으로는, 이어지는 사례들을 그것들의 유사성과 차이를 예민하게 인식하는 방식으로 서로 비교함으로써 드러난다.[60] 논리적인 증명보다는 다루기 힘든 삶에 더 가까운 「경험에 대하여」는 옆길로 새기도 하면서 두서없이 진행되며, 논증과 인용에 일화와 재치 있는 논평을 결합하고, 주제를 되풀이하거나 여러 각도에서 조망한다. 불규칙하며 하나의 통일된 서사로 환원될 수도 없는 이 글 자체의 시간성은 몽테뉴의 저작 전체에서 발견되는 시간 그 자체에 대한 비체계적인 숙고를 끊임없이 복제한다.[61] 괴테가 자신의 그 걸작 희곡이 하나의 사상으로 환원될 수 있는가라는 질문에 대해 분연히 한 말—"내가 『파우스트』에서 묘사하는 삶은 풍부하고 다채로우며 매우 다양하다. 만약 내가 단일한 사상이라는 가는 실로 그러한 삶을 꿰려 했다면 아마 한심한 작품이 됐을 것이다."[62]—은 겉보기에 무질서한 「경험에 대하여」의 구성에 대한 몽테뉴의 변명으로도 쉽게 활용될 수 있다. 「경험에 대하여」는 결국, 실질적으로 주장하는 바를 수행적으로 예시하는 글이다.

몽테뉴는 무언가를 분명하게 정의하거나 연역적으로 환원하는 방식이 경험을 매우 값지게 만드는 예측 불가능한 학습 과정을 방해할 것이라고 말했다. 치안판사로 재직하던 시기에 그는 판례들을 수월하게 포섭하는, 구속력 있고 일의적인 법률을 입법화함으로써 정의를 획득하려는 시도보다는, 추상적 법령들을 지성뿐 아니라 감정에도 토대를 둔 개별 사례들에 맞게 해석하고 적용하기 위한 판사용 지침서를 만들었다.[63] 그가 보기에는, 성경의 자구에 호소함으로써 논란을 잠재우려는 개신교도들의 노력 역시, "새롭게 발명하는 것보다는 기성의 것을 언급하는 것이 덜 적대적이고 덜 신랄하다는 듯이", 똑같이 무익한 전제에 기대고 있었다.[64]

절대적 진리를 획득하려는 시도에 대한 몽테뉴의 불신은, 1560년대에 섹스투스 엠피리쿠스가 피론주의 저작들을 복구하고 키케로가 '아카데미아

학파'의 회의주의에 새롭게 관심을 갖게 된 데 따른 회의주의의 부활에 그가 빚졌음을 분명히 보여준다.[65] 몽테뉴는 가톨릭을 완전히 부인하진 않았지만, 종교개혁 시기에 독단적 신학을 겨냥한 비판들에 심취해, 기적이나 주술에 대한 믿음을 거부하고 타고난 원죄라는 논증에 저항했다. 그와 프랑스 국왕 앙리 4세 간의 우정은 위그노들에게 관용을 베푼 1598년의 낭트 칙령이 선포된 결정적인 계기로 간주되기도 했다. 몽테뉴는 육체의 쾌락과 고통에 맞춘 철저하게 세속화된 방식으로, 교회가 그토록 비난했던 피조물의 관능성을 찬양했다. 따라서 그는 구원이 아니라 좋은 삶의 유지에 관심을 두었고, 이 가르침은 18세기 계몽주의 자유사상가들이 그를 높이 평가하는 단초가 되었다.[66]

그러나 '경험'이 그에게 가르쳐준 것은 어떤 삶도 역설과 아이러니, 실망감에서 자유로울 수 없다는 점이었다. 전통적으로 몽테뉴의 삶을 스토아주의, 회의주의, 에피쿠로스주의의 시기로 나누어 설명하는데, 이를 받아들이든 아니든 한 가지 분명한 사실은, 그가 감각의 불확실한 신빙성을 포함해 인간 조건의 한계들을 철저히 인식했다는 것이다.[67] 심지어 인본주의적 자기 확신에 매우 중요한 프로타고라스의 저 유명한 말, '인간은 만물의 척도'라는 말조차 그의 의심을 비껴갈 수 없었다.[68] 그에 따라, 그의 사례에서 상당한 영향을 받은, 가톨릭 개혁 신학자 피에르 샤롱과 장 피에르 카뮈의 기독교 회의주의에서 알 수 있듯이, 그의 유산을 신앙주의의 표현으로 읽는 것이 가능했다.[69]

실제로 몽테뉴는 자신의 의심이 전면적인 염세주의나 세속세계로부터의 환멸적인 퇴각으로 전환되는 것을 결코 용납하지 않았다. 자신의 모토를 회의적인 질문인 "나는 무엇을 아는가Que sais-je?"로 정했을 때, 그는 그것을 자기 앎의 한계를 알 정도로 현명했던 소크라테스 같은 인물에 대한 일종의 헌사로 여겼던 것 같다. 이때 앎의 한계란 우리가 가진 많은 믿음을 입증도 논박도 못하는 무능력을 의미한다.[70] 몽테뉴의 저명한 찬미자 랠프 월도 에머슨이 주장한 것처럼, 그가 소크라테스로부터 도출한 교훈은 바로 이것이다. "앎이란 우리가 알지 못함을 아는 것이다."[71] 게다가 소크라테스는 정신과 감각을 대립시키지 않았으며, 따라서 고질적인 이원론에서 벗어날 수 있었다. 몽테뉴는 이에 동의하면서 다음과 같이 적었다. "소크라테스는 당연히 신체적 쾌락을 찬양한다. 그러나 그는 정신의 쾌락을 더 선호하는데, 그것이 더 많은 힘, 불변성, 용이성, 다양성, 존엄성을 갖기 때문이다. 그에 따르면—그는 그렇게 변덕스럽지 않다—후자는 결코 혼자 갈 수 없다. 다만 먼저 올 뿐이다. 그에게 있어 절제란 쾌락의 중재자이지 쾌락의 적수가 아니다."[72] 신체에 대한 몽테뉴의 태도는 생생한 현실로서의 신체 안에 온전히 거주하는 사람의 태도이지, 신체를 세상 속의 한 대상으로서 거리를 두고 조사하는 관찰자의 태도가 아니었다. 자기 이해는 시체에 대한 해부 같은 것일 수 없음을 그는 보여주었다. 이는 그를 20세기의 현상학자 모리스 메를로퐁티와 견주게 하는 부분이다.[73]

몽테뉴 자신의 놀라운 평온과 균형, 다시 말해 불확실성과 회의를 감내하고 모순과 모호함의 세계에서 위안을 찾는 능력은 인간 조건의 취약함을, 그리고 실제로 경험될 수 없는 한계점의 불가피함, 즉 죽음의 불가피함을 받아들이고 심지어 긍정하는 데서 가장 잘 드러난 듯하다. 키케로처럼(그리고 훗날의 마르틴 하이데거처럼) 그는 다음과 같이 말했다. "철학하는 것은 죽음을 준비하는 것이나 다름없다. (…) 죽음에서 낯섦을 제거하고, 죽음을 인식하고, 죽음에 친숙해지자. 죽음이라는 것을 마음에 가장 자주 떠올리자!"[74] 하지만 그도 인정하듯이, 여느 도전들과 달리 실제 경험을 통해 죽음을 배우는 것은 불가능하다. "우리가 수행해야 할 가장 위대한 과업인 죽음을 희망한다고 해서 그것을 연습한다는 것은 무익하다. 사람은 습관과 경험을 통해 고통, 수치, 곤궁을 비롯한 여러 사태를 방비할 수 있다. 하지만 죽음에 대해서는 단 한 번밖에 시도할 수 없다. 죽음에 관한 한 우리는 초보자다."[75] 죽음에 가장 가까이 다가가는 것은 의식불명인 채로 기절하면서 순간적으로 자아에 대한 인식을 상실하는 것이다. 잠자는 경험은 또 다른 유사를 시사하지만, 기껏해야 매개된 것에 불과하다. 조르조 아감벤은 다음과 같이 적었다. 몽테뉴는 "경험의 궁극적 목적이 죽음에 다가가는 것—즉 경험의 극단적 한계로서의 죽음을 예측해봄으로써 인간의 성숙에 이르는 것—이라고 정식화할 수 있다. 그러나 몽테뉴에게 이런 한계는 그저 근접해볼 수 있을 뿐 도저히 경험할 수 없는 것으로 남는다."[76] 이처럼 몽테뉴는 근래의 사상가들이 '한계경험'이라 부르게 되는 것을 탐구하면서, 심지어 그 가장 진실하고 충실한 경험에도 해결되지 않는 역설이 존재함을 인식했다. 리처드 레거신이 언급했듯이, 이런 점에서 "역설적으로 죽음은 상징적인 경험이 된다."[77] 왜냐하면 몽테뉴에게 죽음은 모든 경험의 한계를 의미하기 때문이다. 이후 한계경험의 전문가들이 그 경계를 가능한 한 멀리 밀어내려는 부단한 욕망을 피력한 반면, 몽테뉴는 자신이 알고 있는 대로의 삶이 줄 수 있는 것을 기꺼이 따르려 했던 것으로 보인다.

: 베이컨과 과학적 실험으로서의 경험

사실, 몽테뉴의 많은 매력에도 불구하고 대단히 활동적이고 야심찬 그를 근대인의 모델로 삼기가 부적절한 이유는, 경험을 어쩌면 위험할 수도 있는 실험으로 전환하는 바람직한 일을 그가 이처럼 유보한 데 있었다. "회의주의자 몽테뉴는 보수적이다. 왜냐하면 그는 인간의 상상력을 경험의 한계에 의해 제약되는 것으로 보기 때문이며, 그에게서는 경험의 영역이 계속 불변의 크기를 갖기 때문이다. 그는 여기서 그 어떤 진보도 가능하리라는 것을 알지 못한다." 블루멘베르크는 이렇게 말한다.[78] 하지만 모호함에 대한 상대주의적 관용과 삶의 불행에 대한 인내 너머로 '나아갈 것'을 갈망한 근대 사상가들은 몽테뉴의 신조에—"나는 그 어떤 주제보다 나 자신을 연구한다. 그것이 나의 형이상학이요 나의 자연학이다"[79]—만족할 수 없었다. 그 대신에 그들은 세상으로 나아가 세상을 조사함으로써 새롭고도 믿을 만한 지식, 즉 이제까지 인간의 통제에서 벗어나 있던 것을 지배하는 데 유용한 지식을 얻고자 했다. 감각 경험에 대한 몽테뉴의 회의주의는 그들을 내성적인 체념으로 이끈 것이 아니라, 실패를 보상해줄 새로운 수단과 날것 그대로인 감각의 신뢰할 수 없는 결과를 극복시켜줄 도구에 대한 탐구로 이끈 것이다.

위대한 실험주의 화학자 로버트 보일의 주장에 따르면 "경험은 실제로 오성에 정보를 제공하게 된 이후로 이성의 조력자에 불과하다. 반면에 오성은 계속 심판관으로 남아 있으면서, 경험이 제공하는 증거들을 검토하고 이용할 권한 또는 권리를 지닌다."[80] 그러나 오성 그 자체는 좀더 실천적인 결과에 봉사한다. 근대 과학은 아모스 푼켄슈타인이 관조적인 지식 모델과 대비되는 것으로서 활동적인 지식 모델—단순한 추론보다 행위에 더 의존하는 지식 모델—이라 칭한 것을 획득했다.[81] 특히 베이컨은 진리를 유용성과 연결하고 학문과 기술을 통합하고자 했다.[82] 하지만 그 행위의 목표는 경험 자체를 위한 경험이 아니라, 경험이 제공해줄 수 있는, 외부 세계에 대한 지식이었다.

따라서 '경험'의 재판 결과 경험이 영혼과 육체, 개인과 문화, 지식과 믿음의 전체론적 통합을 제시하면서 한물간 스콜라적 합리주의나 종교적 교조주의에 대해 승리를 획득하던 바로 그 시점에, 새로운 비판자들이 경험의 가치—혹은 적어도 자족성—에 의문을 나타내면서 출현했다. 프랜시스 베이컨(1561~1626)과 르네 데카르트(1596~1650) 같은 위대한 인물들은 적어도 경험의 한 가지 변종이 내세우는 주장—몽테뉴의 『수상록』이 옹호하는 것—에 대해 처음으로 근대적인 불신을 명백히 드러냈다.[83] 베이컨과 데카르트는 페리고르에 있는 몽테뉴의 저택이 주는 평온함을 거부하고 헤라클레스의 기둥을 빠져나가—1620년에 출간된 베이컨의 『대혁신』 표지에 묘사된 오디세우스의 여행처럼[84]—미지의 세계를 탐험하고자 했다. 몽테뉴가 상식의 교훈을 곱씹으면서 독특함과 기이함의 수준에 머물기로 작정한 반면, 그들은 대중hoi polloi의 편견을 뛰어넘는 체계적이고 보편적인 지식을—베이컨은 여전히 이것을 자연 속의 '형상들'이라고 표현했다[85]—추구했다. 몽테뉴가 종종 논리와 수사의 조잡한 융합을 인정한 데 비해, 그들은 대체로 후자보다 전자에 특권을 부여했다.[86] 몽테뉴가 사견, 덧없음, 개연성에 만족한 반면에 그들은 외부 세계와의—임의적이기보다—계획된 조우 및 그 조우에 대한 규칙에 따른 설명에 기초한 과학적 진리 및 절대적 확실성을 갈망했다.[87] 몽테뉴의 접근이 총체적이고 변증법적인 데 비해, 그들의 접근은 가시적 표면의 차원 아래에 감춰진 진리를 찾는 원자론적이고 환원적인 것이었다. 우리가 베이컨과 데카르트의 야심을 담대한 새 출발로 여기든 아니면 스티븐 툴민이 암시한 것처럼[88] 17세기의 점증하는 정치적·종교적·경제적 혼란에 대한 두려움에 찬 응답으로 보든 간에, 그 결과는 몽테뉴의 『수상록』이 예찬해 마지않은 경험, 통합되고 안정되고 전체적이지만 언제나 개방적이고 잠재적인 그 경험의 가능성에 대한 믿음의 상실이었다.

새로운 과학, 즉 천문학에서의 코페르니쿠스 혁명이 일상의 상식적 경험에 야기한 거대한 도전 앞에서 그들이 보인 태도의 차이보다 그 변화를 더 명확히 보여주는 것은 없을 터이다. 몽테뉴는 「레몽 스봉에 대한 변호」에서 자신이 보기에 전통적 지혜를 반박하는 것인 코페르니쿠스의 새로운 이론을 언급하고는 다음과 같이 묻는다. "우리가 이 둘 중에서 어떤 것이 옳은지 신경 쓸 필요가 없다는 점 외에 달리 무엇을 얻을 수 있단 말인가? 그리고 지금으로부터 천 년쯤 뒤에 새로운 의견이 앞선 것을 전복시키지 않으리라고 누가 장담할 것인가? (…) 따라서 어떤 새로운 학설이 제시될 때, 우리는 그것을 일단 불신한 뒤 그것이 나오기 전에는 반대되는 것이 유행했다는 점을 고려할 필요가 있다. 그리고 이전의 학설이 이번 것에 의해 뒤집히는 것과 똑같은 방식으로 두 번째 것을 타도할 세 번째 발명이 미래에 생겨날 수도 있는 것이다."[89] 이와 대조적으로, 베이컨과 데카르트가 보기에 프톨레마이오스적 우주는 명백히 틀렸음이 입증되었고, 그것이 야기했던 일견 그럴듯해 보이는 지구 중심적인 상식적 '경험'은 이제 우주에 대한 보다 참된 이해, 우연적인 인간 주체의 유한한 관점을 넘어서는 우주 이해를 위해 간단히 폐기되었다.[90]

베이컨과 데카르트에게서 내려온 전통, 즉 어떤 지식을 낳고 모든 합리적 인간으로 하여금 그 지식의 진실성에 대한 정당한 확신을 갖게 하는 그런 체계를 초월하는 지식에 대한 갈망을 존 듀이는 '확실성의 탐구'라고 불렀다.[91] 만약 몽테뉴의 경험이 단지 관점주의적이고 오류 가능한 지식만을 제공하는 것처럼 보이고 더 이상 신뢰받지 못하는 스콜라주의적 합리론으로의 복귀 또한 불가능하다면, 베이컨이 말한 '대혁신great instauration'[92]이라는 것과 오직 엄밀한 탐구 규칙에 의해 검증될 수 있는 것에 대한 신뢰만을 허용하며 새롭게 시작하는 것이 불가피해진다. 베이컨은 전통적 의미에서의 "경험은 맹목적이고 어리석기 때문에, 사람들이 분명한 방침 없이 무작정 떠돌면서 자기 앞에서 일어나는 일만 생각한다면, 경험의 범위는 넓을지언정 앞을 향해 나아가는 것이 거의 불가능하다"고 불평했다.[93] 하지만 하나의 대안이 있었다. "경험의 올바른 질서는 일단 불을 밝힌 뒤 그 불로 길을 보여주는 것으로, 불규칙하고 변덕스러운 경험이 아니라 정연하고 잘 배열된 경험에서 시작해 그로부터 공리를 끌어내고, 이처럼 확립된 공리로부터 다시금 새로운 실험을 끌어내는 것이다. 하느님의 말씀이 아직 형태를 갖추지 않은 창조 재료에 질서 정연하게 작용한 것처럼 말이다."[94] 베이컨이 학문적 경험experientia literata—'읽고 쓰는 방법에 대한 가르침'에 의해 알려지고 학습된 경험들—이라 부른 것은 기본 지식의 첫 단계였다.[95] 그 결과 근대 과학이 입증 가능한 '사실들'로 간주하는 인식 단위들이 특권을 부여받는다.[96]

그런 신과 같은 증명을 제시할 수 있는 고유한 절차가 발견될 수 있으리라는 믿음은 과학혁명 이전에도 어느 정도 나타났지만—월터 옹은 그리스의 methodus, 특히 2세기의 헬레니즘 수사학자 헤르모게네스에 의해 전개된 지식 추구에서 그것의 기원을 찾았고 16세기의 프랑스인 피터 라무스의 변증법적 논리학에서 그것이 부활했다고 보았다[97]—방법의 숭배라고 불릴 만한 것이 정말로 시작된 것은 오직 과학혁명에 이르러서라고 이야기할 수 있다.[98] 한 논자의 언급에 따르면, '방법'은 가톨릭 전통에서의 성령의 방법과 유사한 기능을 하는데, 그것이 어떤 전통이 갖는 정당성의 숨은 원천을 식별했기 때문이다.[99] 그 결과 오직 감각에 의한 경험이 증언하는 것이 완전히 거부되는 것은 아니지만—어쨌든 데카르트는 우리가 종종 기만당한다고 말했지, 항상 그렇다고는 하지 않았다[100]—, 커지는 수학의 위신과 빨라지는 기술 혁신의 속도는 아무래도 경험의 권위를 약화시킬 수밖에 없었다.

과학자들 사이에서, 본유 관념innate idea에 대한 믿음에 기초한 데카르트의 보다 연역적이고 기하학적인 합리론[101]은 궁극적으로 베이컨의 귀납적인 대안보다 성공적이지 못했다. 베이컨은 과학자들의 공동체가 수행하는 조직적이고 연속적인 연구 계획의 중요성을 강조했다.[102] 몽테뉴는 「경험에 대하여」에서 "우리가 사건들의 유사성에서 이끌어내려 하는 추론은 불확실한데, 이는 그 사건들이 언제나 다르기 때문이다. 사물들의 이 다양성과 다변성이라는 측면에서 보면 보편적인 특징은 존재하지 않는다"라고 주장했다.[103] 하지만 이런 의심은 과학혁명에 따른 발견들로 인해 일소되었다. 막대한 영향력의 소유자 아이작 뉴턴은 몽테뉴 편에—혹은 이 문제와 관련해서는 데카르트 편에—서기보다는 베이컨 편에 섰다. 프로테스탄트의 내적 계시와 유사하게, 자연의 숨겨진 작업에 대한 공감적 통찰 및 그것과의 일체감이 타당한 지식의 원천이 될 수 있다는 파라셀수스 같은 앞선 인물들의 가정은 사라졌다.[104] 마찬가지로 이례적인 사례들, 즉 신의 본성이 하는 일상적인 일들로 이해될 만하지 않은 듯한 '이상한 사례들'에 대한 편견도 사라졌다. 이제 그것들은 좀더 심원한 규칙성들의 특권적인 사례로 간주될 수 있게 되었다.[105] 얼마 지나지 않아, 반복 가능한 경험들로부터의 일반화라는 이상—그래서 관측된 것을 자연법칙들의 작동에 따라 설명하려 하는—은 간단히 말해서 '과학적 방법'이 되었다. 하지만 그것은 흔히 현실의 과학 실행에서 무시되었을 수도 있고, 진화생물학 같은 특정 과학들에 어떤 식으로든 문제가 되었을 수도 있다.

'경험'의 행운을 위한 방법의 숭배에 따른 결론들 중에서 다음 네 가지를 특히 주목할 필요가 있다. 첫째, 믿을 만한 확실한 경험을 실증 가능한 실험과 새롭게 동일시하는 것은, 적어도 경험이 타당한 지식의 원천이 되리라고 기대될 경우, 경험의 재현 가능성과 공적인 성격에 대한 믿음을 의미했다. 데카르트는 첫 번째 조치로서, 의심을 자명한 진리로 여기는 회의적 자아로 퇴각한 몽테뉴를 모방했지만, 그 의심할 여지가 없는 자아의 의식에 있는 명석판명한 관념이—기만하지 않는 신의 호의에 따라—제시하는 세계의 실재로 재빨리 복귀했다. 분명 데카르트는 확실한 지식을 실재의 측면에, 특히 신체의 연장과 운동에 국한한 반면, 색깔이나 소리 같은 다른 것들은 주체의 신뢰할 수 없는 감관에 의존한다고 여겼다.[106] 그러나 그는, 적어도 철학자들이 '제2'성질에 대립되는 것으로서 조만간 '제1'성질이라고 부르게 되는 것을 모두가 인식하게 되리라고 확신했다.

베이컨과 더불어, '내적 경험'의 독특성과 형언 불가능성은 통제된 실험의 상호주관적 확증이 가능한 자료로 대체되었다. 올바른 방법이 다른 이들에게 학습될 수 있었던 만큼, 경험은 이해될 수 있을 뿐만 아니라 소통될 수도 있어야 한다. 실제로 경험은 정해진 방법을 따르려는 이라면 누구에게나 잠재적으로 유효할 것이며, 그 방법은 마술사의 비법(혹은 종교 지도자의 특별한 의식)과 달리 완전히 접근 가능한 것이어야 했다.[107] 과학자들은 해석적 기술들의 불확실성에 의존하는 몽테뉴의 판관과 같은 존재가 되지 말고, 조사와 증거라는 올바른 규칙들에 지배되는 집단이 되어야 한다. 1627년에 베이컨이 『새로운 아틀란티스』에서 묘사한 '솔로몬의 집'은 1662년에 정식 인가된 왕립협회를 필두로 하여 과학아카데미가 확산되는 데 모델이 되었다. 모든 지식에 대한 거대한 백과전서 프로젝트는 디드로와 계몽철학자들에 이르러서야 성취되었지만, 과학 지식의 목록에 대한 베이컨의 요청에서 이미 드러나 있었다.[108] 티모시 라이스가 주장했듯이, 베이컨이 보기에 이런 지식에 접근할 수 있는 이들은 일종의 '실험적 문해력'을 지닌 엘리트에 국한됨이 분명했지만, 그럼에도 불구하고 이 방법은 원칙적으로 모든 사람이 배울 수 있는 것이었다.[109] 구체적 실험들의 검증 가능하고 신뢰할 만한 보고들에 대한 새로운 신뢰—고결한 행위와 정중함의 신사적 규칙들에서 추론되어 '가상적 목격virtual witnessing'이라 불려온 것[110]—는 새로운 발견들의 급속한 확산을 가능케 했다. 또한 역설적이게도 경험 주체의 이러한 민주화는 그 주체가 육체를 벗어나 방관자적 입장을 취하는 데카르트의 코기토—모든 인간을 규정하는 것으로 가정된—라는 어떤 단일하고 보편적인 모델로 은연중에 환원됨을 의미했다. 몽테뉴의 주체 역시 자신의 독특한 경험을 타자와 공유할 수는 있겠지만, 그렇다고 그가 이 경험이 대화 상대들의 경험으로 완전히 대체될 수 있다고 여긴 것은 아니다. 이와 반대로, 데카르트와 베이컨의 주체와 더불어 질적 차이는 양적 통약 가능성하에 무력화되었고, '출처 불명의 관점view from nowhere'을 향유하는, 인식의 암묵적 메타 주체가 탄생했다. 개인사와 기이한 취향을 가진 심리학적 주체는 그것의 인식론적 분신에서 쪼개져 나왔고, 이제 그 인식론적 분신은 종 전체에 걸친 것으로 상정되었다. 테일러가 주장했듯이, "데카르트가 요구하는 것은 경험 '속의' 혹은 경험을 '통한' 삶을 중단함으로써 경험 그 자체를 하나의 대상으로, 또는 같은 말이지만, 다른 누구의 것이어도 좋을 그러한 경험으로 다루는 것이다."[111] 그러니 훗날 근대 주체성의 유럽 중심적이고 남성 중심적인 근거를 비판한 사람들이 데카르트의 코기토와 베이컨의 자연에 대한 집단적 지배를 공격 목표로 삼은 뒤, 통약 불가능한 경험이라는, 좀더 문화적으로 매개되고 신체적 맥락을 갖는 개념을 되찾고자 노력한 것은 놀라운 일이 아니다.[112]

두 번째로 중요한 함의는 심리학적 주체와 인식론적 주체를 구분한 데 기인한다. 후자의 초월화와 탈인격화는 개별 인간의 수명을 넘어서는 확장을 의미했다. 자연을 탐구하는 일은 누적되는 것으로서 완벽한 지식 외에 어떤 종착점도 갖지 않았다.[113] 그 결과 몽테뉴의 경험 개념에서 상당 부분을 차지하는 우리의 불가피한 유한성과의 심오한 대면은 이제 추방되었다. 몽테뉴는 "우리의 탐구에는 끝이 없다. 우리의 끝은 저승에 있다"라고 말했다.[114] 이에 대해 베이컨과 데카르트, 그리고 그들의 추종자들은 과학적 경험의 주체, 그 사심 없는 탐구자들의 지속적인 공동체는 불멸한다고 주장했다. 죽음이라는 한계경험은 지식에 대한 끝없는 탐구를 더는 방해할 수 없게 되었다.

셋째, 몽테뉴에게서 (그리고 경험의 좀더 변증법적인 개념에서) 과거의 시행착오에 대한 기억은 경험 자체의 일부로 남아 있지만, 과학적 방법에서는 그 기억이 더 이상 관련이 없는 것으로서 의도적으로 삭제된다. 한스 게오르크 가다머에 따르면, 과학적 방법에서 "경험은 그 경험이 확정되었을 때에만 타당하다. 따라서 경험의 위엄은 경험의 근본적인 재현 가능성에 달려 있다. 하지만 이는 경험이 바로 그 본성에 의해 역사를 폐지함을 의미한다."[115] 잘 알려진 것처럼 과거를 의심스러운 권위로 간주하고 일소하는 데카르트의 태도는 신비로운 매력으로 인해 과거 사상가들을 혼란스럽게 만들었던 그릇된 견해 혹은 (종족, 동굴, 시장, 극장이라는) 우상idola에 대한 베이컨의 폭로와 잘 어울렸다. 따라서 흔히 근대 철학 전체에 귀속되는 근본주의적 탐구는 코젤레크가 근대Neuzeit를 식별하는 지표로 언급한, 과거의 경험과 기대 지평 사이의 커지는 간극과 밀접한 관련이 있었다. 몽테뉴는 민간에서 전승된 속담 및 격언에 매료되는 것을 비롯해 고대인에 대한 사려 깊은 존경심을 보였는데, 이러한 점은 이제 한물간 것으로 보였다. 피터 디어가 설득력 있게 제시했듯이, 특정 시간과 공간에서 일어났다고 이야기될 수 있는 결정적 실험experimentum crucis인 독특한 역사적 경험에 대한 새로운 존중이 과학의 새로운 사고방식으로 정의됐는지는 모르겠지만,[116] 어쨌든 과거의 실수와 그릇된 가정의 역사는 신뢰를 잃어버렸다.

끝으로 넷째, 몽테뉴가 오류가 있을지언정 경험에 꼭 필요한 토대로서 옹호했던 감각에 기초한 신체적 학습은 이제 점차 '객관적인' 도구들로 대체되기 시작했다. 그 도구들은 외부 세계의 자극을 좀더 정확하고 공정하게 기록한다고 여겨졌다. "인간 아닌 것들의 증언the testimony of nonhumans"[117]이라 불려온 것이 이제 근대 과학의 실험실에서 살과 피를 가진 목격자들—그들의 도덕성과는 무관한—의 증언으로 바뀌었다. 물론 이런 도구들은 그것들이 제공하기로 되어 있는 확실성을 자동으로 가져오지는 않았다. 심지어 아감벤은 "갈릴레오의 망원경을 통해 보이는 것은 경험의 확실성과 경험에 대한 믿음을 제공하는 것이 아니라, 데카르트의 회의, 그리고 하는 일이라곤 우리의 감각을 기만하는 것뿐인 어떤 악마에 대한 데카르트의 저 유명한 가설을 제공한다"고 주장했다. 하지만 역설적으로, 그 해결책은 항상 명확하고 불편부당한 인공 장치로 상정되었다. "실험으로 행해지는 경험에 대한 과학적 검증은 (…) 경험을 가능한 한 개인 바깥에 있는 것들인 도구와 숫자로 대체하는 것으로써 이 확실성 상실에 응수한다."[118] 결국 몽테뉴식 경험을 규정하는 내성적 반성성은 이제 철저히 억압되거나 제외되어 버렸다. 그리고 과학적 탐구의 대상들은—새로운 기술적 수단에 의해 '폭로'되든 새로운 이론에 의해 '구성'되든—일상의 친숙한 세계로부터 점차 거리를 두게 되었다.

그 시대의 가장 혁신적인 도구들—망원경과 현미경—이 특히 한 가지 감각의 범위와 예리함을 확대하는 한, 과학적 경험은 대상과 거리를 둔 채 지식을 생산하는 시각의 능력으로 인해 다른 감각들보다 시각에 특권을 부여하는 경향이 있었다.[119] 심지어 베이컨은 평범한 시각이 사물의 표면에만 머물고 그 아래의 비가시적 세계는 보지 못한다는 이유로 평범한 시각을 혹평하면서도, 궁극적으로 그 세계의 비밀이 "폭로될 수" 있으리라는 희망을 잃지 않았다.[120] 자연의 비밀을 '엿듣는overhearing'다는 파라셀수스의 은유는 이제 매장되었다.[121] 르네상스 유화에서 이루어진 원근법적 공간 묘사의 혁신으로 선동된 시각의 헤게모니는 다른 감각들의 평가절하를 의미했을 뿐만 아니라 경험 일반의 탈맥락화를 의미했다. 몇몇 유명하지 않은 인물을 제쳐둔다면—무명의 포르투갈 철학자 주앙 푸앵소(1589~1644)는 규칙을 증명하는 예외의 역할을 수행함으로써 최근에야 부각된 인물이다[122]—근대 사상가들은 경험의 기호학적, 문화적 매개를 억제하고 주로 시각적인 순수한 관찰과 통제된 실험에 확고하게 경험의 근거를 두려는 경향이 있었다.

적어도 막스 베버 시대 이후, 모더니티는 점점 더 세분화되는 가치 영역들의 차별화를 의미한다고 흔히 이야기되었다. 인식적, 도덕적, 미학적 제도들과 담론들이 상대적인 자율성을 획득했고 각기 자신만의 내적인 발전 논리를 드러냈다. 실제로 그것들 안에서 전문화가 이루어지면서 상당수의 변별적인 하위 영역과 쉽게 공약수를 찾을 수 없는 개별 학과들이 양산되었다. 전체는, 정의될 수 있을지는 몰라도, 일관된 방식으로 들어맞지는 않았다. 근대 세계는, 더 이상 거대한 존재의 사슬, 다수의 공명하는 유사성, 코스모스와 폴리스가 조화를 이루고 있는 코스모폴리스 같은 측면으로 이해되지 않으면서, 프리드리히 실러가 '탈주술화disenchantment'라 부른 것, 베버에 의해 유명해진 그것을 수용하지 않을 수 없게 되었다. 브뤼노 라투르가 하이브리드의 구성 부분들로의 근대적 분할—주체와 객체, 문화(혹은 사회)와 자연, 정신과 물질—이라 부른 것은 정화 작용과 경계의 창출에 대한 선호를 의미했다.[123] '괴리'나 '소외'나 '분열'로의 타락 이전이라고 여겨지는 시대에 대한 향수를 피한다 할지라도, 모더니티가 기능의 점증하는 전문화와 삶의 보다 통합된 감정의 상실을 수반한다는 것은 분명해 보인다.

이와 유사한 과정은 몽테뉴가 통합하고자 했던 총체적 경험이 몇몇 하위 변종으로 명백히 분화된 데서 볼 수 있다. 과학적 경험은—이것은 실수투성이 신체보다는 공정한 도구들에 위치하는 초월적이고 탈육체적이고 불멸하는 종의 주체에 근거를 둔다—앞서 보았듯이 경험과 실험의 어원학적 연결을 활성화시킨 반면 과거의 축적된 지혜가 갖는 가치를 소멸시켰다. 하지만 이는 의심을 완화시키기는커녕, 인식론의 후예들에게 새로운 의심을 불러일으키고, 18세기에 이성적 형이상학의 쇠락에 따라 출현한 지식의 주체와 조건들에 대한 탐구를 불러일으켰을 뿐이다. 최근 '데카르트의 문제'로 회자되는 것은 두 가지 차원을 지닌다.[124] 첫째는 일상의 감각 경험과 그 경험을 산출한다고 가정된, 세계의 기계적·수학적 작동 사이의 균열 혹은 적어도 불명확한 연결에 대한 것이다. 철학자들과 과학자들이 점점 더 궁금해 하는바, 실재의 숨겨진 심연(스콜라 철학에서 '오컬트occult'라 부르는 것)과 겉으로 드러난 현상 사이의 관계는 무엇인가?[125] 둘째 차원은 감각 경험들과 그것들이 만들어내는 명제적 사유 혹은 언어적 재현 간의 관계에 대한 것이다.

다음 장에서는 인식적 측면에서 '경험'이라 불리는 것의 역할을 해명하고자 했던 이론가들, 예컨대 존 로크, 데이비드 흄, 이마누엘 칸트 사이에 제기된 핵심적인 논쟁들을 추적할 것이다. 3장에서는 경험이 도덕의 영역에서, 혹은 좀더 정확히 말해서 종교의 영역에서 탐구되는 방식에 초점을 맞출 것이다. 앞서 언급했듯이 이런 영역에서는 일상적 삶과 신비주의의 가치화가 좀더 이른 시기에 권리를 주장했다. 4장에서는 새롭게 발전하기 시작한 예술 담론에서의—예술 분야는 18세기에 와서야 비로소 자신의 담론을 형성하기 시작했다—경험에 대한 특별한 주장들을 재고해볼 것이다. 여기서는 예술작품 자체와도 분리되고, 인식적 경험이든 도덕적 경험이든 다른 유형의 경험들과도 분리되는, '미학적 경험'이라 불리는 것의 가능성에 대해 논구할 것이다. 5장에서는 정치와 관련해 경험에의 호소를 살펴볼 텐데, 보수적 사상을 가진 사람이나 급진적 사상을 가진 사람이나 모두 경험의 잠재력을 동원했음을 주목할 것이다. 6장에서는 역사학자들과 역사철학자들이 보여준, 역사적 탐구의 대상이자 오늘날 그 탐구가 낳은 산물인 경험의 역할을 이해하려는 시도들을 다룰 것이다. 그런 뒤 후반부에서는 지난 세기의 다양한 사상가들을 통해서, 그들이 경험의 단절이라며 한탄스러워한 바를 치유하려 했고, 또한 몽테뉴의 견해를—적어도 어느 정도까지는—복원하면서 좀더 전체론적인 대안을 만들어내거나 회복하려 했음을 살펴볼 것이다. 어떻게 그 대안이 일견 역설적으로 보이는 '주체 없는 경험'을 낳으면서 모더니티의 데카르트적 주체에 대한 근본적 비판을 전제했는지를 보이는 것이 이 마지막 장들의 과제가 될 것이다.

2장

경험과 인식론

경험론과 관념론의 경쟁

:
:

몽테뉴가 애매모호하게 긍정한 회의주의—감각의 오류 가능성과 육체의 허약함에 대한 관대한 승인—는 초기 근대 사상가들의 조바심을 쉽게 견뎌낼 수 없었다. 그들은 과학이 폭로한 세계에 관해 확실한 지식을 획득하고자 안달이 나 있었기 때문이다.[1] 민간의 지혜에 담긴 교훈과 고대인들의 가르침에 대한 그의 배려—그는 이것들을 맹목적으로 따르지 않았으나 존중했다—도 마찬가지 운명을 겪었다. 데카르트와 더불어, 과거의 실수를 피하고 확신 속에서 미래를 조망하며 새롭게 시작하려는 갈망이 나타났다. 또한 과학의 새로운 위신은 자기반성과 자기 발견에 대한 몽테뉴의 심취와 단호히 결별하는 것을 의미했다. 경험이 진지하게 수용되기 위해서는 공표되고 복제될 수 있어야 했고, 객관적 도구들에 의해 검증 가능해야 했다.[2] 그에 따라 개인의 죽을 운명을 삶의 본질적 과업으로 받아들이는 몽테뉴의 입장은 주체를 과학적 연구자들의 불멸의 공동체와 동일시하는 사고방식과는 걸맞지 않아 보였다.[3] 과학적 탐구는 구원을 향해 나아가는 순례자의 자세나 죽음에 직면해서도 초연할 수 있는 인문주의자의 성숙함과는 근본적으로 다른 것으로 이해되었다. 그것은 화해가 아니라 장악에 목적을 둔, 지식에 대한 무한한 탐색이었다. 따라서 호기심에 굶주린 주체는 개인의 행복이나 구원에 목마른 우연적인 주체와 분리될 수밖에 없었다.[4]

하지만 데카르트와 베이컨이 전력을 다해 누그러뜨리고자 한 의심은, 경험의 수수께끼에 대한 그들의 해법이 매력을 잃자 신속하게 복귀하고 말았다. 연역적 이성 및 본유 관념에 대한 데카르트의 신념과 귀납적 실험에 대한 베이컨의 확신이 있는 실상을 드러냈다. 그러한 믿음은 그들이 추구한 확실성의 토대를 제공해줄 수 없었던 것이다. 리처드 포프킨이 근대 회의주의에 대한 고전적 연구에서 주장하듯이, "피론주의라는 유령이 유럽 철학을 배회하고 있었고, 철학자들은 이론적 회의를 극복하거나 인간의 모든 확신을 훼손하지 않으면서 이론적 회의를 수용할 방법을 찾으려 분투했다."[5] 과학자, 그중에서도 수학에 기초한 영역(예컨대 역학이나 천문학)에 종사하는 이들은 확실한 지식을 얻는 것에 대해 계속 낙관적이었지만, 다수의 철학자는 심지어 단호한 회의주의를 배제하려 애쓰면서도 신념이 흔들리기 시작했다. 데카르트가 생각한 이성과 감성의 위태로운 조화—본질적인 실재에 대한 역학적인 이해를 일상에서 만나는 그 실재의 현상들과 조화시킬 수 있다는 그의 믿음—는 해명되지 않았다.

그 결과, 적어도 순전히 합리주의적인 형이상학을 옹호하는 베네딕트 스피노자나 니콜라 말브랑슈를 추종할 수는 없었던 이들 사이에서는, 확실한 것the certain에 대립하는 것으로서의 개연적인 것the probable에 대한 새로운 존중과 과학적 조사에서조차 그것의 역할을 용인하려는 열망이 출현했다. 루돌프 아그리콜라 같은 르네상스 수사학자들은 변증법과 개연성을 결합시켰고, 오늘날 수사학적 전통에 대해 여전히 강한 혐오를 드러내는 사상가들 사이에서도 이와 유사한 경향들이 나타나고 있다.[6] 모더니티를 종종 몽테뉴의 잠정적인 대안에 대해 데카르트의 오만한 확실성 탐구가 승리를 거둔 것으로 정의하기는 하지만,[7] 많은 계몽주의 사상가는 명석판명한 본유 관념이나 귀납적으로 발생한 영원한 진리들보다는 덜한 어떤 것에 만족하고자 했다(혹은 그것들보다 더한 어떤 것을—이때 '더한' 것이 그리 명백하지 않은 진리일지라도—얻고자 희망했다). 그 결과 경험이 객관적인 도구들과 비인격적인 숫자들의 무한한 세계로 추방되는 것이 점차 종식되었다. 하지만 직접적인 경험이 무대 중심으로 복귀했을 때, 그것은 꽤 시들고 허약해진 모습이었다. 경험은 더 이상 몽테뉴의 말처럼 "영혼의 위대함이란 더 위로 더 앞으로 몰아대는 것이라기보다 스스로를 정연하게 하고 제한하는 방법을 아는 것"[8]임을 가르치는, 지혜의 강력한 촉진제가 아니게 되었고, 대단치 않고 문제가 있지만 불가피한 앎의 수단, 더 적절히 말하자면 외부 세계를 '이해하는' 수단으로 축소되었다. 덧붙이자면, 몽테뉴가 본질적으로 전체적인 경험 개념 **내의** 제한으로 인식했던 것이 이제는 경험의 변형들 **사이의** 한계 혹은 경계를 강조하는 것으로 되어버렸다. 게다가 경험의 중심지로서 온전한 생을 지닌 신체는 '신뢰할 수 있는'(그러나 확실치는 않은) 지식의 탐구를 위한 매개체로서 오감들로, 그중에서도 특히 시각으로 대체되었다.

절대적 진리의 새로운 토대에 대한 희망은 좌초되었을지 모르지만, 과거 권위자들의 '경험'에 대한 데카르트의 혐오는 근대 인식론의 전통에서 여전히 강력하게 존속했다. 과거의 시행착오를 넘어서기보다 오히려 너그럽게 끌어안는 (그래서 과학적인 개념에 대립하는) 완전히 변증법적인 경험 개념은, 비록 혼합된 성과이긴 하지만 게오르크 빌헬름 헤겔에 와서야 비로소 부활할 것이었다. 과거로부터의 학습으로서의 '경험'이 앞선 시기의 사상가들에게 받아들여졌을 때(뒤에서 살펴볼 흄의 사례처럼), 그것은 심리학적 수준에서 기능해, 안전한 지식의 기초가 되기보다 단순한 믿음을 설명하는 데 그쳤다. 그런데 많은 이에게 이것은 회의주의에 대한 굴복으로 여겨졌다. 마르키 드 콩도르세와 에티엔 드 콩디야크 같은 몇몇 프랑스 계몽주의 사상가는 '실수'를 범하기도 하면서 이리저리 추측해보는 방식의 중요성을 인식했고, 발견 과정에서의 오류의 위험을 기꺼이 감수했으며, 또 언제나 인간의 인식이 완벽에는 미치지 못하는 그런 방식들을 겸허히 인정하기도 했지만, 그렇다고 오류 자체를 헤겔처럼 진리의 더 고차원적인 변증법적 개념에 편입시키지는 않았다.[9]

19세기 후반과 20세기에 좀더 통합적이고 강력한 경험 개념을 되찾으려는 다양한 노력이 인식론적 의문들, 시각적 관찰에 대한 과도한 의존, 그리고 자연과학에 대한 심취로 그 개념을 환원하려는 시도를 비난하게 된 것은 그리 놀라운 일이 아니다. 이러한 태도는 종종 인용되는 딜타이의 불평에서 가장 잘 드러난다. "로크, 흄, 칸트에 의해 조작된 인식 주체의 정맥 속을 흐르는 피는 진짜가 아니다. 그것은 다만 오성적 활동으로서의 이성의 희석된 체액일 따름이다."[10] 혈관을 채운 것이 이성인지 다른 무엇인지에 대해서는 논란이 있을 수 있겠지만, 딜타이는 자신이 언급한 인물들에 의해 검토된 경험의 창백하고 제약된 특징에 대한 일반적인 가정을 드러냈다.

물론 그들은, 경험론(때로 감각주의나 연합주의)과 합리론(더 명확하게 말하자면 초월론적 관념론)이라고 불리게 된 두 개의 철학 전통으로 통상 이해되는 것에 속해 있었다. 그렇지만 그들은 지식의 토대로서 연역적 이성이나 교조적 계시나 문자적 권위를 특권화하기를 거부하고 그 자리에 경험을 놓았다는 데서 일치했다. 게다가 그들은 경험 자체를 기본적으로 인식론적인 질문으로 환원하고 그 외의 차원은 배제한 것에 대해 공동의 책임을 지고 있었다. 이 장에서 우리는, 경험이 더는 존재론적 진리의 절대적 확실성을 보증한다고 가정할 수 없지만, 그래도 다소 기초적인 지식을 구성하는 데 있어서의 경험의 역할에 대한 실현 가능한 이해를 제시하려는 그들의 분투의 주된 특징을 개략적으로나마 묘사해볼 것이다. 존 로크와 데이비드 흄이 수동적인 경험 개념의 옹호자라는 익숙한 자리를 부여받는 반면, 이마누엘 칸트는 전통적인 외관에 따라 인식론적 전통—능동적 정신의 단순한 심리학적 이해보다는 초월론적 이해에 근거를 둔 전통—의 좀더 능동적인 국면의 선동자로 나타날 것이다. 하지만 우리는 이러한 관습적인 초상들이 그들의 저작에 담겨 있는 다른 경향들에 의해 복잡해지는 방식에도 주목할 것이다. 이때 능동적/수동적이라는 단순한 이분법의 설정은 의심스러워진다.

인식론의 장에서 작업한 철학자들과 철학사가들이 지속적으로 해온 복잡한 논증과 반론을 모두 제시하기란 불가능하므로, 경험 담론의 변형들이 본격적으로 경합하는 곳—윌리엄 블레이크에게 빌린 노래들의 은유가 진가를 발휘하는 곳—으로 옮겨 가기에 앞서 여기서는 가장 핵심적인 대목만을 주목하고자 한다. 따라서 이어지는 글에서는 끝없는 비평의 원천이 되어온 인물들의 복잡성을 공평하게 다루기보다, 이상적 유형이나 합리적 재구성의 본성에 대해 더 많이 고찰할 것이다. 최적의 상황들 속에서 핵심의 추출을 요하는 자료가 우리를 압도할 정도로 상당하다는 점뿐만 아니라, 인식론적 전통의 비판자 다수가 그 유산을 본질적이고 종종 환원적인 방식으로 이해하면서 작업했다는 점이 그나마 이런 방식의 변명이 될 것이다.

: 로크와 감각 경험

그리스 의학과 중세 그리고 르네상스의 신비적 실천 시대 이후로 그것에 붙은 경멸적 함의를 완전히 떨쳐내거나 섹스투스 엠피리쿠스가 개시한 회의주의적 전통과의 연결을 잃어버린 것도 아니지만, '경험적empirical'이란 단어는 17세기, 특히 영국에서 새롭게 존중받기 시작했다.[11] 볼테르가 말한 아이작 뉴턴의 '철학적 겸손함'은 데카르트의 오만함에 대해 점차 승리를 거두었다. 데카르트가 의심스러운 과학적 결과를 제출한 것으로 여겨졌을 때 특히 그랬다(예컨대 빛이 즉각적으로 전해진다는 그의 주장은 1676년 목성의 위성을 관측한 덴마크 천문학자 올레 뢰머에 의해 반박되었다). 이제껏 알려지지 않았던 사람들과 동식물상이 기존 사고의 정돈된 범주들에 통합되는 것에 저항한 비유럽 지역과의 점증하는 접촉은 관찰의 결실들에 새로운 존경을 표했고, 이것은 또한 망원경의 도움을 받은 천문학 분야의 코페르니쿠스 혁명에 의해 추가적인 특권을 부여받았다. 그토록 오랫동안 돌팔이 취급을 받았던 의학 같은 분야에서도, 비교조적인 유연성과 실험 열의의 결과로 1750년대에 유익한 혜택이 생겨나기 시작했다.[12]

연역적 추론, 이론적 사변, 직관적 오성과 대조적으로, 경험론empiricism은 귀납적 과학의 방법—이 방법의 힘은 베이컨 시대 이후 널리 알려져 있었다—과 느슨하게 연결되어 있었다. 베이컨은 다른 논자도 아닌 바로 헤겔로부터 경험론의 아버지라 불렸다.[13] 그렇지만 그는 『신기관』에서 경험론자들을 개미에 비유하면서 이들이 "단순히 사물들을 수집해서 그것들을 이용할 뿐"이라고 폄하했으며,[14] 자립적인 관찰보다는, 자연이 자신의 비밀을 드러내게끔 하는 좀더 신뢰할 만한 방식을 추구했다. 그러나 가장 저명한 영국 경험론자들인 존 로크, 조지 버클리, 데이비드 흄의 영향하에서[15] 강조점의 현저한 변화가 일어났다. 제한된 귀납적 실험을 통해 자연의 신비와 자연의 보편적 '형상'을 드러낸다는 베이컨의 확신뿐만 아니라, 자연에서 그 비밀을 추출하는 데 이용되는 절차와 도구에 절대적으로 의존하는 것에 대한 그의 믿음도 마찬가지였다. 이렇듯 베이컨의 학문에 담긴 공격적이고 지배적인 충동은 '경험'의 좀더 수동적이고 인내심 있는 계기가 다시 한번 전면에 나서면서 미묘하게 수정되었다. 그리고 이런 변화는 감각 자료의 '소여givens'로 알려진 것에 대한 새로운 관심에 의해 표현되었다.[16] 급기야 흄의 시대에 이르러 귀납법 자체는 인식의 도구로서는 의심스러운 것이 되었다.[17]

이언 해킹은 이런 변화가 생긴 배경을 두고 '개연성probability의 출현'이라고 불렀다.[18] 개연성은 처음에는 참된 지식과 반대되는 단순한 의견의 영역에 결부되었고 권위 있는 식자들이 발표한 관념들의 '승인'과 동일시되었지만, 16세기에 예수회의 결의론casuistry과 연결되면서 이미지가 한 단계 추락했다. 예수회가 보여준 증언과 편의에의 호소라는, '개연론probabilism'의 의문스러운 방법은 확률에 대한 근대 과학의 입장이 도입되기까지는 여전히 극복되어야 할 점으로 남아 있었다. 역사가들은 1660년경 포르루아얄 수도원의 얀센주의 신학자/논리학자/수학자로 이루어진 우수한 집단에 의해 중요한 변환점이 마련됐다고 본다. 가장 유명한 인물로는 앙투안 아르노, 피에르 니콜, 블레즈 파스칼이 있다.

해킹은 그 새로운 이론의 양면성에 주목한다. 우선 개연성은 몽테뉴에게서 보았듯이 인식자 측의 모호함과 불확실함에 대한 관용을 의미했다. 베이컨과 데카르트는 참된 학문을 위해서는 무익한 것이라고 이러한 관용을 비난했지만, 아그리콜라 같은 수사학자들에게는 이러한 관용이 유용했을 것이다. 또한 개연성은 주사위 던지기나 인구 성장 같은 무수한 사건에서 있을 법한 빈도들에 대한 이론을 의미했다. 사실 이것은 엄청난 혁신이었다.

인식론적인 것에 대립하는 것으로서 해킹이 무작위적aleatory이라 부르는 이 후자의 의미는 임의적으로 보이는 사건들의 표면 아래에 통계적 계산이라고 알려지게 된 것을 통해 드러날 수 있는 규칙적이고 고정된 패턴이 존재한다는 가정에 기초한다. 파스칼과 이후의 개연성 이론 기여자들인 야코프 베르누이, 피에르 시몽 라플라스 같은 이들이 이러한 패턴을 해명하기 위해 기울인 수학적 노력은 그 어떤 것보다 정교했지만, 그들의 야심찬 기획의 전제는 놀랄 만큼 전근대적이었다. 베이컨과 데카르트가 경멸한 연금술과 점성술 같은 '미천한 과학들low sciences'은 자연이 읽기 쉬운 텍스트라는 가정에 근거한 것이었다. 파라셀수스의 '특징설doctrine of signatures'은 세계가 해독 가능한 것인 유사성과 친연성에 의해 작동함을 의미했다.[19] 개연성 이론 또한 임의적으로 보이는 사건들의 표면에서 좀더 심원한 패턴의 징조를 찾고자 했지만, 그것이 활용한 방법은 짐작 가능한 결과에 대한 수학적 계산일 뿐이었다.

개연성 이론의 양면, 즉 인식론적인 것과 무작위적인 것(주관적인 것과 객관적인 것이라고 부를 수도 있는)의 관계는 다음과 같다. 비록 인간은 자연과 사회의 작동 방식에 대해 불완전하고 불명확한 이해, 즉 완전히 정확한 지식으로 대체 불가능한 의견밖에 가질 수 없지만, 무력화하는 회의주의로 후퇴하는 것은 옳지 않다. 왜냐하면 표면 아래에는, 각각의 개별 사건까지는 아니더라도 다수 사건의 행위를 지배하는 패턴이 실제로 존재하기 때문이다. 심지어 개별 사건도 궁극적으로는 임의적이기보다 결정론적일 수 있겠지만, 오류에 빠질 우려가 있는 인간으로서는 신과 같은 전능함을 바랄 수 없는 이상 확률 계산이 드러내는 좀더 크고 근사치에 가까운 패턴에 만족해야 할 것이다. 하지만 극단에 치우친 회의주의가 야기할 수도 있는 혼돈 상태를 두려워할 필요는 없다. 궁극의 원인은 계속 숨어 있을 수도 있겠지만, 적어도 자연—마찬가지로 사회—에서 계속되는 규칙적인 패턴들은 식별될 수 있다. 그리고 18세기의 계몽사상가 콩도르세 같은 좀더 낙관적인 개연성 연구자들이 믿게 된 것처럼, 미래까지 이어지는 패턴들도 마찬가지일 것이다.[20]

따라서 개연성의 출현 이후, 궁극적 진리의 앎에 대한 베이컨의 다소 엄격한 기준을 완화하고 지식의 비인격적 도구들에 대한 그의 믿음을 수정한 비베이컨적 경험 개념이 뒤따라 나올 수 있었다. 누군가는 여전히 영국 경험론의 전성기 동안 잔존했던 문화적 위기에 대해 논할 수도 있겠지만—실제로 17세기 중반의 종교 전쟁에 대한 기억은 '종교적 열광'의 잔존하는 힘을 우려할 정도로 여전히 생생했다[21]—, 대체로 경험론의 시조들은 전 세대와 달리 종교개혁 이후의 유럽의 트라우마에 더 이상 휩쓸리지 않았다. 그들은 데카르트나 베이컨보다는 지식에 덜 의존했고, 다른 종교에 대한 관용이 수용되는 풍토에서 작업했으며, 주로 인식론적 용어로 이해된, 인간 경험의 불완전함에 보다 만족했다. 이제 회의주의라는 요괴는, 완전히 퇴치되진 않았다 해도, 더 이상 깜짝 놀라게 만드는 존재가 아니게 되었다.[22] 얼마 지나지 않아 '상식' 철학이라 불릴 이 흐름은 평범한 사람의 일상사에 관심을 두는 한편 종교적 혹은 과학적 거장의 세련된 절차와는 거리를 두기 시작했다.[23]

영국 경험론 전통의 중요한 서막을 장식한 이는 데카르트 철학과 피론주의를 이중으로 비판한 피에르 가상디였지만,[24] 우리는 '경험'의 역사에서 이 책의 어느 인물과 견줘도 손색이 없을 만큼 중대한 기여를 한 존 로크(1632~1704)에서 시작할 것이다. 하지만 그의 후계자들은 다루기 힘든 데다 매우 까다로운 논쟁자들이었다. 이에 대한 책임은 주로 로크 자신에게 있었는데, 근대 철학의 여명기에 글을 쓴 그로서는 기술적 어휘를 엄격하고 일관되게 사용하는 습관에 낯설 수밖에 없었고, 그래서 분개한 어느 논자는 "거의 모든 주제에서, 로크가 **말하고자 한** 바에 대한 충돌이 존재한다"고 말할 정도였다.[25]

의도하는 바에 대해 아무리 문헌학적으로 주의를 기울여도 명확히 해명되지 않는 개념적 혼동과 자기모순이 존재하는 것처럼 보인다는 점은 결함이다. 심지어 우리는 '로크'가 영원히 자기 텍스트들의 총합으로만 남아 있을 뿐 텍스트 뒤에 있는 통일되고 정합적인 의식으로는 존재하지 않는다고 말하고 싶을 정도다(이 주장은 독창적인 다작의 작가 모두에게 적용될 수 있다). 결국 인식론적 전통에 공헌한 그의 저서 『인간 오성론』은 1690년 출간되기까지 약 19년 동안 산발적으로 분출된 노고의 결실이었고, 그 자신이 시인했듯이 '일관되지 않은 꾸러미들'을 한데 엮었다는 인상을 풍긴다.[26] 로크는 이 책을 망명기와 정치에 깊이 개입했던 시기에 집필했고, 또한 관용에 대한 위대한 저서와 통치에 대한 두 편의 논문을 집필하느라 집중력을 잃은 채 집필했는데, 그런 탓에 이 책은 구성에서 심각한 결점을 갖게 되었다. 최종적으로 로크가 남긴 모호함은 그가 말했다고 알려진 것과 그것을 말하는—수사적, 비유적, 은유적, 묘사적, 교훈적—방식 사이의 긴장 및 때로는 갈등으로 설명될 수 있다.[27]

불확실성에 대한 온건한 관용은 로크가 개시한 전통의 전형적인 특징 중 하나임이 분명하기 때문에, 그가 뭘 말하려 했는지, 혹은 실제로 그가 의미한 바가 일관성을 띠는지에—완전히 신뢰할 수 있는지는 고사하고—대해 우리가 정확히 알지 못한다고 해서 절망할 이유는 없다. 그에 앞서 몽테뉴가 그랬듯이, 그의 위대한 작업 또한 결국엔 완결된 논문이 아니라 잠정적인 에세이의 형태로 제출되었다. 로크를 읽고 해석하는 우리의 경험은 그 자체로 개연성의 가치가 주는 교훈이라 불릴 만하다. 또한 그것은 이전 해석자들의 시행착오와 오류가 극복되어야 할 단순한 오독으로 치부되기보다는 진지하게 받아들여져야 하는 그런 일이기도 한데, 왜냐하면 그 시행착오와 오류가 전개되는 것으로서의 '경험'의 역사에서 종종 지대한 기여를 했기 때문이다.

우리가 베이컨, 데카르트와 결부시킨 그 전통에―'날것' 그대로의 경험을 향상시키고 수정하는 한 모델로서의 근대 과학의 부상을 수반한 전통에―로크가 어떻게 관련돼 있는가 하는 것으로 시작해보자. 로크는 생리학과 화학을 배웠고 자연철학을 공부했다. 그는 '회의적 화학자'로 불린 로버트 보일 같은 탁월한 인물들에게 우호적이었고, 보일의 유물론적인 입자물리학을 진지하게 검토한 후 그로부터 제1성질과 제2성질의 결정적인 구분을 배우기도 했다.[28] 또한 로크는 뉴턴의 업적을 잘 알고 중시했다.[29] 따라서 불안정한 가설적 추론을 사용한다는 이유로 로크가 과학을 경멸했다고 주장하는 것은 설득력이 없다.[30]

사실 로크의 특수한 의학 훈련은―이것은 19세기에 와서야 발견된 『의학 기술에 대하여』라는 중요한 논문을 낳았다―경험적 검증 없는 가설이 어떤 가치를 지닌다는 생각이 잘못된 것임을 그에게 일깨워주었던 것 같다.[31] 그리스의 Empiriki의 경우와 마찬가지로, 그는 궁극적 원인에 대한 판단을 유보하고 질병을 다루는 데 효과적으로 보이는 것의 수준에서 영향을 미치고자 했다. 그의 주장에 따르면, 언제나 원인이 결정돼 있는 한, 결과들부터 가능한 원인들로 거슬러 올라가 작업하는 것이 필연적이었다. 로크는 이러한 태도를 일상적 지식의 가치에 대한 일반적인 옹호에 근거해 추론했는데, 이 일상적 지식은 체계적으로 질서를 갖춘 궁극적 진리에 대한 과학적 탐구에 의해 구해지는 지식과 상반되는 것이었다. 『인간 오성론』에서 그는 후자의 지식에 대한 전자의 지식의 우위를 설명하기 위해 신의 선함을 언급했다.

> 무한히 현명한, 우리와 우리에 관한 모든 것을 고안한 이는 우리의 감각, 능력 그리고 기관이 삶의 편의와 우리가 여기서 해야 하는 일에 적합하도록 만드셨다. 우리는 감각들을 통해 사물을 알고 구분할 수 있다. 또 우리의 쓸모와 삶의 위급한 사태를 진정시키는 몇몇 방식에 적용시키는 한에서 그것들을 세밀히 검토할 수도 있다. (…) 그러나 우리가 그것들에 대해 완벽하고 명백하고 정확한 지식을 갖게끔 신이 의도한 것 같지는 않다. 아마도 유한한 존재의 앎 속에 그런 지식은 없을 것이기 때문이다.[32]

로크는 보일의 흥미를 유발했던, 그리고 설계 논증을 통한 신 존재 증명에서 주요한 역할을 했던 유명한 은유를 활용해 다음과 같은 주장을 폄으로써 자신의 요점을 드러냈다. 즉, 시계의 내적 작동 원리를 아는 것은 시간을 말하기 위해 시계를 볼 수 있는 것보다 더 중요하지는 않다는 것이다.[33] '타당'하기는 하지만 종교에 대한 자신의 궁극적인 의존을 드러내는 목적론적 논증을 은연중에 내비치면서, 그는 우리 오성의 한계가 하나의 목적, 즉 일상세계에서 삶을 꾸려나가기 위한 실용적인 의도를 위해 도입된 것이라고 주장했다.

로크는 데카르트와 마찬가지로 논증의 결정적 지점에서 자비로운 신을 요청했지만, 두 가지 근본적인 지점에서 선행자와 다른 길을 택했다. 우선 그는 상식과 의견으로 이루어진 신뢰할 수 없는 세계를 결코 전적으로 의심하지 않았으며, 창조자가 우리 마음에 부여한 명석판명한 본유 관념에 의지해서 그것을 치유하려고 하지도 않았다. 기억해야 할 것은 데카르트가 경험을 정의하면서 "외부 자료에서 오든 우리 마음이 자기 안으로 향하는 숙고에서 오든 우리의 오성에 도달하는 모든 것"을 포함시켰다는 점이다.[34] 반면 로크는 피에르 가상디를 좇아 외부 자료를 지지하는 쪽으로 기울었다. 물론 여전히 도덕적 직관을 수용했다는 점에서 전적으로 그런 것은 아니지만 말이다. 본유 관념이라는 교설은 습관적인 편견에 불과한 것들을 변치 않는 것인 양 옹호하려는 이들에 의해 지나치게 쉽게 동원되었고, 로크는 원초적인 사회계약에 대한 유명한 논증에서 보여줬듯이, 정치학과 마찬가지로 인식론에서도 나타나는 전통적 정당성에의 주장을 못 견뎌 했다. 『인간 오성론』의 유명한 구절이 이를 잘 말해준다.

> 이제 말하자면 마음이 아무런 글자도, 아무런 **관념**도 없는 백지라고 가정해보자. 어떻게 마음이 채워질 수 있는가? 인간의 분주하고 한없는 공상이 거의 무한히 다양한 그림을 그리는 그 거대한 저장소는 어디에서 오는가? 이성과 지식의 모든 재료는 어디에서 가지고 오는가? 이에 대해 나는 한마디로 경험이라고 대답한다. 경험에서 우리의 모든 지식이 발견되고 경험으로부터 지식이 산출된다.[35]

널리 알려진 관용구에 따르면(사실 로크는 이 관용구를 아주 조금 사용했을 뿐이다[36]), 마음은 신이 각인했다는 본유적 지식을 결여한 채 전적으로 '경험'에 의해 야기된 '관념'을 담는 빈 서판tabula rasa에 불과하다. 그가 말하는 '관념idea'은 직접적 실체이거나 "마음속의" 대상으로서, "**심상**phantasm, **사념**notion, **종**species이라 불리는 모든 것, 혹은 그 밖에 마음이 생각을 하면 떠올릴 수 있는 모든 것"을 포함한다.[37] 로크의 '관념'은 다소 모호하게 진술되기도 했고 그것들을 단지 시각적 이미지(그리스의 에이도스eidos에서 유래한[38])로만 수용했던 전통적 방식 너머로 확장되었기 때문에, 때로는 외적 대상의 간접적인 표상으로, 때로는 좀더 직접적이고 따라서 더 신뢰할 수 있는 실제 대상 자체의 현시로 이해되기도 한다.[39] 전자는 현상적 특징들의 작용을 기술하는 현상학적 경험론을 암시하며, 후자는 그러한 특징들을 소유하는 개별 대상으로의 접근을 상정하는 실재론적 대안을 암시한다.[40] 또한 '관념'은 지식의 개별 대상들인 동시에, 흔히 개념concept이라 불리는, 그 대상들에 관한 추론의 결과를 포함하는 것으로 여겨지기도 했다.

관념이 어떻게 이해되든—그리고 로크의 텍스트들에는 여러 다른 해석의 근거도 있다—어쨌거나 관념은 감각에 가해지는 외부 대상의 작용, 즉 물질적 '미립자'나 여기저기 떠돌아다니는 원자가 야기하는 작용에 의해 마음에 부여되었다.[41] 이런 점에서 로크는 주관적 의식 밖에 있는 물질적 대상들의 실존에 대한 확고한 실재론자였다. 이러한 대상들의 부딪침의 효과들은 의식적 인식의 첫 단계인 '지각perception'에서 나타난다. 로크는 "완전히 벌거벗은 지각에서 마음은 대부분 수동적이다. 따라서 마음은 자신이 지각하는 것을 회피할 수 없다"라고 적었다.[42] 이처럼 지각을 선천적으로 비자발적인 것으로 기술한 점 때문에, 존 듀이는 "로크의 사유에서 감각과 관찰, 그리고 그에 따른 경험을 특징짓는 것은 그것들의 강제성"이라고 주장할 수 있었다.[43] 그렇지만 로크에게 지각은 단지 오성의 건축 자재에 불과한데, 그 이유는 그가 판단judgement이라 부른 것의 지원을 받아 개선되어야 하기 때문이다. 따라서 예컨대 눈은 시야에서 오직 평면만을 볼 수 있지만, 그에 대한 촉각적 견고함이나 사전 지식 같은 다른 단서들로 인해 사실상 그것을 삼차원의 입체로 이해하게 되는 것이다.

그러므로 로크의 정식은 오성의 기원이라는 문제를 해결하기보다 오히려 복잡하게 만들었을 뿐이다. 왜냐하면 그는 "관찰이 외적으로 감각 가능한 대상들에 이용되건 아니면 우리 자신에 의해 지각되고 반성된 우리 마음의 내적인 작용들에 이용되건, 우리의 관찰은 우리의 오성에 모든 사유 재료를 공급해 주는 것이다"라고 인정했기 때문이다.[44] 즉 경험은, 어느 정도 우리 감각을 일깨우는 외부 대상들에 의해 야기된 지각들에 더해서, 예컨대 판단 같은 마음의 '내적 작용들'과도 관계할 것이다. 이러한 작용과 과정들이 더 이상 본유 관념이 아니라면 정확히 무엇이며, 또 외부로부터의 자극들과 관련해 어떤 역할을 하는가? 로크는 빈 서판이라는 자신의 은유에도 불구하고, 어떤 것이—관념들은 아니라 해도—외적 자극에 의해 기록되기에 앞서 마음에 존재한다는 것을 인정했다. "고백건대 자연은 인간에게 행복에의 열망과 비참에의 혐오를 불어넣었다. 사실상 이것들은 (실천 원리들이 마땅히 그래야 하듯이) 중단 없이 우리의 모든 행위를 작동시키고 우리의 모든 행위에 영향을 미치는 고유한 실천 원리들이다. 따라서 이것들은 모든 사람과 모든 시대에서 꾸준히 보편적으로 관측될 것이다."[45] 그렇지만 로크의 주장에 따르면 이러한 열망과 혐오의 실체가 무엇인지는, 세계 곳곳에서 상이한 개인적 선호와 도덕명법들이 확산되는 데서 입증되듯이, 보편적으로 산출될 수 없다.

하지만 모든 마음이 공유하는 것은 로크가 반성reflection이라 부른 것을 할 수 있는 능력이다. 감각 자료, 즉 로크가 지각이라 부른 인식으로 이끄는 비자발적 입력 정보가 참된 이해로 전환되는 것은 이렇듯 판단하고 회의하고 의지하고 추론하고 기억하는 반성적 작용을 통해서다. 반성은 감각들의 직접적인 결과인 '단순관념simple idea'의 토대 위에서, 쾌락과 고통이 감각 인상의 직접적인 효과가 될 수 있는 방식으로 사용된다. 그런 뒤 단순관념에 대한 반성은 단순관념을 결합이나 추상이나 비교를 통해(이 모든 것은 단순한 연합 이상이다) '복합관념complex idea'으로 전환시킨다.[46] 양태, 관계, 실체에 대한 이해는 복합관념을 수반하는데, 복합관념은 감각에서 온 입력

자료에 대한 반성에 의해 만들어진다. 어느 정도까지는 지각의 수동성이 정신적 중개인의 수고로 보충되어야 하는바, 이것이 경험을 빈 서판의 은유가 거부하는 듯이 보이는 약간의 능동적 힘으로 복귀시킨다. 로크는 복합관념이 항상 단순관념으로 거슬러 올라갈 수 있다고 말하는데, 전자는 후자의 결합물이며 마음이 이 결합을 수행한다. 그 결과 일부 논자는 개념이 귀납적으로 발생되기보다는 마음에 의해 만들어지는 한에서—예컨대 켄타우로스처럼—로크의 경험론은 언제나 합리주의의 잔재를 지닌다고 주장해왔다.[47] 로크 스스로도 자신을 비판하는 우스터의 주교 에드워드 스틸링플리트의 의견에 상당 부분 동의했다.

> 나는 결코 실체의 일반 관념이 감각과 반성에 의해 나온다고 말한 바 없다. 혹은 그것이 감각이나 반성의 단순관념이라고 말한 적도 없다. 궁극적으로는 감각이나 반성 속에서 발견된다 해도 말이다. 왜냐하면 그 관념은 어떤 것의 일반 관념이 구성한 복합관념이거나 혹은 우유성들을 지탱해주는 것과 관련된 존재이기 때문이다. 일반 관념은 감각이나 반성에 의해 마음 안으로 들어가지 않는다. 오히려 그것은 오성의 피조물 또는 발명품이다.[48]

하지만 아무리 반성이 지각에 의해 제공되는 정보를 보충할 필요가 있다 해도, 그것이 전통적인 지식scientia이 추구했던, 진리의 궁극적인 지식을 생산할 수는 없다. 로크는 결론적으로 보일을 좇아서,[49] 알려질 수 있는 유일한 본질은 '실재적'이라기보다 '명목적'일 뿐이라고 주장했다.

이렇게 논하면서 로크는 경험이 야기한 오성에서 언어적 매개가 갖는 중요성을 인식했다. 실제로 『인간 오성론』 제3권은 전적으로 '언어에 대한' 문제만 탐구한다. 언어에 대한 로크의 비평은 당시만 해도 그리 주목받지 못했고 이어지는 경험론의 역사에서도 주변화되었지만, 찰스 샌더스 퍼스가 인정했다시피 그가 근대 기호학의 아버지 가운데 한 명으로 불리도록 해주었다.[50] 한스 아슬레프가 최근에 논한 바에 따르면,[51] 생득주의에 대한 로크의 비판은 태초의 이름들은 이름의 지시 대상과 완벽하게 하나였다고 주장하는 이른바 '아담의Adamic' 언어관—데카르트 사상에서 볼 수 있는—에 매우 어긋나는 것이었다. 따라서 로크로부터 콩디야크와 빌헬름 폰 훔볼트를 거쳐 페르디낭 드 소쉬르에 이르는 암묵적 계보가 성립될 수 있다. 이 계보는, 로크에 대한 19세기의 비판 대부분에서 그랬듯이 순전히 감각주의적 경험 개념을 그에게 덧씌우는 것이 얼마나 잘못되었는가를 시사한다.[52] 근래의 한 논자가 지적한 것처럼 "어디에서건 수사적 담론과 설명적 담론 사이의 긴장은 **경험될** 수 있는 것과 **경험될** 수 없는 것에 관한 경험론의 가장 기본적인 주장들을 형성한다".[53]

로크가 완벽한 '언어적 전회'를 취한 것은 아니었다. 오늘날의 경험론의 지배적 흐름들과 비교하면 그의 경험론은 여전히 명제나 다른 언어적 표현보다는 대상과 관념에 더 많은 관심을 기울였다.[54] 게다가 그는 단어와 단어의 대상보다는 사용의 맥락이 의미의 원천이 된다는 비트겐슈타인의 결론에 이르지도 않았다.[55] 그는 분절음들을 "**내적 개념들의 기호** (…) [화자] 자신의 마음 안에 있는 **관념들의** 표지"라 불렀고, "우리가 그것들을 근원까지 추적할 수 있다면, 모든 언어에서, 우리 감각들에 잡히지 않는 사물들을 일컫는, 처음에는 감각 가능한 관념들에서 생겨난 이름들을 발견할 수 있을 것"이라고 주장했다.[56] 그러나 좀더 복잡한 것과 관계될 경우, 로크는 추상적 개념들과 세계의 실제 대상들을 혼동하는 것에 강력하게 저항하는 확고한 명목론자nominalist(유명론자)가 되었다. 그런 까닭에, 세계의 대상들에 관해서든, 그 대상들의 언어적 표현에 앞서는 정신적 담론에 관해서든, 그가 모든 면에서 순진한 지시론자referentialist였다는 견해는 설득력이 떨어진다.[57]

이 모든 근거로 보아, 로크의 경험론은 지식scientia—아리스토텔레스적이든 베이컨적이든—에 의해 추구되는 그런 수준의 실재를 아는 능력에 대해 겸손했다. 그는 "**오직 경험**과 역사에 의해 **실질적으로 우리의 지식을 구하고 향상시키는 방식**, 이 세계에서 우리가 처한 이 평범한 상태에서 우리 능력의 허약함이 획득할 수 있는 전부인 이 방식은 나로 하여금 자연철학이 학문이 되기에는 미달이라는 의심을 품게 한다"고 시인했다.[58] 이러한 태도는 정치와 종교의 측면에서 로크가 제시한 다양한 의견의 용인에 대한 최초의 자유주의적 옹호와 잘 어울리는 것처럼 보였다. 하지만 그 태도는 경험론의 전통에 속하는 그의 추종자들과 이들에 대한 비판자들—훗날의 관념론자들에 속하는—이 좀더 정합적이고 옹호될 수 있는 인식론적 경험 개념을 추구하면서 해결하려 분투했던 상당수의 질문을 답하지 않은 채 남겨두기도 했다. 현대의 가장 저명한 로크 해석자 중 한 명인 존 욜턴은 다음과 같이 주장했다.

> 로크가 경험을 감각과 내성으로만 한정한다고 했을 때, 그는 어떻게 모든 관념이 경험으로부터 나오는지를 보여주는 데 실패했다. 그러나 우리가 이러한 경험 개념을 마음의 어떤 행위를 포함하는 것으로까지 확장한다면, 분명 어떤 정신적 내용은 경험에 의한 게 될 것이다. 그러한 입장은 생득주의를 적으로 두는 한 로크에겐 충분했을 것이다. 하지만 그것은 경험론에 있어서는 거의 만족스럽게 보이지 않을 듯싶다.[59]

요컨대, 마음 안의 모든 것이 경험이며 또한 마음 안의 모든 것이 경험으로부터 생긴다면, 경험은 마음의 내용을 가리키는 다른 말에 불과하게 되며, 아주 많은 어떤 것들을 설명할 수 없게 된다.

: 회의주의와 자연주의 사이의 흄

영국 경험론의 정사canonical history에 따르면, 로크의 유산은 아일랜드 성공회에서 클로인 주교로 봉직했던 조지 버클리(1685~1753)에 의해 계승, 발전되었다. 그의 주저 『인간 지식의 원리론』은 탁월한 저서인 『새로운 시각 이론에 관한 시론』이 나온 이듬해인 1710년에 출간되었다. 버클리는 감각 인상이 경험의 토대라는 로크의 믿음과 본유 관념에 대한 로크의 불신을 공유했지만, 몇몇 중요한 측면에서 로크의 경험론을 급진화했다. 로크가 대상세계를 건축하는 자재인, 미립자로 된 원자에 기초한 유물론적 실재론을 지지한 반면, 버클리는 경험이 우리에게 그 자체로 있는 실체들에 대한 직접적인 지식을 주지 못하기 때문에 그것들의 존재를 믿게끔 하는 어떠한 보증도 있을 수 없다고 추론했다. 그는 "존재하는 것은 지각되는 것이다Esse est percipi"라고 주장하고자 했다. 나아가 그는 오컴의 면도날을 적용해, 똑같은 토대 위에서 제1성질과 제2성질의 구분마저 폐기했다. 도대체 어느 누가 두 성질 중 어느 하나 없이 다른 하나를 경험했단 말인가! 표면에 색깔이 없는 알 수 없는 딱딱한 물체는 언어적 추상에 불과할 뿐 실제 존재가 아니다. 버클리는 뉴턴의 작업에 경의를 표했고 과학의 체계적 연구에 의해 생산된 지성의 진보를 환영했지만, 경험적 증거가 절대적 시간·공간·운동에 대한 좀 더 깊이 있는 지식으로 이어질 수 있다는 주장에 대해서는 비판적이었다. 따라서 그의 철학 대부분은 우리 언어의 불확실함이 야기하는 부적절한 추론을 전복시키는 것을 목표로 삼았다.[60]

버클리는 지각하는 정신과 지각된 것—로크가 가정했듯이 어쨌거나 외부 현실에 의해 산출되는 마음 안의 관념들—으로 세계를 구분할 필요가 있다고 주장했다. 이때 관념들은 감각과 지각뿐 아니라 사유도 포함한다.

많은 이에게 상식에 반하는 것으로 여겨진 버클리의 급진적 비물질주의는 우리가 물질적 대상들을 실제로 경험할 수 없다는 믿음에 근거했다. 그 대신에 그것들의 명백한 정합성과 확실성은 우리의 지각 장치에 인상들을 심어준—버클리가 선호하는 은유에 따르면 '각인한'—자애로운 신에 의해 설명될 수 있었다. 우리 세계는 상상에 따른 환영이나 그저 꿈에 불과한 것이 아니며, 우리가 그것을 고려하는 만큼 실재적인 것이다. 우리는 그것이 존재하도록 의도할 수도 없지만, 그것의 활발함과 규칙성으로부터 벗어날 수도 없다. 그것은 한밤중의 상상력이 빚어낸 산물과는 다른 것이다. 따라서 포프킨이 강조했다시피[61] 버클리는 회의주의 지지자가 아니다. 회의주의 지지자로 이해되곤 하지만 말이다. 사실 버클리는 관념과 그것이 재현하는 대상 사이의 구분을 터무니없는 것으로 여겼고 본질에 관한 현상주의적 불가지론을 거부했기 때문에, 어떤 측면에서 그는 우리가 아는 모든 것이 그저 표면에 불과하다는 것을 믿는 신봉자라기보다 존재론적 실재론자라고 볼 수 있다. 왜냐하면 정신적 대상들이라고 해서 물질적 대상들보다 덜 실재하는 것은 아니기 때문이다. 그리고 존슨 박사에게는 미안한 말이지만, 이런 점에서 버클리는 상식에 의해 공유된 세계에 대한 믿음을 강화해나가는 진영으로 분류될 수도 있을 것이다.

적어도 버클리는 자신이 그렇게 하고 있기를 바랐다. 하지만 결과는 전혀 달랐다. 줄스 데이비드 로는 최근에 다음과 같이 지적했다.

> 버클리의 철학적 삶에서 중요한 역설은, 그가 세상을 더 참되고, 더 이해하기 쉽고, 더 확실해 보이게 하기 위해 말하거나 수행한 모든 것이 세상을 더 터무니없고 공상적이고 과장되어 보이게 하는 데 기여했을 뿐이라는 데 있다. 더욱 철저하게 경험적인 관찰이나 더욱 상식적인 공리들로부

터 더욱 반직관적으로 들리는 주장을 내놓은 철학자는 없었다.[62]

버클리의 논증에서 가장 취약한 부분은 경험을 구성하는 지각의 실재성을 보증하기 위해 자애로운 신을 끌어들인 점일 것이다. 버클리는 데카르트 못지않게, 그리고 로크 이상으로, 인간 정신의 지각과 관념의 원인으로 작용하고, 대상이 지각되지 않을 때조차 대상의 존재를 보증하며, 경험된 우주의 규칙성과 질서를 설명해주는, 개입주의적인 신에 의존했다. 그의 주장에 따르면, 우리에게 하나의 감각 자료를 다른 감각 자료로 해석하게 해주는 신의 언어가 존재한다.[63]

그러나 만약 그런 **신의 명쾌한 개입**deus ex machina이 부정된다면 어떻게 될까? 어떻게 전면적인 회의주의를 저지할 수 있을까? 그 대답은 흄이 경험론적 전통을 급진화한 데서 찾아볼 수 있다. 신의 섭리의 개입에 근거한 모든 설명에 대한 그의 '이교도적'[64] 불신은 앞선 시대의 경험 개념을 약화시키는 동시에 새로운 경험 개념을 만드는 데 일조했다. 경험의 역할에 대한 그의 도발적인 재개념화는 후기 경험론자들에게 하나의 모델이 되었을 뿐 아니라, 그 해법을 지지할 수 없다고 여긴, 칸트 같은 관념론 전통의 사람들에게 도전 정신을 불러일으켰다. 그리고 그것은 경험의 정치적 척도로서의 활동이 시작되는 데도 일조했다. 우리는 5장에서 에드먼드 버크 같은 보수주의자들에서 레이먼드 윌리엄스와 E. P. 톰프슨 같은 마르크스주의자들로 이어지는 궤적을 추적할 것이다.

흄은 뉴턴의 '실험적 방법'이 자연뿐 아니라 도덕적 학문에도 적용될 수 있다고 보면서, 본유 관념과 연역적 추론의 남용에 불신을 드러냈던 로크의 입장에 동의했다. 그는 아담이 자신의 모든 이성적 능력을 온전히 지닌 채 세상에 나왔다는 말브랑슈의 터무니없는 주장에 조롱을 퍼부었다.[65] 그러나 흄은 로크의 존재론적 실재론 및 제1성질과 제2성질의 구분을 반박하는 버클리의 논증은 진지하게 받아들였다. 그는 우리의 의식적 경험의 대상을 넘어서는 물질적 대상에 대한 믿음의 보증인은 존재하지 않는다고 주장했다. 다시 말해 이중적 존재double-existence란 불필요하다.[66] 그는 버클리의 관념론적 대안도 거부했고, 그 대신에 그의 작업에서 "고대 철학자든 근대 철학자든 그들에게서 발견되는 회의주의에 대한 최선의 교훈"을 알아보는 데 만족했다.[67] 게다가 그는 확실성의 탐구에 대한 로크의 단념을 지지하긴 했지만(실제로 그것을 도덕 영역으로까지 확장하면서), 로크가 가정한 세계의 근원적인 규칙성을 어느 정도 신뢰할 개연성에 회의적이었다. 그의 경고에 따르면, 어떤 점에서도 그것은 합리적 이해의 변종으로 해석될 수 없다.[68] 흄은 인식론적 주저인 『인간 본성론』(1739)과 『인간 오성에 관한 탐구』(1748)를 통해, 선대 경험론자들이 가졌던 합리성의 잔재를 과감히 줄이고 순전히 관념 영역에 있던 수학적 진리들만 남겨놓았다.

합리성의 축소와 더불어, 외부 세계의 것과 일치하는 이성을 가졌다고 가정되는 주체의 급진적인 약화가 이어졌다. 로크와 버클리는 본유 관념을 제거했음에도 불구하고 경험을 하는—연장된 실체라기보다는 사유하는 실체인—의식 주체가 실존한다는 전통적인 데카르트적 의미만은 유지했다. 마음의 반성적 능력이 단순 인상을 복합관념으로 전환시키는 것에서 나타나듯이, 그들의 '서판'은 결코 완전히 '하얀(빈)' 것이 아니었던 셈이다. 반면, 흄에게 있어 감각 경험에 앞선 자아의 정합적이고 지속적인 동일성은 자명한 것과는 거리가 멀었다. 그는 로크와 버클리가 보였던 영혼의 불멸성에 대한 믿음을 거부하고, 인상들이 새겨지는 신체의 문제에서 사유의 기초를 찾고자 했다.[69] 그의 저작의 어떤 부분들에서, 주체는 단지 서로를 따르는 감각들의 연속, 즉 경험 그 자체인 인상들의 더미나 다발과 같은 취급을 받았다. 인격의 동일성이 실재가 아닌 언어적 인공물이나 문법의 기능일 뿐이라는 그의 주장은 프리드리히 니체를 예견케 한다.[70] 마치 감각 경험 밖의 객관세계의 해체가 그 경험을 갖는 주체의 필적할 만한 해체에 의해 반영되는 것 같다. 그렇다면 남는 것이라고는 감각 경험 자체의 유동적이고 한시적인 현실밖에 없다. 일반적으로 이런 해석은 외부적으로뿐만 아니라 내부적으로도 적용되는 경험론의 극단적인 현상주의적 독해의 변종으로 간주되며, 흄을 에른스트 마흐와 같은 훗날의 철학자들의 선구자로 변모시켜놓는다.[71]

그렇지만 흄은 경험 주체를 일관되게 기술하지 않았다. 그 결과 후대의 논자들은 그의 급진적 회의주의의 분출과 그에 대립되는 주장—축적된 외적 인상들의 기능만으로 설명되지 않는, 어떤 지속적인 자아에 대한 상식적 믿음에 따른 보다 자연주의적인 철학을 제시하는—을 화해시키려고 수세기 동안 노력했다.[72] 『인간 본성론』의 「인격의 동일성」에서 그가 논한 것은 그 자체로 이 책의 부록 같은 성격을 띠었다. 거기서 그는 "우리의 사유나 의식에서 일어나는 연속적 지각들을 통합하는 원리를 설명해야 하는 상황에 처했을 때 내 모든 희망은 사라졌다. 나는 어떤 이론도 발견할 수 없었고, 묘하게도 그것이 내게 만족감을 주었다"라고 시인했다.[73] 흄은 마음을 기술하는 한 방식으로서 때로 극장이라는 시각적 은유에 의지했지만—이는 자기 인상들의 외부에 있는 어떤 관객적인 자아를 암시한다—, 그러면서도 이내 "극장의 비유가 우리를 오도해서는 안 된다. 마음을 구성하는 것은 오직 연속적 지각들일 뿐이다"라고 충고했는데, 이 역시 흄의 고투를 엿볼 수 있는 부분이다.[74]

이 딜레마를 벗어날 수 있는 한 가지 방법은, 흄이 마음에 대한 선험적이고 인식론적인 어떤 강한 개념, 예컨대 칸트가 초월론적이라 부르게 되는 개념을 거부하되, 시간의 흐름 속에서 세계와의 개별적 만남들의 산물로서 점차 출현하는 무언가를—그것은 어떤 영구적인 잔여를 남긴다—고려했다고 주장하는 것이다. 말하자면 흄에게서 경험은 축적된 학습이라는 시간적 차원을 또다시 획득했고, 이러한 수용은 그가 정치적 문제에서의 경험의 가치를 논할 때 분명히 드러난다. 거기서는 추상적 이성이 잘못된 길로 인도하는 안내자로 제시되며, 역사를 학습하는 것의 중요성이 옹호된다.[75] 이전의 경험론자들에게는 부차적인 주제였던 기억이, 몽테뉴에게서처럼 여기서도 경험에서의 핵심적인 역할을 부여받았다. 이렇게 흄은 시간성과 심지어 서사의 중요성을 경험의 근본적 차원으로서 강조했다.[76]

인식론적 의미에서—더 정확히 말해 심리학적 의미에서—자아는 시간의 흐름 속에서 이루어지는 별개 경험들의 반복 작용에 불과하다. 로크가 반복을 통한 관념들의 연합을 지식의 열등한 형태로서 경멸한 것과 달리 흄은 귀납적 판단의 주요 원천으로서—그러나 논리적 정당화는 아니다—그것에 의존하는데, 귀납적 판단은 자아 바깥의 실재 세계에 대한 개연적 지식에 기반을 두는 것으로 흄 자신은 귀납적 판단을 거부한다.[77] 우리가 옹호하는 것인 인과관계에 대한 그의 유명한 비판은, 우리가 다른 어떤 일에 상습적으로 선행하는 것에 인과성을 연결짓는 경향이 있지만, 이런 연결의 필연성을 도출하는 합리적 추론이란 존재하지 않는다는 주장에 기초한다.[78] 사실의 문제(순수한 '관념들의 관계'나 나중에 칸트가 분석적 진리라 부른 것과 구별되는)에 있어서,[79] 지속적인 결합, 시간과 공간의 인접은 과거에 발생한 것이 계속되리라는 기대를 불러일으키지만, 우리는 그것이 다시 발생하리라는 어떠한 논리적 보증도 갖고 있지 않다. 사실 미래가 과거를 되풀이하리라는 주장은 그 둘 사이의 유사성 혹은 동일성을 가정하는 순환 논증에 근거하는데, 그 유사성 혹은 동일성을 입증해야만 한다(그리

고 입증할 수 없다).[80]

넓은 의미에서 관습, 습관, 반복은 모두 경험의 일부분으로서, 과거와 마찬가지로 미래에도 일어날 일에 대한 그럴듯한 **믿음**의 근거를 제공하지만, 확실한 **지식**을 제공하지는 못한다. 여기서 인식론은 주로 신뢰성과 관습에 근거한 문화적 훈련의 심리학으로 축소되고 만다. 그러나 주목할 점은 흄 스스로 자신의 철학에 대해 그 이상을 주장하지 않았다는 것이다. 따라서 연역적 논증이나 귀납적 증거를 통한 과학적 엄밀함을 가장할 필요도 없었다.[81] 그는 비록 외적 인상들과 관찰이 모든 이해의 원천이라고 강하게 주장했지만,[82] 그 자신의 실천—단순히 현실과의 수동적 조우로부터는 결코 야기되지 않는다는 암묵적인 가정에 근거하는—은 수행적으로는 다른 것을 가리키고 있었다.

입증되지 않은 믿음들—개별 인상들의 일시적 특징을 넘어서는 주관적이자 객관적인 동일성이라는 가정에 대응하는 믿음들—이 왜 그렇게 강력한지를 설명할 때, 흄은 이전 경험론자들에게 부차적인 역할만을 부여받았던 마음의 특징인 상상력에 주로 기댄다.[83] "경험은 하나의 원리로서, 과거에 있었던 대상들의 몇 번의 결합을 가르쳐준다"고 그는 썼다. "습관은 또 다른 원리로서, 내가 똑같은 것을 미래에도 기대하도록 규정짓는다. 그리고 그 두 가지는 상상력에 근거해 작동함으로써 나로 하여금 좀더 강렬하고 생생한 방식으로 특정한 관념을 형성하게 한다. 다른 것들은 이러한 이점을 갖지 못한다."[84] 인상이 관념에 앞선다는 것을 우리에게 알려주는 것은 직접적인 감각 자료의 생생함이지만, 기억(이는 적어도 과거에 실제 세계와 만났다는 사실에 근거한다)과 함께 상상력은, 꾸준히 지속되면서 서로 간에 효과를 야기할 수 있는 대상과 주체의 상식적 관념을 불러일으키는 연결 조직을 제공한다. 그것은 자신이 바라는 확실한 혹은 심지어 개연적인 지식을 지지할 수는 없지만, 과거의 지속으로서 미래를 예측하게 해줌으로써 우리 믿음의 경향을 강화해준다. 또한 상상력은 인간의 정념을 개발하고 강화하는 데 결정적인 역할을 한다. 이는 흄의 중요한 주제 중 하나였다.[85] 그는 외부에서 오는 인상들의 수용에 따른 수동성을 분명하게 강조했지만—이 점은 그를 '직접적' 감각 지각에 기반한 전적으로 후험적인 경험론의 옹호자로 간주하게 했다—마음에 구성적 능동성을 위한 여지는 일부 남겨두었다. 그러나 놓치지 말아야 할 점은 상상력이, 자체의 결론을 뒷받침하는 증거에 기초한 명시적이고 지시적인 논증을 제공할 수 없는 비반성적 능력이라는 사실이다. 최초의 지각 그 자체와 마찬가지로, 상상력은 비체계적이고, 판단에 선행하며, 결정적인 제약에서 면제된 것이었다. P. F. 스트로슨이 지적했듯이, 흄에게 있어 상상력은 "영혼의 은밀한 기예이자, 마술적인 능력이자, 우리가 결코 완전하게 이해할 수 없는 어떤 것이다."[86]

상상력을 이성보다 우위에 놓는 것은 허구(심지어 환각)와 정당한 지각을 구분할 방도를 갖지 못한 철학에 문을 열어줄 수 있었다. 흄은 연역적 합리성을 불신하긴 했어도 '이성적' 믿음까지 전복하려 들진 않았다. 완전히 꾸며낸 것과 위조된 믿음을 양산하는 공상을 어느 정도 보증된 공상과 구분하면서 면밀히 검토해보면, 확실히 후자가 모든 인간의 경험에서 자주 반복된다는 것을 알 수 있다. 이에 대해 흄은 다음과 같이 설명했다. "상상력에서 두 가지 원리를 구분해야 한다. 하나는 원인에서 결과로 그리고 결과에서 원인으로의 관례적 이행처럼 영속적이고 거부할 수 없고 보편적인 원리이며, 다른 하나는 가변적이고 취약하고 불규칙한 원리다."[87] 따라서 기이하게도 상상력은 그것이 이미 이전 경험의 부분인 것을 분명히 할 때에만, 즉 그것이 관습 및 습관과 조화를 이루며 세계의 현실성에 대한 우리 감각을 강화하는 경우에만, 흄에 의해 강력한 역할을 부여받는다. 아직은 상상력이 (황량하고 비생산적인 '공상'과 달리) 매우 구성적이고 변모된 역할을 수행하는 낭만주의 시대에 이르러 있지 않았다. 그 결과 흄의 매우 신랄한 회의주의는 관습적 믿음의 거부할 수 없는 힘에 보수적으로 의존함으로써 억제될 수밖에 없었다.[88] 만일 이것이 자연주의라면, 자연주의란 오랫동안 존재했던 것에서 영원한 인간적 특질들의 한 반영을 보는, 인간 본성에 대한 하나의 견해에 기초한 것이리라.[89] 최근에 한 논자가 주장한 바에 따르면 "흄의 의미에서 '자연적인natural'이란 말은 매우 편안하고 진솔한 표현이다. 그것은 유별나고 기적적이고 인공적인 것에 대립되는 것이다."[90]

회의주의적이든 자연주의적이든 간에, 경험에 대한 흄의 경험론적 설명의 급진화는 아직 응답되지 않은 숱한 질문을 남겨놓았다. 예컨대, 감각 인상들이 의미하는 듯한 대상들에 대해 우리가 갖고 믿음에 앞서 존재한다고 알려진 감각 인상들을 어떻게 분리할 수 있는가? 우리 경험이 기억, 습관, 관습, 상상력에 기초한 믿음에 의해 항상 구조화되어 있다면, 어떻게 흄은 경험이 그의 반실재론적 현상주의의 기초인 직접적인 관찰이나 지각이라고 주장할 수 있는가? 외부 세계와의 그런 직접적인 조우가 본질적으로 복잡하고 다층적이며 근원적 요소들로 환원 불가능하기보다는(에이어에 따르면 감각장들sense-fields이라고 불릴 법한 것[91]) 단순한 요소들—말하자면 붉은 드레스의 순수한 붉음—로 분해될 수 있다고 가정하는 근거는 무엇인가? 그런 별개의 요소들이, 기억과 상상력으로 하여금, 변화와 미세한 차이보다는, 마음—혹은 아마도 언어의 범주화하는 힘—이 어떤 단일하고 동일한 특징으로 결속시킨다는 믿음을 지지하게 함으로써, 상이한 경험들 속에서 반복되는 것이라고 추정하는 이유는 무엇인가? 훗날 윌프리드 셀라스가 헤겔적이고 비트겐슈타인적인 입장을 취한 글에서 '소여의 신화Myth of the Given'[92]라고 비난하는 것은 세계 내에서의 우리의 상식적인 존재 방식으로는 거의 신뢰할 만한 보증을 갖지 못하는 어떤 시간적 질서—기본적 지각이 앞서고 반성, 기억, 상상력 등이 뒤따르는—를 상정하는 것과 관련 있다.

자아에 대한 흄의 설명도 문제적인데, 그것은 시간의 흐름 속에서 참된 동일성을 소유하지 못한 채 외부 자극을 수동적으로 받아들이는 자와, 우리가 일상을 영위하게끔 해주는, 정당화되진 않지만 필수적인 믿음들을 상상적으로 발생시키는 자 사이에서 동요하기 때문이다. 영속하는 인식적 자아에 대한 흄의 심리학적 해소는, 애매하게 정의된 '상상력'을 넘어서는 마음의 어떤 능력이 우리로 하여금 믿음을 야기하는 그 방식에서 별개의 인상들을 기억하고 비교하고 연관시키게 하는지를 충분히 설명하지도, 또한 관습적인 압력들이 어떻게 보편적인 경험이라고 추정되는 것을 설명할 수 있는지를 온전히 증명해내지도 못함에 따라, 해결력 못지않게 많은 의문을 남겨두었다. 주체에 대한 흄의 철저하지 못한 설명이 수용되는 데 오랫동안 어려움을 겪었다면, 대상을 별개로 경험된 특징들의 연속으로 해소시킨 그의 방법 또한 마찬가지 운명에 처했다. 결국 과학적 지식의 대상들이 점점 더 이론적이고 반직관적으로 되는 상황에서 경험론은 개연적 지식이나 합리적 믿음의 토대가 일상의 관찰에 있다는 주장을 어떻게 지속할 수 있겠는가? 추론에 따른 관찰조차 과학의 이론적 혹은 수학적 대상과의 간극을 좁히지 못하는 오늘날, 진리 주장의 토대로서 감각 인상들에 의지하는 것은 더더욱 어려워질 수밖에 없는 실정이다. 존 컨스가 '데카르트 문제'라고 부른 것, 즉 현실에 대한 상식적 버전과 과학적 버전의 격차는 영원히 제쳐둘 수 없는 문제였다. 그가 언급한 것처럼 "일단 관찰될 수 없는 대상들이 과학적 상식으로 자리 잡으면 흄의 원리들은 약화되기 마련이다. (…) 우리는 관찰 불가능한 사물들의 개념을 이해할 수 있게 해주는 경험들을 지목

할 수 없다."[93] 요컨대 존 욜턴의 결론에서 볼 수 있듯이,

> [흄의] '인간 본성의 학문'은 일종의 내성적 활동에 대한 탐구를 시도했지만, 실제로는 경험의 형이상학이라 불릴 만한 것이었다. 왜냐하면 관찰과 실험을 통해서는 확립될 수 없는—또 확립되지도 않는—결론을 주장했기 때문이다. 사실상 그의 결론 대부분은—전형적으로 '흄의 방식'이라고 여겨질 만한 것들이다—두 가지 원리로부터 연역될 수 있다. 즉 지각이 마음에 존재하는 모든 것이라는 것과, 관념이 언제나 인상의 모사로서 그에 뒤따른다는 것이다. 요컨대 흄은 자신이 언명한 실험과 관찰의 방법보다는 추론의 방법을 사용한 것이다.[94]

결국 인식론에서 경험에 대한 신뢰할 만한 설명을 제시하려는 시도는 좌초되었지만, 그럼에도 불구하고 본유 관념과 연역적 합리성으로 되돌아가려는 시도는 성공적으로 차단되었다. 이제 경험에 대한 더 신뢰할 만한 개념을 제공하려는 새로운 시도가 개시되려면, 현상주의의 회의적 함의에 따른, 그리고 자연주의적·연합주의적·심리학적 대안이 야기한 보수적 규약주의에 따른 난제들을 적절히 다뤄야만 했다. 그 임무는, 철학사의 초보자들도 다 알 만큼 유명한 칸트가 맡았다. 경험에 대한 그의 새로운 개념화 작업으로—그의 개념은 언제나 시간 속의 여정을 뜻하는 경험Erfahrung을 지시하지, 결코 선-반성적이고 총체적인 직접성으로서의 체험Erlebnis을 가리키지 않는다[95]—넘어가보자.

: 칸트와 인식적 경험의 초월론화

독일에서 흄의 저서가 처음 번역된 것은 요한 게오르크 줄처의 편집본으로서 『인간 오성에 관한 탐구』가 출간된 1755년이었다. 합리주의적 형이상학의 마지막 거장인 크리스티안 볼프가 죽은 직후 이 책이 출간되었다는 사실은 독일 철학의 새로운 전환을 암시했다. 역설적으로 그 길은 종교사상가이자 경건주의 철학자이며 신학자인 크리스티안 아우구스트 크루지우스에 의해 예비되었는데, 그는 인간 지식의 한계와 더불어 신 존재에 대한 논리적 혹은 형이상학적 증명보다 경건주의적 방식의 필요성을 역설했다.[96] 칸트는 흄의 저작이 안겨준—그의 모든 책을 그가 읽을 수 있는 언어로 즉시 구할 수는 없었다—깊은 충격을 온전히 흡수하기까지 시간이 걸렸지만, 옳든 그르든 간에 그가 상당히 파괴적인 급진적 회의주의로 간주한 흄의 사상에서 깊은 영향을 받았다.[97] 칸트가 당대의 독일 철학을 특징지었던 연역적 합리론을 포기하는 데 영향을 미친 흄의 심오한 충격—그의 유명한 말에 따르면 '독단의 잠dogmatic slumber'에서 그를 깨운—은, 그가 지난 12년 동안 흄의 사유에서 신랄하고 비합리적인 함의로 읽힌 것에 대해 답을 찾고자 분투했음을 의미하는 것이었다.[98] 특히 칸트는 흄이 말년의 안식처로 삼은 듯한 연합주의적 규약주의를 넘어설, 지식의 새로운 토대를 찾는 데 관심을 기울였다. 그는 흄이 마음을 심리학적 기능으로 환원하고 논리적 추론과 보편적 이성의 강력한 확실성을 공통감각의 취약한 합의와 습관적 반복으로 대체한 점을 우려했다. 그 결과 흄은 종교적 광신주의와 비합리적 정서주의emotivism라는 양날의 위험에 맞서 어떤 방어벽도 제시할 수 없게 되었다. 계몽Aufklärung의 강력한 옹호자이자 질풍노도운동Sturm und Drang의 규칙 파괴적 시인들에 대한 비판자였던 칸트는 이런 위험에 저항하고자 했다. 그는 확실성이 덜한 개연성 이론에 기대고 수사적 논증을 위해 철학적 수고를 희생하는 것이 근본적 회의의 위협에 대한 응대로는 불충분하다며 우려를 표했다. 아무리 자연주의적 상식을 들먹여도 그것을 진정시킬 순 없을 것이다.[99] 게다가 좀더 냉철한 형태로 흄을 구제했던 상상력조차, 에마누엘 스베덴보리 같은 선지자들의 열광Schwärmerei에서 칸트가 그토록 혐오했던 그런 공상의 나래를 억제하는 안정제를 충분히 제공해줄 수 없었다.[100] 물론 칸트는 상상력이 시간의 흐름 속에서 동일성을 지각하고 상이한 대상들을 동일한 개념에 포섭하는 데 중요한 역할을 수행한다는 점에 동의했지만, 지속성에 대한 비실체적 믿음을 야기하는 순전히 연상적인 임무를 상상력에 할당한 흄을 따르지는 않았다.[101]

이 글은 흄의 도전에 대한 칸트의 복잡한 반응—어떤 이들에게는 회의주의에 굴복하는 것으로, 또 어떤 이들에게는 칸트 자신이 말했듯이 미래 형이상학의 희망찬 서설로 간주된—을 진지하게 비평하는 것은 고사하고 장황하게 반복해보려는 의도도 갖고 있지 않다.[102] 다만 우리는 그 반응에서, 그가 개념화한 대로의 경험의 역할에 대한 몇 가지 핵심적인 부분을 짚어보려 한다. 칸트는 이전 형이상학자들이 전체 현실을 알고자 내세웠던 체계적 주장과 더불어 그들의 신뢰하기 어려운 연역적 합리론으로 복귀할 생각은 없었지만, 적어도 그들이 남긴 유산에서, 특히 고트프리트 빌헬름 라이프니츠에게서 내려온 유산에서 약간의 영감을 얻었다. 인간 정신의 능동적이고 자기 입법적인 특징이 그것이다. 칸트는 정신을 데카르트나 스피노자가 주장했던 것처럼 실체substance가 아닌 활동성activity으로 본 이 독일인 선배의 입장에 동의했다(이러한 가정은 인간의 자유와 도덕적 자율에 대한 그의 유명한 옹호에서 핵심적인 위치를 차지한다). 물론, 앞서 충분히 지적한 것처럼, 영국의 경험론자들은 완전히 수동적인 정신 개념의 지지자들이 결코 아니었다. 하지만 칸트가 보기에 그들은 참된 학문scientia(독일어로 Wissenschaft)의 필요조건을 충족시킬 정합적인 인식론을 제공하기에는 감각을 통한 관념의 외부적 발생에 지나치게 의존했다.

철학에서의 칸트의 유명한 '코페르니쿠스적 혁명'[103]은 지식의 대상보다는 지식의 주체에 더 집중해 과감한 답을 구하고자 한 것에 있는데, 이는 지각의 연속이나 관습적 반복의 장소로서의 주체보다 훨씬 더 나아간 구성적 주체였다.[104] 그 결과 그의 경험 개념은 베이컨의 과학적 방법을 특징지었던 세계에 대한 적극적인 개입주의와 연결되곤 했는데, 이 방법 자체는 니콜라우스 쿠사누스와 잠바티스타 비코같이 이질적인 인물들을 포함하는, 이른바 '제작자의 지식maker's knowledge'이라는 전통에 속하는 것이었다.[105] 그 전통에서 칸트를 다른 이들과 구분시키는 것은, 그가 적어도 『순수이성비판』에서 오로지 지식에 의해 형성된 대상들로—그가 순수 사변의 대상뿐만 아니라 세계의 실재 대상과도 조심스럽게 구분한—제한한 점이었다. 칸트는, 그 대상들을 신에 의해 마음에 부여된 마음속 관념들에 불과한 것으로 환원하고 그것들이 독립적이고 외부적인 실재로 여겨진다면 환영에 불과하다고 여긴 버클리에 반대하면서, 그런 것들을 그 자체로 독립적인 존재로 여겼다.[106] 이런 이유로 그는 자신의 관념론이 버클리의 "교조적 관념론"과 구분되어 "형식적, 더 적절하게는 (…) 비판적" 관념론으로 불려야 한다고 주장했다.[107] 세계의 실체들은 설령 지각되지 않더라도 존재한다. 왜냐하면 그것들은 아마 언젠가 경험될 수 있을 실제 대상들이기 때문이다. 이것은 훗날 독일 관념론자들과 그들을 계승한 마르크스주의자들이 역사적이고 심지어 존재론적인 구성으로까지 그 능동적 요소를 밀고 나갈 여지를 남겼다(물질을 신의 단순한 관념으로 해체시킨 버클리의 입장으로 후퇴하지 않고 말이다). 칸트의 경험 개념의 재구성은 한계를 설정하는 것과 관련되는데,

그의 후계자 대다수—그리고 논란의 여지가 있지만 후기 저작에서 칸트 자신—는 이를 극복하려는 시도를 하게 된다.

이성 능력에 대한 전통 형이상학의 취약한 과대 포장을 들어 전통 형이상학을 파괴적으로 비판한 흄을 좇아, 칸트의 인식론적 재구성은 이성의 한계를 설정하는 데 주안점을 두었다. 칸트가 제1비판에서 개진했듯이, 경험은 신뢰할 수 있는 지식의 문제와 관련될 뿐, 이를테면 몽테뉴가 보여준 그 용어의 확장된 사용에 포함되었던, 세계와 인간의 광범위한 조우라는 사태와는 무관하다.[108] 개인의 행복은 인식적 판단이나 도덕적/영적 발전에 종속되었다. 그 결과 칸트는 후대 비판자들에게 공격하기 좋은 먹잇감이 되었고, 그들은 흄과 달리 신체, 감정, 욕망, 역사적 기억 및 기타 유사한 것들을 관심사에서 배제했다는 이유로 칸트를 비난했다.[109] 게다가 "믿음의 여지를 두기 위해 이성을 제한"하는 칸트의 유명한 결정도 야코비를 비롯한 동시대인들에게조차 만족감을 주지 못했다. 야코비는 신앙이란 직접적인 종교적 체험에 근거하지 단순히 추상적인 도덕 법칙에 근거하지 않는다고 주장했다.[110] 칸트는 후기 저서인 『판단력 비판』에서 미학적 경험이라는 특수한 개념을 발전시켰는데, 이는 인식적 경험과는 다른 것이었다. 그리고 마지막 저서들 중 하나인 1798년의 『실용적 관점에서 본 인간학』에서는 법철학에서의 크리스티안 토마지우스의 분별성 이론Klugheitslehre의 정신에 입각해 실천적 문제들을 탐구했다.[111] 하지만 더 직접적으로 영향을 끼친 제1비판은 진정한 경험이라 불릴 만한 것의 훨씬 더 제한적인 개념을 규정했다.

칸트가 그 개념을 발전시킨 것은 지식 자체 안의 내적 제한과 관련 있다. 그는 연역적이고 변증법적인 이성Vernunft—그는 흄이 자신의 독단의 잠을 깨웠을 때 이 이성의 사변적 위험을 인식하게 되었다—을 실제 세계와의 구체적인 조우에 기초한, 더 완화되었지만 신뢰할 수 있는 오성Verstand(때때로 '지성intellect'으로 번역되는)과 대비시키면서, 경험론자들의 본유 관념 비판과 신 혹은 영혼의 연역적 존재 증명에 대한 공격을 받아들였다. 지식은—그리고 칸트는 그런 것이 단순한 의견이나 믿음과는 구별된다고 여겼다—경험이라 불리는 것으로부터 나온다. 종종 인용되는 『순수이성비판』 2판 서문의 첫 문장에서 그가 밝혔듯이, "우리의 모든 인식이 경험과 더불어 시작된다는 것은 의심의 여지가 없다. 우리의 감각을 자극하는 대상들 말고 다른 어떤 것이 우리의 인식 능력을 작동시킬 수 있겠는가?"[112] 이성은 가능한 경험의 대상들에 대해 그 이상의 것을 우리에게 가르쳐줄 수 없다! 실로 이것은 근본원리이자, 『형이상학 서설』에서 그가 '모든 [제1] 비판의 요약'이라 부른 것에 해당된다.[113] 따라서 칸트는 흄과 마찬가지로 경험에 앞서거나 경험을 넘어서는 선험적인 관념들에 깊은 회의를 느꼈다. 그는 이러한 관념들에 '순수한'이라는 말을 붙였는데, 그 관념들이 일상의 잡다함과 감각 자료의 불완전함을 일소했기 때문이다. 칸트는 순수 관념들이 절대적으로 모든 경험에 앞서 존재한다는 믿음을 부여받는 한에 있어서 그것들을 비판해나갔다. 그는 "경험이란 실증적 인식, 즉 지각을 통해 대상을 규정하는 인식이다"라고 적었다.[114]

한편 칸트가 흄과 결별하는 지점은, 연합주의적 규약주의에 대한 그의 대응의 토대인, 그러한 선험적 원리들이 경험의 근저에 깔려 있다는 그의 더 나아간 주장에 있다. 널리 인용되는 제1비판의 구절에서 쓴 바에 따르면,

> 그러나 우리의 모든 인식이 경험과 더불어 시작된다 할지라도, 이것이 모든 인식은 경험으로부터 나온다는 것을 의미하진 않는다. 왜냐하면 우리의 경험적 인식조차 우리가 인상들로부터 수용한 것과 우리 자신의 인식 능력이 자신으로부터 공급한 것으로 이루어져 있는 합성물임이 지극히

당연하기 때문이다(감각 인상들은 단지 그렇게 하도록 촉발할 뿐이다).[115]

칸트는 전적으로 경험에 의해 산출되지 않는 인식의 부분을 추적하기 위해 어쩌면 그의 가장 위대한 철학적 혁신일 수도 있는 초월론적 방법을 도입했다.[116] 그는 신중하게 '초월론적transcendental'이라는 말과 '초월적transcendent'이라는 말을 구분했는데, 후자는 **인식**될 수 없고 단지 **사유**될 수 있을 뿐인 순수 이념이라는 지식을 찾기 위한 정당화되지 않은 방식 속에서 경험을 넘어섬을 의미한다. 그리고 모든 가능한 경험의 기저에 놓여 있는 보편적이고 필연적인 조건을 일컬을 때는 그는 전자의 용어를 채택했다. 연역적 추론은 외부로부터의 자료의 주입이나 단순한 습관적 반복으로 설명될 수 없는 경험의 이러한 국면들을 추출할 수 있었다. 특히 초월론적 연역은, 불완전하고 일시적이긴 하나 세계에 대한 모든 지각과 판단에 스며든, 지식의 **형식적** 측면을 해명하는 데 목적을 두었다.[117] 이것은 오성의 영역이며, 칸트는 오성을 순수한 선험적 이성 및 순수한 후험적 감성과 구별했다. 후자에 의존한 영국 경험론자들이 자신들의 연구를 오로지 세계의 개별적 물질 대상들에(궁극적으로 그들이 대상의 물질성을 수용했든, 유동적 감각 인상이나 신의 관념들로 해체시켰든 간에) 한정한 반면, 칸트는 자신의 탐구를 인식의 관계적, 구조적 측면들로 확장시켰다. 그의 주장에 따르면, 순수이성이 하고자 했던 것처럼 내용 없는 형식을 생각하는 것은 가능할지 몰라도, 아마도 경험론자들이 생각한 것처럼 형식이 완전히 결여된 내용을 생각하는 것은 불가능하다. 처음부터 경험은 감각 자료에서 형태가 거의 유사한 것들near-isomorphisms을 — 논리적 입증에서처럼 완전히 동일한 것들까지는 아니더라도 — 식별하는 능력을 포함한다. 그리고 이를 통해 우리는, 그렇지 않았다면 겹치고 상충되고 의미 없는 자극들의 무질서한 혼돈, 즉 의식의 두서없고 변화무쌍한 흐름에 불과했을 것에서 규칙성과 질서를 알아볼 수 있게 된다.

이러한 능력은 능동적인 마음이 제공하는 것으로, 시간, 공간, 인과성 같은 경험의 근본적 측면의 규칙적이고 보편적이고 필연적인 본성으로 인해, 흄이 말한 단순한 상상력을 넘어서는 것이다.[118] 칸트는 마음을 임의적이고 이질적인 인상들의 연속으로 해체하는 것에 맞서서, 실제로 모든 인간이 공유하는 하나의 통일된 마음을 정립한 뒤, 이것을 '통각의 초월론적 통일transcendental unity of apperception'이라고 불렀다. '나'는 모든 경험의 기체基體이자, 훗날 그가 『실천이성비판』에서 주장하듯 도덕적 자율성의 중심지다. 그러나 이는 흔히 말하듯 심리학적 오류들의 원천인 인식적 경험의 대상으로 환원되지는 않는다.[119] 엄밀히 말해서, 자아—심리학적이라기보다 인식론적인 용어로 이해되는—는 현상계를 초월해서 예지계noumena 혹은 알 수 없는 물자체의 영역에 위치한다. 이런 주장은 불멸의 인간 영혼이 사유될 수는 있어도 결코 인식될 수는 없다는 그의 견해에 잘 들어맞는다.

내적 경험이라 불리는 것이 세계와 관계하는 인식 주체의 경험보다 앞선다는 가정은, 프랑스 철학자 멘 드 비랑 같은 정통 유심론자들이 흄의 심리학적 회의론에서 도출해낸—약간 제멋대로이긴 하지만—것이다.[120] 칸트는 이에 반대하면서 다음과 같이 주장했다.

> 모든 사유를 동반할 수 있는 의식을 표현하는, "나는 존재한다"라는 주장은 직접적으로 주체의 현존을 포함하는 것이다. 그러나 그것은 아직 그 주체에 대한 하나의 인식이 아니다. 그렇기 때문에 또한 그것의 실증적 인식—즉 경험—도 아닌 것이다. 왜냐하면 그러한 경험은 존재하는 것의 사유 외에 직관도 포함하며, 여기서는 특별히, 그 주체가 규정되어야 하는

> 것—즉 시간—과 관련하여, 내적 직관을 포함하기 때문이다. 그리고 이러한 규정은 명백히 외적 대상들을 필요로 한다. 따라서 결론적으로 내적 경험은 그 자체로 단지 간접적이며 오직 외적 경험을 통해서만 가능해지는 것이다.[121]

하지만 그 '외적 경험'은 전적으로 바깥 대상들에 의해 산출되지는 않는다. 그것은 주관적 구성과 관련되는 데다가 비자발적이고 강제적인 것이기까지 하다. 칸트는 시간과 공간 안에 있지 않은 코끼리를 볼 수 있는 방법은 결코 존재하지 않는다고 단언한다. 있을지도 모르는 것에 대해, 그리고 우리가 알 도리는 없지만 사실상 인간의 이해력을 넘어서 존재한다고 말해질 수 있는 것에 대해 생각하는 것이 가능하다고 해도 말이다. 경험되는 대상들의 세계에 대한 우리의 판단은 분석적 동어반복을 넘어서는 새로운 지식을 산출한다는 의미에서 선험적인 동시에 종합적이다. 따라서 본성상 경험은 공간적 위치뿐만 아니라 시간적 지속—여행으로서의 경험Erfahrung—도 포함한다. 이것은 본질적으로 상관적이다.

의견, 믿음, 개연성의 좀더 완화된 주장들에 대항해서 확실한 과학적 지식의 가능성을 회복하려는 칸트의 시도는, 논란의 여지가 있긴 하나, 암묵적으로 전통적인 진리 개념인 대응설correspondence을 포기하고 정합 모델coherence model 쪽으로 기우는 것 같다. 그는 유동적인 감각 인상들이 자신들을 야기한 항구적인 대상들보다 우선한다는 주장을 거부하면서 현상주의자보다는 존재론적 실재론자 입장에 서 있었지만,[122] 우리가 세계를 그것이 실제 존재하는 식으로 알 가능성을 부인했다. 왜냐하면 '물자체things-in-themselves'는 경험을 넘어서는 것이며, 심지어 물자체가 경험에 필수적인 경우에도 그렇기 때문이다. 그렇지만 이런 부인의 회의적 함의를 피할 수 있게 하는 것은, 추론적 지식이 오성의 범주들 및 도식들과 관계하는 한에 있어서 증명될 수apodictic(그리스어로 apo/deixis에서 유래한) 있다는 그의 믿음이었다. 이것들은 일체의 인식적 경험에서 필연적이고 불가피하고 보편적인 요소들이기 때문이다. 피론주의 전통이 보여온 개별적 혹은 문화적 주관주의에 대한 칸트의 응답은 말하자면 종적 주관주의species subjectivism라고 할 수 있을 것이다.

또한 칸트는 상식적 감각 경험과 자연과학적 설명 사이의 명백한 격차라는 '데카르트 문제'에 어떤 시사적인 답변을 내놓기도 했다.[123] 왜냐하면 양자가 선험적 종합판단의 관점에서 개념화된 것이라면, 소박한 감각 인상들로 여겨진 것과 과학의 이론적 실체들 사이에는 본질적인 차이가 없기 때문이다. 따라서 평범한 경험은 환영에 불과한 것이 아니고, 자연과학도 전적으로 경험의 그릇된 교훈을 우회하는 것에 기초한 것이 아니다. 양자 모두 '경험의 대상들'을 다루는 것이지, 물자체를 상대하지 않는다. 게다가 그가 『순수이성비판』에서 경험을 상호 작용과 (의사소통적 의미에서) 공동체의 시간적·공간적 맥락에 위치지음으로써 명백한 동시성을 설명하는 '경험의 제3유추'를 통해 주장하듯이, 표면적 현상과 심층 구조—로크가 제1성질과 제2성질이라 부른 것—의 수준들은 역동적인 방식에서 스스로가 상대화될 수밖에 없다. 가장 심오한 수준에서 보면, 그것들은 적어도 구체적 의미에서 총체적 체계로 이해되는 자연의 부분들이다.[124]

칸트가 모든 인식 구조에서 작동한다고 여긴 엄밀한 메커니즘이 과연 설득력이 있는지 여부를 떠나서(대부분의 해석자는 의심스러워했다[125]), 능동적 정신의 심리적 고찰에 저항하면서 경험의 인식론적 문제를 연역적 추론과 귀납적 혹은 연합론적 경험론의 오류를 넘어설 수 있는 새로운 토대 위에서 재구성하려는 그의 과감한 시도는, 풍부하고 생산적인 논쟁을 불러일으켰다. 그리고 그 기세가 꺾일 조짐은 거의 보이지 않는다(그것을 완전히 폐기하려는 리처드 로티 같은 신실용주의자들의 몇몇 시도를 제외하면 말이다).

거의 현상주의자로 이해되었던 흄의 경험론 역시 에른스트 마흐와 루돌프 카르납 같은 철학자들의 작업을 통해 20세기 들어 새롭게 부활하고 있다. 그들은 서로 다른 방식이긴 하나 칸트의 초월론적 주체와 객관적 물자체를 무차별적인 감각 경험의 영역으로 해소하려는 공통의 지향점을 지닌다. 분석철학은 칸트가 그토록 열정적으로 구성했던 인식론적 문제와 심리학적 문제의 장벽을 종종 허물면서(예컨대 W. V. O. 콰인의 작업처럼), 그쪽에 속하는 어떤 사람이 '경험의 수수께끼'[126]라고 부른 것에 대해 지속적으로 답하고자 했다. 이 장에서 보았듯이, 확실히 인식의 토대로서의 경험은 처음부터 논쟁적인 영역이었고, 이 속에서 수동성과 능동성, 주관적 구성과 객관적 부여, 개별적·집단적 인식자의 상충되는 역할이라는 주제는 결코 사그라들지 않았다.

이제 인식론이란 제목하에 수행된 '경험의 노래'의 추가적인 변종들을 추적하기보다—그것은 앞서 살펴본 것들보다 훨씬 더 까다로운 철학적 논쟁들에 휘말리게 한다—다른 맥락들에서의 또 다른 담론들로 넘어가는 게 좋겠다. 왜냐하면 '경험'이 인식론적 관점에서 이해되긴 했지만, 그것은 또 다른, 매우 상이한 목적들에도 쓸모가 있기 때문이다. 실제로 이러한 대안들이 출현한 배경은 경험을 단지 인식론적 기능으로만 환원하려는 시각들에 대한 반응 속에서였다.

대체로 그 대안들은 두 가지 모습으로 추정되었다. 첫째는 미학적·종교적·정치적 경험과 같은 대안적 양상들의 발전과 고양으로서, 근대 과학과 동일시된 무미건조한 변종으로 알려진 것보다 우위에 놓인 것이었다. 둘째는 좀더 야심찬 것으로, 모더니티의 소외로 인한 균열들에 선행하는 전체론적 경험을 회복할 수 있는 새로운 통합적 개념의 탐구로 이어졌는데, 존 듀이가 경멸조로 부른 칸트의 '분할의 방법method of partition'[127]에 의해 방치되었던 단절을 치유하려는 시도에 해당된다. 이후의 장에서 우리는 '경험'이 전문화된 담론적 양식들로 해체된 방식을 추적한 뒤, 그렇게 찢긴 것들을 다시 합치려는 20세기의 다양한 시도를 검토할 것이다. 우선 경험을 인식의 문제로 환원하고 그에 대한 보충으로 금욕적인 도덕을 제시한 칸트에게 도전장을 내밀면서, 그 두 가지 다 좀더 근본적인 경험 형태를—통탄스럽게도 칸트는 이를 무시했다—정당화할 수 없다고 주장한 일군의 사상가들로 시작할 것이다. 그 대안은 경건한 신자에게 신의 현존에 대한 직접적인 증거를 제시하는 종교적 경험이었고, 처음으로 이것을 상세하게 변호한 이가 바로 18세기 계몽주의의 여명기에 출현한 칸트의 위대한 비판자 프리드리히 슐라이어마허였다.

3장

종교적 경험의 호소

슐라이어마허, 제임스, 오토, 부버

경험의 인식 문제로의 환원은, 그것이 경험론의 용어로 추구되든 관념론의 용어로 추구되든 간에, 오늘날 철학을 끊임없이 괴롭히는 인식론적 난제를 만들었을 뿐만 아니라 인간 삶의 중요한 무언가가 희생되었다는 비통한 감정 또한 남겼다. 조르조 아감벤은 몽테뉴의 좀더 강력한 개념을 데카르트에게서 유래한 것과 대조시킴으로써, 우리에게 상실된 것을 환기시킨다.

> 경험의 목표가 개인을 성숙—획득된 경험의 총체라는 개념으로서의 죽음의 예측—으로 인도하는 것인 한, [경험은] 그 자체로 완벽한 것, 겪을 수 있을 뿐만 아니라 가질 수도 있는 것이었다. 그런데 그 대신에 경험이 일단 학문의 주제—성숙에 이를 수 없고 단지 자체의 지식을 증가시킬 수 있을 뿐인—가 되는 순간, 경험은 불완전한 것, 일종의 '점근선적asymptotic' 개념, 그리고 칸트의 말처럼, 겪을 수 있을 뿐 **가질** 수는 없는 것이 되어버린다. 즉 경험은 지식의 무한한 과정이나 다름없는 것이 된다.[1]

이렇듯 경험이 상상적이고 집단적인 주체—비인격적이고 불멸적이기도 한—에 기초한 학문의 변종으로 환원됨에 따라 경합하는 선택지들의 여지가 열렸다. 몽테뉴의 의미에서의 "획득된 경험의 총체"가 더 이상 가능하지 않다고 여겨진다면, 경험의 '양상화modalization'라고 불릴 만한 것이 인식론적 변종이 결여한 것을 제공할 수 있는 부분적인 대안들에 우호적으로 되기 마련이다. 18세기에 인식적 도구가 드리운 그림자로부터 특별히 두 가지 대안이 출현했다. 첫 번째 양상은 종교적 경험이라 불렸고, 두 번째는 미학적 경험이라 불렸다. 전자에서 헤게모니를 쥔 것은 정신이었고 후자에서는 육체가 중요한 위치를 점했지만, 이 둘의 변화무쌍한 혼합은 집단적인 학문적 주체의 비인격성과는 분명 구별되는 것이었다. 양자 모두 피조물로서 고통받는 육화된 개인에게 중요한 것을 회복하고자 시도했기 때문이다. 그 개인의 육체적 쾌락과 정신적 갈망과 유한한 수명은 경험이 그저 지식의 신뢰성 여부의 문제로 이해될 수 없음을 의미했다. 그 결과 두 경험은 종종 서사적이고 서정적인 방식으로 인해 인식론적 대안보다 '경험의 노래들'의 은유를 더 타당하게 만들곤 했다. 이 장에서는 종교적으로 경험을 이해하는 경험 양상의 출현과 전개를 밝힐 것이다. 이어서 다음 장에서는 미학적 경험에 초점을 맞출 것이다.

종교적 경험의 본성을 정의하기는 쉽지 않겠지만, 어쨌든 모든 변종이 전통적인 오감에 기초한 순수하게 인식론적인 범주로 경험을 환원하는 것에 반대했다는 점은 분명하다. 아감벤의 언어로 이야기해보자면, 모든 변종은 경험을 사람이 단순히 겪은 것이라기보다 가지고 있는 것으로 여겼다. 따라서 그 변종들은 외부 자극의 수동적 수용보다는 의지, 신념, 경외감 같은 내적 능력의 중요성을 전면에 내세웠다. 그리고 그동안 과학적 도구나 집단적 연구공동체에서 외면당하면서 잃어버렸던 환원 불가능한 인격적 계기를 경험 안에서 회복시키는 데 관심을 기울였다. 물론 때로는 그것을 넘어서 신비주의에 이르기도 했지만 말이다.

인식론적 전통은 그에 대한 비판자들에 의해 곧잘 퍼뜨려진 희화화에 언제나 걸맞았던 것은 아니다. 앞서 보았듯이, 관념론과 경험론의 변종들은 비록 제한적일지라도 주체의 구성적 능동성의 여지를 남겨두었다. 사실, 학문적 경험과 도덕적/종교적 경험의 대조는—후자를 정의하고 세분화하는 것을 잠시 보류해두고—엄격하게 절대화돼서는 안 된다. 실제로 개혁주의 신학과 학문적 방법의 일부 측면이 아리스토텔레스적 스콜라주의와 그것의 유명론적 비판자들에 대한 부채가 갖는 공동의 목표와 마찬가지로 다수의 전제와 성향을 공유했다는 것은 초기 근대사의 주요한 특징이었다. 찰스 테일러에 따르면,

> 베이컨 과학의 지지자들과 청교도 신학의 지지자들이 경험 및 전통과 관련하여 스스로를 인식한 방식에는 뿌리 깊은 유사성이 존재했다. 양쪽 다 자신들이 자체의 오류에 대해 그저 만족할 뿐인 전통적 권위에 반기를 들고 그동안 무시되었던 원천들—한편에서는 성서, 다른 한편에서는 경험적 현실—로 돌아간다고 여겼다. 양쪽 다 오래전에 수용된 교리에 맞서 자신들이 생생한 경험으로 간주하는 것에 호소했다. 이를테면 개인적 회심과 헌신의 경험이라든가 자연의 작동에 대한 직접적 관찰 같은 것 말이다.[2]

예컨대 조너선 에드워즈(1703~1748)는 식민지 미국에서 벌어진 '대각성 운동Great Awakening' 시기 동안, 존 로크의 반합리론적 감각주의로부터 심정heart이라는 '새로운 감각' 이론을 독창적으로 만들 수 있었다. 그것은 교리와 성서에 대한 교조적 집착만으로는 결코 얻을 수 없었던 경험적 확신—개종의 거듭남으로 가장 생생하게 표현될 수 있는—을 선사했다.[3] 이와 유사하게 흄의 회의주의를 신앙주의적 목적으로 활용한 경우는, 독일 철학자 야코비가 한 세기 후쯤 개시한, 계몽적 합리주의와 스피노자적 '허무주

의'에 대한 급진적 비판에서 찾아볼 수 있다.[4]

그렇지만 이처럼 공유된 적들에도 불구하고, 에드워즈나 야코비 같은 종교적 사상가들이 경험에 부여한 의미는 경험론이나 초월론적 관념론의 옹호자들이 정립한 것과 등가적이진 않았다. 최근 한 논자가 이 "상당히 폭넓지만 모호하지는 않은 말"[5]이라고 제대로 일컬은 것의 몇몇 의미를 분석해보는 것이 이 장의 과제가 될 것이다. 우리는 신과 그의 창조에 관한 특정 명제에 대한 믿음에 주로 집착하는 것—합리적이든 의지적이든—과 동일시되는 신념에서, 신성 혹은 성령에 대한 감정적으로 충만한 지각 체험 같은 데서 비롯된 독실하고 경건한 행위라고 현상학적으로 이해되는 신념으로의 전환을 이해하는 데 주력할 것이다.[6] 따라서 그 경험을 비종교적 원천으로 환원하거나 좀더 세속적인 설명 체계로 포섭하려는 시도에 저항했던 사상가들이 우리의 초점이 될 것이다. 마찬가지로 그 경험의 '대상' 또는 대화 상대자의 지위에 관한 논쟁들—어떤 사람들은 이것을 경험의 원인으로, 또 어떤 사람들은 경험의 결과로 본 것 같다—도 고찰할 것이다. 이때 우리는 신과 인간 간의 우선성의 역전을 우려하는 입장과도 만날 것이다. 이러한 우려는 경험이 주관성의 비대함을 의미하는 것처럼 보일 때 미학적·인식론적 담론 및 여타 담론들에서 나타나는 유사한 우려와 맥을 같이하는 것이다.

우리의 주요 증인은 독일의 프로테스탄트 신학자들로서, 특히 슐라이어마허와 루돌프 오토 같은 영향력 있는 인물들이 소환될 것이다.[7] 윌리엄 제임스의 고전적 논문인 『종교적 경험의 다양성』 또한 시금석 중 하나가 될 것이다. 그리고 20세기의 유대인 사상가 마르틴 부버의 초기 저작에 드러난 것과 같은 종교적 경험의 담론을 간단히 훑어보는 것으로 마무리할 것이다. 슐라이어마허에게 상당 부분 빚진 것으로서 체험Erlebnis으로 알려진 경험의 변종에 대한 부버의 숭배는, 발터 벤야민과 게르숌 숄렘처럼, 뒤의 한 장에서 살펴보게 될 이유들로 인해 경험Erfahrung과 동일시하며 이 대안을 선택한 이들의 좋은 표적이 되었다.

: 칸트와 도덕적 경험으로서의 종교

1장에서 아우구스티누스와 신비주의 전통을 짧게 언급하면서 보았듯이, 확실히 앞선 시대에는 종교의 경험적 토대에 호소하는 것이 가능했다. "경험하지 못한 자는 이해할 수 없다"라는 안셀무스의 단언은 슐라이어마허의 위대한 저서 『기독교 신앙』의 제사로도 쓰일 정도였다.[8] 종교개혁은 기독교 권위에 대한 외적인 집착보다 신의 진리의 내적인 소유가 더 중요하다고 주장했다. 칼뱅의 『기독교 강요』는 '참된 종교'의 토대로서 경건pietas을 믿음fides보다 앞쪽에 배치했다. 오직 성경에만 의지했던 루터의 입장—오직 성경으로sola scriptura—은, B. A. 게리시의 말마따나, "우리는 성서의 말씀을 가슴으로 느껴야 한다. 그 말씀을 이해하려면 경험이 필수인바, 그것은 체험되고 느껴져야만 하는 것이다"[9]라는 주장의 전제가 되었다. 말씀은 경험되고 느껴져야만 하는 것으로서, 경험은 말씀을 이해하는 데 필수적이었다. 루터는 우리 감각 기관에 전달되는 세계의 분명하고 확실한 인상들의 힘을 신뢰하는 스토아학파의 지각katalepsis 교리를 채택해, 자기확신적 경험의 강력한 충동에 호소하는 것으로 에라스무스의 회의적 개연주의에 답하고자 했다.[10]

비록 루터주의 자체는 얼마 안 있어 교리적 경직으로 인해 요한 게르하르트(1582~1637) 같은 신학자들로부터 새로운 프로테스탄트 스콜라주의라는 비난을 받지만, 주관적 경험에의 호소는 17세기 케임브리지 플라톤주의 같은 학파에서, 타고난 믿음에 기초한 심정적 종교에 대한 지지와 더불어 여전히 활성화되었다.[11] 경건주의Pietism, 감리회 교리Methodism, 정적주의Quietism, 하시디즘Hasidism 같은 대중적 종교부흥운동은 독단적인 종교적 권위에 도전했던 비합리주의적 '열광'의 물결을 주기적으로 만들어냈다.[12]

그렇지만 이런 기대에도 불구하고 경험에 대한 충만하고 자의식적인 의존이 기독교를 방어하고 갱신하는 투쟁에서 가장 강력한 무기로 출현하게 된 것은 전통적인 믿음의 정당화 대부분을 무너뜨린 세속적이고 반성직자적인 '이교도적' 계몽주의의 다층적인 종교 비판에 직면하면서부터다.

17세기 영국 신학자인 매슈 틴들과 존 톨랜드의 비인격적 이신론, 독일 혁신자들Neologen의 반계시주의적 '분별력', 또는 몇몇 독일 사상가에게 신과 자연의 동등함을 각인시킨 스피노자주의 범신론같이 초기에 견지됐던 조치들은 이제 과도한 정도로 회의주의적인 폭로자들에게 굴하고 말았다.[13] 이성적 철학과 종교의 화해를 매우 낙관적으로 본 라이프니츠와 볼프의 거대한 사변 체계는 프리드리히 대제의 치세하에 전성기를 보내긴 했지만 궁극적으로는 개선되지 않았다.[14] H. G. 라이마루스(1694~1768) 같은 이들은 역사적 연구를 통해, 기적으로 여겨졌던 것에 대한 순전히 자연주의적인 설명의 가능성을 내비치면서, 믿음의 토대가 되었던 성경 속 이야기 대부분에 의문을 던졌다. 이 길을 계속 따라가면, 데이비드 스트라우스와 에르네스트 르낭 같은 19세기 예수 전기작가들의 좀더 급진적인 탈신화화와 만나게 된다. 모든 이에게 공통되는 보편적 '자연신학'을 구축하려는 시도들은—1802년에 그 제목을 단 윌리엄 페일리의 유명한 소책자에서 정점에 달했다—의심스럽게도 한 세대 전에 흄이 효과적으로 무너뜨린 지적 설계 논증에 의존했다.

칸트는 이성과 지식을 제한하고 믿음에 여지를 주고자, 해체를 계속하는 동시에 대체물로서 새롭고 좀더 안전한 토대를 세우려 노력했다. 그 토대는 종교적 경험이라기보다는 도덕적 경험이라 불릴 만한 것에 있었다. 결과적으로 그것은 순수한 형태의 종교적 경험의 부상에 엄청난 도전이 되었고, 슐라이어마허가 보기에 이 도전은 자신의 주장을 펼치기에 앞서 다뤄야만

하는 것이었다. 그렇지만 그가 어떻게 그렇게 했는지를 살펴보기에 앞서, 실천이성의 우위에 대한 칸트의 강력한 옹호를 간략히 짚어보자.

칸트는 신의 믿음에 대한 거대한 스콜라적 논증들—이른바 존재론적, 우주론적, 목적론적 증명들—은 지지할 수 없는 추론에 불과하며 '순수 사변이성'의 쓸모없는 실천으로서 폐기되어야 함을 설득력 있게 입증하는 데서 시작한다.[15] 그런 뒤 그는, 현상계의 감각 경험에 의존하는, 세계에 관한 선험적 종합판단을 통해 영혼의 불멸성이나 신의 실존 같은 궁극적 의문들을 해결할 신뢰할 만한 증거를 찾는 것은 헛수고라고 일축했다. 엄밀히 말해서, 유한한 존재인 우리는 그처럼 초감성적인 대상들에 대한 관념을 가질 순 있어도 그 대상들을 알 수는 없는데, 그것들은 인간 오성Verstand이 다가설 수 없는 물자체의 예지계의 일부이기 때문이다. 칸트는 스베덴보리 같은 '열광자들' 혹은 '시령자spirit-seer들'과 처절한 전투를 벌여, 신비적이고 비합리적인 대안에 결코 유혹당하지 않았고, 블레즈 파스칼을 열광시켰고 쇠렌 키르케고르도 열광시키게 될 부조리와 역설을 결코 용인하지 않았다.

그 대신에 칸트는, 자신이 종교의 좀더 신뢰할 만한 토대로서 희망하는 것을 제시하고자 자신이 실천이성이라 부르는 것, 즉 도덕성의 정언명법이 갖는 힘에 의지했다.[16] 『실천이성비판』(1787)과 『이성의 한계에서의 종교』(1793)에서, 그는 계몽주의의 반교조적인 미덕을 보존하면서도, 그것의 세련된 일부 지지자에게서 보이는 안락하고 때로는 무기력하기만 한 '분별력'을 넘어서는 방어 논리를 제공했다. 칸트는 종교가 기초해야 할 토대는 도덕적 경험—우리의 타고난 사명감에 의해 우리에게 주어진 의무들을 따르려는 노력—이지 그 역이 아니라고 주장한다. 도덕적 경험은 감각을 통한 자연세계와의 조우에 의해 제공되는 것과는 다른 차원에 놓여 있다. 우리는 도덕적 명령들을 입법한 신이 존재하는 듯이 행동하도록 강요될 수는 있지만, 자연신학이 신이 행한 것들로부터 입증할 수 있다고 잘못 추정하는 그런 방식으로 신이 존재한다는 것을 확실히 알 수는 없다. 인간의 자유 및 영혼의 불멸과 마찬가지로, 신은 도덕적 이성의 요청일 뿐 신학적 교리가 아니다. 우리가 신을 숭배하는 것은 신이 선하고 이성적이어서지, 신이 무오류거나 고집스럽거나 변덕스러워서가 아니다. 따라서 도덕적 명령에 유념하거나 저항한다는 의미에서의 실천은 이론과 인식에 우선하며, 이로부터 교리나 맹목적 믿음에 대한 단순한 동의보다 경험이 우월하다는 것이—물론 신성한 원천의 우월성이라기보다는 의무의 우월성이겠지만—결론으로 도출된다.

칸트의 언급에 따르면, 의무에 복종하는 감정의 경험에는 자연계의 일부로서 생겨나는 동물적 본능·욕구·욕망·관심과 우리의 본체적 자아에 호소하는 도덕법칙의 요구 사이의 불가피한 긴장이 존재한다. 후자의 경우, 우리는 본질적으로 도덕명령을 따를 수도 있지만 거리낌 없이 위반할 수도 있다. 도덕명령이 우리에게 가언적이고 특수한 준칙보다는 정언적이고 보편적인 법률의 형태로 나타나지만 말이다. 중력처럼 자연법칙은 거스를 수 없지만 도덕법칙은 다르다. 우리는 타락 이전의 은총 상태에서 살면서 완전히 신성한 존재였기 때문에, 역설적으로 우리의 자유를 상실할 수 있었고, 이는 선택할 수 있는 바로 그 능력의 결과이기도 했다. 그러므로 칸트가 인류의 초월론적 자유로 가정한 것은 욕망이라는 피조물의 능력에 입각한 것으로서, 우리가 무언가를(의도되는 바가 도덕적 선이라면 보다 고상한 무엇, 의도되는 바가 단지 피조물적인 결핍의 만족이라면 보다 저열한 무엇) 의도하게끔 해준다. 우리는 우리가 예지계에 근거해 있다는 점에서 필연적으로 생겨나는, 도덕법칙에 대한 타고난 '존경Achtung'을 갖고 있다지만, 자연계의 생물들처럼 그것을 어기도록 유혹하는 욕망들도 지니고 있다.

따라서 칸트에게 예수는 이미 인간 의식에 내재해 있는 것을 산상수훈을 통해 분명하게 알려줌으로써 전형적인 도덕적 안내자이자 윤리적 완벽함의 원형으로서 가장 잘 이해될 수 있었다. 하지만 그는 역사적 강림을 통해 우리의 구원을 예시하는 자애로운 중재자는 아니었다. 왜냐하면 외부의 인물—인간이기도 하고 "말씀이 육화된" 신이기도 한—에 대한 그와 같은 의존은 도덕적 세계에 타율성heteronomy의 수단을 도입하는 것이 되기 때문이다. 칸트는 완전히 자율적인 존재를 상정했다. 우리 죄를 대속하신 자비로운 신의 중재에 의존하면, 우리는 도덕적 행위자로서의 책무를 잃고, 자연법칙에 의해 인과적으로 규정되는 동물의 지위로 하락할 것이다. 우리가 느끼는 의무들의 궁극적 원천으로 신이 상정될 수는 있겠지만, 그것들을 존중할지 여부는 오로지 우리에게 달려 있다. 타율성은—'타자heter'가 자연이든 신이든 상관없이—인간 존엄성에 대한 모욕을 의미한다.

그러므로 교회는 구원을 증진하거나 지상에 신의 왕국을 보여주는 성스러운 기관이기보다, 예수에 의해 건설된, 이상적인 윤리적 공동체commonwealth로 이해되어야 한다. 확실히 그것은, 전적으로 우리가 제정한 법률이 아니라 신이 선포한 다음 우리가 자유롭게 선택한 덕德의 법률을 따른다는 점에서 도덕적 공동체이지 정치적 공동체는 아니다. 그렇지만 인간에 불과한 우리는 적어도 지상에서는 완벽에 가까워지기를 희망할 수 있을 뿐이다. 칸트는 1784년에 쓴 『세계사적 관점에서 본 보편사의 이념』에서 역사적 진보를 설명하는 가운데 분명히 했듯이, 인류가 완전한 도덕적 탁월함에 오직 점근적으로만 다다를 수 있다고 생각했다. 결국 그것은 규제적 이념으로 기능하는 것이었다. 덕과 함께 행복도 포함하는 것인 '지고선highest good'은 우리가 실현하려는 것이지만, 유한한 이성으로는 그것을 완전히 포착할 수 없다.[17] 그렇기 때문에, 욕망과 실천이성, 경향과 의무, 이기심과 사심 없는 의무 사이의 해결 불가능한 갈등을 대가로 치르고 자유를 획득한 인간 주체에게는 근본적인 단절이 존재하기 마련이다. 설사 우리가 도덕법칙을 중시하는 강력한 감정을 지니고 있고 신이 도덕법칙을 명령했다손 치더라도, 나아가 우리가 간절히 그것에 부응하고 싶어 한다 하더라도, 칸트가 계속해서 말하듯이 도덕명법과 유한한 피조물적 본성으로 이해되는 인간의 행복 사이에는 어쩔 수 없는 간극이 존재한다. 칸트는 "인간을 만드는 소재와 같은 그런 굽은 나무를 가지고는 결코 똑바른 것을 만들 수 없다"[18]는 사실을 유감스러워했다. 사실상 근본적인 악은 도덕 의지의 자율성이 의미로 충만해지기 위한 가능성에 머물러야만 한다.

종교적 경험의 다른 가능한 형태들보다 도덕적 의무를 높이 산 칸트의 입장은 19세기 내내 독일에서 프로테스탄트의 신학적 발전에 지속적인 영향을 끼쳤다. 예컨대 빌헬름 1세 시대에 활동한 알브레히트 리츨은 칸트에게 공감하면서 도덕적 가치를 중시하는 자유주의 신학을 주창했다.[19] 헤르만 코엔 같은 유대계 신칸트주의자들 역시 그에게 부채의식을 갖고 있었다.[20] 도덕성의 경험적 차원에 대한 칸트의 심취는 후대의 많은 사상가를 예고하는 것이었다. 물론 존 듀이 같은 이들은 그것을 정언적이기보다 상황적 조건으로 해석했지만 말이다.[21]

그러나 '오직 이성의 한계 내에' 종교를 두려는 칸트의 시도는, 아무리 이성이 사변적이거나 비판적이기보다 실천적이라고 이해되었더라도 곧 맹렬한 반대에 부딪힐 수밖에 없었다.[22] 새로운 프로이센 군주 프리드리히 빌헬름 2세가 일체의 계몽주의 흔적을 없앤 반동적 교리만을 강화하려는 요한 크리스토프 뵐너에게 의지하게 된 1788년 이후로 상황이 변하면서 칸트 자신도 검열 대상에 올랐다. 칸트의 1793년 논문의 2판은 출간이 금지되었고, 그는 종교적 주제에 관해 더 이상 출판을 할 수 없었다. 이는 1797년 왕이 죽은 뒤에야 회복되었다.

종교적 경험을 실천이성의 규정하에 포섭시켰던 칸트의 시도는 몇 년 지나지 않아 광범위한 철학자들과 신학자들의 좀더 실질적인 도전에 직면했다. 저명한 인물로는 요한 게오르크 하만(1730~1788), 프리드리히 야코비(1743~1819)가 있었고, 가장 큰 영향을 미친 이로는 슐라이어마허(1768~1834)가 있었다.[23] 이들은 특히 칸트가 이성을 이론의 영역과 실천의 영역으로 구분한 데 불만을 느끼고, 실제 겉보기에도 이성을 특권화하려는 그의 시도에 의혹을 품으면서, 더 이상 도덕적 경험에 종속되지 않는 경험의 종교적 변형들을 정립하고자 했다. 그들은 의무와 경향의 구분을 비롯해 칸트의 체계에 놓인 균열을 치유하고자 하면서, 스스로를 초기 낭만주의 운동의 궤도 안에 놓이게 했던 인간 주관성의 보다 전체론적이고 유기적인 모델을 찾아 나섰다. 이렇듯 낭만주의와 결부되면서, 그들은 자아의 발전에 있어 기분Gefühl과 교양Bildung의 역할을 자각하기 시작했다. 감정에서 유래한 것으로서 개념적으로는 이해 불가능한 확신이나 짐작을 시사하기 위해 프리스가 채택한 번역 불가의 Ahndung 같은 개념들은 칸트가 만든 구분들을 극복하려는 탐구를 잘 보여준다.[24] 그러한 열망은 윌리엄 제임스의 『종교적 경험의 다양성』(1902)에 나오는 '분열된 자아'에 대한 논의에서 알 수 있듯이, 같은 주제에 대한 이후의 고찰들에도 강력하게 남아 있었다.[25] 하지만 더 엄밀히 말하면, 그들은 특히 종교적 경험이라는 독립적이고 환원 불가능한 영역에서 그 구분들을 극복하고자 했고, 종교적 경험의 존엄과 가치가 회복되기를 바랐다(이 영역을 철학, 과학, 예술 및 다른 모든 경험의 측면과 화해시키려는 더욱더 거창한 시도를 보려면 헤겔을 기다려야만 한다).

그들의 노력은 18세기 후반과 19세기 초반에 대서양 양편의 프로테스탄트주의에 매우 강력한 영향을 미친 대중적인 복음주의의 전염성 강한 운동—이는 펜테코스타파의 알아들을 수 없는 방언glossolalia으로 정점에 달했다—을 배경으로 전개되었다. 이 운동의 대가들은 칼뱅주의나 루터주의의 '소명' 개념을 공인된 목사들과의 '고유한' 기독교적 일체화로부터 자유롭게 하는 급진적 전략을 통해, 신을 향한 자신들의 경험적 접근이 갖는 무매개적 본성을 강조했다. 그러한 접근은 '영적 감각'을 통해 나오곤 했는데, 이로써 세속적 귀와 눈으로는 지각할 수 없는 세계의 소리와 광경을 듣고 볼 수 있게 되었다.[26] 경건한 신앙인들은 사탄의 사기에 기만당하거나 비뚤어진 협잡꾼의 복화술과 환등상에 현혹될 수 있는 항시적인 위협에도 불구하고, 개인적이고 직접적인 신과의 조우를 지속적으로 신뢰했다. 그러나 이것은 진정성 있는 종교적 경험을 방어하는 싸움이 두 전선에서 계속되어야 한다는 것을 의미한다. 하나는 독단적 교리의 공허한 '형식주의'를 상대하는 것이었고 다른 하나는 망상적이고 그릇된 신념의 과도한 '열광'을 상대하는 것이었다.[27]

: 슐라이어마허와 심정의 종교

종교적 경험에 대한 가장 지속적이고 강렬한 이론적 보고서를 제출한 이는 프리드리히 슐라이어마허로, 그는 19세기 전체에, 심지어 20세기까지도 강한 영향력을 미친, 칼뱅 이후 가장 중요한 프로테스탄트 신학자일 것이다.[28] 그의 유산을—약 31권의 책, 설교집, 미간행 논문, 수천 통의 편지가 전해지고 있다[29]—공정하게 평가하는 것은 우리 논의의 범위를 넘어서는 바, 이는 그의 사상의 복잡함과 지적 전개의 난해함 때문만은 아니다. 그것이 불가능한 또 다른 이유는, 빌헬름 딜타이가 그의 전기 서두에서 밝혔듯이, "칸트 철학이 칸트의 성격과 삶에 대한 좀더 친밀한 소개 없이도 충분히 이해될 수 있는 반면, 슐라이어마허의 중요성과 세계관 그리고 그의 작품들이 근본적으로 이해되려면 전기적인 소개가 요구"되기 때문이다.[30] 이런 비교가 칸트에게는 좀 불공평하게 여겨질지 모르지만—그의 작업 역시 확실히 역사적이고 전기적인 맥락을 통해 조명될 수 있다—, 이는 슐라이어마허 본인이 가르쳐주고 본보기가 되어준 본질적인 교훈 중 하나를 말해준다. 즉, 삶과 활동, 그리고 어떤 점에서 이것들이 가능하게 하는 것인 경험과 사상은 몹시 내밀하게 뒤섞여 있어서 어느 하나도 다른 것 없이는 결코 이해될 수 없다는 것이다. 지적 기원에 대한 표현주의적 관점이라 불릴 만한 것—이는 그 기원을 창작물의 개인적 혹은 사회적 맥락에 위치시킨다—이 여기서 매우 강력한 기원을 갖게 된다. 슐라이어마허는 부분이 전체를 조명하고 그 역 또한 마찬가지이며, 저자의 의도는 텍스트의 의미를 이해하는 데 필요하고, 심리적 해석이 문헌학적 해석을 보완해야 한다는 이른바 해석학적 방법hermeneutic method을 개척한 바 있다. 딜타이가 처음으로 깨달은 것처럼, 비명은 비명을 지른 사람에게 적용될 필요가 있다.

슐라이어마허의 경우, 그의 초년에만 한정해 이야기해보자면, 그가 경건한 개혁교회 집안에서 태어났다는 점과 니스키와 바르비에 있는 모라비아 형제단 소속 신학교에서 수학한 점을 언급해야 할 것이다. 이때의 학업은 어머니가 사망한 직후인 1787년에 신앙이 흔들리면서 중단되었다. 할레 대학에서의 교육 과정 역시 논해야 하는데, 이때 그가 칸트의 비판서들을 접하면서 신 존재와 영혼의 불멸을 둘러싼 전통적 증명에 대한 반박 논증들을 통해 확신을 가졌기 때문이다. 또한 프랑스혁명에 대한 초기의 공감(1797년경까지 지속된) 역시 설명되어야 한다. 그가 아버지를 따라 목회자의 길을 가기로 결심한 것, 그리고 드로센에서의 그의 삶도 다룰 필요가 있다. 드로센에서 그는 신학 시험을 준비했고, 종교보다 도덕적 경험을 중시한 칸트의 주장에 의구심을 품었다. 마지막으로 슐로비텐, 베를린, 란츠베르크, 다시 베를린—1796년에 샤리테 병원의 사제직을 맡기 위해 다시 베를린으로 갔다—으로 이어지는 그의 여정을 추적해야 한다.

이중에서도 가장 중요하게 해명할 대목은 프로이센의 수도에서 독일의 젊은 낭만주의 시인들, 철학자들과 교류한 일일 것이다. 슐라이어마허는 이전에 제자였던 알렉산더 도나의 소개로 그들의 모임에 들어간 뒤, 유대계 살롱의 주최자인 헨리에테 헤르츠와 그녀의 남편 마르쿠스를 알게 되었다.[31] 여기서 그는 일련의 복잡한 감정적 애착을 느꼈을 뿐만 아니라—종종 다가갈 수 없는 기혼 여성들에 대해서도—, 위대한 시인이자 비평가인 프리드리히 슐레겔을 만나 가깝게 지내기도 했다. 그는 슐레겔과 2년간 한 집에서 지냈고, 슐레겔의 도발적인 소설 『루신데』를 과감히 옹호하기도 했다. 슐라이어마허의 이력의 출발점이 된 뛰어난 논문 『종교론: 종교를 멸시하는 교양인들을 위한 강연』은 18세기의 마지막 해에 익명으로 출간되었는데, 이 논문을 쓰도록 촉발한 이들이 사실상 슐레겔과 그 비종교적 사교

모임이었다.[32]

슐라이어마허의 삶과 활동의 복잡한 관계를 더 지속적으로 탐구하려면 신학자, 철학자, 고전학자, 문헌학자, 교육자, 사회 개혁가이자 교회 개혁가, 정치 활동가(나폴레옹의 통치에 대한 프로이센의 저항 차원에서 밀정으로 활동한 짧은 기간을 포함해서)로서의 그의 다양한 경력을 조사해야 할 것이다. 그리고 끝으로, 그의 연애사와 여러 끈끈한 우정, 헤겔(1818년부터 1831년까지 베를린에서 동료 교수로 지낸) 같은 철학자들뿐만 아니라 교회 및 국가와도 자주 겪은 불화, 초기 독일 민족주의에 대한 헌신 등도 면밀히 살펴봐야 한다. 여기서 이 모두를 다룬다는 것은 말도 안 되는 일일 것이다. 하지만 우리의 주된 관심사를 다룸에 있어서, 즉 "신학에서 전기를 이룬 혁명적 선언"[33]이라고 마땅히 불려온 그의 『종교론』에 담긴 종교적 경험의 개념을 다룸에 있어서 도움이 될 만한 그의 전기적 요소들은 이 정도만으로도 충분히 소개된 셈이다.

그것의 기원을 설명하기 위해 강조해야 할 첫 번째 맥락은, 그의 아버지가 합리주의에서 경건주의 전통으로 개종해, 니스키와 바르비에서 경건주의 전통이 아들의 초기 종교 교육의 기반이 되었다는 것이다. 1787년에 찾아온 슐라이어마허의 영적 위기는 모라비아 형제단(헤른후트파로도 알려진)과 그를 깊이 실망시킨 아버지와의 일시적인 결별을 의미했지만, 1802년에 15년간 떠나 있었던 그 공동체를 다시 방문하면서 그는 다음과 같이 회상했다. "여기서 나는 처음으로 인간과 더 고상한 세계의 관계에 대한 의식을 깨우쳤다. (…) 그것은 스스로 발전된 신비적 경향이었으며, 내게 대단히 중대한 것이었고, 회의주의의 온갖 소용돌이로부터 나를 지탱해주고 헤쳐나가게 해주었다. (…) 그리고 마침내 나는 그것을 통과할 수 있었고, 헤른후트파 상급 교단의 일원이 될 수 있었다."[34]

경건주의는 매우 다양하고 광범위하게 확산된 종교적 갱신 운동이었다. 영국 청교도주의와 웨슬리의 감리회 운동 및 네덜란드와 스칸디나비아와 북아메리카의 각종 분파가 이 운동의 역사에 포함된다.[35] 1675년에 프랑크푸르트의 목사 필리프 야코프 슈페너(1635~1705)가 종교 저술가 요한 아른트(1555~1621)의 저작에 부친 서문을 이 운동의 기원으로 보는 것이 통상적인데, 이 서문은 1년 뒤 『경건한 열망』이라는 별도의 책으로 출판되었다.[36] 이 운동은 슈페너의 제자들, 예컨대 아우구스트 헤르만 프랑케(1663~1717), 고트프리트 아르놀트(1666~1714), 요한 벵겔(1687~1752), 프리드리히 크리스토프 외팅거(1702~1782), 니콜라스 루트비히 폰 친첸도르프(1700~1782)에 의해 신속히 퍼져나갔다. 특히 친첸도르프는 1722년에 작센주의 자기 영지에 헤른후트파 마을을 세운 모라비아 형제단 공동체를 보호해주기까지 했다. 슐라이어마허 가족은 이 공동체에서 영적 각성을 했다. 게다가 젊은 프리드리히가 공부한 할레 대학은 프랑케의 가르침에서 지대한 영향을 받은 곳이었다.

경건주의 공동체들 사이에 숱한 분파적 다툼이 있었지만—신과의 신비적 합일에 우호적인 아르놀트의 급진적 경건주의는 루터교의 기득권 안에 머물던 교회 경건주의자들에게 이의를 제기했고, 벵겔은 친첸도르프의 세계교회주의ecumenism와 결혼생활에서의 성적 고양에 대해 비난했다—, 경건주의 운동은 근본적인 전제들을 어느 정도 공유했다. 모든 지지자는 Frömmigkeit(라틴어 justificatus에 대한 취리히 성경의 독일어 번역)라 불리는 경건의 태도와 행동을 단순한 지적 승인에 불과한 믿음인 Glaube(fides의 독일어)보다 더 근본적인 것으로 여겼다. 경건주의는 경건한 영적 삶의 부활을 바라면서 성경적 설교의 중요성, 구원과 부활의 필요성, 지속적인 헌신 활동의 가치, 열성적으로 말씀을 전파하는 의무를 강조했다. 슈페너와 그의 추종자들은 모든 신자의 사제화를 강조하면서 신학의 권위자들의 역할에 도전장을 내밀었고, 그들의 자리를 소집단 혹은 신자들의 비밀 집회인 '경건회collegia pietatis'로 대체하고자 했다. 이는 무미건조한 학문적 논쟁을 펼치는 것이 아니라 자신의 종교를 실천하는 개종자들의 공동체였다. 그러한 실천에는 내면의 지속적인 반성과 함께 자선과 선행 행위가 있었는데, 이렇듯 경건주의의 한 측면인 활발한 도덕적 행동주의가 칸트에게 지대한 영향을 미쳤다는 점은 익히 알려진 사실이다.[37]

한편, 경건주의가 또 강조한 것은—이는 칸트보다는 슐라이어마허와 그가 개척한 전통에 더 영향을 끼쳤다—종교적 경험의 정서적 강렬함, 머리 대신 가슴, 즉 외적인 복종보다는 내적인 확신이었다. 핵심 정서는 존경(정언명령에 대한 칸트의 존경)보다 사랑이었고, 이는 특히 부부와 가족의 애정을 추적한 친첸도르프의 저작들에서 중시되는 부분이었다. 슈페너와 그의 추종자들은 육화를 통한 신의 객관적 구원 행위나 도덕법칙의 비개인성에 초점을 두기보다는, 신자와 예수의 사적인 관계를 통한 행위에 대한 주관적 반응과 그 행위의 영유에 주의를 기울였다. 외팅거가 1776년에 쓴 『성경과 상징의 사전』에서 적시했다시피, "경험은 삶의 정신들이 자신들의 몫에 따라 형성될 때 내면화되는 것이다. (…) 경험은 제거될 수 없다. 왜냐하면 그것 없이는 어떤 참된 진리도 가능하지 않기 때문이다. 안다는 것은 발화의 도움으로 고조된 경험을 갖는 것이다. 따라서 경험이 없다면, 스스로 배우지 않고 그저 누군가로부터 빌려온 정의를 마음대로 사용하는 것과 다를 바 없다."[38] 마찬가지로 친첸도르프는 1732년에 쓴 『식자와 아직은 진리에 호의를 가진 학생들을 위한 숙고』에서 "이성은 경험을 약화"시키고 "종교는 이성이 경험에 대립하는 한 이성에 의해 파악될 수 없다"고 경고한다.[39] 개인의 개종 경험 간증에 근거한 설교가 믿음을 위한 추론적 논증이나 의지(예를 들어 신 존재에 대한 파스칼의 내기에서 보이는 계산된 선택)보다 더 중요한 이유가 여기에 있다.[40] 이것이야말로 슐라이어마허가 최우선으로 지지하는 것이었다.[41]

물론 그런 정서주의는 리츨 같은 경건주의 비판자들이 종종 지적하듯이 몽매주의적인 반지성주의로 악화될 수도 있다. 성숙기의 슐라이어마허조차 1820년대에 새롭게 나타난, 무지와 미신 그리고 타자의 견해에 대한 편협성에 기초한 권위주의적인 초경건에 저항할 정도였다.[42] 다시 한번 '열광'의 위협은 저지되어야만 했다. 그럼에도 불구하고 개인적이고 주관적인 죄지음의 강렬한 감정과, 죄사함을 위한 그리스도와의 사적 매개에의 의존이라는 강렬한 감정은 『종교론』의 논증들과 그 논증들을 통한 독일 프로테스탄트주의의 갱신에 지대한 영향을 끼쳤다. 루돌프 오토를 비롯해 20세기에 그 갱신을 옹호한 이들은 종교적 경험의 정수인 '누멘적 감각sensus numinis'을 발견했다는 이유로 친첸도르프 등 경건주의자들을 찬양했다.[43] 반면, 카를 바르트로 대표되는 그 갱신의 비판자들은 "19세기에 슐라이어마허의 후원하에 득세한, 그리스도의 지나친 인간화"[44]를 이유로 친첸도르프와 그의 추종자들을 비난했다. 하지만 경건주의가 없었다면 근대 프로테스탄트주의를 특징지은, 신학에서의 경험적 전환이 그처럼 쉽게 이루어지지는 못했으리라는 것에 양측 모두 동의할 수밖에 없었다.

그렇지만 슐라이어마허의 『종교론: 종교를 멸시하는 교양인들을 위한 강연』의 경우 그가 한 부분을 차지했던 초기 낭만주의 운동이라는 이차적 맥락이 표면화되어야 한다.[45] 그의 이 저작이 강연 상대로 내세운 '종교를 멸시하는 교양인들'은 사실 슐레겔 주위의 사람들로, '보잘것없는 경험론'을 가진 영국 및 프랑스의 계몽사상가들은 물론이고, 고작해야 계몽주의 회의론자나 합리론자의 수준에 있는 자들이었다.[46] 슐라이어마허는 동료들을 안심시키기 위해, 낭만주의의 원리들이 종교적 믿음과 완전히 양립할 수 있음을—그 원리들이 정식화되는 과정에서 그랬던 것처럼—보여야 했다. 실제로 그 원리들은 그것들을 만든 사람들이 인식한 것보다 더 종교에 가까웠다. 수사적인 관점에서, 슐라이어마허는 낭만주의 산문과 시를 특징짓는 것과 유사한 장치들, 예컨대 무미건조한 직사直寫보다는 풍부한 은유적 암시, 다소 과장된 표현, 추상적 원리보다 구체적인 사례에의 의존, 더 높은 매개에 의해 극복되는 역동적 대립의 유기적 이미지들을 통해서 자신의 주장을 입증하려 했다. 심지어 그의 논증의 형식적인 규칙성들도 제1원리에 따른 체계적 연역보다는 낭만주의가 선호하는 기하학적 패턴(순환적이거나 생략적인)을 따르고 있어, 그가 낭만주의의 사유 양식에 충실했음을 여실히 보여준다.[47]

칼뱅주의의 금욕에 뿌리를 둠으로써 미학적 쾌에 대한 도덕주의적 혐오를 드러낸 경건주의자들과 달리, 헬레니즘적 사유의 사상가이자 고전 텍스트들의 번역가인 슐라이어마허는 미학의 유혹에 반응할 수 있었고, 미학이 종교와 (전적으로 동등하지는 않더라도) 조화를 이룰 수 있다고 믿었다. 슐라이어마허가 곧잘 논했듯이, 종교적 감정은 활동적 삶을 동반하는 신성한 음악과 유사하다.[48] 따라서 낭만주의와 마찬가지로 그 역시 칸트적 합리론이 제대로 평가하지 못했던 상상력이나 환상 그리고 관념과 정서의 자유로운 연합을 중시할 수 있었다.[49] 단순한 통일을 넘어 다양성의 '다문화적 diversitarian' 가치를 중시하는 낭만주의의 면모는 역사에 출현했던 다양한 종교적 표명에 대한 그의—그리 경건주의적이지는 않은—찬사에서도 분명히 나타난다. 추상적인 '자연종교'로 환원될 수 없는, 경건에 대한 인간의 기본적 경험을 드러내는 그런 표명들 말이다.[50] 단순한 감각적 행복이나 도덕적 선 그 이상의 것으로서의 낭만적 사랑에 대한 슐레겔의 숭배—『루신

데』는 '사랑의 종교'로 가득 차 있다—역시 신자의 헌신(혹은 구세주에 대한 사랑Heilandsliebe)과 인간의 죄에 대한 그리스도의 순교에서 적절히 표현된 신의 사랑이 서로 간에 발휘하는 힘에 대한 슐라이어마허의 강조에 필적할 만하다.[51] 의욕하고 생각하고 행동하는 능력들에 대응하고 사실상 그 능력들의 분화에 앞서는 것인 직접적이고 구체화된 자기의식인 감정은 대부분의 낭만주의자에게서 그러하듯이 슐라이어마허에게서도 심리학적 숙고의 핵심이 된다.[52]

그러나 우리 목적에 가장 부합하는 의의를 찾자면, 슐라이어마허나 낭만주의자나 모두 Leben 혹은 '삶'이라 불리는 것의 중요성을 강조했다는 점이다. 이는 과도한 합리주의, 비인격적 율법주의, 기계적 인과율의 금욕적인 함의에 반대되는 것이다. 그는 유대교처럼 이른바 '죽은 종교'[53]에서나 볼 수 있는 자구에 대한 집착에서 벗어나 살아 있는 정신을 열렬히 옹호했다. 그러한 열정을 불러일으킬 수 있는 것은 분명, 살아 있는 신의 화신으로 그 정신이 구체화되는 것이다. 경험Erfahrung보다는 체험Erlebnis으로서의 '경험'의 주된 원천이 되는 것은 바로 이런 태도다. 따라서 슐라이어마허는 한 세기 뒤에 생철학Lebensphilosophie으로 알려질 흐름의 시조들 중 한 명으로 봐야 한다. 가다머가 지적했듯이 Erlebnis라는 용어는 1870년대 이전에는, 그리고 딜타이의 슐라이어마허 전기가 나오기 이전에는 잘 쓰이지 않았지만, 『종교론』을 비롯한 그의 저서들에서는 많은 유사한 말을 볼 수 있다.[54] 블랙웰 역시, 『종교론』 곳곳에서 Lebendig(살아 있는)라는 형용사를 찾아볼 수 있으며, 2판에서는 아예 동사 bewegen(움직이다)이 beleben(활기차게 하다 또는 생기를 불어넣다)으로 대체되곤 했다고 언급했다.[55] 낭만주의자들과 마찬가지로 슐라이어마허는 생생한 "우주의 직관"[56]이 분석적 해부보다는 유기적 전체를 우선시하는 것과 결부돼 있다고 믿었다. 따라서 체험은 선반성적인 직접성, 직관적 전체론, 감정의 강렬함을 시사하면서, 앞서 살펴본 경험론이나 칸트주의의 세속적인 인식론적 경험 개념과 점점 더 비교되었다.

그렇지만 슐라이어마허는 한 가지 중요한 문제에서 낭만주의자들과 약간 거리를 두었는데, 자유에 대한 이해가 바로 그것이다. 낭만주의자들의 자유에 대한 태도는 유별날 정도로 복잡했지만—적어도 (무아의 상태로 넘어가지 않는) 어떤 풍조에서는—, 그들은 법과 규범과 금기를 거부하고 새롭게 창출하는 인간의 능력을 주장했다는 점에서 앞 세대의 질풍노도운동Sturm und Drang 시인들을 따랐다. 이런 태도는 단순히 고전적인 미학의 규칙을 위반하는 것을 넘어서, "인간은 스스로 신성을 산출할 때 자유롭다"[57]는 슐레겔의 주장에 명시된 공격적인 자기확신으로 이어질 수 있었다. 여기서 예술가는 어떤 종교사상가라도 문제시할 법한 프로메테우스적 자기 강화를 은근히 시사하면서 신의 대리인을 자처한다. 철학적인 관점에서 이와 비슷한 오만은, 주관적인 관념론자 입장에서 실천이성의 우선성에 기초한 구성적 자아를 높이 산 피히테의 작업에서 잘 드러난다. 슐라이어마허가 이에 완강히 저항했음은 물론이다.

사실 슐라이어마허는 낭만주의와 조우하기 10여 년 전에 이미 자유의 문제에 대해 정립된 생각을 갖고 있었다. 1791~1792년 할레에 있을 때 그는 「자유에 대하여」라는 장문의 미출간 에세이를 썼다. 이는 칸트의 도덕적 자율의 옹호에 대한 응답의 연장선상에 있었다.[58] 앞서 말했듯이 칸트의 이원론은 도덕적 존재인 우리가 절대적이고 초월적인 자유의 능력을 지니고 있음을 전제한다. 실천이성은 우리가 의무감에서 나오는 명령을 따르거나 위반하는 선택에 있어 전적으로 자유롭다는 것을 의미한다. 비록 현상적 존재로서는 우리가 자연 인과율의 망에 붙들려 있다 하더라도 말이다. 야코비와 프리스 같은 칸트 이후의 사상가들과 마찬가지로, 슐라이어마허의 입장에서 예지계와 현상계의 엄격한 구분은 지지할 수 없는 것이었다.[59] 따라서 지성적인 것과 감각적인 것을 재통합하고 그에 따라 인격을 통일시키는 것은 그의 사유 목표 중 하나였다. 하지만 꼭 짚고 넘어가야 할 것은, 그가 예지계를 현상계에 다시 흡수시켜 자율적이라고 여겨지는 도덕적 주체의 절대적이고 무조건적인 자유를 자연계의 인과적으로 규정된 세계 내에서 재맥락화함으로써 그 작업을 수행했다는 점이다. 칸트가 범한 오류는 이른바 이성적인 도덕적 의지를 분석하면서 심리학적인 동기를 추방한 데 있다. 슐라이어마허는 인간의 자유가 선험적 소여라기보다는 후험적 결과로서, 유한한 실존적 현실에 의해 경험적으로 정위되고 조건지어져야 한다고 주장한다. 방법론적 측면에서 의미의 맥락에 몰두하는 것에 앞서는 절대적 출발점이나 초월론적 토대를 피하기 위해 그가 해석학적 순환이라고 명명한 것은, 경험적 측면에서는 언제나 세계에 착근된 주체 안에서 현시된다. 이러한 착근embeddedness은 이신론자들이 주장하듯이 신이 전적으로 세계 밖에 머문다는 식의 견해가 거짓임을 폭로하면서, 어떤 면에서는 무한자가 유한자 속으로 내려오는 육화Incarnation를 반영한다.

당연히 이 모든 것에는 스피노자의 내재성의 철학으로 수렴되는 면이 있다. 이로 인해 슐라이어마허는 자신이 부인하고자 애쓴 일원론적 범신론의 혐의를 받는 처지에 놓였다.[60] 사실상 스피노자는 경건주의의 가치와 화해하기 참으로 어려운 인물이다. 『종교적 경험의 다양성』에서 제임스는 그를 '건전한 정신의' 합리주의자로 묘사하면서, 구원을 얻기 위해 근본적인 회심의 경험을 해야 했던 '상처받은 영혼'이 겪는 죄와 구원의 변증법이 그와 무관함을 역설한 바 있다.[61] 그러나 슐라이어마허는 『종교론』의 독자들에게 "나와 함께, 성스럽게 추방된 스피노자의 영혼에 한 타래의 머리카락을 경건하게 바치자. (…) [그는] 종교로 충만했고, 성령으로 충만했다"[62]라고 말했다. 슐라이어마허는 사변적 합리론에 대한 칸트의 비판을 수용했고 그 결과 신과 자연적 실체의 동등함 같은 스피노자 체계의 형이상학적 전제들을 받아들일 수는 없었지만, 그럼에도 그 체계의 결정론적 함의와 더불어 도덕이 시간적·공간적 관계의 인과적 결합 안에 놓여야 한다는 믿음만큼은 명확히 공유했다. 스피노자에게 있어 완벽히 자유로운 존재는 오직 신인 반면 인간은 항상 조건지어질 수밖에 없다. 슐라이어마허는 이러한 견해를 자유가 세계에 의해 자아에 서서히 스며든 잠재력의 실현을 수반한다는 주장으로 해석했다. 이것은 그의 동시대인들이 공유하던 주관성의 표현주의적 생각이었다.[63] 여기서 자유는 주어진 것을 계발하고 활용하는 것을 의미하지, 절대적이고 무조건적인 자기산출이나 세계 속에서 실천적으로 행동하는 본체적 자아의 초월적 자유를 뜻하지 않는다. 그것은 우리를 산출한 전체에 대한 불가피한 의존, 즉 심원한 종교적 영향을 수용하는 것과 관계된다. 그의 주장에 따르면, 이런 종교는 "순수한 수동성 속에서 우주의 직접적인 영향력에 의해 포착되고 충족되기를 열망한다."[64] 왜냐하면 그가 『기독교 신앙』의 유명한 정식에서 주장했듯이, 영적 경험의 본질은 "절대의존감schlechthin abhängig, 또는, 같은 말이지만, 신과 관계한다는 감정"이기 때문이다.[65]

그와 칸트의 입장 차이—종교적 경험과 도덕적 경험의 차이—는 『종교론』의 두 번째 강연 중 다음과 같은 구절에 가장 분명하게 진술되어 있다.

> 도덕성은 자유 의식에서 비롯된다. 그것은 자유의 영역을 무한대로 확장하길 열망하며 모든 것을 그에 일조하는 것으로 만들고자 한다. 종교는 자유 자체가 다시 한번 자연이 된 그곳에서 숨을 쉰다. 종교는 인간을 그

의 특수한 힘과 개성의 활동 너머에서 파악하며, 그가 좋아하든 아니든 있는 그대로의 자신이어야 하는 지점에서 그를 조망한다.[66]

슐라이어마허에 따르면, 특수한 인격성을 넘어서서 자유를 갈망하는 도덕적 개인이야말로 종교가 요구하는 인간이다. 따라서 종교적 경험이 종종 갖는 비자발적인 본성—누구도 통제할 수 없는 어떤 것에 압도되는 느낌—은 인간 존엄성에 대한 모독이라기보다 오히려 종교적 경험의 진정성의 표시다.

칸트의 도덕성은 자유의 영역을 무한으로까지 확장하려고 그릇되게 시도했을 수 있지만, 대개의 낭만주의자처럼 슐라이어마허 자신도 무한의 유혹에 매료되었고, 그의 세계관에 자리한 내재적 충동은 이러한 무한을 유한 너머가 아니라 오히려 유한 안에 위치하도록 이끌었다. 종교에 대한 슐라이어마허의 유명한 정의들 중 하나가 우주의 직관에 기초한 '무한에 대한 감수성과 취향'[67]이긴 했지만, 그는 그저 피조물인 우리가 우주를 불순하고 유한한 특수성의 수준에서만 경험할 수 있을 뿐이라는 점을 잘 이해했다. 이런 이유로, 우주에 대한 직관적 포착을 호소한 슐라이어마허의 신비적인 뉘앙스—그는 "참된 종교적 심성은 대대로 신비적인 기운을 드러내왔다"[68]고 적었다—에도 불구하고, 그는 신과의 합일을 바라면서 [동시에] 개별적 자아를 완전히 양도하려는 유혹에 저항했던 것이다. 루돌프 오토가 인정했다시피 슐라이어마허의 입장은, 그가 낭만주의와 밀접한 관계에 있었음에도 불구하고, "동료들의 열광적인 자연-신비주의와 종종 불화를 겪는, 영혼의 신비주의로 특징지어야 할 것이다."[69] 종교적 경험이 신비적 갈망을 표현할 수도 있겠지만, 슐라이어마허는 적어도 신과 인간 사이의 어느 정도의 구별로부터 절대의존감이 나올 수 있을 뿐이라고 생각했다.

그렇다고 해서 그 구분이 엄격하게 절대화되는 것은 아니었다. 슐라이어마허는 역사에서의 신의 육화를 무한자가 서로 다른 구체적이고 제도적인 형태들 속에서 드러나는 것에 과감히 비유했다. "실정 종교는 이처럼 규정적 종교로서, 무한한 종교가 유한 속에서 스스로를 현시하는 것이다."[70] 반제도적 주관주의를 극단화한 매우 반항적이고 다소 침울했던 키르케고르와 달리, 그는 죄지은 개인들을 역사적 교회나 윤리적 공동체와 대립시키지 않았다. 물론 기독교의 신성에 대한 열렬한 신봉자인 슐라이어마허는 자신의 주장을 정당화하기 위해 교의론Glaubenslehre의 형태로 된 두 번째 대작을 집필하면서 다른 모든 것보다 자신의 믿음을 더 우위에 두었다. 그러나 그의 논변의 근본적 의미는 원초적인 종교적 경험이 어떤 하나의 특수한 교리적 혹은 기독교적 질서에 앞서면서 그것들 각각과 마주하고 있다는 점이다. 모든 구체적 현시로부터 포괄적인 의미의 '자연종교'를 제거하기란 불가능했겠지만, 종교적 인간homo religiosus이라는 표현으로 그것들 모두가 공유하는 경험적 핵심을 추론해내는 것은 가능했다. 기독교적 육화는 적어도 예수 신봉자들에게는 그 경험을 일깨우는 가장 성공적인 수단이었겠지만, 다른 곳에서는 덜 발전된 형태로만 남아 있었다. 이 논증으로부터 경건하고 생생한 경험의 신학이 나왔을 뿐만 아니라 역사에서의 신성의 실현에 대한 강조도 도출되었는데, 이는 후대의 신학사가인 에른스트 트뢸치(1865~1923)에게 매우 중요한 결론이었다.[71] 슐라이어마허는 상대주의자—트뢸치에게 씌워진 혐의—가 아니었지만, 모든 종교에서 원초적인 경험의 토대를 회복하려는 그의 시도는 어떤 상대주의적 접근으로 이어져, 어떤 이들에게는 그런 결과를 암시하는 것인 양 비쳤다.

이러한 지적이 옳든 그르든, 슐라이어마허 사상의 수용에서 또 다른 이들은 의인화된 심리주의라는 혐의를 제기했는데, 이는 경험의 중요성에 대한 그의 '주관주의적' 과장에 기인한 듯하다.[72] 카를 바르트(1886~1968)와 에밀 브루너(1889~1966)가 이끄는 새로운 정통주의 모임인 '스위스학파'의 이른바 위기신학 혹은 변증법적 신학이 제1차 세계대전 이후 모습을 드러냈을 때, 그들의 주된 공격 대상은 종교에서의 슐라이어마허의 경험 옹호였다.[73] 바르트는 자기가 맞서 싸우는 상대를 늘 떠올리기 위해 항상 슐라이어마허의 흉상을 앞에 두었다고 한다.[74] 의미심장하게도, 독일의 전쟁 노력을 지지한 측에서 체험Eerlebnis을 빈번히 이야기했다는 점을 감안하면—마르틴 부버와 에른스트 윙거의 사례에서 이를 보게 될 것이다—, 바르트를 전혀 다른 방향으로 이끈 것은 전쟁을 옹호하는 신학자들과 철학자들에 대한 그의 혐오였다. 물론 그는 애국적인 '1914년의 발상들'을 옹호하는, 지식인 93인의 저 악명 높은 선언문에 슐라이어마허가 서명하지 않았으리라는 점을 잘 알고 있었지만, 유감스럽게도 "그 선언문으로 가면을 벗어던진 모든 신학과 그 뒤를 따른 모든 것(심지어 바르트 본인의 『기독교 세계』조차)은 결정적으로 슐라이어마허에게 근거하고 그에 의해 결정되고 그의 영향을 받은 것"이라고 적었다.[75]

말하자면 유한한 것, 창조된 것, 정서적인 것 혹은 역사적인 것에 지나치게 매여 있는 신학은 자칫 방향을 잃을 수도 있고, 성경에 있는 신의 실제 말씀에 귀 기울이지 못하게 될 수도 있었다. 오히려 그 신학은 루트비히 포이어바흐나 카를 마르크스 같은 무신론자들이 부당하게도 그저 종교일 뿐이라고 비난한, 환영적인 인간적 투사나 다를 바 없었다.[76] 바르트가 보기에 슐라이어마허는 "신에 대한 유의미한 진술에서, 신은 술어가 아니라 오로지 주어로서만 사유될 수 있다"[77]는 점을 망각했다. 사변적 신학을 '죽은 문자'로 공격하려는 성급함으로 인해, 슐라이어마허는 삶을 신보다는 경건한 신자에게 더 귀속시킨 것이다. 경험에 대한 그의 의존은, 아무리 가장 경건한 신자라도 그가 겪은 일로부터는 결코 생겨날 수 없는 영원한 삶에 대한 신의 약속을 한낱 조롱거리로 만들었을 뿐이다. 슐라이어마허와 여타 자유주의 신학자들은 모든 종교적 경험을 아우르는 공통분모를 구하려 애쓰면서, 하나의 참된 신에 대해 오로지 하나의 참된 설명만 존재하는 기독교의 근본적인 전제를 모호하게 만들었다.[78] 요컨대 헌신의 대상이 그것을 경험하는 주체의 양식에 대한 과도한 집착 때문에 자취도 없이 사라진 것이다.

: 제임스와 종교적 경험의 심리학

이 시기에 심리주의는 여러 맥락에서 공히 모욕적인 말로 쓰였고, 자칫하면 이러한 심리주의로 굴러떨어질 수 있다는 염려는[79] 터무니없는 것이 아니었다. 왜냐하면 당시 번성하던 한 신학 분파가 종교적 경험을 해석하기 위해 심리학 분야의 최신 경향들을 활용하려 했기 때문이다. 바르트가 살던 시기에 독일에서는, 괴팅겐의 게오르크 보버민이 이런 추세를 대변하는 인물이었던 것 같다.[80] 하지만 가장 탁월하고 지금도 영향력을 발휘하는 심리학적 표명은 미국의 철학자이자 심리학자이며 사회이론가였던 윌리엄 제임스(1842~1910)가 1901년과 1902년에 에든버러에서 한 기퍼드 강연에서 나타났고, 이는 『종교적 경험의 다양성』이라는 책으로 출간되었다.[81]

아마도 제임스의 가장 근본적인 혁신은, 어떤 하나의 전통에서 종교적 경험의 개념을 분리한 뒤—이는 독실한 기독교인인 슐라이어마허에 의해 시작되었지만 완수되지는 못한 과정이다—, 종교적 경험을 그 제목 아래 모인 모든 다채로운 현상들을 수용하는 좀더 넓은 범주로 만들었다는 데 있을 것이다. 앤 테이브스가 언급했듯이, "제임스는 『종교적 경험의 다양성』을 출간하면서, '종교적 경험'을 어떤 특수한 전통과는 별개로 '종교 일반'을 특징짓는 포괄적인 '어떤 것'으로 정의하는 가운데 이를 이론적인 학문 대상으로 구성해냈다.[82] 하지만 그 '어떤 것'은 대단히 광범위한 문제일 수 있다. 의미심장하게도, 『종교적 경험의 다양성』에서 헌신에 대한 제임스의 논의는 곧장 그가 광신주의라 부른, 헌신의 '불균형한' 형태에 대한 경고로 변했는데, 이는 진정한 종교적 경험의 사악한 쌍둥이로 비치곤 했던 '열정'과 동의어였다.[83] 하지만 하나의 참된 신념을 지지하는 자들과 비교하면 제임스식 종교적 경험은 근본적으로 세계교회주의적인 것이었다.

특별히 제임스의 '근본적 경험론radical empiricism'에서, 그리고 일반적으로 미국의 실용주의에서 경험이 차지하는 위치에 대한 자세한 논의는 뒤의 한 장에서 다루기로 하고, 여기서는 제임스가 자신의 두 가지 목표라 부른 것과 관련해 몇 가지를 짚어보고자 한다.

> **첫째**, (내 수업의 모든 편견에 반해서) '철학'에 대해 '경험'을 세계의 종교적 삶의 참된 중추로서 옹호하는 것이다. 즉, 우리의 운명과 세계의 의미에 대한 고상하고 숭고한 보편적 견해에 대비되는, 기도, 인도 그리고 직접적이고 개인적으로 느껴지는 종류의 모든 것을 말한다. **둘째**, 나 자신이 불가항력적으로 믿는 것을 청자나 독자가 믿게끔 만드는 것이다. 모든 종교의 현시가 터무니없게 여겨질 수도 있겠지만(교리와 학설을 말한다), 그럼에도 대체로 그런 삶은 인류의 가장 중요한 본분이다.[84]

강렬하고 논쟁적인 1896년의 논문 「믿으려는 의지」에서 볼 수 있듯이,[85] 제임스는 우리의 미검토된 모든 확신을 심사한다는 비판이성의 주장에 저항하고자 했고, 이를 위해, 경험이란 과학적 혹은 상식적 인식론의 한계를 넘어 충분히 확장될 수 있는 범주임을 보여주었다. 『종교적 경험의 다양성』에서 슐라이어마허가 직접 언급되진 않지만, 제임스는 헛되이 종교의 본질을 정의하려는 저자들을 폄하하는 구절에서 에둘러 그를 언급한다. 아니, 그의 주장들을 두 익명의 인물에게 투사한다. "어떤 이는 종교적 감정을 의존감과 결부시키고, 또 어떤 이는 그것을 두려움의 파생물로 만들어버린다. 그런가 하면 종교적 감정을 성적인 삶과 연결시키는 사람도 있고, 무한의 감정과 동일시하는 사람도 있다."[86] 게다가 제임스는 슐라이어마허가 모라비아 형제단을 배경으로 누렸던 그런 개인적 경건의 경험을 환기하지도 않았다. 사실 제임스는 거의 생애 내내 자신의 종교적 헌신에 대해 꽤 양면적인 감정을 드러냈다.[87] 한 제자는 제임스를 '심오한 종교적 인간'으로 기억했지만, 궁극적으로 그는 다원적인 인간주의를 지지했으며, 거기서 신은 하나의 가설에 불과했다.[88] 제임스는 교조적 신학이나 조직화된 교회를 싫어했다. 그것들은 그가 "개별자들이 그 무엇이든 자신이 신성으로 간주할 수 있는 것에 자신이 관련되었음을 파악하는 한에서 개별적으로 갖게 되는 감정, 행위, 경험"과 완전히 동일시한 종교의 단순한 장애물일 뿐이었다.[89]

그렇지만 근원적인 인간의 성향과 욕구 그리고 종교적 표현의 건강한 다양성을 산출하는 마음 상태들을 우호적으로 해명하려는 제임스의 시도가 슐라이어마허의 신학적 혁명의 주된 함의들 중 하나로부터 이뤄졌다는 사실은 분명하다.[90] 슐라이어마허와 마찬가지로, 제임스는 종교가 도덕성에 기초한다는 칸트의 주장에 적대적이었다. 한 논자의 말에 따르면, 그는 아버지 헨리 제임스를 좇아서 "도덕성은 개인의 자기 노력에 의존하고 종교는 자기 포기에 근거하기 때문에, 양자는 적대적일 수밖에 없다"고 믿었다.[91] 비록 제임스와 그 밖의 실용주의자들 또한 비종교적인 원천들에서 생생한 경험이 주는 매혹에 빠져들기도 했지만—딜타이와 프랑스 사회이론가 알프레드 푸예는 빈번히 인용되는 사례다[92]—, 그가 더 강하게 끌린 상대는 종교적 감정의 엄청난 강렬함을 직접 느낀 자들이었다.

제임스는 과학적 방법을 이해한 만큼 과학적 방법에 충실한 지지자를 자처했지만—그리고 제임스는 막스 뮐러, 에밀 뷔르누프, 테일러 등 초창기 '종교과학자들'의 열렬한 독자였다—자신에 앞서 슐라이어마허가 그랬듯이 경험의 영역들을 차별화함으로써 둘 중 하나를 다른 하나로 환원하는 것을 막는 데 주의를 기울였다.[93] 이런 주장의 근저에 있는 것은, 유사성들을 식별하기 위해 잠정적인 유형학들이 도입된다 해도 모든 경험은 환원할 수 없는 독특함sui generis을 지닌다는 제임스의 믿음이었다. 그의 강의를 들은 청중 가운데는 『종교론』이 겨냥한 '종교를 경멸하는 교양인들'보다는 자신들의 믿음에 제기된 실증주의적 도전을 해결하려는 학식 있는 철학자와 과학자가 더 많았다. 제임스 자신은 다윈 사상의 충실한 추종자였으며, 다윈 사상으로 말하자면 목적론적 신 증명의 관에 마지막 못을 박은 입장이었다.[94] 그러나 슐라이어마허의 목표가 그랬듯이 그의 목표 역시, 자기만의 방식으로 체험된 종교적 감정의 정당성을, 회의하는 이들에게 납득시키는 것이었다. 그렇다고 그런 경험들의 초자연적 혹은 형이상학적 타당성을 세우는 데 관심을 둔 것은 아니지만, 그는 당시의 시대상을 반영하듯 영적 현상에 대해서는 열려 있는 사람이기도 했다.[95] 영국에서 심령연구학회가 생긴 지 2년 후인 1884년에 제임스는 미국 심령연구학회 창립 멤버의 한 명으로서 최면, 홀림, 투시, 그 밖의 영적 현상에 대한 과학적 연구에 적극적인 관심을 두기 시작했다. 그는 생철학의 생기론적 수사를 동원하면서, 추상적이고 개념적인 마음을 통해 구체적인 정서를 분석하지 말 것을 충고했다. "생생한 개인적 감정들의 세계에 비하면 지성이 숙고하는 보편화된 대상들은 견실함이나 생명이 없다."[96] 또한 제임스는 신비적 환상이나 회심의 경험을 히스테리나 뇌 손상 혹은 소화불량 등으로 환원하려는 '의학적 유물론'에 반대하면서, 종교적 의견의 가치는 "그 의견에 직접적으로 전달된 영적 판단에 의해 알려질 수 있는바, 일차적으로는 우리 자신의 직접적인 감정에 근거한 판단이고, 부차적으로는 도덕적 욕구 및 기타 우리가 참이라 여기는 것들과의 경험적 관계에서 확인될 수 있는 것에 기초한 판단이다"라고 주장했다.[97] 찰스 다윈이 보여주었듯이, 기원은 생존 투쟁에 있어서 현재의 기능보다 훨씬 더 별 볼일 없는 것이었다.[98]

제임스는 어떤 심리학적 접근법이든, 그것이 그가 '비판적 종교학critical

Science of Religions'이라 부른 것의 기초로 기능하려면, "개인적 경험의 사실들에서 원재료를" 얻어야 하고 "모든 비판적 재구성을 통해 스스로를 개인적 경험과 일치시켜나가야 한다"고 주장했다.[99] 참된 경험과학이라면 종교적 감정의 편재성을 공정하게 다뤄야 하며, 그러기 위해서는 그가 루바를 따라 믿음-상태들faith-states이라 부른 개인적인 경험들을 믿어야 한다. 개인적 서사들은 환원주의적 설명에 의해 간단히 무시되어서는 안 된다. 그에 따라 『종교적 경험의 다양성』은 신과의 개별적인 만남, 더 분명하게는 비가시적인 실재의 현존에 대한 감각을 간증하는 다양한 종교를 배경으로 성자, 신비주의자, 회심으로 다시 태어난 자 그리고 여타 거장들(제임스는 '종교적 천재'라고 불렀다)을 풍부하고 생생하게 이야기한다.[100]

제임스에 따르면, 그런 감각이 일반적으로 경험론자들에게 현실의 지식을 제공하는 신뢰받는 신체적 감각들과 반드시 연관성을 갖는 것은 아니다. 그가 전형적인 종교적 경험으로 간주하는 신비주의의 경우 "기록들을 보면, 비록 거기서 오감이 중지되어 있더라도 그 기록들이 인식론적인 특징에 있어서 압도적으로 감각적이며 (…) 직접 존재하는 것처럼 보이는 것의 표출과 대면하고 있음을 알 수 있다. 요컨대 신비주의자는 **반박될 수 없으며**, 우리가 그를 좋아하든 안 좋아하든 아무런 방해 없이 자신의 신조를 향유할 것이다."[101] 『타락』의 저자 막스 노르다우 같은 회의주의자들이 편집증과 같은 병리적 상태와의 밀접한 관련을 본 것이 옳을 수도 있겠지만—제임스는 이를 "사악한 신비주의, 즉 일종의 전도된 종교적 신비주의"라고 부르기까지 했다[102]—, 긍정적인 신비적 경험을 야기하는 감정들은 좀더 심원한 진리의 간증으로서 존중되어야 했다.

그렇지만 제임스는 그런 감정들이 언제나 완전히 의식된다는 결론에 그치지 않았다. 그는 경험의 객관적인 면과 주관적인 면을 구별했다. "객관적인 부분은 그것이 무엇이건 간에 우리가 언제라도 생각할 수 있는 것들의 총합이며, 주관적인 부분은 생각이 발생하는 내적 '상태'다."[103] 그는 '잠재적subliminal, 초한계적transmarginal, 혹은 잠재의식적subconscious 자아'라는 최근에 만들어진 개념을 활용해, "의식적 인간은 구원적 경험을 부르는 좀더 넓은 자아와 연결되어 있다는 사실에, 내가 보기에 정말로 그리고 객관적으로 어느 정도 진리인, 종교적 경험들의 긍정적인 점이 있다"고 결론지었다.[104] 이 잠정적 결론은 하나의 가설, 즉 잠재의식적 자아는 종교가 항상 인간 실존의 '저편'으로 암시해온 것의 다소 '이편'에 해당한다는 가설에 근거한 것이었다. 제임스는 그것의 궁극적 원인이나 해명은 인간의 이해를 벗어난 것이며, 중요한 것은 종교적 경험에 대한 설명이나 종교적 경험의 존재론을 제시하는 것이 아니라, 종교적 경험의 현상학을 제시하는 것이라고 주장했다.[105]

그렇지만 이런 결론은 바르트처럼 참된 주체인 신과의 비인간 중심적이고 비상대주의적인 관계를 회복하려는 이들을 달래는 데는 그리 성공적이지 못했다. 존 스미스처럼 경험의 중요성을 강조한 이후의 미국 실용주의 신학자들조차 제임스의 정식화가 지나치게 상대주의적 심리학에 경도되었다고 지적할 정도였다.[106] 제임스 본인이 이 같은 결론에 이르렀을 수도 있다는 점은 『종교적 경험의 다양성』 이후 그가 '순수 경험' 개념을 발전시킨 데서 드러난다. 순수 경험은 주체와 객체의 분열에 앞서는 것으로, 종교에 대한 그의 말년의 반성에서 나타난 다원주의적 범신론의 문을 열었다.[107] 그러나 이러한 해법은 위대한 종교들의 일신론에 대해 그랬듯이 다신교에도 활짝 문을 여는 것이어서 비판자들에게 우려를 안겼다.

『종교적 경험의 다양성』의 논증에는 또 다른 문제들이 있었다. 진리란 효과적으로 작동하는 것의 기능이라는, 다윈의 적자생존 가설에 따른 전형적인 실용주의적 추정은—이에 따르면, 종교적 믿음의 궁극적인 정당성은 제임스가 신자들의 아픈 영혼이라 부른 것을 치유하는 데 종교적 믿음이 가치를 지닌다는 점에 있다—많은 이에게, 그가 감정들의 속성으로 할당했던 그 매우 인식적이고 순수지성적인 귀결을 약화시키는 것처럼 보였다.[108] 개인적으로 제임스 본인은 1868년과 1872년 사이에 극심한 우울증을 겪으면서 그러한 치료법의 덕을 봤을 수도 있지만—이는 그의 책에서 남의 이야기인 양 소개된다[109]—, 그런 입증되지 않은 증거를 모든 사람이 설득력 있게 받아들일 수는 없었다. 다시 말해, 그가 가장 직접적이고 흥미로운 하나의 정식을 통해 밝힌 것처럼 "종교적 문제의 참된 핵심"이 "도와줘, 도와줘!"에 있다는 주장을 모든 사람이 수긍할 수는 없었다.[110] 왜냐하면 이것은 명백히, 그 경험들을 각자만의 방식으로 취급하라는 제임스의 권고가 부인하고자 했던 것, 즉 종교적 경험에 외적인 기능성—우리의 혼란스러운 삶에 궁극적인 의미를 부여해준다는 유용성—을 추가하는 것이기 때문이다. 어쨌든 겸손한 신자라면 자신의 분열된 자아를 치유한다는 이유만으로 이기적으로 신을 찬양하고 신의 도덕적 계율들을 따르고자 하진 않는다.

또한 『종교적 경험의 다양성』이 신학적 범주나 해석적 틀을 통한 개념적 매개에 앞서는, 이른바 순수 경험에의 호소의 타당성을 인정한 것에 대해서도 일찍이 많은 문제가 제기되었고, 그 문제들은 오늘날에도 해소되지 않고 있다.[111] 더욱이 제임스가 즉각적이고 직접적인 감각 경험들로부터 유추한 것은, 이전 장에서 검토한 인식론적 담론에서의 순진한 경험론적 '소여의 신화'의 부적합성을 떠올리는 사람들을 여전히 납득시키지 못하고 있다.[112] 왜 신비적 경험을 제공한다고 추정되는 육감은 순진함에 대한 비판을 면제받는가? 게다가 더 심각한 문제는 육감이 제공한 것을 입증하기 위해 다른 감각들 중 하나에 호소하는 것이 불가능하다는 점이다. 말하자면 시각적 증거의 일부 불확실한 부분을 촉각으로 검증하는 것이 불가능하듯이 말이다. 마찬가지로 유감스러운 점은, 조지 산타야나가 불평하듯이, '종교적 질병'의 극단적인 현시가 정상적인 종교적 경험의 상징으로 취급될 수 있다는 제임스의 변호론적 가정이다.[113] 그리고 '잠재적, 초한계적, 혹은 잠재의식적 자아'라는 모호한 개념이 프로이트의 무의식으로 대체되거나 아니면 좀더 직접적으로 휴고 뮌스터베르크와 그의 추종자들이 정립한 것과 같은 비정상적 행위에 대한 심리학적 설명으로 대체되자, 완강한 초자연주의적 설명과 세속화된 자연주의적 설명이라는 이중의 위험 사이에서 섬세하게 균형을 유지했던 그의 작업은 더 이상 지속되기 어려웠다. 막스 베버 같은 사회학자들이 그랬듯이 에른스트 트뢸치, 라인홀드 니부어, 마틴 E. 마티 같은 신학자들도 계속 제임스에게서 영감을 구했지만, 종교에 대한 참된 학문을 발전시키려 한 그 사람들은 의례적으로 그를 영예로운 선조로 인용했을 뿐 어떤 유의미한 방식으로 그를 따르지는 않았다.[114]

: 오토, 그리고 누미노제의 경험

종교적 경험을 옹호하는 방향으로 생각을 다듬어나가는 것은 제임스의 심리학적 경험론으로 끝나지 않았다. 게다가 위기신학자들이 인류학적 주관주의가 야기한 결과를 혐오하면서 맹비난한 것에 의해 제임스의 심리학적 경험론이 완전히 탈선하지도 않았다. 특히 루돌프 오토(1869~1937)와 요아힘 바흐(1898~1955)의 작업을 통해 그것은 전후 독일의(그리고 바흐가 나치 시대에 이주한 미국의) 강력한 사상 조류로 남았다. 미국의 실용주의 일반이 독일 사유의 반공리주의적, 반실증주의적 (그리고 전시의 반미국적) 풍토에서 잘 버틴 것은 아니지만, 종교적 경험에 대한 제임스의 연구는 그들의 작업에서 외면되지 않았다.[115] 이제 우리는 주로 오토의 기여에 초점을 맞춰볼 것이다. 바흐 역시 우리가 앞서 제임스에게서 살펴본, 그리고 나중에 오토에 의해 수정된 종교적 경험의 비교 학문을 이어갔지만, 그가 이룬 이론적 혁신은 그리 대단치 않았다.[116]

오토의 주된 수정은 두 가지였다. 첫째, 그는 제임스의 경험론이 상실한, 종교적 경험의 초월론적 토대를 회복하고자 했다. 이런 회복으로 인해 그는 결국 칸트에게로, 아니 야코프 프리드리히 프리스가 발전시킨 후기 칸트주의 사상으로 돌아간 셈이었다. 제임스와 달리 그는 오직 진술적 증거에만 근거를 두는 현상학적 조사에 만족하지 않았다. 더 큰 논증 안에서 유용할 경우 그것을 끌어들이기는 했지만 말이다. 둘째, 경험의 절대적 타자the Other라 할 수 있는 위기신학자들의 주장에 따르면 그는 슐라이어마허와 그의 후계자들에 의해 실존이 위태로워지게 된 신의 온전함을 재확립하고자 노력했다.

확실히 오토는 스스로 후자의 범주에 섰는데, 『종교론』의 1899년 판에 부친 찬양조의 소개 글에서 저 슐라이어마허의 대작에 대해 "훗날의 프로테스탄트 신학 혁신가들의 지적 세계로 통하는 주요 관문"이라고 주장할 정도였다.[117] 그는 1889~1890년에 수학한 에를랑겐 대학의 지도교수 프란츠 라인홀트 폰 프랑크(1827~1894)에게서 그 책을 소개받았다. 프랑크 교수는 그가 어린 시절의 보수적인 루터주의와 결별하게끔 해준 인물이었다.[118] 오토의 사상에서 가장 잘 알려진 새로운 점 중 하나는 모든 종교적 경험의 근저에 놓인 '누멘적 감각'이라는 것을 이야기했다는 데 있는데, 누멘적 감각이라 불린 그것은 오토가 인정했다시피 친첸도르프가 처음으로 전면에 내세운 이래 슐라이어마허가 재발견한 것이었다.[119] 슐라이어마허는 종교에는 인식적인 계기 및 실천적인 계기와 함께—사실상 그 계기들의 기초를 이루는 것으로서—비합리적 요소로 치부될 수 없는 경험적이고 정서적인 차원 또한 존재한다고 주장해 긍정적인 평가를 받았다. 게다가 오토의 주장에 따르면, 그는 가장 불관용적인 수준의 프로테스탄트주의를 특징짓는 것인 타종교에 대한 배타적 적대성과 결별했다는 점에서 칭찬받을 만했다. 이러한 적대성은 트뢸치 같은 좀더 역사주의적인 신학자들과 제임스 같은 종교심리학자들이 문제 삼은 것이기도 했다. 오토의 비기독교 종교들과의 개인적인 만남은 1911~1912년 스페인, 북아프리카, 인도, 중국, 일본, 시베리아로의 긴 여행을 하는 중에 있었던, 모로코의 한 유대교 회당에서의 어떤 계시적인 일화에서 시작되었다.[120] 슐라이어마허의 통찰에 담긴 지혜를 그에게 확인시켜준 일화였다. 마지막으로, 오토는 '절대의존감'이라는 슐라이어마허의 정식에 대한 제임스의 폄훼에 맞서서, 그런 감정이 없다면 신의 객관적인 실재가 사라지고 말 것이라고 주장했다.[121] 바르트 같은 이들이 종종 비난한 것과 다르게, 슐라이어마허는 의도적으로 절대적인 주관적 인간중심주의를 멀리하려 애썼다.

사실 오토는 슐라이어마허에 대한 전폭적인 열광이 식은 뒤에도 일생에 걸쳐 그에 대한 부채를 살짝살짝 드러내곤 했다. 한 예로, 1931년에 영국 독자들을 위해 쓴 죄에 관한 한 에세이에서 그는 독일어 Erlebnis를 선뜻 사용했다.

> 그것은 일종의 심오한 경험이다. Er-lebnis[원문 그대로]는 자기 '삶Leben'의 요소와 계기로서 획득하는 것, 즉 직접적이고 가능한 한 우리와 가까이 있는 것, 무엇보다 확실한 것의 요소와 계기로서 획득하는 것을 의미한다. 동시에 Erlebnis는 우리의 분석적 오성과 그에 수반되는 설명의 허약한 힘에 의해서는 획득될 수 없다. 그것은 감각의 피상적인 증거에 의해 또는 '개념화'라는 매개를 통해 구해질 수 있는 것이 아니다. 그것은 우리가 그것과 동일시하는 한에서만 확실하고 그 자체로 알려지는 것이다. (…) 독일어로 Selbsterlebnis라 부르는 것은 우리 자신이 무매개적인 형태로, 바로 그 첫 번째 발화에서 그리고 되도록 가장 근접한 지점에 있는 우리 본질에 따라 스스로를 '깨닫는' 경험을 의미한다.[122]

오토의 신학적 입장의 성숙은 1917년에 출간된 저서 『성스러움』에서 정점에 달했는데, 이렇게 오토가 자신의 성숙한 신학적 입장을 개진하게 되면서 슐라이어마허에 대한 그의 공감은 점차 약화되었다. 그는 1909년에 이미 『칸트와 프리스의 종교철학』에서 모든 미덕에도 불구하고 슐라이어마허가 종교적 경험의 발전성 있는 사상적 토대로 기능하기에는 프리스보다 열등하다고 결론지은 바 있다.[123] 이 시기에 독일에서는 그간 무시되었던 그 인물에 대한 관심의 부흥이 철학자이자 정치활동가인 레오나르트 넬존(1882~1927)에 의해 막 시작되었고, 오토는 1904년에 괴팅겐에서 넬존을 만났다.[124] 슐라이어마허처럼 프리스도 헤른후트파의 모라비아 형제단에서 교육을 받았지만, 낭만주의보다는 계몽주의 전통에 속해 있었고, 슐레겔보다는 칸트에게 가까웠다. 그렇지만 칸트와 달리 프리스는 실천이성의 도덕적 의무가 종교의 본질을 제공한다는 주장을 극복하고자 했다. 결국 그는 『판단력 비판』의 안내를 따르면서, 칸트가 초기 작업에서 물자체의 지식에 대해 설정한 한계를 초월할 방법을 구하고자 애썼다. 그 가능성을 가리키기 위해 그가 도입한 핵심 용어는 어떤 궁극적 의미의 도래에 대한 짐작이나 예감을 뜻하는 Ahndung이었다. 예감은 슐라이어마허의 '우주에 대한 직관 및 감정'과 유사했지만, 어떤 점에서는 그보다 더 효과적인 것이었다. 오토는 다음과 같이 이 둘을 비교했다.

> 프리스의 교리인 '예감Ahndung'—그것이 단지 인간 자신의 긍정적인 경험이 아닌 한—의 원천은 칸트의 『판단력 비판』이다. (…) 그 결과 프리스가 다룬 '예감' 이론은 견고한 철학적 형태로 출현하게 된다. 반면 슐라이어마허의 경우 그것은 주로 영감에 따른 짐작의 유형에 가까운바, 낭만주의 학파가 종종 따랐던 '행복한 사고'의 방법에서 구한 것이다. (…) 이후 슐라이어마허는 처음의 생각을 더 분명한 표현인 '절대의존감'으로 대체했으나, 그것은 애초의 생각이 지녔던 풍부함은 온데간데없이 사라진, 종교적 감정을 일방적이고 불분명하게 기술한 것일 뿐이다. 그에 비해 프리스의 사상에서는 더 다양하고 분명한 발전이 엿보인다.[125]

오토의 주장에 따르면, 그 두 사람의 주된 차이는 느낌과 지식이 어떤 관련이 있는지의 문제에서 비롯되었다. 슐라이어마허가 둘을 분리하려 한 반면, 프리스는 "종교적 확신은 참이어야 하고, 참이라는 것이 입증될 수 있어

야 한다. 즉 그것은 지식의 권리를 주장할 수 있어야 한다"는 점을 잘 이해하고 있었다.[126]

그런 주장이 제임스가 도입한 실용주의적 방식으로 제기될 필요는 없다고 오토는 암시했다. 그 방식은 기능적 효능에만 지나치게 비중을 두는 것을 뜻하기 때문이었다. 프리스는 이미 『종교적 경험의 다양성』에서 제임스가 소개한 잠재의식적 영역을 진지하게 고려했을 뿐만 아니라,[127] 제임스가 부적절하다며 그릇되게 추방한 철학적 도구들을 통해서 그 영역이 해명될 수 있다는 점도 충분히 이해했다. 나중에 오토는 제임스에 대해 다음과 같은 유감을 표했다. "제임스는 경험주의적이고 실용주의적인 관점으로 인해 정신 자체에 있는 지식의 능력들과 사유의 잠재력들을 인식하는 데 한계를 드러냈다. 따라서 그는 이러한 사실[객관적 현전의 감정]을 설명하기 위해 다소 특이하고 신비적인 가설에 의지할 수밖에 없었다."[128] 반면에 프리스는 그 능력들을 무시하지 않았고, 그것들을 지식Wissen(과학적 인식), 믿음Glaube(합리적 믿음), 예감Ahndung(초감각적인 것의 비개념적 예지)—이는 종교적 차원과 미학적 차원을 동시에 지닌다—으로 구분했다. 앞의 두 능력은 칸트의 제1, 제2비판서에서 다루어진 능력들과 일치하지만, 세 번째 능력은, 앞서 살펴본 프리스의 『판단력 비판』 독해에 대한 언급에서 유추할 수 있듯이, 느낌이 칸트가 부여했던 것보다 더 심원한 지식을 전달할 수 있음을 시사한다. 그것은 제한적인 시간과 공간이라는 범주 너머로 우리를 인도하며, 지식에 있어 매우 중요한 역할을 하고, 신에 대한 짐작을 제공해주기도 한다. 프리스가 이해한 바에 따르면, 그러한 직관적 징후 포착의 능력은 불신당하는 형이상학의 잔재인 본유 관념의 낡은 교리와 같은 것이 아니다. 오히려 그것은 경험에 의해 활성화되는—적어도 경험에 노출될 수 있을 만큼 충분히 운이 좋은 이들에게서—, 경건함과 숭배의 선험적 능력

을 포함하는 것이다.[129]

미학적 경험과의 유비 과정에서 오토는, 슐라이어마허가 그랬듯이 플라톤의 이름을 거론하면서, 자신이 보기에 프리스가 획득한 형언 불가능한 통찰을 표현하고자 노력했다.

> 숭고와 미를 경험하면서, 우리는 희미하게나마 정신과 자유의 영원하고 참된 세계를 본다. 마찬가지로 자연의 삶에서는 지고선의 세계, 지고선의 권능과 지혜의 세계를 조망한다. 참된 의미에서 그것은 이데아에 대한 플라톤적 상기anamnesis이며, 오로지 그것을 통해서만 형언 불가능한 심오함과 강렬한 황홀감 그리고 이러한 경험을 다루는 신비의 주문을 인식할 수 있게 된다. 따라서 그런 경험을 통해 영혼이 거의 언제나 자신의 한계를 넘어선다는 것, 그리고 모든 존재의 비밀을 폭로할 수 있는 무언의 단어를 읊조린다는 것은 충분히 이해될 만하다. 여기서 '종교에서의 신비'가 작동한다. 종교 자체는 신비의 경험인 것이다.[130]

아무리 종교가 신비스럽다 해도, 종교가 전적으로 비합리적인 것은 아니다. 실제로 선험성 같은 범주들을 사용하는 데 있어서의 요점은, 그것이 칸트가 비판이성을 변호할 때 중심을 차지했던 마음의 초월론적 능력과 연결된다는 것이다. 따라서 신비주의가 중요하다 해도 제임스처럼 그것을 종교적 경험의 본질로 간주하는 것은 잘못되었다.[131] 종교에서 합리적인 것과 비합리적인 것이 어떻게 뒤섞여 있는지를 묻는 것이 바로 오토가 이후 몰두한 질문이었다.

프리스를 명시적으로 언급하지는 않았지만,[132] 후속 작업에서 오토는 자신이 종교적 경험을 가능케 하는 선험적인 것의 특수한 변종으로 간주해온 것으로 끊임없이 되돌아가고자 했다. 대표적으로, 1932년에 그는 다음과 같이 썼다. "칸트적 용어로는 그것을 이렇게 표현할 수 있다. 누멘적 감각은 모호한 개념이거나, 아니면 어떤 선험적 개념의 가능성이다. 그것은 감각 지각을 통해서 주어질 수는 없지만, 감각 지각을 통해서 촉발되고 야기될 수 있다. 결국 누멘적 감각은 그것을 움직이게 하는 대상의 특수한 개념화(감각-해석Sinn-deutung)로 이끈다."[133]

물론 기독교든 비기독교든 모든 종교적 경험의 근간이 되는 육감에 대해 오토가 가장 철저하게 해명한 것은 그의 잘 알려진 저서 『성스러움』에서다. 그 책이 출간된 해인 1917년에 그는 빌헬름 헤르만에 이어 마르부르크 대학 신학과 학과장이 되었고, 1937년까지 그 자리에 머무르며 성공적인 경력을 쌓았다.[134] 『성스러움』은 반주관주의적 변증법 신학의 조류가 독일의 프로테스탄트주의에 막 밀려들던 무렵에(1921년 이후 마르부르크에서, 오토의 최대 경쟁자이던 신약학자 루돌프 불트만[1884~1976]이 대표적이었다[135]) 쓰였지만 그럼에도 단번에 그 분야의 고전으로 인정받았다. 심지어 그 책의 "신학적인 방관적 태도"를 우려한 바르트조차 친구에게 보낸 서신에서 자신이 그 책을 "아주 기쁜 마음으로" 읽었다고 적었다. "그 주제는 심리학에 치우치긴 했지만, 그 경계를 뛰어넘어, 신 안에서 '전적인 타자'이자 신성으로 있기 때문에 합리적으로는 이해될 수 없는 것인 '누미노제Numinose'의 순간을 정확히 지적하고 있다."[136]

오토가 '신성함'의 사상을 중시한 최초의 독일 사상가는 아니었다. 그것은 이미 바덴학파의 주도적인 신칸트주의 철학자 빌헬름 빈델반트(1848~1915)와 '민족심리학'의 창시자 빌헬름 분트(1832~1920), 스웨덴의 신학자 나탄 쇠데르블롬(1866~1931)에게 주목받은 바 있었다.[137] 그러나 오토는 그것이 합리적인 동시에 비합리적인 대상으로서, 믿음이 있는 자에 의해 파악될 수 있다는 점을 처음으로 주장했다. 그것은 윤리적 명령과 신비적 황홀로부터 제의적 희생과 악마적 관념까지 포함하면서, 다른 모든 종교적 현시의 궁극적인 기반으로 기능한다. 그의 주장에 따르면, 어떤 참된 대상의 권능으로 이해되는 신성은 종교적 경험을 산출할 수 있지만, 그 역은 아니다.

오토가 비합리적인 것에 대한 유행을 두고 "너무 게을러서 사고할 수 없는 데다가 자신의 사상을 해명하고 정합적 사고의 토대 위에 확신을 세우려는 고된 노동을 손쉽게 회피하려는 이들이 환영할 만한 주제"[138]라고 말하면서 신성이 갖는 합리적 계기를 신중하게 강조한 것은 사실이지만, 그는 일반적으로 이해되는 식의 비판이성을 넘어서는 하나의 특징을 강조했다. 그는 헤겔이 요한복음의 한 구절 "하나님은 영이시니"에 대한 주석에서 그랬던 것처럼 '정신Geist'을 '절대이성'의 총체적 개념과 동일시하는 것은 옳지 않다고 주장했다. 종교적 합리화와 도덕화는 그것의 전개—'도식화'됨—에 앞서는 것에 의존한다.[139] 오토는 신성에 해당하는 라틴어 numen에서 끄집어낸 새로운 개념으로부터 '누미노제'라는 신조어로 만들었는데, 이는 곧 엄청난 성공을 누렸다. 오토가 명시적으로 연관성을 밝히진 않았지만, 누미노제는 이른바 알 수 없는 '물자체'의 영역인, 칸트의 본체noumenal 개념을 어김없이 떠올리게 한다.[140] 이는 프리스가 예감을 통해 다다를 수 있다고 생각한 곳이기도 하다. 신성의 합리적 차원과 비합리적 차원 모두 인간 정신의 선험적 능력으로서, '전적인 타자'를 숭배하려는 인류의 성향이다.

오토는 슐라이어마허와 자신의 입장을 구별하려 애쓰면서 누미노제가 절대의존감을 넘어서는 것이라고 주장했는데, 그에 따르면 절대의존감은 인간이 자연세계와 사회세계의 진행 과정에서 느끼는 단지 상대적인 의존과의 연속성을 과도하게 제시하는 것이었다. 따라서 그러한 느낌은 신과의 직접적인 조우보다는 추론적인 것에 기초해 있다. 게다가 그것은 자아가 자신보다 지고한 권능에 앞서 실존함을 의미하는바, 이는 분명 누미노제가 의문을 제기하는 것이다. 누미노제는 '피조물 - 의식' 혹은 '피조물 - 감정'으로 가장 잘 이해될 수 있는데, 그것이 "모든 피조물을 넘어선 최고의 존재와 대조적으로 자신의 무에 침잠하고 압도되는 피조물이 느끼는 감정"이기 때문이다.[141] 그의 주장에 따르면, 현현에 대한 기독교 교리가 갖는 "굉장한 역설"은 바로 "피조물과 그[신] 사이의 간격이 줄어드는 것이 아니라 절대화되며, 그[신]와 대조되는 세속적인 것의 무가치함은 줄어들지 않고 오히려 강화된다는 것이다."[142] 오토는 자신이 얼마나 심리학적 의인관擬人觀을 넘어서고자 했는지 잘 보여주는 구절에서, "누미노제는 따라서 객관적이며 자아 외부에 있는 것으로 여겨진다"고 결론지었다.[143] 좀더 명확히 하자면, 그것은 '전율적인 신비mysterium tremendum'에 대한 반응으로서, 처음에는 '악령'이 지배하는 세계를 바라보는 원시인들의 두려움과 경외로 제시된다. 자연 너머에 있는 어떤 장엄한 것의 기괴하고 섬뜩하고 외경스러운 현전에 직면한 전율은 심지어 가장 고등한 종교 체계에도 내포돼 있다. 이러한 종교 체계는 또한, 형언할 수 없는 신의 분노이자 무한한 매력의 원천으로 경험되는 압도적이고 강력한 힘의 감각도 보존하고 있다.

이 반응을 야기한 특징짓기 어려운 대상을 특징짓기 위해, 오토는 프리스로부터 '전적인 타자das ganze Andere'라는 표현을 차용했다. 이것은 키르케고르가 사용한 표현이기도 했고 바르트가 우호적으로 여긴 표현이기도 했다(또한 예기치 않게 훗날 이것은, 후기의 막스 호르크하이머가 내놓은, 프랑크푸르트학파 비판 이론의 종교적으로 굴절된 형태에서도 발견된다).[144] 일상적 삶에 반대되는 것으로서의 '전적인 타자'의 현전에 대한 가장 극단적인 사례는 오토의 경우 신비적 경험이었지만, 이는 좀더 일상적인 종교적 실천에서도 나타났다. 그것이 궁극적으로는 도덕적 의무와의 연관 속에서 자신의 표현을 찾을 수도 있겠지만, 실천이성에 대한 칸트의 과도한 강조 및 가치 이론에 대한 후기 칸트주의의 집착과 스스로를 구별하고자 했던 오토는 굳이 그럴 필요까진 없다고 주장했다. 오토는 키르케고르가 『공포와 전율』에서 '윤리적인 것의 목적론적 지연'을 논하며 그랬던 것처럼 윤리적인 것과 종교적인 것을 근본적으로 불화하는 것으로 상정하진 않았지만, 종교적인 것이 항상 윤리적인 것을 포함하는 것으로 보려는 입장에는 저항했다. 사실 우리 같은 한낱 피조물들에게는 누미노제가 긍정적인 계명으로 나타나는 것이 아니라, 공허나 어둠이나 침묵 같은 부정적인 현시 안에서 간접적으로 나타난다. 오토의 주장에 따르면 "마음의 모든 느낌에 다양한 표현을 가져다줄 수 있는 음악조차 '신성함'을 긍정적으로 표현할 방법이 없다."[145]

그렇긴 해도 『성스러움』의 대부분은 간접적이고 부정적인 형태일지언정 어떻게 그 신성함이 이교도가 숭배하는 악마(그리고 괴테의 신이교주의), 히브리 성경, 신약성경 그리고 루터교도의 경건주의로부터 출현했는지를 생생하게 기술하는 데 바쳐졌다. 오토는 미학적 영역의 경우 『바가바드기타』에서 블레이크의 시에 이르는 광범위한 사례들에서 그것을 엿볼 수 있다고 주장한다. 심지어 종교의 더 조야한 국면에서 그것은 두드러지게 나타나는데, 왜냐하면 "종교는 그것의 시작 단계에서 생겨나기 때문이다. 즉 종교는 다름 아닌 신비적이고 악마적인 경험의 초기 단계에서 작동하기 때문이다."[146] 제임스가 복수로 여긴 그 다양한 종교적 경험보다는, 그 모든 경험의 바탕에 깔린 통일된 원경험이 사실상 존재하는 것이다. 그의 주장에 따르면, 모든 제도화된 종교는 그러한 경험에 접근할 수 있는 예언가나 성자의 능력에서 발생하며, 이후에 그 경험은 추종자들에 의해 모방된다. 종교는 본유 관념을 회복하는 것이 아니라, 우리 모두가 갖고 있는 선험적인 경외감의 능력, 어떤 가능성에 대한 플라톤적 상기나 기억을 실현하는 것이다. 어떤 한 종교가 다른 종교에 대해 갖는 우위는—그리고 세계교회주의적 관용의 견지에서 오토는 자신의 기독교 버전이 탁월하다는 것을 추호도 의심하지 않았다—상대적인 현실화의 측면에서 측정될 수 있다.[147]

사실상 오토의 모든 저작에 깔려 있는 전제는 그의 개인적이고 구체적인 특정 종류의 종교적 경험을 보유하는 것에 있다고도 말할 수 있다. 『성스러움』의 모두에서 나온 이야기 중 하나가 바로 독자들에게 스스로의 필적할 만한 경험을 되돌아보라는 것이었으며, 그래야만 그 책의 내용을 이해할 수 있으리라는 것이었다. 그런 뒤에 오토는 이렇게 주장했다. "이렇게 할 수 없는 이들, 자신의 경험에서 그러한 순간을 알지 못하는 이들은 누구든 간에 내 책을 더 이상 읽는 것이 허락되지 않을 것이다. 왜냐하면 청소년기의 감정이나 소화불량의 불편함 혹은 말하자면 사회적 감정을 떠올릴 수는 있으나 직관적으로 종교적인 감정을 상기할 수는 없는 이들과는 종교적 심리학의 문제를 토론하기가 쉽지 않기 때문이다."[148] 달리 말해 종교적 경험은 아주 독특하기 때문에 스스로 그것을 경험하지 않는다면 어떤 유의미한 감정도 전달받을 수 없다. 똑같은 감각 자료가 각자의 감각 기관에 영향을 미친다 해도, 성찬식에서 그리스도의 육체를 체험하는 신자와 단지 얇은 빵 조각을 볼 뿐인 회의론자 사이에는 근본적인 차이가 있다. 이후의 어떤 담론에서 통약 불가능한 언어게임 혹은 '디페랑differend'이라 불리게 되는 것이 여기서는 경험의 차원에서 나타난다.[149]

이러한 의사소통 가능성의 제약은 합리적 논증을 거친 보편적 소통 가능성에 기초한 칸트의 판단 모델을 여전히 수용하는 오토 비판가들을 좌절시켰다.[150] 그들이 보기에, 대개 종교적 경험의 옹호를 특징짓는 환원 불가능성 논증은—이 주장에 따르면 그것은 그 자체의 용어로만, 그리고 실제로 그것을 체험한 사람들에 의해서만 이해될 수 있다—그것을 비판적으로 분석하려는 어떤 진지한 시도도 방해할 수밖에 없었다. 심지어 비판적 합리성을 보편화하려는 칸트의 입장을 거부하는 해석학적 접근법도, 한 가지 유형의 신앙에 기초한 특수한 경험을 전제로 종교적 경험을 주장하는 그 방식에 당혹스러워했다. 가다머는 『진리와 방법』에서 다음과 같이 말했다.

> 모든 사람이 신의 문제에 관심이 있기 때문에 모든 사람이 신의 계시의 진리와 사전 연관이 있는 것인가? 혹은, 신, 즉 믿음 때문에 인간의 삶이 스스로를 신의 문제에 영향을 받는 것으로서 경험하는 것이라고 말해야 하는가? 그러나 그 선이해 개념에 담겨 있는 전제의 의미는 의심스러울 수밖에 없다. 왜냐하면 그 전제는 보편적으로 타당한 것이 아니라 단지 참된 믿음의 관점에서만 타당하기 때문이다.[151]

신이든 그 밖의 것이든 대상에 관한 참된 지식을 산출하는 예감의 능력을 확신하지 못하는 이들은 또 다른 근심을 드러냈다. 일찍이 1921년에 요제프 가이저는 종교적 선험성에 대한 오토의 신프리스적 옹호가 지니는 인식적이고 지성적인 차원이 느낌과 지식을 혼동하며 본체적 현실의 참된 예감과 거짓된 예감을 구별하는 기준을 제공하지 못한다고 비판했다.[152] 또 다른 비판자들은 경험의 호소에 항상 도사리고 있는 인간 중심적인 주관주의와 '전적인 타자'인 신의 온전함을 찬양하려는 욕망 사이에서 절충점을 찾고자 했던 오토의 시도를 의심의 눈초리로 바라보았다. 이 모든 것을 떠나서, 대부분의 사람은 그가 심리주의를 피하는 데 있어 슐라이어마허나 제임스보다 실제로 더 나았는지에 대해 회의적이었다.[153] 그의 진지한 노력을 인정하는 이들조차 근본적인 의문을 제기할 정도였다. 1929년에 프리드리히 카를 파이겔은 더할 수 없이 신랄하게 다음과 같은 딜레마를 이야기했다.

> 어떤 절대적인 의미에서 신은 '전적인 타자'이고 우리는 **그가 전적인 타자라는 것을 포함해서** 그에 관한 어떤 것도 경험하거나 말할 수 없다. 그렇지 않다면 우리는 신의 어떤 것을 경험할 수 있다는 말이 되는데, 이는 신의 본질이 '누미노제'로 규정될 수 없다는 것을 의미한다. 결국 **범주로서의 누미노제**—그 '범주'가 초월론적-논리적으로 이해되든 오토의 말처럼 심리학적 의미로 이해되든—는 수식어의 모순contradictio in adiecto에 해당된다.[154]

마지막으로, 맥락을 벗어나 독특하고 보편적으로 참된 본질적 핵심—그것을 신이라 부르든 아니든 간에—을 발견하려 한, 포괄적인 종교적 경험을 옹호하는 자들의 시도에 대해 냉담한 이들이 있었다. 그렇다면 전적으로 내재적인 신을 숭배하는 범신론적 종교들은 어떻게 되는 것인가? 그 종교들은 어떻게 '전적인 타자'의 누미노제적 경험을 갖는다고 말해질 수 있는가? 특정 언어들—이 자체가 이미 특정 문화들의 특정 실천들 속에 놓여 있는 것이다—의 특정 개념들에 의해 매개되기 이전의 원경험을 찾아낸다는 것이 과연 가능한 일인가? 결국 '종교'의 포괄적 개념은 폭넓은 매우 상이한 믿음, 실천, 전통, 제도로부터의 추상이 아니고 무엇이겠는가? 더욱이 종교란 좀더 자연주의적인 다른 설명들을 '환원주의적'인 것으로 조용히 제쳐두고, 단순하게 기술하기보다는 은밀하게 설명하는, 하나의 추상이지 않던가?[155]

이런저런 이유로, 종교의 측면에서 경험에 호소하는 것은 적어도 동시대 담론들에서는 명성을 잃어갔다.[156] 그것은 후기 헤겔적인 영국 국교도의 관념론처럼—예컨대 C. C. J. 웹의 저작에서[157]—예상 밖의 곳에서 주기적으로 재등장하기도 했지만, 초기의 많은 추종자가 부여했던 근본적인 역할을 수행하기가 어려워졌다. 종교적 진리들의 비교를 계속 파고드는 이들은 이제 경험보다는 상징이나 신화의 차원에서 유사성을 찾게 되었다. 이를테면 미르체아 엘리아데는 카를 융의 작업을 자신만의 방식으로 전용해 그 일을 했다.[158] 비신학 분야에서는, 기능주의자나 구조주의자가 에밀 뒤르켐, 지크문트 프로이트, 브로니슬라브 말리노프스키, 클로드 레비스트로스에게 의지해 종교를 설명했다. 이들은 '전적인 타자' 앞에서 느끼는 무한의 감정, 절대의존감, 누미노제적 경외감을 넘어서는 설명들을 제시하면서 자신만의 방식으로 경험을 다루려는 경향을 보였다.

: 부버의 체험에 대한 숭배

그렇다 하더라도 이 장에서 검토하고 있는 담론들의 반향은 쉽게 무시될 수 없다. 왜냐하면 그것이 슐라이어마허에서 오토에 이르는 자유주의적 프로테스탄트 신학에서 강력한 조류를 형성했을 뿐만 아니라, 경험에 대한 세속적 태도에 대해서뿐만 아니라 다른 종교들에 대해서도 영향을 미쳤기 때문이다. 우리가 따르고 있는 전통의 밖에서 그 호소가 기능해온 모든 방식을 낱낱이 설명해볼 필요는 없지만, 그것이 20세기 유대 사상에서 한 역할을 살펴보는 것은 그것의 폭과 영향력을 가늠하는 데 도움이 될 것이다. 여기서 우리의 주된 증인은 또다시 독일인이지만, 그 영향력은 민족적·종교적 경계를 초월해 있다. 그는 바로 마르틴 부버(1878~1965)다.[159]

언뜻 보면 유대 사상에서 경험에의 호소에 대한 공감을 발견할 수 있다는 것이 역설적으로 보일 수 있다. 앞에서 본 것처럼 슐라이어마허는 유대교를 근대에 아무런 역할도 하지 못한 죽은 종교로 폄훼했다. 그의 신랄한 은유적 표현에 따르면 "그것은 나뭇가지에서 모든 생명력이 사라진 후에도 단 하나 남아 존속하는 열매 같은 것이어서, 종종 스산한 계절이 올 때까지 메마른 줄기에 매달려 있다가 결국 말라비틀어진다."[160] 제임스는 명시적으로 경멸을 드러내진 않았지만, 그의 주석자 중 한 명이 언급했듯이 그는 "미국에서 유대인 인구가 네 배로 증가한 기간에도 유대교와 교류한 적이 결코 없었다."[161] 반면에 오토는 유대교에 어느 정도 호의를 갖고 관심을 보인 관찰자다. 오토는 1891년 괴팅겐에서 반유대주의로 악명 높던 파울 라가르데와 함께 셈어 문법에 대한 비교연구를 수행한 적이 있고, 또한 프리스의 유대인에 대한 악의적인 적대감을 이유로 그를 비난하는 것이 적절치 않다고 보았지만, 그렇다고 오토가 그들의 편견을 받아들였다는 증거는 없다. 사실, 그와 절친한 사이였던 헤르만 야콥슨은 유대인이었다(이런 것이 항상 비꼬는 말인 것은 아니다!).[162] 앞에서 언급했듯이, 그의 첫 번째 개인적인 누미노제 접촉은 1911년에 모로코의 세파르디 유대교 회당에서 있었다. 또한 그의 저서 『성스러움』은, 누미노제를 합리적·도덕적으로 해석함으로써 기독교에서 신성이 완전히 형태를 갖추도록 길을 닦은 어떤 종교의 '특별한 고귀함'에 경의를 표한다.[163] 그러나 오토 역시 20세기 초 유럽 유대교인 삶에서의 경험의 차원을 해명하는 데는 그리 관심을 두진 않았던 듯하다.

아이러니하게도, 부버의 경험으로의 전환은 적어도 서유럽에서의 근대 유대교의 통탄스러운 상태에 대한 어떤 비슷한 평가와는 다르게 이해되어야 한다. 빈에서 태어난 그는 어머니가 가족을 버린 이후 리보프의 부유한 영주인 조부 솔로몬 부버의 고향인 오스트리아령 갈리치아에서 자랐다.[164] 그는 열네 살 무렵에 아버지 카를 부버의 영지로 돌아갔는데, 당시 그곳은 도구적 이성의 기풍으로 인해 근대성에 동화된 지역이었다. 어린 부버는 유대 계몽주의(하스칼라Haskalah)의 저명한 학자인 조부를 잘 따랐고, 아버지가 자신의 영지에서 농민과 노동자에게 보인 개인적 배려에 영향을 받았지만, 자라면서 동시대 유대교인의 삶과 사상에 스며든 율법 중심적이고 무기력한 형식주의를 점점 더 견디기 힘들어했다. 유대 민족의 외적 추방을 끝내겠다고 결심한 그는 시오니즘을 수용하되 테오도어 헤르츨이 주창한 정치적 유형보다는 아하드 하암이 옹호한 문화적 유형에 더 관심을 가졌다. 그는 내적 추방을 끝내려는 열망 또한 강해서—그는 내적 추방을 성스러운 법(할라카Halakhah)의 외적 제약과 같은 것으로 보았다—, 영적 활기를 되찾고자 노력했다. 영적 활기는 정통 유대교와 자유주의적 유대교가 모두 배척한 것이자, 유대교 학문 전통의 학자들이 폄훼한 것이자, 서구에 동화된 유대인들이 당혹스러워한 것이었다.

한 세기 전의 슐라이어마허처럼 부버는 생생한 경험의 경건함에서 답을 찾았다. 그의 경우에는 동유럽의 작은 마을들에서 보이는 동화되지 않은 하시디즘Hasidism(하시드Hasid는 '경건한'이라는 뜻의 히브리어)이었다.[165] 그는 어린 시절에 하시디즘 공동체들을 접했지만, 26세에 이르러 비로소 그 종교적 갱신의 매개체로서의 잠재력을 깨닫게 되었다. 이는 그에게만 해당되는 일이 아니었는데, 가장 합리주의적이고 동화된 유대인들이 "전근대적이고 몽매주의적인" 동방 유대인들Ostjuden에 대해 느끼고 있던 경멸을 전복하려는 시도가 이미 미하 요제프 베르디체프스키, 시몬 두브노프, 페레츠 같은 다수의 지성인들 사이에서 전개되고 있었기 때문이다.[166] 그렇지만 하시디즘의 진가가 제대로 이해되기 시작한 것은 부버가 하시디즘 이야기들과 전설들을 서정적으로 번역해 실은 책 『랍비 나흐만의 이야기』와 『발셈의 전설』이 출간되면서부터였다.[167] 물론 나중에 그의 학문적 자격에 대해 의문이 제기되기도 했지만—가장 잘 알려진 것은 게르숌 숄렘의 지적이다[168]—경건한 활력에 대한 부버의 찬양은 향후 10년간 참된 '동방 유대인의 숭배'라 불리게 된 것의 토대가 되었다.

하지만 부버는 하시딤의 세계에 들어가기 전에 라이프치히, 빈, 취리히, 베를린의 세속적인 대학에서 공부했다. 그는 1904년에 베를린에서 박사학위 논문(「개체화 문제의 역사에 관한 연구: 니콜라스 쿠사누스와 야코프 뵈메」)을 썼는데, 그곳의 교수들 중에는 생철학의 대표자들 중 두 명인 빌헬름 딜타이와 게오르크 지멜이 있었다.[169] 또한 그는 니체에 대한 전반적인 열광에 휩쓸려—무신론자 니체가 경멸했던 바로 그 종교운동들 속에서 많은 사람이 공유했던 것과 같은 열광—, 이미 체험의 열정으로 충만해진 하시디즘에 심취했다.[170] 따라서 부버가 슐라이어마허를 직접 인용하는 일이 거의 없었고 슐라이어마허가 강조한 절대의존감에 대해 부버가 거리를 두었음에도 불구하고,[171] 19세기의 프로테스탄트 신학에서 접할 수 있었던 그 같은 충동들이 루트비히 포이어바흐와 세속적인 생철학자들을 매개로 그의 저작을 휘감았다.[172]

1899년부터 1901년까지 베를린에 머무는 동안 부버는 하인리히 하르트와 율리우스 하르트가 창설한 학생협회인 '새로운 공동체Die neue Gemeinschaft'에 참여했고, 근대적 삶의 소외를 치유하려는 그들의 신낭만주의적 열망을 열렬히 지지했다. 그가 자신의 가까운 친구가 되는 여섯 살 연상의 공동체주의적 무정부주의자 구스타프 란다우어(1870~1919)를 만난 것도 이곳에서였다.[173] 둘은 기독교도 마이스터 에크하르트에게 연원을 둔 신비주의에 심취했는데, 이는 특히 진정한 공동 경험의 갱신과 연결되어 있었다. 부버의 발전 국면에서 이 순간을 중시한 폴 멘데스 플로어는 그들의 이데올로기에 스며든 종교적 차원을 강조한다. "'새로운 공동체' 역시 누멘적 감각으로서의 체험을 긍정했다. 왜냐하면 체험을 통해 초월적이고 신성한 현실에 접근할 수 있기 때문이다. 생성의 흐름과 함께 내용이 다양해지는 각각의 체험은 독특하다. 따라서 개개인이 자신의 개성의 독특함을 가지고 각각의 체험에 반응한다면, 그 체험(개인인 '나'에 거주하는)과 그에 상응하는 영원한 흐름의 순간 모두는 하나로서 실현된다."[174]

부버는 1911년의 『유대교에 대한 세 연설』과 1913년의 『다니엘서: 깨달음에 대한 대화들』을 통해서[175] 독일계 유대인들에게 새로운 힘을 고취하고자 했다. 사회학자 페르디난트 퇴니스의 공동사회Gemeinschaft(공동체)와 이익사회Gesellschaft(사회)의 이분법을 되풀이하면서, 부버는 추상적 개체화의 사회 영역(쇼펜하우어의 개체화 원리principium individuationis)을 비판했다. 그것은 경험론자들과 칸트가 선호하는 피상적인 인식론적 경험의 유형에 상응하는 것이었다. 그들의 응시는 단순한 표면적 현상에 고정되어 있었지만, 부버가 바라본 본체적 본질은 현상계의 객관적 자료로는 이해될 수 없는 것이었다. 그들은 고립된 주관적 의식에서 출발했지만, 그의 출발점은 인식이 아니라 정서에 기초한 것으로서 주관과 객관의 원초적 통일에 대한 황홀한 경험이었다. 부버는 신과 하나 되는 내적 체험의 심층적인 수준을 탐구하면서, '혈통'이란 말을 포함해 민족주의적인volkisch 반근대주의의 불길한 수사를 끌어다 썼다. 물론 이것은 훗날의 발전된 역사 국면에서 본다면 심히 당혹스러운 것임에 틀림없었다.[176]

실제로 부버가 1914년에 독일의 전쟁 개시를 지지하게 된 데에는 이런 정신이 깔려 있었다. 그는 공통의 경험에 대한 약속을 실현하는 능력의 관점에서 이를 옹호했던 것이다. 부버의 국수주의의 강도는 논란의 여지가 있었지만,[177] 어쨌든 그의 체험신비Erlebnismystick가 적어도 잠시 어떤 구체적 징후를 드러냈다는 것은 분명하다. 청년 지크프리트 크라카우어 같은 이 시기의 또 다른 독일계 유대인들의 저작으로 미루어, 부버만이 경험적 관점에서 전쟁을 옹호한 것은 아니었다.[178] 하지만 이 시기 젊은 유대인들 사이에 자리했던 부버의 보기 드문 위상에도 불구하고, 그의 이런 입장 선회는 그의 친구였던 란다우어조차 조롱조로 그를 '전쟁에 심취한 부버Kriegsbuber'[179]라 칭할 정도로 치명적인 비판을 낳을 수밖에 없었다. 의미심장하게도 그 비판은 흔히 체험에 대한 이 같은 열광에 집중되었는데, 청년 발터 벤야민의 비판이 가장 두드러진 예였다. 경험의 매우 상이한 한 형태에 대한 벤야민의 짧은 스케치는 뒤에서 살펴보게 될 것이다. 숄렘은 다음과 같이 썼다.

> 특히 벤야민은 그 시기에(주로 1910년부터 1917년까지) 부버의 저작에서 찬양되고 있던 '체험'의 숭배를 맹렬하게 거부했다. 그는 만일 부버가 자신

의 뜻대로 했더라면, 사람들은 모든 유대인에게 가장 먼저 '당신은 유대인임을 이미 체험했느냐?'고 물을 거라며 조롱조로 말했다. 벤야민은 내 논문에 체험과 부버의 '체험하는' 태도에 대해 명시적인 거부를 담을 것을 종용했다. 이 문제에 관한 한 그가 나에게 엄청난 영향을 주었기 때문에, 실제로 이후 논문에서 나는 그렇게 하지 않을 수 없었다.[180]

문제의 논문인 「마르틴 부버의 유대교 개념」은 1967년까지 출간되지 못했는데,[181] 이때쯤엔 부버 자신이 제1차 세계대전과 이를 정당화하는 신비체험의 국수주의를 이미 한참 전에 떠난 상태였다. 1916년 5월에 주고받은 란다우어와의 솔직한 편지를 보면 전쟁에 대한 부버의 열광과 그것의 경험적 토대에 대한 믿음이 상당히 시들해졌음을 알 수 있다.[182] 체험신비에서 벗어난 부버의 새로운 지적 정향은 그를 나와 너의 대화적 철학으로 이끌었고, 궁극적으로 그는 이러한 철학을 통해 유명해졌다. 그의 '근본적인 자기 수정'—훗날 그 스스로 이렇게 일컬었다—은,[183] 앞서 살펴본 것처럼 슐라이어마허, 제임스, 심지어 오토에게도 가해졌던 심리주의라는 동일한 비난을 불러왔다. 이제 부버는 경건한 신자의 내면성보다는 인간들 사이의, 인간과 신 사이의 관계적 영역을 선호하게 되었다. 『유대교에 대한 세 연설』의 1923년판 서문에서 그는 "내가 체험에 관심을 갖는 것은 오로지 그것이 하나의 사건Ereignis인 한에서, 달리 말해 참된 신과 관련된 한에서다"라고 밝혔다.[184] 그와 같은 신은 인간들 사이의 대화적 상호 작용 속에서, 즉 개별적 체험의 주관성을 넘어서는 것으로 이해되는 생Leben 속에서 스스로를 현시한다(그렇다고 나와 사물의 관계의 영역인 인식론적 경험의 객관주의로 환원되는 것은 결코 아니다). 슐라이어마허는 『종교론』에서 근대 유대교에서 "여호와와 그의 백성의 대화는 종결된 것으로 간주되었다"고 주장했다.[185] 반면 부버는 그것이 재개될 수 있으며, 또한 재개되어야만 한다고 강조했다.

따라서 부버의 주장에 따르면, 주관적인 종교 체험에 대한 경험적인 설명을 제시하는 윌리엄 제임스의 경우와 같은 시도는 "그것을 심리주의적 내용—한 사람이 갖는 하나의 경험—으로 돌림으로써 종교적 현실을 조작한다. 또한 그런 시도는, 제임스와 헉슬리가 다른 이들에게 이러한 경험들을 쌓도록 고무함으로써 그들 역시 이 '실질적 효과들'을 인식할 수 있게 되는 그런 실용주의적 전도轉倒로 이어진다. 위대한 신비주의자들은 경험을 한 것이 아니라, 경험에 의해 부여되었다."[186] 부버는, 경험 자체를 위해 의도적으로 경험을—심지어 종교적 경험을—추구하는 사람을 비난했다. "그 사람은 그의 전 존재로서 '경험하는' 것이 아니라, 단지 그 효과들을 획득하는 그의 한 부분으로서 경험하는 것뿐이며, 반면에 경험을 추구하는 그의 또 다른 부분은 부득이 그가 경험하는 바로 그 지식에 의해 자신의 경험과 분리된 고립적인 관찰자로 남게 된다."[187]

부버가 신비체험으로부터 퇴각한 것은 거의 같은 시기에 카를 바르트가 프로테스탄트 신학에서의 슐라이어마허적 전통에 대해 비판한 것과 닮은 점이 많았다. 앞서 보았듯이 바르트의 비판은 독일의 초민족주의에 대한 환멸과도 관련 있었다. 그렇지만 한 가지 중요한 차이점이 있었다. 바르트의 신은 우리가 다가갈 수 없을 정도로 멀리 있고 형언 불가능한 존재라서 우리가 그와의 어떤 의미 있는 대화도 바랄 수 없지만, 부버의 신은 가까이에 남아 있으면서 인간적인 상호 작용을 가능케 해준다. 그가 『나와 너』에서 썼듯이, "물론 신은 '전적인 타자'이지만 동시에 전적인 동일성, 즉 온전한 존재이기도 하다. 물론 신은 모습을 드러내고 압도하는 전율적 신비이지만, 동시에 나 자신의 자아보다 더 내게 가까운 분명한 신비이기도 하다."[188] 『나와 너』가 세계 속의 신의 존재에 대한 감각을 유지하려는 분명한 의도를 띠고 출간되었을 때, 가까운 친구였던 플로런스 크리스티안 랑은 부버에게 다음과 같이 찬사를 보냈다. "신을 매혹적이긴 하지만 전율적인 신비의 타자로 묘사하는 특정 신학과 대립한다는 점에서 당신은 절대적으로 옳으며, 또한 당신은 신성의 영역과 동등하게, 이곳 세상의 일상적 삶의 단순성을 줄기차게 주장해왔다."[189] 후대의 한 평론가는 심지어 『나와 너』가 "오토의 『성스러움』에 대한 반박으로 간주될 수 있다. 전적인 '타자'인 오토의 신 개념은 신과 인간의 모든 소통을 방해하는 듯 보이지만, 부버의 대화철학은 신과 인간 사이의 심연을 극복하고자 한다"라고 주장하기까지 했다.[190] 그것은 기독교의 인격적 구원자를 대신하는 어떤 유대교식 존재, 즉 모세 전승의 냉담한 입법자보다 친숙하고 가까운 어떤 대화 상대자를 추구했다.

표면적으로 부버는 전쟁 전의 사상을 특징지었던 주관적 체험의 숭배를 저버렸지만, 신조와 법, 그리고 신의 존재에 대한 합리주의적 증거들만으로는 종교를 근거짓기에 충분치 않다는 믿음을 결코 버리지 않았다. 그의 신은 언제나 아브라함의 신이었지, 신을 사랑의 경험보다 관념으로 환원하려는 철학자들의 신이 아니었다.[191] 적어도 여전히 회의주의적인 숄렘에 따르면, 그는 대화적 경험이 언어의 매개를 거치지 않고도 발생할 수 있다는 자신의 신념을 버린 적이 없었다.[192] 숄렘은 "부버가 확립한 '직접적 관계' '영원한 너' '상호인간적Zwischenmenschliche' 같은 단어들에 대한 직접적인 증명과 그 단어들의 타당성은 분명치 않다. 그것들은 존재론적 영역에까지 체험이라는 낡은 개념을 실체화하는 것으로 끝나게 된다"라고 불평하기까지 했다.[193]

숄렘의 비난이 전적으로 타당하든 아니든, 1920년대에 프랑크푸르트 유대 학교의 훌륭한 협력자이자 히브리 성경 독일어 번역본 첫 권의 공동

번역자인 프란츠 로젠츠바이크가 경험의 어떤 한 개념을 복잡하게 옹호했다는 점에 주목할 필요가 있다.[194] 그렇지만 그의 '새로운 사상'은 경험Erfahrung 개념을 다시금 우호적으로 사용하면서 주관주의적 체험Erlebnis을 비난했는데, 이는 '주체 없는 경험'이라고 불리게 될 역설적 개념을 전개하려 했던 하이데거와 벤야민의 작업에 필적하는 것이었다. 그렇게 함으로써, 그들은 18세기에 시작된 양상을 전복시키면서 경험의 종교적 형태와 다른 형태들을 재통합하고자 했다.

심리주의적 신인동형론anthropomorphism이라는 비판을 피하고자 하는 것인, 종교적 경험의 실행 가능한 개념을 발전시키는 일의 어려움은 유대-기독교 전통에 근본적이고 여전히 풀리지 않는 긴장이 존재함을 보여준다. 그것은 신학 대 그리스도론, 숨은 신 대 인격적 구원자, 타락하고 부패한 속세 대 신의 위대함이 부여된 세계, 법의 신 대 사랑의 신 등으로 다양하게 나타나면서, 신과 인간, 창조주와 피조물 간의 고유한 관계에 대한 깊은 불확실성을 드러내며, 오늘날까지 종교학자들을 괴롭히고 있다. 1866년 초반에 루트비히 포이어바흐는 짓궂은 미소를 지으며, 모라비아 경건주의의 창시자인 친첸도르프 백작이 경건에 대한 인간적 역할을 지나치게 강조한 나머지 '기독교적 무신론자'가 되었다고 언급한 바 있다.[195] 아마도 종교적 경험을 특권화하려는 모든 시도는 신보다 신자의 무신론적 숭배로 빠져들 위험에 처했던 것 같다. 그런 결과를 피하기 위한 노력들이 이 장에서 검토한 인물들에 의해 호기롭게 시도되었음에도 불구하고 말이다.

궁극적으로 종교적 경험을 다른 형태의 경험들로부터 차단하려는 시도 역시 그 개념의 총체적이고 재통합적인 판본에 대한 욕망이 커감에 따라—그 방식은 마지막 장들에서 살펴볼 것이다—좌초하기 시작했다. 하지만 그 어려움들은 앞서 검토했던 담론 속에서 이미 전조를 드리웠다. 인식론적 경험 개념들—경험론적이든 초월론적이든—과 종교적 경험 개념들 사이의 경계를 정하는 것은 상대적으로 쉬워 보일 수 있지만(물론 칸트 이후 관념론의 경우는 더 어렵겠지만), 또 다른 다양한 것, 예컨대 미학적 경험에 관한 한 그 어려움들이 훨씬 더 크기 때문이다. 어쨌든 종교를 '경멸하는 교양인들'에 대한 슐라이어마허의 도전에 자양분을 공급했던 낭만주의는 미학적 운동의 속성을 현저히 드러냈다.[196] 또한 우리가 프리스를 차용한 오토의 사례에서 언급했다시피, 그가 비판이성의 경계들을 극복하고 좀더 심원한 진리를 찾으려 애쓰도록 영향을 미친 것은 칸트의 『판단력 비판』이었다. 『칸트와 프리스의 종교철학』에서 오토가 내린 명백한 결론에 따르면, 예감은 "설명을 위해 사용되는 과학적 원리가 아니다. 오히려 그것은 역사적 발전의 종교적 해석을 위한 '미학적' 원리다."[197] 마찬가지로 『성스러움』에서 그는 예술로부터 종교를 유추하고 슐라이어마허의 종교적 판단능력 Urteilsvermögen이 칸트의 제3비판에서 논의된 판단력Urteilskraft과 관련 있다고 주장하게 된다.[198]

'미학적'이라는 형용사로 수식될 때 경험이 의미하는 바는 무엇인가? 그러한 경험이 경험의 근대적 분화의 주요 양상들 중 하나로 출현하게 된 것은 언제인가? 그것은 앞서 우리가 만났던 다른 양상들과 어떤 관계가 있는가? 그것은 앞서 보았듯이 경험적 토대에서 믿음을 옹호하려는 시도를 혼란스럽게 했던 도전들—그 경험의 대상들을 심리주의적 혹은 주관주의적으로 말소하려는 위협—에 어떻게 대처했는가? 다음 장에서 우리는 이것들을 비롯한 여타 질문들을 다룰 것이다. 다음 장에서 주목할 경험의 '노래'는 바로 그 은유에 가장 걸맞은 경험이 아닐까 싶다. 그것은 '전적인 타자'인 신에 대한 인간의 응답이 아니라 현세의 '예술'에 대한 인간의 응답에 의해 생겨나는 경험이기 때문이다.

4장

미학적 경험을 통한 신체로의 회귀

칸트에서 듀이까지

경험이 연역적 이성의 확실한 진리를 침해한다고 불신당하거나, 신뢰할 수 없을 정도로 주관적이고 소통 불가능하다고 공격당하는 등 평판이 나빠질 때면 언제나, 경험의 토대로 알려진 피조물로서의 인간 신체가 암암리에 비난의 대상이 되곤 했다. 썩어 없어질 신체의 저열한 욕구와 감정의 비합리주의에 대한 플라톤주의의 의혹은 경험 자체에 대한 적대감의 주요 원천이었다. 물론 인식론적 전통, 특히 경험론의 입장이 감각 기관의 증거를 회복하려고 시도했지만, 그것은 감각 자료에 의존한다는 상대주의적 함의를 어떻게든 회피하려는, 혹은 최소한 억제하려는 바람에서였다. 앞 장에서 검토한 종교적 대안들 역시 분열된 자아를 만들면서까지 감각적 신체의 쾌락과 고통을 넘어서는 곳에서 경험을 정초하고자 했다. 설사 성령이 신체적 징후로 스스로를 현시한다 해도, 경건한 욕망들은 자신의 육체적인 대응물들과 엄격히 구별되었다.

그렇지만 18세기에 들어와 어떤 새로운 경험 양상이 신체성에 대한 불신을 완화하려 노력하는—완전히 단념시키진 못하더라도—논증적 탐구의 대상으로 출현했다. 이전 세기에도 주관적인 관객의 지각적 욕구에 대한 인식이 없진 않았지만, 미는 창작자에 의해 이해 가능한 형태와 비례적 유사성을 갖춘 한 세계 속 대상들의 어떤 객관적 특징이라는 것이 오래된 가정이었다.[1] 그런데 이러한 믿음이 철학적 유명론과 과학혁명의 주도로 이루어진 세계의 탈주술화와 맞물리면서 신뢰를 잃자, 예술작품을 경험하는 사람들의 신체적 반응을 통한 미학적 가치의 재정립에—그리고 취미에 대한 판단에—활짝 문이 열렸다.[2]

그 분기점이 왜 18세기 중반인가에 대해서는 많은 추측이 있었다. 한편으로는 합리론 및 과학적 방법과 연결되고 다른 한편으로는 도덕적 엄격주의 및 종교적 자기부정과 연결된 금욕적 제약이 더 이상 근대적 주제로 유지되기 어려웠기 때문일지도 모른다.[3] 어쩌면 그동안 부도덕하게 여겨졌던 호사에 대한 재평가가 이루어져 호사가 욕구에 대한 하릴없는 탐닉보다는 고상함의 표현으로 옹호될 수 있게 된 것이(그리고 소비자본주의를 자극하는 공공선으로 기능할 수 있게 된 것이) 신체적 향유의 어떤 형태들을 지지하려는 새로운 의지를 낳게 되었는지도 모른다.[4] 혹은 점점 더 복잡해지고 분열을 겪는 근대성의 분화가—부르주아의 전문화와 노동의 분업은 봉건적 통합을 대체하기 시작했다—외부 결정으로부터 완전히 자유롭고 노골적으로 감각적 쾌락에 호소하는, 예술이라는 특수한 하위 영역을 구체화하게 했는지도 모른다. 물론 이 영역은 이론적 정당화가 필요했다.[5] 초기 자본주의 시장에서 상업주의 문학의 부흥은 비도구적 자율성에 호소하는 것을 통해 자신의 우월성을 정당화하고자 했던 '고급 예술'의 옹호자들로부터 우려 섞인 반발을 샀을지도 모른다.[6] 혹은 새로운 문화들과의 접촉이 상대주의라는 유령을 불러낸 시기에 예술 비평의 점증하는 중요성과 그에 따른 취향의 기준들에 대한 고민이 좀더 철학적인 추론을 통해 판단들을 정초하려는 욕망으로 이어졌을 수도 있다.[7] 원인(혹은 원인들)이 무엇이든 간에, 결과는 독일 철학자 알렉산더 바움가르텐이 '미학aesthetics'이라고 이름 붙인 담론의 만개였다. 그리고 미학의 핵심적인 관심사 중 하나가 바로 어떤 새로운 경험 양상을 분명히 나타내고 옹호하는 것이었다.[8]

예술이라 불린 것이 적어도 그리스 시대 이후로 철학자들에 의해 검토되어왔고 그것의 경험적 차원에 대한 희미한 인식이 일찍이 피타고라스에 의해 이루어졌지만, 실제로 미학이 분명한 담론으로 등장한 것은 계몽주의에 이르러서였다.[9] 개별적인 '뮤즈'들이 이제 하나의 포괄적 개념 아래 묶일 수 있었고, 그 포괄적 개념의 본질로 추정되는 것이 탐구될 수 있었다.[10] 한때 사회적, 정치적 권력의 장식품으로 기능했던 것들 혹은 종교적 예배의 성스러운 도구로 숭배되었던 것들이 오직 예술적 가치의 측면에서 재묘사되고 재평가된 것이 바로 이 시기였다. 헤겔이 『미학 강의』에서 냉소적으로 썼다시피, 이제 시체에 대한 숭배마저 미학적 대상을 가장하며 활력을 얻었다. '순수예술'은 기교를 가진 단순 기능적 장인과의 차별화를 꾀하기 시작했고, 이러한 구별은 1768년 런던에 왕립미술원이 세워졌을 때 판화가들을 포함시키기를 거부한 데서 드러났다.[11] 이상적이고 자연적인 세계의 모방, 종교적 서사의 묘사, 역사적 사건의 재현으로서의 예술가의 창조물보다는 예술가 자신의 본질적·상대적 특징들을 드러내는 것으로서의 예술가의 창조물이 점점 더 가치를 얻게 되면서 예술의 본질은 클라이브 벨과 로저 프라이가 '의미 있는 형식significant form'이라고 일컫게 되는 바로 그런 것이라는 모더니즘 신조의 토대가 마련되었다.[12]

이런 경향은, 시각적 대상들이 살롱salon이라는 새로운 유사종교적인 공간에서, 1677년 프랑스 예술원의 후원하에 시작된 대중 전시회에서, 박물관에서, 영원한 미의 공시적共時的 질서를 표방한 다른 작품들과 나란히 전시되면서, 즉 시각적 대상들의 재맥락화가 이루어지면서 촉진되었다.[13] 프랑스혁명기에 루브르궁이 국가 문화유산의 공공 보관소로 탈바꿈한 것은 일부 혁명가들의 우상 파괴 경향을 물리쳤음을 시사할 뿐만 아니라 증대되는 (완전한 것과는 거리가 있지만) 민주화를 시사했다. 작품들의 공공 전시와 더불어 이전에는 종교적 권력이나 세속적 권력의 수중에 있었던 대상들을 위한 민간 수집가들의 시장이 가속화되었다. 수많은 사례에서 입증되었듯이 문화자본과 경제자본은 충분히 대체될 수 있는 것이었다.[14] 대상의 예술적 가치와 경제적 가치 모두를 평가할 수 있는 거장이나 감정가의 역할이 자신의 매너와 취향으로 사회적 가치를 드러내는 신사층을 위한 수단으로 등장했다.[15]

음악 분야에서는 상업적 콘서트홀의 부상으로 생산과 공연에 대한 궁정과 교회의 지배가 줄어들면서 이와 유사한 일이 일어났다. 민간 기구인 콜레기아 무지카collegia musica가 최소한 중산층 청중에게까지 개방된 것이 시작이었다. 종교 의례나 귀족의 축하 행사에 사용되도록 의뢰를 받아 쓰인 '행사 음악occasional music'은 스스로를 정당화하는 작품들에 무릎을 꿇기 시작했는데, 이는 에두아르트 한슬리크 같은 19세기 비평가들이 '절대 음악absolute music'이라 부르게 되는 것을 예고했다.[16] 베토벤같이 궁정의 공무원보다 창조적인 천재의 역할을 떠맡은 새로운 유형의 작곡가들이 쓴 작품을 위한 시장이 증대한 배경에는 눈앞에서 벌어지는 공연에 주의를 기울이도록 훈련받은 감상자들의 존재가 있었다. 따라서 새롭게 추인된 극장과 더불어 콘서트홀은 이제 위르겐 하버마스로 인해 우리에게 익숙해진 신흥 부르주아지 공론장의 하나가 되었다.[17]

이러한 변화들은 자주 주목을 받았다. 그러나 제대로 평가받지 못한 사실이 있다. 새롭게 정의된 예술작품들이 새로운 문화적·경제적 가치 네트워크 속에서 자유롭게 유포되고 시민들에게 개방된 세속적인 문화 성지들에서 수용되거나 공연되면서 기존의 종교적·정치적·실용적 맥락과 관계를 끊은 바로 그 순간에, 역설적으로 그것들이 세상 속에서의 자족적 실체—본질적으로, 보편적 미의 객관적 전형으로 정의될 수 있는—로서의 온전함을 상실하게 되었다는 사실이다.[18] 나중에 벤야민에 의해 유명해진 어휘를 사용해 말하자면, 그것들을 감싸고 있는 문화적 아우라, 즉 보는 이로부터 메울 수 없는 거리를 두고 떨어져 있는 어떤 특별한 대상이라는 점에서 비롯되는 아우라가 부지불식간에 힘을 잃은 것이다.

신성한 대상들이 띠고 있던 신비로운 분위기의 일부가 엘리트 예술에 집착하는 어떤 작품들로 확실하게 옮겨 가고, 이로써 이러한 작품들의 문화적 자본이나 때로 경제적 자본이 상승하긴 했지만, 그러한 이동에 대한 철학적 정당화는 그런 대상들이 '참된 현전'이라는 종교적 개념의 어떤 미학적 판본을, 즉 그것에 대한 보는 이의 반응에 앞서는 어떤 궁극적 가치의 현현을 보유하고 있다는 주장을 암묵적으로 버렸다.[19] 더 이상 미를 어떤 자애로운—그리고 예술적 소질이 풍부한—신에 의해 창조된 질서를 분명하게 보여주는 것으로 이해할 수 없게 되자, 근대 미학은 수혜자인 인간들의 주관적 혹은 상호주관적 판단에 의존할 수밖에 없었다. 그리고 인간들의 감각적 반응은 그 과정에서 본질적인 것이었다. 18세기의 미학 이론은 관객/청중/독자 혹은 그들이 형성한 공동체로 점차 관심의 초점을 옮겼고, 객관적인 가치 기준에서 벗어나기 시작했다. 앞서 종교적 경험의 사례에서 보았듯이, 사실 그 진동이 너무 커서, 어떤 논자들은 이 장에서 살펴보게 될 결론들에 근거해 예술작품의 대대적 소멸을 우려하기 시작했을 정도였다.

영원한 미의 불변적 기준에 근거한 예술작품의 객관성이 부식된 핵심적인 이유는 문화적 변형에 대한 점증하는 인식과 욕구에 있었으며, 이는 종교적 다원주의에 대한 불균등하게나마 커지고 있던 관용과 나란히 나타났다. 이러한 결과는, 수많은 탐험의 결과물로 유통된 여행서들과 여행 소설들을 통해서 비서구 문화들이 소개된 데 따른 것이기도 했고, 문화적 생산과 수용에서 귀족이 독점적 지위를 잃게 됐음을 반영하는 것이기도 했다.[20]

루이 14세 시대의 문화 권위자였던 니콜라 부알로는 조화, 균형, 질서라는 자신의 이상들의 보편적 성격을 정당화하고자 했는데, 18세기 초에 장바티스트 뒤보스 같은 논자들은 부알로가 널리 퍼뜨렸던 이러한 고전주의 기준들에 대해 의문을 제기하기 시작했다.[21] 이제 그보다는, 몽테스키외가 발전시킨 상대주의적 문화사회학과 정치학에서 동시에 인식되는, 자연적 조건들의 가변성이 서로 다른 미학 규범들의 한 원천으로 인정되었다. 고대인들은 더 이상 모든 상황에서 모방할 만한 유일한 모델로 받아들여지지 않았고, 이제 부르주아 가정비극domestic tragedy, 풍속화genre painting, 발생기 소설nascent novel 같은 새로운 장르들이 중요하게 부각되었다. 프랑스 신고전주의자들은 그리스·로마 고전들을 통해 정권을 미화하려는 영국과 독일에서의 움직임을 막지 못했으며, 또한 이런 흐름 속에서 베르길리우스와 라신에 비해 폄하되어온 호메로스와 셰익스피어 같은 예술가들이 재평가되기에 이르렀다.

어떤 분명한 미학 담론이 출현한 것은 세상에서 황홀감을 거두어버린, 계몽주의 시대의 과도한 과학에 대한 반발 때문이었다고 주장되기도 했지만, 대체로 그 미학 담론은 당대에 성과를 올리고 있었던 주관성의 심리학에서 큰 진전을 이룬 것으로 받아들여졌다.[22] 뒤보스의 '감상주의sentimentalism'는 작품 자체보다는 그것에 반응하는 사람들에게 초점을 맞췄다. 이러한 새로운 신조를 가진 또 하나의 경험주의는 또다시 데이비드 흄에 의해 가장 잘 예시되었다. 그는 1757년의 논문 「취미의 기준에 대하여」에서 "미는 사물들 자체에 있는 특징이 아니다. 그것은 단지 사물들을 숙고하는 마음속에 존재할 뿐이며, 각각의 마음은 상이한 미를 인지한다"라고 말했다.[23] 그의 주장에 따르면, 미학을 구성하는 규칙들의 토대는 "모든 실천과학의 토대와 마찬가지로 경험이다. 게다가 그 규칙들은 일반적인 경험적 지식이나 다름없는 것으로서, 모든 나라 모든 시대에서 만족감을 준다고 여겨져온 것과 관련 있다."[24] 자연에는 미학적 경험을 산출하도록 돕는 어떤 특징들이 존재할 수도 있다고 흄이 인정하긴 했지만, 그것들은 매우 드문 데다 다른 수많은 것과 섞여 있어서 감수성을 개발한 사람만이 참되게 분간할 수 있다. 따라서 경험은 우리가 흄의 인식론에서 파악한 것과 같은 두 가지 의미에서 미학의 근본적 조건이다. 즉, 감각에 기초한, 본유 관념의 대안이라는 의미에서, 그리고 시간의 흐름 속에서 습관적 학습에 의해 생산되어 축적된 지혜라는 의미에서 말이다. 이런 전제하에서 이제 미학적 담론의 무게중심은 대상보다는 주체와 그의 경험 혹은 판단으로 옮겨 갔다. 물론 흄은 회의론적 상대주의자보다 자연주의자로 더 많이 읽히는데—"특수한 경우에조차 취미의 기준을 발견하는 데 따르는 곤란함은 그것이 재현되었던 것을 발견하는 데 따르는 곤란함만큼 크지는 않다"[25]는 그의 위안조의 주장에서 암시된다—, 그럼에도 그러한 기준이 객관적 실재가 아니라 인간의 구성물임을 인정했다.

의미심장한 것은, 바움가르텐이 1750년과 1758년에 쓴 전 2권의 저서의 제목으로 사용한 라틴어 에스테티카aesthetica의 어원인 그리스어 아이스테시스aiesthesis가 만족스러운 신체적 감각, 즉 대상 자체보다는 대상에 대한 주관적인 감각적 반응을 의미했다는 것이다.[26] 그에 대립하는 용어들 중 하나는 노에시스noesis로, 감각들과 분리된 순수한 개념적 사유를 의미했다. 다른 하나는 예술적이든 아니든 간에 대상을 능동적으로 제작하는 것을 지시하는 포이에시스poiesis였다.[27] 그러한 적극적 행동주의의 일부는 실험으로서의 경험을 암시하면서, 세계에 촉각적으로 개입한다는 잠재적 함의와 함께 취미의 부수적인 개념에 보존되었을 수도 있다.[28] 그러나 이럴 때조차, '뭐라 말할 수 없는 것je ne sais quoi'—개념화 및 생산으로부터의 퇴각을 상징하게 된, 형언 불가능한 지복과 신비로운 우아함에 대한 태도—이라는 말로 요약되는, 예술의 정서적이고 심지어 비합리적인 수용에 강조점이 놓여 있었다.[29] 그것은 예술과 처음 맞닥뜨렸을 때의 '말 없음mutism'이라 불리는 것, 다시 말해 "예술작품과 직면해 할 말을 잃거나 어디서 어떻게 말을 시작해야 할지 모르는 상태"를 강조한다.[30] 이러한 말의 상실과 더불어 그러한 만남에 기꺼이 압도되고자 하는 의지가 생겨난다. 나중에 존 듀이가 유감 섞인 어조로 말했듯이, '미학적aesthetic'이라는 바로 그 개념은—중첩되지만 같지는 않은 '예술적artistic'이라는 말과 구별할 경우—경험을 생산적이거나 창조적인 것보다는 "감상하고 지각하고 향유하는" 것으로 만드는 경향이 있다.[31] 앞으로 보겠지만, 그의 대안은 명백히 이러한 균형을 되찾고자 기획된 것이었다.

: 칸트와 관조적, 반성적 판단으로서의 미학적 경험

확실히 칸트의 제3비판에서 정점에 이른 미학적 판단에 대한 담론은 흄의 경험주의로 대표되는, 수동적이고 문화에 기반한 주관주의를 넘어섰고, 개별적 수용자의 '말 없음'을 극복하기 위한 보편적이고 소통적인 기준을 구하고자 했다. 칸트는 제1비판에서 전개된 인식적 범주들의 초월론적 연역에 의존하기를 거부했지만, 우연적인 규약과 개별적인 변덕은 초월하고자 했다. 그러나 흄과 마찬가지로 그 또한 예술의 생산보다는 판단에, 즉 대상 자체보다는 그에 대한 반응에 초점을 두었다. 칸트가 신을 모방하고 특정한 기준 없이 창작을 행하는 천재에 대한 설명을 제시했음에도 불구하고, 그의 미학에서 강조점은 판단에 놓였고, 결국 창조적 양식보다는 관조적이고 수용적인 양식에서의 경험에 놓였다.[32]

여기서 바움가르텐, 뒤보스, 섀프츠베리, 흄, 모리츠 같은 계몽주의 사상가들이 칸트의 미학적 경험에 대한 설명을 예고한 그 복잡한 방식들을 자세히 논하거나 '취미taste'라는 핵심 용어를 둘러싼 의미의 실타래를 풀어낼 여유는 없고, 단지 몇 가지 핵심점만을 다룰 것이다.[33] 첫째, 미학적 경험의 토대가 선천적 능력으로, 즉 신플라톤주의자 섀프츠베리의 말처럼 타고난 도덕감에 비견되는 아름다운 것에 대한 무매개적이고 규칙에 얽매이지 않는 어떤 감정으로 여겨졌든,[34] 아니면 좀더 회의적인 흄의 생각처럼 세계 속에서 순전히 경험적 조우에 의해 생겨난 것으로 이해되었든 간에, 그것은 아름답다거나 예술적이라고 간주되는 대상 속에 고유하게 존재하는 것을 단지 기록하는 것으로 환원될 수 없었다. 사적 심리학에서 미적 감각의 원천을 본 사람들도 동일한 결론을 내렸다. 공통적이고 상호주관적인 합의든, 좀더 철학적으로 근거지어진 '반성적 판단'—개인적인 동시에 보편적인, 취미의 명백한 이율배반을 넘어서는 방식으로 칸트가 상정한—이든 간에 말이다. 이 모든 경우에 강조점은 경험된 대상의 고유한 특성보다는 이를 경험한 사람들에 있었다. 칸트가 논했다시피, '아름다움'은 대상의 특성으로서가 아니라 단지 판단의 술어로서 등장했다. 대상을 그 자체로 아는 것의 인식론적 한계를 연상케 하는 일부 방식에서—제1(제2에 대립하는 것으로서)성질에 접근하지 못하는 경험주의적 어휘로 표현되든, 알 수 없는 본체에 대한 초월론적 관념론의 어휘로 표현되든—, 대상 자체는 그것의 미적 평가나 향유보다는 덜 중요하게 여겨졌다. 또한 여기서 칸트의 제1비판과 동일시되는 유명한 비유를 사용하자면 일종의 '코페르니쿠스적 혁명'이 일어났는데,[35] 존재론적 질문이나 가치론적 질문은 인식론적 주체 혹은 이 경우엔 미학적 주체에 관한 질문에 복속되었다. 대상들은 그 자체로 있는 것 때문이 아니라 우리에게 혹은 우리를 위해 행하는 것 때문에 칭송되었다. 이러한 코페르니쿠스적 전회의 목적은 대상 자체의 고유한 성질들에 대한 점증하는 무관심, 어쩌면 대상의 실존에 대해서까지 확장되는 무관심이었다.

그 결론에 이르기에 앞서—이것이 두 번째로 강조할 점이다—, 미학적 경험에서 대상이 촉발한 감각적 쾌락은 자아와 세계 사이의 다른 관계들에서 향유되는 쾌락과는 구별되어야 한다. 일찍이 요하네스 스코투스 에리게나의 9세기 저작인 『자연의 구분에 대하여』에서 미학적 태도의 감상자적이고 비도구적인 본성이 주목을 끈 바 있다.[36] 누군가는 이후 시대에 상품 혹은 교환가치라 불리게 될 것을 위해 그 같은 대상들을 갈망했을 수도 있겠지만, 그것들은 좀더 고귀한 관점에서 예술의 대상으로만 평가되었다. 섀프츠베리는 열정을 저속한 것으로 조롱하고 자기 보존만 강조한 홉스의 자기중심적 인류학을 거부했고, 모든 것을 사적 이해나 욕구나 필요의 문제로 환원하는 것의 오류를 강조했다.[37] 그 대신에—그리고 이는 미학적 경험이 불가분 시민적 덕 및 도덕감과 섞여 있다는 그의 믿음과 관련 있다—'무관심한' 자애가 그것을 정의하는 특징이 되었다.[38]

무관심성이라는 중요한 개념이 완전하고도 가장 비중 있게 표명된 것은 칸트의 미학 이론에서였다. 『판단력 비판』에서 칸트는 쾌를 경험하는 우리 능력이 세 가지 형태를 취한다고 주장했다.[39] 첫 번째, 그가 '기분 좋은 것' 혹은 '쾌적한 것das Angenehme'이라 부른 것은 감각적 자극에 의해 직접적으로 야기된다. 그것은 어떤 유의미한 인식적 혹은 상호주관적 차원이 없는, 매력과 혐오에 관한 순수하게 사적이고 주관적인 반응이다. 여기서 결정권자는 문화적 혹은 보편적 규범이 아니라 모든 욕망과 반감을 갖는 개인적 신체다. 개인적인 희열이나 그것의 결여가 가장 중요한 것이다. 두 번째는, '선'의 문제에 대한 쾌와 연결되어 있다. 다시 말해서 우리는 자애로운 목표를 위해 일하고 그것을 획득함으로써 '선에 대한 만족das Wohlgefallen am Guten'을 얻으며, 이는 감각적 희열 바깥에 있는 이념과 원리에 의해 설정된다. 이 경우에는 언제나 우리의 쾌에 있어 기능적이거나 공리적인 차원이 존재하는데, 왜냐하면 쾌 자체가 목적은 아니기 때문이다. 참된 목적은 실현되는 선이지 우리가 그것을 실현하면서 갖게 되는 쾌가 아니다. 물론 그 쾌가 우리의 동기를 구성하는 일부분일 수는 있겠지만 말이다.

칸트에 따르면 쾌의 세 번째 형식(아름다움에 대한 만족das Wohlgefallen am Schönen)이야말로 우리가 고유하게 미학적이라 부를 수 있는 것이다. '쾌적한 것'의 경우와 마찬가지로 여기에는 감각들이 역할을 하고 신체가 관련되지만 중요한 차이가 있다. 전자에서 쾌를 생산하는 대상이 실제로 존재하는 반면—식탁에 실제 음식이 없다면 식사의 쾌적함은 없다—, 후자에서는 그렇지 않을 수도 있다. 혹은 더 분명하게 말해서, 미학적 대상에 대한 우리의 느낌과 그 대상의 고유한 속성 혹은 성질은 기분 좋은 식사에서처럼 일치할 필요는 없다(음식은 구미에 당기게 보이더라도 우리에게 참된 쾌를 제공하려면 맛이 좋아야 한다). 이러한 구분으로 인해 우리는 대상에 직접적인 관심을 갖지 않고 다만 그것의 표상이나 유사성에만 관심을 갖는다. 더 분명한 사실은, 표상들의 매체는 그 자체로 대상으로 이해될 수 있기 때문에(결국 금 조각상은 우리가 그 가치를 잊기 어려운 물질로 구성된다), 중요한 것은 대상에 대한 특정 종류의 경험이다. 요컨대 미에 대한 우리의 쾌가 무관심적인 이유는 우리가 실제 대상에 대해 무심하기 때문으로, 그것은 그 자체로 직접적인 감각적 욕망의 대상이 아니다. 오히려 쾌는 우리가 가진 능력들을 자유롭게 행하면서 즐기는 데서 온다. 우리는 더 이상 존재에 몰두하지 않고—'interest'의 어원을 보면 존재ess의 안inter을 의미한다—, 오히려 그것의 외부를 지향한다. 말하자면 영양가는 고사하고 미각적 쾌보다는 시각적 쾌를 중시하는 현대식 요리의 어떤 변종이 접시 위에 놓이는 것처럼, 우리는 맛을 음미하거나 음식을 삼키는 일 없이 미학적 식사를 향유하고 있는 것이다. 욕망을 자극하는 벗은 인간의 형상을 이상적인 대리석 나체상으로 변형시키고 우리로 하여금 포르노와 고급예술을 구별하게끔 만들어주는 것이 그와 같은 무관심성이다(둘 다 실제 대상의 재현일 수 있지만, 양자는 욕구의 대상으로서의 지시체에 대한 우리의 관심 혹은 무관심에 따라 구별된다).

궁극적으로 칸트 미학 이론의 '모성적 토대'에 대한 앙겔리카 라우흐의 정신분석적 독해가 시사하는 바에 따르면, 무관심성은 "특별한 감정을 주지 않는 대상, 즉 미학적 경험에서 자기만족감self-cathexis을 가리키는 것을 의미한다."[40] 즉 기원적 통일의 상실을 극복하기 위해 어머니의 신체를 궁극적으로 욕망하는 것은—이것은 미학적 쾌의 열망을 이해하는 한 가지 방식일 수 있다—그것이 도저히 이룰 수 없는 일이라는 점에서 억압되므로, 이를 주체 자신의 감각들의 전치로 향하게 한다. "외부의 (아름다운) 대상이 반성의 대상으로서의 주체를 위해 포기된다면, 그 '대상'은 주체가 그 정서를 '겪는' 동안 이제 틀림없이 주체의 신체가 될 것이다. 신체의 '겪음'처럼 정서적 경험을 반성하는 것은 정서의 계보를 추적하는 것이라기보다는 오히려 해결되지 않았거나 주체의 기억에 의식적으로 잠재되어 있던 과거 경험들의 병리적 측면을 지배하는 것이다."[41] 라우흐의 주장에 따르면, 이 지배는 칸트에 의해 억제되는데, 그가 무관심성을 강조하면서 미학적 경험의 물질적 기초를 너무나 쉽게 잊고 지나치기 때문이다.

이 논변의 정신분석적 전제들을 수용하든 아니든 간에, 라우흐는 칸트의 논증에서 욕망하는 신체로부터의 도피를 강조했다는 점에서 옳았다. 왜냐하면 칸트가 이해하는 식의 미학적 경험이란 사실상 개념 이전의 감각적 만족을 넘어서거나 그가 경멸적으로 단순한 '취미의 에고이즘'이라 불렀던 것의 수준에 머무른다는 점에서 사실상 쾌의 두 번째 형식과 유사하기 때문이다. 미학적 경험은 인식적 힘을 동원한다. 다시 말해 순수 감각의 변형들을 종합하는 것은 진리나 최소한 가치 주장과 관련되고, 그것들은 보편적 타당성을 갖는다고 여겨진다. 하지만 그것은 오성의 규정적 판단의 사례에서처럼 특수한 사례들을 담론적 규칙, 선험적 범주 혹은 보편적 원리들로 포섭하지 않은 채 그렇게 한다. 규정적 판단은 통치자의 강제적 명령을 통해 이뤄지는 것처럼 위로부터 내려오는 듯하다. 이와 대조적으로, 정언적이라기보다 이례적인 미학적 판단들은 우리 각자가 포섭적이거나 연역적인 추론보다는 유비적이고 예증적인 추론의 기초 위에서 미의 보편적 주장을 펼 수 있는 일종의 비위계적이고 자유로운 행위를 가능케 한다. 우리는 제1비판에서 논의된 인식의 선험적 종합판단에서처럼 보편에서 특수로

가기보다 특수에서 특수로 나아간다. 따라서 관련된 개념들은 '비결정적'인데, 왜냐하면 그것들은 오성의 인식적 개념들과는 달리 도식적 형태로 표현될 수 없기 때문이다. 그것들은 사실상 상호주관적 공동체라는 공통 감각sensus communis에 호소하며, 섀프츠베리 같은 신플라톤적 본유관념론자들이 가능하다고 여겼듯이 단순히 발견되는 것이 아니라 만들어진다.[42] 칸트에게 있어 무관심성이 지니는 중요한 측면은—예술을 위한 예술l'art pour l'art의 신봉자들에게는 그렇지 않겠지만—미학적 판단이 한 개인뿐만 아니라 모두에 의해 공유될 수 있는 즐거움과 공감을 불러일으킨다는 전제였다. 판단이 미학적 경험의 고유한 차원인 한에서, 그리고 감각의 최초 반응 이후 어떤 것도 거기에 추가되지 않는 한에서, 무관심성은 이처럼 중요한 의사소통적 함의를 가졌으며, 이는 기이한 취향에 대한 사적인 표현에는 없었던 것이었다.

또한 칸트가 논했듯이, 선에 대한 만족—실천적 결과가 추구되는—과 미학적 경험을 구별하는 것은 관련된 목적의 고유한 본성인데, 이는 세계를 변형시키는 데 목적을 둔 작업보다는 놀이의 내재적 목적과 유사하다. 칸트가 찬양을 담아 예술을 '목적 없는 합목적성'으로 정의한 것은 외재적 목적이 지배하는 곳에서 실제 대상이 생산, 소비, 소유 혹은 교환되는 활동과 구분짓기 위해서였다. 비록 미학적 판단이 규범적으로는 객관성이라는 수사학의 도움을 받았지만—"**모나리자는** 아름다운 그림이다"이지 "그것이 아름다운 그림이라고 **나는 생각한다**"가 아니다—, 칸트는 그것이 실제로 판단의 원천인 주체라고 강조한다. 최근의 칸트 해석가들 중 한 명인 에바 샤퍼가 지적한 대로, 객관성은 미학에 대한 그의 이해에서 '마치 …처럼as if'의 개념에 불과하다.[43] 즉 그러한 판단들은 마치 그것이 대상으로 향해진 것처럼 작용하지만 그 대상들은 칸트에게선 고유한 의미에서 결코 전적으로 분석될 수 없으며, 오로지 관객에게 야기한 것에 대해서만 중요해진다. 『판단력 비판』의 또 다른 연구자인 존 자미토의 주장을 참고할 수도 있겠다. "칸트는 주체가 경험에서 영향을 받는 정도를 강조하지만, 그렇다고 그 대상뿐만 아니라 그 대상의 표상조차 저 멀리 뒷전으로 사라진다는 것은 놀라운 일이 아닐 수 없다." 그 형식은 복잡한 주관적 반응을 위한 계기로서 기능하며, 기껏해야 하나의 촉매제가 될 뿐이다.[44]

앞서 보았듯이, 그 반응의 본성은 자아를 세계와 그 세계를 소유하고 소비하려는 욕구로부터 멀리하게 하면서 본질적으로 관조적이고 수동적이고 관망적으로 된다고 종종 주장되어왔다. 이렇듯 주로 시각적인 묘사는 일부 예술이 우리를 사로잡고 우리 내면성에 침범해 들어오는 방식을 묘사하는 데에는 다소 기이한 방식처럼 보이겠지만—우리는 음악을 들을 때 청각적인 방식으로 가장 분명한 경험을 할 것이다—, 여기서조차 주체는 세계에 개입하는 데 있어 언제나 능동적이고 생산적으로 종사하는 것은 아닐 수 있다. 제임스 존슨이 보여준 대로,[45] 주의 깊은 청취는 18세기에 운동감각적 신체의 억제와 단일감각적 입력에서의 능력들에 대한 집중을 토대로 획득된 기술이었다. 수동적 청취의 경험은 귀가 관조적인 미학적 경험을 갖도록 훈련받음에 따라, 춤을 추거나 함께 노래를 부르는 경험과 조심스럽게 분리되기 시작했다. 앞서 언급했다시피, 공공의 콘서트홀은 교회나 귀족적 공간에서 유래한 작품들을 쫓아내고 그것들을 순수 미학적 경험을 위한 자극제로 변모시키는 박물관과 똑같은 역할을 수행했다. 마찬가지로 문학에서도, 지어낸 서사에서 실제의 개인적 준거를 찾으려는 관행은 사라졌으며, 캐서린 갤러거가 '어느 누구의 것도 아닌 이야기'라고 부른 것으로 승인된 허구성의 실현은 소설이 정당한 평가를 받기도 전에 그 자리를 차지해버렸다.[46]

요컨대 미학적 경험으로서 듣고 읽고 보는 행위에서 실현된 실천적이거나 소유적인 의도란 존재하지 않는다. 확실히 우리는 시장에서의 가치 혹은 수집 열정 때문에 대상을 소유하고자 할 순 있지만, 이는 순전한 미학적인 반응과 동일하지 않다. 조지 디키 같은 철학자들이나 피에르 부르디외 같은 사회학자들이 논한 것처럼 그런 경험의 가능성을 제도적 맥락이나 문화적 영역 속에 위치지을 수는 있지만,[47] 경험 자체는 그것을 가능케 하는 맥락의 단순한 반응으로 환원될 수 없다. 왜냐하면 경험은 그와 같은 환원주의가 밖으로부터 그것에 부여하고자 하는 외재적 기능성과 분명 거리를 두기 때문이다. 이런 이유로 인해 하버마스는 "자체로부터 모더니티를 정초하는 문제가 우선적으로 의식에 출현하게 되는 곳은 미학 비평의 영역이다"라고 주장할 수 있었다.[48]

: 미학적 경험의 자율성에서 주권성으로

미학적 경험에 대한 이후의 담론의 역사를 특히 복잡하게 만드는 것은, 그것의 경계를 사회적/문화적 총체의 완전히 자율적인 하나의 하위 영역으로 유지하는 데서 생겨나는 곤란함이다. 왜냐하면 미학적 경험은 수용과 창조를 포함하는 숙고를 넘어 확장될 수 있을 뿐만 아니라 전반적으로 생생한 경험을 위한 모델로 기능할 수도 있기 때문이다. 즉 일부 지지자에게 핵심은 예술작품을 평가 혹은 판단하는 능력을 키우거나 심지어 미학적 감수성의 렌즈로 세상을 보는 것이 아니라, 삶 전체가 마치 그 자체로 하나의 예술작품인 듯 살아가는 데 있다. 예컨대 종교적 신비주의자들이 체험하는 황홀감처럼, 이러한 탐구가 대상으로 추정하는 것은 주체에 영향을 미치는 하나의 수단으로 은밀하게 환원될 수도 있다(혹은 더 정확히 말해서 주체와 객체는 하나가 된다고 여겨질 수도 있다). 확실히 그러한 필요가 언제나 그 자체로 충분한 설득력을 갖는 것은 아니지만—특히 도덕적 비용을 숙고하는 사람의 경우—, 그것은 예술이라는 세속 종교의 잠재적인 결과로 출현하곤 했다.

실제로 계몽주의가 미학의 상대적 자율성을 확립하기 위해 투쟁했을 때조차 그 경계가 언제나 확고한 것으로 이해되진 않았다. 앞서 언급했듯이 섀프츠베리는 도덕적 직관과 미학적 공감을 결합함으로써 홉스적인 자기이익 개념을 논박하려고 했다. 또한 최근 학계는 칸트가 『판단력 비판』에서 인식적, 도덕적 판단들과 그것들의 미학적 대응물 간의 간극을 좁힐 방안을 찾고자 얼마나 분투했는지를 강조하는 분위기이기도 하다.[49] 결국 제3비판이라는 거대한 프로젝트는 자연이 기계적으로 이해되기보다는 목적론적으로 이해될 수 있는 방식을, 따라서 제1비판에서 설정된 지식의 엄격한 제약을 넘어서는 방식을 해명하려 한다. 그러므로 예술에서의 합목적성은 자연에서도 발견될 수 있으며, 이는 온갖 종류의 이성을 재통일시킬 수 있음을 시사한다. 칸트가 지속적으로 주장하는 바에 따르면, 외적인 목적 없는 합목적성을 강조하는 '미'는 '도덕성의 상징'으로 이해될 수 있으며,[50] 이는 정언명령에 암시된 대로 모든 사람을 그 자체 목적으로 대우하라는 도덕적 이상에 상응한다. 예술과 윤리의 연결은 합리적인 논변에 의지해 추론적으로 이루어질 수는 없지만 상징적·유비적으로 제시될 수는 있다. 두 경우 모두에서 자기반성적 주체는 판단이 생겨나게끔 해주는 특정한 거리를 확보해야만 한다.

좀더 결정적으로, 칸트가 롱기누스와 에드먼드 버크에 이어 '숭고the sumblime'라고 부른 미학적 경험의 차원은 실천이성의 본체적 기원과의 연관성을 제공하는데, 그것이 인식적 오성을 넘어선 도덕 법칙에 대한 존경의 감정을 산출하도록 함으로써 우리가 선험적 종합 판단으로는 파악될 수 없는 초감성적 실재들과 접촉하도록 해주기 때문이다.[51] 재현 불가능한 것을 재현하려는 그 역설적 시도가 숭고의 본질이며 탐구의 장엄함과 무익함을 동시에 나타내기 때문에, 여기서 우리 감정과 연관된 개인적인 것은 미적인 것의 경우에 그런 것보다 한층 멀리 떨어져 있다. 요컨대 칸트는 미학적 경험이 인식적·도덕적 상관물들과 근본적으로 단절되어 있다는 점에 만족하지 않았다. 경험의 미학적 변종은 경험의 신체적 차원에 대한 재개된 존중에 토대를 두긴 했지만, 적어도 계몽주의 전통에서는 볼프강 벨슈가 '상승적 명법elevatory imperative'이라 부른 것을 좇아 그것의 승화하고 고취하는 잠재력을 항상 인정했다.[52]

물론 칸트의 『판단력 비판』이 그가 초기 작업에서 강력하게 산산이 찢어놓은 것을 얼마나 성공적으로 재통합했는지에 대해선 약간의 논란이 있다.

사실상 이어지는 독일 관념론의 역사는 적어도 그의 직접적인 계승자들이 생각하기에 칸트의 그 작업이 실패했으며 예술의 소외는 여전히 치유되어야 할 상처를 갖고 있음을 암시했다.[53] 프리드리히 실러가 1793년에 쓴 『미학적 교육에 관한 편지』로부터 일찍이 시작된 그들의 노력은 삶을 재주술화하고 근대성의 상처를 치유하기 위한 바람으로 예술과 다른 영역들을 재결합하는 것이었다. 이러한 탐구의 한 가지 판본으로 제시된 미학적 국가의 탐색은 20세기 들어서까지 지속되었다.[54] 예술의 주권성sovereignty of art(예술의 순전한 자율성autonomy에 대립되는 것으로서)이라 칭해진 것은 예술이 상이한 근대성의 복수적 합리성들을 극복할 수 있다는, 다시 말해 이성 자체의 한계를 능가하는 방식으로 기능할 수 있다는 희망을 뜻했다.[55] 미학적 경험은 가장 궁극적인 형태에서 인간 발전의 모델로 이해됨에 따라 인간의 다양한 능력의 총괄자로서, 혹은 실러의 유명한 정식을 따르자면 '삶'인 감각 충동과 '형상'인 형식 충동을 유희 충동으로 지양하는 것으로서 찬사를 받을 수 있었다. 확실히 실러는 "경험이 우리에게 그런 완벽한 상호 작용의 예를 제공하지 않는다"는 것을 인정했고 "어쩌면 우리는 그것을 순수 교회나 순수 공화국처럼 오직 소수의 선택된 집단에서만 발견할 수 있으리라"는 데에 동의했다.[56] 하지만 적어도 그의 후계자 중 일부는 그의 유토피아적 목표를 민주화하고 현실화하기를 바랐다.

또한 칸트가 직접적인 감각적 쾌와 좀더 관조적인 무심함을 구분한 것은—후자는 그가 미학적 무관심성과 동일시한 것이다—프리드리히 니체와 허버트 마르쿠제로 인해 유명해진 스탕달의 구절을 인용하자면, 예술을 참된 '행복의 약속'으로 간주하는 이들을 곤란하게 만들었다.[57] 일찍이 프리드리히 셸링과 프리드리히 슐레겔의 낭만주의적 비판에서 '미학'이란 말은 단지 수동적인 감각을 강조한다는 이유로 비난받았다.[58] 라우흐가 적용한 정신분석학적 관점에서 보자면, 그들은 근원적 분리로 인한 고통과 그 균열의 치유 곤란함을 잘 알고 있었지만, 그럼에도 "어머니와의 관계에 대한 추억과 자기 자신의 신체에 대한 의식을 강조했다."[59] 그렇지만 삶의 미학적 구원은 좀더 능동적이고 낙관적인 계기들 속에서 바움가르텐의 아이스테시스를 능가했으며, 포이에시스라는 그리스의 관념에서 도출된 생산주의적 모델로부터 추정되었다. 여기서 예술은 맹목적으로 전통적인 규칙을 따르지 않고 자발적으로 제작하는 것과 관련되어 있다.[60] 결과적으로, 미학적 경험이 세계(인위적인 대상들과 사건들로 이해되건 자연적인 대상들과 사건들로 이해되건)에 반응하는 하나의 양식을 넘어, 세계를 변형하고 심지어 구원하는 데 도움을 주는 하나의 양식으로 확장됨에 따라, 가뜩이나 희미하게 정의된 미학적 경험의 경계들은 더욱더 약화되었다.

르네상스기에 출현하고 질풍노도운동에 의해 발전되어 낭만주의에 와서야 완전히 실현된, 탁월한 천재라는 유형은 이러한 충동의 개별적인 표현이었다.[61] 만약 그가—천재의 성별에 관해선 논란의 여지가 거의 없었다—무언가를 모방했다면, 그것은 앞선 유형이나 자연적 규칙이 아니라 차라리 성스러운 창조자의 생식력에 가까운 것이었다.[62] 그는 단순한 '소질' 이상의 것을 소유함으로써, 기계적이기보다는 유기적으로 창조하며 (오성과 유사한) '공상fancy'보다는 (이성과 연관된) '상상력imagination'을 활용한다.[63] 논쟁은 주로 이율배반적인 천재가 얼마나 비합리적이고 무제약적이며 심지어 제정신이 아닐 수 있는지를 두고 격화되었으며, 이는 시적 광기furor poeticus라는 오래된 신플라톤적 개념에 의해 추동되었다.[64] 그러나 관습적인 규칙들을 뛰어넘는 그만의 특별한 재능을 인정하는 것에 더해서, 그 천재가 진정성 있는 경험에 대한 고양된 능력을 갖고 있으며 이를 통해 스스로 평범한 인간 군상 위에 위치하게 된다는 일반적인 동의가 존재했다. 여기서 미학적 창조성의 대상은 세계 속에 놓인 자립적인 사물이 아니라, 마치 그것이 하나의 예술작품인 것처럼 만들어진 예술가 자신의 삶이었다. 페터 뷔르거의 언급처럼 말이다.

> 천재라는 개념은 대부분의 인간의 전형적인 제약된 경험과는 근본적으로 구별되는, 현실을 경험하는 포괄적이고 강렬한 방식을 명시해주는 기능을 한다. 따라서 그 개념은 또한 대다수의 일상적 삶에서 제약된 경험 형태가 실존함을 시사하며 이러한 현상에 반응하고자 시도한다. 그 반응의 특징은, 왜 경험 일반이 일반적으로 제약되어 있는가를 묻는 대신에 천재라는 인물 속에 경험의 무제한적인 형식의 가능성을 투사하는 것으로 시작한다는 데 있다.[65]

윌리엄 블레이크는, 1794년에 출간된 『순수와 경험의 노래들』에서 썼듯이 "인간 영혼의 대립되는 두 상태"인 순수와 경험은 불가피하게 뒤섞여 있다고 이해했다.[66] 아이와 아버지, 처녀와 창녀, 양과 '호랑이' 모두는 어떤 거대한 계획의 일부다. 왜냐하면 "실수가 생겨나 버려지는 것도 신의 설계 중 일부"이기 때문이다. 타락 전의 지복에 대한 초기 블레이크의 스베덴보리적 찬사는, 프랑스혁명 이후 10년이 지나는 가운데, 타락한 세계를 거쳐 가야 할, 사실상 그것을 급진적으로 변화시켜야 할 필요에 대한 변증법적 공감에 자리를 내주기 시작했다.[67] 고귀한 야만의 루소적 회복도 실제 세계에서 수행하는—그리고 실수를 저지르는—경험을 대체할 수 없었다. 블레이크의 예언가적 인물에 대해 혹자는 종교적이고 미학적인 경험 개념들이 '어떤 경험의 정치학'[68]—일단 그 혁명이 시들면 오래 지속될 수 없는 변덕스럽고 위태로운 조합—과 융합되었다고 말할 수도 있다.

하지만 실질적인 정치적 변모의 대리적 형태들은 '시각의 정치학'[69]이라 불려온 것을 통해 미학적 변용의 수준에서 여전히 추구될 수 있었다. 왜냐하면 삶을 충만하게 경험할 수 있는 천재에 대한 엘리트적 숭배는 그의 시적 상상력이 따분해 보이는 세계에 초월적인 미학적 가치를 불어넣을 수 있다는 믿음을 종종 동반하기 때문이다(따라서 그 세계는 더 이상 현실적인 정치적 혹은 사회적 변형을 요하지 않는 그런 곳이 된다). 어찌 됐건 신이 부여한 우주에 지성적 의미를 부여하는 질서는—그것은 과학혁명 이후로 상상력을 잃어버리고 말았다—창조적인 예술가의 명령에 의해 회복될 수도 있었다. 물론 낭만주의는 신성한 것에 대한 종교적 탐구의 세속화된 판본—T. E. 흄의 경멸적인 별칭에 따르면 '흘러넘친 종교spilt religion'라 불릴 법한[70]—으로 간주되곤 했고, 여러모로 그 둘은 토머스 칼라일이 (『의상철학』에서) '자연적 초자연주의'라 칭한 것 속에 뒤엉켜 있었다.[71] 자연세계는 냉철한 인식론자들에 의해 규명된, 감각의 자극 원천을 넘어서는 것으로 여겨질 수 있었다. 또한 그것은 '일상의 변형'으로 불려온 것,[72] 즉 미학적 상상을 통한 초라한 것의 고귀한 것으로의 승화, 성령의 물질적 내재화에 의해 누멘적 의미로 충만해질 수도 있었다.

주권성을 주장하는 이런 판본의 미학적 경험은 일종의 범신론적 구원을 제시하면서—칸트 같은 좀더 전통적인 유심론자들에게 불신되었지만, 앞서 보았듯이 슐라이어마허의 종교적 경험에 대한 찬사에서 공감을 얻을 수 있었다—, 현존 세계를 급진적으로 변형시키기보다 그것을 재주술화하는 수단이었다.[73] 영국에서는 아치볼드 앨리슨 같은 비평가, 존 컨스터블 같은 화가, 윌리엄 워즈워스 같은 시인들이 '일상의 예술'의 타당성을 입증했는데, 이는 예술가와 섬세한 관객이 사소하건 진부하건 간에 사실상 모든 것에 보이는 주관적 반응을 지지해, 엘리트 예술작품이라는 개념에 경멸의 시선을 던졌다.[74] 이른바 원시문화들에서 이제껏 무시되어온 실용적 혹은 제의적 대상들의 미학적 진가를 알아보는 인간 능력의 확장은—20세기 모더니즘의 초기에 추진력을 얻었다[75]—이러한 확장의 상서로운 결과들 중 하나였다.

그러나 미학적 경험을 세계와의 모든 관계와 타인을 아우르는 것으로 확장하는 일이 문제적인 결과를 낳을 수 있었기에, 좀 덜 적극적인 대안 역시 가능했다. 폭넓게 주목받는 사례는 벤야민이 파시스트 시대에 경고한, 진짜 폭력의 '아름다운 몸짓'에 사족을 못 쓰는 '정치의 미학화'다.[76] 또 다른 것은 자기 삶을 마치 하나의 예술작품인 양 살고자 한, 미학적 경험의 거장들의 지독한 나르시시즘이었다.

이미 괴테의 『파우스트』에서 어떤 희생을 치르고라도 모든 것을 최대한 경험하려는 것의 야심찬 함의가 신중하게 검토되었다. "오직 부단한 활동만이 인간임을 입증한다"[77]고 말할 정도로 무모하고 한없이 분투하는 인물이 악마와의 계약을 파기하고도 비극의 끝에서 살아남았지만, 그는 그 탐구에 예정돼 있는 성취의 긍정적 본보기가 되기에는 한참 부족했다. 1809년에 F. A. 볼프와의 대화에서 괴테는 "나에게는 경험을 활용하는 것이 언제나 중요했다. 갑자기 무언가를 발명하는 것은 결코 내 방식이 아니었다. 나는 항상 세계를 나 자신보다 더 위대한 천재로 간주해왔다"라고 고백했다.[78] 따라서 파우스트식의 자기도취적 형성과 공격적 자기 확신은 새로움과 다양함을 위해서 새로움과 다양함을 조급하게 갈망하기보다 경험이 나타나기를 기다리는 겸손한 자세에 훨씬 못 미치는 것이었다. 자연에 대한 남성적 지배에 저항하는 그의 학문적 작업의 '온화한 경험론'은 미학적 경험을 위해 미학적 경험을 제멋대로 숭배하는 것으로부터 거리를 두었던 괴테의 모습에 상응한다.

이와 유사하게, 돈 조반니라는 방탕한 인물은—미학적으로는 모차르트의 오페라에서 '관능적이고 에로틱한 천재'로 실현되었다—키르케고르의 『이것이냐 저것이냐』(1843)에서 '성찰적 유혹자'인 요하네스로 대체되었는데, 그의 지적 상상력이 당장 욕망을 실현하는 것으로부터 더욱더 멀리 그를 이끌었기 때문이다.[79] 키르케고르가 경고했듯이, 미학적으로 삶을 살고자 노력하고 연극작품에서처럼 타자의 감정을 만지작거리는 것은 소멸과 우울 그리고 영혼 없는 불안으로 이어질 뿐이며, 이는 총체적 또는 누적적 경험이라는 굳건한 개념에 대립된다.

즉각적인 감각적 쾌락과 무한히 다양한 자극을 열광적으로 추구하는 것은 다른 모든 가치에 대한 냉담함을 야기한다. 궁극적으로 그것은 마취된 듯한 권태, 즉 헤겔이 '불행한 의식'에서 '악무한'이라 부른 것으로 변한다. 혹은 우리에게 익숙한 용어로 표현하자면, 미학적으로 삶을 산다는 것은 풍부한 경험Erfahrungen이나 총체적이고 전체론적으로 통합된 서사가 아니라, 서로 간에 무의미한 총량만 빠르게 증가시키는 고립된 체험Erlebnisse을 만들어낼 뿐이다. 다시 한번 벨슈의 용어를 빌리자면, 사실상 그 '상승적 명법'을 완전히 빼앗긴 미학적 경험은 위태롭게도 『판단력 비판』에서 말한 첫 번째 쾌와 유사한 것이 될 수도 있다. 이는 관조적 무관심성이나 부정적 반성성의 어떠한 잔여도 결여한 쾌락주의적 자기 심취나 다름없다. 실제로 쇼데를로 드 라클로와 마르키 드 사드 같은 18세기 작가들의 지나친 방탕함을 감각 경험에 대한 인식론적 의존에 잠재된 도착과 타락의 자각 및 프랑스 계몽주의 시대의 향락적인 쾌락의 가치화를 앞서 보여주는 것으로 해석하는 것도 무리는 아니다.[80]

샤를 보들레르 시대에 경험을 위해 경험을 추구하는 것의 어두운 면은 예리한 관찰자들 사이에서 매우 명백했다. 그 시인은 자전적 기록인 『벌거

벗은 내 마음』에서 “다원적 감각의 숭배”[81]라는 보헤미안주의의 방랑적이고 제멋대로인 삶을 도전적으로 지지할 수 있었지만, 그러한 선택의 자기비하적이고 자기비판적인 함의는 쉽게 간과될 수 없었다. 우리가 언급한 바와 같이 미학적 경험에서 중심성을 띤 신체가 이제 대유법적으로 보들레르에게서 우울의 기관으로 형상화된 것, 그리고 멜랑콜리 및 질병과의 연관성을 띤 신체가 재주술화가 아니라 '삶의 공포'[82]로 제시된 것은 결코 우연이 아니다. 열정을 지닌 낭만적 인물이라기보다 예민하고 풍자적인 산책자 flâneur, 군중 속의 사람, 자족적이고 감정적으로 통제된 댄디dandy는 보들레르의 근대의 삶에 영웅주의가 남길 수 있었던 모든 것을 성취한다.[83]

그 결과 모든 것을 경험하고 자신의 삶을 예술작품으로 만들고자 하거나, 좀더 야심차게 세계를 입법화하고자 하는 규칙 파괴적인 천재는 퍼시 셸리의 유명한 구절 속에서 그 매력을 조금 상실했다(설사 매력이 남아 있더라도 미래의 일시적인 소생을 위한 모델에 불과했다). 삶을 부정하는 듯한 칸트적 무관심성을 비판하고 자기 삶을 문학작품으로 전환시킬 것을 촉구한 니체 같은 인물들조차 본인의 삶에서는 이러한 목표를 달성할 수 없다는 것을 알고 있었다.[84] 실제로 미학적 자기 형성은 조리스카를 위스망스가 『거꾸로』에서 '데카당'이라고 묘사했듯이—생명력의 소진과 병폐의 심화는 삶을 예술작품인 양 살고자 한 것의 불가피한 결과다—풍자적인 설명의 표적이 되곤 했다. 실러의 '미적 교육'은 비통하게도, 귀스타브 플로베르의 환멸을 다룬 위대한 소설의 제목에 표현된 반어적 의미에서의 '감정 교육'으로 전락하고 말았다.

그렇지만 미학적 주권성의 야심찬 프로그램을 피하고 가치 영역의 차별화를 수용하는 또 다른 대안이 있었다. 미학적 경험의 숭배는 프로메테우스적이고 자기 형성적인 포이에시스보다는 관조적이고 수동적인 아이스테시스의 좀더 순화된 용어로 이해되면서 지속적으로 새로운 추종자들을 발견할 수 있었다. 그러나 섀프츠베리와 칸트 같은 18세기 이론가들 사이에서 봤듯이 고상한 도덕적 감성과 섬세한 미학적 취미가 어울릴 수 있다는 식의 희망은, 이제 실러가 정치적으로 구원적인 임무를 유희충동에 할당함에 따라 암묵적으로 폐기되었다. 왜냐하면 그들의 사상이 빅토르 쿠쟁 같은 특정한 프랑스 철학자들이 그랬던 것처럼 속류화되었을 때, 그것은 예술을 위한 예술l'art pour l'art 운동의 특징인 극단적인 미학적 분리주의라는 정반대 결론으로 쉽사리 전환되었기 때문이다.[85] 『판단력 비판』에서 칸트는 조심스럽게 인간의 신체를 자유미pulchritudo vaga의 범주에서 제외하는 대신 종속미pulchritudo adhaerens의 사례로 간주했다.[86] 이는 무엇보다 인간이란 고유한 도덕적 목적을 갖는 것으로 이해되어야 하며, 그렇기 때문에 단지 형식적인 관점에서나 찬양될 법한, 순수하게 미학적인 관조의 대상으로 환원될 수 없다는 것을 의미했다. 이러한 특성은 미학적 자율성의 급진화와 더불어 사라졌다.

종종 언급되듯이, 미학의 절대적 자율성을 다소 공격적으로 단언하는 주장은—가장 고전적인 것을 꼽자면 테오필 고티에의 소설 『모팽 양』에 실린 악명 높은 서문일 것이다—주로 새로운 출판계와 잡지 시장의 수요에 적응할 수 없었던 예술가들로부터 나왔다. 1830년 이후, 순수시의 주창자들은 공리주의적인 부르주아 물질주의자들과 부활한 종교 문화의 지지자들 사이의 싸움에 휘말렸는데, 두 진영 모두 저들의 '이교도적' 탐미주의를 경멸했다. 하지만 그들은 맹공격에서도 간신히 살아남아 예술의 제단에서 점차 헌신적인 숭배자들의 전통을 고무했으며, 자연히 삶의 다른 측면들에 대한 애착은 약화되어갔다. 자진해서 찬란한 불꽃으로 타들어가는 것은, 재치 있는 누군가가 월터 페이터를 참조하면서 제기했듯이, '자궁에서의 조망

womb with a view'[87]으로 이끌린 대리적 삶으로 이어질 수 있었다. 스테판 말라르메 같은 상징주의자들은 관습의 딱딱한 외피를 깨고 직접적인 경험을 재개하기 위한 시적 언어를 재발명하려 했지만, 이런 까다로운 노력은 바라던 결과를 거의 얻지 못했다.[88] 에드먼드 윌슨은 『악셀의 성』에서 탐미주의의 반생기론적 극단의 전형을 보였는데, 책의 제목은 빌리에 드 릴라당의 1890년 희곡 『악셀』에서 따온 것이었다. 세상에 지친 저 연극의 주인공은 자살을 앞두고 한숨을 내쉬며 외친다.[89] "삶이라, 그야 하인들이 우리를 대신해서 살아주는 것 아닌가!" 여기서 역설적이게도 미학적 경험에의 집착은, 우리가 앞서 언급한 신체적 쾌락에의 강조가 18세기 미학 담론의 원천이었음을 은근슬쩍 뒤집으면서, 다른 어떤 종류의 경험도 불신하는 것으로 드러난다. 오스카 와일드의 『윈더미어 부인의 부채』에서 세상에 환멸을 느낀 한 인물이 냉소적으로 말했듯이 "경험이란 모든 이가 자신의 실수에 부여한 이름이다."[90]

미학적 경험에 대한 몇몇 포스트칸트주의의 철학적 고찰에서도 유사한 전개가 나타난다. 1818년 쇼펜하우어의 『의지와 표상으로서의 세계』와 함께, 미학적 경험은 적어도 일시적으로는 삶의 무의미함과 끊임없는 욕망을 회피하는 방식으로, 비실천적이고 무도덕적인 관조의 태도로 환원되었다.[91] 여기서 대상에 대한 무관심은 칸트에 의해 정립된 것을—칸트가 비도구적 합목적성의 원인을 도덕적 자율성의 상징인 예술작품에 전가하는 한에 있어서—넘어서는 것이었다.[92] 쇼펜하우어 역시 미학적 숙고에서 신체의 중요성을 경시했는데, 예술 덕분에 우리가 잠시나마 벗어날 수 있는 그 실현 불가능한 갈망의 원천이 신체이기 때문이다. 마찬가지로, 미학적 경험이 회복된 정치적 삶이나 심지어 상호주관적 사회성의 모델이 될 수 있다는 어떤 희망도 상실되었다. 그러나 흥미롭게도 쇼펜하우어는, 만족을 모르는 의지를 미학적 경험들을 통해 잠시 멈추게 할 수 있는 고립된 주체라는 강력한 개념을 그 자리에 놓지 않았다. 그 대신에 환영에 불과한 에고이즘의 표지로서의 개체화에 대한 그의 유명한 비판은 훗날 주체 없는 경험의 역설적 정립이라는 문제에 대한 20세기의 숱한 문헌에서 언급될 것을 예고해주었다. 그렇지만 그의 동시대인들과 그의 작품에서 영감을 얻은 리하르트 바그너와 구스타프 말러 같은 많은 예술가에게 가장 의미심장한 점은 쇼펜하우어가 경험의 미학적 형태를 그 외의 경험 형태들과 엄격히 구분한 것이었다.

예술과 삶을 통합하려는 시도를 포기하게 만든 주된 원천은, 미학적 경험의 무관심성disinterestedness—특히 공적이고 의사소통적인 계기를 박탈했을 때 칸트가 그것에 할당한 것[93]—과 인식적 경험 및 도덕적 경험의 이해관계적interested 특징들을 화해시키는 것의 근본적인 곤란함이었다. 전자의 경우, 신체적 욕구와 욕망을 만족시키거나 좌절시키는 세계에 대한 우리의 이해관계적인 개입을 오랫동안 연기하는 것이 불가능했다. 후자의 경우, 참된 대상들 혹은 최소한 다른 인간들은 도덕적으로 행동하고 실천적 결과들의 세계에 연루되려는 우리 의지를 시험하는 데 꼭 필요했다. 폴 크라우더가 언급했듯이, "칸트에게서 도덕적 실존의 역설은 자유의 표명과 관련하여 난관과 책임에 부딪힌다. 그러나 미학적 경험은 그렇지 않다. (…) 따라서 순수한 미학적 판단은 세계의 도덕적 이미지에 관련될 수도 있지만, 어쩌면 그보다 더 쉽게 우리가 방종하거나 나태한 숙고 쪽으로 기울어지게끔 할 수도 있고, 그런 점에서 도덕적 의무의 요구는 우리가 심취하는 것들의 최소한이 되었던 것이다."[94]

좀더 사회적인 설명을 제시하자면, 미학적 무관심성이라는 귀족적으로 여유로운 전제—들판에서 고된 노동을 하는 농부들에게는 다루기 힘든 토양으로 여겨지는 곳에서 아름다운 전경을 볼 줄 아는 능력—와 모든 사람을 그 자체 목적으로 대하라는 도덕적 정언명법 사이에는 어떤 긴장이 존재했다. 문화적으로 정당화된 대안으로 출현한 보헤미안적 가난이 새로운 시각에서 부르주아적 가치에 도전하면서 미학적 태도의 계급적 기원은 가려졌지만, 그럼에도 실용적이고 물질적인 관심에 대한 관조적 무관심이라는 엘리트적 함의는 여전히 남아 있었다. 실제로 바이런의 치명적 매력의 남자 homme fatale와 보들레르의 저주받은 시인poète maudit에 대한 대중적인 수용과 함께, 명백히 무도덕적이거나 심지어 비도덕적인 예술가/심미가의 유형이 출현하기 시작했는데, 이들은 전통적인 윤리 기준에 거리낌 없이 반기를 들었다. 자기 형성적인 심미적 천재—파우스트나 돈 조반니 같은—와 같은 삶의 모델이 매력을 상실했을 때조차, 관조적 탐미주의자는 자신의 미학적 경험을 추구하느라 도덕적 문제에 무관심한 것처럼 보일 수 있었다.

미학적 경험의 자기 탐닉적이고 무도덕적이고 은근히 귀족적인 판본과 좀더 민주적이고 도덕적인 판본 사이의 긴장은 결코 완전히 해소되지 않았다. 그 긴장은 빅토리아 시대 영국에서 다시 나타나는데, 거기서 섀프츠베리의 유산은 존 러스킨과 윌리엄 모리스 같은 인물에 의해 좀더 평등주의적인 독해로 수용되는 반면, 엘리트주의의 예술지상주의적 충동은 월터 페이터, 제임스 휘슬러 그리고 약간 심정적인 측면에서 오스카 와일드를 통해 재등장했다.[95] 이는 세기말 빈의 '디오니소스적 예술과 대중주의 정치'에서, 그리고 동시대 프랑스의 보헤미안적 정치화와 도취적인 '자아 숭배'에서 변주되었다.[96] 마찬가지로 난해한 모더니즘과 아방가르드 예술의 구분 속에서 또다시 나타났는데, 전자는 그 자신의 독특한 경험들을 시행하는 예술에 한정하는 것으로 만족하는 경향이 있었던 반면, 후자는 모더니티의 파열된 세계를 치유하고 모든 경험에 예술의 구원적 힘을 불어넣고자 시도했다.[97] 그리고 그것은 우리 시대에도, 예술의 자율성을 계속 강조하는 모더니즘 예술과, 권력과 의미의 맥락에서 그 혼종적 착근을 수용하는 포스트모더니즘 예술의 갈등 속에서 지속되고 있다.

: 예술작품을 소멸에 맞서 지키기

자율적인 것으로서의 예술의 이상과 주권적인 것으로서의 예술의 이상의 차이, 세상을 벗어나 미학적 경험으로 퇴각하는 것과 그 경험의 신조에 따라 세상을 변형하는 것 사이의 차이에도 불구하고 공통의 문제가 남아 있었다. 왜냐하면, 사실상 미학적 경험의 모든 표명에서, 미학적 경험은 관조적이든 생산적이든 자기형성적이든 간에 예술작품을 넘어서 주체를 특권화하는 것을 시사했기 때문이다. 앞서 본 것처럼, 미의 객관적 기준의 퇴조와 더불어—이를 소생시키려는 헤겔의 승산 없는 시도에도 불구하고[98]—강조점이 주체(혹은 판단의 경우에는 취미의 상호주관적 공동체)를 주시하거나 그것을 창조하려는 쪽으로 쏠리기 시작했다. 주체의 지각적이고 신체적인 경험이 예술적 행위의 좀더 개념적이고 제도적인 정의의 이름 아래 억눌릴 때조차, 그것이 마르셀 뒤샹의 혁명적인 '레디메이드readymades'와 더불어 시작된 데서 알 수 있듯이, 작품은 그것을 미학적인 것으로 정의하고 지시하는(혹은 그것을 만들도록 제도적 정당성을 지닌 이들이 부과한 그런 지정을 평가할 능력을 갖는) 주체의 역할에 비해 덜 중요해졌다. 뒤샹이 스스로 '망막의 미술retinal art'이라 부른 것에 보인 혐오는 미학적 경험이 전통적으로 형성해온 쾌에 대한 공격을 함의했지만, 자신이 '예술'로 명명한 발견된 오브제found object에 어떤 본질적인 가치가 있다는 생각에 대한 그의 더 큰 적개심은 계몽주의의 무관심성에 대한 특권화로 시작된 주체 쪽으로 더 크게 기울어짐을 의미했다.

우리가 슐라이어마허까지 거슬러 추적한 종교적 전통에서의 반대자들과 마찬가지로, 그 상실에 반대하는 목소리들이 터져 나왔다. 앞서 종교적 경험의 비대함에 대한 카를 바르트의 비판 사례에서—그는 이로 인해 신이 경건한 신자의 내적 마음 상태를 위한 자극제로 환원되었다고 비난했다—우리가 언급한 것은, 여기서 예술작품이 똑같이 하찮은 역할로 축소되고 말리라는 두려움과 일맥상통하는 것이었다. 두 사례 모두에서, '참된 현존'—혹은 그것의 세속적 상관물—에 대한 믿음은 경건하고 미학적인 영혼의 황홀감이라는 주관적 반응을 위해 상실되었다. 가장 두드러진 사례로는 마르틴 하이데거를 꼽을 수 있다. 그에 따르면, "경험은 기준이 되는 원천이므로, 그 기준은 예술의 평가와 향유를 위한 것일 뿐만 아니라 예술 창작을 위한 것이기도 하다. 모든 것은 하나의 경험이다. 그러나 어쩌면 경험은 예술의 소멸을 일으키는 요소인지도 모른다. 그 소멸은 천천히 진행되기 때문에 몇 세기가 걸린다"라고 항변했다.[99] 그리고 『예술작품의 기원』에서 그는 "극구 찬양받는 미학적 경험조차 예술작품의 사물적 측면을 우회할 수 없다"고 덧붙였다.[100]

8장에서 살펴보겠지만, 발터 벤야민은 다른 관점에서 미학적인 만큼이나 인류학적인 경험 개념을 옹호하고자 했는데, 이는 근대적 탈주술화의 개시와 더불어 약화되었던 상응성과 유사성이 상실된 세계를 재포착하려는 시도였다. 그는 경험Erfahrung을 옹호하긴 했지만, 칸트의 무관심적이고 관조적인 판단 개념을 훨씬 앞서는 방식으로 재해석했다. 삶을 예술작품으로 전환하고자 했던 이들의 나르시시즘을 피하고 세계의 나머지를 미학적으로 식민화하려는 것을 적대시하면서, 벤야민은 노골적으로 형이상학적이고 절대적인 경험 개념을 회복하고자 했는데, 이는 역설적으로 판단하는 주체의 중요성을 약화하고 예술작품의 중요성을 복원하는 결과를 가져왔다.[101]

주관적 경험이 작품의 통합성을 말소시키는 듯한 새로운 방식에 곤란을 느낀 평론가들의 실천적 비평도 이와 유사한 관심을 표명했다. 1960년대에 자의식적인 방식 아래 개념적이고 미니멀리즘적인 예술작품이 도래하자,

마이클 프라이드 같은 예술비평가들은 "경험만이 중요한 것이다"[102]라는 가정에서 불변적인 예술작품을 관람자의 일시적 수용을 위한 단순한 계기로서 '연극적'으로 소멸시키는 것을 애석해했다. 1980년대까지 줄곧 머리 크리거 같은 문학비평가들도 예술의 하향평준화가 "예술 영역, 예술 대상, 예술 전시관의 소멸"을 야기하는 것을 유감스럽게 여겼다. "모든 것이 경험의 불가분한 범람 속으로 침잠해버렸다."[103] 근대적 삶의 미학적 윤색에 대해 볼프강 벨슈 같은 문화비평가들은 1990년대 들어 다음과 같이 주장할 수 있었다. "그렇지만 그 경험은 사실상 경험이 아니다. 오히려 진부하고 지루한 것에 불과하다. 그것이 바로 사람들이 곧장 새로운 경험을 추구하고 이로부터 실망감을 느낀 뒤 또다시 새로운 경험으로 돌진하는 이유다."[104]

그렇긴 해도 이러한 반대는 적어도 20세기의 마지막 10년 동안 생산된 대다수 예술에서는 성공하지 못했다. 그것들은 대상을 혐오하고 불변의 규범에 대해 회의한 뒤샹의 영향 아래 있었기 때문이다. 그런 예술—객관적이기보다는 수행적이고, 불변적이기보다는 일시적이며, 탈맥락적이기보다는 특정 장소에 기초한—대부분에 있어 예술의 '사물적 측면'은 고의적으로 폐기되었다. 때로 무관심성이 포기되기도 했고 관조가 운동감각의 연루로 대체되기도 했지만, 주체는 여전히 대상을 지배했다. 관조적인 눈이나 무관심한 귀보다 전 감관을 통해 반응하는 주체 안에서의 전례 없는 강렬한 경험들의 자극은 사실상 현대 예술 대부분의 목표가 되었다. 그리고 오늘날의 예술은 한때 자신의 경쟁 상대였던 연예산업과 점점 더 융합되기 시작했다.[105]

요컨대 미학적 경험의 담론과 그것을 유포하기 위해 창작되는 작품의 생산은 여전히 해명되지 않은 많은 질문과 함께 유동적인 상태다. 그 경험은 다른 이들이 만든 대상에 대한 무관심한 관조를 의미하는가, 아니면 세계를 창조적 놀이를 위한 순수 재료로서 경험하는 예술적인 자기 형성을 의미하는가? 그것은 도덕적이고 인식적인 고려들을 완전히 배제하는가, 아니면 그것들을 가장 왕성하고 성취적인 의미에서 인간 경험의 총체화된 개념에 포함시키려는 시도와 관계되는가? 그 경험은 세계가 미학화를 통해 변형될 수 있다는 듯 세계에 작용함을 뜻하는가, 아니면 타락한 세계에서 예술 그 자체라는 대안세계적인 거주지로 절망적으로 퇴각하는 것을 뜻하는가? 그것은 감각과 신체를 특권화하는가, 아니면 숭고에 대한 강조로 인해 우리를 단순한 피조물적 욕구로부터 벗어나게끔 하는 영적이고 고양적인 차원에 사실상 우선권을 부여하는가? 그리고 궁극적으로, 고유한 의미를 상실한 세계에서 대상들에 대한 '참된 현전'을 회복하는 일이 불가능함을 인정하는데도 불구하고, 그 경험은 어떻게 예술작품의 통합성을 존중할 수 있는가?

: 균형을 회복하기: 듀이와 경험으로서의 예술

칸트의 제3비판으로 정점에 달한 계몽주의 전통이 이 질문들에 대해 생각하는 데 여전히 주요한 자극제로 취해질 수 있다면, 최근 우리 시대에 새로운 주목을 한 몸에 받고 있는 또 다른 중요한 대안이 존재해왔다. 이제 그 함의를 언급하면서 이 장을 마치려 한다. 존 듀이의 실용주의와 동일시되는 이 입장은 지난 10여 년간 새로운 관심을 받아왔다. 윌리엄 제임스와 종교적 경험의 사례에서 보았듯이, 미학적인 "경험의 노래"에 관한 어떤 설명도 그것의 발전에 대한 미국 실용주의의 기여를 소홀히 취급할 수 없는 게 사실이다. 실용주의자들의 경험에 대한 찬사가 갖는 온전한 의미에 대해서는 7장에서 제대로 다루겠지만, 미학적 경험의 특성에 대해 듀이가 어떻게 숙고했는지를 여기서 잠시 살펴보는 것도 유용할 듯싶다.[106] 특히 그가 1931년에 하버드대에서 한 윌리엄 제임스 기념 강연을 주목해야 하는데, 3년 뒤 『경험으로서의 예술』이란 책으로 출간된 이 강연은 후에 한스 로베르트 야우스가 적절하게 논평했듯이, "미학적 경험의 장에서 이룬 선구적인 성취"였다.[107]

이 책은 듀이와 금방 우정을 나누게 된 부유한 감정가이자 인상주의 작품 수집가 앨버트 반스에게 헌정되었으며, 종교적 경험의 심리학에 대한 제임스의 불가지적이고 동행적인 탐구를 넘어, 연루된 변호의 규범적 모델을 제시하고자 했다.[108] 듀이가 70세의 나이에 쓴 이 책은 실용주의를 도구주의자와 공리주의자의 과학만능주의쯤으로 여겼던 사람들을 놀라게 했다.[109] 그것은 스티븐 페퍼와 베네데토 크로체 같은 다른 이들을 당혹스럽게 했는데, 그들은 그것을 헤겔적 관념론으로의 복귀로 여겼다. 확실히 듀이는 1880년대에 존스홉킨스대에서 신헤겔주의자 조지 실베스터 모리스의 지도를 받았지만,[110] 세기가 바뀌고는 자신이 헤겔적 절대자의 형이상학적이고 합리론적인 함의로 여긴 것을 내던졌다. 게다가 그는 헤겔이 그랬듯이 철학이 예술을 대신한다고 보지도 않았다.

그러나 듀이에겐 여전히 강력한 헤겔적 잔재들이 있었는데, 칸트의 범주적 구분에 대한 불만, 좀더 폭넓게 말하자면 근대적 삶의 상처들을 치유하려는 욕구, 혹은 적어도 점증적인 실현의 열린 과정 속에서 그 상처들을 극복하려는 지향이 대표적이다. 그 과정은 듀이가 "하나의 경험을 갖는 것"이라 부른 것으로, "그 자체의 개별적인 성질과 자족성을 갖는" 전체적이고 유기적인 통일의 획득을 의미했다.[111] 듀이는 반성철학에 전형적인 추상적 관계의 물신화를 반대하는 입장에서 강렬한 미학적 경험들이 제공하는 질적인 직접성을 주장하긴 했지만, 그렇다고 그런 경험들에 내재한 반성성의 계기를 무시한 것은 아니다. 게다가 시간의 흐름에 따른 그것들의 점증적인 통합에도 주목했다. 따라서 그 자신이 그렇게 부른 것은 아니지만, 미학적 경험은 비매개적이고 즉각적인 **체험**이라기보다는 변증법적이고 역사적으로 성숙해가는 **경험**에 더 가까웠다.[112]

앞에서 언급한 것처럼, 듀이는 칸트의 미학적 무관심성 개념에 숨겨진 관조적이고 방관자적인 충동에 대해 큰 우려를 나타냈는데, 그로 인해 예술작품을 본으로 삼아 살려는 좀더 능동적이고 적극적인 시도가 폄하되기 때문이었다.[113] 심지어 시각에 대해서도 그는 냉철하고 거리를 두는 기능으로 보는 지배적 이해와는 다르게 보았다. 그는 시각이 "관심의 형태로 감정을 돋운다—호기심은 더 많은 탐구를 부추기지만 묘하게 매력을 끄는 구석이 있다"라고 주장했다.[114] 또한 듀이는 근대적 삶에서의 생산자와 소비자의 간극을 극복하고자 했는데, 예술적 창작과 미학적 평가의 단절이 근대적 삶의 한 가지 증상이었던 것이다. 그러나 미학적 자기 형성에서의 나르시시즘적 실험이 파괴적인 자기 심취로 귀결될 수밖에 없었던 엘리트적 천재의 옹호자들과는 달리, 그는 그것을 민주적인 자기실현의 가치들과 화해시키고자 했다. 러스킨과 모리스처럼, 그는 일상의 삶을 변형시키기 위해 유용한 측면과 장식적 측면의 구분을 초월하고자 했다. 따라서 듀이는 자본주의가 확산되면서 박물관과 화랑에서 '순수' 혹은 '고급' 예술을 구분하는 것이 몹시 유해하다고 봤다. "과거에는 공동체 삶에서 차지하는 위상으로 인해 타당하고 중요했던 대상들이 이제는 기원의 조건들과 유리된 채 작용하고 있다. 이런 사실에 비춰보건대, 그것들은 또한 공통의 경험으로부터 분리되어, 취미를 식별하는 표지와 특수한 문화의 자격증으로 봉사하기에 이른다."[115]

게다가 듀이는 미학적인 것을 인식적인 것과 도덕적인 것에서 분리시켜 자기만의 빈틈없는 '제도'로 한정짓는 식으로 사회적 총체성을 상이한 하위영역들로 분화시키는 데 맹렬히 저항했다. 아방가르드와 유사하게, 그는 생활세계에 예술의 구원적 힘이 불어넣어지기를 바랐다. 그의 주장에 따르면, 사실상 모든 인식적 경험은 통일하고 결론짓는 특징 속에 미학적 계기를 이미 가지고 있지만 로크나 흄식의 원자론적 인식론들에 의해 무시되었다. 마찬가지로 칸트 같은 도덕적 엄숙주의자들은 윤리적 삶의 미학적 토대를 적절히 평가하는 데 실패했다. "도덕성으로 간주되는 것에서 커다란 결점 하나를 꼽자면 바로 그것의 비미학적 특징이다. 진심 어린 행동을 예시하는 대신, 그것은 의무감에서 마지못해 조금씩 양보하는 형태를 취한다. (…) 어떠한 실천적 능력이라도 그것이 통합되고 스스로 완수하려는 충동에 의해 움직여진다면 미학적 특징을 갖게 될 것이다."[116] 그렇지만 예술의 주권에 대한 일부 제국주의적인 옹호자들과 달리, 과학에 대한 존경을 결코 포기하지 않았던 듀이는 하나의 경험이 다른 경험들을 적대적으로 인수하는 것이 아니라 경험들 간의 균형이 유지되기를 원했다.

그는 예술을 위한 예술을 강조하는 유미주의가 끊임없이 주장하는 자연과 예술(혹은 인공물)의 근본적인 차이조차 강하게 거부했다. 듀이의 '신체적 자연주의somatic naturalism'(원래는 리처드 셔스터맨의 용어)는 그가 자연환경에서의 인간의 일반적인 생리적 과정과 예술이라 불리는 그 과정의 좀 더 강렬한 변형 사이의 연속성을 강조하고 있음을 보여주었다.[117] 듀이는 일체의 무관심성 개념에 반대하면서, 하나의 "충동", 즉 욕구에 기인한 "전체 유기체의 밖으로의, 앞으로의 운동" 속에 있는 미학적 경험들의 기원을 강조했다.[118] 1925년에 출간한 『경험과 자연』에서 그는, "점유를 즉각적으로 즐길 수 있는 의미로 충만한 활동 양식"이라 자신이 정의하는 예술을, 다름 아닌 "자연의 완전한 정점"이라 일컬은 바 있다. 반면 "과학"은 "정확히 말해 이 행복한 주제에 자연적인 이벤트를 선사하는 시녀"라고 덧붙였다.[119]

따분한 반복과 삶의 추상에 대한 해독제라는 거창한 용어로 이해되긴 했지만, 사실상 듀이에게 미학적 경험이란 간단히 말해 진정 어린 경험을 목적론적으로 이루고자 하는 것이었으며, 여기서 경험은 자신의 '완료적인 consummatory' 특성을 확보하게 된다. 이때 수단과 목적은 유기적 통일체 내에서 하나로 합쳐진다. 혹은 그가 『경험으로서의 예술』에서 밝혔듯이, "경험은 경험인 정도에 따라 활력을 고조시킨다. (…) 경험은 사물들의 세계에서 투쟁과 성취로 유기체를 완성하는 것이기 때문에, 초보적 수준의 예술과 같다. 경험은 가장 기초적인 형태에서조차, 미학적 경험이라는 유쾌한 지각의 약속을 보유하고 있는 것이다."[120]

듀이가 서둘러 덧붙인 유쾌한 지각은 미학적 주체의 투사로 환원할 수 없는—비록 이것과 얽혀 있다 하더라도—세계에 적용된다. 관념론에 적대적인 그는 미학적 대상의 해체에 저항하는데, 이미 보았듯이 그런 대상은 미학적 경험에 대한 칸트적 판본에서는 언제나 위협이었다.

> 유기체와 세계의 분리로 인한 극단적인 사례들이 예술철학에서는 드물지 않게 발견된다. 미학적 성질이 객체로서 대상에 속하는 것이 아니라 오히려 마음에 의해 대상에 투사된다는 생각의 배후에는 그러한 분리가 놓여 있다. 그것은 대상 속에 있는 쾌가 아니라 '객체화된 쾌'로서 미를 정의하는 원천이며, 그런 만큼 대상과 쾌는 경험 속에서 하나로 존재하며 결코 나뉠 수 없는 것이다.[121]

따라서 아무리 예술의 표현적이고 비모방적인 특징이 중요하다고 해도, 미학적 경험을 주로 창의적인 주체의 기능이나 판단하는 수용자의 감수성과 같이 순전히 심리학적인 용어로 이해하다가는 잘못을 범할 가능성이 크다. 상호주관적인 취미의 공동체들조차 자신들의 판단을 실행하기 위한 현실적인 대상들을 필요로 한다. 물론 그렇다고 그것을 수용자의 효과와 무관한 불변의 실체로 물신화하는 것 역시 동일한 우를 범하는 일이지만 말이다.

확실히 듀이는 사실상 무엇이든 미학적 대상이 될 수 있다는 생각을 수용할 수 있었고, 따라서 세계의 '자연적인 초자연적' 미학의 구원 논리를 암묵적으로 따른다. 그의 주장을 보자. "미학적 경험은 언제나 미학적인 것 그 이상을 의미한다. 그 자체로 미학적인 것에서가 아니라 미학적 경험 속에서, 사태와 의미의 본체는 완성을 향한 질서 잡힌 율동적인 운동으로 접어듦에 따라 비로소 미학적인 것이 된다. 그리고 그 재료 자체는 광범위한 의미에서 인간이다."[122] 야우스같이 어느 정도 우호적인 비평가들조차 혼란스럽게 하는 것이 바로 이런 논증이었다. 그는 듀이가 일상의 미학적 경험의 원천으

로 본인이 발견한 것을 세계에 투사함으로써 일종의 순환 논증에 빠졌다고 우려했다.[123]

그렇지만 듀이는 모든 대상이 그와 같은 반응을 끌어낼 수 있었던 근본적으로 민주화된 미학적 경험 개념이 근대 세계의 한계에 직면했다는 점을 시인했다. 이 세계에서 "하고자 하는 열망, 즉 행동의 욕망은 특별히 우리가 살고 있는 이처럼 조급하고 안달하는 인간적 환경 속에서 다수의 사람에게 외견상 거의 모든 것에서 믿을 수 없을 정도로 결핍의 경험을 남겨놓는다. 어떤 경험도 스스로를 완성시킬 기회를 갖지 못하는데, 무언가 또 다른 것이 매우 빠르게 들어오기 때문이다. 경험이라 불리는 것은 그 이름에 거의 걸맞지 않은 정도로 분산되고 잡다한 것이 되어버린다."[124] 실제로 그 보상격으로 예술의 엘리트적 개념이 번창하도록 해준 것은 다름 아닌 일상적 경험의 피폐화된 본성이었다.

현 상태에서 참된 미학적 경험의 획득 불가능성에 대한 이와 같은 분석들은 듀이에게는 충분히 조심스러운 것이었는데, 예기치 않게 한 이론가에게—그가 미학적인 것을 포함한 경험의 '위기'를 고찰한 것에 대해서는 8장에서 검토할 것이다—찬사를 받게 되었다. 그가 바로 아도르노인데, 『미학이론』에서 그는, 전적으로 '학문적인scientific' 미학을 지나치게 안전할 정도로 체계화하고 순진할 정도로 낙관적으로 본 헤겔에게 "독특하고 진정으로 자유로운 존 듀이"를 맞대응시켰다. "미학을 단순한 잡담 이상의 것으로 만들고자 하는 열망 속에서 개방되고 완전히 노출된 상태로 자신의 길을 찾길 원하면서, 이제껏 학문들로부터 차용한 모든 안정적 토대를 희생 제물로 바쳤다." 아도르노의 말에 따르면 "어느 누구도 실용주의자 존 듀이보다 더 허심탄회하게 이것의 필요성을 표명하진 못했다."[125]

정말이지 일관되게 비토대적인 듀이의 경험 개념은 그에 대한 문헌에서술하게 논의되고 있는 한 가지 주제를 남겼다.[126] 당장은 그것의 미학적 변종과 관련되는 한, 듀이가 경험을 인간 조건의 소여라기보다는 필수적인 규범적 목표로 두었다는 점을 밝히는 것으로 충분해 보인다. 그는 미학의 본질로 완성과 통합을 논했지만, 예술작품에 대한 개별적 경험이 아닌 미학적으로 체험된 삶과 관련되는 한, 그것은 실현된 사태라기보다 규제적인 이상에 가까워 보인다. 따라서 그는 영원히 우리를 벗어나는 유동적인 지평에 관한 자신의 주장을 내세우기 위해, 만족스럽다는 듯 테니슨의 시구를 인용할 수 있었다.

> 경험이란, 내가 다가갈 때마다
> 가장자리가 한없이 희미해져가는 그 미지의 세계를
> 어렴풋이 빛나게 해주는 아치 같은 것이다.[127]

하지만 그 여정을 떠나는 것은 여전히 아주 해볼 만한 일이었다. 『경험으로서의 예술』은 다만 그것을 행하라는, 사실상 분명한 정치적 함의가 깃든 청원이었다. 로버트 웨스트부룩이 언급했다시피, 이 책은 "1930년대에 듀이가 심취한 급진적 정치학에 부수되는 것이 아니었다. 실제로 그 책은 그러한 정치의 가장 강력한 진술 중 하나였는데, 그의 입장이 미국인의 물질적 윤택함만을 꾀하는 것이 아니라 상품 순환의 밖에서만 발견될 수 있는 완벽한 경험을 제공하려는 급진주의임을 분명히 밝히고 있기 때문이다."[128] 최근의 또 다른 논자인 데이비드 포트는, 공적인 것과 사적인 것을 엄격히 구분하는 리처드 로티와 반대되는 듀이를 지지하면서, "우리는 미학적 경험을 무질서가 일어났다고 느껴질 때 유발되는 정치적인 문제들을 해결하려는 시도의 목표로 간주할 수 있을 것"이라고 덧붙인다.[129]

그러나 '실제' 정치의 대체물인 그런 경험은 흔히 정치적 실천으로 받아들여짐으로써 구원을 실현하는 수단은 갖지 않은 채 다만 구원을 향해 몸짓을 하는 방식에 불과했는가? 실제로 18세기의 기원에서 알 수 있듯이, 미학적 경험은 정치적 행동주의를 보상해주는 모조품일 뿐 그것을 자극하진 못한다는 심각한 의문에 처해왔던 게 사실이다.[130] 예술이 제공한 승화된 신체적 쾌로부터 은유적인 신체 정치의 쾌로의 신속한 이동은 벤야민이 그토록 경고했던 정치의 미학화를 야기할 수도 있었다. 그렇다면 경험과 정치가 혼융될 수 있는 더 직접적이고 덜 대체된 방식이 존재했는가? 그렇다고 한다면, 그 결과는 어떤 하나의 이데올로기적 경향에 우호적이었는가? 아니면 경험이란 보수든 진보든 혹은 급진파든 모두에게 유용하게 동원될 수 있는 그런 것이었는가? 이것이 바로 우리가 다음 장에서 다룰 '경험의 정치'에 의해 제기된 이런저런 성가신 문제들이다.

그 문제들로 넘어가기 전에 일단 이 장에서 우리가 따라온 복잡한 궤적을 요약해보기로 하자. 특별히 미학적으로 변형된 경험의 담론은 유럽의 문화적 삶에서 두 가지 주요한 국면에 의해 가능했다. 하나는 선천적으로 아름다운 대상들의 지성적 세계에 대한 믿음의 상실이고, 다른 하나는 경험의 종교적·정치적·도덕적·경제적 기능으로부터 예술의 차별화다. 이 변화들은 예술 수용자의 취미판단 수행 능력에 대해서뿐만 아니라 예술 수용자의 육체적, 감각적 반응에 대해서도 새로이 초점을 맞출 수 있게 해주었다. 그렇지만 이 담론에서 출현한 주체는 자신의 육체적 욕망과 관심을 따르는 것이 허용되지 않았고, 그 대신에 본질적으로 방관자적이고 관조적이고 무관심한, 칸트의 『판단력 비판』에서 정점에 달한 전통 속에서만 이해될 뿐이었다.

사실상 이 모든 전제들은 미학적 경험에 대한 후대의 해석가들에게 도전을 받았다. 그들 중 어떤 이들은 아무리 그 경험이 승화된 것으로 나타날지라도 세계와의 참된 신체적 관계에 대한 관심을 억누르는 것은 옳지 않다고 주장했다. 또 다른 어떤 이들은, 도덕적 혹은 인식적 상관물과 구분되는 영역으로서 미학적 영역의 자율성이라는 믿음은 예술이 다른 문화적 하위 체계들을 식민화하고 그러한 방식으로 근대성의 상처를 치유할 권리를 가진 주권적 기획이라는 주장으로 대체되었다. 이러한 옹호자들 중 좀더 야심찬 입장에 따르면, 이 임무는 사회를 예술작품으로 실제 변형시키는 것과 연관되었다. 그러나 다른 이들에게 그것은 이미 존재하는 것의 미학적 변형을 의미했다. 전자의 경우, 미학적 경험의 수동성은 예술적 창작의 능동성에 의해 풍요로워져야만 했는데, 그러려면 엘리트화되거나 민주화되어야만 했다. 후자의 경우 그것은 일종의 미학적 신정론으로서, 그 아래에서 평범한 대상들과 실천들은—아마도 약간은 폭력적이고 비도덕적이기도 한—미학적 정당화를 부여받을 수 있었다.

이러한 반응들은 차례로 자기만의 입장들을 내놓았다. 미학적 주권의 제국주의에 대해 일부 비판가들은 경험의 상이한 양태들 간의 좀더 공정한 균형을 추구했다. 또 다른 이들은 부적절하게 악을 정당화하는 방식 속에서 세계의 문란한 미학화를 우려하기도 했다. 그러나 향유, 판단, 취미에 대한 일면적인 강조로 상실될 위기에 처한 주관적 경험과 예술작품 간의 균형을 회복할 것을 요구한 이들도 있었다.

오늘날까지도 어떤 미학적 경험이 실제로 존재하거나 존재해야 하는지, 미학적 경험과 다른 경험 양태들 간의 경계는 무엇이며 어떻게 상호 침투될 수 있는지, 그리고 미학적 경험은 자신의 자율적 지위로 만족하는지 아니면 다른 종류의 경험들에 대해서 자신의 주권을 행사하려고 하는지 등등에 관해 어떠한 합의도 확보되지 못했다. 그리고 앞으로도 합의에 이를 것 같지 않아 보이는데, 이는 철학자들과 미학자들이 미학적 경험의 본질을 찾는다고 법석을 떠는 동안, 실천적인 예술가들이 그러한 경험을 유발하는 예술의 새롭고 예측 불가능한 변형들을 끊임없이 발명해왔기 때문이다. 경험이 우리의 예상을 깨는 외부의 무언가에 대한 수동적인 기다림이자 우리가 완전히 굴복시킬 수 없는 타자와의 조우를 포함한다는 점에서, 미학적 경험에 대해 서술하는 경험은 분명 이처럼 행복한 사실에 의해 가능해진다. 또한 그것은 듀이가 인용한 테니슨의 시구처럼, 결코 이를 수 없는 지평선에서 아치를 통해 응시하는 것이기도 하다.

5장

정치와 경험

버크, 오크숏 그리고 영국 마르크스주의자들

■
■

한 저명한 페미니스트 비평가는 "경험의 정치란 불가피하게 보수적 정치로 귀결된다"고 경고한 바 있다.[1] 그런가 하면 어느 유명한 마르크스주의 이론가는 경험이란 이데올로기에 대해 따져보는 것이라기보다 오히려 "이데올로기의 본산"이라고 덧붙였다.[2] 제3의 논자에 따르면, 독일에서 "경험"은 통상적으로 "반동적인 모더니즘"의 옹호자들에 의해 "분석"보다 높게 승격되곤 했다.[3] 보통 문화연구에서 이론이나 언어적 전회의 옹호자들에 의해 제기되는 그런 주장들은 둘 중 한 가지 방향을 취한다. 통상 우파라는 딱지가 붙은 사람들이 자신들의 입장을 정당화하기 위해 경험이 주는 교훈들을 끌어들인다고 주장하거나, 아니면 정치적으로 진보적임을 주장하는 사람들이 경험이 주는 교훈들에 의지해 자신들의 입장을 옹호하다가 예기치 않게 보수적인 결과에 이르게 된다고 주장하는 것이다. 앞으로 살펴보겠지만 후자의 논리에 대해서는, 페리 앤더슨의 논문 제목을 빌려 말하자면, 1970년대의 이른바 "영국 마르크스주의 내 논쟁"에서 특별히 격렬하게 논의되었다.[4]

첫 번째 논리의 경우, 그것이 틀렸음은 경험적으로 쉽게 드러난다. 왜냐하면 질서당party of order보다 운동당party of movement에 속한 정치사상가들과 활동가들이 이런저런 경험의 판본들에서 매우 값진 동맹군을 발견한 사례가 다수 존재하기 때문이다. 앞서 살펴본 경험과 실험의 연결은 기존 질서를 손보고자 하는 이들에게 요긴한 것이 되었을 뿐만 아니라, 텍스트의 권위나 이미 정해진 존재의 거대한 사슬에서 이른바 상층부에 있는 자들의 권력보다 경험에 의존하는 것의 평등주의적 함의 역시 그랬다. 아주 두드러진 예로서 식민지 아메리카를 들 수 있는데, 존 스미스, 윌리엄 우드, 존 윈스럽, 벤저민 톰프슨, 윌리엄 허버드 같은 작가들은 고향에 남아 있는 영국인들의 지위와 동일하게 자신들의 지위를 정당화하기 위해 경험이 갖는 새로운 수사적 힘에 의존했다.[5] 또한 그들은 가부장적인 정치체body politic 은유에 대한 로크의 비판에 종종 의지함으로써, 개별적인 감각 경험들을 통한 현실적인 신체들actual bodies의 형성에 대한 그의 강조를 수용했다. 그들은 계급이나 사회적 특권에 반대하면서 뉴잉글랜드의 열악한 기후와 야성적 환경에 거주하는 것의 이점을 강조했는데, 이는 공통적이고 원형민족적인 정체성을 새롭게 만들어주었다. 전복적인 것을 의도하진 않았지만, 이 저자들은 결과적으로 영국과 식민지들의 분리를 위한 강력한 근거를 제공해준 셈이었다. 역사가 짐 이건의 언급에 따르면 "이러한 글들이 나온 이후, 경험은 신이나 왕에 대한 식민지의 희생을 신성화할 수 없게 되었다. 이곳 신세계에서 경험은 식민지 주민들이 자신들의 신체와 삶을 식민지 뉴잉글랜드에, 그리고 지금으로 치면 이 나라에 헌신하게끔 해주었다."[6]

미국혁명을 연구하는 역사가들은 건국의 아버지들의 담화에서 경험의 수사가 갖는 중요성을 보여줄 만한 증거들을 수집하는 데 어려움을 겪지 않았다. 패트릭 헨리는 자랑스러운 어조로 "내게는 발걸음을 인도해줄 등불이 꼭 하나 있는데, 그것은 바로 경험의 등불이다. 나는 과거에 의지하는 것 말고는 미래를 판단할 방법을 알지 못한다"라고 밝혔다.[7] 20년 후 필라델피아에서 개최된 제헌회의 기간 중, 존 디킨슨은 "경험만이 유일한 안내자가 되어야 한다. 이성은 우리를 잘못 안내할 수도 있기 때문이다"라고 단언하면서 영국 헌법의 오랜 역사로부터 배울 것을 촉구했다. 열광의 정도에서는 상이했을지 몰라도, 이러한 정서는 벤저민 프랭클린, 제임스 메디슨, 조지 메이슨, 알렉산더 해밀턴같이 그런 기초 위에서 정부에 대한 새로운 실험에 착수한 입안자 모두가 공유하는 것이었다.[8] 그들은 이전 정치체들의 축적된 역사적 경험뿐만 아니라 독립된 공화국이 형성된 이래 11년 동안 자신들 스스로가 획득한 것 역시—다 긍정적인 것은 아니었다—비중 있게 고려되어야 한다고 보았다.[9]

또 다른 맥락에서, 스스로 좌파로 알려진 진영에 속한다고 여긴 이론가들이 자신들의 입장을 정당화하기 위해 경험의 수사를 활용했다. 앞 장의 말미에서 언급했듯이, 존 듀이는 좋은 삶의 모델로서 미학적 경험의 규범적 목표에 기초해 급진적 민주주의를 지지했다. 장 조레스나 에두아르트 베른슈타인 같은 유럽의 개혁적 사회주의자들 또한 형이상학적 유물론을 비판하면서 주기적으로 경험을 환기했다.[10] 8장에서 보겠지만, 20세기 마르크스주의 내에서 프랑크푸르트학파는 경험을 아주 복잡한 방식으로 전유한 집단이었다. 또한 경험은 1950년대에 클로드 르포르와 코르넬리우스 카스토리아디스에 의해 주도된 '사회주의냐 야만이냐' 그룹의 어휘에서 명예로운 용어로 표면화되기도 했다. 그리고 그것은 20년 후 '프롤레타리아 공론장'을 탐구하는 과정에서 독일 이론가들인 오스카어 네크트와 알렉산더 클루게에 의해 반복되었다.[11]

1960년대에 영국의 급진적인 정신과 의사 로널드 랭은 정신분열증에서 드러난 초월적 잠재력—주체와 객체로 한정되는 이분법을 넘어서고 부르주아 가족의 억압을 전복하는—을 옹호하고, 그것에 "경험의 정치학"이라는 이름을 붙였다.[12] 그는 그동안 상실되었던 것을 회복할 요량으로 킹즐리 홀에서 공동생활 실험을 수행했는데, 그것은—최종적으로는 재앙적인 결과를 낳았지만—근대적 삶에 의해 부정된 강렬하고 진정한 경험을 드러내려는 시도였다. 1960년대와 1970년대의 영국 좌파의 경험에 대한 애정의 훨씬 더 냉철한 표현은 역사가 E. P. 톰프슨, 문화비평가이자 소설가인 존 버거, 문화비평가 리처드 호가트, 문학비평가이자 소설가인 레이먼드 윌리엄스로 대표되는 저명한 마르크스주의적 휴머니즘에서 찾아볼 수 있다. 경험의 중요성에 대한 이들의 주장은 앞서 언급했듯이 프랑스 구조주의자들의 '생생한 경험'에 대한 혐오를 수용한 비평가들과의 '논쟁들'을 야기했다. 이에 대해서는 곧 언급할 것이다. 다만 요점을 말하자면 이렇다. 주요 유럽 전통들에서 다수의 비보수주의자들, 심지어 자부심 강한 마르크스주의자들조차 근대사회를 비판하는 데 경험—혹은 그에 못지않게 경험의 빈곤이라 추정되는 것—개념이 매우 귀중한 도구가 될 수 있다고 여겼다. 실제로 한 관찰자는 급진적인 1970년대를 '경험의 궁핍'에 의해 지배된 10년이라고 그럴싸하게 부르기도 했다.[13]

그렇다면, 자칭 보수주의자들만이 경험을 신의 용어로 간주한다고 말하는 것은 적절치 않으며, 그것을 사용하는 좌파 사람들조차 무심결에 보수적 결론으로 이끌린다는 좀더 복잡한 주장에 대해서는 어떻게 봐야 할까? 이 질문에 답하려면 보수주의자들이 자신들의 입장을 지지하기 위해 경험의 수사에 의존해온 방식을 해명한 뒤, 좌파인 상대 진영의 활용과 비교해봐야 한다. 이미 충분히 언급했듯이, '경험'이란 단어가 여러 상이한, 심지어 때로 모순적이기도 한 관념들을 지시한 것이 사실이라면, 연속적이라고 추정되는 결론들에 이르기에 앞서 정치학의 어휘 목록에 있는 상이한 의미들을 분석하는 것이 필수적일 것이다. 이 작업을 수행하기 위해 우리는 데이비드 흄과 에드먼드 버크로 대표되는 18세기 보수주의—물론 이 용어는 이들의 사후에야 쓰이기 시작했다—의 선조들을 논하는 데서 시작할 것이다.[14] 그런 후에 20세기로 건너가, 좌우를 막론하고 흄과 버크의 유산이 얼마나 강력하게 경험의 정치학을 고무했는지를 보여주기 위해, 보수주의 정치이론가 마이클 오크숏의 작업을 영국 마르크스주의자인 톰프슨 및 윌리엄스의 주장과 비교해볼 것이다. 왜냐하면 이 문제에 대한 논쟁이 가장 치열하게 수행된 곳이 바로 영국의 좌파 진영이었기 때문이다. 이때 경험 개념은, 대륙에서 '이론theory'의 반의어로서—혹은 더 정확히 말해 변증법적 안티테제로서—'실천praxis'이란 말이 수행한 것과 유사한 기능을 떠맡게 되었다.

: 그 자체가 목적인 정치적 경험

이 의제를 다루기 전에, 간단한 보충 설명을 통해서 한 가지 중대한 차이점을 밝히고 넘어가야 할 것이다. 경험의 종교적 양상과 미학적 양상의 사례를 통해 우리는 경험이 종종 목적 그 자체로 기능해왔으며 그렇기 때문에 그러한 경험의 대상—"전적인 타자"로서 신이나 세상의 아름다운 것들—이 뒷전으로 물러나는 경향이 있었다고 언급한 바 있다. 우리가 마치 예술작품인 양 삶을 살고자 하는 탐미주의자의 열망으로 간주했던 것은 이러한 유혹의 전형을 보여주는바, 그것은 경험의 주체와 객체를 융합한다. 다소 신비적인 종교적 경험 또한 유사한 경로를 밟아왔다. 그러나 이와는 대조적으로 경험의 가치에 관한 인식론적 논쟁의 경우, 목적은 앎의 과정을 자족적 선으로서 찬양하는 것이 아니라 언제나 외부 세계에 대한 지식을 검증하는 것이었다. 물론 세상에 대한 호기심과 배움에 대한 만족에서 얻는 보상도 존재하겠지만, 인식적 탐구가 초점을 맞춘 것은 그 과정의 내재적 쾌라기보다는 아무래도 그 조사 대상일 수밖에 없었다.

경험과 정치에 대해서는 어떻게 말할 수 있을까? 실제로 정치적 삶 자체의 고유한 만족(이나 적어도 그것의 은밀한 매력)에 대한 주장들도 있었다. 정치 지형의 양극단에 위치한 급진적 정치학의 일부 판본에서 그것은 마치 역동적인 '운동'에 '몰두'하거나 '헌신'하는 도취적인 경험이 그것의 목표들의 현실적 실현보다 더 중요한 것처럼 여겨지곤 했다.[15] 순전한 파괴를 주장하는 몇몇 허무주의적이고 무정부적인 정치학에서 이따금 볼 수 있듯이, 사실상 그 목표들은 취득된 수단을 통해 실현 가능케 하는 것과는 무관한 듯 보이고, 환상적인 정치철학이 평범한 정치철학을 약간이나마 흉내내는 일종의 대리자가 되었다는 것은 분명하다. 어떤 경우에는—예컨대 러시아

무정부주의자 미하일 바쿠닌—그와 같은 정치적 경험에의 헌신이 자기 삶에서 사실상 그 밖의 모든 것을 집어삼키는 역할을 했다. 수행적인 자기 탐닉, 실존주의적인 자기 형성, 영웅적 현실화의 탐구 그 어떤 것으로 이해되든 간에, 강렬한 정치적 경험의 유혹은 논쟁적인 공론장으로 들어서게 하는 동기가 되었다.

예컨대 급진적 우파와 좌파 사이를 오간 생기론적 도덕주의자 조르주 소렐은 자신이 열렬히 지지한 총파업의 영구적인 효과에 대해서는 비관적이었던 반면, 투쟁과 희생 그 자체의 중요성에 대해서는 극찬을 아끼지 않았다. 그가 이해한 바에 따르면, 그것은 대중이 경험적인 무기력함을 떨쳐버릴 수 있게 해주는 어떤 신화와 같은 기능을 했다. 소렐에게도 부분적으로 책임이 있는 파시즘은 종종 신성화되고 미학화된 정치라는 하나의 변종으로 간주되곤 했는데, 이때 신비적이고 폭력적이고 의례적인 외적 광경, 즉 공통적인 자기희생에의 도취적 경험은 그것이 제공하는 기능만큼 중요했고, 어쩌면 그 이상일 수도 있었다.[16]

제1차 세계대전 이후 독일의 소설가이자 전쟁영웅인 에른스트 윙거의 저작들—특히 『철의 폭풍 속에서』(1920)와 『내적 체험으로서의 투쟁』(1922)—은 전선 체험의 낭만화된 판본을 부르주아적 인간을 재건하기 위한 소렐식의 폭력적 힘의 정당화와 결합시킴으로써 이런 결과를 예측한 바 있다.[17] 그 결과는 투쟁의 목적보다는 투쟁의 수단에 대한 열정적이고 자기허무적인 신성화였고, 이는 정전 이후 허무주의적 행동주의의 재앙적인 메타-정치학으로 번역되었다. 그것은 "너는 무엇을 믿는가?"라는 질문에 대한 독일 의용군 에른스트 폰 잘로몬의 반항적인 답변 속에서 잔혹하면서도 단순 명쾌하게 표현된다. 그는 "행동 외에는 아무것도"라고 잘라 말했다. "행동의 가능성, 행동의 실현 가능성 외에는 아무것도. (…) 우리는 세상의 격정에 흠뻑 취해 충만한 욕망으로 의기양양하게 행동하는 전사 집단이었다. 우리가 원하는 바를 우리는 알지 못했다. 그리고 우리가 아는 바를 우리는 원치 않았다! 전쟁과 모험, 흥분과 파괴."[18]

역사가 조지 모스가 전쟁 경험의 신화라 부른 것은 바이마르 공화국 때 등장했는데, 그것은 삶의 끔찍한 상실을 정당화하고 지난날의 패배에 복수하고자 또 다른 희생제의적 학살을 준비하는 수단으로서 폭력을 신성화하는 것이었다.[19] 그 신화는 공동의 경제적 운명에 기초한 계급적 연대를 세대 간 충성의 논리—더 분명히 말하자면 참호에서 생겨난 남자들의 유대—로 대체하면서, 좌파에 맞서 공화국에서 사라져가는 중도파를 회유하기 위한 우파의 캠페인에 효과적인 무기로 활용되었다.[20] 전쟁과 전쟁의 여파에 대한 혐오로 인해 많은 이가 다른 이들과의 싸움에 반대하는 기류를 강하게 형성한 영국에서조차, 오스월드 모즐리같이 전쟁에 환멸을 느낀 퇴역군인들이 그와 유사한 교훈을 이끌어낼 정도였다.[21] 물론 이처럼 만족할 줄 모르는 정치가 집단적 활기의 '진정성 있는' 표현으로 정당화될 수 있을지, 아니면 근대에 와서 상실된 공동의 정체성과 참여적 개입의 강렬함을 회복하기 위한 그릇된 시도로 간주될지는 또 다른 문제다. 적어도 막스 베버와 쥘리앵 방다의 시대에 살았던 분별 있는 관찰자들은 이러한 방식으로 이해된 경험의 정치학이 자신들을 매우 혼란스럽게 하리라는 것을 명확히 인식했다.[22]

정치적 경험의 고유한 가치에 대한 가장 정교하고 깊이 있는 이론적 방어—소렐, 윙거, 잘로몬의 폭력에 대한 찬사와 확연히 구별되는—사례는, 그들이 일정 정도 기여한 파시즘을 피해 망명한 학자인 한나 아렌트의 이론일 것이다. 그녀의 작업은 공적 영역에서의 자유에 대한 찬사로 간주되곤 하는데, 이런 자유는 능동적인 정치 참여와 그에 수반되는 사회적 혹은 경제적 결과에 대한 무관심성에서 비롯된다. 그 결과 때때로 그녀는, 정치를 미학화한다고, 그리고 정치에 영향받은 사람들의 삶을 향상시킨다는 정치의 기능적 목적을 최소화한다고 비판받기도 했다. 달리 말하면 '예술을 위한 예술'을 연상시키는 일종의 '정치를 위한 정치politique pour la politique'를 옹호한다는 것이었다.[23] 경험 개념을 명시적으로 특권화하지 않고 그 대신에 행위라는 표현을 선호하긴 했지만, 아렌트가 종종 정치적 참여로서의 경험이 약화된 것에 대해 유감을 표했다는 점은 인정되어야 한다. 예컨대 『인간의 조건』에서 그녀는 "근대를 과거 세계와 비교한다면, 이 국면과 연관된 인간 경험의 상실이 상당히 두드러진다"고 주장했다.[24] 또한 1975년 사망하기 몇 해 전에 한 인터뷰에서, 그녀는 "우리 사유의 주제는 무엇인가?"라는 물음에 다음과 같이 답했다. "경험! 오직 그것뿐! 경험의 기반을 상실한다면, 우리는 온갖 종류의 이론들 속으로 들어가게 된다. 정치이론가가 자신의 체계를 세우기 시작할 때, 그는 통상적으로 추상을 다루고 있는 것이다."[25] 아렌트의 작업이 보여주는 것은, 정치와 실제 폭력 투쟁의 위험한 융합이 없을 때조차 공적 영역에서 호전적인 계기를 특권화하는 것은 경험 그 자체를 위한 정치를 야기하면서 행위의 도구적 목적을 무시하게 될 수 있다는 점이다.

분명한 사실은, 아렌트가 자신이 정치적 경험을 위치시킨 곳인 공적 영역의 너머로 정치적 경험의 접근을 확장하지 않았다는 점이다. 그 결과 그녀는 후기 페미니즘 운동의 특징이 되곤 했던 공적인 것과 사적인 것의 혼합에 유혹당하지 않을 수 있었다. 이러한 혼합은 사적인 것을 정치적인 것과 동일시함으로써 많은 긍정적인 영향에도 불구하고 모든 것을 잠재적으로 정치적인 것으로 무분별하게 포함할 여지를 열어놓았다. "일상의" 미학적인 "변형"에서 본 것과 마찬가지로, 여기서도 특권화된 주체적 경험을 그 대상보다 우위에 놓는 평준화 효과의 위험이 도사리고 있다. 정치의 경우 이것은 순전히 사적 영역에서의 행위—예컨대 육아 책임을 재조정하는 것—가 공직에 진출하거나 공공 정책을 옹호하거나 심지어 정권을 전복하는 식의 행위만큼이나 정치적인 것이라는 믿음을 고무하는 것을 의도할 수 있었다. 이 가정에서 가장 문제 될 수 있는 것은 전자가 완전히 후자를 대체함으로써 공적 영역의 포기를 무의식적으로 옹호할 수 있다는 점이다. 공유된 집단적 경험이 곧장 정치적 입장으로 귀결된다고 믿는 정체성 정치 역시 유사한 대체 현상을 야기했다. 이것은 공적 영역에서 정치적 경험의 자기 형성적 본성을 주장하는 아렌트의 이해와는 상당한 불화를 겪을 수밖에 없는 결과였다.

: 버크와 과거 경험의 지혜

소렐, 윙거, 잘로몬의 신화적 폭력의 장려도, 경험 그 자체로서 정치적 참여의 가치에 대한 아렌트의 변론도 정당화의 원리로서 경험의 보수주의적 환기에 전형적인 것은 아니었다.[26] 사실상 전통의 지지자들을 좀더 급진적인 우익 신도들—그리고 마찬가지로 스펙트럼의 다른 극단에 있는 사람들—과 구별하는 한 가지 기준은 정치적 경험의 구원적 혹은 정화적 힘에 대한 믿음의 결여에 있다. 추상적 개념을 불신하는 각양각색의 전통을 일반화할 수 있다면, 대체로 보수주의자는, 어느 정도 그 자체로 충분해 보이는 어떤 강력한 참여 형태에 대한 희망을 고수하기에는, 인간의 본성과 그것의 불완전함에 대해 지나칠 정도로 암울한 입장을 지녀왔다. 그들은 경험을 위해 경험을 찬양하는 대신에, 정치적 행동주의의 한계에 대해 경험이 주는 신중한 교훈을 상기시키기 위해 경험을 언급하는 경향이 있다. 특히 정치를 사변적 이성이나 추상적 이론 위에 정초하려는 그릇된 시도에 직면해서 말이다.

여기서 그들은 대체로 스스로를, 논박할 수 없는 인권을 설파하고 칸트와 함께 "경험이란 올바른 것의 지식을 제공할 수 없다"[27]고 주장하는 자유주의자들과도 구별했다. 적어도 흄의 시대 이후로 보수주의자들은 자신들의 현재 신념들을 지지하고 규범적 자연 상태라는 비역사적 가정에 근거한 추상적 권리 이론의 가정에 경고를 보내기 위해, 과거가 전해주는 충고성 교훈을 즐겨 요청했다.[28] 따라서 그들은 정치학에 관한 흄의 논문에서 발견되는 전형적인 어투들, 예컨대 "이러한 나의 입장은 고대와 현대의 모든 철학자 및 정치가의 권위에 의해서뿐만 아니라 경험에 의해서도 정당화된다"라거나 "우리는 아직 3000년의 경험을 가져보지 않았기 때문에, 추론의 기술은 다른 모든 것에서 그러하듯 이 학문[정치학]에서도 여전히 불충분할 뿐더러 우리에게는 추론의 근거가 되는 충분한 자료들이 더 필요하다"라는 표현들을 활용하곤 한다.[29] 여기서 경험은 '권위' '전통' '지혜' '관습' '편견' '삶' '역사' '상식' '습관' 같은 다른 말들과 결합되어 있는데, 이는 세계를 외부에서 근대화시키는 합리화의 약탈적 속성뿐만 아니라 합리주의 정치 이론의 과장된 자만과 선험적 형이상학자들의 위험한 공상화로 여겨진 것에 맞서 그들 자신을 수사적으로 방어하기 위함이었다.

이 담론적 배치constellation는 아마도 영국에서 가장 광범위하게 전개되었을 텐데, 거기서 관습법과 불문법의 전통은 새롭게 개시된 급진적 해법의 시도들을 저지하기 위해 청교도 혁명과 종교적 열광의 불편한 기억들과 결합되었다. 게다가 로크적 경험론에서 파생된 영국의 감각주의 전통은 식민지 아메리카에서와 같이 원原-자유주의적 정치를 지지해줄 수 있었을 뿐만 아니라, 심지어 "18세기에 맞서 반란을 일으킨" 버크 같은 사람들 사이에서 보수주의적 정치를 지지해주는 역할도 할 수 있었다.[30] 왜냐하면 믿음, 감정, 상상력, 공감, 비유의 힘에 대한 흄의 강조는 그의 연합주의 인식론과 결합되면서, 그 전통을 비판적 분석에서 현상 유지와의 신중한 연대로 전환하는 데 도움을 주었기 때문이다.

흄, 존 드라이든, 조너선 스위프트, 새뮤얼 존슨 같은 앞선 시기의 영국 작가들에게서 발견되는, 사변적이고 체계화하는 합리론에 대한 회의주의의 잔재들은, 점검되지 않은 이론적 이성이 프랑스혁명의 과잉의 주범이 되어 감에 따라 추가적인 정치적 부담을 지게 되었다. 버크가 『프랑스혁명에 관한 성찰』에서 프랑스 국민의회 제3계급의 대표자들을 언급하면서 경멸조로 지적했듯이, "실제로 그들 중에는 저명한 인물, 명석한 재능을 지닌 사람들이 있었다. 그러나 그 나라에서의 실무 경험을 가진 사람은 없었다. 기껏해야 그들은 이론가에 불과했을 뿐이다."[31] 따라서 비판적 지식인을 유토피아적 열광자로 폄하하고 그들의 실무적 훈련의 결여가 세상을 엉터리로 개조하려는 위험한 시도로 이어진다고—이러한 비난은 일찌감치 버크가 도래하리라 경고했던 공포정치의 사례로 그려지곤 했다—보는 전통이 자리를 잡게 되었다.[32]

경험에 대한 보수주의적 정당화의 또 다른 요소는 경험의 암묵적인 공리주의 혹은 결과주의로 불릴 법한 것과 관련 있었다. 다시 말해 그것은 어떤 제도나 관행이 살아남았다면 그 제도나 관행이 올바른 일을 행해서 그렇게 된 것이라고 주장했다. 그러므로 기원은 결과보다 부차적인 것으로 여겨질 수 있었고, 이는 사후의 관행과 제도를 정당화하기 위해 원초적 계약과 같이 어떤 수립의 계기를 찾는 것이 어리석은 일임을 의미했다. 버크가 고대의 관습들에 호소하긴 했지만, 그 시초가 '태곳적으로immemorial' 추정된다는—더 이상 기억에 보존될 수 없다는—사실은 그것들을 정당성의 어떤 명백한 원-행위에 근거 지으려는 시도가 헛된 것임을 의미했다. 그의 반대자들(특히 토머스 페인)이 생각하기에 이러한 시도는 과거의 약탈 범죄에 대한 미화를 피하기 위해 필수적인 것이었다.[33] 실제로 버크는 그 기원이 오염되었다 할지라도, "시효가 (…) 오랜 사용을 통해서, 처음에는 폭력적이었던 정부를 적법성으로 무르익게 만든다"고 명시적으로 주장했다.[34] 유사한 논증이, 전용이나 착취 같은 초기 행동에 대해 걱정할 필요 없이 소유권을 정당화하는 데에도 쓰일 수 있었다.

그러므로 오래 지속된다는 것은, 점진적으로 증대되는 개혁이 유익할 수 있더라도, 급진적으로 손질하거나 혁신하려는 욕구에 대해서 신중한 경고로 기능할 수 있었다. 과거에서 후대로 전승된 위탁물로서의, 상속된 유산으로서의 (복수의) 자유들에 대한 버크의 저 유명한 옹호는 경험과 실험이

동의어라기보다는 반의어라는 가정에 근거를 둔 것이었다.[35] 그가 즐겨 사용한 편의expediency라는 단어는 때로 추상적 원리를 능가해야 했다.[36] 그는 합리화된 '계몽군주들'과 그들의 혁명적인 반대자들—이들 모두는 난잡한 것들을 일소하길 원했으나 그것은 여전히 과거의 잔재로 기능했다—뿐만 아니라, 신용 경제의 불안정성과 낡은 토지 귀족의 쇠락을 야기한 새로운 상업적 정신도 위협을 야기할 수 있다고 보았다.[37] 그 대신에 그는, 시간의 흐름 속에서 '고대 정체ancient constitution'라 불리게 된 것 속으로 기원이 유실돼버린 관습법 전통의 미덕들을 극찬했다.[38] 외견상 근본적인 제1원칙들이나 의지의 실행보다 시효—오랜 사용과 지속적인 보유에 의해 부여된 권리—가 정치적 정당성의 토대가 되었다. 미국 법학자 루퍼스 초트는 1845년에 다음과 같이 주장했다.

> 시간—모든 것을 변화시키고 시험해보는 시간, 모든 것을 시험해보고 모든 것을 순수하게 만드는 시간—의 도움으로 우리는, 그 법이 부여된 후, 그 법을 오랜 경험의 시험들, 잇따른 시대들과 세대들의 이성과 정의, 가장 현명하고 가장 안전한 개혁가들이 내놓은 최선의 생각들의 지배하에 둔다. 그러고 나서, 또한 그렇기 때문에, 우리는 그것이 좋은 것임을 선언한다. (…) 오랫동안 지속되어온 것을 지지하는 어떤 강한 인정이 존재한다.[39]

경험에 대한 전형적인 보수주의적 호소의 세 번째 차원은 경험의 집단적 본성인데, 이는 사회적·정치적 실체들이 철저한 분석에 의해서도 자체의 구성 요소들로 환원될 수 없는 그런 유기적 통일체나 공동의 신체라는 가정에 근거한 것이었다. 분리된 개별 경험과 독백론적 합리성의 부적합성들은 집단의 축적된 학습에 의해—그것이 때로는 의식적인 반성성의 수준에는 결코 다다를 수 없는 암묵적인 학습임에도 불구하고—극복될 수 있다. 따라서 이러한 용법에서의 경험은 내면적인 사태라기보다, 문화와 언어에 의해 매개되고 집단적 기억을 통해 걸러진 상호주관적이고 담론적인 산물에 가까웠다. 실제로 의회에서 로킹엄 휘그당의 대의를 위해 버크 자신이 말과 글로써 한 능수능란한 웅변은 그 자신의 경험의 정치—그의 미학에 관한 주요 저작들과의 연관성을 말해주는—에서 말과 행동의 얽히고설킴을 설득력 있게 증언했다.[40]

우리는 과학적 초월화를 통해 경험에 집단적 굴절이 가해질 수 있음을 이미 살펴보았다. 과학적 초월화에서는 경험을 하는 주체가 개별 과학자들의 유한한 수명보다 더 오래 살아남음으로써 보편적인 불멸의 인식적 경험주의자로 상정된다. 미학적 측면에서 칸트의 전통은, 적어도 잠재적으로는, 미를 보는 모든 사람에게 도움이 되는 어떤 상호주관적 판단을 가정함으로써 개인적 취향의 성벽들을 극복하고자 했다. 종교적 경험 또한 자아와 타자 간 경계에 대한 도취적이거나 신비로운 억제가 해소되는 공통의 형식들을 취할 수 있었다. 마르틴 부버가 가졌던 초기의 체험 신비주의는 새로운 공동체에 대한 열망에 근거한 것이었음을 상기할 필요가 있다. 우리가 전후 바이마르 시대에 조우했던 세대 간 논쟁은 참호전이라는 공동의 트라우마가 전투에 참여한 이들과 편안히 집에 머무른 이들(특히 여성들과 나이 든 남성 정치인들)을 가르는 어떤 공동의 정체성을 구축했다는 사실을 보여준다.

집단적 경험이라는 보수적 개념은 이 모든 모델들과는 다소 차이가 있었다. 특정 문화의 지혜는, 때로 모든 인간 경험에 관한 거창한 주장에 의존하긴 했지만, 전체적으로 종에 의해 체험된 일반적 교훈들보다 더 중요하다고 여겨지곤 했다. 그것은 불멸의 경험 주체를 그린 과학소설의 사례처럼 미래를 살피기보다, 현재에까지 영향을 미치는 과거에서 자신의 정당성을 찾았다.[41] 그 결과, 그것은 젊음보다 늙음을 가치 있게 여기고 자녀에 대한 부모의 권위를 옹호하는 특징을 지니게 되었다. 정치에서 구체적인 판단이 갖는 역할을 수용한다 할지라도—이는 추상적 원리나 알고리즘 규칙의 포섭적인 적용과 대립된다—그 개념은 판단에 따른 비판적이거나 전복적인 잠재력을 제약하고, 대신 판단이 과거의 귀감들에 의존하는 것을 강조하려는 경향이 있었다. 그것은 복음주의적 종교 경험이 갖는 공동의 황홀감, 열광적인 강렬함, 파괴적인 반율법주의의 잠재력 대신에, 신과의 교섭에서 과거의 숭배자들이 가졌던 응결된 경험을 포함하는, 좀더 견고한 제도들과 의례적인 관행들을 신뢰했다. 그리고 권력을 쥐고 있는 '노쇠한 노인들'에 맞설 수 있는 젊은 세대의 정체성을 칭찬하기보다는, 조상들이 그 누구보다 잘 안다는 확신에만 머물러 있었다.

오래된 제도, 편견, 전통이 어떤 사회 집단을 '지지했는지'를 판단하는 문제, 즉 장자상속제, 계약노예제, 가부장제 같은 제도들이 그로부터 불이익을 당하는 이들에게 도전받았을 때 부상하게 된 골치 아픈 문제는 흔히 해결되지 않은 채로 남았다. 게다가 보수주의에 대한 비판자들이 계속 주목한 것처럼, 사회의 유기적 모델은 기능적 상보성이라고 알려진 것이 권력과 보상의 근본적인 차이를 위한 근거가 될 수 있으리라는 가능성마저 완전히 뒤덮어버렸다. 어떤 이들에게는 '생생한' 전통으로 여겨질 법한 것이 다른 이들에게는 과거가 떠안긴 무거운 짐이었다. 선험적 추론을 피하라는 주장들 역시 편견이 숨겨진 전제들을 표현하는 것으로 이해될 수 있다는 비판에 직면했는데, 이는 과거 경험의 전 영역에서 현명하게 도출된 것이라기보다는 그것들 중 하나 혹은 몇몇을 편향되게 보편적 원리로 고양시킴으로써 도출된 것이었다. 그리고 사실상 이 가치들의 주창자들은 문화적 특수성과 정치적 다원주의를 옹호함에도 불구하고, 다른 곳에서(특히 자신들에 의해 식민화될 수 있었던 운 좋은 나라들에서) 자신들의 제도와 경험을 경쟁을 위한 모델로 고수하는 데 있어서 자유주의적 반대자들 못지않게 열심이었다.

: 오크숏과 정치적 합리주의의 신헤겔주의적 비판

그렇지만 그와 같은 고려들은 보수주의자들에게서 경험의 토대에 대한 정당화가 주는 매력을 감소시키지 못했다. 재빨리 20세기로 건너뛰어 영국의 가장 유명한 흄과 버크 계승자인 케임브리지대와 런던정경대 정치학 교수 마이클 오크숏(1901~1990)의 주장들을 검토해보면 그러한 결론이 매우 분명해진다.[42] 왜냐하면 우리는 경험에 대한 보수주의적 찬가에서—이것은 '정치에서의 합리주의'가 야기한 악들에 대한 해독제로서 18세기의 선조들이 시작했다—볼 수 있는 사실상 모든 주장이 그의 저작에서 반복되고 있음을 발견하게 될 것이기 때문이다. 더 정확히 말해서, 우리는 그것들이 그의 반이론적 주장에 역설적으로 은밀한 합리주의의 내력을 부여한 신헤겔주의에 의해 걸러졌음을 발견하게 될 것이다.[43] 오크숏은 옥스퍼드대의 맥타가트와 브래들리가 주도한 신관념론적 전통 속에서 수학했고, 1933년에 그들의 직접적인 영향하에서 철저하게 그 주제를 다룬 『경험과 그 양식들』을 썼다.[44] 후기 작업에서처럼 관념론의 색채가 분명하지는 않았지만, 감각주의적 원자론에 대한 뚜렷한 불신과 경험된 현실의 구체적인 상관성에 대한 강조는 전반적으로 그에게 보수주의적 정치철학이라는 낙인을 찍는 계기가 되었다.[45]

젊은 오크숏에게 흔적을 남긴, 경험 담론에 대한 헤겔의 기여를 잠시 살펴본다면, 그 역설은 적어도 어느 정도는 스스로 해소된다. 물론 그 기여를 제대로 다루려면 또 한 권의 책을 써야 하겠지만—사실 마르틴 하이데거, 한스 게오르크 가다머, 테오도어 아도르노에 의해 이미 포괄적인 해설서들이 나와 있었다[46]—그것이 오크숏에게 미친 영향을 언급하자면 단지 몇 가지만 강조하면 된다.

헤겔이 지知와 그 대상의 변증법적 상호 침투에 대해 논한 것은 『정신현상학』에서다. 여기서 그는 "새로운 참된 대상이 그것으로부터 나오는 한에 있어서, 의식이 스스로 작용함으로써 그것의 지와 그것의 대상 모두에 영향을 미치는 이러한 **변증법적** 운동은 분명 **경험**Erfahrung이라 불리는 것에 해당된다"고 주장했다.[47] 달리 말해 경험은 수동적 주체가 새롭고 예기치 않은 외부 대상들과 만나면서 생기는 것이 아니다. 오히려 그것은 전개되는 동안 그 둘을 변화시키는 상호 과정인 것이다. 의식은 그것이 조우하는 것에 의해 스스로 변형되며, 조우하는 대상 역시 마찬가지다. 헤겔에 따르면 "새로운 대상은 **의식의 전환 자체**를 거치면서 발생된 것으로 드러난다. 사태를 보는 이 방식은 **우리**가 기여한 것이며, 이를 통해 의식이 거쳐 가는 일련의 경험들은 학문적 진전으로 고양되기에 이른다."[48] 이러한 진전은 변증법적 과정의 일부인 실수와 장애를 포함시키는 것과 관련된다. 실제로 "학문의 길은 그 자체로 이미 **학문**이며, 따라서 그것의 내용에 따라 **의식적 경험**의 학문이 된다."[49] 다시 말해 헤겔은 베이컨 시대에 제기된 학문적 방법이 그러하듯 참된 진리를 그것이 성취되지 못하도록 방해하는 그릇된 인도와 대립시키거나 동화되지 않는 대상을 의식에 낯선 것으로 간주하기보다는, 거대한 종합 속에서 오류를 진리에 포함시켰다. "의식이 거쳐 가는 자신의 경험은 그 개념에 따라 다름 아닌 의식의 모든 체계 혹은 정신의 진리 전 영역으로 파악될 수 있다."[50] 또는 달리 말해서, 이론과 경험은 대조되는 쌍이 아니라 가장 심층적인 수준에서 동의어에 해당된다. 게다가 참된 학문Wissenschaft의 목표가 되는 경험 너머의 것—추상적인 플라톤적 본질의 세계나 칸트의 예지계—도 존재하지 않는다. 그 대신에 그 학문은 역사적 사건의 명백한 혼동 속에서 진리의 현시, 즉 내재적 논리에 귀 기울이는 현상학으로 남아 있어야 한다. 끝없는 변화로부터 영원한 것을 추출하려는 시도는 잡다한 다양성 속에 놓인 경험의 풍부한 특수성으로부터 그릇된 보편성을 끄집어내려는 것에 불과하다. 추상은 절대자의 상관적 총체성, 즉 철학적 반성을 통해 의식 안으로 들어오는 유의미한 전체를 형성하는 구체적 매개를 인식하지 못한다.

오크숏은 철학의 절대주의적 주장을 점점 더 못 견뎌하고 특정 종류의 합리성이 경험된 세계의 생생한 현실에 유해한 부담을 준다고 혹평하기도 했지만, 『경험과 그 양식들』에서 그는 브래들리의 신헤겔주의적 관념론의 충실한 추종자—추종자가 점점 줄어드는 가운데—였다.[51] 오크숏은 경험론의 극단과 합리론의 극단 사이에서 중간적 입장을 지키면서, 복잡하게 매개된 구체적 보편 속에서 이율배반들—주체와 객체, 사유와 존재, 개념과 사물, 개체와 맥락—에 대한 헤겔적 지양을 고수했다. 그는 철학적 경험을 "추정, 보류, 억제 혹은 수정이 없는 경험"으로 정의하면서 "철학적 지식은 그 경험에 자기완성의 증거를 지니는 지식"이라고 주장했다.[52] 그는 자신의 책이 어떤 단일한 관념을 지닌다면, 그것은 "추정이나 저지 없는 경험, 즉 시종일관 비판적이고, 부차적이거나 편파적인 혹은 추상적인 것에 제약받지도 현혹되지도 않는 경험으로서의 철학 개념"이라고 말했다.[53] 오크숏은 그 용어가 철학의 전체 어휘 목록에서 "가장 다루기 어렵다"는 것을 인정하면서, 헤겔을 좇아 "경험"을 "단지 분석만이 그것을 '경험하는 것'과 '경험된 것'으로 나눌 뿐인 구체적인 전체"로 정의했다. "경험하는 것과 경험된 것을 분리하여 취할 경우 그것은 무의미한 추상에 불과하다. 사실 그것들은 분리될 수 없다. (…) 경험은 단일한 전체로서, 그 안에서 변형된 것들이 구분될 수는 있겠지만 어떤 최종적이거나 절대적인 분할도 허용하지 않는 것이다. 그리고 (…) 모든 곳에서의 경험은 사유와 분리 불가능할 뿐만 아니라 그 자체로 사유의 형태를 지닌다."[54] 경험론자들의 가정과 달리, 감각은 본질적으로 판단과 관계하며, 따라서 즉각적인 "날것 그대로의" 경험이라는 관념은 명사 모순contradiction in terms인 것이다. 감각이란 참된 경험으로 가는 도정에 놓인 한 단계일 뿐이다.

게다가 "어떤 경험도 의미의 전제주의로부터 벗어날 수 없"으며[55] 진리는 "경험과 상관적이다. 그것은 그 세계가 스스로 만족스러운 한에서 경험세계 자체다."[56] '만족스러운'이라는 까다로운 단어로 오크숏이 의미한 바는, 내부의 모든 요소가 외부 현실에 대응하는 것이 아니라 필수 불가결한 것으로 있는, 전체적인 통일과 절대적 완성의 정합적 상태였다. 실제로 "여기서 절대적인 것은, 그 자체로 외부에 있는 것과의 관계에서 자신의 의미를 찾을 필요성에서 면제되거나 해방되는 것을 의미한다. 그것은 자기-완성적이고 온전하고 개별적이고 변화와 동떨어진 것을 뜻한다."[57] 따라서 경험의 대상과 그 자체로 있는 대상이라는 칸트적 구분은 불필요하며, 더욱이 현실은 "관념의 세계이고, 그것은 경험이지 경험을 저장하는 어떤 것이 아니기 때문"에 관념과 현실을 나눌 이유도 없게 된다.[58] 현실은 "우리가 반드시 사유해야 하는 것이고 사유하는 것이 경험하는 것이며, 경험하는 것은 의미를 경험하는 것이기 때문에 현실적인 것은 언제나 의미를 지니는 것, 혹은 이성적인 것"이라고 주장한다는 점에서 있어 헤겔은 옳았다.[59]

경험은 하나이며 단일한 것이긴 하나, 그 흐름을 붙잡아서 좀더 제한적인 양식들을 추출하는 것은 가능하다. 그렇지만 이것들은 실제로 전체로부터 분리되는 것이 아니라 단지 부분적 관점에서 고찰된 전체일 뿐이다. 그러한 양식들은 "동질적이지만 추상적인 관념들의 세계"였다. 오크숏은 자신의 책에서 상세한 탐구를 위해 역사적인 것(지나간 형태로sub specie praeteritorum 이해된 경험), 과학적인 것(양적인 형태로sub specie quantitatis 이해된 경험), 실천적인 것(자발적인 형태로sub specie voluntatis 이해된 경험)을 선정했고,

그 밖에 윤리적인 것과 같은 것을 언급했다. 그는 미학적인 것과 종교적인 것을 단순히 실천적인 것의 변종들로 보았다. 모든 고립된 양식은, 아무리 이해될 수 있다 해도, "경험이 자신의 목적을 실현해야 하는 것이라면 회피되거나 극복되어야 한다."[60]

여기서 오크숏이 경험의 상이한 양식들을 특징짓거나, 그것들이 차별화되기 이전 시대에 대한 특정한 향수를 드러낸 방식들에 대해서 상세히 설명할 필요는 없을 것이다. 그러나 그가 실천적 행위를 통해 상실된 전체성을 회복하는 것에 대해 어떠한 기대도 갖지 않았다는 점은 언급할 가치가 있다.[61] 경험의 파편화와 위축에 대한 오크숏의 유감과 벤야민이나 아도르노 같은 좌파의 유감이 놀라울 정도의 유사성을 지닌다 해도, 그는 어떤 유의미한 대안도 진정 기대하지 않았다. 실제로 오크숏은 실천적인 경험을 철학적인 경험이라는 좀더 큰 범주와 근본적으로 구별함으로써, 듀이의 실용주의적 행동주의뿐만 아니라, 저 유명한 포이어바흐에 관한 열한 번째 테제에서 전형적으로 표현된, 헤겔의 유산에 대한 마르크스주의자들의 기능 전환에 대해서도 거부감을 드러냈다. 그는 관조적 삶vita contemplativa에서 활동적 삶vita activa으로의 전환 가능성을 논박하면서 다음과 같이 경고했다.

> 철학을 삶의 방식으로 전환하는 것은 그 즉시 황폐한 삶과 철학을 갖는 것을 의미한다. 철학은 삶의 향상이 아니다. 철학은 삶의 부인이다. 따라서 우리는 철학적 사유의 실천적 정당화를 찾으려는 일체의 시도와 철학적 진리의 추구, 즉 삶을 철학의 비판에 굴복시킴으로써 삶을 철학으로 대체하려는 모든 시도가 그릇되게도 한쪽에 치우쳐 있다고 결론지을 수밖에 없다.[62]

따라서 오크숏에게는 경험을 독해하는 생철학의 특징인 활력적 '삶'에 대한 찬사가 없다. 심지어 그는 "완전히 정합적인 경험세계를 획득하려는 시도에 퇴폐적이고 심지어 타락한 것"이 있을 수 있을까 하는 생각까지 했다. 그러한 시도는 "지금껏 일상적 사고방식을 배제하고서 우리를 이끌고 있는, 추상의 수용을 선호하는 이들에게 면죄부를 줄 수도 있는 매우 까다롭고 심지어 의심스럽기까지 한 기획"이다.[63]

『경험과 그 양식들』은 오크숏의 "주된 진술들은 미성숙한 채로 남겨져 있다. 경험과 실재의 분리 불가능성은 유아론으로부터 논쟁적으로 보호될 필요가 있다"[64]라는 한 초기 평론가의 비난을 초래할 만큼 묘하게 단정적인 책이다. 게다가 그것은 보수주의적이건 아니건 간에 정치에 대한 많은 지침을 제공하지도 않는다. 물론 1930년대의 정치적 질문들에 대한 그의 입장을 암시하는 것이 있긴 하지만, 오크숏이 1947년에 출간된 자신의 가장 유명한 논문에서 '정치에서의 합리주의'라 부른 것의 정력적인 비판자로 출현하게 된 것은 제2차 세계대전 이후 노동당의 승리로 영국에 복지국가가 도입된 이후였다.[65] 그런 칭호에도 불구하고, 경험에 대한 그의 초기 신헤겔주의적 옹호의 잔재는 여전히 뚜렷하다. 왜냐하면 오크숏의 공격 대상은 이성 자체가 아니라 빈약한 이성이기 때문이다. 그는 이러한 이성을 이성의 계산적이고 기술적인 차원과 완전히 동일시했고, 그로 인해 그가 "정치의 공학에의 동화"[66]라고 경멸한 것이 나타나게 되었다고 보았다. 오크숏은 베이컨과 데카르트를 '기술의 주권'에 대한 치명적인 믿음의 선동자로 공격하면서,[67] 도구적 이성이 세계를 지배하는 것에 대해 유감을 표명했다. 도구적 이성은 여러 논쟁을 야기했는데, 주로 동시대 정치적 스펙트럼의 반대편에서 『계몽의 변증법』과 『이성의 상실』을 쓴 아도르노와 호르크하이머에 의해 시작됐고 이후 알렉산더 클루게와 오스카어 네크트에 의해 되풀이되었다.[68] 좌파 신헤겔주의자들처럼, 그는 진정한 경험의 실행 가능한 개념을 살려내고자 했는데, 그것은 이성의 절망적인 '타자'가 아니라 이성의 통합적 표현일 터였다. 오크숏의 주장에 따르면, 정치에서 (도구적) 합리주의자는 영지주의자로서, 경험을 외면하진 않지만 때로 외면하는 것처럼 보인다. 왜냐하면 그는,

> 언제나 경험이 (모든 것을 처음부터 다시 시작하길 원하면서) 그 자신의 경험이 되기를 고집하는데, 여기에는 경험의 혼란함과 다양함을 오로지 합리적 토대 위에서만 공격하거나 방어할 수 있을 일련의 원리들로 축소하려는 그 성급함이 작용하기 때문이다. 그는 경험이 하나의 공식으로 전환되어버리자, 경험을 쌓으려는 것, 다시 말해 기꺼이 경험하려는 것을 망각해버린다. 그에게 과거는 단지 성가신 짐으로서만 의미를 지닐 뿐이다. 그는 그 **부정적 가능성**(키츠가 셰익스피어의 특징으로 본 것), 질서나 분별에 대한 꼼꼼한 탐구 없이 경험의 신비로움과 불확실성을 수용하는 힘, 즉 경험을 정복하는 능력을 전혀 가지고 있지 않다.[69]

좌파의 신헤겔주의와 달리, 확장된 이성 개념인 오크숏의 이성 개념은 이미 발생한 것에 대한 수동적 수용에 우호적인 만큼 비판의 요소를 소홀히 하는 경향이 있었다. 그는 도구적 합리주의자의 지적 야망이 "인류의 경험을 공유하는 것이라기보다 명백히 자수성가형 인간이 되려는 것"이라고 비난했다. "그리고 이것은 그의 지성적이고 실천적인 활동들에 거의 초자연적인 숙고와 자의식을 제공하면서, 그 활동들에서 수동성의 요소를 박탈하고 모든 리듬감과 연속성을 제거하며 그 활동들을 점점 감퇴시켜버린다. 각각의 활동이 이성의 검토tour de raison에 의해 극복되도록 하기 위해서 말이다."[70]

이렇듯 선험적 가치 기준에 근거한 계산적이고 추상적인 합리성에 대항해서, 오크숏은 고대 그리스의 실천적 지식phronesis과 길버트 라일의 '실천적 앎knowing how', 마이클 폴라니의 '암묵적 지식tacit knowledge'에 견줄 만한 비도구적 대안을 정립했다.[71] 그는 1950년에 쓴 논문 「합리적 행위」에서, 자신이 "행동의 어법idiom of activity" 혹은 "환경 속에서 적절히 행동하는 법에 대한 지식"이라 일컫은 것에 그것이 내재해 있음을 강조했다.[72] 논리적 추론의 독백적인 훈련보다 문답적인 대화에 가까운 이성은 공동체 구성원들 간에 주고받는 행위와 관련된다. 과학이든 정치든 그것과 연관된 합리성은 "우리가 종사하는 특정한 활동을 행하는 방법과 관련된 지식에 대한 믿음"에 근거해야만 한다.[73] 그러므로 이성은 비판적이라기보다 긍정적인 것으로서, 활동에 뿌리내린 사회적 맥락과의 조화를 표현한다. 그것은 결코 완벽한 준수를 기대할 수 없는 도덕법칙을 경직되게 따르려는 칸트적 '당위'와 달리, 무반성적으로 체화된 윤리 규범(헤겔의 인륜성Sittlichkeit)을 갖는 구체적인 공통체로부터 나온다.[74] 결국 오크숏의 결론에 따르면, 합리성은 "연민의 흐름 속에서도 평정을 유지할 수 있는 모든 행위에 우리가 부여하는 자격증으로서, 삶의 방식을 구성하는 것인, 활동의 정합성"이다.[75]

그러나 오크숏은 이 조건이 어떻게 회복 가능한지 말할 수 없었다. 왜냐하면 기술적 합리성의 승리는 궁극적으로 정치 영역에서의 거스를 수 없는 민주화의 결과였기 때문이다. 가장 노골적인 엘리트적 진술들 중 하나에서 그가 단언한 바에 따르면, "합리주의 정치는 정치적으로 경험이 부족한 정치다. 그리고 (…) 최근 4세기 동안의 유럽 정치의 현저한 특징은 적어도 세 가지 유형의 정치적 미경험—새로운 통치자, 새로운 통치 계급, 새로운 정치사회의 미경험—의 갑작스러운 유입을 겪었다는 것이다. 최근 버나드 쇼 선생이 제공한 새로운 성의 유입은 말할 것도 없고 말이다."[76]

이처럼 노골적으로 반동적인 분출에도 불구하고, 오크숏의 상당수 입장은 좀더 진보적인 변형으로 수용될 수 있었다. 경험과 이성은 정합적이고 유의미한 삶의 방식에서, 즉 추상적인 도덕적 관념론보다는 어떤 윤리적인 공동체 속에서 겹쳐졌으며, 주체와 객체는 더 이상 이원론적으로 대립하지 않게 되었고, 과학주의는 좀더 인간주의적인 대안이라는 이름으로 거부되었다. 우리는 이 모든 것에서 1960년대와 1970년대의 작업들을 통해 경험 개념을 정상화하려 애쓴 영국 마르크스주의 휴머니스트들의 어법을 분명하게 예측할 수 있다. 따라서 『뉴레프트 리뷰』에서 『정치에서의 합리주의』에 대한 긍정적인 비평을 발견하게 되는 것도 놀라운 일이 아닌데, 거기서 구체적인 역사 전통에 대한 오크숏의 강조는 "사실상 진지한 사회주의적 사유의 토대와도 밀접"한 것으로 찬사를 받았다.[77] 그리고 1982년에, 영국 사회 이론에 대한 '근본적인 성실함radical earnestness'으로 칭찬받는 역사가 프레드 잉글리스는 "마이클 오크숏의 최고 저작인 『경험과 그 양식들』과 『정치에서의 합리주의』 이후로 영국 보수주의자들 사이에는 그 어떤 인상적인 사회적 이론화도 존재하지 않았다"고 주장할 정도였다.[78] 그것이 경험이나 그 밖의 문제에 대해 영국의 마르크스주의적 휴머니즘에 끼친 오크숏의 직접적인 영향을 성급하게 주장하는 것일 수도 있겠지만, 사실 그것은 전통적으로 보수주의 진영에서 전개된 주제들의 좌파적 전유에 대한 강력한 자극제로 널리 인정되어온, 1932년부터 1953년까지 출간된 한 비평 저널에 그의 초창기 노력의 일단이 드러났음을 시사해준다. 그 잡지가 바로 F. R. 리비스의 『스크루터니』다.[79] 리비스와 그의 저널 주위로 모여든 비판 이론의 지배적 학파는 이러한 전유에 대한 설명에서 핵심적인 존재들이다. 리비스 본인은 문학을 '구체적인 인간 경험'의 기록으로 이해하고자 했고 "우리가 표현 속에서 단어 사용의 부적합함으로 진단하는 것은 그 단어 이면의 부적합함, 즉 경험의 부적합함으로 거슬러 올라간다"는 전형적인 주장을 폈다.[80] 그 부적합함의 표현 하나가 바로, 앞서 보았듯이 오크숏이 애석해한 경험 양식들의 분리였다. 특히 리비스는 미학적 경험이 도덕성과 구별되는 것—이는 1920년대에 영국에서 쉽게 목도됐던 새로운 댄디즘의 특징이었다—을 개탄스러워했다.[81] 리비스는 추상적 체계를 피하고, '삶'의 풍부한 다양성을 찬양하고, 휴머니즘적 총체의 유기적 은유를 일깨우고, 고전적 혹은 과학적 언어와 대립되는 토착어를 옹호하면서, 프랜시스 멀헌이 "구체적 문학 언어에 내재된 것의 인정과 긍정"에 뿌리를 두었다고 기술한 그런 비평을 선보였다. "따라서 이 비평은 직관주의의 한 형식이다. 특히 그것은 **문학적 경험에서의 도덕적 가치들에 대한 직관** 속에 있다."[82] 이처럼 귀중한 유산을 보존하는 것이 바로 리비스가 소수 엘리트로 구성된 동지들에게 부여한 비평가의 역할이었다. 왜냐하면 "과거의 우수한 인간적 경험에서 이득을 얻는 우리의 힘은 바로 이 소수에게 의존하며, 그들은 전통의 가장 미묘하고 사라지기 쉬운 부분을 생생하게 유지시켜주기 때문이다."[83]

사실 마르크스보다는 D. H. 로런스가 리비스의 시금석이 되긴 했지만, 케임브리지대 문학부에서 그의 계승자였던 레이먼드 윌리엄스 같은 영국 마르크스주의자들에게 리비스가 미친 영향은 널리 알려져 있다.[84] 그 이유는 리비스의 반유물론, 문화적 비관주의, 시골 공동체에 대한 향수, 노동계급의 구원적 임무에 대한 불신에도 불구하고, 그가 근대 세계의 약탈에 맞서는 투쟁에서 핵심 범주였던 '생생한 경험'의 중심성이 갖는 진가—정력적으로 옹호되기보다는 느껴지는—를 이 비평가들에게 제공했기 때문이다. 게다가 그는 현실 세계에 추상적인 이론적 범주를 부과한 데 따른 대가를 치렀던 동유럽에서의 1956년 사건들 이후, 교조적인 변증법적 유물론과 공산당에 대해 다수가 느낀 환멸의 여파 속에서 그들에게 자신들의 노력을 재조명하는 한 가지 방법을 제공하기도 했다. 그리고 구체적 경험 범주—'문화' '전통' '교육' '공동체' '의사소통'을 비롯해—의 중요성을 일깨움으로써, 리비스는 그들이 정치적 스펙트럼의 양극단에 있는 자신들의 지적 선조들뿐만 아니라, 외국 이론의 어떤 영향도 필요치 않은, 정치적 압제와 시장의 폭정에 맞선 민중 저항의 토착 전통과도 재결합하게 해주었다.

앞서 우파에 대해 묘사한 것과 유사하게, 경험의 정치에 대한 좌파의 전유는 영국 마르크스주의 휴머니즘의 토대가 된 문헌들인 윌리엄스의 『문화와 사회』(1958)와 톰프슨의 『영국 노동계급의 형성』(1963)에서 가장 명백히 드러난다.[85] 리비스의 유명한 소설사를 참고해 말하자면, 전자는 "여러 면에서 사회주의의 **위대한 전통**"이라 불려왔다.[86] 이 책에서 윌리엄스는 문화와 관련해 그때까지 정당한 평가를 받지 못했던 사유 양식을 좌파를 위해 살려내고자 했다. 그것은 에드먼드 버크, 윌리엄 코빗, 새뮤얼 테일러 콜리지로부터 낭만주의자들인 존 스튜어트 밀, 매슈 아널드, 토머스 칼라일, 뉴먼 추기경을 거쳐 T. S. 엘리엇, 로런스, 리비스 같은 20세기 인물들까지 널리 아우르는 사유 양식이었다. 의미심장하게도, 윌리엄스의 시작은 버크에 대한 아널드의 유명한 찬사—"영국에서는 거의 유일하게 그가 정치와 관련된 사유를 제공했고, 정치를 사유로 충만하게 했다"—를 다음과 같이 해석한 것이었다.

> 그것은 '감정'에 대한 흔한 반대로서의 '사유'가 아니다. 오히려 그것은 경험의 특별한 직접성으로서, 본질적으로 전인적 인간이 되는 관념들의 특수한 구현을 위해 스스로를 해소하는 것이다. 이러한 관념들의 정확성은

처음에는 문제시되지 않는다. 그리고 그 진리는 애초부터 역사적 이해나 정치적 통찰에서 그것들의 유용성으로 평가되지 않는다. 버크의 저작은 분명하게 기술된 경험이며 일반적인 결론의 붕괴에도 불구하고 그 자체로 살아남았다는 타당성을 지녔다. 이는 대의가 실패했던 곳에서 달변만이 생존했다는 말이 아니다. 그 달변이 단순히 대의의 허울일 뿐이었다면, 지금쯤 아무런 가치도 지니지 못했을 것이기 때문이다. 살아남은 것은 하나의 경험, 즉 특수한 종류의 학습이다. 그 저작은 단지 그것이 이런 경험과 소통하는 한에서만 중요성을 지닌다. 결국 그것은 두드러지게 된 개인적 경험인 것이다.[87]

그렇게 변형된 개인적 경험이란 무엇이었는가? 윌리엄스의 입장에서, 버크의 "교설들은, 결함들을 갖고 있지만 그렇다고 본질적으로 위태롭지는 않은 어떤 안정성의 경험에 의존한다. 변화의 물결이 거세지면서 확신은 절망적인 방어가 되었다."[88] 그의 언급에 따르면, 자본주의적 산업주의와 자유방임적 개인주의라는 좀먹는 권력에 맞서 유기적 사회를 보존하자는 버크의 호소는 낭만주의에 의해, 그리고 이후 존 러스킨과 월터 페이터에 의해 예술의 특별한 가치를 옹호하는 것으로 축소되었다. 윌리엄스는 다음과 같이 한탄했다.

특정 종류의 경험에 대한 장애물은 시에 대한 장애물로 단순화되었고, 이는 급기야 그 경험의 저해와 동일시됨으로써 전반적으로 그것을 의미하는 것으로 간주되었다. 압력을 받는 예술은 인간 경험의 전 범위에 대한 상징적 추상이 되었다. 이는 곧 귀중한 추상인바, 실제로 위대한 예술은 이런 궁극적인 힘을 지니고 있기 때문이다. 그럼에도 불구하고 그것이 추

> 상인 것은, 일반적인 사회 활동이 소관 부처의 지위로 내몰리고 실제 예술 작업이 부분적으로 자기 변호적 이데올로기로 전환되었기 때문이다.[89]

여기서 모든 생활 방식으로 문화를 표현하는 좀더 강력한 대안에서 미학적 경험을 추출하는 것에 대한 적대감, 다시 말해 오크숏이 가졌을 법한 적대감이 손쉽게 드러난다. 윌리엄스는 엘리트적인 고급문화 개념에 반대하면서, 오크숏의 신헤겔주의적 인륜성의 수용에 필적하는 방식으로 좀더 넓은 인류학적 의미를 동원하고자 했다. 이들 두 사상가가 배척하는 것은 다름 아니라 이론적 사변을 생생한 경험에서 분리하는 것이었다. 윌리엄스는 존 스튜어트 밀이 "의견과 평가를 경험과 사회 현실 모두로부터 분리하려는 경향"이 있고, 찰스 디킨스의 『어려운 시절』은 "산업주의에 대한 경험이라기보다는 그것에 대한 분석"이라고 불평했다.[90] 나아가 그는 고유한 인간 본성에 대한 T. E. 흄의 고찰이 단지 "하나의 합리화를 다른 합리화로 대체한 것"에 불과하다고 불평했다. "현실 경험의 수용, 그러니까 우리가 추상의 노력으로도 결코 피할 길 없는 실제 상황에의 참여는 흄이 가정한 것보다 훨씬 더 어려운 것이다."[91]

그렇지만 20세기 들어 예술과 그 밖의 생생한 경험 영역들 간의 분화는 도전받기 시작했다. "영국에서 페이터와 클라이브 벨 사이에서 명백하게 드러났고 당시 20대 청년들에게 일종의 교리처럼 여겨졌던 미학적 경험의 고립화는 몇몇 상이한 계보를 따라 공격받았다. 엘리엇으로부터는 전통과 믿음의 재강조가, 리비스로부터는 아널드가 문화에 부여했던 광범위한 보편적 강조의 재발견이, 마르크스주의자들로부터는 사회에 대한 새로운 총체적 해석의 적용이 제기되었다."[92] 하지만 마지막 비판을 제외한다면, 문화의 관념과 경험의 갱신은 여전히 콜리지의 '식자층clerisy'과 아널드의 '남은 자

remnant'가 갖고 있던 엘리트적 의미를 지녔다. 윌리엄스는 리비스가 그릇되게도 자신의 희망을 소수의 감성적인 비평가들에게 제한했다고 지적했다. 왜냐하면 "지속과 변화의 작업에서, 그리고 단지 분열의 요소들로 인해, 우리는 문학적 경험을 유일한 시험으로 만들 수 없고, 심지어 핵심적인 시험으로도 만들 수 없기" 때문이다. "내가 보기에, 자각적인 소수라는 관념은 그 자체로 전반적 위험들에 대한 방어적인 징후에 불과하므로 이러한 '소수'를 비중 있게 강조하는 것조차 가능하지 않다."[93] 이에 맞서기 위해 필요한 것은 윌리엄스가 '희생자의 경험'[94]에 대한 생생한 기록이라며 추켜세운 조지 오웰의 작업에서 발견할 수 있다. 윌리엄스의 설명에서 '경험'(어떤 종류의 경험이건)과 '문화'의 친밀한 관계는—예컨대 그는 뉴먼의 문화 관념이 생각한 문화가 "신적 질서에 대한 독실한 경험"에서 도출될 수 있었다고 주장했다[95]—그 둘의 문제적인 융합으로 이어질 수도 있는데, 이는 일부 독자에게는 비판적 지렛대의 상실로 보였다.[96] 그러나 그의 의도가 동시대 좌파의 어휘에서 그 두 단어를 구제하려는 것이었음은 분명했다.

『문화와 사회』는 산업적 근대화의 상처들을 봉합하고 '실질적인 경험 공동체'[97]에 기초한 참된 의사소통의 가능성을 회복하는 공통 문화의 재창달을 요청하는 것으로 마무리된다. 윌리엄스의 설명은 호가트의 『교양의 효용』을 통해 성과가 해명되고 입증된 노동계급의 문화에 지속적인 관심을 갖지 않았지만, 그럼에도 그의 직관은 민주적이고 포괄적이며 조심스럽게 낙관적이었다. 그는 개인적이기보다는 집단적인 성격을 더 지닌 노동계급의 문화가 "매우 주목할 만한 창의적인 성취"라고 주장했다.[98] 은연중에 웨일스 출신의 이방인이자 영국 엘리트 기관의 장학생이라는 자신의 개인적인 경험을 끌어들이면서, 윌리엄스는 자신의 주저에서 '대중'의 경험이 새로운 평등주의 문화의 창출로 인정될 수 있는 '기나긴 혁명'을 주창했다.[99] 그의 주장에 따르면, 그러한 경험의 기록은 그 문화의 "전반적인 조직에서 모든 요소가 낳은 유난히 생생한 결과"라고 다소 불분명하게 정의되는 '감정구조'에서 뚜렷이 드러나며, 이것은 그 문화의 예술들을 통해 회고적으로 접근될 수 있다.[100] 급진적 비평가의 역할은 과거의 모든 모순 및 실현되지 못한 열망과 더불어 과거의 생생한 경험을 구제함으로써, 그것을 동시대의 해방적 목적에 이용하도록 만들어주는 것이다. 그와 같은 경험들은 비록 억눌리고 숨죽이고 직접적인 표현을 거부하긴 하지만, 부르주아 승리주의의 지배적 서사에 대한 잠재적인 대항-역사의 질료가 될 수 있었다.[101]

: E. P. 톰프슨과 아래로부터의 역사

더 오랫동안 기탄없이 마르크스주의에 헌신하며 글을 써온 E. P. 톰프슨은 1961년에 한 유명한 평론지에서 윌리엄스를 거론하면서 그의 "총체적 삶의 방식"으로서 문화 개념을 비판했다. 그 대신에 그는 "총체적 투쟁의 방식"을 지지했는데, 이는 문화적 전체론의 본질적으로 보수적인 전통이 무시해온 착취와 권력 불평등을 기록하는 것이었다. 또한 그는 윌리엄스가 실제 노동계급의 삶과 생각을 설명하는 데 인색할 뿐 아니라 (크리스토퍼 코드웰 같은 영국의 이류 마르크스주의자들과는 대조적으로) 마르크스에 대해 무관심한 것을 유감스럽게 여겼다. 그 '기나긴 혁명'에서 혁명의 대립적이고 심지어 폭력적인 국면이 어디 있단 말인가, 그는 이렇게 의심스러워했다. 그러나 이런 꺼림칙함에도 불구하고, 톰프슨은 윌리엄스의 설명에서 경험이 하는 핵심적인 역할을 인정하는 데는 주저함이 없었다.[102]

역사에서 잊힌 자들, 즉 '아래로부터의 역사'라 불릴 만한 것의 사라진 경험을 회복하려는 톰프슨 자신의 계획은 2년 후 그의 기념비적인 저작 『영국 노동계급의 형성』에서 가장 강력하게 드러났다.[103] 다음은 그 책의 서문에서 종종 인용되는 감동적인 구절이다.

> 나는 후대의 어마어마한 위선적 겸양으로부터 가난한 양말제조공, 러다이트에 참여한 직물공, '한물간' 방직공, '몽상적인' 장인, 그리고 심지어 조애나 사우스콧에 현혹된 추종자들까지 구제하고자 한다. 그들의 기술과 전통은 소멸해버렸는지도 모른다. 새로운 산업주의에 대한 그들의 적개심은 시대에 뒤처졌는지도 모른다. 그들의 공동체적인 이상은 미욱한 것인지도 모른다. 하지만 그들은 극심한 사회적 격변을 거쳤고 우리는 그렇지

> 않다. 그들의 열망은 그들 자신의 경험의 조건에서 타당한 것이었다. 그리고 만약 그들이 역사의 피해자라면, 그들은 자신의 삶에서 구제받을 길 없이, 여전히 피해자들로 남아 있을 것이다.[104]

계급을 경직된 구조나 사물로 축소하고 계급의식을 그것의 자동적인 반영으로 환원한 메마른 마르크스주의에 반해, 톰프슨은 그것을 언제나 살아 있고 투쟁하는 인민 속에서 체현되는 역동적이고 역사적인 관계로 보았다. 그의 주장에 따르면 "계급 경험은 사람들의 타고난—혹은 비자발적으로 엮이게 된—생산관계에 의해 주로 결정된다. 계급의식은 이 경험들이 문화적 조건에서 다뤄지는 방식으로, 전통, 가치 체계, 관념, 제도적 형식에 체현된다. 경험이 결정된 것으로 보인다면, 계급의식은 그렇지 않아 보인다."[105] 후자는 단순히 발생되는 것이라기보다 만들어져야 하는 것이며, 그러한 형성에서 드러나는 것은, 결과적으로 그 의식에 이르게 되는 사람들의 작용이다. 톰프슨은 자신이 산업사회 이전 영국의 '도덕경제'라 불린 과거의 삶의 방식의 상실을 인식하고, 그러한 자기 형성의 숭고한 국면을 종식시킨 '1834~1835년의 처절한 패배'를 인정했지만, 그의 서술은 억압과 투쟁에 대한 자신들의 집단적 경험을 먹고 고통스럽게 자라난 계급의식을 획득한 이들의 유산에 대한 찬가였다.

그러나 '경험'을 추상적 이론에 대한 반격이자 과거의 유효한 교훈들의 축적으로서의 규범 기준으로 격상시킨 영국 마르크스주의자들의 입장은 『영국 노동계급의 형성』 이후 격동의 10년 동안 온전하게 살아남을 수 없었다. 누군가는 소농들의 촌락에서의 경험의 역할을 탐구한 존 버거의 소설과 수필에서 경험에 대한 지속적인 호소를 발견할 수도 있겠지만, 경험의 자명한 지위는 이제 지속적인 비판적 검토의 대상으로 전락해버렸다.[106] 급진적 정치에서 노동운동의 주도적 역할이 어떤 단일화된 '총체적 삶의 방식' 개념을 복잡하게 만드는 새로운 집단들—학생, 여성, 소수 민족, 성 소수자—에 의해 도전받기 시작하자 윌리엄스, 톰프슨 및 그의 동료들의 휴머니즘적 가정 또한 대륙에서 건너온 이론적 동향의 편입에 따른 압력에 처하게 되었다.[107] 『뉴레프트 리뷰』 편집진 내에서 벌어진 극심한 주도권 갈등—1963년에 톰프슨과 존 세빌 같은 구세대가 페리 앤더슨 및 그의 동료들인 톰 네언, 로빈 블랙번으로 교체되었다—이 잘 보여주듯이, 그 전환은 모리스 메를로퐁티가 '서구 마르크스주의'라 명명했던 것의 수용을 위한 길을 열었다.[108]

물론 안토니오 그람시, 죄르지 루카치, 장폴 사르트르, 에른스트 블로흐, 뤼시앵 골드만, 갈바노 델라 볼페, 그리고 프랑크푸르트학파 사람들이 그 수용에서 어떤 역할을 하긴 했지만, 경험에 대한 영국 마르크스주의 논쟁에서 가장 큰 영향을 미친 것은 알튀세르의 저작들과 이른바 '구조주의 마르크스주의'라는 것이었다. 알튀세르가 가스통 바슐라르, 조르주 캉길렘과 관련된 프랑스 과학철학의 반경험주의 전통 및 그에 따른 "과학적 개념들의 생산에서 **도구들**의 기능에 대한 정확한 이해를 통한 철학적 **경험** 범주의 수정"[109]에 빚지고 있음은 널리 인정되었다. 총체wholeness라는 이데올로기에 대한 그의 반인간주의적 적대감도 마찬가지였는데, 이처럼 경험의 통합적 주체에 대한 믿음에 대항하는 입장은 부분적으로는 라캉의 정신분석에서 끌어낸 것이었다.[110] 하지만 경험이 지대한 영향력을 행사하는 자본주의 생산양식의 좀더 근본적인 구조들의 침해적 매개와 구별될 수 없다는 것은 아마도 알튀세르 본인의 주장이었을 것이다. 1966년에 「예술에 관한 서한」에서 알튀세르는 특별히 다음과 같이 경고했다.

> 우리가 이데올로기에 대해 말할 때, 우리는 그것이 슬그머니 인간의 행위가 된다는 것, 그것이 인간 실존 자체의 '생생한' 경험과 동일시된다는 것을 알아야 한다. 위대한 소설들에서 우리가 이데올로기를 '보게끔 짜여진' 형식 속에 개인들의 '생생한' 경험이 내용으로 담겨 있는 것은 그 때문이다. 이 '생생한' 경험은 어떤 순수한 '현실'에 의해 주어진 여건이 아니라, 이데올로기와 현실의 특유한 관계 속에서 자연스럽게 일어나는 이데올로기에 대한 '생생한 경험'인 것이다. (…) '생생한 경험'은 과학의 대상이기도 하다.[111]

참된 지식은 경험적 직접성의 언어와 철저하게 단절해야 했다. 이것은 사르트르 같은 프랑스의 실존주의 마르크스주의자들을 겨냥한 말이었지만, 좌파 리비스주의자들과 마르크스주의 휴머니스트들을 겨누도록 쉽게 방향을 틀 수도 있는 말이었다. 그리고 곧 그렇게 되었다.

: 영국 마르크스주의 내에서의 경험에 대한 논쟁

사실상 '경험'은, 한편에 있는 윌리엄스와 톰프슨과 그들의 세대, 그리고 다른 한편에 있는 이론적으로 야심차고 정치적으로 전투적인—대개 트로츠키주의자들인—새로운 『뉴레프트 리뷰』 편집진 간에 벌어진 논쟁의 중추가 되었다. 1976년에 윌리엄스의 제자인 테리 이글턴이 포문을 열었다. 그의 유명한 저작 『비평과 이데올로기』 중 한 장의 기초가 된 어떤 논문을 통해서였다.[112] 이글턴은 문학적 문화에 대한, 사실상 문화 자체의 문제적 개념에 대한 리비스의 집착을 무비판적으로 수용하도록 자신의 스승을 이끈 낭만적 민중주의, 점진적 개혁주의, 감성적 휴머니즘을 무자비하게 공격했다. 이글턴의 주장에 따르면, 『스크루터니』는 프티부르주아의 이데올로기적 구성물이나 다름없는바, 그것이 드러내는 "순진한 감각적 경험주의는 '실천적 비판'의 행위로 요약되는 것으로서, 생생한 경험의 직접성을 상대로 미학적 범주들을 테스트하는 '진보적인' 시도였다. (…) 『스크루터니』는 '이데올로기'와 전투를 벌이기 위해 '경험'을 들먹였다. 마치 그것이 이데올로기의 본산이 아니라는 듯이 말이다."[113] 『문화와 사회』의 좌파 리비스주의는 진정한 역사유물론보다는 루카치의 반과학주의와 프랑크푸르트학파에 더 가까워지면서, 결국 마르크스보다는 로런스에게 더 의존한 셈이다. 궁극적으로 이글턴은 그 모든 것의 배후에는 보수주의적 계보가 있다고 결론내렸다. "추론이 생생한 경험으로부터 조직적으로 생겨나지 않으면, 추론은 쉽게 의심의 대상이 되고 만다. 이렇듯 평범한 영국 경험론의 태도가 윌리엄스의 모든 저작에 스며들어 있다. 이것은 『스크루터니』로부터 물려받은 것이며, 무엇보다도 데이비드 흄에 대한 그의 존경을 잘 설명해주는 대목이다."[114] 후자의 비판은 윌리엄스가 이성을 경험에 근거 지은 흄의 시도를 냉소적이라기보다 긍정적인 회의주의, 사회적 공리주의, 도덕성과 사회 과정의 연결에 대한 유기적 이해라고 칭찬한 1964년의 찬양조 논문을 겨냥한 것이었다.[115]

심지어 윌리엄스가 이후 그람시의 헤게모니 개념을 차용하는 방식으로 서구 마르크스주의 사상을 수용하려 분투했을 때조차, 그의 경험 숭배는 지속적인 방해 요인이 되었다. 이글턴의 비난은 이어진다. "윌리엄스가 헤게모니의 **경험적인** 힘을 그것의 구조적 우선성의 지표로서 강조하고자 한 것이 바로 그 자신의 방법의 증상이다. 헤게모니는 깊게, 침투적으로 체험되며, 그래서 상부구조가 될 수 없다. 상부구조란 '부차적인 것', 즉 '약하게 경험되는 것'이기 때문이다. 그의 헤게모니 개념 자체가 구조적으로 분화되지 않은 것이라는 점은 이러한 혼동과 논리적으로 조응한다."[116]

이러한 비난들은 '텍스트학'을 만들어내려는 이글턴의 시도에 기초를 두고 있었는데, 이는 그 자신이 결국 후회하게 되는 마르크스주의자의 이론적 자만의 순간을 보여주는 것이었다.[117] 심지어 그는 몇 년 후 발터 벤야민의 유산에 대해 설명하면서도 그 독일 비평가의 작업에서 경험 개념의 중요성을 최소화하려 했을 정도로 그 개념에 적대적이었다.[118] 그러나 10년여 동안 지속된 그의 반감은 마르크스주의 휴머니즘에 대한 영국 알튀세르주의자들의 공격에서 전형적인 것이었다. 따라서 1976년에 앤서니 바넷이 『뉴레프트 리뷰』를 통해 이글턴의 공격에 맞서 윌리엄스를 옹호하려는 미묘한 시도를 했을 때도 그는 경험 문제에 대해 자신이 옹호한 만큼만 동의를 표했다. 바넷은 리비스와 달리 윌리엄스는 경험을 "변경 불가능한 형이상학적 가치, 즉 주관적 판단의 유일한 전형적 기준"으로 이해하지 않았다고 주장하는 것으로 시작했다. "또한 윌리엄스는 '경험의 감정과 그것을 **변화시키는** 방식'(나의 강조)을 언급함으로써, 경험이 역사에 복속되는 것임을 보였다.

정확히 그가 '감정구조'라는 개념을 고안한 것은 바로, 끊임없이 변하는 다양한 사회 역사의 한 부분으로서 세계에 경험의 범주를 회복시키기 위해서다."[119] 그러나 바넷이 긴 주석을 통해 서술한 바에 따르면, 역사적이고 유물론적이고자 했던 그의 의도에도 불구하고,

> 윌리엄스는 그릇되게도 '경험'에 지식의 결정적 조직자라는 특권적 역할을 부여했다. '생생함'에 대한 그의 주장은 종합적인 사회 이론을 구성하고자 했던 그의 노력을 방해하는데, 이는 단지 그가 경험을 진리의 바로 그 보고로 간주해왔기 때문이다. 명백히 경험은 발견의 중요한 도구가 될 수 있다. 특히 실천이라는 능동적 경험이 그렇다. 그러나 아무리 경험이 이론의 타당성을 확인해줄 수 있다 하더라도, 전 세계적 체계로서 자본주의의 운동 법칙들은 분명 오직 추상적 유형의 논증에 의해서만 해명될 수 있다. 이 운동 법칙들의 결과들은 경험될 수는 있지만, 그러한 결과들 뒤에 놓인 과정의 현실은 경험에 의해서는 밝혀질 수 없다.[120]

그런 뒤 바넷은 1977년과 1978년에 이루어진 윌리엄스와의 길고 면밀한 일련의 인터뷰를 위해 『뉴레프트 리뷰』의 또 다른 편집자인 페리 앤더슨, 프랜시스 멀헌과 합류했다. 여기서 경험이라는 주제가 또다시 핵심 쟁점으로 떠올랐다.[121] 그사이 윌리엄스는 『마르크스주의와 문학』을 출간했는데, 그것은 서구 마르크스주의 문학 이론의 교훈들을 통합하려는, 단호하지만 그리 성공적이지는 못한 시도였다.[122] 여기서 윌리엄스는 '감정구조' 같은 다소 불분명한 일부 개념을 해명하려 했지만, 경험 개념에 대해서는 그리 많은 압박을 가하지 않았고, 그 개념은 1976년에 나온 그의 어휘집 『키워드』의 초판에서는 뚜렷하게 부재했다.[123] 그렇지만 『뉴레프트 리뷰』의 대담자

들은 그가 곤경에서 벗어나기를 원치 않았다.

윌리엄스는 자신의 유년기를 다룬 첫 번째 인터뷰에서, 웨일스의 시골에서 성장한 경험을 이야기해달라고 요청받았다. 그가 계급 관계의 기초가 되는 착취라든가 정신노동과 육체노동의 갈등, 심지어 시골과 도시의 깊은 단절에 대해 직접적으로 접촉해보지 않았다고 인정하자, 인터뷰어들은 의기양양하게 응답했다. "당신의 어릴 적 경험은 당신 세대의 사람들 대부분이 어떤 시점에서든 느껴봤을 전형적인 모든 갈등과 긴장에서 벗어나 있었던 것처럼 보인다."[124] 윌리엄스 자신의 경험이 그의 완숙한 정치적 견해에 대한 믿을 만한 설명이 되어주지 못한다면, 그 개념 일반은 어떻게 되는 것인가?

논점을 분명히 하기 위해서 앤더슨, 바넷, 멀헌은 『문화와 사회』에서 버크나 콜리지 같은 인물들에 대한 그의 전적으로 관대한 독해가 관념의 진리와 "그 어떤 종류이든 일상적인 담론적 진리에 반드시 상응하지는 않는 좀더 심원하고 지속 가능한 경험" 사이의 의심스러운 대조에 기초한 것은 아닌지 캐물었다. 윌리엄스는 자신이 문학비평가로서 받은 훈련의 희생자임을 인정하는 것으로 그들의 지적에 수긍했다. 그 훈련은 그에게 "독자의 첫 의무는 시가 재현하는 생생한 경험에 반응하는 것이며, 이는 그 속에서 발견되는 관념이나 신념보다 훨씬 더 중요하다고 (…) 힘겹게 배운 문학적 판단 절차는 경험하기 전에는 일종의 유예와 같다고" 가르쳤다.[125] 그들은 설령 좀더 객관적인 형식이라 해도 '감정구조'란 결국 경험에 대한 리비스의 문제적인 강조를 지속하는 방식에 불과한 것이 아닌지 물었다. "그렇다. '경험'은 내가 『스크루터니』에서 이어받은 용어인 셈이다." 윌리엄스는 수긍했다. 하지만 이제 그는 종종 하나의 위대한 문학작품으로 압축되는, 느낌의 경험들을 분명히 표현하는 감정구조들과 그렇지 않은 것들을 구분하고자 했다. 피억압자들이 자신들의 상황을 이해하지 못하도록 방해하는 이데올로기적 장애물이 존재할 때 "감정의 분명한 구조가 불분명한 경험에 필연적으로 상응한다고 가정하는 것은 매우 위험한 일이다."[126]

인터뷰어들은 그러한 구분을 가치 있는 것으로 인정하면서도, 여전히 경험을 인식론적으로 특권화한 『기나긴 혁명』에서 펼친 그의 주장을 흠잡았다. 이 가정의 한 가지 주요 난제는 그것의 암묵적인 민족주의적 편견, 즉 한 지역적 지식이 비교되는 상대의 것보다 우위에 있다는 함의였다. 윌리엄스는 관습들이 민족의 경계를 넘어설 때 특히 국제적인 시각이 중요할 수 있다는 데 동의했다. 그러나 인터뷰어들은 만족스럽지 않다는 듯이, 자신들이 경험의 '당혹스러운' 문제라 부르는 것으로 집요하게 되돌아갔다.

> 글을 쓰는 데 있어서 감정구조는 가치, 즉 '삶'의 주관주의적인 개념이다. 당신이 『스크루터니』의 용법을 변형했다는 사실에도 불구하고, 그 용어는 자신의 지적 유산의 무언가를 지속적으로 나르고 있다. 감정구조에 관한 당신의 가장 최근 논의를 보면, 그것은 의식적으로 수용된 이데올로기와 창발적인 경험 사이의 모순의 장으로 정의되고 있다. 그리고 이데올로기를 넘어선 창발적인 경험이라는 관념은 일종의 주체와 이 주체가 몰두해 있는 현실의 순수한 접촉을 전제하는 것처럼 보인다. 그것은 '삶' 혹은 '경험'의 리비스적인 개념으로 되돌아가기에 충분한 여지를 남겨두고 있는 것이 아닌가?[127]

윌리엄스는 약간 격한 어조로, 그것은 자신이 의도한 바가 전혀 아니라고 반발했다. "감정구조의 특이한 위치는 표현된 것과 체험된 것 사이의 의식 과정에서 나타날 수밖에 없는 끝없는 비교를 의미한다. 이렇게 말해도 좋다면, 체험된 것이란 경험을 가리키는 또 다른 말일 뿐이다. 그러나 우리는 그러한 차원의 단어를 하나 찾아야만 한다."[128] 인터뷰어들은 여전히 누그러지지 않았다. 윌리엄스의 그 용어의 사용을 플로베르에 관한 연구에서 사르트르가 변형시켜 사용한 개념인 체험l'expérience vécu과 동일시하면서, 그들은 좀더 나은 선택지가 존재함을 주장했다. "알튀세르의 작업에서, 경험은 그저 환영의 동의어에 불과하다. 그것은 순수한 상태의 이데올로기로서, 과학이나 진리에 대립되는 것이다. 다소 거칠게 말하자면 그것은 그가 스피노자에게서 취한 입장이라고 볼 수 있다. (…) 이 점과 관련해, 당신의 작업에서는 경험이 이와 대조적으로 직접적인 진리의 영역인 것처럼 느껴진다. (…) 이러한 강조는 분명 오랜 역사를 지닌다. 그것은 사실상 로크에게까지 거슬러 올라갈 수 있기 때문이다. 철학적으로 그것은 유럽 경험론의 고전적인 입장을 대표하는 것이다."[129] 그들 역시 알튀세르가 오로지 개념들만 지나치게 부각하며 도를 넘었다는 점을 인정하긴 했지만, 경험의 외피 아래 경험 주체가 모르는 깊은 의미가 숨어 있는 심리적 장애의 사례가 예증하듯이, 경험이 어떤 인식론적 특권을 지닌다는 주장에 대해서는 거부의 뜻을 분명히 했다. 그 문제에 대한 윌리엄스의 재정식화에도 불구하고, 거기에는 경험을 분명히 설명해주는 개념들을 어느 정도 초과하는 것을 경험으로 상정할 위험이 남아 있었던 것이다.

인터뷰어들의 무자비한 비판 공세에 시달리면서, 윌리엄스는 역사적으로는 그들이 옳다는 것을 인정했다. "산업혁명부터 줄곧 하나의 변치 않는 문제를 질적으로 변경시켜오면서, 점점 더 경험—여기서 경험은 발화들articulations의 비교를 포함해서 유효한 발화들과의 생생한 접촉을 의미한다—으로는 해석할 수 없는 사회 유형이 발전해왔다." 하지만 모르는 사이에 진행되는 이러한 과정의 영향력 때문에, 이제 경험과의 공모를 피하는 것이 불가피해졌다. "이 불가피함의 인식이 이성적 침투라는 기술들의 특권적 지배로, 그리고 그에 상응해서 유효한 발화들과 '경험'이라 명명된 일반적인 과정 간의 일상적 거래가 존재하는 영역에 대한 평가절하로 이어진 것이 바로 지금의 사회가 처한 이데올로기적 위기인 것이다. 경험은 금지어가 되고, 우리가 그것에 대해 해야 하는 말은 그것이 제한적인 단어라는 것이다. 왜냐하면, 경험의 일상적 의미들 중 어떤 것에 해당되는 경험이든, 경험이 우리에게 결코 제공하지 못할 많은 종류의 지식이 존재하기 때문이다."[130]

마침내 어느 정도 진정이 된 『뉴레프트 리뷰』의 인터뷰어들은 레닌과 결합했던 자신들의 사회주의 전통에서 그 용어의 한 가지 긍정적인 사용까지 덧붙이면서, 이 균형 잡힌 답변을 수용했다. 그들은 어떤 노동계급 투사를 가리켜 '경험이 많다'고 말할 때 그것이 그가 과거에 조직적 투쟁에 참여하며 학습되었으므로 신참자보다 유능하리라는 뜻임을 인정했다. 하지만 여기서도 마찬가지로 신중할 필요가 있다. 왜냐하면 "조직 내에서 경험의 물신화가 보수주의의 한 형태가 될 수 있다는 것 또한 사실이기 때문이다. 오늘 승리한 경험이 반드시 내일의 전략 및 전술을 좌우하지는 않는다. 적들 또한 경험으로부터 배우기 때문이다."[131]

윌리엄스 본인은 그의 전기작가 프레드 잉글리스가 "그 자신의 경험의 진리들에 대한 절대적 신뢰"[132]라 부른 것을 결코 잃지 않았던 것 같다. 그것을 개념적으로 분류하는 그의 마지막 시도는 『뉴레프트 리뷰』와의 대담의 영향을 잘 보여주는 1983년의 『키워드』 제2판에서 이루어졌다. 경험 항목은 실험과의 오래된 연관이 오늘날 두 가지 주된 용법에서 사실상 폐기되었다는 언급으로 시작된다. 그는 첫 번째 용법을 "의식적인 관찰에 의해서든 숙고와 반성에 의해서든 과거 사건들을 집적된 지식"[133]에 대한 보수적 호소와 동일시하면서 버크에게서 취한 인용문을 예로 들어 설명했다. 윌리엄스는 학습될 수 있는 '교훈'과 예방될 수 있는 실험에 기초한 이러한 '과거 경험' 개념을, "어떤 면에서 '이성' 및 '지식'과 구별될 수 있는 특수한 종류의 의식"인 '현재 경험'과 대조시켰다.[134] 그는 이러한 경험이 종교적이고 미학적인 용법에서 가장 중요하다고 언급하고 그것을 T. S. 엘리엇의 사례를 통해 설명하면서, 이것이 "더욱 특수하거나 좀더 제한된 능력 상태에의 의존과 반대되는 것으로서 총체적 의식, 총체적 존재에 호소하는 것과 관련 있다"고 주장했다.[135] 그런 뒤 그는 자신의 초기 주장을 소환해 그것을 문화의 전체론적 개념과 밀접하게 연결시켰는데, 이는 경험이 단지 주관적이고 개별적인 것 이상임을 의미했다. 그러나 이제 그는 "총체의 강조가 부분적이라고 일컬어지는 다른 것들에 대한 배척의 형태가 될 수 있다"는 점을 인식하게 되었다.[136] 이러한 배척은 특히 종교의 대가들(예를 들어 감리교도들)이 그것을 가장 진정성 있는 진리의 토대로 만들어버릴 때 일어날 공산이 크다. 그러나 윌리엄스가 알튀세르적 비판자들에게 무응답으로 반응하며 지적한 것처럼, 이 과한 주장은 결국 그에 못지않게 과장된 반대 주장, 즉 경험이란 단지 사회적 조건들이나 신념들의 효과일 뿐이라는 주장으로 이어졌다.

여전히 이러한 두 극단을 피할 수 있기를 바라면서, 윌리엄스는 자신의 설명을 다음과 같은 언급으로 끝맺었다. "과거 경험"은 "현재 경험의 가장 극단적인 사용—의심의 여지 없는 진정성과 직접성—이 배제하는 숙고와 반성과 분석의 과정들"을 포함한다. "이와 유사하게, 경험을 언제나 다른 곳에서 생산되는 재료로 환원하는 것은, 의식적으로 분리된 어떤 체계적 유형이 아닌 여러 가지 숙고와 반성과 분석의 배제에 의존한다. 그렇다고 그런 것들이 시험받지 않아야 한다는 것이 아니라, 경험의 가장 심층적인 수준에서 모든 종류의 증거와 그에 대한 고려가 판정에 회부되어야 한다는 것이다."[137]

경험의 한계를 탐구하려는 윌리엄스의 점증적인 의욕은 1978년 영국에 떠들썩하게 등장한 경험의 중요성에 대한 적극적인 방어, 즉 알튀세르주의의 해로운 영향에 대한 톰프슨의 통렬하고 무자비한 비판인 「이론의 빈곤 혹은 오류의 태양계」에서는 아직 그리 분명하게 드러나지 않았다. 독설과 도덕적 분개로 무장한 톰프슨의 비판은 "새로운 마르크스주의 관념론의 아리스토텔레스"[138]에 대한 공격으로 일관했는데, 그가 보기에 그 관념론의 정치적 결과는 1956년 이래 그가 맞서 싸우고 있었던 스탈린주의의 복원이었다. 그는 영국에서 가장 유명한 두 명의 경험 옹호자인 프랜시스 베이컨과 윌리엄 블레이크—후자는 톰프슨의 마지막 저작에서 찬양되었다—의 문장들을 제사로 내세우며 구조주의적 마르크스주의라는 거대한 용을 물리치는 일에 착수했다. 톰프슨의 맨 처음 비난들 중에는, 우리가 앞서 살펴본, 논쟁의 중심이 된 주제와 관련된 것들도 있었다. 바로 다음과 같은 것이다. 알튀세르는 참된 삶의 실존보다 고립된 학문적 실존에 몰두했기 때문에 "'경험'(혹은 사회적 의식에 대한 사회적 존재의 침해)의 범주(혹은 취급 방식)를 가지고 있지 않다. 따라서 그는 지식 생산에 고유한 경험적 증거와 마르크스 자신의 실천에 고유한 경험적 증거의 '대화'를 조작하더니, 급기야 마르크스주의 전통에서 '관념론'으로 지목된 사고 양식들에 계속 빠져들고 있다."[139] 톰프슨의 주장에 의하면, 경험은 참된 유물론 편에 서서, 단순한 이데올로기적 신비화에 대한 세계의 저항을 체험한다. 통념에 의해 형성된 공식에 도전하기 위해서 증거가 범주들 및 역사의 사건들과 상호 작용하는 방식을 인식하지 못한 마르크스주의 역사학은 스콜라주의라는 불행한 결말로 치닫게 된다. 더구나 그러한 사건들에 의해 사회적 의식이 바뀔 수 있는 방식들을 고려하는 것이 불가능해지고 말 텐데, 왜냐하면 "무엇보다도 그것들은 지속적으로 **경험**—다수의 밀접한 사건들 혹은 같은 유형의 사건의 무수한 반복에 대한 개인이나 사회 집단의 정신적·정서적 반응을 구성한다는 점에서, 설령 불완전할지라도 역사가에게 반드시 필요한 범주—을 유발하기" 때문이다.[140]

톰프슨은 경험이란 단지 상식과 다를 바 없는 낮은 수준의 지식 형태이고 항상 '과학적' 설명을 필요로 한다는 믿음에 맞서, 그러한 주장이 "평범한 사람들은 어리석다고 생각하는 지식인들의 전형적인 망상"에 불과하다고 적었다. 경험이 생산하는 지식이 부분적이라는 사실—농부는 계절을, 선원은 바다를 알지만, 왕의 권력이나 우주론적 추론 같은 복잡한 것들은 알지 못한다—을 인정한다 해도, 경험은 특정 한도 내에서는 타당하고 효과적이기까지 한 것이다. 그러나 톰프슨이 강조하려는 요점은 경험과 지성이 대립하지 않는다는 것이다. "경험은 사회적 존재 안에서 자발적으로 일어나지만, 지성 없이 일어나지는 않는다. 경험은 남자와 여자가(철학자들뿐만이 아니라) 이성적이고 또 그들이 자신들과 자신들의 세계에서 벌어지고 있는 일에 대해 생각하기 때문에 일어난다. (…) 경험은, 존재하는 사회적 의식에 영향을 미치고 새로운 문제들을 제기하며 좀더 정교한 지적 활동에 관계되는 다수의 재료를 제공한다는 의미에서 **결정적**이다."[141]

톰프슨의 설명에 따르면, 역사와 과학에 대한 완고한 알튀세르적 구분은 역설적으로 오크숏이 『경험과 그 양식들』에서 했던 주장, 즉 그 둘은 경험의 완전히 상이한 변종들이기 때문에 만일 합쳐진다면 괴물을 양산할 것이라는 주장과 예기치 않은 조화를 이룬다.[142] 의식과 사회적 존재 간의 대화는 모든 형태의 경험론을 경멸적으로 거부하면서 이론적 지식 생산에 대한 고상한 설명만을 제시하는 알튀세르에게서는 찾아볼 수 없다. 오늘날에는 이러한 대화를 다루는 것이 필수적인데, "'경험'—파시즘의 경험, 스탈린주의의 경험, 인종주의의 경험, 그리고 자본주의 경제 각 부문에서 노동자

계급의 '풍요'와 상반되는 현상의 경험—이 불현듯 끼어들어 우리에게 범주들을 재구성할 것을 요구하기" 때문이다.[143] 분명 그러한 재구성은 지성적인 기획력만으로는 이루어질 수 없다. "왜냐하면 사람들은 단지 사유와 사유의 절차 속에서 관념으로서 혹은 (일부 이론적 전문가가 가정하듯이) 프롤레타리아적 본능 등으로서 자신의 경험을 겪는 것이 아니기 때문이다. 그들은 또한 자신의 경험을 **감정**으로서 겪으며, 그 감정을 규범, 가족적·친족적 의무와 호혜, 가치 같은 것으로서 자신들의 문화 속에서 다루거나, (좀더 정교한 형식을 통해) 예술이나 종교적 신념 속에서 다룬다."[144] 요컨대 "구조가 과정으로 바뀌고 주체가 역사에 다시 참여하는"[145] 것은 오로지 경험을 통해서다.

역사가의 정치 성향이 어떠하든 역사가의 근본 임무인 경험의 회복에 대한 톰프슨의 변론은 다음 장에서 좀더 신중하게 다룰 것이다. 여기서는 그것이 『히스토리 워크숍』의 지면에서 '아래로부터의 역사' 전문가들 사이의 격심한 논쟁을 촉발했고, 또한 1980년에 페리 앤더슨에게 책 한 권 분량의 반응을 야기했음을 지적하는 것으로 충분하다.[146] 앤더슨은 『영국 마르크스주의 내부의 논쟁』에서 톰프슨의 알튀세르주의에 대한 장광설에 답했을 뿐만 아니라, 『영국 노동계급의 형성』 및 『윌리엄 모리스—낭만주의자에서 혁명가로』와 『휘그파와 사냥꾼들』 같은 그의 주요 역사 저작들에 대한 비판적 평가를 수행했다. 앤더슨은 특정 종류의 감각적 지각이 '과학적' 설명의 도움 없이도 유의미한 지식을 산출할 수 있다는 것을 부인했다는 점에서 알튀세르가 틀렸음을 인정하면서도, 톰프슨 역시 경험 개념을 모호하게 사용했다고 보았다. 톰프슨은 어떤 때는 경험을 주관적 의식 안에 위치시켰고, 또 어떤 때는 경험을 존재와 의식 사이에 놓인 것으로 간주했다. 앤더슨은 경험이라는 단어가 악명 높을 정도로 애매모호하다는 오크숏의 말을 인용하면서, 그리고 그 복수적 의미에 착목하라는 경고에 주의를 기울이지 않은 데 대해 톰프슨을—오크숏 본인과 마찬가지로—꾸짖으면서, 하나는 중립적이고("참여자들에 의해 체험된 것으로서의 사건이나 에피소드, 즉 객관적 행위의 주관적 구조") 다른 하나는 긍정적인("그러한 사건에 수반되는 학습 과정, 즉 이어지는 객관적 행위를 수정하는 것이 가능한 주관적 개조") 두 개의 기본적 어의를 구별했다.[147] 그의 비판에 따르면, 톰프슨은 무의식적으로 첫 번째 어의를 두 번째 어의가 갖는 모든 미덕으로 가득 채웠다. 앤더슨은 톰프슨이 말한 농부와 선원의 예에서 그들이 경험적으로 획득한 지식이 인식을 보증한다는 주장에 이의를 제기하며 다음과 같이 물었다.

> 톰프슨의 쌍을 다른 것으로 대체해, 말하자면 '교구민'이 자신의 '기도'를, 그리고 '성직자'가 자신의 '신자'를 안다고 가정한다면, 우리는 어떤 결론에 이르게 될까? 종교적 경험은 정해진 한도 내에서 타당하고 효과적일까? 분명 그렇지 않다. (…) 종교적 경험은, 주관적으로는 **매우 강렬하고 참될**지라도, 또한 모든 시대의 남녀 대규모 군중이 정례적인 의무 및 그와 유사한 예외적 사업에 헌신하게끔 하는 데 매우 **효과적**일지라도, 지식처럼 '타당'하지 않고, 또 타당했던 적도 없었다.[148]

경험을 통해 학습된 교훈이 예상대로 옳은 것일 수도 있지만 이 가정을 강화해줄 만한 어떤 역사적 증거도 없다고 톰프슨 역시 생각한다고 앤더슨은 덧붙였다. "경험 자체는 모든 분야에 걸쳐 있는tous azimuts 개념으로서, 어떤 방향도 가리킬 수 있다. 똑같은 사건들이라도 그로부터 전혀 상반되는 결론을 이끌어내는 행위자를 통해 체험될 수 있는 것이다."[149]

톰프슨의 두 번째 정의—부분적으로, 사회적 존재의 객관적 차원으로서의 경험—가 효력을 발휘할 때조차, 그는 노동계급의 자기 형성이라는 완전히 의지주의적인 설명에서 벗어나려 하지 않는다. 왜냐하면 앤더슨이 비난하듯, 900여 쪽이나 되는 책의 어느 곳에도 그 형성이 일어날 수 있는 객관적이고 구조적인 조건에 대한 진지한 고려가 없기 때문이다. 톰프슨은 영국 프롤레타리아에 대한 설명을 그 밖의 다른 이들에게 일반화함으로써 문제를 더 악화시킨다. 그의 가정에 따르면 그들도 똑같이 자수성가할self-made 것이다. 요컨대 톰프슨이 하는 일은, 지나치게 다른 방향으로 나아감으로써, 경험에 대한 알튀세르의 과학주의적인 혐오감을 전도시키는 것에 불과하다.

> 알튀세르에게 직접적인 경험이란 환영적인 경험세계다. 그것은 스피노자가 말하는 불확실한 경험vaga experientia인바, 우리를 단지 오류로 이끌 뿐이다. 오로지 개념적 전환의 작업에 기초한 과학만이 지식을 산출한다. 이 견해가 자연과학의 제거 가능한 토대들인 물리적 감각이나 물리적 실천에 대한 그 어떤 유물론적 설명과도 양립할 수 없음은 명백하다. 반대로 톰프슨에게 경험은 현실의 의식을 일깨우고 그에 대한 창조적 반응을 일으키는 특권적인 매체다. 진정성과 자발성의 지표인 그것은 존재를 사고와 연결시키고, 이론이 인위성과 비이성으로 나아가는 것을 끊임없이 경계한다. 결국 이 설명은 종교적 신념이나 민족적 충성 같은 현저한 경험들이 그것들을 확고하게 견지한 이들에게 미친 현실 외면과 극심한 재앙과는 양립할 수 없다.[150]

각 입장이 대표하는 이 극단들을 피하기 위해서는, "'경험'의 매우 다양한 의미들과 형식들에 대한 **개념적** 해명과 각각에 함축된 저마다의 역사적 변

형에 대한 경험적 연구"가 필요하다고 앤더슨은 결론지었다.[151]

이 주제에 대한 톰프슨의 최종 발언은 1979년에 있었던 긴장되고 소란스러운 『히스토리 워크숍』 회의에서 그가 한 말이었다. 그는 자신을 비판하는 이들에게—스튜어트 홀과 리처드 존슨에게는 직접, 그리고 부재중인 앤더슨에게는 간접적으로—답하면서, 자신이 사용하는 '경험'이라는 말이 약간의 혼동을 야기할 수도 있었으리라고 마지못해 시인했다. 톰프슨은 경험을 "절반은 사회적 존재 안에 있고 절반은 사회적 의식 안에 있는, 문화와 비문화의 접점을 이루는 것"[152]으로 새롭게 정의하면서, 자신에 대한 '문화주의적' 마르크스주의자라는 비난에 항의했다. '문화주의적' 마르크스주의자란 일찍이 그가 윌리엄스의 『문화와 사회』에 대한 논평에서 비판했던 경향이었다. 그는 입장을 분명히 하기 위해, 자신이 '경험 I'이라 부른 '생생한 경험'과 '경험 II'라 부른 '인지된 경험'을 구분할 것을 제안했다. 그의 주장에 따르면, 동시대의 대다수 인식론자와 사회학자를 사로잡은 것은 후자였고, 그들은 후자의 경험에 이미 이데올로기의 매개가 침투해 있음을 보여줄 수 있었다.

그는, 그러나 "마르크스주의 전통 안에 있는 역사가들은—그 전통 바깥에 있는 많은 역사가와 마찬가지로—오랫동안 '경험'이란 말을 다른 식으로 사용해왔으며, 나는 이 용법에 깊이 심취했기 때문에 『이론의 빈곤』에서는 그것을 정확히 설명하지 않았다"고 결론내렸다.[153] 그가 "경험은 문도 두드리지 않고 들어와 죽음, 생계 곤란, 참호전, 실업, 인플레이션, 인종학살을 고지한다"[154]라는 말로 의미했던 것이 바로 이런 좀더 기본적인 선반성적 경험이었다. 이런 점에서 경험은 "이데올로기에 의해 막연히 전환되거나 연기되거나 위조되거나 억제될 수 없다. (…) 경험 I은 부과된 의식과의 끊임없는 마찰 속에 있으며, 그것이 돌파구를 찾으면서, 경험 II의 모든 복잡한 어휘와 훈육 속에서 분투하는 우리는 이데올로기의 틀이 또 한번 부과되기 전에 개방성과 기회의 계기를 부여받는다."[155] 이처럼 무의식중에 톰프슨은 역설적으로 역사적 상상력의 대상으로서 경험Erfahrung보다는 체험Erlebnis을 높이 사면서, 우리가 다음 장에서 검토하게 될 빌헬름 딜타이의 논증을 개괄하는 것으로 마무리한다.

그 소동이 점점 험악해지는 '영국 마르크스주의 내의 논쟁들'로 점철되자, 양쪽 진영 모두가 길을 잃게 되었다. 래피얼 새뮤얼은 『히스토리 워크숍』 회의에서 톰프슨이 자신의 비판자들에게 한 신랄한 답변의 여파를 기술했는데, 그 내용을 보면 당시 그 운동에 참여한 다수가 느꼈던 절망감이 잘 드러난다. "그 결과 후속 논의는 거의 불가능해졌다. 토요일 밤에 행해진 맹렬한 공세의 후유증은 자욱한 연기처럼 남은 회의 시간 동안 사람들의 뇌리를 떠나지 않았다."[156] 마거릿 대처의 승리와 노동당 좌파 진영의 점차적인 고립으로 영국의 알튀세르주의자들이 가졌던 '과학적' 이론에 대한 자신감—프랑스의 동료들은 이미 말기적 혼란에 빠졌다—과, 노동계급의 경험적 지혜에 대한 마르크스주의 휴머니스트들의 신뢰가 흔들렸다. 기나긴 혁명은 기대했던 것보다는 더 요원한 듯 보였다. 1990년에 톰프슨에 대한 '비판적 관점들'로 이루어진 한 논문집을 통해 그의 '경험' 사용이 다시 한번 다뤄졌지만, 평결은 그리 긍정적이지 않았다.[157]

톰프슨은 더 이상 경험의 의미와 가치에 대해 논쟁을 벌이고 싶지 않았지만, 그럼에도 냉전 종식과 핵 군축을 위한 캠페인 같은 말년의 정치투쟁을 통해 경험을 지속적으로 환기했다. 역사가 마이클 베스는 그의 노력에 대해 다음과 같이 언급했다. "다른 연사들도 톰프슨만큼이나 신실하고 도덕적으로 헌신적이었을 것이다. 그러나 그는 자신의 생각을 드러내는 데 보기 드문 소질이 있었다. 마치 그 생각이 아주 복잡한 갈등과 모색에서, 또한 깊이 있는 개인적 경험에서 나온 듯이 말이다."[158]

그러나 좌파 진영의 경험 논쟁은 완전히 종결되지 않았고, 오히려 새로운 영역으로 옮겨 갔다. 그것은 바로 학계에서 막 싹트기 시작한 문화연구 영역이었고, 이에 수반해 더 넓은 외부 세계를 무대로 한 이른바 정체성 정치가 부상했다. 톰프슨은 단일한 노동계급의 형성에 대해 생생하게 묘사한 바 있는데, 이 단일한 노동계급이라는 가정은 그가 보여준 여성의 주변화와 생산 노동의 강조에 저항하는 페미니스트들에게 공격받았다.[159] '총체적 삶의 방식'으로서의 문화에 대한 윌리엄스의 믿음은 잡종성, 파편성, 디아스포라적 탈영토화를 새로운 구분의 표지로 삼은 인종적 다문화주의의 도래로 인해 버텨내기 어려워졌다. 또한 민족적 서사에 잠재된 제국적 차원의 무게 또한, 그것의 자기-폐쇄적인 내재성의 주장이 파열됨에 따라 더 이상 무시될 수 없었다.[160]

최근 크레이그 아일랜드가 언급한 것처럼, 역설적이게도, 적대 계급과의 수직적인 투쟁 속에서 경험이 하는 정체성 형성의 기능에 대한 톰프슨의 믿음은 어떤 점에서 이제 수평적인 인정투쟁에서 한 집단과 다른 집단이 서로 경합하는 정체성 정치로 이전되었다고도 볼 수 있다.[161] 두 경우 모두에서 경험은 정치적 정당성을 배타적으로 주장하는 데 하나의 도구가 될 수 있었다. 그러나 본질적으로 그에 대립되는 주장도 있었는데, 여기서는 이 이전의 동족적 함의를 약화하려 했다. 왜냐하면 알튀세르식의 구조주의적 마르크스주의는 쇠락해가고 있었지만, 문화의 산만한 구성에 대한 새로운 포스트구조주의적 지지자들은 경험론과 생생한 경험의 직접성을 계속 불신했기 때문이다. 경험 개념이 어떻게 이 변화들을 견뎌냈는가 하는 것은 우리 논의의 끝에 가서 이야기될 것이다.

: 최종적인 대차대조표

경험의 정치에 대한 논쟁을 어떻게 요약할 수 있을까? 이제 우리는, 경험의 보수주의적 편향이라고 추정되는 것—심지어 좌파 사상가들에 의해 사용될 때도—의 문제에 확실한 답변을 내놓을 수 있을까? 명백한 수렴점이 존재한다. 형이상학적 합리주의에 대한 버크의 적대감은 알튀세르적 스콜라주의에 대한 톰프슨의 혹평에서 다시금 울려 퍼진다. 그런 주장을 제기하는 이들은 구체적인 정치 경험도 없는 물정 모르는 지식인이라는 그의 비난 속에서 말이다. 버크와 톰프슨은 종종 추상적 이론을 영국인들의 특수한 경험에 기초하지 않은 외래 사상—보통 파리에서 퍼져나간—의 위협적인 습격과 동일시한다.[162] 마찬가지로, 도구적 합리성과 '정치과학'에 대한 오크숏의 비판은 알튀세르주의자들의 과학적 허세에 대한 마르크스주의 휴머니스트들의 불신과 공명한다. 따라서 두 진영 모두 경험을 순수하게 인식적인 기능으로 환원하는 것을 거부하며, 그 대신에 경험의 정서적이고 수사적이고 심지어 육체적인 차원을 강조한다. 경험에서 흘러나온 지식은 선험적 청사진보다는 실천적 '노하우'를 수반한다. 게다가 두 진영 모두 참된 경험은 지식을 생산하는 차원과 더불어 도덕적이고 미학적인 차원을 결합시킨다고 주장하면서, 그것이 근대에 와서 상이한 양식들로 구별되는 것을 유감스러워한다.

그뿐 아니라 두 진영 모두 개인적인 것에 반대되는 집단적이고 상호주관적인 것을 경험의 본성으로 강조하면서, 경험을 고립된 영혼의 내적 현상을 넘어서는 것으로 간주한다. 또한 보수주의 유기체론의 전체론적이고 의사소통적인 경향은 총체적 삶의 방식으로서의 문화에 대한 윌리엄스의 주장과 역사에서 자기형성하는 계급 주체에 대한 톰프슨의 강조에서도 분명히 드러난다. 물론 후자는 적과의 투쟁을 통해 자기 자신이 구성되는 것으로 이해되지만 말이다. 그리고 양 진영 모두 자유주의 정치 이론에 전형적인 것으로서, 역사적 경험의 세계 위를 배회하는 자연권이라는 추상적 개념에 의구심을 표한다.[163]

윌리엄스와 톰프슨은 『경험과 그 양식들』을 쓴 오크숏처럼 명백한 관념론자는 아니지만, 경험에 대한 모든 논의가 단순히 경험론을 의미한다고 보는 알튀세르주의자들의 주장에 맞서, 경험을 투박한 경험론적 의미에서의 감각적 지각의 문제로 환원하는 것에 지속적으로 반발한다. 그들은 자신들의 정식을 계속 장악하려 하면서, 주체와 객체, 행위자와 제도, 과정과 구조 사이를 어느 정도 매개하는 경험 개념을 찾고자 했다. 그리고 그렇게 하면서 총체적 경험이라는, 오크숏의 헤겔적 경험 형태에 조금씩 다가갔다. 이에 못지않은 양 진영의 또 다른 특징은, 과거 경험—일관된 '전통'으로 이해되든 단지 혼란스러운 '역사'로 이해되든—의 기록이 현재와 미래를 위한 유의미한 교훈을 제공한다고 믿는다는 점이다. 시효에 대한 다소 보수주의적인 옹호로 작동하는 공리주의적 논변이 어떤 제도의 보존으로 누구의 이득이 보장되는가 하는 질문 공세를 펴는 상대 좌파 진영에게 경멸당한다 해도, 그들은 압제에 맞서 투쟁한 사람들의 성공으로부터 많은 가치를 끌어낼 수 있다는(그 사람들의 패배와 희망으로부터 많은 가치를 배울 수 있는 것과 마찬가지로) 가정을 암묵적으로 공유한다. 톰프슨이 일반인도 자기 경험을 이해할 수 있는 이성을 갖고 있다고 주장하면서 경험과 이데올로기를 똑같은 것으로 치부하는 경향에 반발할 때, 그는 오크숏의 신헤겔주의가 자극한 이성과 경험의 중첩에 대한 유사한 낙관론을 일부 드러낸다. 또한 윌리엄스는 『키워드』의 경험 항목을 통해 자신이 '과거 경험'의 보수주의적 이상에서 보는 "숙고와 반성과 분석의 과정"을 높이 평가한다. 결국 이 두 진영은 서로 다른 강도로 과거에 대한 향수를 느끼는 가운데, 참된 생생한 경험의 잠재력과 근대적 삶을 지배하는 구조적 추상—단지 개념적이기보다 제도적인 추상—간의 격차를 염려한다.

그러므로 좌파가 경험을 환기하는 데는 우파가 사용하는 수사가 강하게 남아 있다는 주장은 상당한 근거가 있다. 그러나 너무 급하고 쉽게 어떤 동일성을 가정하기에 앞서, 세 가지 중요한 점을 구별해야 한다. 첫째, 강력하고 직접적이고 참된 경험이 부정된다는 인식이 오늘날 우리에게 의미하는 바는—특히 말년의 반추에 들어간 윌리엄스에게—사회적 세계의 좀 더 큰 구조들, 즉 생생한 경험 속에 간접적으로 등장할 수 있을 뿐인 구조들에 대한 일부 이론적인 개념화가 정당화된다는 것이다. 경험만으로는 이데올로기적 신비화의 효과들을 없애는 데 충분치 않다는 것은—경험이 그 효과들에 의해 완전히 은폐되는 것에 아무리 강력하게 저항한다 해도—특히 오늘날에 와서는 더없는 진실처럼 여겨진다. 보수주의자들과 달리 마르크스주의자들은, 심지어 가장 '노동자주의적인' 부류조차, 세계를 이해하는 이론적 시각으로서 역사유물론의 해방적인 기능에 대해 어느 정도 신뢰를 갖고 있다. 사실 톰프슨은 노동계급의 자기 형성에 대한 자신의 개념화에 기초가 되는 어떤 마르크스주의 역사철학을 검토 없이 암암리에 상정함으로써, 즉 세계에 이론을 부여하려는 시도에 대한 자신의 원칙적인 반감에 모순되는 상정을 함으로써 비판을 초래했다.[164]

둘째, 경험이 주는 신중한 교훈을 높이 평가하면서도 경험 자체가 목표가 되는 것을 경계하는 보수주의적인 경험 예찬과 달리, 앞서 소렐, 윙거, 아렌트 같은 이론가들에게서 살펴본 것처럼, 윌리엄스와 톰프슨 및 그들의 지지자들의 저작에서는 경험 그 자체를 둘러싼 어느 정도 긍정적인 아우라가 감지된다. 알튀세르주의자들은 이데올로기에 오염되지 않았다는 어떤 마르크스주의 과학에 대립되는 것으로서 경험의 인식적인 결함에 온전히 초점을 맞추었다. 반면, 휴머니스트들은 경험을 인식적일 뿐만 아니라 정서적인 것으로 보았고, 억압적인 힘에 맞선 투쟁에서 획득되고 점차 계급적 연대감을 형성하며 전체적인 공동의 삶의 방식 속에 자리 잡고 있는 것, 그 자체로 승인받을 가치가 있는 것으로 간주했다. 그래서 윌리엄스는 1984년에 다음과 같이 유감을 표했다. "강렬한 경험들을 가로막고 있는 사회 구조에는 심각한 특징들이 있다. 그 특징들은 강렬하게 실현된 일체의 경험을 억누르는 모든 문명—그 자체의 심오한 이유에서, 또한 종종 그렇게 하는 것을 부인하면서—속에 깊이 자리잡고 있다."[165] 요컨대 휴머니스트들의 경험 예찬에는 어떤 유토피아적 굴절이 있었고, 이는 이전 앞에서 검토한 미학적 용법과 종교적 용법 안에 그들의 계보가 있음을 보여준다. 실제로 블레이크 찬가인 톰프슨의 마지막 저작은 보수주의자들이 매우 심란하게 여겼던 바로 그 이율배반적인 종교적 '열광'—그는 그 시인을 예로 들어 1640년대의 머글턴파를 추적했다—을 명백하게 찬양했다.[166]

마지막으로, 윌리엄스와 톰프슨 및 그들의 추종자들에게는 앞서 오크숏이 『경험과 그 양식들』에서 표현했던 경험의 실천적 양식에 대한 반감이 추호도 없었다. 대륙의 마르크스주의에서 매우 강력하게 존재했던 이론과 실천의 변증법이 이론과 경험에 대한 논쟁에서는 수면 아래로 가라앉은 듯이 보였지만, 마르크스주의 활동가들의 정신은 지적 작업을 통해 실제 세계를 급진적으로 변화시키려는 자신들의 시도를 결코 망각한 적이 없었다. 주관적인 발동력은 항상 그들의 경험 개념에서 핵심적 계기였고, 이것은 그러한 경험을 가장 감각주의적인 경우의 경험론이나 가장 숙명론적인 경우의 보수주의적 신헤겔주의에서 유래한 좀더 수동적인 양식들과 구분하게 해준다. 그들은 다양한 '실천들'을 알튀세르적 방식으로 구분하는 것을 거부했다는 이유로 분석적 엄격함을 결여했다는 비난을 받기도 했지만, 경험의 전체론적 함의에 대한 강조는, 구조주의적 마르크스주의를 이론적 전문가들의 엘리트 이데올로기로 기능하게 만든, 역할들의 무익한 구분에서 벗어나게 해주었다.[167]

앞으로 벤야민과 아도르노의 경험Erfahrung에 대한 생각을 검토하며 다시 살펴보게 되겠지만, 경험의 정치는 윌리엄스가 『키워드』에서 언급했듯이 과거가 제공하는 신중한 교훈들과 현재의 "가장 충만하고 열려 있고 능동적인 의식"이라는 두 가지 의미를 창조적으로 결합시킬 수 있었다. 그리고 그것은 과거 경험의 잔재들이 현재에 활동적이게 되는 (혹은 활성화될 수 있는) 방식에 대해, 그리고 현재의 경험들이—빈약하고 모순되고 이데올로기에 물들어 있지만—과거를 구제하려는 우리의 노력을 변화시키는 방식에 대해 까다로운 질문들을 던짐으로써 가능했다. 이처럼 '경험'은 불안정한 혼합물, 즉 여러 상이한 방향으로 떠돌 수 있는 기표로서의 면모를 드러냈으며, 이는 경험을 본디 보수적이거나 진보적인 것으로 범주화하려는 모든 시도에 저항한다. 끝으로 언급하자면, 에드먼드 버크는 1775년에 다음과 같이 항변함으로써, 노스 경의 고압적인 전제적 지배로 대표되는 기성 권력의 폭압에 대항하는 수단으로서 경험을 내세웠다. "우리는 우리의 식민지를 통치하기 위한 도구로서 힘에 우호적인 어떤 종류의 **경험**도 가지고 있지 않다."[168] 존경받는 보수주의의 아버지조차 경험의 정치가 갖고 있는 비판적 잠재력을 이해하고 있었던 셈이다.

6장

역사와 경험

딜타이, 콜링우드, 스콧, 앙커스미트

단도직입적으로 말해서, 마이클 오크숏은 『경험과 그 양식들』에서 경험의 역사적 양식을 "경험에 구속"된 것으로 얕보며 조롱했다. "역사란 추상의 세계다. 그것은 고인 물로서, 경험의 관점에서 보면 하나의 오류인 것이다. 역사는 아무 곳으로도 인도하지 않는다. 그리고 역사를 피할 수 없다면, 우리는 경험 속에서 역사를 지양하고 파괴함으로써만 만족할 만한 것에 이르는 길을 되찾을 수 있다."[1] 그에 따르면, 어떤 양식화에 앞선 전체적 단일체로서의 경험이라는 절대적 경험 개념의 고상한 신관념론적 관점에서 판단할 때 역사적 경험은 "현재 경험의 훼손[이고] (…) 역사적 과거의 틀 속에 내던져짐으로써, 즉 과거라는 범주하에서 인식됨으로써 기형적으로 변형되고 제약된 경험이다."[2] 오크숏은 니체가 1874년에 「삶을 위한 역사의 사용과 불이익에 대하여」에서 역사주의가 강력한 생을 적대시한다고 혹평한 것을 출처 없이 반복하면서, 과거를 그 자체로 물신화하고 오로지 죽은 과거 속에서 살며 지나간 형태의 경험을 조직화하는 것에 경고를 보냈다.[3]

관행적인 정당화의 토대이자 과도한 합리주의의 해결책으로서 과거에 대한 전형적인 보수적 호소를 감안하면, 오크숏이 이른바 과거의 교훈이라는 것을 현재에 실천적 목적으로 활용하려는 시도에 대해 반감을 드러냈다는 것은 의아해 보인다. 그는 그 잘못의 기원이 에드먼드 버크에게 있다고 보았다. "실천적 삶에 대한 어떤 안내도 지나간 형태의sub specie praeteritorum 경험을 조직하는 것에서 기대될 수 없다. 역사의 세계는 실천적 경험이 활용할 수 있는 어떠한 자료도 갖고 있지 않다. 또한 그 세계를 그러한 자료를 제공하는 것으로 인식하는 일은 그 세계의 특징을 오인하는 것이다."[4]

그렇다면 오크숏이 본 그 특징은 무엇이고, 특별히 경험의 역사적인 개념을 이해하고자 노력하면서도 그것의 가치에 대해서는 그처럼 기이할 정도로 불쾌해하지 않았던 다른 논자들에게 그 특징은 무엇이었는가? 경험에 대한 호소는 자신들의 일에 대해 성찰하는 현업 역사가들에게 무엇을 의미하는가? 역사 담론에서의 경험은 과학, 미학, 종교, 정치 담론에서의 경험과 어떻게 구별되는가? 현재의 어떤 경험은, 그것이 미처 정리되지 않은 과거의 잔재들에 대해 그 잔재들을 완전히 정합적인 어떤 서사의 계기들로 전환하는 것에 저항하는 식으로 반응한다면, 역사적이라 불리는 것을 정당화할 수 있는가? 아니면, 그것은 우리 자신이 현재 경험을 진정 역사적인 것으로 만드는 그런 서사 속에 내포돼 있음을 인정하는 것인가?

이 장에서 우리는 특별히 두 명의 인물, 즉 독일 철학자이자 역사가인 빌헬름 딜타이(1833~1911)와 영국 철학자이자 역사가인 로빈 조지 콜링우드(1889~1943)에게 초점을 맞출 것이며, 이어서 이 질문들이 후대의 역사가들에게 자신들의 일에 관한 자의식을 단련시켜준 방식들을 살펴볼 것이다. 이때 우리의 관심은 주로 미국 페미니즘 역사가 조앤 월랙 스콧의 영향력 있는 포스트구조주의적 비판과, 네덜란드 역사철학자 프랑크 앙커스미트의 포스트모더니즘적 대안 옹호에 집중될 것이다. 그러나 잠시 오크숏에게 머물러보자. 왜냐하면 그는 역사적 경험의 불충분함을 명백히 비난했음에도 불구하고 자기 저서에서 충실한 한 장을 할애해 역사적 경험을 해명했으며, 그로써 콜링우드가 "영국 사상을 위한 새롭고 소중한 성취"[5]라고 극찬한 것을 제시했기 때문이다.

: 오크숏과 역사가의 경험으로서의 역사적 경험

당연해 보이겠지만, 경험은 두 가지 지점, 즉 자신의 역사가 진술되고 있는 이들의 경험이나 그 진술을 하고 있는 이들의 경험에 의해 역사적 담론의 세계로 진입한다. 말하자면 역사가의 임무는 어찌 됐든 과거 사람들에 의해 '경험된' 것에 접근하고 그것을 재현하는 것이라고 해석될 수 있다. 혹은 그것은, 우리가 현재의 우리에게 현시되는—또는 우리가 현시된 것으로 해석하는—과거의 잔재들에 관해 역사적으로 사고하는 지금 우리에게 일어나는 뭔가로 이해될 수 있다. 왜냐하면 이제 과거는 여기서 더 이상 감각적으로 경험될 수 없어 과거에 대해 경험적인 '목격자'의 인식을 갖는 것이 불가능하지만, 그럼에도 역사적 지식과 결합된 경험을 말하는 것은 충분히 가능한 일이기 때문이다. 이 두 개의 극점이 유지된다고(그리고 경험 자체의 의미에 대한 합의가 존재한다고) 상정하면서 역사가가 직면하는 가장 골치 아픈 방법론적 문제는 전자에서 후자로의 이행이다. 달리 말해, 현재 역사적 진술들을 쓰고 읽고 판단하는 것과 그 진술들의 주인공이라고 추측되는 사람들이 경험한 것 사이의 관계는 무엇인가? 역사적 서술을 생산하는 주체는 그 서술의 대상, 그러나 한때는 마찬가지로 경험하는 주체였다고 이해되는 자와 어떻게 연관되는가?

독자들은 그 주체에 대한 오크숏의 숙고가 이와 같은 양극성에 명백히 도전한다는 사실에 곧바로 놀라게 된다. 오크숏은 다음과 같이 주장했다. "발생한 것으로서의 역사(사건들의 과정)와 사유된 것으로서의 역사 간의 구분, 즉 역사 자체와 단지 경험된 역사 사이의 구분은 사라져야 한다. 그런 구분은 옳지 않을 뿐만 아니라 심지어 무의미하기 때문이다. 역사가의 임무는 발견하거나 포착하거나 심지어 해석하는 것이 아니다. 오히려 창조하고 구성하는 것이다. (…) 역사는 경험이며 역사가들의 경험세계다. 그것은 관념의 세계로서, 역사가들의 관념세계인 것이다."[6] 역사의 원재료와 역사 자체의 유일하게 가능한 구분은, 후자가 좀더 정합적이고 지성적인 것을 보여줄 수 있다는 점이다. 그러나 그 특성들은 역사가 자신에게서 나오는 것이다. 왜냐하면 "역사란 역사가의 경험"이기 때문이다. "그것은 역사가 아닌 어느 누구에 의해서도 '만들어지지' 않는다. 역사를 만들어내는 유일한 방법은 그것을 서술하는 것이다. 그것은 하나의 세계이며, 그것도 관념의 세계다."[7]

오크숏은 베네데토 크로체에게 공명하고 헤이든 화이트를 예고하면서, 증거들을 귀납적으로 증류시켜 "실제 그러했던 것처럼" 과거를 기록하기 위해 현재의 해석적 매개를 괄호로 묶는 실증주의적 개념에 강하게 이의를 제기했다.[8] 이러한 환상을 수용하는 것은 역사적 경험을 과학이라는 또 다른 경험의 양상에 포섭함으로써, 세계를 양적인 형태로sub specie quantitatis 이해하고 보편 법칙을 추구하는 것이다. 분명 양자는 절대적 의미에서의 경험으로부터 추출된 것이다. 그러나 오크숏의 주장에 따르면, 역사가가 과거에 대한 그/그녀의 '제작'을 통해 추출할 때, 그/그녀는 전적으로 과거의 과거임pastness에 초점을 둠으로써, 따라서 절대적 경험인 전체 영역으로부터 그것을 떼어냄으로써 그렇게 할 뿐이다. 그런 까닭에 역사적 추상은 엄청난 양의 비교 불가능한 구체적 사례로부터 보편적 일반화를 얻는 것을 의미하지 않는다. 그것은 과학에 의해 수행되고, 따라서 역사적 설명에 부적절하게 간섭하는 추상 형식일 따름이다. 구체적 사례들은 전적으로 서사 자체 안에 포함되며, 언제나 구체적이고 개별적인 사건들에 관한 것이다. 하지만 비-유사과학적인 역사조차 여전히 하나의 추상인바 좀더 큰 진리와 결별하게 되는데, 왜냐하면 "오직 절대적인 개별이란 전체로서의 보편이기"

때문이다.[9]

이어진 오크숏의 주장에 따르면, 비록 역사가에 의해 해석되긴 하지만, 역사적 경험은 개인적인 기억만을 가질 수밖에 없는 개별 역사가의 기억된 과거(오크숏은 집단적 기억이라고 알려진 것에 관심을 갖지 않았다)와 혼동되어서는 안 된다. 게다가 그것은 결코 존재한 적이 없는 과거에 대한 역사가의 전적인 공상이 아닌데, 역사적 경험을 구성하는 관념들은 그 구성에 앞서 존재하기 때문이다. 비록 역사적 경험이 그 관념들에 좀더 높은 정합성을 가져다주는 데 꼭 필요하긴 하지만 말이다. 역사가의 경험과 무관한 과거의 '객관적' 기록에 대한 믿음은 터무니없지만, 그렇다고 그 경험이 완전히 '주관적'인 것도 아니다. 따라서 그것은 과거를 판단하는 것이 아니라 역사적 상상력을 통해 단지 창조하는 역할을 맡은 현재 역사가의 정치적 편견으로 환원될 수 없다. 아니, 판단과 창조가 역사가의 경험 속에 매우 직접적으로 뒤섞여 있기 때문에 양자 사이를 구분하기란 불가능하다고 말하는 편이 더 낫겠다. 왜냐하면 "판단이 없는 역사에는 사실이 존재하지 않고, 추론이 없는 역사에는 사건이 존재하지 않기 때문이다. 역사가의 경험 외에는 그 무엇도 존재하지 않는다."[10]

그럼에도 역사적 경험에는 고유한 역설이 존재하는바, 이는 오크숏이 보기에 역사적 경험의 궁극적 실패의 주된 원천이다. 즉 그 경험은 오늘날 역사가의 '제작'에 의해 발생되는 것으로서 완전히 현재에 놓여 있다. 하지만 그것은 그 자체로 이해되길 바라는 죽은 과거와 전적으로 관련되어 있다. 따라서 그것은 "더는 과거가 아닌 과거의, 그리고 더는 현재가 아닌 현재의 지속적인 확신"인 것이다.[11] 현재를 거꾸로 과거 속에서 읽고 그것을 우리의 현재 상황에 대한 단순한 전주곡으로 전환하는 것은 정치적으로 묵시록적 예언을 따르는 '휘그 사관Whig history'을 초래하면서 그 자체로서의 과거를 침해하는 꼴이 되고 만다. 그렇다 치더라도 역사적 경험을 만드는 것은 오로지 현재일 수밖에 없다.

오크숏은 불가능한 혼합물인 실천적이면서 역사적인 경험이라는 단일화를 배제함에 따라, 역사적 경험이 전적으로 현재에서 구성되긴 하지만 어느 정도 자신의 현재적 관심사나 욕구의 상당 부분을 배제하고 지연시킬 수 있는 역사가들에 의해서만 형성되는 것이라는 기이한 결론에 다다랐다. 이 역설을 표현할 방법을 찾으려 모색하면서, 오크숏은 다음과 같은 주장을 통해 자신의 역사적 국면(혹은 적어도 자신의 개인적인 젠더 편견)이 갖는 한계를 드러냈다. 실천적 경험은 "과거를 남성처럼 다루면서 과거가 분별있게 말하고 시민적 '대의'와 참여에 부합하도록 말하기를 기대한다. 하지만 과거를 생이 다해 비난의 여지조차 없는 것으로 인식하는 '역사가'에게 있어 과거란 여성적인 것이다. 역사가인 그는 과거인 그녀를 자신이 결코 싫증내지 않고 또 합당한 말도 일절 기대하지 않는 정부mistress로서 사랑한다."[12]

지성이 없는 (그리고 어쩌면 생기도 없는) 오직 끝없이 욕망을 일으키는 그것의 능력 때문에 그것을 사랑할 뿐, 그것이 현재 우리에게 무언가를 가르쳐줄 수 있다는 점 때문에 그것을 사랑하는 것이 아닌 섹스 대상으로서의 과거는, 남성으로 추정되는 역사가에 의해 구성되었다. 그러니 오크숏의 신헤겔주의적 관념론의 전제를 공유하지 않는 역사가들이 역사적 경험에 대한 그의 혹평에서 거의 아무런 영감을 얻지 않았다는 것은 그리 놀라운 일이 아니다.[13] 일단 절대적 경험에 대한 전체론적 믿음이 경험적 진리의 고차적 기준으로서 폐기되고 역사적 경험이 거대한 전체성 아래 단순히 '포섭'되는 것으로 더 이상 간주되지 않게 되면, 어떻게 현재의 경험이 과거의 경험과 관련되는가 하는 까다로운 문제가 다시금 분명하게 의제화되기 때문이다. 오크숏은 현재의 역사가를 성적으로 흥분한 남성으로 그리고, 과거를 일종의 이성애적 환상에서 생겨난, 연애 대상으로서의 우둔한 여성으로 그림으로써, 자신의 주장에 손상을 입혔는지도 모른다. 그러나 그가 성차별적 전제에 조금 덜 포박되어 있었다 해도, 역사적 경험의 통일에 대한 그의 설명은 그가 역사적 경험에서 핵심적인 것임을 암시적으로 확인한 역설을 다루는 데 있어—그 역설을 넘어서는 것은 고사하고—거의 아무런 지침을 제공하지 못한다.

필연적으로 역사—영어에서, 발생한 것과 발생한 것에 관해 쓴 것 모두를 애매하게 가리키는 바로 그 단어—는 과거와 현재의 복잡한 협상을 수반하기 때문에 하나가 다른 하나를 완전히 인수한다는 것은 불가능하다. 심지어 독일어처럼 '게시히테Geschichte'와 '히스토리Historie'를 구별하는 경우에도, 언어는 그것들 간의 환원 불가능한 상호 작용을 드러낸다.[14] 오크숏이 제아무리 역사적 경험이란 단일하고 불가분하다고(절대적 경험의 고차적 기준에 견주어 여전히 하나의 추상이라면 이는 분명하다) 주장함으로써 고르디오스의 매듭을 끊으려 했어도, 과거 경험과 현재 경험의 구분은 끈질기게 남아 있었다. 왜냐하면 우리가 앞서 인식적·종교적·미학적·정치적 경험에서 살펴본 것처럼, 경험 주체와 경험 대상—자연이든 신이든 미적인 것이든 정치적 목표든 간에—사이에 어떤 종류의 긴장이 보존되지 않는다면, 정확히 타자와의 바로 그 조우와, 대부분의 형태의 경험의 개념 속에 매우 깊이 내재한 수동성의 계기가 상실될 위험이 있기 때문이다. 게다가 한스 게오르크 가다머가 언급했다시피, 경험을 딱 떨어지는 자기 인식self-knowledge과 같은 것으로 여기는 헤겔식 경험 개념은 역사적 경험의 불가피한 유한성을 기록하는 데 실패할 수밖에 없다. 그것은 결코 최종적인 안식처에 이르지 못하고 완벽한 종결도 이루지 못한다.[15] 이러한 한계는 과거의 역사적 경험뿐만 아니라, 매번 후대의 해석과 서사에 의해 갱신되기 마련인 현재 역사가의 기록에도 마찬가지로 적용된다. 헤겔과 오크숏에게는 미안한 말이지만, 역사란 총체성이 아니라 그렇게 나쁠 것까지는 없는 일종의 '악무한bad infinity'이라고 말할 수 있겠다.

오크숏의 문제적인 신헤겔주의적 구성주의를 제쳐둔다 해도, 역사가들과 그들이 재포장하고 있는 것에 대해 철학적으로 논하는 이들이 맞닥뜨리는 실질적인 질문이 있다. 과거란 무엇보다 주로 낯섦 때문에 여행지로 선택하게 되는 '외국'과도 같은 존재인바, 어떻게 그러한 과거로부터 현재의 구성물들이 생겨나고 구체화되고 복제되고 수정되고 드러나는가 하는 것이다. 특히 우리의 관심사와 관련해, 그 질문은 과거에 경험된 것과 이에 대한 역사가들의 설명—혹은 추체험/재연—간의 관계에 대한 숙고를 수반한다. 그 질문을 넘어서, 또한 그것은 과거가 얼마만큼 경험의 범주하에서 이해될 수 있는지, 그리고 얼마만큼—사실, 사건, 구조, 경향, 제도, 담론 그 어느 것으로 개념화되든—그로부터 벗어나는지를 판단하는 것과도 연관된다. 그리고 궁극적으로, 그것은 우리로 하여금 '경험' 자체가 역사를 가질 수도 있다는 가능성을 고려하지 않을 수 없게 한다. 이것은 역사가 '과거'에서 경험을 회복하는 문제가 아니라, 손쉬운 균질화를 거부하는 다수의 상이한 과거들을 가질 수 있음을 인정하는 문제라는 것을 의미한다. 따라서 앞으로 발터 벤야민과 테오도어 아도르노의 사례에서 보겠지만, 그것은 좀 더 나아간 질문을 제기할 수도 있다. 적어도 어떤 한 가지 경험 형태에서는 바로 그 능력이 시간의 흐름에 따라 변화되어왔는가?

: 딜타이와 과거 체험에 대한 추체험

오늘날 역사철학자들과 현장의 역사가들을 계속 당혹스럽게 만드는 이 많은 근본적인 질문의 중요성은 이미 19세기에 독일 역사학자이자 철학자인 빌헬름 딜타이에 의해 고찰되었다.[16] 앞서 우리는 프리드리히 슐라이어마허의 최초의 전기작가로서 딜타이를 만났는데, 거기서 그는 그 신학자의 사상을 그의 삶의 역사에 위치시킴으로써만 설명할 수 있다고 주장했다. 슐라이어마허처럼 그도 프로테스탄티즘의 경험 개념에 우호적인 입장에서 신학에 대한 독단적 합리주의를 거부했다.[17] 또한 딜타이는 1905년에 『체험과 시』 같은 작품들을 통해 경험Erfahrung의 대안으로서 체험Erlebnis이라는 독일어를 대중화하는 데 기여했다. 물론 그 단어는 일찍이 괴테가 루소를 수용하면서 소개된 것이었지만 말이다.[18] 딜타이는 종종 19세기 후반의 '생철학' 집단—앙리 베르그송, 프리드리히 니체, 게오르크 지멜—에 포함되기도 하지만, 그럼에도 불구하고 형이상학적 생기론에 유혹됨 없이 그 용어가 시사하는 단순한 생물학적 기준을 넘어서는 것에 가치를 부여했다.

그러나 그가 가장 큰 성취를 이룬 것은 아마도 역사적 이성—그는 한 세기 전에 칸트가 수행한 작업에 자신의 역사이성 비판을 추가하고자 했다—의 특수한 지위에 대한 지지자로서의 역할에서였을 것이다. 오랜 기간 두드러진 활동을 통해 딜타이는 자신의 모든 경쟁자를 집어삼킬 듯 위협하는 실증주의적 방법론의 제국주의에 저항하는 동시에 상대주의적 주관주의라는 또 다른 선택지에 빠지지 않으면서, 과학적 인식으로부터 역사적 인식의 자율성을 옹호하고자 분투했다.[19] 이제는 제법 익숙한 이른바 문화/인간과학(정신과학Geisteswissenschaften)과 자연과학Naturwissenschaften의 이분법이 딜타이(그리고 하인리히 리케르트와 빌헬름 빈델반트 같은 신칸트학파 사람들)의 작업으로 인해 크게 가능해졌다.[20] 또한 해석학hermeneutics이라 불리게 된, 슐라이어마허가 개척한 해석적 방법에 대한 관심 역시 확장되었다.[21] 그리고 많은 점에서, 비판적 반성에 앞서는 관행, 습관, 세계관의 생활세계에 대한 딜타이의 강조는, 미국 실용주의자들뿐만 아니라 현상학자 에드문트 후설과 마르틴 하이데거의 작업 또한 예고한 것으로 이해될 수 있다.[22]

이 모든 맥락을 고려하건대, 경험이라 불리는 것(통상 체험을 의미하고 종종 '생생한 경험'이라 번역되는[23])을 어떻게 해석하고 회고적으로 접근하는가 하는 문제가 핵심적이었다. 이 문제를 해결하려는 딜타이의 오랜 시도의 우여곡절을 다룬 풍부하고 상세한 문헌들이 존재하지만, 우리는 단지 그것의 가장 두드러진 특징들만을 강조하고 넘어가고자 한다.[24] 딜타이의 경험에 대한 언급과 관련한 첫 번째 특징은 그것을 환원주의적인 방식으로 수용했던 경험론을 명확히 거부했다는 것이다. 자연적인 학문에 대립하는 것으로서 도덕적인 학문 개념을 옹호하고자 했던 존 스튜어트 밀 같은 영국 사상가들에게 응답해—그는 그 학문들이 시사하는 바가 있지만 궁극적으로는 부족하다고 여겼다—딜타이는 다음과 같이 썼다. "경험론은 사변적인 사유와 마찬가지로 추상적이다. 영향력 있는 경험론 학파들이 마치 원자인 양 감각과 표상을 가지고 구성한 인간 존재는 결국 인간이라는 관념을 발생시키는 내적 경험과는 모순된다."[25] 체험이 딜타이에게 어떻게 이해되었든, 체험은 경험론자들이 인식론적 탐구의 대상으로 놓았던 관찰 가능한 외적 행위와는 명확히 구분—절대적으로 대립되진 않는다 해도—되는 것이었다.[26] 실제로 그는 경험적이든 이론적이든 경험과 방관자적으로 관계 맺는 모든 시도에 경고를 보내면서 이를 '시각주의ocularism'라고 명명했다.[27] 마치 멀리서 관찰될 수 있는 대상인 양 누군가의 내적인 삶과 거리를 둔 채

관계를 맺는 것으로 이해되는 내성introspection조차 충분치 않았다.[28] 그런 접근은 자연과학에 적합할 수 있겠지만, 경험을 재-포획하려는 또 다른 양식들은 역사가를 필요로 할 것이다.

그렇지만 이것들은 칸트가 상정했던 감각 인상들의 선험적인 구조화 모델의 관점에서 이해되지 않았다. 딜타이는 그 모델을 경험Erfahrung과 동일시했다. 종종 인용되는 1883년 『정신과학 입문』 서문의 구절에서, 딜타이는 경험을 수동적 감각의 문제로 환원하는 이들과 경험을 능동적 사유로 환원하는 이들 모두를 질타했다.

> 로크, 흄, 칸트가 구성한 인식 주체의 혈관에 흐르는 피는 진짜가 아니다. 그것은 단지 지성적 활동으로서의 이성에 의해 희석된 즙액에 불과하다. 그러나 역사학과 심리학에서 전인적 인간을 다루는 것은 나로 하여금 다양한 힘을 갖고 있는 전인적 인간을—이 의지하고 느끼고 지각하는 존재를—지식과 지식의 개념들(외부 세계, 시간, 실체, 원인 같은)을 설명하는 기초로 삼게 했다. 지식이 그것이 지각하고 상상하고 사유하는 것을 통해 얻은 날것의 재료만을 가지고 이 개념들을 직조하는 것처럼 보이는 게 분명하다 해도 말이다.[29]

경험이 지각과 지성의 수준에 머무는 반면, 체험은 자유의지, 감정, 창의적인 겪음과 관련된 좀더 깊은 수준의 내면성, 즉 정신의 이성적 작업으로 환원될 수 없는 좀더 주관적이거나 심리학적인 진실을 제시하는 수준과 결부되어 있었다. 질적으로 구분되는 것인 체험은 일반적인 유형이나 패턴보다 개개인을 부각함으로써 양적인 일반화로의 환원에 저항하는 진리인 것이다. 이 개인들은 그 자체로 유의미한 전체로서, 이들의 삶은 서로 관련 없는 별개의 계기들로 원자화될 수 없다. 1907/1908년에 딜타이는 다음과 같이 적었다. "생생한 경험은 현실을 내 곁에 존재하게there-for-me 만드는 독특하고 특징적인 양식이다. 그 경험은 지각되거나 표상된 것으로서 나와 마주 서지 않는다. 그것이 나에게 주어지는 것이 아니고, 오히려 생생한 경험의 현실이 내 곁에 존재하는 것이다. 왜냐하면 나는 그것에 대한 반성적 인식을 갖고 있고, 어떤 점에서는 그것을 직접적으로 나에게 속한 것으로서 소유하고 있기 때문이다."[30] 그렇기에 우리는 체험을 알고 바라고 느낀다기보다, 체험을 통해 알고 바라고 느끼는 것이다.

그러나 체험이 아무리 내밀한 것이라 해도, 딜타이에게 체험은 개인의 마음 외부에 있는 문화적·정신적 현실과의 연결이 끊긴 채 이해되는 단순한 유아론적 주관성의 의미를 넘어서는 것이었다.[31] 경험은 세계로부터 퇴각하는 것이 아니라 세계 안에 존재하는 것을 필요로 한다. 딜타이는 자신의 '기술적이고 분석적인 심리학'이 당시에 전형적이었던 과학주의적 혹은 연상주의적 심리학으로 환원되는 것을 피하려 했음에도 불구하고, 심리주의라는 비난을 초래했다.[32] 그렇지만 그는 체험이 기원의 특수한 맥락을 넘어서는 모든 주관-초월적인 인식론적 타당성의 상실을 의미하는 그 함의에 저항했다. 이런 점에서 딜타이는 적어도 주관주의적이고 특히 정서주의적인 형태의 낭만주의에 대해서는 일관된 반대자였다. 가다머의 언급에 따르면, 슐라이어마허 전기에서 그는 종교적 경험을 무한과 연결된 것으로 간주했다. 딜타이는 신학자 각자의 체험은 "설명적 맥락을 벗어난 우주에 대한 하나의 독립된 그림"이라고 적었다.[33] 따라서 앞서 칸트의 비판철학에 대한 슐라이어마허의 비판에서 살펴본 범신론적인 계기는 딜타이의 체험 사용에 흔적을 남기게 되었고, 이를 두고 한 주석자는 "영적 생생함의 사건"이라고 정의하기까지 했다.[34] 그렇다고 해서 딜타이가 아주 완전한 범신론의 방향으로 온전히 접어들었다고 볼 수 없는 것은, 그가 완전한 융합이라는 신비적인 종교 개념뿐만 아니라, 차이를 일원론적 동일성의 소산으로 환원시킨 헤겔적 혹은 스피노자적 화해 또한 거부했기 때문이다. 마찬가지로 그는 칸트의 경험 개념을 새로 쓴 헤르만 코엔의 급진적 선험주의와도 결별했는데, 그것은 급진적 구성주의라는 이름으로 물자체의 자립성을 완전히 폐기하는 것이었다.[35] 딜타이는 이러한 견해가 역사적인 경험을 구성적 주체의 단순한 투사投射로 전환시킬 수 있다는 점을 우려한 것이다.

그 대신에 딜타이의 경험은 절대적인 내재성과 즉각성을 넘어서는 것을 포함하는 상관적인 개념이었다. 때로는 직접적이고 내적인 앎이 그것의 객관화된 반성에 우선하는 견해를 수용하는 듯이 보일지라도, 그는 항상 경험이 자아의 내면성을 넘어서는 것과의 조우를 의미한다고 주장했다. 경험의 상관성이 명백히 드러나는 또 다른 방식은—그리고 이것은 딜타이가 해석학의 역사에서 핵심적인 인물로 간주되는 이유이기도 하다—경험의 의미의 역할에서 비롯된다. 딜타이에 따르면 "구체적인 현실 속에서의 경험은 의미의 범주에 의해 정합적인 것으로 만들어진다. 이것은 기억을 통해서, 직접적으로든 추체험에 의해서든 경험된 것 모두를 결합하는 통일이다. 그것의 의미는 경험들에 통일을 부여하는 경험 외적인 것에 놓여 있지 않고 경험들에 포함되어 있으며, 그것들 간의 결합을 구성한다."[36] 이 통일은, 총체성에 대한 고려를 요하는 삶의 좀더 큰 맥락 속에 위치한다. 사실상, 죽음의 시간에 이르러서만 최종적인 의미가 명확해지게 된다.

또한 딜타이는 사실과 가치를 구별하려는 신칸트주의적 시도를 강하게 거부했다. '체험하다erleben'라는 동사는 어떤 정적이면서도 강렬한 순간보다는 '겪음'을 시사했다. 이런 이유로 인해 체험은 일시적이고 비인격적인 흐름에서 생긴 날것 그대로의 개별적 자극들의 연속이 아니라, 강렬함과 가치와 일관성을 지닌 어떤 시간적 구조나 패턴이었고, 이는 존 듀이 같은 다른 관찰자들이 '단순한 경험'에 반대되는 것으로서 '**하나의 경험을 갖는 것**'[37]이라고 부르게 되는 것을 예고한 구분이었다. 게다가 그와 같은 유의미한 경험을 갖는 데는 지각뿐 아니라 판단도 요구되는데, 이때의 판단은 칸트의 『판단력 비판』에서 논의된 규정적 다양성보다는 반성적 다양성과 유사한 것이었다. 딜타이는 "경험empeiria, experientia은 지각에 기초한 지식이다"라고 주장했다. "지각 자체는 아직 경험이 아니다. 오히려 후자는 판단을 구성하며, 사실의 지식을 확장하는 것과 관련된다."[38]

'하나의 경험'을 갖는 것이 그 용어의 칸트적 의미에서 반성적 판단들과 관련된다면, 딜타이가 종종 미학적 경험들을 가장 중요한 체험으로 특권화했다고 해석되어온 것도 그리 놀랄 일은 아니다.[39] 왜냐하면 그런 판단들은 분명 가지성可知性의 개별적인 심급들을 이해하고 평가하는 것을 목표로 했으며, 여기에는 정신적geistig 차원들 못지않게 감각적 차원들도 포함되기 때문이었다. 그것들은 단지 미를 그 자체로 평가하는 데 그치지 않고 진리를 찾고자 했다.[40] 더욱이 예술은 내적 체험의 객관화와 외재화를 시사하면서, 그 경험을 타자들에 대한 판단에 활용할 수 있게 했다. 딜타이는 괴테에 대해 다음과 같이 썼다. "인간세계는 시인을 위해 존재한다. 그가 자신의 인간 실존을 경험하고 이를 마치 외부로부터 자신에게 닥친 것처럼 이해하려 하는 한 말이다. (…) 오성 속에서 시인은 자신의 모든 내적 체험을 다른 인간들에게 투사하며, 동시에 또 다른 위대한 존재나 어떤 강력한 운명의 불가해한 낯선 깊이는 그를 그 자신의 한계를 넘어서도록 이끈다. 그는 자신이 개인적으로는 결코 경험할 수 없을 법한 것을 이해하고 그것에 형상을 부여한다."[41] 미학적 자기-서사화의 가장 완벽한 행위인 자서전은 어떤 점에서는 이러한 과정의 완벽한 사례ne plus ultra에 속하는 것으로, "삶의 이해가 우리와 맞서게끔 하는 가장 고귀하고 교훈적인 형태"였던 것이다.[42] 다른 인물에 대한 전기는 역사적 맥락과 삶의 사후적 효과들을 고려함으로써 그 과정을 확장시킨다.

딜타이는 역사적 경험을 단순히 시적인 생산으로 환원한 적이 결코 없지만, 유의미한 대상을 형성하는 특징들은 전자에 대한 그의 이해에 영향을 끼치는 후자와 연관되어 있었다. 특히 후설의 심리주의 비판의 영향 아래 쓰인 후기 저서 『정신과학에서 역사세계의 구축』(1910)에서,[43] 딜타이는 의미를 주체의 내면성이 아니라 개별적인 노력으로 인해 잊혔던 '객관 정신'에 위치시키는 방식을 찾고자 애썼다. 이처럼 한정되고 고정된 객관화는 그 저자들이 가진 목적론적 의도의 잔재를 포함하는데, 이를 두고 딜타이는 그 체험의 아우스드루크Ausdruck—흔히 '표현'으로 해석되지만 '객관화'로 불리기도 하는—라고 불렀다. 그에 따르면 "생생한 경험은 그 자체의 표현들을 발생시킨다."[44] 여기에 포함되는 것은 언어적 발화, 행위, 그리고 제스처나 몸짓언어 같은 비언어적 기호들이다. 이 모든 것은 저자의 감정을 구현하는 것 이상을 의미하며, 생생한 경험들 전반을 담고 있다.[45] 그것들은 세계관Weltanschauung에 의해 매개되는데, 딜타이가 보기에 이것은 유형학적으로 범주화될 수 있는 것이었다.[46] 그에 앞서 헤겔과 요한 구스타프 드로이센이 지적했듯이, 그런 표현들은 경험으로부터 어느 정도의 자율성을 얻는데, 이는 그것들이 자신의 의미를 산출하기 위해 해석학적으로 해독될 필요가 있음을 의미한다. 이론의 여지가 있는 신성한 텍스트들을 두고 이전 시대 해석자들이 발전시킨 기술은 인간 독창성의 모든 표현에 적용될 수 있게 되었다.

여기서 딜타이가 과거를 회복하는 과정에서의 '이해Verstehen'라고 부른 것의 핵심적인 역할이 무엇보다도 중요해졌다.[47] 그것은 외적인 현실에 대한 단순한 인식적인 포착이나 범주들로의 이성적인 포섭보다 더 심오하고, 칸트의 오성Verstand('이해'로도 번역되고 '지성'으로도 번역되는)이 시사하듯 인과에 대한 단순한 '설명Erklärung' 그 이상의 것으로서, 우리 이전에 살았던 이들—혹은 그들 중 일부—의 체험의 '표현'이 갖는 내적 의미에 대한 선반성적 포착을 수반한다.[48] 이때 삶, 즉 역사가의 유의미한 삶은 그 역사가가 연구하는 이들의 유의미한 삶에 접근하게 해준다. 무언가를 만드는 사람이 그렇지 않은 사람보다 그것을 더 잘 알 수 있다는, 비코의 유명한 진리-제작verum-factum 원리에 근거해, 딜타이는 우리가 똑같은 활동에 참여하기 때문에, 인간의 의도에 의해 과거에 만들어진 것을 알 수 있다고 주장했다.[49] 그의 주장에 따르면, 정신과학들의 범위는 "바깥세상에서의 삶의 객관화에 의해 규정된다. 정신만이 정신이 창조한 것을 이해할 수 있다. 자연과학의 주제인 자연은 정신의 활동과는 무관하게 생겨난 실재를 수용한다."[50] 그리고 또 다른 곳에서 그는 "역사과학의 가능성을 위한 첫째 조건은 나 자신이 역사적 존재라는 사실, 즉 역사를 조사하는 사람이 역사를 만드는 사람과 같다는 사실에 놓여 있다"고 주장했다.[51]

딜타이는 현재의 역사가들이 과거 행위자의 경험 속으로 들어가는 과정을 단순히 정서적인 감정이입Einfühlung을 넘어서는 것으로서 '추체험Nacherleben'(재경험하기re-experiencing) 혹은 덜 일반적으로는 '추구성Nachbilden'(재창조re-creation)이라고 불렀다.[52] 그는 "역사적 국면에 대한 전적인 이해는 사건들의 진행이 전진 운동이 일어나는 가장 깊은 지점들에서 상상력으로 추체험될 때 비로소 획득된다"고 적었다.[53] 추체험은 우리가 우리에게 제시된 것들을 이해하기 위해서 우리 자신의 경험을, 우리 자신의 선이해를 이용하는 허구적 서사(말하자면 연극이나 소설 같은) 안으로 진입할 때 일어나는 능동적 이해에 비견되는 것으로서, 과거 경험의 표현들을 유의미하게 해석할 수 있다. 제이컵 오언즈비는 이에 대해 다음과 같이 주장했다.

> 추체험은 자료에서 사용된 표현들 속에 구현된 삶-관계의 해석자에 의해 재활성화된다. 그것은 개인을 삶-관계의 초점이자 역동적 결합으로 사용하면서 다시 한번 종합하는 것이다. 우리가 역사적 인물들의 생을 서사들로 변형시키는 한에서, 우리는 그 발전의 체현으로서 그들 생의 전개뿐만 아니라 그들 생의 전개에 관한 그들의 표현까지 이해할 수 있고, 또한 좀더 포괄적인 사회역사적 체계의 상호 작용도 이해할 수 있다.[54]

따라서 '추체험'은 비록 시적 상상력의 행위에 비유될 수 있다 해도, 헤이든 화이트 같은 후대 주석자들이 주장했듯이 전적으로 과거에 형상을 부과하는 것일 필요는 없다. 역사적인 지식과 관련해서, 딜타이는 메타역사학자가 아니라 현실주의자로 완고하게 남아 있었다.[55]

추체험은 인식론적 이점—우리가 과거를 이해하도록 도와주는—에 더해, 인간의 가능성의 확장된 범위를 제시해 삶을 풍요롭게 함으로써 현재의 역사가들에게 이로운 영향을 미치기도 한다. 타자의 서사를 통해 우회하면서, 과거 경험에 대한 일종의 평가를 통해서, 우리는 우리의 삶을 확장하며, 있는 그대로의 우리를 확인해주는 단순한 내적 성찰을 넘어서, 변화된 삶을 출현시킨다. "타인을 이해하는—타인이 우리 자신의 경험을 통해 이해되듯이—과정에서, 경험의 모호성에 조명이 비치고, 그 주제에 대한 협소한 이해로 인해 발생한 실수들이 교정되며, 경험 자체가 확장되고 완성된다."[56] 대리 경험의 바람직한 효과로 인해 딜타이는 과거에 대한 순전히 관조적인 태도, 즉 우리의 가치와 목적이 전적으로 유보되어버리는 그러한 태도는 불가능할뿐더러 유해하기까지 하다는 입장을 고수했다. 왜냐하면 인간이 자신을 알 수 있는 것은 오로지 역사를 통해서이기 때문이다. 따라서 딜타이는 오크숏처럼 과거와 현재의 경험의 완전한 접합collapsing을 주장하는 데까진 이르지 않았지만 그래도 양자가 상호 연루되고 유의미하게 섞여 있다고 인식했다. 확실히 인간은 스스로를 타인의 경험에 개방해 자신이 겪은 개인적인 경험의 측면적 혹은 부분적 특징을 보충함으로써 역사적 형성의 흐름에 관여하는 경향이 있다. 해석학적 순환은 텍스트에서 해석으로, 과거에서 현재로, 역사가의 삶에서 역사가가 연구하는 이들의 삶으로 끊임없이 오가는 것과 관련된다. 최선의 측면에서, 그것은 심지어 역사가의 생각이 갖는 상대주의적 함의를 초월해 진정으로 객관적 지식이 가능하리라고 주장하는 확장된 이해로까지 이어질 수 있다.

그렇지만 그런 주장에서 드러난 낙관주의는 쉽게 유지되기 어려웠고, 칸트의 비판에 준하는 역사적 지식 비판을 쓰려는 딜타이의 계획은 통상 생산적인 실패로 간주되었다.[57] 인식론적 객관성과 해석학적 해석은 그가 생각했던 것보다 훨씬 더 조화되기 어려웠다. 초기의 생생한 경험에서 세계관을 거쳐 역사적 추체험을 야기하는 표현으로 이어지는 도정은 그가 예상했던 것보다 더 험난하고 불연속적인 것으로 밝혀졌다. 비코의 경우에 그랬듯이, 다음과 같은 불가피한 질문이 요구되었다. 역사를 '형성'하고 그에 따라 역사를 알 수 있는(아니, 역사를 경험하고 그것을 추체험할 수 있는) '우리'는 누구인가? 우리는 개인적인 행동들의 총합이 집단적인 역사적 주체를 구성해낸다고, 혹은 대의적인 개인들이 능동적으로 자신의 세계를 창출하는 집단을 참으로 대표한다고 추정할 수 있는가? 사실상 '형성하는 것'과 '경험하는 것'이 동의어에 불과한가? 제작하는 인간homo faber만이 인간 조건의 유일한 모델인가?[58]

진리-제작 원리는 역사가 인간 의지의 작용 및 비인격적인 힘, 구조, 환경, 순전한 우연 같은 것들의 결과라기보다는 인간의 지향성의 산물로 이해될 수 있다는 문제적인 입장만을 의미하진 않는다. 그것은 또한 과거를 만드는 이들과 과거를 인식하는 이들의 본질적인 연속성, 즉 지속적이고 초월적이며 암묵적으로 안정된 인간 주체—이 주체의 역사적 특수성은 그의 포괄적 균일성보다는 덜 중요하다—를 은연중에 상정하는 연속성을 전제한다. 마찬가지로 그 원리는 그 주체에 의해 만들어진 어떤 보편적 이야기인, 역사라 불리는 거대서사의 존재를 당연시했는데, 존재한다고 상정된 이러한 서사는 앞서 보았듯이 모더니티의 개시를 특징짓는 시대 변환의 산물이었다.[59] 따라서 니체 같은 반역사적 사상가에 맞서 딜타이가 유지하려 애쓴 바로 그 역사성historicity은 과거를 추체험하는 임무를 그가 예측했던 것보다 더 어렵게 만들었다.[60] 세계정신의 형성Bildung으로서의 역사라는 헤겔 개념의 유령은, 푸닥거리로 그것을 쫓아내려는 딜타이의 노력에도 불구하고 은밀하게 되돌아왔다.[61] 딜타이 비판자들이 경고하듯이, 그 형성이 개인의 삶—개인의 삶의 이야기는 마치 인류의 집단적 기억처럼 서사의 끝에서 재수집될 수 있다—의 흐름을 따라서 이해된다면, 오직 전기와 자서전만이 역사적 추체험의 특권적 모델이 될 수 있었다.[62] 마이클 피커링이 지적했듯이, "서로의 갈등 속에서 경험적으로 흐르는 삶에 대한, 경험들 간의 불화에 대한, 그리고 특정 경험들의 의미를 다른 경험들의 의미보다 우위에 놓으려는—후자를 주변화하거나 사소하게 만들려는—투쟁에 대한 불충분한 인식이 존재한다. 경험은 이해관계의 충돌, 기회와 성취의 구조적 거부, 그리고 삶의 이러한 현실성에 연루된 권력관계와 깔끔하게 결별할 수 없다."[63]

현재와 과거의 간극이 크게 벌어진 것은 사실 딜타이 시대의 고조된 역사 의식의 역설적 함의들 중 하나였고, 사실상 이것은 딜타이 본인에게서 확연한, 점증하는 방법론적 자기반성을 설명해주었다. 루돌프 마크릴에 따르면, 딜타이는 궁극적으로 "우리 경험에 대한 반성이 타자를 이해하기 위한 **출발점**일 수 있지만, 그러한 반성은 (…) 규정할 수 없고, 해석의 **토대**로도 기능할 수 없다"는 점을 인정하게 되었다.[64] 실제로 문화적 창작자의 경우에도, 경험과 표현—혹은 적어도 그것의 역사적 의미—사이의 조화가 점점 더 약화되고 있었을지도 모른다. 1911년에 지멜이 유명한 논문에서 '문화의 비극'이라고 명한 것은, 주관적 표현들과 그것의 객관적인 문화적 대응물들이 복잡한 사회로 진입할수록 점차 불화해, 화해를 저해하는 비극적 분열을 야기하는 것을 의미했다.[65] 역사가들은 더 이상 '전통'이라 불리는 것의 연속성 속에 강하게 터 잡을 수 없게 되자, 낯선 것을 익숙하게 만들고 그것을 자신들이 이해할 수 있는 용어로 재기술하려 분투했다. 가다머의 다음과 같은 언급처럼 말이다.

> 산업혁명으로 변화된 문명의 복잡한 작동에 따른 고통에 기인한, 경험의 희박함과 경험에 대한 갈구가 체험이라는 단어를 보편적으로 사용되게끔 이끈 것과 마찬가지로, 역사적 의식이 전통을 취한다는 새롭고 낯선 태도는 체험 개념에 인식론적 기능을 부여한다.[66]

그러나 하나의 인식론적 도구로서 체험은, 적어도 딜타이가 획득될 수 있기를 고집스럽게 바란 객관적 지식의 방향에서는 한계를 지닐 수밖에 없었다. 실제로 그는 마지막 저작들에서 그것의 잠정적 지위를 인정하게 되었다.[67] 딜타이의 최종 입장이 실제로 어느 정도 상대주의적이었는가를 두고 격렬하게 논쟁이 계속되고 있지만,[68] 그가 자기 목표에 도달했다고 느끼는 해석자들은 거의 없다. 막스 베버 같은 신칸트주의 사회과학자들이 상상력을 요하는 추체험보다 방법론적으로 좀더 그럴듯한 접근법을 고안하려 노력한 반면, 하이데거나 가다머 같은 해석학적 현상학자들은 인식론적 질문에서 존재론적 질문으로 주의를 돌리고자 시도했다.[69] 1920년대까지, 역사 분석의 강력한 도구를 제공하려는 딜타이의 계획은 '실증주의'의 잔재에 대한 투쟁 속에서 무력하고 애매한 슬로건에 지나지 않는 것으로 전락했다. 프리츠 링거가 말했듯이, "체험의 수사학은 '현상학적' 방법이 '본질적' 의미의 직접적인 '조망'(본질직관Wesenschau)을 재가하는 데 사용된 것과 마찬가지로 직관적인 동일화identification를 시사하는 데 사용되곤 했다."[70] 여전히 체험의 힘을 거론하는 사람들조차 역사이성 비판을 세우려는 딜타이의 헛된 시도 속에서 자신들이 객관주의의 잔재로 간주하는 것을 비판하지 않을 수 없었다.

: 콜링우드와 과거 사유의 재연

이 반응의 전형은 옥스퍼드의 철학자이자 역사학자인 콜링우드의 저서 『역사의 이념』—이 책은 콜링우드의 1936년 강의들에 기초해 그가 죽은 지 10년 뒤에 녹스의 편집을 통해 출간되었다—에 담긴 딜타이의 심리학에 대한 비판에서 찾아볼 수 있다.[71] 콜링우드가 보기에, 역사를 심리학에 근거지으려는 모든 시도는 딜타이가 대항해 싸웠다고 주장한 실증주의와 자연주의에 굴복하는 것을 의미했다. 정신의 '참된 내용'의 전체론적인 이해를 지지하면서 인과적이고 원자론적인 설명을 피하고자 했던 딜타이의 '서술적이고 분석적인 심리학'의 의도를 오해한 측면이 없진 않지만, 콜링우드는 딜타이가 역사적 추체험을 위한 실행 가능한 심리학적 토대를 만들려는 자신의 시도들이 궁극적으로 실패했다고 여겼음을 언급했다는 점에서 옳았다. 하요 홀본처럼 콜링우드에게 맞서 그 시도들을 열렬히 옹호한 이들조차 그의 후기 작품에서 심리학이 해석학에 굴복하게 된 데에는 이유가 있을 것이라고 인정할 수밖에 없었다.[72]

그렇지만 콜링우드는 자신이 '철학과 역사의 화해rapprochement'[73]라고 부른 것을 성취하길 바라면서 딜타이가 상정한 것과 같은 질문들을 끊임없이 숙고했고, 그렇게 함으로써 역사적 탐구에서 경험의 역할을 해명하려는 영향력 있는 시도를 잇따라 했다. 이것은 영어권에서 특별한 공명을 불러일으켰다.[74] 그는 오크숏에게서도 많은 것을 배웠지만, 역사가 단지 실제 경험에 포박된 것으로서 절대적 경험을 특징짓는 철학적 반성을 하기에는 다소 부족하다는 주장은 배격했다. 걸출한 고고학자의 아들이자 로마제국 시기의 브리튼에 정통한 역사학자인 콜링우드는 역사를 내부로부터 평가했다.[75] 그의 주장에 따르면, 역사는 "살아 있는 과거, 즉 사유된 것이지 단지 자연적인 사건이 아니기 때문에 현재에 재연될 수 있는 과거여야 한다. 그리고 과거로 알려진 그 재연에서 (…) 역사는 [오크숏이 주장한 것처럼] 철학적 오류에 기초한 것이 아니며, 따라서 그의 의미에서 경험의 한 양식이 아니라, 일체의 경험 그 자체인 것이다."[76]

그러나 콜링우드는 오크숏의 관념론적 경향의 여러 지점을 공유했는데, 그 때문에 심정적으로 헤겔주의자라는 지적을 자초했다.[77] 그의 초기 저서이자 가장 두드러진 저서인 1924년의 『정신의 거울』이 지식을 체계화하고 경험—예술, 종교, 과학, 역사를 포함한—의 총체적 변증법을 탐구하려 했다는 점에서, 콜링우드는 브래들리와 그 밖의 19세기 후반 영국 관념론자들의 유산에 빚지고 있음을 드러냈다.[78] 그에 대한 가장 유명한 해석자들 중 한 명인 루이스 밍크에 따르면, "경험"은 "대략 '의식'과 동의어로 쓰인 것을 제외하면, 콜링우드에게서 체계적인 의미를 갖는 용어로 쓰이진 않았다. 대체로 경험은 그것이 고차적인 의식의 대상인 한 모든 의식 활동을 의미한다."[79]

우리는 콜링우드 편에서 의식으로서 경험의 온갖 변형을 시시콜콜 논하기보다는, 역사라 불리는 양식에 대한 그의 이해에서 경험이 차지하는 핵심적 위치에만 초점을 맞출 것이다. 왜냐하면 『역사의 이념』에서 "거기서 무엇이 역사적 지식일 수 있는가?"라는 질문에 대해, 그는 명확하게 "역사가의 마음속에서 재연될 수 있는 것"이라고 답했기 때문이다. "무엇보다도 이것은 경험되어야 한다. 경험이 아니라 단지 경험의 대상인 것에서 역사란 존재할 수 없다."[80] 딜타이와 마찬가지로 콜링우드는 역사적 경험이 순진한 경험론자들의 직접적인 감각 자료 이상이라고 이해했다. "그것이 단지 직접적인 경험, 즉 감각과 감정 같은 것들로 구성되는 의식의 단순한 흐름인 한, 그것의 과정은 역사적 과정이 아니다"라고 그는 썼다.[81] 콜링우드는 딜타이를 잘못 해석해, 삶이란 "반성이나 지식과 구별되는 것으로서 직접적인 경험을 의미한다. (…) 역사 자체는 단순한 삶이자 직접적인 경험이며, 그래서 이른바 역사가는 이른바 심리학자가 이해하는, 그리고 오직 그만이 이해하는 삶을 경험할 뿐이다"[82]라고 말하긴 했지만, 과거에 대한 어떤 추체험이 역사적 지식에 본질적이라는 믿음을 딜타이와 공유했다.

그렇지만 적어도 두 가지 점에서 콜링우드는 딜타이와 거리가 있었다. 첫째, 그는 '추체험'보다는 '재연re-enactment'이라는 말을 지지했는데, 이런 구별을 통해 역사적 탐구의 목표로서 과거의 행위들actions이 갖는 중요성을 강조했다. 그의 주장에 따르면 "지질학은 우리에게 일련의 **사건들**을 제시한다. 그러나 역사가 우리에게 일련의 **행동들**acts을 제시하지 않는다면 그것은 역사가 아니다."[83] 이것들은 사건들의 안과 밖인, 내적 동기들이자 외적 현시들이다. 콜링우드는 목적이 분명한 개인적 행위들인 업적res gestae의 중요성을 강조함으로써 구조, 제도, 담론, 행위 패턴이 역사가가 다뤄야 할 고유한 주제라고 주장하는 역사가들을 거부했다. 그리고 이러한 거부는 그를 인간주의적인 딜타이(정작 콜링우드는 그를 심리학을 일반화한 인물로 이해했지만)에 가까워지도록 만들었다. 그러나 행위에 대한 강조는 또한 다음과 같은 경험의 요소들, 즉 예기치 않은 것과의 조우에서 어떤 수동성이나 개방성을 수반하는 요소들, 어떤 것이 발생하기를 바라기보다 발생된 것을 따르려는 의지를 나타내는 요소들, 행동하려는 의식적 결단에 대응하는 욕구와 신념에 의존하는 요소들 일체를 주변화하는 것이기도 했다. 여기에는 앞서 보았듯이 슐라이어마허에게서 많은 것을 배운 딜타이의 종교적 계기, 즉 세계에 대한 유사-범신론적 굴복의 계기는 존재하지 않았다. 콜링우드가 『정신의 거울』에서 선보인 정신의 변증법에서 종교는 확실하게 과학에 포함되는 것이었으며, 그 자체로 '특수한 종류의 과학'[84]인 역사는 직접적인 관찰보다는 추론을 필요로 하는 것이었다.

또한 콜링우드의 재연은 행위 자체의 합리적 동기들과 사유의 의식적 반성성에 대한 편애를 의미했다. 그가 대단히 논쟁적인 경구들 중 하나를 통해 주장한 바에 따르면, "모든 역사는 사유의 역사다."[85] 경험이 형언 불가능하고 개인적이고 반복 불가능하기 때문에 후대의 역사가들에 의해 재연될 수 없다는 비판에 대해 그는 다음과 같이 응답했다.

> 경험이 단순한 의식, 감각 그리고 순수하고 단순한 감정으로 구성되는 한, 그것은 사실이다. 그러나 사유 행위는 단순한 감각이나 감정이 아니다. 그것은 지식이며, 지식은 직접적인 의식 이상의 것이다. 따라서 지식의 과정은 상태들의 단순한 연속이 아니며 (…) 사유 자체는 직접적인 의식의 흐름을 수반하지 않는다. 어떤 점에서 그것은 그러한 흐름 바깥에 위치하고 (…) 바로 그 같은 사유 행위는 시간의 경과를 견디며 그것이 정지하게 된 시간 이후에도 소생할 수 있다.[86]

콜링우드의 주장에 따르면, 사유의 객관적인 특징 때문에, 재연을 전적으로 현재의 주관적인 과정으로 환원하는 것은 잘못이다. 그뿐 아니라 그것이 재연한 것을 의식의 지속적인 흐름 속에 휩쓸린 것으로 보는 것 역시 잘못이다. 역사적 경험을 '과거를 지나간 형태의 것으로 보는 현재'로 정의하는 오크숏의 생각과 모든 역사는 현재의 역사라는 크로체의 주장을 분명하게 반박하면서, 콜링우드는 과거에 대한 사유를 재연하는 것은 창의적인 긴장 속에서 그 등식의 양극단을 유지하는 것이라고 주장했다.[87] 그러므로 역사적 사유는 주관적인 동시에 객관적이다. 콜링우드가 역사가의 '선험적 상상력a priori imagination'이라 부른 것 덕분에 역사가는 과거가 남긴 문서들을 애초에 그것을 낳은 행위들의 재연으로 전환시킬 수 있는바, 이는 '독창성 없는scissors-and-paste' 역사가의 출처 대조보다 훨씬 더 적극적인 개입이며 단순한 모방보다 훨씬 더 창조적인 일이다. 그는 이러한 상상적 재연이 적어도 최소한의 인간 경험의 공통성을 전제한다는 점에 동의했다. 과거 인물의 텍스트를 이해하기 위해서는 "우리는 그 인물 본인의 경험과 충분히 유사한 어떤 경험으로 준비된 채 그 텍스트를 독해함으로써 그 사유와 그 경험이 유기적으로 관련되게끔 해야" 하기 때문이다.[88] 하지만 재연은 또한 과거 경험과의 단순한 공감 이상으로 확장되고, 시간에 따라 변하기 마련인 현실적 질문들에 대한 실효적인 답변으로 이해된 이전 사유들의 진리 주장을 진지하게 취하려는 비판적 차원과 연결된다.[89]

심지어 개인만의 사적인 경험에 기초했을 때조차, 역사는 수동적인 관망을 넘어 현재 사유 속에서 능동적인 재연으로 이어지는 한에 있어서 분명 기억과는 다른 것이었다. 이에 대한 콜링우드의 주장을 들어보자. "소위 기억은 과거 경험 자체에 대한 현재의 사유일 뿐이며, 그 경험은 어떤 것이든 상관없다. 그러나 역사적 지식은 과거 사유가 현재 사유의 대상이 되는, 기억의 특수한 사례로서, 거기서 현재와 과거의 간극은 과거를 사고하는 현재 사유의 힘뿐만 아니라 현재에서 자신을 환기하는 과거 사유의 힘에 의해서도 메워진다."[90] 그의 주장에 따르면, 전쟁이나 경제적 추이같이 언뜻 보기에 역사가에 의해서는 결코 직접적으로 경험될 수 없어 보이는 비인격적인 과정들도, 전쟁을 지휘하거나 경제적 선택을 행하는 이들의 의도에 초점을 둠으로써 재연이 가능해지는 것이다.

이러한 전제들로 미루어, 가장 뛰어난 콜링우드 해석자 중 한 명의 말을 인용하자면, 콜링우드의 역사 이론이 종종 "지나칠 정도로 주지주의적, 합리주의적, 행위-지향적, 심리주의적, 개인주의적"[91]이라는 비난을 받는 것도 놀라운 일은 아니다. 심지어 가다머 같은 우호적인 독자들조차 "계획 혹은 행위의 이론은, 우리 계획이 어그러지기도 하고 행위와 누락이 예기치 않은 결과로 이어질 수도 있는 역사 경험을 결코 공정하게 처리할 수 없다"[92]고 불평할 정도였다. 콜링우드도 비합리적 동기에 의해 발생한 행위가 있음을 인정하긴 했지만, 탐구를 돕는 데는 합리성을 우선 가정하는 것이 중요하다고 생각했다.[93] 그러나 합리적 의도와 합리적 결과의 연결을 가정하는 데 난점이 있었다. 게다가 역사가들이 모방적으로 재생산하는 것이 아니라 상상적으로 재구성하는 원래의 행위들과 관련해, 역사가들의 상이한 재연들을 어떻게 판단할 것인지도 이해하기 쉽지 않았다. 오로지 재연들 자체를 통해서만 과거에 접근 가능하다면, 도대체 평가 기준은 무엇인가? 조리 있음의 비교가 경쟁하는 여러 재연을 구별하는 데 충분한 기준이 되는가? 그리고 마지막으로, 상이한 시간과 공간에 놓인 사람들의 의미론적으로 변하기 쉽고 문화적으로 걸러진 사유에 대해서 심리주의—삼단논법의 증거들을 따르는 그런 심리적 행위들이 그것들 각각의 실행 순간들을 초월하는 객관적 진리들을 드러내는—에 대립하는 전통적 논증을 취하는 것은 타당한가? 우리뿐만 아니라 플라톤도 배중률을 수용했겠지만, 정의justice에 대한 그 그리스 철학자의 이해는 우리의 이해와 완전히 동일하며, 따라서 합리적 재연을 위해 사용 가능한가?

일부 문제들은 콜링우드의 『역사의 이념』과 『자서전』 부분을 제외한 나머지 저작들에 대한 일반적인 무시, 그리고 악명 높은 그의 모호한 개념 사용과 죽음으로 인한 『역사의 원리들』의 미완성 때문에 야기되었을 수 있다. 그렇지만 그의 사유운동이 딜타이의 좀더 포괄적인 체험 개념을 벗어났다는 점은 부인하기 어렵다.[94] 공정하게 말해서, 생생한 경험을 수행하는 딜타이의 완전히 통합적인 주체라는 혈액은 콜링우드에게 와서 로크, 흄, 칸트

—혹은, 좀더 정확하게 말하자면 헤겔—의 혈관을 흐르는 '이성의 희석된 즙액'처럼 또 한번 묽어지기 시작했다.[95] 콜링우드는 딜타이의 작업에 있는 심리주의적 계기를 실증주의적 자연주의의 잔재로 보면서 적대시함에 따라, 사유 내용—그것이 처음 사유된 시기를 초월하기 때문에 재연될 수 있었던—을 그것이 생겨나고 전승되고 수용되는 다양한 맥락으로부터 지나치게 급진적으로 분리시켰다.[96] 결국 딜타이의 생기론적 개념인 체험은 다음과 같이 쓴 사람에 의해 일축될 수밖에 없었다. "사유 빼고는 어떤 것에도 역사가 존재할 수 없다. 따라서 예컨대 전기는 그것이 아무리 많은 역사를 담고 있다 할지라도, 비역사적일 뿐만 아니라 반역사적인 원리 위에 세워진 것이다. 전기의 경계는 인간 유기체의 탄생과 죽음이라는 생물학적 사건들이다. 그러므로 전기의 구성은 사유의 구성이 아니라 자연과학의 구성이다."[97] 이렇게 생물학적인 한계를 피하게 되자, 콜링우드가 시간의 흐름 속에서 사유의 동일성을 상정할 수 있도록 한 초월적 유심론의 길이 열렸다.[98]

딜타이에게서 종종 발견되는 선반성적 생활세계에 대한 현상학적 강조는 콜링우드에게서는 희미하게 눈에 띌 뿐이다. 그가 후설, 하이데거와 더불어 그것의 자연주의적 형태에서의 심리주의에 대한 비판을 공유했음에도 말이다. 직관적이고 비합리적인 재연은 예술사에 대한 그의 접근에서만 제자리를 찾을 수 있었다.[99] 그 외의 분야에서 그는 향후 수년간 대부분의 사회과학을 지배하게 될—역사 분과에서는 두드러질 정도는 아니었지만—합리적 선택 이론의 무의식적인 선구자처럼 여겨졌다.[100] 설사 그렇다 해도, 콜링우드는 자신에 앞서 딜타이가 그랬듯이, 세대, 계급, 인종, 젠더 정체성에 관심을 둔 많은 역사가가 이용한, 경험의 집단적 성격에 대해서는 거의 고려하지 않았다. 그 결과 그는 자신의 이론에 대한 다른 모든 이의 제기에 더하여, 노골적으로 유럽 중심적인 정신 개념을 가졌다는 것뿐만 아니라 과거에 대한 자신의 견해에 자유주의 이데올로기의 가정을 은밀히 도입 했다는 이유로 비난을 받을 수밖에 없었다.[101]

: 역사와 매일의 삶: '일상적' 경험의 회복

대략 한 세대 후에 톰프슨의 '아래로부터의 역사'를 추종하는 이들은 역사적 경험을 회복하자고 요구했는데, 여기에는 매우 상이한 동기들이 깔려 있었다.[102] 이 옹호자들은 과거의 주도적 행위자들의 합리적 사유를 재연하려하기보다, 잊힌 남녀 대중에게 관심을 돌려 평범할지라도 매일의 삶이 역사적 탐구의 귀중한 주제가 되게 했다. 능동적 작인作因과 합리적 반성을 모든 행위자에게 귀속시켜 행위자들의 경험들이 상상적으로 재연되게끔 한 콜링우드에 반해 그들은 그러한 힘과 반성의 한계를 인정했다. 그 작인과 반성은 사람들을 제약하는 사회적 조건에 의해 야기되는 것으로, 심지어 사람들이 부과된 제약들을 극복하고자 투쟁하는 바로 그 순간에도 그들의 경험을 통해서 이 제약들의 힘이 불가피하게 드러났다.

역사에서 '일상으로의 복귀turn to ordinariness'[103]로 불려온 것은 예술적 실천에서의 '평범한 것의 변용transfiguration of the commonplace'에 필적하고, 소박한 신앙심의 가치화—소수만 알아듣는 교리학에 대립되는, 예전처럼 종교적 경험에 대한 찬사를 북돋우는—와 잘 어울리는 것이었다. 1960년대 후반과 1970년대에 활동한 여러 나라의 역사가들은 오로지 지성적·사회적·정치적 엘리트들에게만 초점을 두는 학자들에 의해 역사에서 무시되어온 사람들을 포함하려는 대중주의적이고 평등주의적인 바람에 고무되어, 안토니오 그람시가 '서벌턴subaltern'이라 불렀던 이들에게 발언권을 부여하는(때로는 말 그대로 구술사의 유용함을 새로이 강조하면서) 방안들을 찾아 나서기 시작했다. 처음에 앙리 르페브르 같은 마르크스주의자들의 간헐적인 노력으로 1930년대에 고립적으로 출발했던 '일상생활 비평'은 미셸 드 세르토 같은 다수의 비마르크스주의자들에게도 몰두의 대상이 되었다.[104] 지리학처럼 다소 부수적인 학문에서는, 생생한 경험과 일상에 대한 휴머니스트적인 강조가 이푸 투안 같은 저명한 인물들의 저작에서도 두드러지기 시작했다.[105]

'새로운 문화사'가 1960년대에 절정에 이른 사회사를 밀어젖히기 시작했을 때, 주류 역사가들은 일상 영역quotidian sphere의 중요성에 대한 공감을 한층 심화하기 시작했다.[106] 클리퍼드 기어츠와 빅터 터너 같은 문화인류학자들이 옹호한 '심층 기술thick description'이 여기에 결정적인 영감을 주었다. 신비화의 영역으로서든 저항의 장소로서든(혹은 양자 모두를 지칭하는 것이든) 이제 '일상'은 비판적 취향, 그리고 고상한 담론과 배타적 제도에 대한 혐오와 더불어 문화사가들의 특권적인 무대가 되었다. 독일에서 알탁스게시히테Alltagsgeschichte로 알려진 것은 정권에 대한 공모나 중립이나 저항이라는 문제가 '평범한 독일인들'을 완전히 사로잡았던 나치 시대의 일상생활을 분석 목표로 삼아 1980년대에 사회적인 주목을 받기 시작했다.[107] 사회질서의 최하층의 것으로 추정되는 경험에 접근하는 것은 해당 문서들을 좀더 손쉽게 활용할 수 있는 근대에 가장 쉬운 일이긴 했지만, 에마뉘엘 르루아 라뒤리, 카를로 긴츠부르그, 로제 샤르티에, 내털리 지먼 데이비스, 로버트 단턴, 한스 메딕, 피터 버크 같은 독창적인 연구자들은 중세와 근대 초기의 일상생활을 조사하기 위한 방법들도 발전시켰다. 여기에 핵심적인 자극제가 된 것은 페르낭 브로델과 뤼시앵 페브르가 주도한 아날학파의 기념비적인 연구들이었다. 이들은 지식인 엘리트들의 명쾌한 사상보다는 문화 집단들이 공유한 '망탈리테mentalité'[사고방식]에 대한 관심을 전면에 내세웠다. 그리고 이 과거의 문화들이라는 영역에 접근하는 방법을 모색하는 중에 아날학파의 학자들은 종종 역사가 본인의 경험에 대한 좀더 자의식적인 성찰을 이어갔고, 그리하여 역사가 자신의 경험도 더 이상 저자의 비인격성

이라는 외관 뒤에 간단히 숨겨질 수 없었다.[108]

이제껏 외면당했던 폭넓은 경험들이 세계적으로 새로이 매혹의 대상이 된 데는 사실 많은 이유가 섞여 있었다. 영국에서 '아래로부터의 역사'의 도래를 설명하면서, 『히스토리 워크숍』의 주도적인 실천가들 중 한 명이었던 래피얼 새뮤얼은 이렇게 회상했다.

> 『히스토리 워크숍』이 역사적 탐구의 주제로서, 그리고 구체성에 대비해 추상성을 시험하기 위한 리트머스 시험지로서 종종 '참된 삶의 경험'에 부여해온 중심적 위치는 추측건대 일련의 상이한 영향들에 기인한다고 볼 수 있다. 어느 정도 그것은, 주로 노동자-저자들인 우리의 원래 기반에 기인하기도 하고, 우리가 역사 연구—그 저자들이 연구의 결실뿐만 아니라 개인사의 결실도 끌어들이는—를 위해 하고 있던 주장에 기인하기도 한다. 그리고 매우 상이한 한 가지 원천으로부터의 영향, 즉 1960년대 중반에 초기 '일탈적' 이론가들에 의해 대중화된, 당시만 해도 급진적인 미시-사회학의 영향이 있었는데, 그 이론가들은 감옥 같은 수용시설에서의 비공식적인 저항의 양태들에 역점을 두었다. 이 시기의 좀더 실질적인—결과적으로는 제한적이었지만—영향은, 참여관찰이라는 방법, 현지의 일상에 초점 두기, 그리고 일상적 삶의 거래들에 이론적·문화적 차원을 부여하려는 시도를 특징으로 하는 사회문화인류학의 영향이었다.[109]

이 모든 자극에 더해 여성의 역사에 대한 새로운 매혹이라는 강력한 자극제도 있었는데, 이는 서구세계와 그 너머까지 도처에서 여성 해방을 위한 정치적·사회적 운동이 출현한 것과 밀접한 관련이 있었다.[110] 여성의 권리를 위한 투쟁에서 경험에 가치를 부여하려는 시도는, 그것의 함의에 대한 격렬한 논쟁이 오늘날까지 이어지고 있음에도 불구하고 종종 언급되어왔다. 여성사는 몇몇 두드러진 방식으로 일상생활의 경험에 초점을 두도록 고무했다. "개인적인 것이 정치적인 것이다"라는 주장은 가정 밖에서의 여성의 일뿐만 아니라, 그동안 공적 영역에서의 거창한 행위에만 관심을 두는 역사가들에 의해 상대적으로 소홀히 취급되어왔던 개인적 삶의 영역, 특히 가족, 돌봄, 여가활동, 집안일 등에도 주목하게 만들었다. 페미니스트 역사가들은 서구 사상에서 이성의 우위가 남성 중심적임을 드러내는 것이라고 언급하면서, 역사가들에 의해 회복될 수 있는 경험이란 현재에 재연 가능한 합리적 활동이어야 한다는 콜링우드의 가정에 민감하게 도전했다.[111] 공유된 스토리텔링의 가치를 강조하는 것—이는 1970년대의 '의식고양consciousness-raising' 그룹들에서 특권적 위치를 차지했다—은 일견 진부해 보이는 경험들을 드러내는 방식과 관련된 것으로서, 과거 여성들의 이야기를 수집하고 숙고하는 것에 대한 관심으로 이어졌다. 그러한 경험들은 종종, 희생자들이 압제에 저항하는 모범적인 사례로—현재 정치적 이점으로 쉽게 전환될 수 있는 방식의—기능했다.

하지만 여성들의 경험이 역사적으로 재발견되어야 한다는 목소리가 높아지기 시작했을 때조차, 그 목소리들은 다른 경우와 마찬가지로 그것의 잠재적인 이데올로기적 함의에 대해 관심을 가진 페미니스트 공동체 내에서 제기되었다. 당연히도, 앞 장에서 보았듯이 테리 이글턴과 페리 앤더슨 같은 비판가들이 톰프슨과 레이먼드 윌리엄스의 저작을 겨냥해 했던 것과 유사한 많은 이론적 비난의 주장이 여성의 경험이라는, 순진할 정도로 간단한 개념이 품고 있는 위험들에 관한 논쟁으로 치달았다. 영국에서 공격을 개시한 사람 중 한 명은 『뉴레프트 리뷰』의 일원이자 여성운동 내에서의 폄훼에 맞서 지크문트 프로이트를 열렬히 옹호한 줄리엣 미첼이었다. 그녀는 1974년에 나온 유명한 저서 『정신분석과 페미니즘』에서, R. D. 랭의 연구에서 나타나는 경험의 실존주의적 환기를 비판적으로 검토했다. 미첼은 랭의 『경험의 정치학』에서 "경험이란 남성에 대한 남성의 비가시성이다. 경험은 영혼으로 불리곤 했다. 동시에 남성의 남성에 대한 비가시성으로서의 경험은 그 어느 것보다 더 뚜렷하다. 오직 경험만이 명확하다. 경험은 유일한 증거다. 심리학은 경험의 로고스다"[112]라는 구절을 인용하면서, 이것이 "초월적인 경험에 대한 신화적-종교적 추구"[113]에 자극받은 것이라고 언급했다. 과학적 관점에서 볼 때—그리고 미첼은 라캉과 알튀세르의 과학성 scientificity에 상당히 빚진 과학의 정의를 따르고 있었다—랭은 현상학적 용어나 실존주의적 용어로 꾸미긴 했지만 여전히 자아에 대한 경험주의적 개념을 가지고 작업하고 있었다. 미첼의 주장에 따르면, 랭은 근대 자본주의에서 주체의 소외와 물화에 대한 적대감으로 인해 도저히 심리학이라는 참된 학문의 대상이 될 수 없을 것 같은 휴머니즘적 주체를 순진하게 상정한 반면, 심리학은 이러한 경험의 자명함에 의문을 제기하는 무의식이라는 구조적 개념을 가지고 작업을 수행했다. 미첼의 불만은 다음과 같았다. "랭은 '무의식적 경험'이라는 자신에게 모순적으로 보이는 말을 사용하기보다는, 경험의 상이한 양식들—상상력, 기억, 지각, 꿈꾸기 등—이 존재한다고 진술하는 쪽을 택한다. 누군가 (예를 들어) 자신이 상상하는 것을 알아채지 못한다면, 그는 자기 자신이나 타자와 소통을 잘하고 있는 것이 아니다. (…) 다시 말해 무의식은 의식과 정확히 똑같은 방식으로 이해될(이해할 수 있게 제시될) 수 있는 것이다."[114]

줄리엣 미첼의 비판이 특별히 여성의 잊힌 경험에 대한 역사적 발견을 지향한 것은 아니지만, 경험의 자명성에 관한 그녀의 회의주의와 프로이트적이든 아니든 간에 좀더 이론적인 설명 모델을 통해 경험을 매개하자는 그녀의 주장은 곧 페미니즘 역사가들 사이에서 반향을 일으켰다.[115] 그들은 역사적 사건들에 대한 어떤 과학적 설명—그녀가 일부 페미니스트의 폄훼에 맞서 구제하려 한 정신분석 이론에 필적하는—을 구하고자 하는 그녀의 바람을 공유하지는 않았을 수도 있지만, 현재가 됐든 과거가 됐든 주관적 경험의 권위에 대한 그녀의 경계심에는 호의적이었다. 이 회의주의가 강화된다는 것은 곧, 생생한 경험을 회복하고 기록하려는 문화인류학적인 권고가 인류학자들 사이에서 입지를 잃어가고 있다는 인식이 확산되고 있음을 의미했다.[116] 1980년에 빅터 터너, 바바라 메이어호프, 에드워드 브루너에 의해 마련된 미국인류학협회 회의에서 한 패널이 희망적으로 '경험의 인류학'이라 명명했던 것은 6년 후 그 회의록이 바로 그 제목으로 출간되었을 때 이미 공격 대상이 되어 있었다.[117] 당시 참석자들이 인정했다시피, 딜타이가 체험에서 표현으로 이행한 것은 그리 매끄럽지 못했고, 그것들을 중재하는 언어 체계와 수행적인 규약들은 순수 상태에 있었던 애초의 순간을 추체험하려는 어떤 시도도 틀렸음을 입증한다.

인류학자들에게 닥친 확신의 위기를 상징적으로 보여주는 것이 미국의 지성사가인 제임스 클리퍼드가 야기한 강력한 충격이었다. 1988년에 출간된 그의 『문화의 곤경』은 참여관찰자들의 현장 연구 집착에 근거가 된 경험의 숭배에 대해 의문을 제기했다. 그 숭배가 딜타이의 체험 환기에 빚지고 있음을 인정하면서, 클리퍼드는 경험의 권위에 대해 다음과 같이 경고했다.

> '직관'과 마찬가지로 경험은 사람들이 갖거나 갖지 않는 것이며, 경험에 호소하는 것은 신비화의 조짐을 보이곤 한다. 그럼에도 불구하고, 모든 유의미한 경험을 해석으로 전환하려는 유혹에 저항해야만 한다. 그 둘이 서로 연관된다 해도 그것들은 일치하지 않는다. 경험에의 호소가 민속지적

권위를 확인해주는 것으로 종종 기능한다면, 그것들을 분리하는 것이 합당하다.[118]

경험이 "참여적 태도, 이해되어야 할 세계와의 민감한 접촉, 그 세계 사람들과의 친밀한 관계, 지각의 구체성"을 의미하든 "누적적인 심층 지식"을 의미하든 간에,[119] 경험은 인류학자의 주관적 역할을 인류학자가 연구하는 사람들과의 상호주관적인 상호 작용보다 더 높이 인식하게끔 만들었다. 또한 그것은 애초의 경험을 재현하는 텍스트와 담론의 생산을 방해했는데, 이러한 생산은 비록 그 용어가 이해될 수 있다손 치더라도 현장 연구가의 직접적인 경험으로 환원될 수 없는 규약들의 결과로 생긴 것이었다.

랭에 대한 미첼의 라캉적 비판과 마찬가지로, 민속지적 경험의 추정적인 권위가 틀렸음을 밝히는 클리퍼드의 폭로는 처음에는 철학에서, 그리고 이후 인문학 전반에서 '언어적 전회'로 알려진 것을 상당 부분 수용함으로써 도출한 것이었다. '언어적 전회'는 한 평자가 "포스트구조주의적인 언어 비판, 언어 이론, 철학뿐만 아니라 문화적·상징적 인류학, 새로운 역사주의, 젠더 역사를 망라하는 것으로서, 기존의 역사적 패러다임과 서사와 연대기에 대한 다기한 비판들을 담아내는 관용구"[120]라고 부른 것으로 기능하면서, 곧 역사적 탐구의 원-대상ur-object으로서의 경험을 비판하는 슬로건이 되었다. 이탈리아 철학자 조르조 아감벤의 1978년 저서 『유아기와 역사』처럼 언어와 경험을 대결시키려는 난해한 시도들은 현직 역사가들의 작업 속에서 공감대를 형성하기 시작했다.[121] 영국 역사가 패트릭 조이스가 1991년에 말한 것처럼, "사실상 '경험' 범주(톰프슨 같은 역사가들은 이로부터 계급의식이 나온다고 주장한다)가 언어에 앞서고 구성적인 것이 아니라 언어에 의해 적극적으로 구성된다는 일견 단순해 보이는 인식은 점차 엄청난 함의를 지닌 것으로 인식되기에 이르렀다."[122] 그 함의가 정확히 무엇인가 하는 것은 당시에나 오늘날에나 격렬한 논쟁의 원천인데,[123] 이는 주로 어떤 언어 모델이 그 전환에 자극을 주었다고 이해되는지에 관해 합의가 이루어지지 않았기 때문이다. 다음과 같이 말하는 것으로 충분하다. 인문학에서 그 어떤 형태로든 언어에 대한 주목이 높아질 때는 과거 행위자들의 경험을 역사 연구의 근본 대상으로 이해한 전통—앞서 살펴보았듯이 딜타이, 오크숏, 콜링우드의 입장과 관련 있고 이후 '아래로부터의 역사'를 통해 민주화된—에 대한 회의도 커졌다는 것이다.

실제로 1987년까지 그 추는 꽤나 새로운 방향으로 옮겨 가기 시작해, 미국 지성사가 존 토스같이 그 전통을 옹호하는 이들은, "현실의 제작자임을 주장하는 신조어 제작자들의 오만"을 드러내는 "새로운 형태의 환원주의 (…) 즉 경험을 그것을 형성하는 의미들로 환원하는 것"이라고 토스가 비난한 대상에 대해 우려하게 되었다. 그는 생생한 경험의 환원 불가능성을 지지하면서 다음과 같이 경고했다. "우리가 최근 경험의 역사에서 특수한 사건들과 국면들에 대한 특정한 반응으로서의 경험을 외면하는 현상을 인식하고 검토하는 것은, 우리 현실의 자각에, 그리고 기억과 희망을 연결하는 역사가의 임무 완수에 본질적이다."[124]

: 스콧과 언어적 전회

토스의 도전에 곧바로 응답한 인물은 유럽 노동계급의 역사를 개척한 저명한 사회사가 조앤 월랙 스콧이었다.[125] 이미 1980년대 중반에 그녀는 역사가란 "어떻게, 어떤 방식으로 계급의 개념들이 사회적 경험(에 대한 인지)을 조직했는지를 물어야" 한다고 주장하면서, 경험의 토대에 대한 톰프슨의 의존에 직접적으로 도전한 바 있다. "이런 식의 접근법은 물질적 삶과 정치적 사상, 경험과 의식의 정확한 일치를 가정하기보다는 그러한 조화를 와해시키고 그것들 간의 대립을 거부하는 것이다."[126]

『젠더와 역사의 정치』—같은 제목의 논문을 재수록한 1988년의 모음집—는 과거에 대한 포스트구조주의적 혹은 해체주의적 접근의 도입으로 인해 "현직 역사가들의 자기 이해에서 분수령이 될 만한 것"[127]이라고 일컬어져왔다. '여성의 역사'에 의해 따로따로 서술되는 여성의 이야기나 남성의 이야기를 답습하기보다 젠더를 연관 범주로 강조함으로써, 스콧은 성적 정체성에 따라 전형적인 경험들을 재구성하는 역사가들의 능력에 관해 중요한 문제들을 내놓았다. 모든 포스트구조주의자들이 그녀만큼 경험 범주와 그것의 다양한 수용에 대해 의구심을 가졌는지는 9장에서 다룰 주제다. 하지만 이것은 그녀가 1991년에 처음 발표한 유명한 논문 『경험의 증거』에서 강력하게 주장한 메시지였다.[128] 스콧은 차이의 해체주의적 수사를 동원하고 초월적 토대에 대한 전형적인 포스트구조주의적 불신을 드러내면서, 이전에 무시되었던 것을 포함하기 위해(그녀의 최초 사례는 새뮤얼 딜레이니의 자서전인 『물속에 비친 빛의 움직임』에서 묘사된 동성애자들이었지만, 그것은 마찬가지로 손쉽게 여성들이나 소수 민족이 될 수도 있었다) 자신들의 탐구 범위를 확장하고자 한 역사가들의 경험 찬양에 정면으로 도전했다.

> 차이에 대한 역사가들의 비판적 추진력을 약화시키는 것은 분명 이렇듯 경험을 논쟁의 여지 없는 증거—분석이 기초하는 토대로서—로 간주하고 그것에 호소하는 것이다. 이 연구들은 정통 역사라는 인식론적 틀 안에 머무름으로써, 애초부터 차이의 고려를 배제하는 그런 가정과 관행을 검토할 가능성을 상실하게 된다.[129]

스콧의 주장에 따르면, '경험'은 공감을 갖는 역사가에 의해 현재에 추체험될 수 있는 과거의 생생한 현실이라기보다, 항상 그 자체로 그것이 출현하는 담론적 맥락의 이데올로기적 잔여를 포함하는 하나의 구성된 범주였다. 경험에 특권을 부여하는 학자들은 실추된 실증주의가 선호하는 '사실'에의 집착을 넘어서려 애쓰기는 하지만, 객관적 진리의 진정한 기반을 추구하면서 그것을 개인적인 체험에 위치시킨다는 점에서 마찬가지로 순진했다. 집단적 주체들에 초점을 맞춘다 한들 그리 도움이 되지 않는데, 왜냐하면 과거의 추정적인 경험을 역사가의 응시에 단순히 노출시키는 것은 그것을 가능케 하는 구조적 조건들을 거의 해명해주지 못하기 때문이다.

> 상이한 집단의 경험을 가시적으로 만드는 것은 억압적인 메커니즘들의 존재를 드러내지만, 그것들의 내적 작동이나 논리를 보여주지는 않는다. 게다가 우리는 차이가 존재한다는 것을 알지만, 그것을 상관적으로 구성된 것으로 이해하지는 않는다. 왜냐하면 우리에게 필요한 것은, 담론을 통해 주체들을 배치하고 그들의 경험을 생산하는 역사적 과정들을 처리하는 것이기 때문이다. 경험을 하는 사람은 개인들이 아니라, 경험을 통해 구성

된 주체들이다.[130]

이 전환을 무시하는 것은 외견상 가장 개인적으로 보이는 경험들의 정치적 기반을 과소평가하는 것을 의미한다. 톰프슨처럼 정치적으로 진보적인 역사가들이 경험을 계급투쟁 및 생산양식과 상관적인 맥락에 위치시키려 했을 때조차, 그들은 주체의 배치가 예컨대 젠더 정체성을 구성하는 것들처럼 서로 중첩되는 상관적 네트워크들에 의해 만들어지는 방식들을 무시했다.

"수세대 동안 역사기록학 강좌의 필독서"였던[131] 『역사의 이념』의 저자 콜링우드를 비롯한 다른 이들은 과거 주체의 경험뿐만 아니라 현재 역사가의 경험의 자명한 실존을 가정하는 실수를 범해왔다. 또한 콜링우드는 역사가들이 과거의 판단에 사심을 갖지 않는다고 너무나 무비판적으로 가정함으로써, 결과적으로 그 자신의 구체적인 역사적 맥락을 인식하는 데 실패하고 말았다. 지성사가 도미닉 라카프라가 과거의 역사적 재구성에서 '전이적transferential' 차원이라 부른 것은 어떤 단순한 추체험도 역사가의 감정적 투여라는 매개 없이는 발생할 수 없으며, 이 매개는 과거와 현재의 투명한 통로라는 미명 아래 억압될 수 없음을 의미했다. 스콧은 똑같은 오해가 언어적 전회에 맞서 경험에 호소하려는 존 토스의 최근 시도에도 드러났다고 주장했다. 경험, 즉 그가 근본적인 방식으로 그 용어를 사용했을 때조차 결코 정의하려 들지 않았던 바로 그 용어로부터 의미를 분리하라는 토스의 권고는, 현재의 역사가 공동체 자체가 어떤 경험적 공통성—현재 세계의 균열과 갈등에 의해 허위임이 드러난—을 가정할 수는 없다는 사실을 무시했다. 스콧의 주장에 따르면 "토스가 상정하는 역사가 공동체는 역사가들 사이에 어떤 다양성과 갈등이 존재하든 그것이 공유한 대상(경험)에 의해 동질적인 것이 된다. (…) 토스의 글에서는, **경험**이란 용어에 대한 어떠한 불일치도 상정될 수 없다. 경험 자체가 그것의 의미 바깥에 놓여 있기 때문이다."[132]

요컨대 역사적 탐구의 대상인 동시에 과거의 추체험이나 재연을 추구하는 현대의 역사가가 가지고 있는 것으로서의 경험은 그것을 찬양하는 사람들이 제외하려고 애썼던 언어적이고 구조적인 관계들에 의해 불가피하게 매개된다. 경험 같은 범주를 본질화하려는 시도에 대한 급진적인 저항만이 그것을 주어진 담론적 용어가 아니라 다툼의 여지가 있는 것으로 이해함으로써, 역사적 연구에 정치적 차원을 복원시킬 수 있었다. 경험 같은 근본적인 개념의 계보학만이—여기서 스콧은 니체적 방법에 대한 푸코의 최근의 전유에 직접적으로 호소했다—그것의 순수한 사용 속에서 이데올로기적 잔여들을 드러낼 수 있었다.

논문 말미에서 스콧은 "**경험**이라는 말이 정체성을 본질화하고 주체를 구체화하는 데 이용된다는 점에서 그 말을 완전히 포기하고픈 유혹이 들더라도, **경험**이란 우리에게 없어도 되는 말이 아니다. **경험**은 일상 언어의 확고한 한 부분으로서 우리의 서사와 너무나 겹치는 것인 만큼, 그 말의 추방을 논하는 것은 무익해 보인다"[133]라고 인정할 수밖에 없었다. 그렇더라도 경험의 시원적 존재를 자명한 근본적 개념으로 가정하는 것만은 피하라고 그녀는 역사가들에게 촉구했다. 이러한 오해는 "역사가들이 경험을 통해 얻게 된다고 알려진 지식의 재생산과 전승이 **아니라**, 지식 생산 자체에 대한 분석을 자신의 과제로 삼을 때"[134]에만 극복될 수 있을 것이다. 바람직한 결과는 언어적 전회의 일부 비판가들이 우려하듯이 그 주제를 폐기하는 것이 아니라, 오히려 그것이 어떻게 최초로 성립하게 되었는지를 이해하게 되는 것일 터이다.

예상되는 바이지만, 페미니즘적인 '아래로부터의 역사'에서 경험적 전회를 날카롭게 비판한 스콧의 입장은, 그러한 해체 속에서도 작인作因과 주관성이 살아남으리라는 그녀의 단언을 확신하지 못하는 이들로부터 격렬한 반응을 불러일으켰다. 그들 중 일부는 그녀가 맥락보다 텍스트들을 우선시했고, 역사적 변화에 대한 정확한 설명을 결여했으며, 언어의 의사소통적 기능을 지나치게 약화했다는 식의 전형적인 반-해체주의적 불만들을 되풀이했다.[135] 또 어떤 이들은 스콧의 노골적으로 묵시록적인 편견과 그것의 선명한 정치적 어젠다를 불편해하거나 그녀의 정치 환기가 알맹이 없는 수사적 제스처에 불과하다고 비난했다.[136] 그녀의 부인에도 불구하고, "언어적 관념론"이니 "범-텍스트 중심주의"니 하는 혐의가 "강간이나 남성의 가정 폭력(…)이 오로지 담론들의 투쟁과 연관된 것으로 특징지어질 수 있는 현상이 아니"[137]라며 우려를 표하는 이들에 의해 제기되었다. 또 다른 이들은 잊힌 주체들의 페미니스트적 회복이 도전하고자 했던 역사의 비인격적인 힘을 그녀가 재도입하려는 것에 대해 불편한 기색을 드러냈다.[138] 그리고 일부는 과거 경험의 회복이라는 순진한 역사 개념에 대한 스콧의 비판을 수용하면서도, 한 비평가가 언급했듯이 "지배적인 담론적 구성에서 어느 정도 자유롭고/자유롭거나 그것과 모순되는 경험"[139]을 통한 대항 헤게모니 담론의 형성 가능성을 배제한 채 오롯이 경험을 담론의 기능에 불과한 것으로 환원하려는 그녀의 비변증법적인 시도에 우려를 표했다. 가장 일반적인 판결은 또 다른 비평가의 다음과 같은 언급에 잘 요약된 듯하다. "스콧은 경험 개념을 능수능란하게 해체했지만, 정작 그것을 실질적으로 재정립하거나 재서술해야 하는 곳에서 멈춰 섰다. 따라서 우리는 어떤 경험이 그렇지(투명하거나 본능적이지) **않은지**에 대해 그녀에게 동의 할 수는 있어도, 도대체 그것이 어떠해야 하는지에 대해서는 불확실한 입장일 수밖에 없다."[140]

스콧 본인은 이 비평가들에 대한 응답에서, 자신의 작업의 의의는 여전히 경험이라는 존립 가능한 개념을 분명히 하는 데 있다고 인정했다. 그녀는 다음과 같이 썼다.

> 어떤 집단에서는 경험이, 구성 요소들 사이의 차이들을 허위의식이나 기회주의의 문제들인 것으로 이해하는 정체성 정치의 토대가 된다. 경험은 지배와 압제의 폐쇄적인 체계를 정확하게 기술하는 것으로 취해진다. 그리고 지식은 객관적 경험에 대한 단순한 반성으로 여겨진다. 이것이 바로 내가 의문을 제기하려는 경험 해석인바, 나는 그것을 지배적 제도들·담론들과의 관계에 의해 가능해지는—그러나 불가피하거나 유일한 것은 아닌—하나의 이론화된 독해로서의 경험 개념으로 대체하고자 한다.[141]

지배적 제도들·담론들과의 관계에 의해 가능한 하나의 이론화된 독해라는 이 개념이 경험에 부착된 다양한 전통적 의미들을 여전히 담고 있는지는 의심의 여지가 있을 것이다. 실제로 그 개념에 대한 스콧의 재구성은 이미 실현되었다기보다는 하나의 약속으로 남아 있다. 하지만 그럼에도 그녀는 가장 최근 형태의 추체험 논증의 지배적인 가정들 중 하나를 결정적으로 약화시켰다. 떠올려보면, 딜타이와 콜링우드는 역사가의 경험과 역사가가 연구한 사람들의 경험 사이의 비교 가능성 문제를 건드리지 않은 채, 역사가와, 과거 행위자들의 경험에 대한 역사가의 추체험이나 재연에 관해 추상적으로만 진술해왔다. 그것이 삶을 포착하는 것이든 합리적 행위를 반복하는 합리적 추체험이든 간에, 이러한 가정은 모든 역사가들과 그들의 주체들이 공유하고 있는 초월적 능력이자, 과거 경험을 현재의 재구성에 개방하도록 만드는 능력에 관한 것이었다. '아래로부터의 역사'에 대한 페미니즘적 비판에서 나온 정체성 정치의 풍토에서, 현재의 특정 집단의 일원이라는 것이 그 집단의 앞선 이들에 관한 지식을 얻는 데 특권적인 이점을 제공한다는 정반대 개념이 출현했다. 따라서 여성에 대해서는 여성이, 소수자에 대해서는 소수자가, 노동자에 대해서는 노동자가 가장 잘 서술할 수 있다는 식의 주장이 제기되었다.

스콧이 그러한 주장에 의해 전제되는 본질주의적 범주들을 해체한 것은 그것을 풀어헤치는 하나의 원천이 되었다.[142] 하지만 언어적 전회를 납득하지 못하는 사람들을 위해서도, 그녀의 사례를 강력하게 뒷받침하는, 가까운 과거의 역사기록학에서의 중요한 교훈적 예화가 존재했다. 1963년에 당시 UC 버클리 교수였던 칼 브리든바우는 미국역사협회에서 '거대한 변이'라는 주제로 연설을 했는데, 거기서 그 직업에서의 공유 문화의 상실이라는 것에 대해 유감을 표했다. "중산층 이하 출신자들이나 외국 출신자들로 구성"된 "젊은 현직 종사자들"의 진출과 관련하여 그는 다음과 같이 경고했다. "그들의 정서는 종종 역사적 재구성의 길에 이르지 못한다. 그들은 스스로가 우리의 과거에 대해 진정한 외부인이라고 생각하며, 자신들이 차단되었다고 느낀다. 이것이 그들의 결점은 아니지만 어쨌든 사실이다. 그들은 스스로를 도와줄 어떠한 경험도 갖고 있지 못하며, 그들과 먼 과거 사이의 간극은 매 시간 벌어질 뿐이다."[143] 요컨대 확고한 중산층 가정에서 태어난 백인 앵글로색슨 프로테스탄트 토박이만이 식민지 미국에 대해 서술할 수 있다는 것이다. 경험에의 호소가 얼마나 위험스러울 정도로 제한적일 수 있는지를 잘 보여주는 하나의 정체성 정치가 여기에 있었다.

그렇지만 스콧은 정체성 정치에 대한 브리든바우의 엘리트주의적 왜곡에 응수하면서도, 콜링우드의 정신적 초월론과 유사한 것, 즉 누군가의 과거를 추체험할 수 있는 무사심한 역사가라는 보편주의 모델로 회귀할 수는 없었다. 왜냐하면 그녀는 그 집단의 견해가 당파성에 의해 얼룩지지 않는다는 브리든바우 자신의 암묵적인 전제 속에 보편주의 모델이 치명적인 방식으로 존재해 있음을 보았기 때문이다. 그녀의 언급에 따르면 "브리든바우는 [하층계급이나 외국 출신 역사가들이] 상이한 경험이나 역사에 대한 상이한 관점을 가지고 있음을 말하지 않는다. 그는 저들의 경험이 역사를 구성한다는 것 역시 인식하지 못하는데, 그것이 그 자신이 생각하는 이른바 보편성을 약화시킬 수 있기 때문이다. 그 대신에 그는 하나의 과거('우리의 과거')가 존재하고 그것을 진술하는 오직 하나의 방식이 존재한다고 주장한다."[144] 그녀는 추체험에 대한 보편주의적 의존과 정체성 정치적 의존 모두를 포기하면서, 경험 자체의 회복은 역사적 재구성의 토대로 불충분하기 때문에 그 누구의 것이 되었든 과거는 위기에 처했다고 결론지었다.

이렇게 주장하는 가운데, 페미니즘의 선구자인 스콧은 역설적이게도 앞서 『경험과 그 양식들』을 쓴 명백히 비페미니스트적인 마이클 오크숏의 입장들 중 하나와 가까워졌다. 반복해서 말하지만, 오크숏 역시 추체험과 관련된 모든 모델을 거부하면서, 그 대신에 역사가가 자신이 연구한 과거를 능동적으로 제작하는 것이 필연적임을 강조했기 때문이다. 그는 다음과 같이 적었다. "과거는 이미 소멸되어버려서 비난의 여지가 없다고 여기는 '역사가'에게 있어 과거는 여성적인 것이다. 그는 과거를 자신이 결코 싫증내지 않는, 혹은 합리적 대화를 기대하지 않는 정부인 양 사랑한다."[145] 스콧은 오크숏의 절대적 경험에 대한 신관념주의를 지지하지도 않았고, 오크숏처럼 역사적 탐구의 실용적 함의들에 적대적이지도 않았다. 그리고 그녀는 분명 그의 노골적인 성차별적 수사를 거부했다. 그러나 스콧은 역사적 경험의 권위—페미니스트 역사가들이 회복하고자 했던 여성들의 삶의 경험들에서조차—를 의문시하면서, 과거가 저절로 이치에 닿는 말을 한다는 생각에 대한 그의 회의주의에 공명했다. 역사를 오크숏의 주장처럼 역사가에 의해 생산된 '관념의 세계'로 보든, 아니면 스콧이 간주했듯이 "지식 생산에 있어 역사가 본인의 관심에 대한 역사가의 자각에 필연적으로 매여 있는 담론적 사건"[146]의 재구성으로 보든, 과거의 체험 그 자체에는 근본적 우선성이 결코 부여될 수는 없었다.

: 앙커스미트와 경험적 숭고

그러나 혹시 현재의 역사적 경험이라는 관념에 남겨진 무언가가, 즉 언어학적으로 가장 잘 인식하는 역사가를 텍스트에 대한 문학적이고 철학적인 해체가와 구별되게 해주는 무언가가 존재했을까? 만약 과거의 체험이 영원히 추체험으로부터 벗어난다면, 현재의 역사적 경험을 경험의 다른 양식들과 구별해주는 것으로 간주될 만한 무언가가 존재할까? 앞서 본 대로, 오크숏은 세계를 지나간 형태로 조직함으로써 생겨난 절대적 경험으로부터의 양상적 추출을 강조하는 것으로 그 질문에 답했다. 하지만 이 정식화는 여전히 과거성의 의미를 현재적으로 구성함을 강조하는 것이었다. 역사적 경험이 구성적 제작 없이, 따라서 앞서 보았듯이 대부분의 형태들에서 흔히 경험의 핵심적 구성 요소로 이해되는 그 수동적 계기와의 접촉 없이 발생하는 그런 방식이 있을 수 있을까? 주관적 경험과 그것의 대상의 구별이 그 대상으로서 과거의 체험이라는 순진한 개념에 기대지 않고도 보존될 어떤 방식이 존재할까?

이 질문들에 응답하려는 하나의 도발적인 시도가 포스트구조주의와 포스트모더니즘 사상으로부터 지대한 영향을 받은 동시대의 한 이론가에 의해 감행되었다. 바로 네덜란드의 역사철학자 프랑크 R. 앙커스미트다. 앙커스미트는 기술적 혹은 설명적 역사학에 대한 헤이든 화이트의 서사적이고 비유적인 비판의 추종자로 가장 잘 알려져 있고,[147] 따라서 처음에는 조앤 월랙 스콧 못지않게 '언어적 전회'에 열광하기도 했지만, 최근 들어서는 새로운 관점에서 경험이라는 주제에 접근해왔다. 그의 논점을 짧게 훑어보는 것으로 이 장을 마칠까 한다.[148] 앙커스미트는 1990년대에 쓴 일련의 논문들에서 자신이 '역사적 경험의 현상학'이라 부른 것을 다루고자 했다.[149] 그는 과거 경험을 추체험하려는 딜타이적 시도—그는 이것을 경멸적으로 "(과거의) 경험 **그 자체라기보다는** 경험을 **복사하는 것**"이라고 일컬었다[150]—를 명백히 거부하고, 그 자신이 오크숏이나 해체를 부르짖은 스콧의 배후에 도사리고 있는 언어학적 초월주의 탓으로 돌린 급진적 구성주의에도 만족하지 못하면서, 기록보관소의 문서들을 단순히 아는 것을 넘어 과거성과 우연히 조우할 것을 주장한다. 전형적인 사례로는 괴테나 바이런 같은 시인들이 고전기 로마와 르네상스기 베네치아의 유적으로 첫 여행을 떠났을 때의 반응들을 꼽을 수 있는데, 이것은 잃어버린 시간을 찾아주는 프루스트의 마들렌 같은 역할을 수행한다. 앙커스미트는 위대한 네덜란드 역사가 요한 하위징아의 '역사적 감각', 즉 관찰과 인상보다는 현실과의 좀더 친밀한 접촉을 기록하는 '지적 취기intellectual ebrity'('술 취한'이라는 뜻의 라틴어에서 파생된) 개념을 끌어들여서, 그러한 경험을 "고지되지 않고 예상되지 않고 멋대로 반복될 수 없는, 순간의 선물"이라 부른다.[151] 매우 드문 것일 수밖에 없는 이 순간들은 스콧이 강조한 매개하는 담론적 범주들이나 오크숏의 '지나간 형태로'라는 일반적 제명 아래에 전적으로 포섭될 수 없다.

> 역사적 경험 개념에 본질적인 것은 그것이 우리에게 사료 편찬적인 전통, 언어나 (비유론 같은) 언어의 양상들, 이론이나 서사 혹은 윤리적이거나 이데올로기적인 편견 등에 의해 매개되지 **않는** 과거와의 **직접적**이고 **즉각적**인 접촉을 제공한다는 것이다. 왜냐하면 만약 이 요소들 중 어떤 것이라도 역사적 경험의 내용을 결정하는 데 동참하게 된다면, 이는 역사적 경험에 요구되는 직접성과 신속성을 파괴하고 말 것이기 때문이다.[152]

때로 그러한 접촉은 강렬한 향수로 나타나는데, 앙커스미트는 이를 "현재와 과거의 불화가 갑작스럽게 말소되는 순간적으로 현기증 나는 경험, 단편적인 순간 동안 과거가 자신을 '그 자체로 있는 것 혹은 있었던 것'으로 드러내는 경험"이라고 묘사한다. 그러나 그는 이어서 "이러한 그 자체로 있는 것as it is은 역사가의 '있었던 그대로wie es eigentlich gewesen'가 아니라, 차이가 부여된 과거를 뜻한다"고 덧붙인다.[153] 실제로 과거를 환기하는 압도적인 경험은 숭고 미학에서 특히 중시하는 것과 유사한데, "숭고에서 우리는 오성의 범주들에 의해 매개되지 않는 실재에 대한 접근권을 갖는다. 약간의 변경을 가한다면mutatis mutandis 역사적 경험에 대해서도 많은 부분 같은 말을 할 수 있다."[154] 직접적인 재현에 저항하는 숭고의 불분명함은 근거 없이 실재를 날조하는 우리의 현 의식 혹은 능력 너머에 있는 것에 대해 우리에게 단서를 제공하면서, 우리가 우리 자신의 실재보다 더 깊은 실재와 접촉하도록—특히 앙커스미트는 시각적 은유보다 촉각적 은유를 선호한다—해준다.

사실상 역사적인 현현들epiphanies은 사건들을 대규모의 통시적 서사들에 매끄럽게 맥락화해 이해하려는 시도를 약화시키기 때문에, 과거 삶에의 더 직접적인 참여를 가능케 함으로써 그 시기에 사는 것이 '어땠을지'를 이해하게 해준다. 앙커스미트는 이러한 현현들을 휴고 폰 호프만슈탈의 『찬도스 경의 편지』에 표현된, 언어의 붕괴가 예기치 않게 야기한 강렬함 및 직접성의 획득과 비교하면서, "그것들은 우리를 경험에서 떼어놓을 수 있을 뿐인 과거에 대한 어떤 (정합적) 지식을 전달하려는 것이 아니라, 오히려 역사가의 언어가 허용할 수 있는 만큼 직접적이고 순간적인 과거의 '경험'을 독자에게 전해주려는 것이다"라고 주장했다.[155]

앙커스미트는 존재하는 대상들에 대한 직접적인 인식론적 인지나 완전히 상상된 과거에 대한 오늘날의 담론적 구성과도 상응하지 않는 역사적 경험 개념을 현실화하려고 노력하면서, 역사적 경험이 미학적 대응물의 변종이라는 가다머의 주장을 확실히 그의 언어적 초월론만 제외한 채 받아들였다. 왜냐하면 역사적 경험과 숭고 사이에 유사점이 존재한다면, 미학적 경험의 이론들은 양자 모두를 나타낼 수 있기 때문이다. 앙커스미트는 예술작품이 때때로 역사적 경험의 원천이 된다면서—바이런을 고무한 베네치아 건축물들과 괴테를 자극한 로마 조각상들—, 양자에 공통적인 최고조의 순간, 즉 "학식 있는 검토"의 반성적 행위에 앞서 "그 그림을 수동적으로 '겪어'내는" 순간을 탐구했다.[156]

그의 주장에 따르면, 이러한 순간은 존 듀이가 발전시키고 좀더 최근에는 리처드 셔스터맨이 부활시킨 실용주의 미학에서 중심적인 위치를 차지해왔다. 『경험으로서의 예술』을 보면, 예술작품은 경험하는 주체에게 완전히 삼켜질 수 없으며, 관계들의 성좌 안에서 자신의 공간을 부여받는다. 앙커스미트에게서, 향수 속에 보존되는 근본적인 차이의 순간은 듀이가 미학적 경험—언제나 **그 자체가 아닌 것**의 경험인—에 할당했던 것과 같은 환원 불가능성을 조금 획득했다. 앙커스미트는 듀이가 미학적 경험을 지나치게 깊숙이 다양한 맥락들 속에 끼워 넣었다고 비판하긴 했지만(단지 초월론의 이면인 급진적 맥락주의), 예술작품을 전적으로 그것의 수용이나 해석으로 용해시키는 것을 그 실용주의자가 거부했다는 점은 인정했다.

계속해서 앙커스미트는 그러한 대상들이 "역사적 경험을 제공하는 대상들의 '숨결Hauch'이나 아우라에 버금가는 것"이라고 주장했다.[157] 주로 대상과 수용자 간의 메울 수 없는 간극의 관점에서 대상을 정의한 발터 벤야민과 관련된 하나의 용어를 끌어들이면서 말이다. 그리고 그는 다음과 같이 결론지었다. "우리가 실용주의적 미학 경험pragmatist aesthetic experiencé, PAE의 본성에 대한 통찰을 진리에 해당하는 그리스어—알레테이아aletheia—나

'비은폐성Unverborgenheit'에 대한 하이데거의 사변과 연관시킨다면, 우리가 세계에 대해 가질 수 있는 궁극적 진리란 세계가 맥락과 무관하게 우리에게 '드러나게'끔 해주는 진리라고 말하는 게 정당화될 수도 있을 것이다. 그리고 그 진리는, 우리가 그것을 PAE와 역사적 경험 속에서 발견할 때 전형적으로 미학적 진리가 된다."[158] 역사적 경험에 대한 이와 같은 관심의 고양은 —앙커스미트가 "그것의 본성상 역사적 실천에서 보기 드문 예외적 현상으로 남아 있을 것"이라고 인정한[159]—좀더 전통적인 역사가들을 설득시킬 법하지는 않았다.[160]

하지만 그것은 동시에 역사적 숭고에 대한 푸코의 환기에 의존해서 '새로운 역사주의'로 알려진 것을 발전시켜온 문학과 역사 분야 학자들의 작업과 공명했다.[161] 또한 그것은 역사에서의 개인적이거나 집단적인 트라우마의 중요성에 대해 깊이 생각해보려는, 정신분석학에 경도된 비평가들에게 자양분을 공급함으로써, 이전에 겪었던 공포들을 완전히 흡수하고 동화하고 납득하는 데 실패한 이들의 이른바 '주인 없는 경험들'을 낳았다.[162] 그들에 대해 우리가 말할 수 있는 것은, 경험과 추체험 간의 메울 수 없는 간극이 역설적으로 애초의 트라우마적 경험 자체에 명백히 존재하며, 그 경험은 뒤늦음과 재현 불가능성을 자신의 기본적 구조의 일부로 갖고 있다는 점일 것이다. 주인 없는, 그리고 아마도 영원히 주인이 없을 수도 있는 그런 경험은 맥락적인 정상화의 과정뿐만 아니라 경험적 학습의 결실로 흔히 간주되는 주관적인 교양Bildung의 가능성도 물리쳐버렸다.

그러나 그 경험들이 일종의 공유된 트라우마의 공감적 공동체를 만들어서 스스로 그러한 숭고와 접촉하는 후속 역사가들에 의해 대리적으로 요청될 수 있었을까? 아니면 그것들은 이후의 관점에서 트라우마가 덜한 변종의 경험들보다 더 은폐되어버렸을까? 그리고 과거를 추체험하거나 재연하는 딜타이/콜링우드식 역사가의 초월적 보편주의나, 자신의 정체성이 자신이 연구하는 주체들의 정체성과 맞아떨어지는 그런 역사가의 문화적으로 각인된 특수주의나 모두 더는 옹호될 수 없는 전제들이라면, 역사가 본인의 현재 경험에서 과거에 접근하는 특권적 계기가 되어주는 것은 무엇일까? 유감스럽게도 앙커스미트는 이 문제들을 푸는 데 길잡이가 되어주지 못했다. 게다가 역사적 숭고에 대한 그의 환기와 과거 경험의 개방에 대한 요청은 과거의 어떤 경험이 현재의 역사가 공동체에 상호주관적 타당성을 얻게 해주는지를 결정하는 데 별 도움이 되지 않았다. 사실상 오크숏과 딜타이와 콜링우드를 매우 괴롭혔던 인식론적 문제들은 그의 마음속에는 더 이상 남아 있지 않은 듯 보였다. 아래로부터의 역사가들을 자극했던, 일반인들의 상실된 경험을 구해내려는 갈망에 대해서도 마찬가지였다.

앙커스미트는 과거와 현재의 경험의 일치라는 역사적 진리의 표준을 탐구하는 것을 단념하는 대신에 노골적으로 미학적 대안을 선호한 것으로 보인다. 그는 듀이, 벤야민, 하이데거, 그리고 언어적 초월론에 대항한 포스트모더니즘을 거론하면서, 인식론을 넘어서는 방식으로 경험 범주를 재고하려는 20세기의 가장 도발적인 시도들에 자신이 얼마나 심취했는지를 보여주었다. 사실 그 노력들은, 앞서 본 것처럼 몽테뉴에게서 마지막으로 포착됐던 통합적인 개념이 근대 초기에 분화된 데 따른 결과, 즉 경험의 급진적 양태화—인식론적, 종교적, 미학적, 정치적, 역사적—를 취소하는 방향으로 나아가곤 했다. 그것들은 후기 모더니티에서 상대적으로 강력한 경험 주체라는 개념의 위기를 드러내주기도 했지만, 그렇다고 그것을 단순히 외적인 구조나 비인격적인 힘의 기능으로 환원하지는 않았다. 그 중심적 주체, 오랫동안 개별적인 도야를 궁극의 목적으로 삼은 어떤 주체가 없는 경험에 대한 역설적 탐구는, 새롭고 다른 조성으로 이루어진 경험의 노래들로 이어졌다 하겠다. 이 책 후반부의 과제는 그 노래들의 종종 낯설고 예상치 못한 멜로디들을 우리가 포착해낼 수 있는지 알아보는 일이 될 것이다.

7장

미국 실용주의의 경험 숭배

제임스, 듀이, 로티

경험의 양태화, 즉 우리가 인식론적, 종교적, 미학적, 정치적, 역사적이라 칭한 상이한 하위 범주들로의 경험의 분화는 어떤 분명한 이점들을 낳았다. 이러한 양태화는 각 변종의 고유 논리가 따로따로 그 자체의 내재적 관점에서 발전되도록 해줌으로써, 이론, 근거, 도그마, 순수, 담론 등 다양한 말들과 대조되는 경험에의 보편적 호소와 관련된 복잡성을 명쾌하게 하는 데 도움을 주었다. 그것은 또한 하나의 담론적 하위 맥락을 다른 담론적 하위 맥락과 구별함으로써, 각각에서 제기되는 이슈들에 만일 경계들이 불분명했다면 획득하기 매우 어려웠을 정확성을 갖추어주었다.

그래서, 예컨대 인식론에서 객관적이고 외재적인 세계와 비교되는 것인 감각 경험의 신뢰성에 관한 경험론자와 관념론자 사이의 논쟁은, 만약 종교적 경험이나 역사적 경험이 똑같은 '경험'의 차원들로 받아들여졌다면 실제의 정도보다 훨씬 더 혼탁했을 것이다. 인식 주체와 대상의 분리를 가정하는 것은 자연세계를 오로지 인식적인 관점에서 경험될 수 있고 도구적 조작에 적합할 수 있는 실체나 과정으로 구성된 것으로 이해시킴으로써, 과학적 방법에 매우 비판적인 경험에서 그처럼 실험적인 잠재력이 발전할 수 있도록 해주었다. 마찬가지로, 감각적 무관심성이야말로 미학적 경험의 주요한 기준이라는 주장—잠재적으로 욕망을 불러일으키는 나체를 고상한 아름다움을 간직한 누드로 바라봄—은 미학의 담론에 상당한 기여를 한 형식적 속성들에 초점이 맞춰지게 해주었다. 특히 종교적 경험 양식의 탐구는 믿음의 도덕적 혹은 인식적 체계에 포섭되지도 않고 그렇다고 경험적 감각과 같은 신뢰성 기준에 종속되지도 않는 경건한 행위의 차원을 부각하는 데 마찬가지로 유효했다.

이 차별화된 경험 개념들은 단지 담론적인 구별들을 넘어, 그것들을 선전하고 규정하기 위해 출현한 여러 사회문화적 제도에 의해 허가된 관행들의 규범적 지침으로도 기능했다. 타당한 과학적 실험으로 간주되게 된 것은 감각 기관을 의도적으로 혼란케 함으로써 신성과 결합하려는 신비주의자들의 시도와는 분명 다른 것이었다. 양자 모두 정당하게 경험으로 불릴 수 있다 해도 말이다. 미학적 경험이 예술 기관의 경계들을 넘어 확장되자, 일부에서는 비도덕적이거나 정치적으로 불쾌한 행위의 부적합하고 심지어 위험스러운 미학화라는 이유로 비난을 하기 시작했다. 그리고 종교적 경험의 신봉자들은 과학적 실험의 비판적인 방법을 자신들이 깊이 느끼는 개인적인 마음 상태에 적용하려는 회의론자들의 시도를 부적절하다고 일축했다. 이들은 그것을 통렬하게 '비미학적/마취적 폭로anaesthetic revelations'라고 불렀다.[1]

양태화는 훗날의 논자들이 때때로 긴장과 심지어 전적인 모순 속에서, 시간의 흐름에 따라 그 단어에 누적되는 잡다한 외연들과 내포들 사이에서 차별화를 하는 데 있어 귀중한 사후적 지침을 제공했다. 말하자면 종교적 경험을 해왔다고 주장하는 사람들은 인식적 혹은 미학적 경험자들이 가치 있게 보는 경험을 둘러싼 것들과는 다르게 엄청난 유대관계들에 의존해왔다고 간주될 수 있다. 앞서 보았듯이, 톰프슨 같은 역사가들에 의한 경험의 정치적 환기나 슐라이어마허의 종교적 경험과 앙커스미트의 역사적 경험에서 드러난 미학적 계기에 약간의 중첩이 불가피하게 발생하긴 했지만, 마이클 오크숏이 경멸한, 경험의 그 '양식들'이나 '포획들' 사이에서 유의미한 구분들이 훨씬 더 뚜렷하게 인식될 수 있다.

그렇지만 오크숏을 언급하는 것은, 모더니티 고유의 기능 세부화에 대해 유감을 표한 다양한 비판가들의 양태화에 대한 매우 상이한 반응을 우리가 즉각 깨달을 수 있게 해준다.『경험과 그 양식들』에서 정식화된 '절대적 경험'이라는 신헤겔적 개념이 많은 지지자를 얻지는 못했지만, 오크숏이 경험의 구획화의 위험에 대해 드러낸 유감은 일찍이 낭만주의에서 목도되었고, 헤겔 같은 관념주의자들에게는 매우 명백한 것이었다. 이러한 이구동성이 다수의, 종종 매우 상이하기까지 한 많은 전통의—정치적 전통뿐만 아니라 철학적 전통까지—사상가들을 포함하면서 성장하는 것은 20세기에야 비로소 가능했을 것이다. 그들은 좀더 강력하고 강렬하고 포괄적인 하나의 경험 개념—그 개념에 '진정한' '본질적인' '순수한' '내적인' 같은 그 어떤 수식어가 동반되든 간에—을 탈환하기를 바라면서, 차별화의 과정을 거꾸로 되돌리려 했다. 때로는 양태화에 의해 상실되었다고 추정되는 것들에 대한 향수의 감정을 드러내면서, 그들은 전문 지식의 하위문화의 발전에 따라 정합적 의미를 포기해온 공동의 생활세계를 활성화하면서, 갈기갈기 찢긴 것을 온전하게 만들고자 했다. 한 가지 중요한 차이로 인해, 그 문제가 본질적으로 개념적 혹은 철학적이라고 여기는 사람들—이들에 따르면, 필요한 것은 오직 어떤 경험이 이미 항상 존재하는지를 좀더 잘 파악하는 것뿐이다—과 상실의 참된 원인은 주로 사회적 혹은 문화적 세계 자체의 위기에 있다고 주장하는 사람들로 나뉘긴 했지만, 그들 모두는 차별화를 되돌려야 할 과정으로 보며 비판했다. 그리고 그들은 '경험'이란 말을 빈번히 환기하는 열광적인 어조로, 즉 우리로 하여금 윌리엄 블레이크의 제목을 빌려올 생각을 하게 하는 어조로 그렇게 했다.

이처럼 절실한 열망은 양태화를 극복하려는 욕구에서 나온 것이기도 했고, 경험 주체와 대상이 구분된다 하더라도 양자의 간격을 좁히려는 요청에 따른 것이기도 했다.[2] 종종 언급되다시피, 서양 철학의 의제는 데카르트와 베이컨 시대 이후로 존재론적 질문이나 형이상학적 질문보다는 주로 인식론적 질문에 맞춰졌다. 가장 넓은 의미에서 인식론은 지식의 주체가 누구인가, 또 그/그녀는 외부 세계로부터 어떻게 신뢰할 만한 지식(혹은 주관적 의식 상태의 객관화된 지식)을 얻는가 하는 질문과 관련되었다. 논란의 여지는 있지만, 모더니티가 시작된 것은 세계가 더 이상 신에 의해 기록된 유의미하고 가독성 있는 텍스트로 해석되지 않게 되었을 때부터였다. 특히 그중에서도inter alia 중세 후기 신학에서의 참으로 보편적인 것에 대한 유명론적인 비판, 단일한 텍스트의 권위에 대한 종교개혁 진영에서의 해석학적인 도전, 대항해시대 동안의 새로운 영토와의 놀랄 만한 조우의 결과였다. '참된 현존'은 가톨릭 미사 같은 집단 거주지를 제외하고는 세계에서 사라졌다. 신이 점점 더 신비로운 숨은 신Deus absconditus이 되고 그의 변덕스럽고 불투명한 의지가 합리성보다 더 중요해지면서, 우리가 거주하게 된 세계가 모든 가능 세계 중에서 최고라는 가정은 더욱더 난처한 지경에 처하게 되었다.

더 이상 투명하게 의미를 지니지 않게 된 우주에서 철수한 근대 초기의 주체는, 이제 내적 실재와 외적 실재의 유일한 가교로서 경험이라는 부러지기 쉬운 갈대에 의존하게 되었다. 기대 지평이 과거의 경험을 빠르게 벗어나기 시작할 때조차—새로운 시대Neuzeit에서의 그것들의 관계의 시간화temporalization에 관한 라인하르트 코젤레크의 주장을 상기하라—새로운 것과의 조우는 여전히 생활 속에서의 실험이라는 관점에서 개념화되었다. 심지어, 앞서 슐라이어마허에게서 본 요소들인, 좀더 범신론적인 세계관을 회복하려는 시도들이 이루어질 때에도, 유한한 것에서 무한한 것을 드러내기 위한 중심지가 되어준다고 여겨지는 것은 바로 경험이었다.

이러한 모습의 경험은, 주체의 성격이 초월적이든 내재적이든, 보편적이든 특수하든, 집단적이든 개별적이든, 규칙적으로 확장되든 즉흥적으로 확장되든, 언제나 주체의 그리고 주체를 위한 경험이었다. 주체들은, 경험적 감각들을 가졌거나, 형성기의 학습 과정을 거쳤거나, 무관심한 미학적 쾌를 가졌거나, 신성의 현시 속에 놓인 존재로 이해되었다. 일반적인 가정에 따르면, 체험과 경험은 똑같이 직접적인 선반성적 경험의 강렬함이나 시간에 따른 유의미한 여정의 서사적 정합성을 겪어내고 표명할 수 있는 주체에 의존하는 것이었다. 때로는 다양한 경험의 담론들에서 주체와 대상의 균형이 완전히 주관적인 쪽으로 기울어질 조짐을 보였고, 따라서 경험에 대한 어떤 논자들은 유아론적으로 주관을 반영한다고 경험을 비난할 수 있었다. 그런가 하면 때로는 대상의 환원 불가능한 타자성이 갖는 중요성이 주체의 출발점을 넘어서는 방식, 즉 외부에서 오는 난관과의 새로운 조우를 통해 배우는 방식으로서의 경험의 가치를 강조한 이들에 의해 회복되었다. 그러나 사실상 이 모든 사례에서 경험은 통합적이고 정합적이고 다소간 자율적인 주체, 즉 의식을 가지고 세계 속에서 행동할 능력을 가진, 그래서 세계의 전달자이자 수혜자인 주체와 관련 있는 것으로 가정되었다.[3]

오늘날까지 지속되는 이러한 가정은, 집단적 주체가 개별 주체를 대체하는 오늘날의 정체성 정치에서 확인되는 만큼, 부인될 수 없다. 하지만 그것은 주체와 대상의 숙명적 간극에 선행하는 어떤 상태를 넘어서거나 회복할 방법을 찾으려는 이들에게 강력한 도전을 받기도 했다. 그 결과는 역설적으로 보일 수 있다. 경험의 전달자로 여겨지는 주체라는 강력한 개념 없이 여전히 열렬히 경험을 옹호하기 때문이다. 이러한 경우는 자신의 삶을 예술작품으로 전환함으로써 미학적 경험과 그것을 야기하는 대상의 구별을 극복하고자 했던 19세기 유미주의자들aesthetic의 시도에서 넌지시 드러난다. 그러나 그들의 노력은 그들이 도전하기보다 수용하려는 경향이 다분했던 미학이라는 여전히 차별화된 영역에서 이루어졌다. 그리고 결과는 흔히, 외부 세계에 대한 주관적 감수성과 기질의 힘이 강화되는 것이었다.[4] 가치 영역들의 탈분화dedifferentiation와 관련하여 주체 없는 경험이라는 역설적인 이상의 함의들을 생각하는 것은 벤야민, 하이데거, 아도르노, 바타유, 푸코, 바르트 같은 20세기 사상가들에게 맡겨졌다. 그렇지만 이러한 탐구의 첫 번째 주된 철학적 표현은 20세기의 유럽이 아니라 19세기 후반과 20세기 초의 미국에서 실용주의라 불리게 된 느슨한 운동으로부터 나오기 시작했다.[5] 우리는 실용주의의 관점을 종교에 대한 윌리엄 제임스의 논의와 예술에 대한 존 듀이의 논의에서 이미 만나본 바 있다. 이제는 그들과 그들이 탄생을 도운 전통이 새로운 탈주관적postsubjective 경험 담론에 더욱 큰 기여를 했음을 좀더 면밀히 살펴보고자 한다.

: 미국의 경험 문화

5장에서 언급했다시피, 심지어 공화국 수립 이전에도 미국인들은 합리적 추상화나 검토되지 않은 권위에 맞서 정당화의 원천으로서 흔히 경험의 수사에 의존했다. 여기서 경험은 새로운 실험과 미래에 창의적으로 적용하기 위해 배울 가치가 있는 과거의 교훈을 의미했다. 그것은 새롭고 때로 거칠기도 한 환경과의 신체적 조우에서 이익을 얻는 것과 그러한 조우가 평범한 남녀의 평범한 일상적 삶에 가져다준 교훈들에 의존하는 것을 의미했다. 그것은 함께 살아가는 새로운 방식을 도모하고 신을 숭배하고 자연을 지배하는 것을 의미했다. 그것은 낡은 텍스트의 권위를 지닌 분명치 않은 계율이나 유토피아적 합리주의자들의 시험되지 않은 공상이라기보다, 정치인 패트릭 헨리가 말한 '경험의 등불'을 사용하는 것을 의미했다.

그 결과는 전형적인 열광자이자 철학자인 존 J. 맥더못이 '경험의 문화'라 부른 것과 미국을 간단히 동일시하는 광범위하고 종종 자기만족적인 전통이었다. 맥더못은 다음과 같이 주장한다. "청교도들에서 듀이에 이르기까지, 역점도 다르고 성과도 다양했지만, 일상 경험의 맥락 속에서 인간의 가장 심오한 난제와 관심사를 해명하기 위한 일련의 노력이 권고되었다. 그런 전통에서, 모든 것을 포괄하는 체계적 진리는 항상, 그것이 신학적이건 철학적이건 정치적이건 간에, 끊임없이 변동하는 집단적 경험에 광범위하게 기초한 규범들에 제기되는 것이었다."[6] 또 다른 전형적 논자인 존 스터에 따르면 "철학에서 미국적인 것은 경험 방법의 사용에 있지, 사용과 무관하게 그것의 목록을 나열하거나 성스러운 범주들로 그것의 결과를 지루하게 정식화하는 것이 아니다. 미국적인 것은 **경험을 통해서** 믿음과 행위의 지속성을 강조하는 것이지, 순전히 이론을 통해서 이러한 통일과 지속성을 단순히 확신하는 것은 아니다."[7] 세 번째 찬양자인 존 스미스 역시 "미국의 철학적 비전"을 "세계와 우리의 만남에서 실제로 일어나는 것과 좀더 일치하는 경험을 설명"하는 것으로 보았다. "무엇보다도 경험은 상황에 반응하는 '능숙함knowing how'에, 그리고 자아와 세계의 상호 작용에서 형성된 광범위한 습관들에 직접적으로 관련돼 있는 것으로 보였다."[8] '미국 철학의 원시적 뿌리들'에 관한 좀더 전면적인 주장은 브루스 윌셔에 의해 촉진됐는데, 그는 오글랄라 라코타 부족의 성인인 블랙 엘크가 예시해주는, 자연과의 경험적 일체라는 미국 원주민들의 유기체적 전통에 그 뿌리가 있다고 보았다.[9]

대니얼 부어스틴 등 또 다른 논자들은 파시즘과 공산주의 같은 유럽 정치 이론들의 독단론에 대비되는, 경험의 '주어짐givenness'에의 충실함 속에서 '미국 정치의 천재성'을 발견해냄으로써 그 주장을 어떤 철학 전통 너머로까지 확장시킬 수 있었다.[10] 종종 주장되었듯이, 건국의 아버지들은 그 별칭과 달리 경험에 호의적이고 이론을 달가워하지 않는 반-토대론적anti-foundationalist 성향을 우리에게 물려주었다.[11] 올리버 웬들 홈스가 『관습법』(1881)에서 "법의 삶은 논리적이지 않았고 오히려 경험적이었다"라고 주장한 데에서 확인되듯이, 미국 법학 또는 적어도 '법적 실재론'이라 불린 강력한 전통도 유사한 관점에서 해석될 수 있었다.[12] 마찬가지로, 약간 회의적인 평가이긴 하지만, 『파티즌 리뷰』의 편집자인 필립 라브 역시 월트 휘트먼에서 어니스트 헤밍웨이와 토머스 울프에 이르는 작가들의 글을 통해 "미국 저술에서 나타나는 경험의 숭배"를 읽어냈다.[13] 그리고 폴 틸리히는 "주로 미국적인 사고를 형성해왔고 경험을 모든 인간의 지적인 삶의 영역에서 핵심 개념으로 만든 복음주의적인 근본주의 운동에서의 종교적 경험에 대한 강조"를 언급했다.[14] 요컨대 찰스 샌더스 퍼스가 "경험은 우리의 유일한 교사다"라는 유명한 주장을 했을 때, 그는 미국 전체를 대변하는 것처럼 보였

다 — 혹은 이 논자들이 우리로 하여금 그렇게 믿게 했을 수도 있다.[15]

그렇지만 미국인들이 경험이 제공했다고 추정되는 교훈에 누구나 감화된 것은 아니라는 점을 인정해야 한다. 앞서 5장의 건국의 아버지들에 대한 논의에서 언급했다시피, 많은 이는 오로지 실천적인 경험보다는 추론에 의해서 정당화된 보편적 인권의 주장에 더 많은 감명을 받았다. 훨씬 후에, 철학자 조지 산타야나는 "경험은 풍부하지만 아무것도 가르쳐주지 않는다"고 냉소적으로 말했다.[16] 그리고 헨리 애덤스는 자서전에서 "경험은 교육하기를 그쳤다"고 암울하게 결론지었다.[17] 사실, 지성사가 브루스 큐클릭이 최근 우리에게 상기시켰듯이, 미국의 사상을, 특히 철학을 경험에 대한 신뢰나 경험과 관련된 다른 무엇에 기초한 단일한 틀로 통일하는 것은 잘못일 것이다.[18]

게다가 경험이 가르쳤다고 여겨지는 것은 그 단어에 부여된 의미에 따라 다를 수 있었다. 예컨대 윌셔는 경험이 자연과의 전체론적 합일을 의미한다고 주장하면서, 그것이 원주민들의 지혜를 통해 드러난다고 보았다. 이와 대조적으로 맥더못은 "자연에 대한 의인화된 견해와 미개척지를 인간의 창의적 지평으로 여기는 의식"에서 경험의 "역사적 뿌리"를 찾음으로써,[19] 자연세계는 알려지고 객관화되고 지배받기 위해 거기에 존재한다는 식의, 경험에 대한 주체-중심적 생각을 암묵적으로 고수하겠다는 뜻을 드러냈다. 초창기 미국의 정신에서 — 앞서 제1차 대각성운동기의 조너선 에드워즈의 사례에서 언급했듯이 심지어 신학적인 요소에서도 — 로크적 감각주의가 지닌 중요성은 선험적 연역보다 후험적 귀납을 통해 획득되는, 주관적으로 마음에 새겨지는 유용한 지식으로 기우는 이러한 경향을 강화했다.[20] 그러나 앞으로 간단히 살펴보겠지만, 로크의 영향은 시간이 지나면서 점차 약화되었다. 또한 그 단어는 각자가 선호하는 반의어에 따라 상이해질 수밖에 없었다. 예컨대 '순수'가 대조어로 취해진다면, 유럽을 세속적 경험의 구현으로, 미국을 그와 반대되는 순수함으로 간주하는 것이 가능했다. 이러한 양극성을 가장 미묘하게 탐구한 것이 바로 헨리 제임스의 소설들이다. 하지만 '이론'이나 '교리'가 선택된 반의어라면, 경험은 오히려 미국 편에 위치하게 될 것이다.

미국이 항상 근본적으로 경험의 가치화에 기초한 문화를 가져왔다는 주장이 다소 과장된 것이라면, 적어도 미국의 가장 강력한 지적 운동들 중 하나가 실제로 경험에 가장 중요한 자리를 부여했다는 주장은 훨씬 더 타당하다 하겠다. 그 운동을 이끈, 작지만 점차 영향력을 키워가던 사상가 집단은, 윌리엄 제임스가 1898년에 버클리에서의 한 강연에서 실용주의라는 말을 — 이 말을 처음 만든 이는 1870년대에 칸트의 제2비판에 담긴 실용주의적 믿음에 대해 논한 퍼스였다 — 대중화한 이후 실용주의자로 알려지게 되었다.[21] 그들은 실용주의의 초기 형태들 대부분으로부터 벗어나 실용주의의 의미를 창의적으로 재설정했다. 이 장에서는 이것의 함의들을 다룰 것이다.

실용주의 운동의 범위와 영향뿐만 아니라 그것의 원천도 실용주의를 주제로 한 방대한 문헌들에서 다양하게 규정되어왔지만, 합의에 이르는 것은 여전히 이를 수 없는 목표다. 모턴 화이트는 1949년에 출간한 유명한 저서에서, 그 자신이 1880년대에 시작된 미국 사회사상에서의 '형식주의에 대한 반란'이라 칭한 것을 확인했는데, 이로써 그가 의미한 것은 실용주의, 법현실주의, 행동주의, 경제적 제도주의에서의, 연역적 논리와 추상적 이론에 대한 공격이었다. 그의 주장에 따르면 "그것들 모두는 삶, 경험, 과정, 성장, 맥락, 기능을 이해할 것을 강력하게 고수하는 사상들이다."[22] 화이트는 그것들의 역사주의적이고 문화적으로 유기체론적인 세계관 지향이 "과학과

자본주의의 성장, 즉 다원주의, 사회주의, 산업화, 독점의 확산"에 의해 추동되었다고 말했다.[23]

좀더 최근의 설명들이 이 주장을 구체화하려 했다. 예컨대 제프리 아이작은 다음과 같이 주장했다.

> [실용주의의] 실험주의와 반본질주의는 미국 사회를 더 이상 혼자서 충분히 설명할 수 없게 된 토대론적인 정치적·경제적 신념의 수정을 표현했고 그 수정의 합리화를 도왔다. 출현하는 법인 자본주의의 시대에, 로크적인 사적 소유권과 자유방임 경제학의 초기 자유주의 이데올로기는 점점 더 시대착오적인 것으로 여겨졌고, 좀더 유기적이고 전체적이고 **조합주의적인**corporate 자유주의가 점점 더 필요해졌다.[24]

매우 색다른 설명 하나가 잭슨 리어스에 의해 제시되었는데, 그는 1880년 이후 귀족적 지식인들 사이에서 지독한 반근대주의가 만연해, 자본주의 시장의 새로운 천박함과 전문화의 압력에 대한 해독제로서 진정성 있고 직접적인 경험을 갈망하게 된 상황을 고찰한다.[25] 실용주의는 실증주의 과학과 추상적 개인주의에 대한 그들의 생기론적 불신을 공유했다. 물론 대체로 그들의 반민주적인 엘리트주의와 변화에 대한 불관용은 수용하지 않았지만 말이다. 루이스 메넌드는 잘 알려진 집단 전기collective biography인 『메타피지컬 클럽』에서 실용주의의 기원을 파헤치기 위해 남북전쟁의 트라우마로 거슬러 올라갔다. 그것은 "그들의 삶에 커다란 구멍을 냈다. 그들 중 일부에게 전쟁은 민주주의의 실패일 뿐 아니라 문화의 실패, 사상의 실패로 간주되었다. (…) 남북전쟁은 남부의 노예 문명을 일소했지만, 그와 더불어 북부의 거의 모든 지적 문화도 휩쓸어버렸다."[26] 로크적인 사적 소유권 개념만이 유일한 피해자가 아니었다. 그 이전의 주관적 경험 개념들의 로크적 전제도 마찬가지였다.

실용주의를 본질적으로 미국적 현상으로 고립시키려는 경향이 덜했던 논자들에게는 그 운동이 근대적 주관성의 포괄적 위기의 일부였고, 이는 19세기 후반의 모더니즘 미학과 생기론 철학에서 드러났다. 1911년에 프랑스의 데카르트주의 철학자 르네 베르틀로는 윌리엄 제임스가 특정한 가톨릭 모더니스트들뿐만 아니라 니체와 베르그송 같은 유럽 사상가들과도 공통점이 있다고 언급했다. 그들 모두는 베르틀로가 공리주의적 낭만주의—그가 비합리주의적이라고 한탄한—라 부른 불안정한 혼합물의 변종들이었다.[27] 에밀 뒤르켐은 제1차 세계대전 직전에 실용주의에 관한 비판적 강의에서 베르틀로가 니체와 비교한 것에 반대했지만, 개념적 사유에 대한 공통의 반감이라는 측면에서 베르그송과 제임스의 유사성은 그 역시 인정했다.[28] 의미심장한 점은, 뒤르켐이 실용주의의 여러 측면에 대해 비판적이었음에도 경험 문제에서만큼은 그것이 "개인의 주관적이고 내적인 경험(최종 분석에서 이것은 모든 객관적인 가치를 부정하는 자의적이고 불필요한 해석들의 범람에 길을 열어줄 것이다)"이 아니라는 견해에 동의하면서 "그것은 집단적 경험, 즉 **사회 내 인간의** 경험이다"라고 주장했다는 것이다.[29]

좀더 최근에는 훨씬 더 긍정적인 평가가 있었는데, 미국 지성사가 제임스 클로펜버그가 실용주의를 자연과학과 도덕/종교 사상 사이에서 중도를 모색하는 범대서양적 맥락에 위치시켰다. 이는 원자론적 경험론과 합리주의적 형이상학 모두를 넘어서는 것을 뜻한다. 그가 거론한 인물들로는 독일사회민주당의 에두아르트 베른슈타인, 프랑스의 사회주의자 장 조레스, 미국의 진보주의자 허버트 크롤리 같은 정치활동가들뿐만 아니라 딜타이, 니체, 베르그송, 알프레드 푸예 같은 철학자도 있다. 클로펜버그는 그들이 제임스나 듀이처럼 "의미가 생생한 경험의 기초 위에서 해석돼야 하며 삶의 반성적 경험에 대한 이해를 갖추어야 한다"고 믿었다고 주장한다.[30] 그의 분석에 따르면, 그들을 합리론적 반대파들뿐만 아니라 이전의 경험론적 경험 옹호자들과도 구별시켜주는 것은, 근대적 삶의 불확실성과 그것에 대한 진리를 아는 우리 능력의 불가피한 한계를 수용하려는 의지였다. 정치적 관점에서 이것은 일반적으로, 좀더 확장 가능한 민주적 다원주의를 위해, 경제적 인간에 대한 자유주의적 개인주의 견해와 함께 정통 마르크스주의의 결정론적 전제 또한 거부함을 의미했다.

이러한 설명들은 이 시기의 복잡성과 실용주의의 출현을 충분히 평가하지 못할 수도 있다. 예컨대, 확실성이라는 그릇된 우상이 근대 사상가들에 의해 의심받은 것이 이것이 처음이었을까? 그렇다면 17세기에 출현한 확률론은? 그것의 정치적 경향이 과연 민주적이고 진보적이었을까? 만일 그렇다면, 그것이 피렌체의 조반니 파피니 같은 주요 파시스트들에게 발휘한 매력은 어디서 나왔을까?[31] 하지만 그 설명들 모두는, 주관성에 대한 전통적인 개념들의 견고함을 약화시키는 어떤 근본적인 일이 발생한 반면에 경험 개념은 삶의 공간 위에 새로운 경작지를 부여받았다는 점에 동의한다. 왜냐하면 문학평론가 주디스 라이언이 모더니즘 예술과 19세기 말의 심리학 모두에서 '사라지는 주체vanishing subject'라고 부른 것은, 이제 경험이 그 밖의 다른 곳으로 방향을 돌려야만 유의미한 개념으로 살아남을 수 있다는 것을 의미했기 때문이다.[32]

: 제임스와 순수 경험의 요청

그 밖의 다른 곳에서 경험을 찾으려는 것이 윌리엄 제임스의 평생의 과업이었으니, "경험은 그의 구원이요 종교"였다고 이야기할 만하다.[33] 사실 이런 묘사는 상징적 은유를 넘어, 경험에 대한 그의 강렬한 매료의 핵심적 차원을 잘 보여준다. 앞서 우리는 종교적 경험에 동조하는 진단가로서 제임스를 만난 바 있는데, 그는 전 생애를 통해 과학과 영성 사이의, 자연주의적 설명과 초자연적인 것에의 매혹 사이의, 개인적 심리학과 비인격적 의식이라는 좀더 큰 세계 사이의 격차를 줄일 방법을 찾아 헤맸다. 아버지 헨리 제임스 경이 수용한 자기성selfhood의 스베덴보리식 극복은 그가 결코 완전히 받아들일 수 없었던 신비적 일원론의 모델이었지만, 그는 아버지를 개종으로 이끌었던 고통스러운 절망감—스베덴보리의 용어로는, 자아가 자신의 가치에 대한 모든 감정을 상실당하는 '박탈vastations'—을 내심으로 이해했다. 『종교적 경험의 다양성』에서 그가 생생하게 묘사한 '병든 영혼'은 개인적인 경험에 기초한다고 이야기되어왔다.[34]

또한 제임스는 자기 가족의 친구이자 위대한 초월론의 현자인 랠프 월도 에머슨을 잘 알았고 존경하기까지 했다. 에머슨은 영웅적 개인주의와 "자기 의존"이라는 진정한 비순응성을 열렬히 옹호함과 더불어, "신의 핵심인 (…) 투명한 안구"가 됨을 통해 "'비열한 이기주의mean egotism"의 극복을 찬양한 것으로 널리 알려졌다.[35] 에머슨은 인간과 자연의 화해에 관한 지나친 낙관론에도 불구하고, 이 목표를 달성하는 데 있어 개인적 자아의 한계를 점점 더 인식하게 된 듯하다.[36] 많은 평론가가 언급했다시피, 윌리엄 제 임스 자신은 이 두 극단 사이에서 동요하면서, 때로는 자기 자제로, 때로는 자기 확신으로 진로를 변경하곤 했다.[37] 최초의 실용주의자로 간주되곤 하는 에머슨은 제임스와 마찬가지로 경험론적 감각주의와 추상적 지성주의에 대한 이중의 의심을 공유했고, 감정적 강렬함과 체계적으로 철학하기의 체험적 실천을 택했다.[38] 그는 감각 자료에 대한 로크적인 신뢰를 맹렬히 거부했고, 이것을 칸트의 오성(그는 이것을 새뮤얼 테일러 콜리지를 통해 알게 되었다) 및 근대 도시와 동일시함으로써, 시골에 가장 잘 보존돼 있는 심원한 직관적 이성에 호감을 표했다. 그는 "독창적이고 포부에 찬 모든 영혼은 스스로의 경험 뒤에 교리를 남긴다"고 주장함으로써, 미국인들에게 그들이 형이상학적으로 경도된 유럽의 선조들과 구별된다는 믿음을 최초로 심어준 이들 중 한 명이 되었다.[39]

에머슨은 1842년에 뉴욕에 있던 제임스의 가족을 방문했고, 그때 그해 초에 태어난 윌리엄을 축복했다고 전해진다. 당시 그는 바로 얼마 전 다섯 살의 나이에 성홍열로 사망한 자신의 아들 월도 때문에 비탄에 잠겨 있었다. 이런 슬픔을 다스리기 위해, 그는 간략히 '경험'이라고 이름 붙인 자신의 가장 영향력 있는 에세이를 썼다.[40] 이 종잡기 어려운 텍스트에 관해 말할 수 있는 것은 많지만, 지금 여기서 강조해야 할 것은 에머슨이 경험 개념 자체에 불어넣은 열망과 비애의 아우라다. 그는 아들의 상실로도 우주에 대한 심원한 이해에 도달할 수 없었음을 씁쓸하게 실토했다. 그리고 다음과 같이 냉철하게 말했다. "슬픔이 나에게 아무것도 가르쳐줄 수 없다는 사실이 슬프다. 게다가 그것은 나를 참된 본질로 이끌지 못한다. (…) 절절한 사건들은 여름비와 같고, 우리는 모든 빗방울을 튕겨내는 파라코트다. 죽음 외에 그 어떤 것도 우리에게 남겨져 있지 않다. 우리는 암울한 만족감으로 그것을 바라본다. 말하자면 우리를 비껴가지 않을 최소한의 현실이 존재하는 것이다."[41] 그러고 나서 그는 인간 조건 자체를 다음과 같이 일반화했다. "나는 이렇듯 우리가 강하게 움켜쥐려 하면 손에서 빠져나가고 마는 모든 대상의 덧없음과 불안정이 우리 조건의 가장 비루한 부분이라고 생각한다."[42]

샤론 캐머런이 우리가 가진 '경험'에 대한 예리한 분석에서 언급했듯이, 에머슨이 슬퍼하는 것은 아들의 죽음 때문만이 아니라 그 슬픔을 느끼는 그의 능력의 결핍, 즉 기대와 현실 사이의 메울 수 없는 간극 때문이기도 하다. 그녀의 주장에 따르면, 그 결과 "경험과 자아의 관계는 슬픔과 자아의 관계와 마찬가지로 모호하고 우연적이고 분열적이기 때문에, 슬픔은 경험의 비유로 쓰인다. (…) 자아가 자신과 경험의 관계를 이해하자마자, 그 이해된 것은 소멸되어버린다. 죽음은 그 이해의 원천으로서 우리와 다른 모든 사건의 관계를 가르쳐준다."[43] 에머슨이 인정한 우상 중 한 명인 몽테뉴에게서처럼, 죽음은 자신의 죽음만이 아니라 사랑하는 이의 죽음이라 해도 어쨌든 경험의 한계가 된다. 에머슨의 글에 어떤 애도 작업이 있다면, 그것은 프로이트가 성공적인 극복 과정과 상실된 대상의 재통합으로 상정한 유형이 아니라, 보다 불안정하고 취약한 것, 완료된 애도보다는 우울한 반복에 더 가까운 것이다. 왜냐하면 참으로 슬픔에는 끝이 없고 애도 과정을 종결지을 방도도 없기 때문이다.

그러나 이 모든 것에도 불구하고 에머슨은 자신이 "**믿으려는 보편적 충동**"이라 부른 것에서 계속할 이유를 발견했다. "어느 누구도 충분히 만족스러운 경험에 이른 적은 없지만, 그의 이점은 더 나은 것을 알리는 기별이다. 그러니 계속 나아가라!"[44] 우리는 특별한 효과를 야기하기 위해 고안된 도구적 행위에 참여하지 않더라도—"다수의 열성적인 자들이 이런 식으로 계속 실험했지만 우습게 되고 말았다"—"정의를 위한 승리가 아직 존재하며, 세계가 실현시키려는 진정한 낭만은 천재성이 실천적 힘으로 바뀌는 것일 터이다"라는 믿음을 갖고 계속 끈질기게 기다릴 수 있다.[45] 그것의 모든 긍정적인 인식을 위해서, 그것을 자극한 트라우마적 사건의 '경험' 속에 끈질기게 남아 있는 것, 즉 훗날 스튜어트 햄프셔가 말한 것처럼 어쩌면 모든 경험이 "본연적 희망에 대한 실망"을 수반한다는 깨달음이 존재한다.[46]

제임스가 이 주제에 대한 자신의 비평을 어떤 식으로든 이 에세이에서 얻었다고 주장하지 않았음에도, 그의 용법에서 '경험'이란 말이 근대 세계에서 상실되었거나 억압된 것, 즉 통제하고 명령하는 현실의 관습적 방식에 의해 가려진 것에 대한 갈망을 종종 드러낸다는 것은 놀라운 일이다. 실제로 제임스의 전기작가들은 그의 빈번한 심리적 위기와 이따금 찾아든 자살 충동, 그리고 일찍이 겪었던 허무주의를 언급한다. 그들은 그의 계속된 낙담들을 분류하기도 한다. 몇 가지만 언급하자면, 남북전쟁에서 자신의 세대와 함께 싸우지 않은 것, 예술가가 되려는 뜻을 포기한 것, 자신의 종교적 열망을 결코 충족시키지 못한 것, 철학자라는 천직을 찾기까지 오랜 시간을 허비한 것, 아버지의 까다롭고 부담스러운 유산과 완전히 화해하지 못한 것, 하버드에서 제자들(특히 후고 뮌스터베르크)에게 비난받은 것, 그리고 주기적으로 찾아온 신체적 질병을 억누른 것 등이 있다. 사실 제임스는 명성이 드높았던 1899~1902년에 두 번째 큰 위기를 맞았는데, 격렬함에 있어서 1860년대 후반의 청년 시절에 겪었던 일에 필적했다. 그것은 그에게 1910년 사망할 때까지 결코 완전히 치유하지 못한 심리적이고 육체적이고 정신적인, 심지어 직업적인 악화를 가져다주었다.[47] 그는 에머슨의 낙관주의나 아버지가 수용했던 스베덴보리적 믿음에 대한 신념을 지탱시켰던 절대자에 대한 직관지에서 위안을 찾지 않고, 다른 곳에서 어떤 위안을 찾고자 했다.[48] 역설적으로 경험은 하나의 답변을 제시하는, 혹은 최소한 그의 경력 대부분에서 그의 작업을 추동하는 지속적인 질문을 촉발하는, 토대 없는 토대였다.

그의 사적인 삶으로 옮겨 가보면, 이러한 탐구는 좀더 신중한 과학자들이 몹시 싫어한 관행들—비의, 초자연적이고 수상쩍은 마음 치료, 환각제 같은 것들의 실험—에 기꺼이 마음을 열려는 의지를 보여주는 것이었다. 그의 제자였던 시어도어 루스벨트의 호전적인 남성성 숭배를 비판한 데에서 볼 수 있듯이 제임스는 행위 그 자체를 경솔하게 찬양하는 부류는 아니었지만,[49] 미국 문화의 '붉은 피부/황인redskin' 부류에 가까운 인물이었다. 이는 1939년 필립 라브가 '창백한 얼굴/백인paleface'—이른바 상류층 전통으로 대표되며 소설가인 그의 동생 헨리와 종종 동일시되는—과 대비시킨 것이었다.[50] 그는 단순한 직업적·학문적 철학자의 지위를 끊임없이 넘어서면서, 위험을 무릅쓰고 공적 영역에 뛰어들어 인기 없는 정치적 견해들을 지지하기도 했고, 마음 치료 개혁 같은 대의를 적극적으로 홍보하기도 했다.[51] 앞서 3장에서 보았듯이, 제임스는 과감하게도 과학과 종교 사이의 벌어진 간극을 좁히고자 노력했다. 그는 언제나 탁상 이론가가 되기를 거부해, 브라질로 과학 원정을 떠나기도 했고, 애디론댁 부족 마을에서 캠핑을 하기도 했으며, 쉼 없이 유럽 전역을 여행하기도 했다. 심지어 샌프란시스코 지진 현장에서 살아남았다. 가장 최근에 그의 전기를 쓴 린다 사이먼의 전언에 따르면 "그는 자기 정체성의 깊이를 파악하길 간절히 원하면서, 하나의 본질적인 경로가 다수의 경험을 통해 있다고 믿었다. (…) 좀더 많은 경험들—다양하고 새롭고 위험하기까지 한—은 이해하고 지각하고 해석하고 행동하는 자로서의 그 자신의 초상을 산출하는 잠재력을 지니고 있었다. 그는 새로운 것을 옹호했고, 경이로움에 굶주려 있었다."[52]

철학적 관점에서 제임스의 탐구는 궁극적으로, '근본적 경험론'이라는 방법을 통해 그가 '순수 경험'이라 부르게 된 것을 해명하는 일로 이해될 수 있었다. 그 용어들은 퍼스 같은 일부 실용주의자 동료들을 불편하게 했을 수도 있지만, 그가 언어—그것이 기술한다고 추정되는 대상을 제대로 다룰 수 있는—에 대한 부단한 연구를 포섭하는 데 있어 모호한 지시문으로 기능했다. 유념해야 할 것은, 여기서 '모호한vague'이라는 말이 경멸적인 뜻으로 쓰이지 않았다는 점인데, 왜냐하면 윌리엄 조지프 개빈이 지적했다시피, 제임스는 의도적으로 모호함을 하나의 미덕으로 바꿔놓았기 때문이다.[53] 공리주의적 기능성과 '현금-가치' 사상에 대한 관심—이 때문에 일부 비판자는 실용주의를 현상에 순응하는 도구주의적 수단에 지나지 않는 것으로 환원하기도 했다—에도 불구하고, 제임스는 관습의 껍데기와 개념적 사고의 경직 아래서 경험의 활력이 회복되기를 바라며 경험의 혼란함, 애매함, 불투명함에 빠져들었다. 일찍이 1890년에 『심리학의 원리』라는 그의 첫 번째 대작에 담긴 '의식의 흐름'으로서의 정신적 삶에 대한 선구자적 분석을 통해서, 그리고 마지막으로는 사후인 1910년에 랠프 바턴 페리에 의해 『근본적 경험론』이라는 책으로 엮여 출간된 그의 단편들을 통해서 알 수 있듯이, 그는 자기 밖의 세계를 멀찍이 떨어져 관찰하기보다 그 흐름 속으로 과감히 뛰어들고자 했다.

제임스의 활동을 시기별로 구분하려는 많은 시도가 있었지만, 합의된 부분 하나는 아마도 그의 담론에서 경험이 지배적 용어로서의 중요성을 점점 더해갔다는 점일 것이다. 심지어 한 논자는 "실용주의를 제임스 철학의 환원 불가능한 핵심으로 만드는 것은 아주 큰 잘못이다. 제임스의 사유에서 널리 주목받은 면은 단지 순수 경험의 세계를 다루는 방식이었을 뿐이다"라고 주장할 정도였다.[54] 『심리학의 원리』에서 그는 여전히 실증주의자의 신념으로 마음과 신체라는 이원론으로 의식을 탐구했다. 물론 이때도 의식에 대한 기술은 경험적이고 유동적인 비결정성을 강조("실로 엄청나게 시끌벅적한 혼돈"이라는 인상적인 구절을 보라)했지만 말이다. 세기 전환에 이르자, 그는 정신과 물질의 세계라는 이원론을 넘어서는 방식을 추구하기 시작했고, 이것은 그가 '자연적 실재론'이란 이름으로 재현주의적 인식론을 극복하게끔 해주었다.

이 점과 관련한 제임스의 조언자들 중 이제는 잊힌 영국 철학자 섀드워스 홀웨이 호지슨(1832~1912)이 있었다. 제임스는 그를 1880년에 처음 만났다.[55] 호지슨은 개별적인 감각들로의 의식의 원자론적 탈구를 주장하는 흄학파의 경험론을 비판하면서, 그 대신에 의식을 유동적인 흐름으로 간주했다. 또한 그는 실체와 주체의 독립적인 현존에 의문을 품으면서 그것들에 대응하는 관계들을 지지하기도 했다. 호지슨은 자신이 약 13년간 이끌었던 '영국 아리스토텔레스학회'에서 1885년에 '철학과 경험'이란 주제로 강연을 하면서, 자신이 마뜩잖아한 로크와 흄의 경험론empiricism 및 당시 유행하던 실증주의와 구분짓기 위해 자신의 입장을 '경험주의experientialism'라고 불렀다.[56] 그의 서술에 따르면 "**경험**보다 더 거대한 단어는 없다. 그것은 **의식**에 상응하는 것이다." 게다가 의식 밖의 세계는 경험에 포함되는데, 왜냐하면 "우리는 경험을 넘어설 수 없으며, 존재를 포섭해주고 잘 설명해주는 그보다 더 큰 용어를 마련할 수 없기 때문이다."[57] 호지슨은 강의를 준비하는 동안 제임스와 서신 교환을 하면서, 자신이 하나의 작인으로서의 마음이라는 생각을 버렸음을 인정했다. "그것은 내가 그 영역에 들어오기 전에 제거되었다. 나는 그것이 **사라졌음**을, 그 내적 모순에 의해 붕괴되었음을 발견했다. 또한 그것이 부패함에 따라 회의주의만을 발생시킬 뿐임을 알게 되었다. 그렇기 때문에 나는 철학의 기반을 (더 이상 가정이 아니라) **경험** 위에 두기로 결심했다. **그것**이 내 방법의 역사이자 근거다. 내 목적은 작인으로서의 마음을 제거하는 것이 아니라, 그것을 대체하는 것이다. 철학의 근거를 마음이 아니라 경험에 두기 위해서 말이다."[58]

호지슨은 자신의 접근법을 일컬어 당시로서는 결코 광범위한 지지를 얻지 못한 용어인 형이상학적 방법 혹은 주관적 분석 방법이라고 불렀다. 제임스로서는 호지슨이 철학적 사색에서 도출한 좀더 일원론적이고 결정론적인 함의보다는 그의 철학적 사색의 세부 사항들에 더 큰 인상을 받았다.[59] 호지슨은 그간 쓴 글들을 모아 1898년에 여러 권으로 된 『경험의 형이상학』을 출간했는데, 이에 제임스는 다음과 같이 다소 관례적으로 응답하는 데 그쳤다.

> 확실히 내가 나 자신의 노력으로 먼저 나아간다 할지라도, 이제 당신이 해법으로 작성한 저 용어들에 감사를 드리고 싶다. 내가 제기하는 문제는 이것, 즉 물질적 실체와 정신적 실체의 이중성을 가정하지 않고 종합적으로 취해진 약간의 '순수 경험'으로 응시하는 것이다. 이는 그것이 어떻게 개념적으로 두 방식으로, 즉 한편으로는 개별적 생각의 흐름들로, 다른 한편으로는 물리적으로 영속하는 것들로 형태를 띠게 되는지를 보여준다. 이처럼 구분된 것들의 어떤 것으로 존재해왔든 혹은 그 두 측면을 가진 완전히 구체적인 경험이나 현상보다 덜한 것으로 존재해왔든 간에 직접적으로 실재적인 것이 부재한 채 말이다.[60]

이제 그가 호지슨의 형이상학에서 불만을 갖는 부분은 이원론이었고, 그 대신에 좋게 여기는 부분은 그가 정식화하는 과정에서 드러난 다원론이었다.[61] 그때까지, 제임스는 자신의 대안을 발전시키는 방향으로 매진했으며, 1895년부터 기록한 노트들에 개요를 적어나가기 시작했다. 이때 그는 서로의 유사성보다는 차이를 더 강조하려고 애쓴 듯 보인다.[62]

제임스는 자신의 정식들에 전적으로 만족하지 못하면서—이는 그가 이해하고자 하는 실재를 포착하는 데 있어 언어의 궁극적 부적합성을 인정했음을 반영한다—, 경험에 대한 자신의 의미를 '순수'하다는 은유로 표현하고자 노력했다.[63] 그는 그것을 "세계의 원초적 재료나 물질, 즉 모든 것을 구성하는 재료"와 동일시함으로써 "현재의 순간적인 영역"이라고 불렀다. 이것은 다만 잠재적으로만 주체와 객체 혹은 사실과 가치로 나뉠 수 있는 것일 뿐이다.[64] 이러한 서술에서 드러나는 유물론적 함축에도 불구하고, 제임스는 순수 경험이란 일종의 실체나 개체로 이해되어서는 안 되며, 더더구나 유동하는 현상의 기저에 깔린 심층 구조나 영원한 형식 같은 것이 전혀 아니라고 주장했다.[65] 그렇지만 그것은 그가 여전히 외부 세계의 분리된 실재에 관한 이원론적 전제를 가지고 작업한 시기에 『심리학의 원리』에서 고찰했던 주관적 의식—하나의 흐름이건 아니건 간에—에 선행하는 것이었다. 이제 제임스는 의식이 하나의 개체가 아니라 경험 내에서의 기능, 곧 앎의 기능이며, 경험의 전제 조건이라기보다 그것에 덧붙여지는 것이라고 주장한다. 주관적인 동시에 객관적이기도 한 경험의 '양의적인double-barreled' 의미는 애초에 그것이 지닌 전체론적이고 관계론적인 특징의 한 표현인 셈이다.

개념적 앎 혹은 '대상적 지식knowledge about'은 주관적 인식자와 지식 대상에 대한 어떠한 반성적 구별도 존재하지 않는 좀더 기본적인 지각적 앎 혹은 '보고 아는 지식knowledge by acquaintance'과는 한 단계 떨어져 있는 지식이다. 왜냐하면 호지슨이 분명히 말했듯이, 순수 경험이란 그것이 '어떤 것what'이기 전의 '단지 그것that'이며, 그것이 하나의 본질을 갖고 있는 체하기 전의 실존이기 때문이다.[66] 제임스의 주장에 따르면, 그것은 "개념적 범주들과 함께 우리의 사후 반성에 재료를 제공하는 삶의 즉각적인 흐름"으로서, 마치 딜타이의 **체험**을 인용하는 것처럼 들린다.[67] 게다가 베르그송이 생의 약동élan vital의 철학에서 이해했던 것—제임스는 그 유사성을 명확히 인식하고 있었다[68]—처럼, 경험은 별개의 대상이 야기해서 개별 주체에게 발생하는 것이라기보다는 역동적이고 관계적인 영역이다. 그 영역에서 "경험들을 연결하는 관계는 그 자체로 관계로 경험되어야 하며, 여하한 종류의 경험된 관계는 그 체계 안의 다른 것과 마찬가지로 '실재적'인 것으로 간주되어야 한다."[69] 즉 'of' 'in' 'and' 등등 종종 무시되곤 하는 단어들에 의해 언어학적으로 표현된 이행들은 그것들이 결합하는 명사들만큼이나 존재론적인 무게를 갖는다(이러한 교훈은 제임스의 가장 재능 있는 제자들 중 한 명인 시인 거트루드 스타인에게서 잘 드러난다). 전통적인 경험론은 그것이 종교적 경험에 대응하는 잠재의식적인 요소들을 지니고 있기 때문에 경험의 이러한 차원들을 무시해왔고, 따라서 관계적 영역에 있는 모든 것을 포함하도록 '근본화'되어야만 했다. 제임스는 "경험론은 근본적으로 되기 위해 자신을 구성하는 데 있어 직접적으로 경험되지 않는 여하한 요소를 허가하지도, 직접적으로 경험된 여하한 요소를 배척하지도 않아야 한다"고 설명했다.[70]

그렇지만 경험의 영역은 완전히 통일된 것도, F. H. 브래들리나 조사이어 로이스 같은 현대판 헤겔주의자들이 가정하듯이(한 세대 후인 오크숏의 작업에서 부활 된 것으로 간주한 입장을 예견해보건대) 궁극적으로 이성적인 것도 아니었다. 그 대신에 제임스는 "우리의 경험들, 즉 하나로 합쳐진 이 모든 것[은] 유사-카오스quasi-chaos"라는 입장을 밝혔다.[71] 그렇기 때문에 이 모든 것의 우주론적 함의는 일원론적이지도 이원론적이지도 않은데, 왜냐하면 "경험의 수많은 결합이 외재적으로 여겨지므로 순수 경험의 철학은 자신의 존재론에서 다원론이 되는 경향을 지닐 수밖에 없기" 때문이다.[72] 적절한 비유를 모색하면서, 제임스는 그 조각들이 기저에 어떤 확고한 기반을 두지 않은 채 서로 결합하고 그 가장자리 둘레에 부착됨으로써 확장해나가는 세계를 적절히 표현하고자 자신의 입장을 '모자이크 철학mosaic philosophy'이라 불렀다. 이제 제임스도 인정했다시피, 실제로 이러한 세계 위에 신이 존재한다면, 그조차도 "절대적인 모든 것의 경험자가 아니라, 단지 광범위한 현행 의식의 범위에 대한 경험자"일 뿐이다.[73] 실제로 제임스는 완전히 초월적인 신을 상정하기보다, 정신이 불가분하게 물질세계와 뒤섞여 있는 일종의 범심론적 내재성panpsychic immanence — 한 논자는 그것을 '범경험주의panexperientialism'라고 불렀다[74] — 을 더 선호했다.[75]

이렇듯 경험에 대한 형이상학적 고찰에 더해서, 제임스는 순수 경험을 인식론적 질문들에 대한 자신의 숙고에서 핵심적 용어로 사용하기도 했다. 그는 다음과 같이 적었다. "순수 경험의 원리는 방법론적 요청이기도 하다. 그 어떤 것도, 말하자면 어떤 분명한 시간에 어떤 경험자에 의해 경험될 수 있는 것을 제외하고는, 사실로서 인정될 수 없다. 그리고 그렇게 경험된 사실의 모든 특징에 있어서, 반드시 어떤 명확한 장소가 실재의 종국적 체계 어딘가에서 발견되어야 한다. 달리 말해 참된 모든 것은 어딘가에서 경험 가능해져야만 하며, 경험된 모든 종류의 사물은 어딘가에서 참되게 존재해야 한다."[76] 그는 『실용주의』에서 진리의 실용주의적 기준이 다음과 같은 질문에 기초해 있다고 설명했다. "어떤 경험이 믿음이 잘못되었을 경우 얻게 되는 경험과 구별될 수 있는가? 요컨대 경험적 용어들에 있는 진리의 현금-가치는 무엇인가?"[77] 그런데 다행히도 "경험은 모두 규칙성으로 가득 차 있다." 따라서 과거는 미래를 위한 지침서다. 그러나 역으로 "경험은 알다시피 예상치 않게 **끓어 넘쳐서**boiling over 우리로 하여금 현재의 정식을 수정하게끔 하는 방식을 가지고 있다."[78] 그렇기 때문에 과거와 현재와 미래의 경험 사이에는 우리를 점차적인 이해로 이끄는 거친 연속성이 존재한다. 물론 그렇다고 절대적인 지식을 획득할 수는 없지만 말이다.

> 언제가 됐든 사람들의 믿음은 그만큼 **적립된** 경험이다. 하지만 그 믿음들은 그 자체로 세계의 경험의 총체 중 일부를 이루기 때문에 다음번의 적립 활동을 위한 사태가 된다. 실재가 경험 가능한 실재를 의미하는 한, 실재와 그것에 관해 사람들이 얻는 진리 모두 영원히 변이 과정에 들어선다. 물론 그것은 명확한 목표를 향한 변이겠지만, 그럼에도 여전히 변이인 것이다.[79]

제임스가 종교적 경험을 옹호할 때 보여주려고 노력했듯이 감각과 믿음은 불가피하게 뒤섞여 있어서, 경험론들 중 가장 순수한 것조차 문화적이고 역사적인 내용을 제거할 수 없었다.[80]

엄밀한 과학적 방법이 궁극적으로 진리에 관한 상호주관적인 합의를 만들어낼 수 있다는 '유쾌한 희망'을 수용한 퍼스와 달리,[81] 제임스는 끝없는 실험으로서의 경험에 만족했다. 경험이 항상 그것을 언어나 개념으로 포착하려는 우리의 하찮은 시도보다 더 풍부하고 복잡하다는 바로 그 이유에서, 그것은 목적론적 종점을 갖지 않는 진화적인 변증법—여기서 제임스는 열렬한 다원주의자를 자처한다—을 발생시킨다. 제임스는 과학혁명을 특징지었던 외견상 객관적인 측정 도구로 경험을 흡수하는 것—다시 한번 브뤼노 라투르의 적절한 구절을 인용하자면 "비인간적인 것들의 증언"을 특권화하는 것—에 반대하면서, 지각적이고 체화된 세계의 우선성을 다시 한번 강조하고자 했다. 이런 입장으로 인해 그는 실용주의와 더불어 현상학의 계보에도 속하게 되었다.[82]

그럼에도 불구하고 제임스는 「경험」이라는 에세이에서 에머슨이 그랬듯이, 우리같이 언어를 구사하고 논리적으로 구분하는 지적인 종들에게는 순수 경험을 회복하는 것이 불가능하다는 것에 대해 약간의 실망감을 드러냈다. 『근본적 경험론』에서 그가 시인한 내용을 보자. "오직 갓 태어난 아기, 잠이나 약물 또는 질병이나 충격으로 반혼수상태에 있는 사람만이 아직은 어떤 **무엇**이 아닌 **그것**이라는, 그럼에도 모든 종류의 무엇들이 될 준비가 되어 있는 문자 그대로의 의미에서의 순수한 경험을 갖고 있다고 여겨질 수 있다. 순수 경험은 하나로도 다수로도 충만하지만, 잘 드러나지 않는 점들도 있다. 즉 그것은 전적으로 변화하지만, 그 국면들이 서로 침투하고 구별점이든 일치점이든 포착될 수 없다는 점에서 매우 혼란스러운 상태로 있다."[83] 그는 순수성의 최고 순간이 얻으려 노력할 만한 가치가 있기를 분명 바랐지만, 그것이 광범위하거나 지속적으로 획득될 수 있다고 여기며 실제로 만족했는지는 불분명하다. '믿고자 하는 의지'에 대한 제임스의 변호는 지나치게 자의식적일 정도로 그것의 도구적 효능에 솔직하기 때문에—너는 믿어야 한다. 왜냐하면 그것은 그렇게 함으로써 너에게 좋은 효과를 가져올 것이기 때문이다—충분한 설득력을 지니기 어렵다고 이야기되곤 한다. 분리에 앞서는 경험의 순수성에 대한 그의 신념에 대해서도 유사한 지적이 제기될 수 있다.

그에게 더 호의적인 해석가들 중 한 명이 인정했다시피, 실제로 순수 경험은 "그것에 대한 제임스 본인의 기술이 하나의 가설—그는 분명 그것에 대한 궁극적인 신념을 갖고 있지만, 그럼에도 불구하고 하나의 가설이다—이라는 점에서 모호하다."[84] 더 비판적인 논자들—제임스가 자신의 사상을 제시하기 시작한 이후 이러한 논자들은 더 많아졌다—은 제임스가 자신의 활동 내내 언어로는 완벽하게 표현하기가 불가능하다는 것을 환기하기 위해 도입한 다양한 정식에 나타난 긴장이나 심지어 전면적인 모순으로 인해 더 많은 곤란을 느꼈다. 따라서 예컨대 1906년에 허버트 니콜스는 제임스의 전 작품에서 그 단어의 다양한 쓰임새를 검토한 뒤 다음과 같은 당혹스러운 여러 가지를 제시했다.

> 그의 '심리학'으로부터 우리는 다음과 같은 것을 얻는다. "보편적으로 이해되었듯이 (…) 경험은 우리에게 깊은 인상을 준다고 가정되는 **낯선 것**에 대한 경험을 의미한다." 분명 '**낯선 것**'은 유아론적이지 않다. 그러나 이 저널[『철학·심리학·과학 방법 저널』]로부터는 다음과 같은 것을 얻는다. "**현재의 순간적인 영역**은 내가 항상 순수 경험이라 부르는 것이다." 또다시, "현재의 순간적 영역은 항상 '순수한' 상태로 있는 경험이다." 그 맥락은 이 '경험'을 유아론적이지 **않게** 만드는 것처럼 보인다. 하지만 어쨌든 간에 '지속적인 변이'로 인해 마음의 전 영역이 **항상** '현재의 순간적 영역'이라면 "현재의 순간적 영역이 **항상** 그 '**순수한**' 상태에서 경험된다는 것"은 어떻게 가능한가? 그 이유는, 또다시 다음과 같다. "'순수 경험'이란 반성이 그것을 범주화하기 이전에 내가 삶의 **원래** 흐름에 부여했던 이름이다. **오직 새롭게 태어난 아기** 등은 말 그대로의 순수한 경험을 갖는다." 또다시, "순수 경험은 무한한 기간과 영역으로 상정될 수 있다." 그리고 또다시, "나는 종합적으로 취해진 우리의 경험들을 **유사-카오스**라고 불렀다." 그리고 또다시, "경험이란 이처럼 감지할 수 있는 자연 모두를 통칭하는 이름일 뿐이다." 이것이 "모든 원초적 재료"라는 것으로서, 제임스 교수는 그것을 가지고 "자신의 논지를 **시작한다**." 반면에 대문자 'E'로 시작하는 '경험Experience'은 결국 그가 전적으로 완성된 '세계관' 혹은 이성적 세계에 부여한 이름인데, 그것이 마음들 **간에** 부여한 인식적 기능에 대해서 그의 철학 저서들은 설명해야만 할 것이다.[85]

아마도 니콜스 같은 논자들의 주된 곤란함은, 그 용어의 상이하고 통약조차 불가능한 두 가지 사용이 불안하게 병치된다는 데 있었던 듯싶다. 하나는 제임스가 초창기에 심리학적 탐구들에서 지속했던 것으로서, 삶의 흐름에서 선반성적으로 몰입하는 경험과 동일시되었던 것이다. 이것은 체험으로서의 경험인바, 우리가 문화에 빠져듦에 따라(이것은 갓난아기에게는 해당되지 않고, 또 약물이나 머리 강타 등으로 유발된 무감각 상태에 일시적으로 압도될 수 있다) 불가피하게 생겨난 언어적이고 개념적인 조작에 의해 점차 주변화되거나 감춰져버린 것이다. 여기서는 앞서 보았듯이 제임스가 「경험」의 에머슨과 공유한 것인, 상실된 것에 대한 끊임없는 갈망이 무엇보다도 중요하게 다뤄진다. 경험의 다양성과 강렬함에 대한 제임스 자신의 숭배의 동력에 원료를 공급하는 곳이 바로 이 지점이다.

두 번째 의미는 모든 것을 수용하는 형이상학적 경험 개념이었다. 이는 후기 저작들에서 발전된 것으로서, 자아와 타자, 의식과 물리적 실재, 사실과 가치의 이원론적 구분에 앞서는 '원초적 재료'에 상응하는 것이다. 여기서 경험은 존재하는 모든 것의 근본적인 '그것임thatness'을 의미하는데, 이 주장은 거의 원-하이데거적 입장처럼 들릴 정도다. 제임스가 독립적으로 검증 가능한 세계의 존재를 거부했음에도 불구하고 일부 논자가 그를 이교도적 실재론자라 부른 것은 이러한 수용 때문이었다.[86] 그렇다면 왜 그것을 '경험'이라 부르는가?

이 질문은 최근의 현상학적 운동에 영향을 받지 않은 채, 여전히 주체/객체의 대립을 고수한 동시대인들에 의해 매우 완강하게 제기되었다. 버트런드 러셀이 이의를 제기했듯이, "'주어지는given' 것, '경험되는experienced' 것은 '되는be' 것과 같은 것이 아니다. '주어지'거나 '경험되'는 것은 사실상 인식하는 행위와의 연관으로 구성된다는 점에서 주체를 암시하는 것처럼 보인다."[87] 전체에서 주관적인 운동에만 초점을 맞추면서, 아서 러브조이는 제임스가 반성을 위해 사용할 수 있는 자료와 더불어 통상 인식의 바깥에 존재하는 것—말하자면 대사와 호흡 과정—을 포함시키면서 부당하게 그 용어를 확장시켰고 그 결과 의식을 경험의 파생물로 환원하는 데 성공하지 못했다고 주장하면서 이의를 제기했다.[88] 퍼스조차 과장된 어조로 다음과 같이 비난했다. "당신이 '순수 경험'이라 부르는 것은 전혀 경험이 아니며, 마땅히 하나의 이름을 가져야 할 것이다. 그렇게 단어를 오용하는 것은 철학이 과학이 되는 것을 막기 때문에 완전히 부도덕한 일이다."[89] 나중에 찰스 모리스가 쓴 것처럼 다음과 같은 이유에서다. "만약 모든 것이 그 자체로 하나의 '경험'이라면, '경험'이란 말은 (이런 용법이 다른 근거들에 기반해 호소력을 갖는다 해도) 그것의 '지성적'이거나 '인식적'인 취지를 상실해버리게 된다. x가 경험의 한 항목이라고 말하는 것은 더 이상 그것에 관해 그 어떤 것도 말하는 것이 아니게 된다.[90]

: 듀이와 실험으로서의 경험

분명 제임스에게도 충성스러운 옹호자들이 없지 않았다.[91] 그들 중 눈에 띄는 인물이 바로 존 듀이였다. 그는 제임스보다 열일곱 살 어렸지만, 이미 시카고 대학과 이후 1904년부터 재직한 컬럼비아 대학에서 번성하는 실용주의 학자 공동체의 중심에 서 있었다.[92] 제임스와 마찬가지로, 일찍부터 듀이는 영국 경험론을 철학적으로 부적합하게 만들었던 경험의 감각 자료로의 조야한 환원을 못 견뎌 했다. 그러나 그의 첫출발점은 조지 실베스터 모리스(그 자신도 영국 관념론자 T. H. 그린의 학생이었다)의 지도하에 공부한 대학원 시절에 심취했던 신헤겔주의—제임스에게는 전혀 흥미를 유발하지 못했던 철학—였다.[93] 과감하게도 청년 듀이가 제임스가 퍼뜨린 새로운 심리학과 다윈의 진화 이론을 헤겔의 유기적 관념론과 결합시키고자 했을 때, 그는 섀드워스 호지슨으로부터 정말이지 혹독한 비판을 받았다. 제임스가 "불쌍한 듀이"라고 말할 정도였다.[94]

그렇지만 1890년대 초에 듀이가 형이상학적 확실성과 절대적 관념론의 논리적 발판을 버리기 시작한 것으로 보아 그러한 훈계가 먹혀들었던 듯하다.[95] 오크숏(그리고 앞으로 보겠지만 관념론을 전제하지는 않으면서도 그와 유사한 길을 간 벤야민)과는 달리, 그는 "그 어떤 경험이 인간의 삶을 특징짓는 경험보다 더 절대적으로 경험일 수 있다는 식의 절대 경험" 개념을 일축했다.[96] 하지만 헤겔주의가 내포한 합리주의적 신정론의 낙관적인 기능을 거부함에도 불구하고, 그는 철학의 사회적, 상호주관적, 역사적 차원에 대한 헤겔의 강조 혹은 자신의 사상을 인간 활동의 모든 방면에 투사하려는 헤겔의 통일적 열망을 결코 저버리지 않았다. 또한 그는 모리스를 통해 그린 같은 영국 사상가들로부터 물려받은 신관념주의의 활동적이고 변형적인 계기를 간직하고 있었다. 따라서 그의 자연주의는 그 특성상 결코 결정론적이지 않았다. 그뿐 아니라 듀이는 순전히 인식론적으로 제시된 경험 개념이 이전에도 그랬듯이 도덕적, 미학적, 심지어 형이상학적 차원을 포함해 단순한 인식 방법보다 실존에 있어 훨씬 더 기초적이라고 주장하면서, 그것의 불충분성에 대한 의구심에 동의하지 않았다. 그는 어쩌면 제임스보다 더 정력적으로, 인식 주체를 그것이 마주하는 대상들과 분리하는 이론이라면 무엇이든 그것의 이원론적 기반을 공격했다고 말할 수 있겠다.[97] 그는 제임스의 정식을 채택하면서, 경험은 "원초적 통일성을 갖추고 있어서 행위와 물질, 주체와 객체의 어떤 구분도 인정하지 않지만, 분해되지 않는 전체성 속에서 그것들 모두를 포함하고 있다는 점에서" "양의적인" 단어라고 주장했다.[98] 듀이는 우주의 근본 질료—물질적 방식이든 정신적 방식이든 혹은 영원한 실체로서 개념화된 방식이든 영구적인 흐름의 방식이든 그 어떤 것으로 이해하든 간에—를 확인하려 한 철학에 반대하면서, 단호하게 불가지론자로 남아 있었다. 또한 실재의 가장 간단한 구성 요소—별개의 감각 인상이든 고립된 사건이든 최소의 원자든 간에—를 찾으려 했던 철학에 반대하면서, 그는 전체론적인 복잡성의 가치를 강조했다. 그리고 초월적인 선험적 원리를 상정했던 철학에 대항하면서, 그는 논리학이나 수학조차 발견의 맥락 안에 놓여야 한다고 주장했다. 헤겔적인 '확실성의 탐구'를 포기했음에도 불구하고, 그는 헤겔적인 '통일성의 탐구'만큼은 결코 잃어버리지 않았던 것이다.[99]

1890년대 내내 듀이는 제임스의 『심리학의 원리』의 선례를 따라, 어쩌면 유기적 세계 내에서 의식을 자연화하는 데 있어서는 그를 능가하면서, 심리학 영역에서 이러한 가치들을 옹호했다.[100] 1896년에 쓴 독창적인 논문에서 그는, 효과적으로 반응하는 법에 대한 불확실함의 드문 경우들을 제외하면

의식적인 경험의 수준에서 자극과 반응 사이의 참된 구분이란 존재하지 않는다고 주장했다. 따라서 경험이란 반사호arc라기보다는 순환circuit의 형태를 띠며, 지적인 과정과 조작뿐만 아니라 모든 심리적인 과정과 조작은 개인들이 자신의 환경과 상호 작용하면서 만나게 되는 문제들을 다루는 데 실용적이었다.[101] 주지주의자와 감각주의자 모두 이러한 순환적 통일과 실용적 명법을 이해하는 데 실패했으며, 따라서 합리론자와 경험론자가 인식론적 관점에서 저지른 실수들을 반복하는 우를 범했다. 사유와 의식은 경험에 선행하지 않으며, 오히려 경험 속에 잡혀 있는 주름 같은 것이어서, 도구적 효능을 갖는 일종의 노동 분업을 가능하게 해준다.

듀이는 기회 있을 때마다 계속해서 자신의 근본적인 논증을 정교하게—비판자들은 장황하다고 말하겠지만—만들면서, 평생 동안 확고한 전체론자, 맥락주의자, 자연주의자, 그리고 모턴 화이트의 표현을 빌리자면 반형식주의자로 남을 수 있었다. 그가 줄기차게 주장했듯이, 초월적 혹은 선험적이라고 이해된 모든 것은, 궁극적으로 기능을 그릇되게 실체화하고 사유를 실제 상황에서 실제 사람들의 행위로 드러나는 것 위의 어떤 독립적인 실체로 기만적으로 승격하는 것의 반영이었다.[102] 분석판단과 종합판단의 흄적이자 칸트적인 구분은, 둘 다 단일한 실체의 측면들이라는 점에서 똑같이 착각에 불과하다. 과학의 방법조차 그가 탐구의 '제도주의적' 규약이라 부른 것에 근거한 행동주의적 관점으로 이해되어야 하는데, 그럴 경우 이전의 사상가들이 영원히 참이라고 주장했던 논리적 형식들을 생산하고 검증할 수 있게 된다.[103] 고대 그리스 이래 다수의 형이상학과 마찬가지로 전통적인 과학적 이해의 '방관자적' 태도는[104] 세계에 대한 능동적이고 참여적인 개입을 위해 차츰 포기되기 시작했다. 지식의 대상들은 그러한 참여에 의해 구성되지, 그것에 선행하여 존재하지 않는다. 그렇다고 이것이 대상들을 덜

'실재적'인 것으로 만들지는 않는다. 실제로, 듀이는 저서 어딘가에서 대상object을 완성된 궁극성으로, 자료data를 "더 나아간 해석을 위한 소재"로 정의하면서, 실험적 방법이 "대상을 자료로 대체한다"고까지 말했다.[105]

따라서 경험은 실험으로부터 생기며, 이것이 우리를 과거에 얽매이기보다 미래로 나아가게 해준다. 이전의 교훈들에 대한 기억으로서의 경험이 생생하다 해도 그것은 그러한 교훈들과 전적으로 동일시될 수는 없는데, 그 이유는 다음과 같다.

> 흩뜨리기dis-membering는 분명 그러모으기re-membering에 필수적인 부분이다. 그러나 그로 인한 흩어진 조각들disjecta membra은 결코 과거나 현재의 경험이 될 수 없다. 그것들은 가장 유리한 진화를 위해 현재의 경험에서 흩어져 있지만 잠정적으로 함께 연루된 요소들일 따름이다. 상상해볼 수 있는 가장 탁월한 의미나 가치의 방향으로의 진화 말이다.[106]

딜타이나 콜링우드와 달리, 듀이는 과거보다 현재의 필요가 더 우선성을 갖기 때문에 추체험이나 재연이 이전에 경험된 전체를 결코 재포획할 수 없다고 여겼다. 이때 우선성이 의미하는 바는 경험 자체가 영원히 유동적이며, 언제나 과거와 다른 어떤 미래를 예견한다는 것이었다. 여기서 그는 F. H. 브래들리나 앨프리드 노스 화이트헤드 같은 또 다른 철학자들과도 갈라졌다. 이들은 추상에 맞서 즉각적인 경험에 호소했는데, 이는 그것의 구성보다는 회복에 근거하는 것이었다.[107]

그럼에도 불구하고 듀이의 경우, 일상적 삶의 실험과 연구실에서 수행되는 과학자들의 실험 간의 순환, 즉 상식의 세계와 가장 추상적인 과학적 결론 간의 연속성이 존재했다. 그의 주장에 따르면, 사실 심지어 수학도 궁극적으로는 영원한 본질의 이상적인 영역 위를 서성이기보다는 경험세계에 토대를 두고 있다.[108] 따라서 그는, 그런 영역을 인식하지 못하는 것이 쇠약하게 하는 '심리학적' 상대주의로 이어져, 수학과 논리학의 타당성을 침해한다고 주장하는 고틀로프 프레게와 후설 같은 초월론자들의 근심을 떨쳐버릴 수 있었다. 자신의 비판자들을 공략하기 위해, 듀이는 그들이야말로 사실상 진짜 심리학적 분석가들psychologizers이라고 주장했다. "초월론자가 거의 예외 없이 심리학적 오류에 빠지는 것을 보면 흥미롭다. 그런 뒤에 그는 심리학자의 태도(그 자체로 자기 폐쇄 적self-inclosed[원문대로] '관념'인 의미에 관심을 두는 태도)를 취하면서, 경험주의자를 단순한 심리학적 존재와 논리적 타당성을 혼동했다고 비판하며 고발한다."[109]

진리는 대상이나 영원한 관념이라는 외적 세계와의 정확한 일치에 기초하는 것이 아니라 문제에 대한 성공적 해결의 결과를 의미한다.[110] 검증은 객관적인 타당성의 독립적인 진단에 의해 확정되는 주관적인 경험의 기능이 아니라, 오히려 목적의식적인 계획과 환경적인 반응 간의 '상호 대응correspondence' 혹은 상호 재조정을 수반하는 것이다. 이런 점에서, 경험은 교호交互적인transactional 개념이 된다.[111] 궁극적으로, 이러한 주고받음은 '만족스러운' 결과를 가져올 수 있다(다시 떠올리자면, 오크숏 역시 『경험과 그 양식들』에서 유사한 기준을 적용한 바 있다). 듀이가 『확실성의 탐구』에서 설명한 것처럼 말이다.

> 어떤 것이 만족감을 준다고 말하는 것은 어떤 고립된 목적성으로서의 어떤 것을 알리는 것이다. 그것이 만족스럽다고 주장하는 것은 그것을 그것의 연관과 상호 작용 속에서 정의하는 것이다. (…) 어떤 것이 만족스럽다고 선언하는 것은 그것이 상술 가능한 조건들에 부합한다고 주장하는 것

이다. 사실상 그것은 상황이 '그러할 것이다'라는 하나의 판단이다. 그것은 하나의 예측을 포함한다. 즉 그것은 그 상황이 계속 복무할 어떤 미래를 생각한다. 그것은 **하게 될** 것이다. 그것은 그 상황이 능동적으로 실행할 하나의 결과를 주장한다. 그것은 **하게 될** 것이다. 그것이 만족스럽다는 것은 하나의 판단, 추정, 평가다. 그것은 취해**져야** 할 하나의 태도, 즉 영속화하고 공고화하려 애쓰는 태도를 나타낸다.[112]

목표는 우연적인 믿음이 완전히 축출된 확실성이라기보다 점증하는 개연성인데, 개연성에는 미래에 틀린 것으로 입증될 수도 있다는 지속적인 위기가 내포돼 있다. 어원학적으로 경험에 내장된 '위험peril'에 분명한 주의를 기울이면서, 듀이는 다음과 같이 주장했다. "고유해서 제거될 수 없는 특징인, 실천적 활동의 변별적 특징은 그에 수반되는 불확실성이다. 그것에 대해 우리는 다음과 같이 말하지 않을 수 없다. 행동하라. 그러나 위험을 각오하고 행동하라. 수행될 행동과 관련한 판단과 믿음은 결코 불안정한 개연성 이상의 것을 얻을 수 없다."[113]

듀이는 거의 모든 철학적 문제의 해결책으로서 경험에 의존하고자 했지만, 그것을 간단히 존재나 원초적 실체와 애매하게 동일시하는 것은 피하고자 했다. 이런 동일시는 퍼스와 모리스 같은 제임스 비판자들이 곤란을 겪었던 문제다. 4장에서 보았듯이, 듀이는 미학적 경험 속으로 예술작품이 완전히 사라지는 것에 반대했다. 마찬가지로, 자연주의적 형이상학을 제시하려 한 『경험과 자연』에서는 "과학적 결론에 진정한 존경을 표하는 사람이라면 하나의 실존으로서의 경험이 고도로 세분화된 조건들하에서만 발생하는 것임을 부인할 수 없을 것이다. 세분화된 환경을 요하는 어떤 고도로 조직화된 피조물에서 발견되는 것 같은 그런 조건들 말이다. 경험이 어디서나, 언제나 발생한다는 증거는 없다"라고 신중하게 주장했다.[114] 그럼에도 불구하고 어느 인지적 기획에서나 근본이 되는, 경험과 자연 간의 기본적인 '연속성'이 존재했다.[115] 그래서 경험을 통해 그것을 넘어선 자연세계로 나가는 것—가령 100만 년 전에 형성된 바위가 있는 곳에서의 지질학자의 경험—이 가능했던 것이다. 실제로 그러한 경험을 통해서만 자연은 스스로를 드러냈다.

하지만 그런 결과에 있어서, 상식의 부족한 이해를 넘어서기 위해서는 그 이상의 반성이 절대적으로 필요했다. 경험은 우리가 세계와 직접적으로 조우하는 것 이상을 의미했다. 아니, 그 정식이 주체/객체 이분법에 지나치게 의존적인 만큼, 그러한 분리에 앞선 원초적인 전체론 이상을 의미했다. 듀이는 "우리의 있는 그대로의 경험은 분석과 통제라는 목적을 위해서는 가치가 거의 없다. 바로 그러한 반성의 실존이 그것의 결핍들의 증거다"라고 경고했다.[116] 도구주의적 실험의 옹호자인 듀이는 에드먼드 버크 같은 보수주의자들이 축적된 경험에 대한 찬사를 통해 옹호한 편파적인 지혜의 지지자가 아니었다. 물론 다수의 합리주의자들이 그것의 가르침을 거부하는 것에는 반대했지만 말이다. 그가 이해하기에 경험에는 완성, 충만, 성취를 위한 규범적인 노력이 존재한다. 비록 자연에 내재된 목적telos이 제공하는 어떤 보증도 없지만, 듀이는 적어도 그 스스로가 자신을 둘러싼 세계에서 알아본 경향성들이 지속된다면 잠재적으로는 그 결과를 달성할 수 있다는 믿음을 잃지 않았다.

사실 듀이는 제임스의 유의미한 경험 추구에 어른거리는 해결 불가능한 트라우마라는 에머슨적 비애를 결여한 듯 보인다. 비통한 우연의 일치로 듀이 역시 사랑하는 자식의 이른 죽음—모리스와 고든이라는 두 아들이 어릴 때 사망했다—을 견뎌야 했음에도 불구하고, 그는 그 상실로 인해 자신의 철학이 어두워지는 것을 허락하지 않았다. 이것은 죽음에 의해 제시되는 한계경험에 대한 주의 부족으로서 주목할 만했다.[117] 그 결과 그는 개인의 차원뿐만 아니라 공동의 차원에서도 경험적 완성이라는 목표가 실현될 수 있는 방법에 대해 조심스럽지만 낙관적인 그림을 그릴 수 있었다.[118] 때때로 그는, 마치 경험이 살아 있기라도 한 것처럼 "경험의 실제 본성, 경험의 내용과 방법에서 일어나온 변화"를 극찬했는데, 이로써 그가 암시한 것은 세계와의 관계가 경험적 관계에서 실험적 관계로 전환되어 "이전 경험이 (…) 새로운 향상된 경험을 위한 목표와 방법을 제시"할 수 있게 되었다는 것이었다.[119] 그러나 그는 과학혁명만으로는 충분하지 않을 수 있음을 시인하기도 했다. 그가 자신의 출생 배경인 회중파 기독교를 버리고도 잃지 않은 한 가지 믿음인 자연을 향한 확산된 종교적 믿음 역시 필수였다.[120] 루돌프 오토와 달리 듀이는 통합된 경험세계를 나누는 이원론의 원천인 신성함이라는 관념을 경멸하고 '전적인 타자'로서의 신이라는 생각을 싫어했지만, 그 어떤 교리적 구속복에서도 자유로운, 자아와 우주를 조화시키기 위한 창의적인 탐구로서의 종교적 경험을 인정했다.[121] 그는 윌리엄 워즈워스의 자연시를 읽으며 자신이 '신비한 경험'이라 부른 것을 갖게 된 뒤, 은총이—비록 덧없고 불안정하지만—인간 경험의 영역 안에 존재한다는 것을 깨달았던 듯하다.[122]

좀더 중요한 것은 그가 버몬트에서의 유년 시절에 목격한, 평등주의적인 종교적·정치적 행동으로 구현된 공동체적 민주적 실천 프로젝트였는데, 듀이는 이것을 가능한 한 완전한 종류의 경험을 실현하는 데 본질적인 것으로 간주했다.[123] 그는 "공유된 경험이야말로 인간의 가장 큰 재산"이라고 열변을 토했다.[124] 사실 그가 종교에 거는 기대는 종종, 자유민주주의 통치의 절차를 넘어 탈개인주의적 사리사욕 극복, 혹은 원자화된 경쟁이 아니라 상호주관적 상호 작용과 도덕적 통합을 통한 좀더 고차원적인 개인주의의 실현으로 가는 시민적 신뢰를 야기하는 것으로 여겨졌다.[125] 참여민주주의에 대한 듀이의 믿음은 앞서 한나 아렌트의 사례에서 보았듯이 정치적 경험 그 자체에 대한 찬양에 비견될 수도 있겠지만, 계몽된 의사소통적 상호 작용에 대한 그의 신념 때문에, 사실상 비판적인 과학적 방법이라고 널리 이해된 것에 대한 그의 신념 때문에, 미학화된 숭고의 정치(그 숭고는 사실상 듀이의 예술 이해에서 어떤 의미 있는 역할도 하지 못했다)와 더불어 에른스트 윙거가 예시한 열광적인 자기희생에 대한 모호한 찬사로 전락하지 않았다. 게다가 듀이는 경험의 과실들이 현재보다는 미래에 있다는 믿음을 갖고 있었다. "어떤 목적을 향한 성장인가?"라는 질문에 대해 듀이는 "더 많은 성장을 향한"이라고 대답했을 것이다. 그처럼 열린 결말의 목적은 회의적인 반응을 불러일으킬 수도 있었다. 예컨대 존 패트릭 디긴스는 "특히 실용주의의 경우 경험의 사용은 단지 우리로 하여금 더 나아간 경험을 준비하게 할 뿐, 즉각적으로 스스로를 계몽하거나 스스로에게 도움이 되는 식의 경험 자체에는 관심이 없다"고 불평했다.[126] 그러나 다른 이들은 그것이 충족된 민주주의가 언제나 실현되어야 할 프로젝트이자, 언제나 여전히 도래해야 할 조건임을(언뜻 보기에는 가장 비-듀이적인 데리다의 정치사상에서 최근 반복되고 있는 주장) 현명하게 승인하고 있는 것이라고 간주하기도 했다.[127] 클로펜버그가 언급했다시피 "민주주의는 명확한 윤리적 규범보다는 유연한 윤리적 삶의 양식을 제공하며, 그렇기에 성장이 유일한 목적이라는 듀이의 금언을 충족시켜준다."[128]

민주주의는 단순한 정치적 타협을 넘어 사회적 차원과 도덕적 차원도 갖기 때문에, 공적 영역과 사적 영역의 관습적인 구분을 극복한다. 이러한 주장에서 더 나아가, 듀이는 민주주의를 위한 교육이 절대적 필수라고 주장했다. 그런 교육은 책으로 배운 지식보다는 실험적인 지식에, 암기식 기억보다는 창의적인 탐구에, 수동적이고 방관자적인 관계보다는 아동과 환경의 교호적 관계에 기초해야만 한다. 그가 항상 주장했듯이, 그의 생각은 책보다는 개인적인 접촉과 상황으로부터 더 많이 이끌어낸 것이었다. 실제로 공적 영역에 적극적으로 참여한 듀이의 철학자로서의 주목할 만한 삶은—그는 미국시민자유연맹ACLU과 전미유색인지위향상협회NAACP의 창설부터 모스크바의 재판에서 레온 트로츠키에 대해 조작된 혐의에 관한 조사 위원회와 문화적 자유를 위한 위원회 활동에 이르기까지 생애 내내 사실상 모든 자유주의적 대의에 참여했다—그의 교육 정책이 바란 전형적 결과의 모델로 기능할 수 있었다.

앞서 4장에서 검토한 근거들에 따르면, 교육의 주요 목표 중 하나는 아동의 예술적 잠재력을 기르는 것이었다. 듀이가 『경험과 자연』에서 제시했듯이 "예술—직접적으로 향유된 소유를 가능케 하는 의미들로 충만한 활동 양식—은 자연의 완벽한 정점이며 (…) '과학'은 이렇듯 행복한 주제로 자연적 사건들을 인도하는 시녀이다."[129] 그것은 듀이가 매우 존경한 머사이어스 알렉산더 같은 신체 치료사들somatic therapists이 선보였던 것처럼, 아동의 정신뿐만 아니라 신체 또한 훈련시키는 것을 의미했다.[130] 따라서 예술적 자기실현은 미적 대상의 창조 그 이상을 의미하는 것이었다. 다시 말해 그것은 아름다운 삶의 태도, 조화로운 변주의 삶, 균형 잡힌 성장, 그리고 감각들의 최고조의 함양을 시사했다.

그러나 이러한 목표가 나르시시즘적 자기도취의 삶으로 퇴각하는 것을 의미하지는 않았다. 듀이가 주장했듯이, 민주주의를 위한 교육은 참된 민주적 문화의 전제 조건들인 의사소통적, 협동적, 숙고적 기술의 발전을 수반해야만 한다. 그는 시카고 대학에서 자신이 창설을 도운 유명한 실험학교를 통해, 『뉴리퍼블릭』 같은 잡지들의 지면을 통해, 그리고 『민주주의와 교육』과 『경험과 교육』 같은 저서들을 통해, 미국 교육에서 '진보적 운동'으로 알려지게 된 것을 부단히 고무했다.[131] 아동의 전인적 교육, 지속적인 지적·도덕적 성장을 위한 수단 제공, 세계에 관한 호기심 육성, 실험을 통한 비판적 지성의 주입같이 이제는 친숙해진 개념들이 모두 듀이의 유명한 교육 철학에서 나왔다. 그가 완강히 혐의를 벗으려 했음에도, 그는 내용보다 과정을 우위에 두고 커리큘럼보다 학생을 중심에 놓으며 본질(무엇을 가르칠 것인가)보다 방법(어떻게 가르칠 것인가)에 특권을 부여한다는 식의 비난을 받기도 했다.[132] 이러한 비난들이 옳건 그르건 간에—이는 오늘날까지도 계속 양측 모두에서 열띤 견해를 불러일으키고 있다—경험에 대한 실용주의적 초점이 미국의 교육 정책 분야에 대단히 큰 실천적 영향을 미쳤다는 점은 분명히 언급되어야 할 것이다.

그러한 영향과 경험 일반에 대한 듀이의 찬사 간의 불균등함은 그가 그 자신의 의도들을 배반하는 것처럼 보이는 방식들로 곧잘 해석되어온 데서 잘 드러난다. 예컨대 그의 철학에서의 과학적이고 도구적인 자극은 많은 비판자로 하여금 그를 가장 피상적인 형태의 미국적 삶의 기술적·공리주의적 기풍의 찬미자이자, 근본적인 비판보다는 화해와 조정의 지도자로 여기고 무시하게 했다.[133] 또 어떤 이들은, 교리적 성격을 잃은 종교적 경험에 대한 그의 공허한 탐구는 그의 시대의 약화된 자유주의적 프로테스탄티즘을 반영하는 것에 불과한 게 아니냐고 불평했다.[134] 신정통주의 신학자들은 슐라이어마허에 대한 카를 바르트의 비판에 동조하면서, 신을 주어라기보다 술어로 전환시킨 듀이의 인간 중심적 종교를 비난했다.[135] 또 다른 비판자들은, 어떻게 듀이가 다른 곳에서는 경험을 결코 완전히 획득할 수 없는 목표라는 미명하에 미래지향적 도구로 전환시키는 듯하면서도, 완성된 의미의 강렬한 순간들을 제공할 능력을 갖춘 예술적 경험이 최고의 경험 모델이라고 주장할 수 있는지에 대해 여전히 의아해했다. 또 어떤 이들은, 어쩌면 그는 버크적 의미로 이해되는 경험을 통해 배운 과거의 교훈들을 지나치게 빨리 묵살해버린 것이 아닐까 생각했다.[136]

또한 어떤 비판자들은, 제임스와 듀이 모두가 필수적이라고 주장한 것처럼, '경험'이라는 바로 그 단어의 주관적 함의를 억제하는 것이 과연 가능한지, 그리고 경험이 주관/객관의 분리보다 더 심원한 것을 드러나게 해주는지 물었다.[137] 나아가, 경험은 철학의 전통적 기초 개념에 대한 근거 없는 대안, 즉 불확실성을 극복하려 애쓰기보다 오히려 그것을 수용하는 것을 토대로 하는 대안으로 기능할 수 있는가? 아니면 경험은 단지 똑같이 결실 없는 탐구의 또 다른 변형에 불과한 것인가? 결국, 과연 경험은 까다로운 문제에 답하기보다 그 문제를 지연시키는 데 봉사하는, 한 비판자가 "듀이 철학의 모호하고 주술적인 표현"이라고 혹평한 것 이상의 무엇인가?[138]

듀이 스스로가 자신이 힘겨운 싸움을 하고 있음을 깨닫게 됐다는 것은 『경험과 자연』 개정판에 나오는 한 구절에서 확인된다. 종종 인용되는 그 구절에서 그는 낙담한 어조로 다음과 같이 시인했다. "나는 내가 사용하는 '경험'의 이해를 방해하는 역사적 장애물들이 사실상 극복 불가능하다는 것을 점점 더 깨닫게 되면서 '경험'이란 용어를 포기하게 되었다."[139] 이제 그는 그 자리에 '문화'라는 단어를 놓으려 함으로써, 사실상 한 세대 후에 레이먼드 윌리엄스가 한 것과 유사한 행보를 보였다(그리고 분명 이것은 윌리엄스를 거의 침몰시킨 것과 같은 의미의 수렁으로 그를 이끌었다).[140] 아서 벤틀리와 함께 쓴 마지막 책 『아는 것과 알려진 것』에서 듀이는, '경험'이 자신이 생각했던 작업을 더 이상 할 수 없다는 것을 인정하면서, 그 대신에 '교호交互-작용trans-action'을 취했다. 물론 그의 사상의 기본 전제가 실제로

변한 것은 아니었지만 말이다.[141]

: 로티의 언어적 초월주의

경험의 실용주의적 격상이 1952년 듀이의 사망으로 완전히 끝난 것은 아니지만—그것은 그의 제자들과 존 스미스, 시드니 훅, 존 J. 맥더못 등 그의 사상을 대중화하는 데 힘쓴 사람들에게서 계속 지배적인 개념으로 기능했다[142]—, 그 운동 자체는 곧 상대적인 쇠퇴기에 접어들었다. 모리스 딕스타인의 설명에 따르면 "20세기 중반에 접어들면서 실용주의는 초기 자유주의의 순진할 정도로 낙관적인 잔재로 간주되었고, 대공황과 전쟁의 공포로 인해 신뢰가 떨어졌고, 사실상 분석철학이라는 주도적 학파에 의해 철학 분과에서 밀려났다."[143] 루이스 메넌드가 덧붙였듯이, 냉전기 동안 대결보다는 절충, 비타협보다는 관용, 추상적 원리보다는 실용적 해법을 강조하는 실용주의자들의 신념은 구식이 되어버렸다.[144] 1960년대와 1970년대의 정치적 급진화와 고조된 이론적 성찰의 풍토에서는 거꾸로, 실용주의가 미국 사회의 기정사실들에 대해 충분히 비판적이지 못하며 근본적인 사회·정치적 문제들을 다룰 도구를 결여한 것으로 평가되곤 했다.[145] 도구주의적 순응은 실용주의가 제공할 수 있을 최고의 것으로 여겨졌고, 이는 근대화의 상당수 문제에 책임이 있는 것으로 여겨진 기술적 풍토와 상통하는 것이었다. 허버트 마르쿠제는 20년 전쯤 막스 호르크하이머가 『이성의 상실』에서 보여준 실용주의 비판에 동조하면서, 듀이가 미국에 만연한 '일차원적 사유'의 한 사례라고 주장할 정도였다.[146] 미국의 지성사가 데이비드 홀링거는 자신이 훗날 부인하게 되는 어떤 정식으로 그 모든 것을 요약하면서, 1980년에 "'실용주의'는 대부분의 미국 역사가가 그것 없이도 잘 지낼 수 있음을 입증한 개념이다"라고 적었다.[147]

그러나 1980년대와 1990년대 들어 시류가 좀더 온건한 정치로 돌아서고 유럽식 이론이 영광을 잃자, 예기치 않게 관심이 부활해 다시 한번 실용주의를 무대 전면에 올려놓았다. 그렇지만 이제 그것은 우리가 앞서 역사와 경험에 관한 논쟁에서 영향을 언급한 이른바 언어적 전회의 맥락 속에 자리하게 되었다. 그것의 반토대주의적 자극과 보편주의적 확실성에 대한 의혹으로 인해, 실용주의는 한 세기 전에 유럽 생기론의 맥락 속에 놓일 수 있었던 것처럼 이제는 포스트모더니즘적 사유에 대한 미국적 기여로 개조될 수 있었다.[148] 일부 논자는 듀이의 작업에서 급진적 민주화의 충동을 유지하거나 심지어 확대하려는 생각을 갖기도 했지만—예를 들어 코넬 웨스트는 W. E. B. 두보이스, 안토니오 그람시, 라인홀드 니부어로부터 얻어낸 예언적 메시지를 통해 실용주의를 부활시키려 했다[149]—, 포스트모더니즘은 구원적 정치에는 거의 관심이 없었다.

마르틴 하이데거, 한스 게오르크 가다머, 미셸 푸코, 자크 데리다 같은 대륙의 사상가들로부터 얻은 교훈을 참작했을 법한 부활한 실용주의의 가장 주목할 만한 옹호자가 바로 철학자—혹은 탈-철학자란 표현이 더 적절해 보이는—리처드 로티였다. 그는 전통적인 분석철학자로서의 초기 정체성을 버리고 1970년대 들어 은밀하게 실용주의의 기초를 닦아나갔다.[150] 1979년에 출간된 그의 『철학과 자연의 거울』은 퍼스, 제임스, 듀이의 수용을 급진적으로 바꿔놓았는데, 그는 철학의 재구성만큼이나, 쉽사리 탈철학적이라 불릴 수 있는 어떤 프로젝트를 위해 그들의 유산을 결집시켰다.[151] 프린스턴 대학 철학과에서 버지니아 대학과 스탠퍼드 대학의 인문학과와 비교문학과로 옮긴 로티는 창시자들을 곤란하게 만들었던 인식론적이고 형이상학적인 주제들로부터 실용주의의 방향을 돌려놓고, 과학과 문학의 경계에 대한 노골적인 말소를 지지하는 입장에서 초기 실용주의자들이 과학적 방법에 대해 갖고 있던 믿음의 모든 잔재를 사실상 폐기했다. 로티는 "나는 듀이가 철학과 공학의 유사성을 강조했을 때가 아니라 철학과 시의 유사성을 강조했을 때 가장 위대했다고 생각한다"고 밝혔다.[152] 게다가 그것은 세계에 대한 텍스트의 우선성에 동의했던 문학적 모더니즘과 유사한 시여야 하는데, 왜냐하면 철학과 시는 일반적으로 구별되는 것이라기보다 모두 글쓰기의 일종이기 때문이다. 그 결과, 초기 실용주의의 신념에 찬 행동주의적 면모는 실재에 영향을 미치려는 우리 노력의 우연성에 대한 좀더 아이러니한 인식으로 대체되었다.[153] 로티의 설명에 따르면 "아이러니스트ironist는 유명론자이며 자신이 사용하는 도덕적 숙고의 어휘가 역사와 우연의 산물이라는 생각을 가지려고 노력하는 역사주의자다. (…) 사회 정의를 위해 헌신하지만 그럼에도 불구하고 이러한 대의에 대한 자신의 헌신이 단지 우발적인 것임을 아는 자다."[154] 더욱이 그 헌신이 유의미한 삶의 수단으로 간주될 필요는 없다. 로티는 진정으로 세계를 개혁하고자 했던 선행자들의 의도를 사적 쾌락의 미덕과 소극적 자유라는 노골적인 부르주아적 자유주의 이상으로 대체했다.[155] 개방적이고 더욱더 폭넓어지는 대화를 통한 점진적 교화edification—이 단어는 교양Bildung이라는 독일적 사고를 연상케 한다—는 문제에 대한 궁극적인 해답이나 영원한 해법에 대한 헛된 탐구의 자리를 대신했다.

나중에 밝혀지겠지만, 실용주의의 부활에서 가장 논쟁적인 주제들 중 하나가 바로 전통에서의 '경험'의 중심성이었다. 왜냐하면 로티는 직설적으로 그것의 중요성을 부정한다고 표명했기 때문이다. 이전의 실용주의자들이 계속 답하려 애썼던 변함없는 질문들을—진리란 무엇인가? 진리 주장(혹은 보증된 단언)은 어떻게 정당화될 수 있는가? 이성과 논리는 맥락을 초월하는가? 주체는 대상을 어떻게 아는가?—대답 불가능할 뿐 아니라 더 이상 유의미하지도 않은 것으로서 무시하면서, 경험이 경험 없이는 살아갈 용기가 없는 사상가들에게 유사 해법, 즉 일종의 은밀한 토대주의로 기능해 온 방식을 논박했다. 로티는 태도를 바꾸는 것만으로는 경험의 노래를 구원하기에 충분치 않으며, 그러한 레퍼토리에서 완전히 벗어나야만 한다고 주장했다.

1975년에 처음 쓰였고 1982년에 출간된 논문집 『실용주의의 결과』에 재수록된 한 논문에서 로티는 듀이를 그의 형이상학적 야심으로부터 구제하려 나섰다. 「듀이의 형이상학」은 『경험과 자연』 개정판에 나오는, "경험"을 "문화"로 대체하려는 그의 뒤늦은 바람에 관한 일화를 선보이는 것으로 시작해, 그 저자의 의도에도 불구하고 "우리가 [그 책에서] (…) 전통의 치료법에 반대되는 것으로서 '경험의 형이상학'이라 불릴 만한 뭔가를 (…) 발견할 수 있을 것 같지 않다"고 말한다.[156] 듀이가 활동 기간 내내 계속 거대한 사상에 사로잡혀 있었던 것으로 보아 여우보다는 고슴도치 유형에 가깝다는 사실에 유감을 표하며, 로티는 심리학과 신헤겔주의 철학 모두가 경험을 불가분의 전체로 다룬다는 주장에 기초해 양자를 결합하려는 듀이의 초기 시도를 되짚어본다. 로티는 이러한 주장이 과거 1886년에 섀드워스 호지슨에 의해 경멸당했음을 상기시키며, 그의 비판이 "전적으로 정당했다"고 말한다. "호지슨의 혹평은 '자연주의적 형이상학'의 가능성에 대한 산타야나의 비판에 맞먹는 것으로서, 듀이의 작업에서 반복적으로 등장하는 오류를 깔끔하게 지적한다. 즉 자기가 제안하는 모든 것과 자기가 제안할 필요가 있는 모든 것이 전통에 대한 비판일 경우에는 과감하고 새로운 긍정적 프로그램을 공표하는 그의 습관 말이다."[157] 듀이가 신관념주의와 심리학을 결합하려는 초기의 시도를 포기했을 수는 있겠지만, 불행히도 그는 "그 자신이 경험에 관해 말한 것은 보이는 그대로의 경험을 기술한 것인 반면, 다른 이들이 말한 것은 자료와 그들의 분석 결과들을 혼동한 것에 불과하다"

는 그릇된 믿음을 결코 버리지 않았다.[158]

게다가 로티의 비판에 따르면, 듀이는 최선의 노력에도 불구하고, 헤겔의 역사주의를 로크나 다윈의 자연주의와 결합시켜줄 수 있는 비-이원론적 경험의 정합적이고 설득력 있는 개념을 제시하는 데 결코 성공하지 못했다. 어리석게도 『경험과 자연』 같은 저작들은, 자연적 현상과의 주관적 조우들과 그것들의 숨겨진 본질에 대한 과학적 기술들 사이의 명백한 구별을 극복하는 동시에 우리로 하여금 오랫동안 철학자들을 괴롭혀온 마음/육체 문제를 벗어나게 하는 그런 형이상학적 체계를 구축하려고 시도했다. 하지만 그렇게 함으로써 그는 "'교호交互transaction'나 '상황situation' 같은 개념들을 그것들이 '제1질료prime matter'나 '물자체thing-in-itself'처럼 신비스럽게 들릴 때까지 계속 과장했다."[159] 그는 상이한 철학적 입장들을 자신의 새로운 형이상학으로 굴복시킬 것이 아니라 인류의 지속적인 대화 속의 일시적인 계기들로 이해하면서, 우연적인 문화적 비판의 차원에 머물렀어야 했다. 로티가 나중에 비판하는 것처럼, 제임스 역시 예컨대 그가 종교적 경험에서 "엄밀한 객관적 진리"를 찾아낼 것을 주장했을 때 그 자신의 최고의 본능을 배반할 수 있었다. 그것은 "비실용주의적이고 공허하고 불필요한" 단언이었다.[160]

1991년에 로티는 한 논문에서 듀이와 경험의 문제로 되돌아갔는데, 이것은 그사이 제임스 클로펜버그와 데이비드 홀링거 같은 지성사가들이 실용주의의 창시자들에게서 그 개념이 갖는 중요성에 대해 연구한 바에 답하는 것이었다.[161] 이제 그는 '경험'이 우리와 자연세계 사이의 간극을 메울 수 있다는, 지성계와 감성계의 구분을 흐리게 하는 문제적 범심론에 기초한 가정에 초점을 두었다. 로티는 다음과 같이 경고했다. "하지만 경험과 자연 사이의 간극을 메우기 위해 범심론을 언급할 때, 우리는 무언가 잘못되었다는 것을 느끼기 시작한다. 왜냐하면 '경험' '의식' '사고' 같은 개념은 원래, 자연과 무관하게 변하는 것을 자연 자체와 대비시키기 위해 언급된 것이기 때문이다."[162] 제임스와 듀이는 "경험들의 어떤 술어를 '참'으로 만들려 하지 않고 그것이 문장들의 술어가 되게 놔두었다면" 그나마 형편이 나았을 것이다.[163] 그렇게 했더라면 그들은 한 경험에서 다른 경험으로의 '적절한 이어짐agreeable leading'을 검증하는 대리인을 찾고자 하는 헛된 노력을 중단했을 것이며, 언어—그 자체로 다원적 의미에서의 자연적 필요에서 계속 발달하는 것인—의 모든 지식과 인식이 문화 의존적임을 인정하는 것에 만족했을 것이다. 그렇기 때문에 에머슨·제임스·듀이가 표현한, 이제는 잃어버린, 충만한 경험의 가능성에 대한 갈망은 명백히 반구원적이고 반유토피아적인 로티에 의해 거부되었다.[164]

철학의 기득권층에 대한 로티의 도발은 엄청났고, 사실상 모든 진영의 비판자들이 그의 모든 이의 제기에 열정적으로 응수했다.[165] 그렇지만 동료 실용주의자들이 가장 민감하게 느낀 것은 경험의 찬사에 대한 그의 부인이었다. 특히 지성사가들은 그가 제임스와 듀이의 유산을 선택적으로 유용한 것에 대해 불편해했다. 예컨대 로버트 웨스트브룩은 "그의 사회적·정치적 비전에는 듀이의 사유에서 나타나는 의사소통적 측면이 거의 없고, 심지어 듀이의 **공유된** 경험에 대한 존경은 아예 없다"고 불평하면서, 듀이의 사회민주적 유산에 대한 로티의 '자유주의적, 부르주아적, 포스트모던적' 오독을 맹비난했다.[166] 제임스 클로펜버그는 앞서 딜타이, 콜링우드, 톰프슨, 토스가 옹호했던 입장에 동의하면서 "경험과 관계를 갖는 것이 분명 우리 역사가들이 하는 일"이라고 주장했다.[167] 역사가의 기능을 경멸하는 듯한 로티의 입장에—역설적이게도 이는 로티 자신이 종종 철학을 지성사에 지나지 않는 것으로 환원해온 것과 모순된다—저항하는 것을 넘어, 클로펜버그는 경험의 비-내성적 개념—엄격하게 또는 교조적으로 말해서 언어에 대립되지 않는 개념—이 특히 지식, 윤리학, 미학, 정치학 간의 장벽을 허무는 데 중요한 이론적 기여를 할 수 있다고 주장했다. 그는 로티가 실용주의적 전통을 부당하게 장악했지만, 기실 그것은 리처드 번스타인과 힐러리 퍼트넘 같은 다른 미국 철학자들의 최근 작업에서 더 잘 보존되고 있다고 결론지었다.[168]

스스로를 그러한 전통과 동일시했던 동시대의 다른 철학자들은 경험을 단정적으로 거부한 로티를 비판했다. 예를 들어 데이비드 램버스는 편의와 만족이라는 제임스의 기준을 상호주관적 동의의 단순한 효과로 환원하는 해석을 통해 그를 반실재론자로 본 로티의 입장에 의문을 표했다. 램버스는 따라서 로티가 "제임스의 근본적 경험론—여기서는 순수 경험에 대한 양면적 개념이 사유든 사물이든, 즉 언어든 비언어적 세계든, 그 어느 것에도 우위를 부여하지 않으며, 앎에 대한 역동적이고 이중적인 설명이 다원주의를 인식론으로 나아가게 한다—의 철저한 다원주의"를 무시했다고 비판했다.[169] 조지프 마골리스는 듀이와 하이데거의 공통 기반을 찾으려는 로티의 시도를 조소하면서, 그가 입증을 위해 기대야 했을 현상학자는 오히려 "경험, 지식, 이성, 그리고 그 어떤 것이 됐든 그러한 원천이 다룬다고 주장하는 실재의 해소 불가능성"을 포착한 모리스 메를로퐁티라고 주장했다.[170] 로티가 제기한 범심론적 혐의와 반대로 듀이는 오히려 진화생물학자에 가까워서, 세계의 살에서 신체를 강조한 메를로퐁티에게 공감했던 것이다. R. W. 슬리퍼는 듀이가 경험은 중요하지만 실재 전체에 상응하진 않는다는 실존의 형이상학에 우호적이었을 때 그가 모호한 경험의 형이상학을 수용했다고 믿은 로티를 비판했다.[171]

마찬가지로 리처드 셔스터맨은 실용주의에서의 미학적 충동에 대한 로티의 강조를 긍정하면서도,[172] 비담화적인 경험이 갖는 가치를 주장했다. 물론 듀이는 전통적 인식론을 위해 그것을 사용하는 오류를 범했지만 말이다.[173] 셔스터맨은 듀이가 일관되게 토대주의적 경향을 보였다는 결론을 반박하고 그의 작업에서 언어의 불가피한 매개를 수용하는 듯 보이는 입장들을 지적하면서도, 그의 참된 목표가 "비담화적 직접성의 중요성을 기리는 것"이라고 주장했다. "그 중요성은 무엇보다도 경험된 가치의 영역에서 핵심을 차지하는 미학이다. 그는 언제나 우리의 가장 강렬하고 생생한 가치들이 자신의 경험으로 체득한 질적이고 정서적인 것들이지 담화적 진리의 추상이 아니라고 주장했다."[174] 더 나아가, 로티는 그렇지 않았던 것처럼 보이지만, 듀이는 머사이어스 알렉산더의 신체 치료에 흥미를 보인 데서 알 수 있듯이 육체적 경험이 인식과 행위 모두에서 중요하다는 점을 이해했다. 셔스터맨은 만약 듀이가 한 가지 큰 실수를 했다면, 그것은 "경험의 통합적 특징을 강조했다는 점이 아니라 그것을 재구성의 목적과 수단으로 간주하기보다 선행하는 토대주의적 사실로 상정했다는 점"일 것이라고 결론지었다.[175] 사실상 듀이의 주된 목표는 형이상학적이거나 인식론적인 것이 아니라 실용적인 것, 즉 "경험을 탐구의 초점에 두고, 육체와 마음, 비담화적 경험과 의식적 사유 간의 연속성을 확증함으로써 경험을 향상시키는 것"이었다.[176] 여기서는 아마도 미셸 푸코의 육체적으로 고지된 '자기 배려care of the self'가 일방적인 지적 담론이나 언어게임보다는 어떤 구체화된 삶의 방식으로서의 철학을 위한 하나의 모델이 될 수 있을 것이다.[177]

언어에 우위를 두고 경험을 폐지한 로티를 가장 끈질기게 공격한 사람은 앙커스미트였던 것 같다. 그가 숭고의 미학과 유사한 포스트모던적 경험 개념을 강력하게 옹호했다는 사실은 앞 장에서 이미 살펴봤다.[178] 그는 "여태껏 로티의 실용주의적인 상호 작용 모델보다 경험에 더 해로운 철학적 입장이 옹호된 적은 없었다. 왜냐하면 언어와 실재가 통합되면 될수록—확실히 상호 작용 모델은 이러한 전략의 완벽한 사례에 해당된다—경험은 더욱더 실존으로부터 쫓겨나게 될 것이기 때문이다"라고 비난했다.[179] 앙커스미트는 로티가 도널드 데이비슨의 은유 이론을 아이러니한 회의주의의 자극제로 변형시키고 토머스 네이글의 선언어적 경험에 관한 객관적 현상학을 반박한 데 대한 미묘한 독해를 포함해서 그가 로티의 '언어주의' 혹은 '언어적 초월주의'라고 부른 것의 근원을 지속적으로 분석하면서, 이를 가다머적 해석학의 모범을 따르는 로티의 열광적인 역사주의 수용과 대결시켰다. 앙커스미트의 단언에 따르면, 궁극적으로 이 두 가지는 합쳐질 수 없다. 왜냐하면 일관된 역사주의는 하나의 단일한 언어 모델로 포섭될 수 없는 상이한 역사적 시대들의 독특성, 즉 앙커스미트가 푸코의 에피스테메espisteme 개념 덕분에 깨달았던 통찰을 인정하지 않을 수 없기 때문이다. 그 대신에 그것은 "어떻게 세계가 과거의 사람들에 의해 경험되었는가를 기술"해야만 한다.[180] 따라서 현재의 역사가는 과거를 지나치게 급진적으로 현재의 관심과 어법에 동화시키는 것을 거부해야 하는데, 시종일관 언어를 강조하는 로티는 결코 이것을 피할 수 없었다. 오히려 역사가는 현재에 대해 '타자'인 과거에 남아 있는 낯섦을 기록해야 한다. 로티는 그 자신이 공언한 정치에서도 그렇고, 우리 자신의 현재와 연속적이지 않은 과거에 등을 돌린 것에서도 그렇고, 미국의 부르주아적 자유주의 전통과의 동일시를 드러낸다.

앞 장에서 논했듯이, 앙커스미트는 자신이 로티의 특징으로 본, 현재에 입각한 언어적 초월주의의 해결책을 제시하기 위해 미학적 경험, 특히 숭고의 경험에 의지했다. 예술작품들은 주관적 경험에 앞서는 객관적 세계의 표상도 아니고, 표상과 대상에 대응하는 제3의 것tertium quid에 기초하는 것도 아니지만, 그럼에도 불구하고 자신들을 표현해주는 언어를 넘어서는 무언가를 드러낸다. 마찬가지로 역사적 글쓰기에서도 "실재의 재현은 실재의

(미학적) 경험의 동사화다."[181] 졸작에 반대되는, 위대한 예술가의 작품에서는 단지 예술가의 심리학적 내면보다는 세계에 관한 어떤 것이 표출되기 마련이다. 롤랑 바르트 같은 비평가들에 대해서도 같은 말을 할 수 있을 텐데, "왜냐하면 그는 새롭고 전례 없는 방식으로 그런 [발자크, 플로베르, 미슐레의] 텍스트들을 **경험하는** 데 월등한 능력을 지녔기 때문이다. 그리고 오직 이런 경험 이후에야, 그리고 그 토대 위에서, 그는 새로운 기호학적 혹은 해석학적 이론을 발전시킬 수 있었다."[182] 우리는 요한 하위징아가 역사적 지식에서 매우 중요한 것으로 꼽았던, 과거의 드물지만 지극히 중요한 경험들을 따름으로써만 "흡족하게도 역사가 자신의 기억, 기대치 그리고 실천적 확실성들에 들어맞는" 것으로서의 경험이란 관념을 과거에서 얻을 수 있고, "과거 자체를 그것의 타협적이지 않은 낯섦, 혹은 헤이든 화이트의 매우 적절한 용어를 사용하자면 '숭고함sublimity' 속에서 대면"할 수 있다.[183]

철학함의 독백적 모델보다 대화적 모델에 대한 자신의 집중에 충실하게, 로티는 비판자들에게 너그럽게 응수했다. 그러나 경험의 문제에 관해서는 거의 물러서는 일이 없었다. 그는 2000년에도 지속적으로 다음과 같이 주장했다. "언어의 핵심은 실재가 됐든 '경험'이 됐든 그것을 정확히 표상하는 것이 아니고, 다시 한번 말하지만 좀더 유용한 도구들을 구축하는 것이다. (…) 경험이란 그것이 무엇이든 경험하는 자가 그것을 경험으로 보고하는 것일 뿐이라는 생각, 그리고 경험이 **실제로** 존재하는 방식에 어느 정도 충실한 언어 따위는 없다는 생각은 '분석'철학자들과 '대륙' 철학자들 사이에서 점차 세력을 모으기 시작했다. 환경이 주는 인과적 영향과 그에 대한 언어적 반응 사이에서 매개물—경험—을 빼버리는 것은 충분히 현실적인 생각이다."[184] 텍스트 중심주의나 언어주의가 일종의 반실재적 관념론이라는 주장에 대해서도 로티는 신뢰하지 않았다. "언어가 실재의 또 하나의 조각과는 다른 것이라는 주장, 그리고 언어적 행위가 '경험에서 주어진' 것보다는 왠지 덜 '견고하다'는 주장은 일축되기에 충분한 진술일 뿐이다."[185] 게다가 "우리 반표상주의자 가운데 어느 누구도 우주 안의 대부분의 것들이 인과적으로 우리와 아무런 관계가 없다는 것을 의심해본 적이 없다. 우리가 의문을 갖는 점은 그것들이 표상적으로 우리와 독립적인가 하는 것이다."[186] 즉 모든 것은 언어에 의해 매개되어 있으며, 우리는 우리 자신의 경험에 대한 기술을 포함해 상이한 기술들을 판단하는 데 사용되는 언어 외적인 어떠한 관점도 갖고 있지 않다.

언어의 '타자'—말하자면 양파를 먹는 것을 통해서 생겨나는, 직접적인 숙지에 의한 지식—를 무시한다는 혐의에 대해 로티는 다음과 같이 반박했다. "양파의 맛에 의해 인상을 수용하는 것을 거부하는 것은 '언어에 의해 이해될 수 있는 존재'라는 가다머적인 주장을 셀라스적인 방식—직접지를 (우리의 두뇌 상태를 포함해) 지나치는 장면의 특징들에 대한 비추론적인 언어적 반응을 만드는 능력으로 재기술하는 것—으로 해석하고 그에 따라서 (에이어의 표 현처럼) "'감각의 원재료'는 존재하지 않는다"고 주장함으로써 뒷받침할 수 있다."[187] 평소의 그답지 않은 이 복잡한 문장의 의미를 추정해보자면, 언어의 매개에서 벗어난 것은 그것이 설령 양파의 맛에 대한 직접적인 육체적 숙지로 보일 때조차 칸트의 물자체처럼 진부하고 불필요한 가정으로서 거부되어야 한다는 것이다.

실용주의의 유산에 대한 로티의 도발적인 전유가 불러일으킨 논쟁은 지속적인 반향을 불러일으키고 있지만, 언어와 경험에 관한 문제의 몇몇 지점만큼은 분명해진 것 같다. 첫째, 그것이 주체의 주관적 경험이든 혹은 제임스와 듀이가 생각했듯이 주관/객관 구분에 앞서는 동근원적인 equiprimordial 경험이든, 비매개적 방식의 '경험' 능력에 대한 그의 회의주의는 간단히 무시될 수 없는 중요한 의문을 제기해온 것이 사실이다. 실제로 우리의 이 책은 그 용어가 상이한 맥락들—그것들 간에 좀더 보편적인 설명을 가능케 해주는 충분한 가족 유사성이 있다고 할지라도—에서 기능해온 방식들을 굴절시키는 경험의 담론들이 존재한다는 전제에 기초해 있다.

'굴절시키는'이라는 말이 날조하는 것을 의미하는지 여부는 또 다른 문제일 것이다. 왜냐하면 직접지를 일축하기 위해 로티가 차용한 윌프리드 셀라스의 구절에서, 톡 쏘는 맛의 양파라는 세계의 요건에 대한 "비추론적인 언어적 반응"이 존재한다면, 마찬가지로 비언어적인 반응이 존재한다는 것을 인정하지 못할 이유가 있는가? 실제로 우리를 동물계와 연결짓는 인간종에 대한 자연주의적이고 다윈주의적인 견해를 진지하게 고려한다면, 우리의 언어 획득에 앞서는 인간들은 어찌 된단 말인가? 사실 조르조 아감벤은 "결코 주관적이지 않은 최초의 경험은 인류에게 있어서 주체에 우선하는 것—즉 언어에 앞서는, 문자 그대로의 의미에서의 '말없는wordless' 경험이자 언어에 의해 경계가 나뉘는 인간의 유아기infancy[공상fancy-안에 있는in]—에서나 있을 수 있다고 주장하기까지 했다.[188] 이것은 제임스가 "오직 새롭게 태어난 아기들"만이 순수 경험들을 갖는다고 말했을 때의 의미와 유사해 보인다. 그러한 경험은 불가능하지는 않더라도 일단 우리가 언어생활에 들어가면 중복하는 것이 쉽지 않아 보이며, 이것은 아감벤이 진정성 있는 경험이란 성취될 수 없는 추구라고 주장한 이유이기도 하다. 그러나 성인이 자기 어린 시절의 잔재를 정신분석가가 아니어도 식별할 수 있는 방식으로 지니고 있다고 주장하는 것도 타당해 보인다.

제기되어야 할 또 다른 질문은 로티의 구상에서 당연히 따라 나오는 경험과 언어의 추정적인 대립과 관련 있다. 어쨌든 그가 특권화한 것 외에 또 다른 언어적 전회의 모델이 존재한다. 혹자는 일반 기호학이 언어적 전회를 예고했다고 보기도 했는데, 이러한 일반 기호학을 발전시키면서 가장 포괄적으로 언어적 문제들에 심취했던 사람이 실용주의 창시자들 중 한 명인 퍼스였다. 특정 부문에서의 실용주의의 부활은—예컨대, 프랑크푸르트학파의 비판 이론에 대한 위르겐 하버마스의 개정된 판본—그에게서 영감을 받기도 했지만, 로티는 결코 그렇지 않았다. 그의 비판을 보자. "퍼스는 자신이 무엇 때문에 기호들의 일반 이론을 원하는지, 그것이 어떻게 비칠지, 게다가 그것이 논리학이나 인식론과 맺는 관계가 어떠해야 하는지에 대해 입장을 정하지 못했다. 그가 실용주의에 기여한 것이라고는 그 이름을 부여한 것과 제임스를 독려한 것뿐이다."[189] 결과적으로 그는 역사주의적 상대주의를 넘어서는 방식을 찾아 헤매는, 또 다른 칸트적 초월론자나 다름없었다. 로티 자신은 재건주의적이기보다는 해체주의적인, 체계적이기보다는 맥락주의적인, 설명적이기보다는 서사적인, 표상주의적이기보다는 명목론적인 언어철학을 선호했다.

하지만 언어 및 언어와 경험의 관계에 대해 사유한 대안적 방식들이 존재했다. 9장에서 다루게 될 푸코는 주체의 비판자이자 담론적으로 구성된 에피스테메의 옹호자였을 뿐만 아니라 주체와 담론 양자의 경계를 넘어서는 '한계경험'이라는 강력한 개념의 대변자이기도 했다. 앙커스미트가 주시했듯이, 롤랑 바르트 역시 어떤 형태의 언어와 어떤 종류의 경험에 대한 갈망을 조화시키는 것의 잠재력을 증언했다. 그리고 언어와 경험에 대한 발터 벤야민의 주목할 만한 숙고를 통해, 우리는 로티의 상대주의적이고 아이러니한 회의주의를 훨씬 넘어서는—혹은, 이런 표현이 맘에 안 든다면, 훨씬 뒤로 퇴행하는—구원적 명목론의 형태를 서사주의적 양식과 결합시키려는 좀더 과감한 시도를 발견할 수 있다. 역설적이게도, 그 시도는 제임스나 듀이보다 더한 절대적 경험에 대한 어떤 분명한 갈망을, 근대의 유토피아적 목표의 장애물에 대한, 에머슨이 자신의 훌륭한 에세이 「경험」에서 피력한 것보다 더 날카로운 인식과 결합시켰다. 벤야민의 친구 테오도어 아도르노에 의해 더 정교하게 다듬어진 주체 없는 또 하나의 경험의 노래가 생겨났지만, 그것은 제임스나 듀이의 것과는 조성이 사뭇 달랐다. 이제 곧 살펴보겠지만, 그것은 근대 세계의 경험의 파괴에 대한 프랑크푸르트학파의 애가였다.

8장

경험의 위기에 대한 유감

벤야민과 아도르노

발터 벤야민(1892~1940)은 파리에서 위태롭게 망명생활을 하던 중 1940년 5월 7일에 쓴 편지에서, 최근에 뉴욕으로 훌쩍 떠나버린 친구 테오도어 아도르노(1903~1969)에게 "경험의 체계적 파괴"에 대한 비통함을 드러냈다.[1] 1913년부터 경험이라는 주제에 관해 저술해온 벤야민을 통해 아도르노는 진정한 경험이 처한 위기 상태—얼마간은 간략하게 설명된 것으로 이해된—가 근대의 야만 상태로의 몰락을 가장 효과적으로 보여주는 지표 중 하나라는 교훈을 받아들였다. 여전히 헤겔적 마르크스주의의 뿌리로부터 단속적으로 벗어나는 과정에 있던 프랑크푸르트학파의 비판 이론은 경험의 위기로 추정되는 것에서 죄르지 루카치의 '물화reification'에 필적하는 인간적 재앙을 발견했다. '물화'는 죄르지 루카치가 1923년에 『역사와 계급의식』에서 주장한 것으로, 그로부터 몇 년 뒤 카를 마르크스의 1844년 『파리 수고』가 발견된 이래 점차 대두되기 시작한 자본주의적 착취와 '소외alienation'의 본질이었다. 데틀레프 클라우센이 주장했듯이, "경험의 상실에 대한 경험이 비판 이론의 가장 오래된 동기이며, 이는 막스 호르크하이머를 중심으로 한 집단의 외곽에 있던 크라카우어와 벤야민조차 이미 1920년대에 피력했던 것이다."[2] 그러나 주관적인 파토스에도 불구하고 물화와 소외가 상당 부분 독일 관념론의 유산에 대한 유물론적 독해로부터 파생되어 철학적으로 발생된 용어들인 데 반해, 경험의 위기라는 관념의 기원은 다른 곳에 있었다.

벤야민은 아도르노에게 보낸 편지에서 다음과 같이 고백했다,

> 나의 '경험 이론'의 뿌리가 유년 시절의 기억으로 거슬러 올라갈 수 있다는 사실을 당신에게 숨길 이유가 없을 것이다. 우리가 몇 달간 여름을 보내게 될 곳이면 어디에서든, 의당 부모님은 우리와 산책을 하곤 했다. 우리는 항상 두세 명의 아이와 함께 있곤 했다. 그러나 내가 여기서 염두에 두고 있는 사람은 내 아우다. 우리가 프로이덴슈타트, 벵겐, 슈라이버하우 근처의 정해진 장소들 중 한두 곳을 방문한 뒤에 내 동생은 이렇게 말하곤 했다. "이제 우리는 거기에 가봤다고 말할 수 있겠다"고. 이 언급이 내 마음에 결코 잊히지 않게끔 각인되었다.[3]

많이 논의되는 벤야민의 주목할 만한 경험 이론의 많은 요소는—아도르노는 자신의 목적을 위해 이것을 응용하고 수정하게 된다—실제로 일견 사소한 듯한 세부 사항들의 중요성에 대한 주장, 유년 시절의 유쾌한 기억들에 대한 소중한 간직, 프로이덴슈타트(기쁨의 도시)의 마술적 의미 같은 지명들의 아우라적 울림에 대한 매혹,[4] 수집가의 사고방식에 대한 공감 같은 일화에 포함되어 있다. 마찬가지로 기억과 경험의 연루—특별히 벤야민의 마음에 '잊히지 않게끔' 각인된 유년의 기억들—가 갖는 중요성도 매우 분명하다. 하지만 이에 못지않게 그의 개작된 이야기를 통해 분명해진 사실은 그의 아우가 한 과장기 뺀 언급으로 인해 그 경험에 가해진 위협에 대해 벤야민이 원통해했다는 점이다.

경험이라는 말의 의미에 대한 체계적인 철학적 탐구보다는 그 자신의 유년기 경험을 이루게 된 이처럼 소박한 기원들로부터, 우리가 이 책에서 추

적해온 긴 역사를 통틀어 경험에 대한 가장 복잡하고 서정적인 노래라 할 만한 것이 생겨났다. 유토피아적 희망과 비통한 절망 사이를 오가고 신학적 충동과 유물론적 분석을 결합해가면서 벤야민이 경험의 위기에 대해 숙고한 것은 우리가 앞선 논의들에서 조우한 모든 것을 넘어서는 것이었다. 경험이 그 구성 요소들로 양태화되는 것을 극복하려는 의지, 주체와 객체의 단절을 치유하려는 의지를 미국의 실용주의자들과 공유하면서도—그러나 그는 그들의 작업을 직접적으로는 알지 못했던 듯하다—벤야민은 그러한 의지에 제임스와 듀이에게는 없었던 메시아적 강렬함을 불어넣었다. 그리고 제1차 세계대전과 망명으로 인한 문화적 연속성의 단절과 파시즘 승리의 위협을 체험적으로 인식하면서, 그는 좀더 쾌활한 미국의 사상가들에게는 전혀 영향을 끼치지 않았던 근대 세계의 경험의 위기를 음침한 적막함으로 기록했다. 제임스의 사적인 '황폐함vastations'은 그로 하여금 경험과 비애에 관한 랠프 월도 에머슨의 대작이 갖는 어두운 측면을 이해하게 했을 수도 있지만, 제임스가 그저 이따금 자살을 고민한 반면에 벤야민이 1940년에 점령된 프랑스를 탈출하면서 실제로 스스로 목숨을 끊은 것은 매우 슬픈 사례였다.

이렇듯 비극적인 결과의 전조들은 상위 중산층으로서 독일에 동화된 유대인 가정에서 특권적인 맏아들로 태어나 안락한 삶을 살았던 유년기에는 잘 드러나지 않았다. 벤야민의 아버지는 예술품 상인이었고, 어머니는 하인리히 하이네와 가까운 사이였다. 1900년경 베를린의 서부 상류층 지역에서 보낸 그의 유년기에 대한 회상은, 감수성이 남달리 예민하고 관찰력이 뛰어난 한 소년이 부모의 세계가 자신의 어릴 적 환상들을 실현해주지 못하리라는 것을 각성하면서도 그것들을 진지하게 받아들이려 결심하며 성장해온 것을 보여준다.[5] 벤야민은 처음으로 경험이라는 주제를 가지고 고심할 무렵 이미 활동적이고 반항적인 아들이었고, 속물성을 존경하는 세계에 동화되기를 맹렬히 거부했다. 이후 벤야민은 구스타프 비네켄이 이끈 독일 청년운동 '자유학생연합Freie Studentenschaft'의 베를린 지부에서 지도적 위치에 오르면서 그 운동의 유토피아적 유심론에 심취했고, 이것을 1913년에 기관지인 『시작Die Anfang』에 간단히 「경험Erfahrung」이란 제목의 논문으로 드러냈다.

스물한 살의 벤야민은 아직 자신의 성숙한 이론을 발전시키진 못했지만—사실 그 개념은 초기 논문에서는 존중의 대상이기보다 경멸적인 대접을 받은 것으로 보인다—, 그것을 알리고자 하는 태도는 이미 여기서 맹아적 형태를 보이고 있다. 벤야민은 자신이 청년운동의 적수로 비난하는 것을 명명하는 것으로 시작한다. "성인의 가면은 '경험'이라 불린다. 그것은 무표정하고 불가해하며 언제나 같은 모습이다. 성인은 이미 젊음, 이상, 희망, 여성 등 모든 것을 체험해erlebt버렸다. 그 모든 것이 한갓 망상이었을 뿐이라고 말이다."[6] 청년—표현의 활력, 투명한 개방성, 현 상태에 대한 반항으로 명확히 정의되는—의 열정을 꺾어버리길 희망하면서, 녹초가 되어버린 성인은 열정적인 청년이 "타협의 시대, 사상의 빈곤, 에너지의 결핍 같은 거대 '경험'"을 따라야 한다고 주장한다.[7] 하지만 젊은 벤야민은 그런 성인이야말로 "경험만을 신줏단지로 모시며 (···) 그것과는 다른 것이 존재한다는 사실, 즉 우리가 제공하는 가치들—경험할 수 없는—이 존재한다는 사실을 결코 포착하지 못하는" 속물일 따름이라고 주장한다.[8]

실제로 벤야민은 정신이 부재하는 경험이란 아무짝에도 쓸모가 없다고 경고한다. 그렇긴 해도, 속물적 성인의 패배주의적 냉소주의를 거부하는 더 나은 경험이 존재한다. 그것은 젊은이가 행하는 실수들의 가치를 인정하는데, 왜냐하면 베네딕트 스피노자가 이해한 것처럼, 실수는 진리를 향한 탐구의 부분이기 때문이다. "분투하는 사람에게 경험은 고통스러울 수 있겠지만, 그렇다고 경험이 그를 절망으로 이끌지는 않을 것이다. (…) 그는 속물의 리듬에 마취되는 것을 결코 자신에게 허락하지 않는다. (…) 우리는 다른 종류의 경험도 안다. 그 경험은 정신에 대해 적대적이고 만발한 꿈들에 대해 파괴적일 수 있다. 그럼에도 불구하고, 그것은 가장 아름답고 가장 범접할 수 없고 가장 직접적이다. 왜냐하면 우리는 젊을 때는 반드시 정신을 가지고 있기 때문이다. 차라투스트라가 말한 것처럼, 개인은 오직 방황의 끝에 이르러서야 자신을 경험할 수 있다."[9]

니체에 대한 태도, 표현성의 강조, 정신Geist('마음mind'보다는 '정신spirit'으로 더 이해되는)의 신격화, 이 모든 것은 벤야민이 표현주의가 미학적 운동으로 최고조에 달하고 세대 간 반란의 기운이 감돌던 시대의 산물임을 보여준다.[10] 앞서 살펴본 다양한 경험 담론과 관련해 한 가지 분명한 것은, 그가 과거의 지혜를 신뢰하는 에드먼드 버크 같은 보수적인 해석을 별로 좋아하지 않았지만, 변증법적 의미에서의 경험과 무관한 단순한 환영으로서의 과거에 발생한 실수들에 대한 과학적 혐오도 그에 못지않게 싫어했다는 사실이다. 그의 긍정적인 경험 개념은 아직 시작 단계에 불과했지만, 벤야민은 이미 경험의 실험적 계기를 높이 사는 것(무엇보다도 해시시 같은 마약의 효능에 대한 이후의 실험을 예고하는)과 더불어 앞서 몽테뉴에 대한 언급에서 이야기된 경험의 굴곡진 경로에 대해서도 공감을 표한 바 있다. 슐라이어마허와 오토를 좇아 그는 깨달음에 비해 도덕성을 특권화하려는 칸트의 시도에 저항한, 경험에 대한 종교적—혹은 더 정확히 말해 신학적—호소를 진지하게 고려했다.[11] 물론 벤야민은 그들의 직접적인 종교적 헌신을 모방하진 않았지만, 무한성이 유한한 인간의 세계에 침투할 수 있는 방식을 포착하려는 그들의 의지를 공유했다. 그리고 제임스와 듀이처럼, 근대 세계가 부인했던 경험의 통합적 총체성을 부활시키고자 했다. 그런 경험에 대해 '절대적'이라고 말하는 것이 정당하다고 믿었다는 점에서는 그들을 넘어섰지만, 벤야민은 가장 의외의 곳이자 과학적으로 평판이 좋지 않은 곳에서 그것의 징후를 해명하고자 하는 개방성—특히 제임스에게서 두드러진—을 공유했다.

제1차 세계대전의 발발, 그리고 독일 국가주의와 전쟁 활동을 수용하면서 방향을 잃은 청년운동에 대한 환멸에도 불구하고, 벤야민은 또 다른 경험 개념을 여전히 다뤄볼 가치가 있다는 자신의 주장을 포기하지 않았다.[12] 그는 전쟁 발발에 저항하고자 자살을 감행한 절친한 친구 프리츠 하인레를 추모하면서, 구원적 잠재력을 지닌 경험을 찾으려는 노력을 배가했다.[13] 벤야민은 1915년에 「학생들의 삶」이란 논문에서 "아름다운 유년기와 가치 있는 청춘에 대한 그들의 갈망을 인정하는 것이 창조성의 선결 조건이다. 그러한 인정, 즉 잃어버린 중대함에 대한 유감이 없다면, 삶의 어떠한 갱신도 가능하지 않다"라고 주장했다.[14]

부르주아적 체통과 함께 '부르주아적' 사상의 경계를 넘어서는 데 필요한 그러한 불꽃을 꺼트리지 않게 하면서도, 그는 자기 세대의 독일 유대인들에게 강력한 지적 최음제가 된 허무주의적이고 종말론적인 기질에 마음을 열고자 노력했다.[15] 하지만 그것은 앞서 3장에서 그가 마르틴 부버의 수치스러운 호전성으로 간주한 것에 대한 분노의 반응에서 언급했다시피, 생철학이 전쟁 상황을 찬양하기 위해 체험으로서의 경험이란 개념을 사용한 방식에 대한 깊은 의혹을 의미하는 것이기도 했다. 벤야민의 우려는 1930년 그가 에른스트 윙거의 논문집 『전쟁과 전사』에 대해 「파시즘의 이론들」이라는 제목의 논평을 쓸 당시 확고했고, 그리하여 "언어와 이성의 아직 남아 있는 모든 빛은 '원초적 경험'에 초점을 두어, 그것의 황량한 어둠으로부터 전쟁 소멸의 이런 신비로움이 수천 개의 흉물스러운 개념적 발로 기어가는 것을 드러내야 한다"고 촉구했다.[16]

하워드 케이길이 최근 보여준 것처럼, 경험의 또 다른 구원적 개념을 만들려는 벤야민의 최초의 단속적인 시도들은 전쟁이 시작된 직후 그가 쓴 색채에 대한 미출간 단편들로 나타났다.[17] 아리송하고 뭔가 불충분하지만, 이러한 도발적인 텍스트들은 색깔을 보는 아이의 능력에 있는 유토피아적 잠재력을 상정해, 벤야민이 후기 작업에서 수행한 상이한 영역들—언어적, 미학적, 역사적—에서의 유사한 논증들을 예고한다. 벤야민의 고찰에 따르면, 성인들이 시간과 공간에 존재하는 대상들로부터 색채를 반성적으로 추상하는 반면, 아이들은 색채를, 순수한 정신이라기보다 법칙의 표현일 뿐인 형식들에 선행하는 것으로 보는 능력을 가지고 있다. 아이들의 그림은 색깔로 한 면을 뒤덮는데, 이로써 그들이 정해진 견고한 경계들 없이 서로 뒤얽힌 세계를 창출하게 해준다. 그는 다음과 같이 썼다.

> 아이들은 정서적 당혹감 없이 순수한 눈으로 바라보기 때문에, 그것은 정신적인 것이다. 예컨대 무지개는 순수한 추상이 아니라 예술로 표현된 하나의 삶을 가리킨다. 예술의 질서는 낙원과 같은데, 왜냐하면 경험 대상에 대해 경계들의 해체—흥분 상태에서—라는 생각조차 존재하지 않기 때문이다. 그 대신에 세계는 동질감과 순수와 조화의 상태에서 색채로 가득 차 있다. 아이들은 반성하지 않고 단지 바라보기 때문에 부끄러움을 느끼지 않는다.[18]

무지개는 삶의 형상으로 기능하는데, 왜냐하면 하나의 색조와 다음 색조의 구별이 너무나 미미해서 그것들에 뚜렷한 경계를 지닌 절대적 구조를 부과하려는 시도에 저항하기 때문이다. 색채들은 독립적이고 자족적이기보다 스스로를 자기 아닌 것에 의해 한정 지으며 상관적으로 뒤엉킨다. 아이는 거리를 두고 반성적으로 판단하기보다 이러한 유채색 세계에 직관적으로 침잠해 들어간다. 즉 어떤 주체도 스스로를 대상에 대립되는 것으로 설정하지 않으며, 어떤 형태도 평평하거나 굴곡진 표면 위에 그려져 있지 않다. 우리는 여전히 무한하고 내재적인 강렬함의 세계, 즉 절대적 경험의 세계 속에 있는 것이다.

그런 세계는 잃어버린 유토피아의 상기라는 플라톤적 이상에 가급적 인간적인 방식으로 다가간다. 벤야민은 19세기 삽화가 요한 페터 리저에 대한 어떤 미출간 단편에서 아이들을 위한 책에 대해 쓰면서 다음과 같이 주장했다. "아이들은 기억을 통해 배운다. 당신이 그들의 수중에 부여하는 것은, 인간의 손이 종이에 그것을 부여할 수 있는 한에서 천국의 색깔을 가져야 한다는 것이다. 나비의 날개가 녹청색을 지니듯이 말이다. 아이들은 자신의 첫 번째 직관의 기억에서 배운다. 그리고 그들은 밝은 색깔로부터 배우는데 색깔의 환상적인 유희는 갈망함이 없는 기억의 고향이기 때문이다. 그리고 그것은 순수하기 때문에 갈망함으로부터 자유롭다."[19] 성인의 예술은 이러한 느낌의 일부를 보존하지만, 상실한 것에 대한 갈망이 넘친다. 그러나 성취는 오직 갈망 자체가 끝났을 때에만 얻을 수 있다.

가장 서정적이었을 때의 윌리엄 워즈워스와의 명백한 비교를 불러일으키는 이렇듯 순수한 아이의 눈에 대한 찬사는, 경험이 다수의 감각을 초월하는 정신에 의한 범주와 형식의 부과를 수반한다는 칸트의 주장과 은연중에 대결한다. 그것은 경험 주체가 본체적 대상과 구별된다는 가정, 그것이 아이의 눈의 성인적인 타락과 암암리에 동일시된다는 가정에 도전한다. 좀더 과감하게 말해서, 그것은 선험적 종합판단으로 알려질 수 있는 것에 대한 경험의 한계설정을 거부하는데, 이런 제한은 형이상학적 진리를 불가해한 것으로서 괄호 안에 넣고 그 대신에 절대자에 대한 사변적 지식이 가능하다고 주장하는 것이다. 케이길의 언급에 따르면 "이 경험에서, 경험에 대한 칸트의 설명의 두 가지 구성 요소—감성과 지성—는 각자 속으로 붕괴되고 그것들을 포함하려는 주체의 경험하기는 경험 속으로 용해되어버린다. 응시와 응시되는 것의 대립은 양자 모두 주체와 객체를 넘어서는 순수하고 특색 없는 동질성으로의 허무주의적 해소의 조짐을 보이면서도 경험의 새로운 발화를 약속하면서 붕괴된다."[20]

벤야민은 저 새로운 발화가 언어에서도 제시될 수 있다는 사실을 곧 깨달았다. 따라서 그의 언어적 전회는 앞서 우리가 조앤 월랙 스콧과 리처드 로티에게서 본 것과 같은 이후의 형태들—언어의 매개와 날것 그대로의 경험을 대결시킨 형태들—과는 확연히 다른 것이었다. 몇몇 미출간 논문에서, 특히 「언어 일반과 인간의 언어에 대하여」(1916)와 「지각에 대하여」(1917)에서 벤야민은 칸트 및 헤르만 코엔 같은 신칸트주의자들—그는 비판 전통에 대한 이들의 과학적 독해가 빈곤하다고 생각했다—에 대한 비판을 확장해, 양태화에 선행하는 강력한 경험 개념을 회복하지 못하는 그들의 무능력에 초점을 맞추었다.[21] 그들의 실수는 '경험 자체'보다 '경험 지식'에 초점을 둔 것이었는데, 그것이 의미하는 바는 다음과 같았다. "연속성을 요청하지 않은 채 칸트가 지식에 결부시킨 경험 개념은 이전 사상가들의 경험과 유사한 특징이 전혀 없다. 그에게 중요한 것은 과학적 경험의 개념이다. 그는 이것조차 그 단어의 일상적 의미로부터 가능한 한 분리시키고자 노력했다."[22] 그렇지만 칸트 이전에 "우리가 '경험'으로 알고 있는 지식의 통합에 대한 상징은 고귀한 것이었다. 정도는 다 달라도, 그것은 신이나 신성과 밀접했었다. 그렇지만 계몽주의를 거치면서 그것은 신과의 유사성을 점차 벗어던지기 시작했다."[23]

초월적 관념의 사고는 그것의 언어적 표현에 앞서 존재한다는 칸트의 믿음에 대한 요한 하만의 정통 종교적 비판을 따라, 벤야민은 신성과의 접촉이 언어에서 나온다고 주장했다. 좀더 정확히 말해 그것은 도구적이고 관습적인 '부르주아적 언어 개념'보다 더 심원한, 더 근본적인 '언어 자체'에서 출현한다. 전자는 "의사소통의 수단이 단어이고, 대상은 사실적이며, 수신자는 인간이라고 생각한다. 이와 대조적으로 언어의 다른 개념은 의사소통의 수단도, 대상도, 수신인도 알지 못한다. 그것은 **이름 속에서, 인간의 정신적 존재는 스스로 신과 소통한다**는 것을 의미한다."[24] 신성한 '언어 자체'에는 자연과 사물의 절대적 관계가 존재했는데, 거기서 창조주는 그것에 우연적이거나 우발적인 징후가 아닌 고유한 이름을 부여함으로써 자신의 창조를 고지했다. 여기서 언어는 다른 무언가와 소통하기 위한 매체로서 기능한 것이 아니라, 단지 스스로와 소통할 뿐이었다. 이때 화자는 자신을 진술하는 언어 속으로 용해되어버렸다. 여기서는 빌헬름 폰 훔볼트 같은 이론가들이 경시했던, 언어의 노골적인 '마법적' 측면이 현시되었다.[25]

타락으로 인해 에덴동산에서 사물을 명명하던 아담의 능력이 취소된 후 인간의 언어는 사물의 본질과의 이러한 연관성을 상실했고, 그러한 쇠퇴는 벤야민이 '과도한 명명overnaming'이라 부른 것으로 이어진, 바벨탑에 수반된 분리된 언어들의 불협화음으로 인해 더욱더 악화되었다. 더 이상 진리의 직접적 표현이 아니게 된 언어는 거짓을 말하기 위해서도 사용되었다. 이는 칸트의 비판철학에서 특권화된 능력으로서, 둘 사이에서 결정을 내리는 판단력을 요한다. 규정적 판단은 단지 그 타락의 결과를 법칙에 포섭하는 것에만 근거하지 않았다. 규칙보다 사례로부터 논증한 것으로서, 칸트가 미학적 대상에 적용했던 반성적 판단도 마찬가지였다. 벤야민의 생각에 따르면, 두 판단 양식 모두 대상에 대한 주체의 특권화에 지나치게 의존하고 있었다.

그렇지만 그 타락한 언어들 속에서도 여전히 가시적인 원어의 흔적들이 존재했는데, 그것들은 이름과 사물의 아담적 통일의 상실과 더 이상 말할 수 없는 자연의 침묵에 따른 우울을 초월할 수 있는 방식들의 단서를 제공했다. 특히 중요한 것은 한 언어에서 다른 언어로의 번역 가능성으로서, 이후 벤야민이 1923년에 샤를 보들레르의 『파리 풍경』을 번역하면서 서문으로 쓴 「번역가의 과제」에서 보다 심층적으로 해명한 주제였다.[26] 한 언어를 다른 언어로 번역하는 능력은 구원을 가능케 하는 암호인데, 왜냐하면 무지개의 색깔처럼 그것은 감지할 수 없는 이행의 연속체와 연관되기 때문이다. "번역은 동일성과 유사성의 추상적 지대가 아니라 변형의 연속체들을 통과한다."[27] 개별 언어들은 다른 언어가 말할 수 있는 것을 복사하는 것이 아니라, 말하자면 각각이 잠재적으로 타자들을 암암리에 소유함으로써 서로를 보충하는 것이다.

벤야민의 주장에 따르면 자연의 초기 언어의 잔재도 존재하는데, 그것은 자연적 대상들과의 비과학적 관계 속에서 여전히 식별될 수 있다. "이러한 의사소통의 방해받지 않는 흐름은 존재의 낮은 형태에서 인간으로, 인간에서 신으로 향하면서 자연 전체에 퍼진다. (…) 자연의 언어는 각각의 보초가 자기 자신의 언어로 다른 보초에게 넘겨주는 은밀한 암구호에 비견될 수 있지만, 이때 암구호의 의미는 보초의 언어 자체다. 모든 고급 언어는 저급 언어의 번역이고, 이러한 번역은 궁극적으로 신의 말씀이 명확하게 전개될 때까지 계속된다. 그것은 언어로 구성된 이 운동의 통일이다."[28] 벤야민이 그 심원한 의미를 해독하고자 했던 것으로서 자연 속에서 산책했던 유년기의 기억은 강요된 침묵으로부터의 타락한 자연의 구원에 관한 자신의 성숙한 숙고들에 명확한 흔적을 남겼다.

절대적 경험이 회복될 수 있는 또 다른 방식은 벤야민이 1918년의 미출간 논문에서 약간의 허세와 함께 '미래 철학kommenden Philosophie'이라고 선언한 것의 실현과 연관되었다.[29] 「지각에 대하여」 말미에서 그는 수수께끼 같은 말을 적었다. "철학은 언어라는 체계적이고 상징적인 틀에서 추론된 절대적 경험이다."[30] 아이가 색깔을 보는 것과 같은 지각은 그 자체로는 절대적 경험의 언어들 중 하나지만, 전체적으로 보면, 그가 레러Lehre라 부른 것—'교리'나 '가르침'으로 번역될 수 있다—으로 구성된 철학이다. 종교적 통찰과 비판 이전의 철학적 통찰을 결합함으로써, 이런 가르침은 벤야민의 친구 게르숌 숄렘이 "신 안에서 구성되는, 인과관계를 뛰어넘는 사물들의 유대감"이라 부른 것을 상정했다.[31] 그런 유대감은 근대의 원자화된 과학의 성장으로 인해 가로막혀 있었던, 존재의 위계질서를 드러내게 된다.

벤야민의 주장에 따르면, '미래 철학'은 칸트와 신칸트주의자들이 요청한 것보다 더 고차적인 경험 개념을 회복시켜야 한다. 그것은 과학적 확실성을 위해 경험을 제약했던 피상적인 계몽주의를 극복해야 하고, 칸트가 자신의 비판철학을 서설prolegomenon 삼아 추구하려 했던 미래 형이상학을 실현시켜야 한다. 실제로 칸트는 자신의 사상이 가한 역사적 충격에도 불구하고, 모든 경험을 그것의 과학적 변종으로 환원하길 원치 않았다. 그런데 신칸트주의자들은 단지 "경험의 상대적으로 공허한 계몽주의적 개념의 기계적인 측면"만을 강조해왔다.[32] 그들은 경험을 좀더 고상하고 노골적으로 형이상학적인 지식의 매체로 만들기보다 심리학에 걸맞은 지식의 대상으로 환원시켰다. 이 경험은 "참된 경험으로서의 종교를 포함하는바, 그 종교에서는 신도 인간도 지식의 대상이나 주체가 아니지만, 거기서는 이 경험이 철학만이 사유할 수 있고 사유해야만 하는 그런 신의 정수로서의 순수지에 의존한다."[33]

벤야민이 슐라이어마허와 유사해 보이는 관점에서 주장한 바에 따르면, 그 같은 경험 개념이 의미하는 것은 "자연과 자유의 영역 사이의 구분이 지양될 수도 있다"는 것이다.[34] 그렇다고 해서 양자를 완전히 뒤섞는 것은 오류일 테지만 말이다. 또한 그것은 인식 주체와 인식 대상의 이원론에 기초한 인식론의 영역으로부터 양자가 함께 관련돼 있는 언어적 매체로의 전환과도 관련 있을 것이다. "그렇듯 일방적으로 수학적-기계적 계보를 따라 맞춰진 경험 개념에 대해 가해져야 하는 위대한 변환과 정정은, 칸트의 생애 동안 하만에 의해 수행되었듯이 지식과 언어를 연관시키는 것을 통해서만 획득될 수 있다."[35] 그런 뒤에야 현상계와 예지계, 유한과 무한, 인간의 실존과 절대자, 종교와 철학 사이의 연속성들이 회복될 것이다. 따라서 이러한 미래 철학은 "칸트적 체계의 토대 위에서 경험 개념이 조응하고 그 지식이 가르침Lehre이 되는 그러한 지식 개념을 창출"해야만 한다. 그리고 아리송하고 모순어법에 가까운 어조로 그는 다음과 같이 덧붙인다. "경험은 지식의 단일하고 연속적인 복수성이다."[36] 조르조 아감벤이 지적했다시피, 보편성보다는 복수성의 가치화에 기반한 지식과 경험의 그러한 통일이 그처럼 열광적으로 옹호되었던 이전의 마지막 시도는 확실성에 대한 과학혁명의 탐구에 앞서 제시된 몽테뉴의 『수상록』이었다.[37]

벤야민은 현재의 타락 상태에서도 여전히 잃어버린 것들의 암호가 존재한다고 생각했다. 상당한 노력을 기울인다면, 읽을 수 있는 텍스트인 양 세계를 '읽는 것'이 가능할 수도 있다.[38] 근대 과학에 의해 추방되었던 파라셀수스의 기호론은 부활되어야만 했다. "우리는 자신들을 신성한 동물 및 식물과 동일시하고 그것들의 이름을 따서 스스로를 명명하는 이른바 정령숭배적 단계의 원시적인 사람들을 알고 있다. 또 우리는 스스로를 자신들의 지각 대상과 동일시함으로써 그것들이 더 이상 자기들 '앞에' 놓인 대상들objecta이 아니라고 여기는 미친 사람들을 알고 있다. 마찬가지로 우리는 자신들의 신체 감각이 자기 자신이 아니라 다른 피조물들과 연결되어 있다고 보는 병든 사람들을 알고 있으며, 적어도 자신만큼이나 타자들의 감각도 감지할 수 있다고 주장하는 신통력을 지닌 이들도 알고 있다."[39] 독일 낭만주의자들—벤야민은 1919년 베른 대학에서 박사논문으로 그들의 비판 개념을 탐구하는 데 전력했다—은 근대 과학이 억압했던 것의 일부를 회복할 것으로 기대하게 만든, 자연세계와의 연계 방법을 발전시켰다. 그들에게는 "실험이 관찰된 사물들 속에서 자기의식과 자기 지식을 환기시키는 데 있다. 사물을 관찰하는 것은 단지 그것을 자기 인식으로 유발하는 것을 의미한다. 실험의 성공 여부는 실험자가 자기의식의 극대화, 즉 마법적인 관찰을 통해 대상에 좀더 가까이 다가가고 최종적으로 그것을 자신 속으로 끌어들이는 능력의 정도에 의존한다."[40]

여기서 낭만주의자들은 "대상에 진심으로 순응하고 그것과 동일시되는 것을 통해서 참되고 고유한 이론이 된다"는 괴테의 '부드러운 경험zarte Empirie' 개념에 가까이 다가갔다.[41] 그들의 비판은 칸트에게서처럼 상호주관적으로 정당화된 반성적 취미 판단에 의존한 것이 아니라, 오히려 예술 작품이 스스로를 반성하게끔 하는 것에 의존했다. "반성 주체는 실제로는 예술적인 독립체 자체이고, 실험은 하나의 개체**에 대해** 반성하는 것에—이는 낭만주의적 비판이 의도한 것처럼 그것을 본질적으로 변경시킬 수 없다—있는 게 아니라 단지 그 개체 **속에서** 반성을 전개시키는 데—낭만주의자들의 경우에는 정신을 전개시키는 데—있다."[42]

벤야민과 낭만주의자들—그는 박사논문에서 이들의 비판 양식을 검토했다—의 친화성은 분명하다. 그는 1932년에 쓴 메모들에서, "경험과 관찰이 동일하다는 것이 드러나야만 한다. 내 논문의 '낭만적 관찰' 개념을 보라. 관찰은 자기 심취에 기초한다"[43]라고 상기했다. 낭만주의자들에 대한 그의 공감과 그들의 노골적으로 '신비화된 용어들'은 헤겔의 관념론 체계에서 정점에 달한 포스트칸트적 서사에 대한 그의 수용을 사전에 방지하는 데 도움이 되었다. 그 체계에 대해 벤야민은 지나치게 합리적이고 강압적인 총체화라며 불신을 드러냈다—앞으로 보겠지만 아도르노는 이 입장을 공유하지 않았다. 그가 주장했듯이 경험이 "지식의 단일하고 연속적인 복수성"이라면,[44] 그것은 폐쇄적이고 변증법적으로 지양된 체계보다는 중복되고 지속적이고 보충적인 변화들의 무한성과 연관될 것이다. 벤야민이 죄르지 루카치의 헤겔적 마르크스주의에 대해 숄렘에게 쓴 것처럼, 그는 "내 허무주의의 토대들이 헤겔적 변증법의 개념들 및 단언들과의 적대적인 대치 속에서 공산주의에 맞서 나타난 게 아니라면 놀랐을 것이다."[45]

참고를 위해 다른 것들을 찾는 과정에서, 벤야민은 1914년에 처음으로 알게 된 루트비히 클라게스 같은 작가들에게서 영감을 받았다. 벤야민은 클라게스가 『우주 생성의 에로스』(1922)와 『영혼의 적대자로서의 정신』(1929~1933) 같은 저서들에서 전개한 근대에서의 의고적인 것의 부활에 대한 믿음과, 필적학graphology 같은 의사-과학에 대한 노골적인 반계몽주의적 지지에서 시사점을 발견했다.[46] 벤야민은 근대 기술에 대한 전면적인 거부, '정신Geist'보다 비합리적인 '영혼Seele'을 찬양하는 태도, 그리고 노골적인 반유대주의같이 클라게스의 작업에서 좀더 반동적인 차원에는 대부분 저항했지만, 그럼에도 표현적인 자세를 지닌 그의 '형이상학적 심리학'에서 구원적인 경험 개념을 실현하기 위한 투쟁의 협력자가 될 수 있음을 발견했다.

위험할 수도 있는 영역에 과감히 들어가려는 유사한 의지가 벤야민으로 하여금 점성학에서 대안적 경험 개념의 또 다른 암호를 찾게 했다. 필적학의 경우와 마찬가지로, 점성학적 교의가 시사하는 것은 근대성에서 거의 상실된, 세계에 대한 어떤 경험 방식을 부활시키는 것이었다. 1932년에 집필된 것으로 추측되는 미출간 원고에 따르면, "우리는 명확한 배치, 모방적 유사성이 오늘날 우리가 더 이상 그것들을 짐작조차 할 수 없는 곳에 언젠가 존재했을 수도 있다는 가능성을 고려해야 한다. 예컨대 성좌들constellations of the stars에서처럼 말이다. 점성술은 무엇보다도 시원적인 전체성으로 이해되어야 하며, 점성학적 해석은 단지 그것만을 분석의 대상으로 삼는다."[47] 벤야민이 고대세계의 '모방적 천재' '우주적 의미의 가장 능숙한 표현'이라 부른 것이 오늘날에도 발견될 수 있다면, 그것은 아이들의 언어 습득에서일 가능성이 크다.

그 자신이 '모방적 능력the mimetic faculty'[48]이라 부른 것의 잔재와 그것의 다양한 표현—점성학과 필적학뿐 아니라 아이들의 놀이, 춤 그리고 미적 '가상Schein'—에 대한 벤야민의 해명은 단순한 유비적 관계를 넘어서는 현상들에서의 유사성과 선택적 친화성에 초점이 맞춰져 있었다. 여기서 그는 허버트 스펜서, 에드워드 타일러, 제임스 프레이저가 발전시킨 공감주술sympathetic magic에 대한 19세기의 인류학적 설명에 의지했다.[49] 근대인이 이전의 모방적 경험의 '희미한 그림자'와 접촉할 수 있는 한 가지 방법은 "그가 가면을 통해서 바라볼 때, 혹은 남부의 달 밝은 밤, 오래전에 죽었다고 여겼던 자기 자신의 내면에서 꿈틀대는 모방의 힘을 느낄 때다. 이 모든 것을 소유한 자연은 달을 닮기 위해 스스로를 변화시키지만 말이다. 그러나 그는 자신의 유년기 기억을 통해 이렇듯 다양한 힘의 장으로 이끌린다."[50]

하지만 경험을 회복시킬 수 있는 가장 큰 잠재력을 품고 있는 것은 바로 언어였다. 유사성들은 지시체들을 모방하는 소리의 의성어적 능력뿐만 아니라 벤야민이 '비감각적 유사성들'이라 부른 것에서도 분명했다. 필적학이 드러내듯이 작가의 알려지지 않은 의도들을 드러내는 육필 원고에 더해, 이것들 역시 상이한 언어들의 단어가 같은 것을 지시한다는 사실 속에서 명확히 드러난다. 번역의 구원적 임무는 이러한 유사성들—그 유사성의 운반자나 운반 수단이 기호학적 의미를 지니는—을 정당하게 드러나게 해주는 것이다. 벤야민의 열변에 따르면 "이런 방식으로, 언어는 최고 수준의 모방적 행위이자 비감성적 유사성의 가장 완벽한 아카이브로 간주될 수 있을 것이다. 다시 말해 그것은 이전의 모방적 생산과 이해의 힘들을 그것들이 마술의 힘을 청산하는 단계에 이르기까지 남김없이 포괄하는 매체인 것이다."[51] 따라서 우리는 올바른 명명이 타락 이전 은총 상태에 존재했던 대상들을 형성한 신의 본래의 손에 대한 일종의 자각이라고도 말할 수 있겠다.

그렇지만 심지어 탈주술화된 것처럼 보이는 근대 세계에서도 모방적 경험의 또 다른 징후들이 여전히 존재했는데, 벤야민은 프랑스 초현실주의자에 의해 그것들을 의식하게 되었다. 그들의 "글쓰기는 환영은 고사하고 이론에도 관심이 없으며, 문자 그대로 경험과 관련이 있다."[52] 일찍이 1927년에 그는 루이 아라공이 『꿈들의 물결』에서 심리학적 주체들의 꿈이 아니라 근대 도시의 객관세계의 꿈들을 구제하려 시도한 데서 자극을 받았다. 그러한 꿈들은 키치의 평범함 속에서 여전히 제시되고 있었다. 꿈의 키치를 고대의 마술적 충동들의 보고처럼 다루면서, 초현실주의자들은 유년기의 상실된 세계로부터도 무언가를 회복시켜왔다. "유년기 경험의 반복은 우리를 주저하게 만든다. 우리가 어렸을 때, 부모의 세계에 고뇌에 찬 저항은 아직 없었다. 그 세계의 한복판에 있는 아이들로서 우리는 스스로를 우월한 존재로 드러냈다. 우리가 평범함에 이르게 될 때, 우리는 그것과 함께 선the good—당신 바로 앞에 있는 (당신의 눈을 뜨게 하는) 선—을 장악한다."[53]

벤야민은 숄렘에게 쓴 편지에서 밝혔듯이 자신을 초현실주의의 '철학적인 포틴브라스Fortinbras'로 여기면서, 초현실주의의 유산을 이어받아 그것을 새로운 목적으로 전환시켰다.[54] 1920년대 후반에 그는 도시적 삶의 기적적인 측면을 다룬 아라공의 소설 『파리의 농부』의 일부를 번역하면서 흥분했고—후에 아도르노에게 전한 말에 따르면, 그는 두세 쪽을 읽은 것만으로 아찔한 흥분에 휩싸였다[55]—, 이러한 자극은 야심차게 착수했지만 결국 미완성으로 남게 된, 후대에 파사젠베르크Passagenwerk 또는 아케이드 프로젝트Arcades Project로 알려진 프로젝트를 감행하는 데 원동력이 되기도 했다. 그는 1940년 자살하기까지의 절망적인 마지막 10여 년 동안 간헐적으로 이 작업에 몰두했다.[56] 벤야민은 근대에 마술적인 것의 끈질긴 보존을 다룬 초현실주의 저작들에 심취하면서, 그 자신이 극찬한 '알려지지 않은 베를린'의 산책자 프란츠 헤셀과의 우정에서 얻은 교훈들을 강화하게 되었고,[57] 비록 간헐적이지만 초기 작업에서의 신학적 충동과 1920년대 중반의 이단적 마르크스주의 수용 이후 심취했던 유물론적 충동을 결합하려는 신조를 갖게 되었다.[58] 이에 힘입어 그는 19세기 아케이드의 '파사주들passages'을, 그것이 마치 근대의 도시 경관 속에 있는 의고적인 것의 잔재들이나 파열된 알레고리—그는 『독일 비애극의 기원』이란 제목의 학위 논문에서 이것의 비판적 가치를 지지한 바 있다—같은 일단의 의미를 드러내주는 다층적 텍스트의 구절들인 것처럼 읽게 되었다. 이를 통해 그는 심지어 근대성의 타락한 세계에도 여전히 내재돼 있는 절대적인 것을 고려하게 되었고, 그 주장은 무한이 유한에 침투하는 중심지로서의 예술작품이라는 낭만주의적 개념을 좀더 보편적인 문화 형상들을 포함하는 것으로 확장시켰다.[59]

벤야민이 초현실주의적인 '세속적 각성'이라 부르게 된 것은 단순히 꿈이나 약물 경험만이 아니라 "유물론적이고 인류학적인 영감이며, 대마초나 아편 혹은 그 밖의 다른 것은 그 영감을 위한 입문적인 교훈을 주는 것에 불과하다."[60] 그러한 각성들의 목적이 신의 메시아적 왕국보다는 세속적인 행복에 있기 때문에, 선형적 요소들을 몽타주처럼 나열함으로써 야기된 그 각성들은 세속적이라고 일컬어질 만했다. 벤야민이 1929년에 초현실주의를 포괄적으로 평가하면서 그것의 영웅적 국면은 지나갔고 혁명적 '도취' 개념도 비변증법적으로 여겨진다고 쓰긴 했지만, 그럼에도 벤야민은 초현실주의의 비부르주아적이고 인간주의적인 자유 개념을 "우리가 가졌던 것들—혁명의 건설적이고 독재적인 측면—이었기에 인정할 수밖에 없는, 또 다른 혁명적 경험"의 필수적인 보완물이라고 찬양했다.[61]

벤야민 본인이 정말로 혁명을 직접 경험했는지는 확실히 논란거리다. 그는 점차 마르크스주의에 이끌리긴 했지만, 언제나 구체적인 정치운동과는 상당한 거리를 유지했다. 사실상 그의 작업은 혁명적 경험의 미덕을 찬양하는 것이라기보다는, 근대 세계에서 진정한 경험의 획득이 불가능함을—또는 적어도 매우 어려움을—기록하는 것이었다. 그는 전적으로 사라질 위기에 처한 것을 기술하기 위해 '위축Veku_mmerung'과 '빈곤Armut' 같은 단어들을 사용하면서, 주변에서 목격되는 경험의 비하를 한탄했다—혹은 최소한 자신이 그것의 긍정적 함의들을 무리하게 변증법적으로 사고하지 않게 되었을 때 그렇게 했다. 분명 벤야민이 경험의 위기를 한탄한 유일한 사람은 아니었으며, 그러한 조짐은 앞서 본 것처럼 마이클 오크숏과 미국 실용주의자들처럼 이질적인 인물들에게서 이미 감지된 바 있었다. 또한 그것은 오스트리아의 로베르트 무질 같은 소설가들도 감지했는데, 1913년 빈에서 착수된 무질의 미완의 대작 『특성 없는 남자』에는 다음과 같은 유감이 담겨 있다.

> 우리는 경험이 사람들과 무관하게 스스로를 만들어왔다는 것을 알아보지 않았는가? (…) 인간 없는 특징들의 세계, 즉 경험하는 자가 없는 경험들의 세계가 발생했고, 그것은 더할 나위 없이 사적인 경험이 과거의 사태가 되고 사적인 책임감의 친숙한 부담이 가능한 수단을 위한 정식들의 체계로 용해된 듯이 보인다. 그토록 오랫동안 인간을 우주의 중심이라고 간주해오다가 수세기 만에 닥친 인간 중심적 관점의 소멸은 결국 '나' 자체에 도달하게 됐을 것이다. 왜냐하면 경험에 관해 가장 중요한 것들이 경험하기 혹은 그렇게 수행하는 행위에 있다는 믿음은 다수의 사람이 순진하다는 인상을 주기 시작했기 때문이다.[62]

그러나 누구도 발터 벤야민만큼 지속적이고도 날카롭게 그 위기를 진단하지는 못했다. 벤야민은 죽기 10년 전쯤에 「미래 철학의 프로그램에 대하여」에서, 과학적·기계적 경험으로의, 경험의 신칸트주의적 환원을 비판하는 것을 넘어서 그 빈곤에 대한 분석을 확장시켰다. 그는 상실된 것에 초점을 둠으로써, 모방적 유사성과 종교적 교리의 영역을 넘어서는 경험 개념을 풍부하게 만들 수 있었다. 여기에는 시간성, 서사, 기억, 전통, 파괴, 기술, 대중문화, 체험과 경험이라는 두 경험 형태의 범주적 구분에 대한 복잡한 탐구들이 포함되었다. 이렇게 고찰한 결과, 벤야민은 대체로 초기 분석에서는 부재했던 정치적이고 역사적인 구조를 획득할 수 있었다. 물론 신학적이고 유물론적인, 역사적이고 존재론적인, 언어적이고 사회적인 그의 분석들 전부가 서로 완벽하게 일치하는지 여부는 여전히 미결인 채로 남아 있다. 심지어 한 논자는 경험에 대한 벤야민의 초기 숙고와 후기 숙고 사이에서 '현저한 균열'이 보인다고 주장할 정도였다.[63] 그것들이 완전히 설득력을 지니는가 하는 것은 또 다른 문제인데, 곧 살펴보겠지만 아도르노는 약간 비판적인 입장에서 그 문제를 검토한 바 있다. 물론 그가 벤야민에게 진 빚은 압도적이지만 말이다.

좀더 역사적이고 정치적인 강조로의 전환은 벤야민이 1933년에 쓴 「경험과 빈곤」에서 두드러지기 시작했는데, 이 논문은 그의 망명 첫해에 출간되었다. 임종을 앞두고 아들에게 귀중한 교훈을 전해주는 한 노인의 우화가 포함된 아동문집을 거론하면서, 벤야민은 다음과 같이 설명했다.

> 모든 사람은 경험이 무엇인지 명확히 알고 있었다. 노인들은 항상 그것을 어린 자식들에게 전달해주었다. 그것은 나이의 권위에 의지해 잠언처럼 짧은 형태로 아들과 손자에게 전달되었고, 소설처럼 장황한 달변으로 풀어지기도 했으며, 때로는 사람들이 둘러앉은 난롯가에서 낯선 곳의 이야기가 되어 옮겨졌다. 그들은 모두 어디로 가버렸는가? 이야기할 줄 아는 이들을 여전히 만나고 있는 사람은 어디에 있는가? (…) 자신의 경험에서 이로움을 꺼내 전해주는 것으로 젊은이들을 상대하려 할 사람은 어디에 있는가?[64]

수세기 전의 몽테뉴처럼 벤야민은 잠언, 이야기, 구술사를 통해 과거의 지혜를 전달하는 것이 중요하다고 여겼다. 한 해 전에 쓴 미출간 단편에서, 그는 자신의 미메시스 이론과 시간의 흐름 속에서 겪어온 것으로서의 경험 사이의 연결을 상정했다. "경험—삶의 경험이라는 의미에서의—을 자연과학이 기초한 모델에 따라 해석하는 것보다 더 큰 잘못은 없다. 여기서 결정적인 것은 시간의 경과에 따라 형성된 인과적 결합이 아니라 체험되어온 유사성이다."[65] 그 유사성은 여기서는 우주적 친화력이라는 관점에서보다는 지금도 여전히 소통되고 앞으로도 기능할 법한 과거 학습의 잔재들로 더 이해될 수 있는 것이었다. 벤야민이 같은 해의 또 다른 미출간 단편에서 썼듯이, 그 금언은 "경험의 놀리 메 탄게레noli me tangere[나를 만지지 마라]를 말한다. 이와 더불어, 그것은 경험을 전통으로 변형시키는 능력을 보여준다. (…) 그것은 경험되어온 교훈을 영원에서 유출된 무수한 교훈의 생생한 연쇄의 물결로 전환한다."[66]

하지만 제1차 세계대전의 공포와 더불어, 이미 미약해지고 있었던 세대 간 연결은 "경험의 가치가 하락했다"는 결과와 함께 끊어졌다고 벤야민은 고발했다. 충격적이고 침묵적인 전선으로부터 복귀한 뒤 생존자들은 "소통적 경험이 더 빈곤"해졌는데 그 이유는 명백했다.

> 왜냐하면 경험이 더욱 철저히 부정되지 않았기 때문이다. 단지 전략적 경험이 진지전에 의해 반박되었을 뿐이다. 마찬가지로 경제적 경험은 인플레이션에, 육체적 경험은 굶주림에, 도덕적 경험은 통치력에 의해 부정되었다. 마차로 학교를 다녔던 한 세대가 이제는 옥외에, 구름을 제외하고는 그 어떤 것도 똑같지 않은 풍경의 한복판에 서 있었고, 중심에 있는, 파괴적인 난사와 폭발의 야전장에는 왜소하고 부서지기 쉬운 인간의 몸이 서 있었다.[67]

벤야민은 결과적인 경험의 빈곤이 새로운 종류의 야만—개인적인 것을 훨씬 넘어서는 것과 관련된—을 의미하며, 또한 문화 자체의 소진을 암시한다고 경고했다.

하지만 이런 좌절이 있는 곳에 또 새로운 기회가 있는 법이라고, 벤야민은 다소 절망적이긴 해도 도전적으로 단언했다. "경험의 빈곤이 야만인에게 무엇을 해주는가? 그것은 그가 처음부터 다시 시작하도록 몰아댄다. 즉 새로운 출발을 하도록, 먼 길을 떠나도록, 좌고우면하지 않고 작은 것에서 시작해 더 큰 것을 만들도록 말이다."[68] 빈 서판의 징후들은 도처에 존재한다. 알베르트 아인슈타인의 물리학에, 입체파와 파울 클레의 예술에, 아돌프 로스와 르코르뷔지에의 건축에, 심지어 미키 마우스 만화에도 존재한다.[69] 소설가 파울 셰르바르트가 유리 건축에 관해 브루노 타우트와 함께 쓴 글에서 관찰한 것처럼, 근대 도시의 차갑고 투명한 새 건물들은 비밀과 기만의 문화와 더불어 오래된 건물들의 '아우라'를 없애버렸다. 심지어 '소통적 경험'의 쇠퇴도 그것이 벤야민의 초기 작업에서 그 자신의 극찬을 받으며 주목된 언어의 비소통적 잠재력을 용인했더라면 그렇게 나쁘진 않았을 것이다. 따라서 그의 결론에 따르면 "경험의 빈곤은 사람들이 새로운 경험을 갈망함을 의미하는 것으로 이해되어서는 안 된다. 아니, 오히려 그들은 경험으로부터 자유로워지기를 바란다. 다시 말해 그들은 이러한 빈곤을 그처럼 순수하고 결정적으로 사용할 수 있는 세계를 갈망하는 것이다. 그리고 이것은 어떤 존경할 만한 것으로 이어질 것이다."[70] 그러나 그 '새로운 것'은 그것이 현재 이해되는 것처럼 오래 지속되는 문화를 수반할 수도 있다.

사회주의 아니면 야만일 뿐이라는 로자 룩셈부르크의 경고에 대한 공명과 파괴를 통한 구원이라는 종말론적인 종교적 판타지를 섞으면서 벤야민이 이 논문에서 뜻밖에도 경험의 위기에 가치를 부여한 것은 단지 그가 자신의 사유에서 종종 '허무주의적' 충동이라 불렀던 것의 발로가 아니었다. 그것은 베르톨트 브레히트와의 우정에서 형성된 새롭고 좀더 희망적인 성향의 징후이기도 했다. 그가 1930년에 쓴 바에 따르면 "브레히트의 주제는 빈곤이다. (…) 기계시대를 사는 인간의 생리적이고 경제적인 빈곤."[71] 브레히트가 만든 인물 중 한 명인 코이너 씨는 빈곤을 "당신을 그 어떤 부자도 더 실재에 가까워지게 해주는 모방의 한 형태"로 이해했다.[72] 브레히트와 관련해서 경험은 단지 그가 '서사극' 개념에서 발전시킨 '실험'으로서의 경험 수용에 있을 뿐이다. 벤야민이 1934년의 논문 「생산자로서의 작가」에서 썼듯이, "총체적인 드라마 작품에 대해, [브레히트는] 드라마적 실험실을 대립시킨다. 그는 연극의 위대하고 오래된 기회를 새로운 방식으로 사용한다. 바로 현재의 것을 드러내는 방식이다. 그 실험의 한복판에 인간이 서 있다. 오늘날의 인간이. 즉 몰락하여 혹한의 환경 속에서 차갑게 식어버린 인간이. 하지만 이것이 우리가 가진 유일한 것이기 때문에, 그것은 그를 알고자 하는 우리의 관심 안에 놓이게 된다."[73]

그러나 벤야민의 작업에 침투한 브레히트적 기질, 즉 건축과 연극에서의 근대적 실험의 냉정한 진단자에 대한 그의 수용은 상실된 경험에 대한 그의 애도—혹은 그의 비감의 침울한 반복이란 표현이 더 적절해 보인다—가 갖는 정서적 강렬함을 제거하는 데 성공하지는 못했다. 그의 생애 마지막 10년 동안 더 악화된 외적 사건들로 인해 강화된 성격상의 음침한 충동은, 그 스스로가 '좌익 멜랑콜리'라 부른 것을 극복하고 '파괴적 특징'의 토대를 해명하려는 그의 고집 센 노력을 압도하곤 했다.[74] 영화와 사진 같은 근대 기술로 인해 예술작품을 둘러싼 숭배적 '아우라'가 소멸하는 것에 대한 그의 공공연한 찬사가 저 유명한 「기술복제 시대의 예술작품」에서 표현되고 있음에도 불구하고, 벤야민은 결코 자신의 심각한 양가성을 극복하지 못했다.

과거 경험에 대한 벤야민의 분명한 향수를 가장 명확하게 드러내준 것이 바로 1936년에 쓴 「이야기꾼」이다.[75] 19세기 러시아 작가 니콜라이 레스코프의 작품을 고찰하면서, 그는 자신이 4년 전에 이미 「손수건」이라 불리는 어떤 논문에서 개시한 논증을 확장시켰다. 거기서 그는 "왜 이야기 전승

storytelling이 쇠퇴하고 있는가?"라는 질문에 대해 몇몇 가능한 원인을 언급하고 있다.

> 따분해하지 않는 사람들은 이야기를 할 수 없다. 그런데 우리 삶에는 이제 더 이상 지루함을 위한 장소가 존재하지 않는다. 그것과 은밀하고 내밀하게 관계를 맺는 활동들은 소멸하는 중이다. 이야기 전승이 쇠퇴하는 두 번째 이유는 사람들이 이야기를 듣는 동안 그것을 짜깁기하고 각색하는 것을 중단했다는 점이다. 요컨대 이야기들이 번성하려면, 반드시 작업과 정돈과 복종이 있어야 한다. (…) 오늘날 고유한 이야기들이 들려질 수 없는 또 다른 이유는 사물들이 더 이상 응당 그렇게 있어야 하는 방식으로 지속되고 있지 못하다는 것이다.[76]

레스코프에 관한 논문에서, 벤야민은 전쟁의 영향에 대한 「경험과 빈곤」에서의 자신의 구절을 거의 말 그대로 반복하면서 근대 세계에서의 소설의 부상과 서사가 정보로 대체되는 현상을 비난했다.[77] 이야기들이 세대에서 세대로 전승되는 힘의 쇠퇴와 더불어 그가 진리의 '하가다적haggadic' 본성이라 부른 것—모든 유월절 예식에서 개작되는 출애굽 이야기로 요약되는—은 위기에 처했다. 이야기꾼의 민중—특히 장인들의 공동체에 속한 사람들—속으로의 정착에서 생겨난 '진리의 서사적 측면으로서의 지혜' 역시 마찬가지 운명에 처했다.[78] 그가 아도르노에게 보낸 편지에서 인정했다시피, 이야기 전승의 위기는 다른 예술들에서 일반적인 아우라가 쇠퇴한 것과도 연관되어 있었다.[79] 당시만 해도 마법적 유사성의 숭배적인 잔재에 기초했던 진정한 경험의 위축은 '아우라'의 상실—혹은 더 정확히 말해 하락이나 축소—로 표현되었는데, 벤야민은 이를 자연적 대상과 관련하여 "시간과 공간으로 짜인 낯선 직물로서, 아무리 가까이 있어도 존재하는 독특한 거리감의 형태 혹은 외관"이라고 정의했다.[80] 그러한 거리는 과거와 현재 간의 구분에 대한 경험과 관련되기 때문에 공간적인 만큼 시간적인데, 근대에 와서 붕괴의 위기에 처했다. 그 거리 없이는, 벤야민이 주체의 대상 지배를 저지하는 데 근본적인 것으로 여긴 우리의 응시를 되돌려주는 대상의 능력은 위기에 처하고 말 것이다.

분위기로 보아 분명 벤야민은, 아우라의 붕괴가 숭배적인 의존으로부터 우리를 해방시킴에 따라 긍정적인 정치적 효과를 가져온다며 도전적으로 찬사를 보냈다. 그는 「기술복제 시대의 예술작품」에서 기술적으로 복제된 예술은 자신을 대중이 전유할 수 있게 개방하는 '전시 가치exhibition value'를 지니며, 사진은 우리를 사물에 밀착시켜 아우라적 거리를 좁혀준다고 말했다. 게다가 1934년에는, 신문에서의 정보의 비일관성조차 구원의 길을 예비할 수 있다고 주장했다.[81] 그러나 또 어떤 때는 아우라의 변치 않는 비판적 잠재력을 인정했고, 그것이 완전히 제거되는 것에 우려를 표했다. 그 결과 그는 1939년에 다음과 같이 주장할 수 있었다. "오래된 서사에서 정보로, 정보에서 감각으로의 교체는 경험의 위축이 심해짐을 반영한다. 결국 이 모든 형식과 이야기—의사소통의 가장 오래된 형식 중 하나인—사이의 차이가 존재한다. 정보의 목표로서 사건 자체를 전달하는 것은 이야기의 목적이 아니다. 오히려 그 목적은 경험으로서 그것을 듣고자 하는 이들에게 이야기를 전달하기 위해 이야기꾼의 삶에 사건을 삽입시키는 것이다."[82] 주체와 대상을 연결하는 동시에 양자의 시간적인 거리를 보존하기 때문에, 그것은 경험이 어떠한 서사적 공명도 없이 순간적인 강렬함 속으로 붕괴하는 것을 저지할 수 있었던 것이다. 벤야민이 생철학과 부버를 통해 고찰했던 체험Erlebnis 및 그것의 치명적인 효과들과 동일시한 것이 바로 저 강렬함이었다.

경험의 두 유형에 관한 맨 처음의 체계적 구분들 중 하나는 1929년에 헤셀에 대해 쓴 그의 에세이 「산책자의 귀환」에서 등장했다. 여기서 그는 다음과 같이 적었다. "독특하고 감각적인 것을 갈망하는 하나의 경험[체험 Erlebnis]이 있고, 영원한 동일성을 찾고자 하는 또 다른 경험[경험 Erfahrung]이 있다."[83] 전자가 시간에 따라 유의미한 반복을 발생시킬 수 없는 특수한 발생들이었다면, 후자는 지속 가능성을 갖는 것이었다. 이렇게 이해되었을 때, 경험들 Erfahrungen은 딜타이, 부버, 코엔과 같은 이들이 그 단어—찬사조든 경멸조든—와 동일시한 과학적 혹은 감각적 경험들과는 전혀 다른 것이었다. 그것들은 벤야민이 경멸한 교양 Bildung의 이데올로기를 짙게 풍기는 것으로서 헤겔과 가다머가 상찬한 변증법적 경험들에 필적하진 않지만, 그럼에도 불구하고 서사적인 차원을 지녔다. 벤야민의 설명에 따르면, 도시의 산책자들은 대다수 여행 작가의 소란스러운 인상주의를 거부하는 대신, 헤셀처럼 자신들이 어린이였을 때부터 들었던 이야기들을 반복하고 자신들만의 것이 아닌 기억을 회상하면서, 단순히 기술하기보다 이야기를 들려준다. 그렇기 때문에 헤셀의 『베를린에서의 산책』은 "철두철미하게 서사적인 책이고, 한가로이 거니는 동안 기억을 하는 과정이며, 그 기억이 원천이 아니라 영감 Muse으로 작용하는 책"인 것이다. "그것은 산책자 앞에 놓인 거리들을 따라 걸으며, 각각의 거리는 하나의 아찔한 경험 Erfahrung이 된다."[84]

벤야민이 '서사책 epic book'으로 의미한 것은 그가 소설가가 아니라 이야기꾼과 연결시킨 이야기 narrative의 한 종류였다. 그가 알프레트 되블린의 『베를린 알렉산더 광장』—그가 전통적 소설의 안티테제로 여긴 실험적 작품—에 대한 1930년의 서평에서 설명했듯이, 소설가는 바다 위의 고독한 항해사이자 "예시적인 방식으로 자신의 관심사를 더는 말할 수 없는, 스스로 조언을 결여하고 있으며 아무것도 줄 수 없는" 고립된 개인과 같다. "소설을 쓰는 것은 인간 실존을 극단까지 재현하는 데 있어 비교가 안 되는 것을 취하는 것이다."[85] 이와 대조적으로 "서사시의 경우에는 사람들이 하루 일과를 마친 뒤 휴식을 취하며, 청취하고 꿈꾸고 수집한다."[86] 소설이 등장인물들과 저자의 내면성에 의지하는 반면, 서사시는 독자나 청취자에게서 지속의 감정을 보존하면서 병렬적인 형태로 공통 경험의 외면성을 읊조린다.[87] 저자의 기이한 음성이 근대 도시가 배출한 폐기물의 병치로 대체되는 되블린의 몽타주가 갖는 촘촘한 구조만이 전통적인 소설들—고트프리트 켈러와 같이 이따금 있는 예외를 제외하고—이 포기했던 서사적 서술에 다가갈 수 있다.[88]

"원천이 아니라 영감으로서의 (…) 기억"을 통해 벤야민은, 하나의 정합적인 플롯인 양 현재에 앞서는 것의 온전함을 회고적으로 되찾을 수 있다고 주장하지 않는 과거와 관계 맺는 양식을 의도했던 것으로 보인다. 상기 Erinnerung 혹은 소외되고 물화된 것의 회상적 재내면화라는 의미에서의 기억은 벤야민이 그토록 불신했던 헤겔적 변증법과 매우 밀접한 것이었다.[89] 그것은 그가 과도하게 관념론적이라고 일관되게 거부했던 전제로서, 시간의 흐름에 따라 객관화를 통해 스스로를 인식하는 역사의 집단적 주체의 실존에 입각한 것이었다. 따라서 헤셀이나 되블린 같은 이들이 환기시킬 수 있는 경험은 서사적이지만, 그렇다고 헤겔의 변증법적 역사에서 발견되는 종속적 플롯으로서의 저자의 주관적 상상력에서 사상을 벗겨낸다는 의미에서 그런 것은 아니다. 그 대신에 그것은 흩어졌던 것을 새로운 성좌 안에 한데 모으면서 과거의 요소들을 병치하는 수집가의 행위와 유사한 경험이다. 그리고 그러한 경험들이 최소한 아우라의 일부 잔재에 의존한다는 의구심이 들 때면, 벤야민은 헤셀의 저작에서 하나의 구절을 인용했다. "우리는 우리를 바라보는 것만을 본다. 우리는 단지 (…) 우리가 하지 않을 수 없는 것(…)만을 할 수 있다." 그리고 "헤셀의 이 말보다 산책자의 철학을 더 심오하게 포착하는 것은 결코 없을 것"이라고 덧붙였다.[90]

벤야민이 "19세기의 수도"라 부르게 된 도시 파리에서 산책자의 중요성을 처음으로 인식한 사람은 단연 보들레르였다. 1939년에 사회조사연구소의 잡지 『사회연구지』에 기고한 「보들레르의 몇 가지 모티브에 관하여」에서, 그는 완성되지 않은 그 책의 준비 조사를 위해 아케이드 프로젝트를 지속적으로 가동시켰다. 상당히 복잡하고 유동적으로 전개되는 사상을 일관된 형태로 제시하려는 벤야민의 분투는, 그 프로젝트에 관해 아도르노와 주고받은, 이제는 잘 알려진 서신이 충분히 증언하듯이, 결코 수월하지 않았다.[91] 그러므로 그의 최종 입장을 자신 있게 제시하는 것은 불가능하겠지만, 경험의 문제가 그 중심에 있다는 것에는 의심의 여지가 없다.

사실 벤야민은 그 논문의 초안에 대한 아도르노의 매우 신랄한 비판에 응수하면서 예기치 않게 직접적인 방식으로 경험을 언급할 수 있었는데, 그것은 아도르노가 헤겔적인 변증법을 좀더 고수하고 있음을 반영하는 것이었다. "사물들을 그것들의 이름으로 호명하는 데 있어서 신학적 모티프는 단순한 사실들에 대한 순진한 제시로 전환되는 경향이 있다. (…) 당신의 연구는 마법과 실증주의의 교차로에 서 있다. 그곳은 종종 사람을 홀리곤 한다."[92] 분명한 이론적 매개가 결여되면 소재들의 단순한 병치가 "현혹적인 서사적 특징"을 야기한다고 아도르노는 경고했다. 벤야민의 답변은 다음과 같았다. "철학적 연구에 연관되고 연구자를 주문에 걸리게 하는 폐쇄된 사실성의 현상은 대상이 역사적 관점에서 이해되는 정도에 따라 명확하게 해소된다. 이러한 구성의 기준선들은 우리 자신의 역사적 경험으로 수렴된다."[93]

이 같은 답변이 함의하는 바는 경험의 위축과 쇠퇴에도 불구하고 일부 경험이 근대 세계에서 여전히 가능하며 사실상 비판적 방법의 토대가 될 수 있다는 것이었다. 그리고 그 경험은 정당하게도 역사적이라 불릴 수 있었다. 그러나 그것은 벤야민의 좀더 형이상학적인 초기 저작들이 점성술과 필적학, 그리고 번역의 비감각적 유사성에서 찾고자 했던 절대자의 암호들을 모방적으로 회복하는 것과는 더 이상 같을 수 없었다. 이제 수동적 계기와 능동적 계기가 결합되는 더욱더 복잡한 과정이 필요해졌는데, 이를 통해 근대적 삶의 트라우마적 충격들을 인식하는 동시에 경험의 가장 구원적인 형태를 미래에 실현하기 위해 그 충격들을 회수하는 방법을 찾게 될 것이었다.

벤야민의 주장에 따르면, 보들레르는 자본주의적 교환 원리가 전통적 관계를 해체하고 모든 것을 주마등 같은 상품들로—그리고 장인의 작업을 조립 라인 생산으로—환원시키는, 근대 도시의 삶이 양산하는 그 충격들을 인식하고 또 막으려고 시도한 최초의 인물들 중 한 명이었다.[94] 보들레르의 서정시는 쇠락한 아우라에 대한 단순한 향수를 넘어 당시와 지금의 시간 격차를 다루는 새로운 방식을 제시하면서, 대담하게도 그러한 체험을 경험들로 전환시키고자 했다. 그의 시는 근대적 삶의 언어와 오래된 시적 전통들이 남긴 형식을 영웅적으로 병치시켰고, 그렇게 함으로써 진보에 대한 부르주아적 옹호자들의 피상적인 낙관론을 피할 수 있었다. 그 대신에 그는, 상실된 것에 대해 슬퍼하고 현재의 타락한 세계에서는 구원의 예시가 상징적이기보다 알레고리적일 때 가능하다는 것을 알고 있었던 독일 바로크 비애극Trauerspiel의 주인공들 같은 영웅주의를 만들면서 과거의 조각난 꿈들을 증언했다. 덧없는 것과 영원한 것의 일치에 대한 그의 탐구가 기록한 것은 "제의적 요소들을 포함하는 경험 개념이다. 보들레르는 오직 이러한 요소들을 수용함으로써만 근대인이 목격하고 있던 붕괴의 온전한 의미를 헤아릴 수 있었던 것이다."[95]

더 분명한 것은, 보들레르가—그리고 여기서 벤야민 자신도 말하고 있듯이—상상적인 귀향의 수준에 머무는 향수 속에서 한탄하거나 침잠하면서 사라져버린 소중한 대상들을 해소시켜버리기보다 오히려 그것들과 우울한 관계를 유지하려 했다는 점이다.[96] 보들레르가 사실상 그릇되게 경시했던 발명품인 사진에 의해서도 그런 우울감이 조장되었다. 벤야민이 일찍이 1931년에 쓴 「사진의 작은 역사」에서 논했듯이, 사진에 의해 드러난 '시각적 무의식'은 아무리 많은 미학적 변형을 가해도 희미해질 수 없는 과거 현실의 잔여들을 노출시켰다. "사진가가 아무리 인위적인 조작을 해도, 피사체가 아무리 세심하게 자세를 취해도, 관람자는 그러한 사진에서 현실이 그 대상에 (말하자면) 새겨 넣은, 지금 여기에서의 우연성의 작은 불꽃을 조사하려는, 오랫동안 잊혔던 순간의 직접성 안에 미래가 워낙 도도하게 깃들어 있어서 우리가 회상하며 그것을 재발견할 수 있는 그런 눈에 잘 띄지 않는 지점을 찾으려는 저항할 수 없는 욕망을 느낀다."[97] 달리 말해, 사진은 현재가 현 의식의 매끈한 표면을 교란시키고 앞서 보았듯이 프랑크 앙커스미트가 가장 숭고한 형태의 역사적 경험들로 옹호했던 갑작스러운 침입과 매우 유사한 방식으로 과거의 경험을 창출하게 해주면서, 현재에 의한 과거의 완전한 지배에 저항한다.[98] 따라서 벤야민이 자신이 가장 좋아하는 바이마르 시대 사진가들 중 한 명인 아우구스트 잔더의 작업을 특징짓기 위해 다시 한번 괴테의 '부드러운 경험'이라는 개념, 즉 자신이 미메시스mimesis 분석에서 활용했던 대상과의 비지배적 관계를 언급한 것은 놀랄 만한 일이 아니다.[99] 이러한 방식으로 과거의 순간을 보존함으로써, 상이한 미래의 가능성 역시 보호되었던 것이다.

사진이 관람자에게 과거의 잔여를 부여함으로써 야기할 수 있는 것은, 덜 주관적인 기록 장치에서라면, 마르셀 프루스트가 『잃어버린 시간을 찾아서』 서두에서 마들렌의 환기적 힘에 의해 상징적으로 드러나는 비자발적 기억mémoire involontaire으로 이해한 것에 비견될 수 있었다. 그 모든 것을 기억할 능력을 가진 집단적 제작자와 역사 수집가를 상정하는 추억의 총체화로서의 상기Erinnerung와 달리, 이러한 기억은 독일어로 회상Eingedenken이라 불리는 것과 매우 유사한데, 벤야민은 이것이 어떤 기억이자 망각을, 따라서 개인적이고 주관적인 경험을 넘어 더 큰 어떤 것으로 나아가려는 의지를 의미한다고 주장했다. 그가 1929년에 「프루스트의 이미지」라는 에세이에서 다음과 같이 밝혔듯이 말이다.

> 저자를 기억하는 데 중요한 것은 그가 경험한 것이 아니라 그의 기억을 직조한 것, 즉 페넬로페의 회상 작업이다. 혹은 그것을 차라리 페넬로페의 망각 작업이라 부를 수 있지 않을까? 비자발적 기억, 프루스트가 말한 그 비자발적 기억은 일반적으로 기억이라 불리는 것보다 흔히 망각이라 불리는 것에 더 가깝지 않을까?[100]

이 논문에서 벤야민은 프루스트의 페넬로페식 노동이 자신이 행복의 '비가적elegiac' 개념이라 부른 것, 즉 "원본적인 최초의 행복의 영원한 반복, 영원한 회복"에 기인한다고 여겼고, 그것이 저 프랑스 저자의 "유사성에 대한 간절한 숭배"에서 입증되었다고 덧붙였다.[101]

벤야민은 과거의 무의식적 흔적에 의해 구성되고 그런 뒤 뒤늦게 회복될 수 있는 기억을 상기Erinnerung에 대립될 법한 회상Eingedenken과 유사한 개념인 기억Gedächtnis이라 불렀다.[102] 벤야민의 주장에 따르면, 체험은 분명 그처럼 감정적으로 부과된 흔적—지복의 근원적 순간에 대한 흔적이든 아니든 간에—을 남기는 데 실패한 경험이고, 따라서 비자발적으로 기억해내는 것이 불가능하다. "명확하게 의식적으로 체험되지erlebt 않은 것, 따라서 주체에게 체험Erlebnis으로 발생하지 않은 것만이 비자발적 기억의 요소가 될 수 있다."[103] 이와 대조적으로 경험은, 과거 사건의 흔적들을 현재의 기억들로 번역할 뿐만 아니라, 지금과 당시의 시간적 거리를 기록하고 기억의 불가피한 뒤늦음을 가리기보다 인정하며 과거와 현재 간의 (그러므로 현재와 잠재적 미래 간의) 상징적이기보다는 알레고리적인 관계를 보존할 수도 있는 그런 능력과 관련된다.

경험의 양식들 간의 관계, 아우라, 기억, 전통, 근대 도시에 대한 벤야민의 시사적이지만 많은 점에서 불충분한 숙고는 『사회연구지』에 그의 논문이 수록된 이후 계속 아도르노에게서 질문들을 야기하고 있었다. 1940년 2월 29일에 쓴 장문의 편지에서 아도르노는 그 개정판에 흥미를 보이면서 우리에게 필요한 것은 좀더 변증법적인 접근이라고 주장했고, 비자발적 기억이 완전히 무의식적 특징을 갖는다는 점에 대해 의문을 표했다. 그는 물었다.

> 여기서 참된 임무는 감각적 경험(체험)과 고유한 경험(경험)의 전적인 대립을 망각의 변증법적 이론과의 관계 속으로 가져가는 것이 아닐까? 혹은 물화 이론과의 관계로 가져간다고 말할 수도 있을 것이다. 왜냐하면 모든 물화는 하나의 망각이기 때문이다. 즉 대상들은 그것들 중 어떤 것이 망각되긴 했어도 우리에게 기억되는 순간 사물 같은 것이 된다. 이것은 어느 정도까지 이 망각이 경험을 형성할 수 있는 망각인가—나는 이를 서사적 망각epic forgetting이라 부르고 싶다—, 어느 정도까지 그것이 반사적 망각reflex forgetting인가 하는 문제들을 야기할 것이다.[104]

이어서 아도르노는 암묵적으로 루카치의 헤겔적 마르크스주의를 비판하면서도, 서사적 망각의 의외의 유익한 차원 때문에, 좋은 물화와 나쁜 물화—둘 다 인간 노동의 사물화와 연결되어 있는—를 구별하는 것이 유의미할 수 있다고 주장했다. 이때 전자는 벤야민이 철저하게 사고하지 못했다고 그가 불만스러워한 개념인 아우라의 지속성과 연결될 수 있다고 그는 생각했다. "아우라는 변함없이, 사물에 있는 어떤 망각된 인간적 계기의 흔적이지 않을까? 그리고 바로 이 망각 덕분에 그것은 당신이 '경험Erfahrung'이라 부르는 것과 직접 관련이 있지 않을까? 심지어 혹자는 관념론적 사고의 고찰에서 기초를 이루는 경험적 토대를 이러한 흔적을 구하려는—그리고 바로 이제는 소외되어버린 것들에서 그것을 구하려는—시도로 간주할 수도 있을 것이다."[105]

벤야민은 자신의 생을 마감케 한 사건들에 압도되기 전인 1940년 5월 2일에 쓴 실질적으로 마지막인 편지에서 입장을 분명히 하고자 했다. 그는 청각의 퇴행에 관한 아도르노의 논문이 경험의 붕괴에 대한 자신의 탐구를 보충해주었다는 점에 동의를 표한 뒤, 이 장의 서두에 인용된, 자기 이론의 참된 기원에 관한 유년기의 일화를 제시했다. 그런 뒤 그는 서사적 망각과 반사적 망각의 구분에 관해 더 사고하는 것에 동의를 표하면서도, 아우라와 물화가 인간 노동과 어떤 연관이 있을 수 있다는 아도르노의 제안에 대해서는 거부했다. "우리에게 모든 것을 바치는 나무와 관목은 인간의 손으로 만들어진 게 아니다. 그러므로 사물 자체에 인간적인 어떤 것이 존재함에는 틀림없지만, 노동에 의해 비롯된 것은 아니다."[106] 그리고 프루스트가 비자발적으로 회상한 마들렌의 최초의 맛과 같은, 근원적인 유년기 경험에 대해 말하자면 그것은 사실상 무의식적인 것이라고 그는 주장했다.

벤야민이 48세로 이른 죽음을 맞으면서, 본래 형이상학적이고 신학적인 자신의 경험 개념을 어떤 완전히 유물론적인 기록으로 교체하려던 그의 탐구—그 스스로가 설정한 근본적인 임무가 이것이라면—는 중단되었다. 벤야민은 경험을 세속화함으로써 구원적 프로젝트를 회복하려 했을 수 있지만, 그가 얼마나 성공적이었는지는 여전히 숱한 논쟁거리로 남아 있다. 경험의 빈곤—개념적으로는 신칸트주의자들의 과학적 경험이나 생기론자들의 체험의 형태를 띠고 역사적으로는 부르주아적 주관성의 형태를 띤—에 대한 벤야민의 비판은 종종 찬사를 받았고, 주객의 이원론을 넘어서는 방식에 대한 그의 연구는 반향을 일으키곤 했다. 하지만 그의 대안이 갖고 있는 궁극적으로 신학적인 전제는 거의 본격적으로 검토되지 않았다.[107] 벤야민의 미메시스 이론이 근거하고 있는 인류학적 토대 역시 마찬가지였다.[108] 지나치게 교조적이고 어찌 됐든 세속적 경험에서 발현될 수밖에 없는 절대적인 것에 대한 교리적 신념에 근거함에 따라, 참된 경험에 대한 벤야민의 비타협적인 정의는 통상 그 용어로 이해되는 사실상의 모든 것에 대한 반사실적 유토피아가 될 수밖에 없었을 것이다. 그 경험의 잔재들을 점성술과 필적학 같은 의심스러운 실천들 속에서 찾으려는 시도는 그의 독자들 가운데 회의론자들을 안심시키는 데는 거의 아무런 도움이 되지 못했다. 게다가 많은 이가 그의 사유에 있는 강경한 반주관주의적 충동을 편치 않게 여겼다. 아도르노조차 훗날 이렇게 말했다. "절대자의 메두사적인 시선 앞에서, 인간은 객관적 과정이 전개되는 무대로 표변한다. (…) 이런 이유로 벤야민의 철학은 행복의 약속이기보다는 공포의 원천과 다름없게 된다. (…) 누군가는 그의 저작들에서 자율성 같은 개념을 헛되이 찾을 것이다."[109]

색깔 등에 대한 유년기 경험에 남아 있는 절대자의 마법적인 잔여와 관련해 벤야민은 또한 비판적 검토가 절실히 요구되는 유아기 은총의 한 형태에 의존했다. 그러한 유아기 은총이 어린이가 실제로 경험하는 것에 대한 신빙성 있는 설명이라 할지라도, 그것이 성년이 돼서도—"혁명 이후"에 삶이 얼마나 목가적으로 되든—어느 정도 지속되리라는 확실한 보증은 없다. 이러한 의심은 이름들의 아담적 언어가 어떻게든 회복되고 바벨의 '과도한 명명'이 종결될 수도 있다는 벤야민의 희망에 적용했을 때 특히 더 강력했다. 그의 가장 우호적인 독자들 중 한 사람인 조르조 아감벤이 지적했다시피, 언어가 그 자체로 구원적 경험의 장소가 될 수 있다는 벤야민의 믿음은 언어 속에서 단지 그것에 앞설 수 있는 것을 정확하게 찾는 것의 곤란함에 직면하게 된다. 아감벤은 "인간의 유아기infancy와 관련해서, 경험이란 인간적인 것과 언어적인 것 사이의 단순한 차이이다. 아직 말하지 않고 있는, 전에도 그렇고 지금도 여전히 유아로 존재하는 것으로서의 개인—이것이 바로 경험이다"라고 적었다.[110] 다시 말해 경험의 구원적 개념은 언어에 빠지기 이전의 시간을 돌아보는 것—in-fans는 '언어가 없는'을 의미한다—이며, 역사란 바로 그 타락과 더불어 시작될 뿐이다. "이런 점에서, 경험한다는 것은 역사의 초월적인 근원지로서 유아기를 재발견하는 것이다. 유아기가 인간을 위해 도입한 수수께끼는 오직 역사에 의해서만 풀릴 수 있다. 이는 마치 인간의 근원지로서의 유아기에 놓여 있는 경험이 상실되는 와중에 언어와 발화 속으로 내던져지는 것과 마찬가지다."[111] 물론 아감벤식으로 경험을 언어 이전의 은총—수상쩍게도 이것은 경험이라는 말의 전통적 반의어들 중 하나인 순수innocence와 같은 것처럼 들린다—과 동일화하는 것을 거부할 수도 있겠지만, 언어적 관점에서 경험을 찾지 말라는 그의 경고는 경청할 만한 가치가 있다. 바벨탑 자체가 복수성을 하나의 보편적 핵심으로 강제적으로 환원하는 단일한 메타-언어에의 갈망에 대한 유익한 검토인 것이 아닐까?[112]

경험 자체의 붕괴에 대한 벤야민의 양가성의 함의들, 혹은 그 쇠락의 연대표를 제공하는 데 있어서 그의 모호함이 품고 있는 의미들은 그야말로 문제적이다. 앞서 보았듯이, 그는 어떤 경우에는 "경험의 가치가 하락했다"며 분명한 유감을 드러내기도 했지만, 또 어떤 경우에는 그것의 임박한 소멸이 개시해줄 가능성들에 대해 기뻐하기도 했다. 시간이 지나면서, 벤야민이 보여준 파괴의 구원적 힘에 대한 기대, 프롤레타리아 총파업에서 출현할 수 있는 메시아적인 '신적 폭력'에 대한 종말론적 의존은 점점 더 호소력을 상실해가는 위험스러운 미봉책처럼 보인다.[113] 왜 벤야민이 가장 절망적인 시기인 1940년에 작성한 「역사철학 테제」에서 파시즘과 싸우기 위한 "우리의 임무는 진정한 비상사태를 산출하는 것이다"라고 생각했는지 이해하기란 어렵지 않다.[114] 그러나 대안적 미래를 위해 "그 공간을 청산하고자" 하는 파괴적 인물들에게 주어진 백지 수표는, 우리가 아주 잘 알고 있는, 폭력을 수용하는 종말론적 근본주의자들을 제외한다면, 구원적 정치가 매력의 상당 부분을 상실해버린 세계에서는 현금화하기가 훨씬 더 어렵다.[115]

: 아도르노의 주체/객체의 비동일적 변증법의 복원

벤야민의 경험 이론은 아도르노에게 전용되면서 그 같은 위험들을 어느 정도 피하게 됐는가?[116] 이 문제를 다루는 데 있어 인식해야 할 첫 번째 점은 아도르노가 앞서 경험의 붕괴에 관해 벤야민이 보였던 양가성을 결코 드러내지 않았다는 것이다. 즉 「경험과 빈곤」 같은 논문들에서 분명히 드러난 급진적 부활의 열린 가능성들에 대한 희망적 생각은 전혀 존재하지 않았다. 아도르노는 본질적으로 새로운 기술들의 해방적 힘을 결코 찬양하지 않았고, 그 종말론적 목표를 위해 '비상 상황'을 재촉하려 하지도 않았다. 제2차 세계대전과 홀로코스트로부터 살아남은 것은 그 어떤 종류이든 급진적인 정치적 해법에 관한 그의 초창기 경고를 강화해주었다. 그에게서 경험의 위기란 단지 애통함의 원천일 뿐이었다.

두 번째로 인식해야 할 점은, 이러한 차이에도 불구하고, 경험의 붕괴로 추정되는 것에 대한 아도르노의 모든 비평은 사실상 앞서 벤야민을 다루며 본 정식들로부터 직접 차용한 것이라는 점이다. 예컨대 색깔에 관한 아이들의 시각에 대한 벤야민의 예찬은 아도르노가 1966년에 출간된 『부정변증법』에서 "대체 가능한 교환 세계에 대한 저항은 세상의 색깔이 희미해지길 원치 않는 눈의 저항이다"라고 주장할 때 다시 등장한다.[117] 그는 같은 책에서 '형이상학적 경험'을 다음과 같이 묘사하면서, 아이들에게 일어나는 지명들의 마법에 매혹된 벤야민의 경우와 마찬가지의 입장을 취하게 된다.

> 우리가 그것을 이른바 원초적인 종교적 경험에 투사하는 것을 무시한다면, 우리는 프루스트가 그랬듯이, 예컨대 애플배치스빌, 윈드 갭, 로즈 밸리 같은 마을 이름들로 약속되는 행복 속에서 그것을 시각화하고자 할

> 것이다. 누군가는 거기에 가는 것이 성취감을 제공해주리라 여기기도 한다. 그런 것이 있었다는 듯이 말이다. (…) 어린이에게서는 그 아이가 좋아하는 마을에서 그 아이를 기쁘게 만드는 것이 다른 어떤 곳도 아닌 오직 그곳에서만 발견된다는 점은 분명하다. 아이는 착각을 한 것이다. 하지만 아이의 착각은 사물에 대한 빈곤한 투사가 아니라 결국 사물 자체의 개념이 될 수 있는 경험, 즉 개념의 모델을 만들어낸다.[118]

약간 거리가 있긴 하나, 아도르노의 규범적인 경험 개념은 분명 벤야민의 '절대 경험' 개념의 신학적 전제들에서 파생된 것이었다. 이를 특징지으려는 수많은 시도 중 일부를 인용해보자면, '부정 신학negative theology' '괄호친 신학theology in brackets' '매우 여린 신학theology in pianissimo' '신학의 형상figure of theology' 혹은 단지 '내밀한 신학cryptotheology' 등을 꼽을 수 있겠지만, 그 무엇으로 이해되든 간에, 아도르노의 궁극적인 호소는 그의 모든 저작에서 가장 빈번하게 인용되는 구절 가운데 하나인 '구원의 관점에서' 세계를 바라보는 것이었다.[119] 그리고 벤야민과 마찬가지로, 그는 앞서 슐라이어마허를 비롯한 사람들에게서 보였던, 경험의 신학적 개념을 주관적 경험으로 환원하는 것에 저항했다. 실제로 그는 『권위주의적 성격』을 준비하던 시기에 쓴 미국의 우익 선동가 마틴 루서 토머스에 대한 비판에서 "정치적인, 즉 궁극적으로 반종교적인 목표를 위해 종교적 주관주의를 파시스트적으로 조작하는 것의 토대는 사적인 경험을 어떤 객관화된 교리에도 반하는 것으로서 강조하는 것이다. (…) 직접적이고 사적인 종교적 경험에 호소하는 것은 일관된 종교적 교리로 대표되는 합리적 통제를 약화시키는 것을 의미한다"라고 말하기까지 했다.[120]

마찬가지로 근대 세계에서의 경험의 쇠퇴에 대한 벤야민의 비감은 그의 친구가 쓴 저작들의 많은 다양한 영역에서 반복되었다. 아도르노는 『문학 노트』에 포함된 「현대 소설에서 서술자의 입지」에서 다음과 같이 적었다. "명료하게 표명되고 내적 지속성을 보유하는 어떤 삶—그리고 그 삶은 서술자의 입장을 가능하게 만드는 유일한 것이다—의 형태를 취한 경험의 동일성은 이제 해체되었다. 이는 전쟁에 참여했던 어떤 이가 전쟁을 사람들이 자신의 모험에 관해 이야기를 들려주곤 했던 방식으로 이야기하는 것이 얼마나 불가능한지를 언급하는 것으로 충분하다."[121] 사적으로 '손상된 삶을 반성'하기 위해 쓴 『최소한의 도덕』에서 아도르노는 다음과 같이 주장하게 된다.

> [전쟁은] 기계의 작동 방식이 육체의 운동과 결별한 것처럼—육체는 오직 병리적인 상태에서만 기계와 유사해지기 시작한다—경험과 완전히 결별했다. 전쟁이 지속성, 역사, '서사적' 요소를 결여하지만 오히려 각 단계의 시작으로부터 새롭게 출발하는 것처럼 보이듯이, 그것은 기억 속에 어떤 영원하고 무의식적으로 보존된 이미지를 남기지 않을 것이다. (…) 삶은 끝없는 충격의 연속으로 변해버렸고, 공허하고 마비된 간격들로 점철되어버렸다. (…) 맨 앞의 탱크들에 올라탄 카메라맨들과 영웅적 죽음을 맞이한 종군기자들, 여론의 계도된 조작과 의식 없는 행동의 뒤섞임과 더불어 각종 정보와 선동적인 논평들이 야기한 전쟁의 총체적 말소. 이 모든 것은 경험의 시들어버림, 인간과 인간의 운명 사이에 놓인 공백에 대한 또 다른 표현인 것이다. 그리고 여기에 인간의 진짜 운명이 놓여 있다.[122]

여기서 문제시되는 전쟁은 제2차 세계대전이었지만, 아도르노는 벤야민이 제1차 세계대전에 대해 주장했던 핵심들을 단지 반복하고 있었다.

마찬가지로 1960년에 쓴 논문 「전제들」에서, 아도르노는 제임스 조이스와 프루스트의 모더니즘적 글쓰기에서 "경험의 소멸, 즉 궁극적으로 물질적 상품들의 무시간적인 기술적 생산 과정으로 회귀하는 것"을 엿볼 수 있다는 주장을 폈다.[123] 그리고 그는 전해에 쓴 「사이비-문화 이론」에서는, "현존하지 않는 모든 것이 소생하고 실천과 유대가 개인 속에 전통을 확립하게 해주는 의식의 지속성"이라고 그가 거의 버크식 용어로 정의한 경험이 이제는 "누구나 관측할 수 있다시피 다른 정보에 의해 즉각 취소 가능한, 선택적이고 단절적이고 교체 가능하고 일시적이라고 고지된 상태로 대체"되어버렸다고 불평했다.[124] 실제로 사후에 출간된 마지막 저작 『미학 이론』에서도, 아도르노는 여전히 "경험의 핵심은 흡수되어버렸다. 아무것도 존재하지 않으며, 상업이 그것을 제거했다고 비판한다는 소리도, 심지어 그것에 잠식되지 않았다는 소리도 들리지 않는다"라고 적었다.[125]

게다가 아도르노는 오늘날 경험의 강력한 다양성을 소생시키려는 시도들은 반드시 실패할 수밖에 없는 운명에 처해 있다고 주장했다. 특히 그것들이 문화와 사회의 매개들보다 어쨌든 더 심원한 것으로 추정되는 원-경험을 회복하려고 할 때 그렇다. 『진정성이라는 특수한 용어』에서, 그는 세계를 재-주술화하려는 생철학의 현대판 전문가들의 노력을 조롱했다.

> [스테판] 게오르게를 위해 [프리드리히] 군돌프가 임시적으로 발명한, 원초적 경험과 문화적 경험의 대조는 상부구조 한가운데에 위치한 이데올로기로서, 토대와 이데올로기의 대조를 모호하게 하려는 의도에서 고안되었다. (…) 정당하게도 [에른스트] 블로흐는 오늘날의 원초적 경험들에 대한 군돌프의 믿음을 비웃었다. 이러한 원초적 경험들은 표현주의의 재탕에 불과했다. 그것들은 나중에 하이데거에 의해 영구적인 관례로 만들어

졌다. (…) 보편적으로 매개된 세계에서 원초적 용어들로 경험된 모든 것은 문화적으로 수행된다.[126]

아도르노는 경험을 체험으로 환원시키는 생기론자들을 경멸했을 뿐만 아니라, 신칸트주의나 실증주의의 과학주의적 대안들에 대한 벤야민의 적대감 또한 공유했다. 옥스퍼드 머턴 칼리지에 있던 때인 1936년에 일찍이 그는 신실증주의의 최신 유행에 관해 논문을 쓰고 있던 막스 호르크하이머에게 다음과 같이 충고했다. "누군가가 신실증주의의 경험 개념을 분석해야만 한다. 부르주아 사유에 내장된 경험 개념의 양가성을 추적하는 것은 특히 당신에게 중요할 것이다. 그것은 베이컨에게는 완전히 진보적인 것으로 여겨졌겠지만, 홉스에 이르러서는 이미 교체 불가능한 본래적 사실들의 힘이라는 정반대 방향을 갖게 되었다."[127] 그것은 이론과 단호한 진리 개념에 대한 회의주의를 촉진했고 따라서 상대주의와 현상 유지의 수용을 강화했다. 24년 뒤 그는 『독일 사회학에서의 실증주의 논쟁』의 서문에서 이런 비판을 확장시켰다.

실증주의에 의해 규정된 엄격한 경험은 경험 자체를 무효화하고, 그런 의도 속에서 경험 주체를 제거해버린다. 대상에 대한 무관심성과 주체의 폐지는 상관적이다. 그렇지만 주체의 자발적 수용성 없이는 어떤 객관적인 것도 출현하지 않는다. 사회적 현상으로서 실증주의는 경험도 지속성도 없는 인간 유형에 맞게 조정된 것이며, 그것은 그런 인간—배빗 같은—이 스스로를 만물의 영장으로 간주하게끔 고무한다.[128]

그리고 좀더 본질적이고 존재론적인 경험 개념을 구제하려는 현상학자들의 시도에 맞서서, 아도르노는 후설의 경우 "사유된 것은 대체로 개별적 '행위들'과 '생생한 경험들'(체험들)— 이 시기에 그의 철학의 시야에서 거의 사라진 경험(경험)과 대조되는 것—의 고립을 통해서 본질이 된다. 쇠퇴하는 개인은 구체적 경험의 대용품으로 추켜세워진 체험의 내용을 이루긴 하지만, 이제 더는 그런 경험 자체에 대한 통제권을 쥐고 있지 않다"라고 주장했다.[129] 후설은 물화된 실존으로부터 고립된 순간을 추상화하고 그것에 보편적인 것의 존엄을 부여함으로써, 자신이 초월적 진리 개념으로 대체하고자 했던 주관주의를 단순히 고취했을 뿐이다. 데카르트적 주객 이원론을 극복한다는 이유로 현상학자들로부터 종종 경험세계를 해명하는 강력한 도구로 간주된 후설 후기 사유의 생활세계Lebenswelt조차 아도르노에게는 지나치게 몰역사적으로 보였다.[130]

사실 벤야민과 비교해볼 때, 아도르노는 구원의 암호가 근대 세계에서 드러나는 방식에 대해 더 큰 경고를 보냈다. 그는 미메시스에 대한 벤야민의 옹호를 진지하게 다루긴 했지만—실제로 이것은 그 자신의 철학에서 근본적인 전제로 기능했다[131]—, 그렇다고 필적학이나 점성학 같은 방법을 통해 그것의 현전을 찾는 벤야민의 방법을 수용한 것은 결코 아니었다. 아케이드 프로젝트에 관한 서신에서, 그는 신비적인 방식으로 루트비히 클라게스를 활용하는 것에 대해 카를 구스타프 융의 문제적인 심리학과 비교하면서 위험성을 경고한 바 있다.[132] 그리고 『최소한의 도덕』에서 "심령술에 반대하는 테제들"이라고 명명한 아포리즘과 1953년에 『로스앤젤레스타임스』에 기고한 점성학 관련 「지상으로 내려온 별들」이란 제목의 방대한 연구에서, 아도르노는 별점과 그 밖의 마법적 사유가 갖는 이데올로기적 기능에 대해 단호하게 조소했다.[133]

아도르노는 또한 벤야민이 때때로 굴복했던, 급진적 정치를 참된 경험의 회복을 위한 효과적인 수단으로 전환하려는 유혹에도 저항했다. 정치적 경험 그 자체에 대한 저 옹호자들—정치를 위한 정치에 대한 그들의 찬사는 5장에서 만나본 바 있다—과 달리, 그는 이론을 그 자체로 실천의 형식으로 사유하는 것을 더 선호했다.[134] 이러한 입장은 아도르노의 후반기 생애 동안 끝없는 논란의 원천이 되었지만, 경험의 위기에 관한 그의 깊은 회의론을 반영하는 것이었다. 그의 주장에 따르면, 경험은 오직 비판 이론과 특정한 예술작품들에서 추방된 형식으로만 존속해왔다.

그에 따라 아도르노는 경험에 대한 헤겔의 개념화에 더 큰 공감을 보이면서 벤야민으로부터 멀어져갔다. 이것은 그가 다른 프랑크푸르트학파 철학자들과 연계되면서 입증된 사실이다.[135] 아마도 그들 사이의 입장 차이는 1950년에 마르틴 하이데거가 『숲길』에서 개시한 헤겔에 대한 공격에 맞서 아도르노가 헤겔을 옹호한 데서 가장 잘 드러났던 것 같다.[136] 이 부분을 간략히 검토하는 것은, 비록 개략적이겠지만 이 골치 아픈 용어를 논하는 데 있어 하이데거 본인의 기여를 검토할 기회를 제공해주는 동시에, 경험에 대한 아도르노와 벤야민의 미묘한 개념 차이를 좀더 충분히 이해할 수 있게 해준다.

물론 그렇다고 해서 많은 측면에서 매우 상이한 벤야민과 하이데거를 합체시키는 것은 잘못일 것이다. 예컨대 아우라의 붕괴가 갖는 정치적 함의에 대한 그들의 태도도 상이했다(벤야민은 양가적 입장에서 그것을 반겼지만, 하이데거는 아우라가 회복되기를 원했다). 하지만 경험의 문제에서만큼은 양자가 상당히 유사한 경향을 공유한 것이 사실이다.[137] 예컨대 두 사람 모두 생철학에서 주장하는 직접적인 '생생한 경험' 혹은 체험을 특권화하는 것에 적대적이었다. 또한 칸트적이거나 경험론적인 의미에서 경험을 인식론적 범주로 환원하는 데에도 반대했으며, 심리학적 주관주의를 초월해 주관과 객관의 분리에 앞서는 경험 개념을 간절히 회복시키고자 했다. 그리고 궁극적으로, 벤야민처럼 하이데거도 탈주술화되고 세속적인 휴머니즘이나 관념론적 형이상학의 전통이 허용했던 것보다는, 형이상학적으로 절대적이라 부르든 존재론적으로 실재적이라 부르든 간에 좀더 근본적인 수준의 진리로 복귀하고자 결심했다.

『숲길』에서 하이데거는 헤겔의 『정신현상학』의 구절들과 그것들의 의미에 대한 자신의 확장된 해석을 나란히 실었다. 그는 헤겔이 자신의 작업을 '의식의 경험의 학'이라 부른 사실을 강조했고, 본인의 현상학 판본이 여전히 저 프로젝트에 깊이 빚지고 있음을 밝혔다. 하이데거는 상식과는 동떨어진 헤겔의 경험에 대한 다음과 같은 정의를 특히 중시했다. "의식이 자신에 대해 실행하는 이러한 **변증법적** 운동은, 그 결과와 더불어 **새롭고 참된 대상이 의식에 출현하는 한**, 분명 **경험**이라 불리는 바의 것이다."[138] 이 구절에 주석을 달면서, 하이데거는 헤겔의 '경험'이 "존재자의 존재"를 의미하며 "존재가 존재자로서의 존재자의 방식으로 파악되는 한, 이제 경험은 존재라는 단어가 된다"고 주장했다.[139] 여기서 그는 헤겔의 입장을 자기 입장에 동화시키는 것처럼 보였다.

그러나 한편으로 하이데거는 헤겔에게서 "경험은 주체의 주체임을 지시한다. 경험은 '의식Bewußtsein'[즉 알고bewußt-있음sein]에서 '있음'이 의미하는 것을 표현한다—오직 이러한 '있음'으로 인해서만 그것이 분명해지고 '알고'란 말이 여전히 사고에 내맡기는 것을 묶어주는 식으로"라고 덧붙였다.[140] 따라서 헤겔의 경험 개념은 하이데거가 근대 형이상학에서 매우 곤혹스러운 처지에 내몰렸다고 여긴 주체의 치명적인 특권화에 여전히 매여 있는 것이다. 하이데거는 계속해서 헤겔의 경험이 의식에 있어 현상의 제시, 즉 현재에서 존재의 주체로의 현시와 연관되기 때문에 이러한 편견이 드러난다고 주장했다. 실제로, 헤겔의 변증법적 방법은 그 자체로 여전히 경험의 주관적 견해에 근거하고 있다. 다시 말해 "헤겔은 경험을 변증법적으로 이해하지 않는다. 그는 변증법을 경험의 본성이라는 관점에서 사유한다. 경험은 존재자의 존재임이며, 그것의 주체로서의qua subjectum 규정은 주체임의 관점에서 결정된다."[141] 물론 헤겔의 궁극적인 주체는 절대정신이다. 따라서 하이데거는 헤겔에게 "경험은 절대적 주체의 주체임이다. 절대적 재현의 제시인 경험은 절대의 임재parousia다. 경험은 절대의 절대임이며, 자신에 대해 방면하는 현상에서의 현상이다"라고 주장했다.[142]

하이데거는 헤겔이 자연적 의식에 대해 그것이 존재의 깊은 질문을 무시하기 때문에 이렇듯 좀더 승격된 형이상학적인 경험 개념을 결여하고 있다고 이해한 점에 동의했다. 하지만 헤겔적 절대자가 스스로를 외화한 후 더 높은 단계에서 자기 자신을 다시 모으는 방식은 의식의 경험이 사후적인 학문적 통괄에 가담한다는 의심스러운 주장을 야기한다. 의미심장하게도, 하이데거는 "의식의 경험의 학"이라는 제목—헤겔에게 있어 "의식의 존재로서의 경험은 그 자체로 전도로서, 이 전도에 의해 의식이 자신의 현상에서 스스로를 드러낸다. 다시 말해, 그러한 제시를 한다는 점에서 경험은 학문이다"라는 것을 시사하는—에서 '경험'이 '학문'과 '의식'의 중간에 위치한다고 지적했다.[143]

하이데거는 헤겔이 그 책을 출간하기 직전에 원제목을 버리고 '정신현상학'으로 대체한 이유를 추측하는 것으로 마무리짓는다. 칸트에게 "경험"이란 단지 "존재하는 것의 유일하게 가능한 이론적 인식"임을 언급하면서, 그는 헤겔이 거기서 그보다 앞선 의미, 즉 "존재함의 양식으로서 다가감과 획득함, 그리고 획득함"이라는 의미를 회복하기에는 엄두가 나지 않는다고 여긴 건 아닌지 자문했다.[144] 아마도 이러한 용기 부족으로 인해, 헤겔은 하이데거가 본인의 사유로 자리매김한 존재에 대한 통찰의 수준에 이르지 못한 것일 수도 있었다. 그에 대해 호의적인 해석가 로버트 버나스코니는 두 사상가의 본질적인 차이를 다음과 같이 요약했다. "하이데거의 '경험'은 그것이 헤겔에게서 그랬던 것처럼 진보적인 발전의 의미를 갖지 않는다. 하이데거에게 경험은 거의 언제나 결핍에 직면한 장소를 차지한다. (…) 하이데거의 현상학적 사유에 있어서, 결핍이나 부족은 존재에 접근할 수 있게 해준다. (…) 헤겔과 하이데거의 경험 개념의 차이는, 전자가 현시하는 것의 규칙에 매여 있는 반면에 후자는 그것을 단지 맞이한다는 데 있다. 헤겔의 현상학은 재림인 반면, 하이데거에게 그것은 불분명한 것을 불분명한 채로 드러내도록 하는 것이다."[145]

성공적인 변증법적 과정의 점증적인 실현으로서의 현전presence을 찬양하기보다 상실되었던 것—하이데거의 경우 존재 망각—을 기리는 것은, 과거에 분열되었던 것을 현재에 지나치게 조화로운 방식으로 재결합하는re-membering 상기로서의 헤겔의 기억에 대한 벤야민의 비판을 연상시킨다. 하이데거와 벤야민의 공통점은 경험Erfahr과 위험Gefahr의 어원학적 연결이라는 양자의 작업에서의 인식에서도 발견된다. 이때 위험은 경험(다시 말하지만, 경험experience은 영어의 'peril'에서도 알 수 있듯이 라틴어 *experiri*에서 파생되었다)이라는 위험한 여정에서 반드시 조우할 수밖에 없는 것이며, 근대에 와서는 해방적 잠재력인 동시에 파괴적 잠재력을 지니는 과학기술의 맥락에서 가장 잘 드러난다. 그리고 두 사상가 모두 지식이나 학문Wissenschaft이 경험과 완벽하게 조화될 수 있다는 헤겔의 주장에 대해서는 불만을 느꼈을 것임에 틀림없다. 가다머가 『진리와 방법』에서 주장했듯이, 이러한 전제는 궁극적으로 자기 안에 대상을 포섭하고 실로 자신과 다르고 또 맞지 않는 것과는 결코 조우하지 않는 헤겔적 주체의 유아론적 본성에

기인한다.[146]

물론 이러한 조우는 차이에 대한 관념론의 강제적 지양을 피하고 주체와 객체의 비동일성을 보존하고자 했던 아도르노의 부정변증법이 갖는 전형적인 특징이었다. 이제 우리는 아도르노가 벤야민에게 진 부채와 그로부터 미묘하게 벗어나 해당 사안을 좀더 심층적으로 평가했던 문제로 되돌아갈 수 있다. 헤겔의 경험 개념에 대한 아도르노 자신의 해석은 하이데거의 『숲길』이 행한 존재론적 변형에 저항하고 그러한 결을 거슬러 헤겔을 읽음으로써, 헤겔에게서 하이데거와 벤야민 공히 그가 부인했다고 주장한 바를 발견하기 위해 계획된 것이었다. 아도르노는 1959년에 처음 발표되고 1963년에 『헤겔: 세 가지 연구』라는 논문집에 수록된 「헤겔 철학의 경험적 내용」이라는 논문을 의도적으로 하이데거의 독해와 거리를 두는 것으로 시작했다.

> [경험] 개념은 현상학적인 '원경험'을 포착하려는 의도를 지니지 않는다. 게다가 하이데거의 『숲길』이 행한 헤겔 해석처럼 존재론적인 것을 구하려는 의도도 갖지 않는다. (…) 그의 사유는 '그것의 형성의 과정 속에서 의식에 떠오르는 새로운 대상'이 '참된 것 혹은 어떤 특수한 존재일 뿐 아니라 진리인 바의 진리, 존재들의 존재, 현상의 현상'이라는 하이데거의 주장을 결코 승인하지도 않았을 것이다. 헤겔은 결코 그러한 경험을 명명한 적이 없었다. 그 대신에 헤겔의 경우 경험이 어떤 특정한 순간에 관계하는 것은 그와 같은 절대적 진리의 생명력 넘치는 모순인 것이다.[147]

헤겔에게 있어 경험이 주관에 앞선 '사건'이나 존재의 '전유'(하이데거의 특수한 용어에 따르면 생기Ereignis) 그 이상을 의미한다면, 이는 흄 같은 경험론자들이 가정한 직접적인 감각 지각도 아닐 것이다. 헤겔의 경험은 고립된 개인이 수행하는 것이 아니고, 주체들 서로 간의 그리고 주체와 세계 간의 상호 의존성을 수반하는 것이다. 그뿐 아니라, 이것이 더 중요한데, 그것은 자신의 묘비에 "관념론의 경험적 내용은 결코 그것의 인식론적이고 형이상학적인 입장들과 일치하지 않는다"고 적고 있는 학문인 지식학에 상응하지 않는다.[148] 헤겔은 칸트가 설정한 지식의 한계들을 궁극적으로는 극복하길 바라면서도 은연중에 존중하면서, 경험을 단지 사유에서가 아니라 현실에서의 모순들에 의해 제시된 온전한 투명성의 저해 요인들과 명확히 동일시했다. 아도르노는 "현실에는 논리와 엄격히 일치하는 그 어느 것도 존재하지 않는다"[149]는 니체의 주장이, 변증법적 이성을 남김없이 세계에 부과하려는 교조적인 변증법적 유물론자들의 것과 같은 시도들보다 헤겔의 경험 개념을 더 잘 포착한다고 여겼다.

확실히 헤겔은 자신의 철학이 궁극적으로 전체를 포괄하고 그것의 진리를 드러낼 수 있다고 잘못 생각했다. 하지만 아도르노의 주장에 따르면 "헤겔이 자신의 철학을 동기 지은 경험을 포함해 경험에 정면으로 도전하는 곳에서조차, 경험은 그로부터 이야기한다. (…) 망라하는 정신의 우월한 힘을 통해 자신에 대립하는 모든 것을 지배할 수 있는 실정성positivity의 사상은, 자신의 통합의 힘으로 지배적 위치에 있는 모든 것에 내재된 우세한 강제력이라는 경험의 거울 이미지다. 이것이 헤겔의 비진리에 있는 진리다."[150] 매우 다른 함의를 지닌 또 다른 비의도적 진리는, 아도르노가 헤겔의 불투명한 스타일에 관해 이후 논문에서 지속적으로 제기하듯이,[151] 전적으로 대상들에 적합한 개념들을 가지고 작업하려는 헤겔의 욕망과 그가 그것들을 표현하기 위해 불가피하게 거쳐야 할 언어적 매개와의 긴장에서 드러난다. 즉 "헤겔에게서 표현적 요소는 경험, 즉 실제로 밝혀지기를 원하지만, 그것이 필연성을 확보하고자 한다면 개념의 매개—근본적으로 그것과 대립되는—를 제외하고는 나타날 수 없는 것을 재현한다. (…) 헤겔 철학의 모든 것은 지성적 경험을 개념으로 번역하려는 노력이다."[152] 하지만 그 표현 매체는 불가피하게 이러한 목표를 방해하는데, 그 이유는 "필연적으로 텍스트, 즉 말해진 것으로부터 멀어지는 사유는 다시 그것으로 복귀해서 그 안에 응축되어야 하기 때문이다. 오늘날의 사상가 존 듀이는 자신의 실증주의에도 불구하고 헤겔에게 더 가까이 있는데—둘의 관점이 서로 대칭되기보다는—, 그는 자신의 철학을 '실험주의'라고 불렀다. 뭔가 이러한 자세가 헤겔의 독자에게 적절해 보인다."[153]

듀이에 대한 아도르노의 예상 밖의 언급—프랑크푸르트학파는 듀이의 실용주의를 종종 경멸하기 때문이다—은 사실상 거의 소멸된 경험을 유감스럽게 생각하는 그의 입장과는 다른 흐름을 보여주는데, 왜냐하면 듀이는 오늘날의 참된 경험의 가능성을 조심스럽지만 낙관적으로 보았기 때문이다. 확실히 아도르노는 '실험'과 그것의 과학적 다양성을 동일시하는 듀이의 입장에 반발했고, 그 대신에 "전통적 이론이 단순한 범주들에 그런 것만큼이나 경험에 실체를 부여하는" 문학적 에세이를 선호했다.[154] 그러나 그의 주장에 따르면, 그 실체는 이전의 것에 대한 승인이라기보다 새로운 것을 여는 것과 관련된다. "칸트가 이성의 목표로서의 내용이라는 관점에서 인류의 창조로 본 유토피아는 인식론이라는 그의 사유 형식에 의해 방해받는다. 그것은 이성으로 하여금, 단순히 기계적이고 불변적인 범주들의 메커니즘 속에서 항상 이미 존재하고 있는 것으로 움츠러드는 경험의 영역을 넘어서지 못하게 한다. 그러나 그 글의 대상은 새로움 속에 있는 새로운 것이지 낡은 존재 형식으로 거꾸로 번역될 수 있는 것이 아니다."[155]

만약 아도르노가, 경험의 재개를 가리키는 유의 실험이 자신이 "전체가 진리다"라는 헤겔 격언의 사악한 역전으로 여긴 전체화된 지배 체제 속에서도 가능하다는 믿음을 듀이와 공유했다면, 그는 특히 미학적 경험이 그 실험의 특권적 실험실이라는 점에도 동의했을 것이다. 아도르노가 한때 그렇게 불렀듯이 "독창적이고 참으로 자유로운 존 듀이"는 1934년에 쓴『경험으로서의 예술』 같은 책들에서, 소외되지 않은 존재의 좀더 보편적인 양식을 위한 모델로서 미학적 경험의 의의에 대해 고찰한 바 있다.[156] 비록 아도르노 자신의 미학적 경험에 대한 이해가 지나치게 금욕적이며 오늘날의 "관리된 세계"에서조차 예술의 의사소통적 기능에 대한 공감을 결여하고 있다는 주장이 이따금 제기되지만—가장 주목할 만한 것이 한스 로베르트 야우스의 주장이다[157]—, 분명한 점은 그가 듀이와 더불어 그 경험에 놓인 유토피아적 계기에 공감했다는 것이다.

이 글의 목표는 아도르노가 미학적 경험으로 의미한 바가 무엇인지를 심층적으로 분석하는 데 있지 않지만, 몇 가지 점은 강조할 필요가 있다.[158] 우선, 고상한 엘리트주의자라는 이미지와 반대로, 아도르노가 미학적 경험들을—심지어 가장 선진적인 모더니즘 예술에 의해 야기된 경험들조차—근대적 삶의 공포가 어떻게든 성공적으로 저지되게끔 해주는, 전적으로 보호받는 어떤 영역인 양 여기지 않았음을 이해해야 한다. 한때 그가 19세기의 걸작 리얼리즘 소설인『잃어버린 환상』에 대해 쓴 에세이에서 밝혔듯이, "발자크는 예술적 경험이 순수하지 않고 오히려 반대로 공식적인 미학이라는 점, 다시 말해 그것이 경험되게 되면 거의 순수할 수 없다는 점을 알고 있다."[159] 적어도 이처럼 규범적이기보다 기술적이라고 부를 수 있는 용법에서, 미학적 경험은 필연적으로 불순할 수밖에 없는데, 왜냐하면 그것은 우리가 이미 암시했듯이 근대적 전쟁, 서사의 정보로의 대체, 소외된 과학기술, 자본주의적 산업화 같은 예술 바깥의 변화에 의해 손상을 입기 때문이다. 그것은 제 힘만으로는 벤야민이 말한 이야기꾼의 세계로 되돌아갈 수 없다. 따라서 아도르노가 항상 강조하듯이, 그것의 참된 내용은 예술이 불가피하게 결여한 비판적 담론 도구들을 제공해주는 철학적이자 사회적인 이론적 분석을 통해 발휘되어야 했다.

그러나 아도르노에게서 미학적 경험은 불구화되긴 했지만 완전히 말소되진 않아서, 이전에 존재했던 것의 흔적을 약간이나마 보존할 수 있다는 점도 사실이다. 여기서 그는 명확히 규범적인 의미에서 '경험'을 사용했다. 그의 주장에 따르면, 프루스트는 그 보존의 거의 헤겔적인 모델을 제시할 수 있었는데, 왜냐하면 그의 작품에서 "손상되지 않은 경험은 오직 직접성을 훨씬 넘어서 기억 속에서만 생겨나고, 기억을 통해서 노화와 죽음은 미학적 이미지 속에서 극복된 듯이 보이기 때문이다. 하지만 경험의 구제를 통해 획득되는 이 행복, 즉 어떤 것에 의해서도 가치가 떨어질 수 없을 행복은 위안의 무조건적인 포기를 대표한다."[160]

따라서 근대적 삶의 손상된 다양성으로부터 구제할 가치가 있는 참된 경험은 행복의 기억과 밀접하게 연결되어 있으며, 복귀에 대한 그것의 어렴풋한 약속은 스탕달, 니체, 마르쿠제가 주장했듯이 예술이 제공할 수 있는 것이다. 관조적 무관심성 그리고 경험을 산출하는 대상들에 대한 취미나 판단의 고양이라는 칸트적 개념들에 반해서, 아도르노는 대상의 우선성과 그것이 참된 희열을 제공한다는 약속을 주장했다. 예술은 불가피하게 실물이 아니라 그 같은 모방적 천국의 외관을 띠지만—닮은꼴이지만 그렇다는 것을 스스로 알고 있기 때문에—, 현재 세계가 부인하고 인식론적 개념만으로는 예상조차 할 수 없는 참된 형이상학적 경험의 행복을 지시한다. 역설적으로 그것은, 주관적 구성으로의 환원에 저항하고 주체의 지향성을 넘어서는 대상의 수수께끼 같은 일부 특징을 보호하는, 타자의 모방을 통해 그렇게 한다. 경험은 종종 주관적 관점에서만 이해됨에도 불구하고, 자아가 더 이상 동일한 것으로 남을 수 없게 만드는 타자성과 조우하게 된다. 그 경험은, 손상되지 않으려면, 타자를 비지배적이고 비포섭적이고 비균질화하는 방식으로 다뤄야 한다. 그것이 자기 자신만을 지칭할 뿐 그 밖의 것의 표지로는 기능하지 않는 고유한 이름인 것처럼 말이다. 바로 이것이 사실주의 미학이나 자연주의 미학이 선호하는 있는 그대로의 세계에 대한 충실한 재생산을 넘어서는 것으로 이해되는 모방의 역할이다.

이런 이유로, 구체적이고 독특하고 자율적인 예술 작품의 보존은 올바르게 이해된 미학적 경험의 매우 중요한 차원이다. 이는 4장에서 논했듯이 머리 크리거와 마이클 프라이드 같은 비평가들이 표명한 대상의 소멸과 주체의 과다에 대한 유감이 단지 체험으로서의 경험에 대한 일면적 이해에 기초해 있음을 보여준다. 오히려 그것은 근대 세계에서 예술의 영역을 오염시켰던 순전한 체험으로 경험을 환원시키는 것이다. 예술은 예술가의 사적 체험의 표현으로서 독자나 관객이나 청자에게 비슷한 생생한 경험을 유발할 수 있는 것으로 이해되어서는 안 된다. 그 대신에 그것은 예술가의 감정적 상태를 초월하고, 작품 자체로부터 느껴지는 전율Erschu_tterung에 뒤따르는 당혹감Betroffenheit을 수용자에게 야기할 수 있는 것으로 이해되어야 한다. "예술의 참이나 거짓의 경험으로서의 예술 경험은 주관적 경험 이상을 의미한다. 그것은 객관성의 주관적 의식으로의 침입이다. 그 경험은 주관적 반응이 가장 강렬해지는 지점에서 정확히 주관성을 통해 매개된다"라고 아도르노는 주장했다.[161] 그같이 강렬한 전율은 근대성에서 자아의 고통스러운 청산을 나타내지만, 그것은 또한 그 정신에 대한 저항이기도 하다. 요컨대 아도르노의 변증법적 상상력은 예술작품과의 미학적 조우가 진정한 경험의 원형들을 담을 수도 있다는 희망을 그가 포기하지 않도록 해주었다.

그렇지만 그런 조우가 벤야민이 색깔에 대한 초기 저서에서 '절대적인 것'

이라 부른 것과 함께할 수 있을까? 분명, 그 주장에 담긴 약간의 비애감은 경험과 그것의 쇠락에 대한 아도르노의 상당수 진술—『최소한의 도덕』의 마지막 경구에서 명명된 '구원의 관점'에서 작성된—에 깔려 있다. 이미 우리는 『부정변증법』에서 교환세계에 대한 저항이 "세계의 색깔이 퇴색되길 바라지 않는 눈의 저항"이라는 주장을 언급한 바 있다. 그 결과 일부 평론가는 아도르노가 "이른바 원초적인 종교적 경험들"과 거리를 두려는 시도들을 무시했고, 자신들이 그의 경험 개념에 놓인 '신비적' 기초라고 본 것을 비난했다.[162]

하지만 그런 독해의 부적절함을 시사하는 것, 나아가 아도르노가 그 문제에 관한 벤야민의 정식에 전적으로 만족스러워하지 않았음을 시사하는 것은, 그가 '주체 없는 경험'이라 불릴 만한 것, 즉 자아와 타자의 분리에 앞서는 동근원성equiprimordiality의 순간에 대한 전적인 동의를 꺼렸다는 점이다. 아감벤은 경험의 파괴에 대한 논문인 『유아기와 역사』에서 "프루스트에게는 더 이상 어떤 주체도 존재하지 않는다. (…) 여기서 경험의 차용된 주체는, 학문의 견지에서 경험의 가장 근본적인 부정으로 드러날 수 있을 뿐인 것, 즉 주체도 대상도 없는 절대적 경험으로 드러날 수 있을 뿐인 것을 입증하기 위해서 출현한다."[163] 앞서 보았듯이, 아도르노는 프루스트가 기억을 통해 유년기의 행복을 보존하려는 것을 찬성조로 언급했지만, 주체도 객체도 보존되지 않는 절대적 경험의 이상을 수용하지는 않았다. 존재의 상기라는 자신의 프로젝트를 위해 헤겔의 '의식의 경험의 학'을 전유하려는 하이데거에 대한 경멸이 보여주듯이, 아도르노는 그 두 사람 간의 약간의 구분을 보존하는 부정변증법을 피하기를 꺼렸다. 그가 벤야민의 '메두사적 시선'이라 부르며 비판한 것은 일정 정도 주체 개념을—그것이 근대적 삶에서 아무리 저하되었다 해도—보유하는 것의 중요성에 대한 감수성을 의미했다. 모방과 건설, 개념과 대상 간에 그러한 것처럼, 예술과 철학의 지양 불가능한 변증법은 아도르노에게 있어 가장 형이상학적인 경험들조차 완벽한 화해나 동근원성의 회복으로 환원될 수 없음을 시사한다. 아도르노는 앞서 『부정변증법』의 구절들을 인용하는 가운데 드러난 것처럼 아담의 이름이라는 수사를 종종 동원함에도 불구하고, 실현된 유토피아의 모델을 제시함에 있어 모방에만 의지하지 않았다. 합리성이 없다면, 모방이란 자연세계를, 그것도 자연세계의 생기 없고 경직된 차원들을 흉내 내는 것에 불과할 것이다.

그러나 이러한 인식은 여전히 다음과 같은 핵심적인 질문에 답하지 못한다. 언젠가 실제로 존재했던 것의 상실과 관련된 것으로서, 진정 역사적인 방식에서 이해될 수 있는 경험의 위기란 존재하는가? 아니면 그것은 최근에 도미닉 라카프라가 실재 역사적인 '상실loss'이라기보다 초역사적인 '부재absence'라 부른 것의 한 사례인가?[164] 게다가 그것은 아감벤의 이의 제기, 즉 언어 이전의 통일로 이해되는 경험이 역사로의 전락에 선행하는 상태에 대한 향수를, 그러므로 결국 현실화를 넘어서는 유토피아적 불가능성을 수반한다는 이의 제기를 완전히 반박하지는 않는다. 알브레히트 벨머같이 프랑크푸르트학파의 전통에 동조적인 독자조차 이 회의적인 결론을 벤야민 너머로 확장하면서, 아도르노 역시 "쇼펜하우어와 마찬가지로 미학적 경험을 실재 유토피아로서라기보다는 도취적인 방식으로 이해한다. 그것이 약속하는 행복은 이 세계엔 없다"라고 주장한다.[165]

우리가 경험의 상실에 대한 아도르노의 유감을 좀더 신빙성 있게 읽을 수 있도록 해주는 것은, 벤야민과 『숲길』의 하이데거가 갖는 좀더 비타협적인 절대주의적 입장으로부터의 그의 미묘한 벗어남을 인식하는 것이다. 왜냐하면 아감벤의 질책은 단지 우리가 언어로의 전락 이전의, 주체와 객체의 분리에 앞서는 절대적 경험에 대한 그의 묘사를 사실상 경험의 가장 강력한 반의어인 총체적 순수total innocence로 여겨지는 것에 수렴되는 것으로 이해할 경우에만 고통을 주는 것이기 때문이다. 비록 아도르노가 유년기와 행복의 기억에 관해 긍정적으로 말하기는 했지만, 그가 타락 전 은총으로 추정되는 어떤 역사적 시기에 대한 참된 향수를 드러내는 일은 거의 없었다. 『부정변증법』의 다음 구절을 보자.

> 초기의 루카치가 복귀를 염원했던 유의미한 시대들 역시 그가 이후에 부르주아 시대만의 탓으로 돌리고자 했던 물화 내지 반인간적 제도들에 기인하는 것이었다. 중세 도시들에 대한 오늘날의 재현은 대개 마치 교수형이 대중을 즐겁게 하기 위해 행해지기라도 한 것 같다. 그 어떤 것이든 주체와 대상의 조화가 그 시대에 만연했다면, 그것은 가장 최근의 경우와 마찬가지로 압력에 의해 야기된 매우 취약한 조화였을 것이다. 과거 상태들의 변모는 출구 없는 상황으로 경험되는, 나중의 불필요한 부정의의 목적에 부합한다. 다시 말해 그것들은 상실된 상태로서만 찬란해지는 것이다. 주관 이전의 국면들에 대한 그것들의 숭배는 개인적 해체와 집단적 퇴행의 시대가 주는 공포에서 발생했다.[166]

아도르노의 헤겔 연구에서, 『정신현상학』에서 빛을 발한다고 그가 주장하는 경험은 삶이 전적으로 개념에 포섭될 수 없음을 나타내는 동시에, 바로 그 결과의 사회적 등가물을 불러오는, 현재 질서의 총체적 권력의 정도를 나타낸다. 관념론과 생철학이 각기 잊고 있는 것은 이 두 가지 통찰 간의 긴장으로, 아도르노가 적대하는 총체성에 대한 헤겔의 묘사라고 부른 것이다. 아도르노가 종종 절대적 경험의 상실이라는 벤야민의 수사에 의존했다

할지라도, 『부정변증법』에서 밝혔다시피, 그는 "형이상학적 경험 개념이 칸트의 선험적 변증론이 가르치는 것으로서뿐만 아니라 다른 방식들로서도 이율배반적"임을 인식했다. "주관적 경험의 의지 없이, 그리고 주체의 직접적인 현전 없이 주장되는 형이상학은, 이해할 수 없는 것을 자신에게 부과해온 것에 대한 자율적인 주체의 거부 앞에서 무익한 것이 되고 만다. 반대로 무엇이 됐든 그 주체에게 직접적으로 분명히 다가오는 것은 오류 가능성과 상대성으로 인해 고통을 만들어낸다."[167]

요컨대 회복된 경험, 손상되지 않은 경험, 진정한 경험이란—그런 조건이 획득될 수 있다면—언어로의 전락 이전의 순수를 회복하는 것 혹은 유토피아적 미래에서의 조화로운 화해가 아니라, 오히려 주체와 객체 간의 비지배적 관계를 의미할 것이다. 그것은 역설적으로 헤겔이 '불행한 의식'이라 불렀던 것에 의해 소외된 괴리들로 여겨진 구별들을 어느 정도 보유할 수 있겠지만, 이제 그것들이 개념적이고 실천적인 활동성을 통해 세계를 지배하려는 주체의 욕망을 더 이상 좌절시키지 않는 방식으로 그러할 것이다. 그 대신에 예술작품이 약속하는 경험적 행복은 '경험' 자체의 근본적인 의미들 중 하나를 회복한다. 즉 수동적 겪음 혹은 새로운 것, 다른 것과의 조우를 통한 겪음으로서, 주체인 우리가 경험이 시작되기 전에 있었던 곳을 넘어설 수 있게 해주는 것이다. J. M. 번스타인이 아도르노에 대한 설명에서 언급했듯이, "경험 없는 삶의 이미지가 결국에는 역사 없는 삶의 이미지가 되는 것, 그래서 마치 삶의 의미가 그것의 영원한 중단인 죽음이 되는 것"은 바로 이 때문이다. "경험 없는 역사적 삶이란 존재할 수 없다. 경험을 통해 표명된 삶만이 완전히 그리고 자기의식적으로 역사적일 수 있다."[168] 여기서 아감벤은 명확히 반대 결론을 도출하는데, 그는 역사를 언어 이전의 유아기나 언어 이후의 죽음인, 순수 경험으로부터의 벗어남과 동일시하기 때문이다.

결론적으로 말하면, 아도르노 본인은 '경험'이라는 신비로운 단어에 고착된 방대한 외연과 내포를 결코 완전히 해결하지 못했다. 그는 어떤 때는 상실된 온전한 경험에 대한 향수를 드러냈다. 하지만 또 어떤 때는 타락 이전의 은총이라고 여겨지는 상태의 낭만화를 조롱하기도 했다. 그는 점진적인 상실이라는 수사를 언급하는 동안만 쇠퇴 이전의 실재 역사적 시대의 실존을 희미하게 암시했을 따름이다. 그는 경험론이나 칸트주의의 경험 개념을 비판한 벤야민의 입장을 수용하면서도, 앞서 본 것처럼 『숲길』에서 하이데거의 헤겔 독해에도 스며들었던 절대적 경험이라는 극단적인 개념은 받아들이길 거부했다. 그는 미학적 경험에서 손상되지 않은 경험의 흔적이나 원형을 추구하면서, 겉모습은 실재가 아니라는 점, 간극은 예술작품과 회복된 삶 사이에서 크게 다가온다는 점, 그리고 그것은 벤야민이 더욱더 메시아적 분위기 속에서 희망했던 그런 절대적인 것과는 결코 가까워질 수 없다는 점을 분명히 인식했다. 요컨대 경험에 대한 아도르노의 입장을 읽는 경험 그 자체는 손쉬운 조화에 대한 비동일적인 거부들 중 하나로서, 경험이 위험과 장애를 동반한 예기치 않은 것으로의 개방이라는 점, 즉 역사로부터의 도피처가 아니라 이 모든 것에도 불구하고 기꺼이 항해를 떠나려는 이들을 기다리는, 타자성을 비롯한 새로운 것과의 조우를 떠올리게 하는 것이라는 점을 깨닫게 해준다.

그 배에 타기를 갈망한 이들 중에는 현재 느슨하게 포스트구조주의자 혹은 그 운동의 전 단계의 인물로 불리는 몇몇 프랑스 사상가가 있다. 포스트구조주의는 앞서 본 대로 조앤 월랙 스콧과 리처드 로티가 경험 비판을 위한 자극제로 사용한 언어로의 전회로 종종 이해되고, 모리스 메를로퐁티와 장폴 사르트르의 현상학에서 '생생한 경험'에 기대는 것을 못 견뎌 하는 것으로 통상 인정된다. 하지만 특히 조르주 바타유, 미셸 푸코, 롤랑 바르트라는 세 사상가에게서 우리는 놀랍게도 경험의 특정 개념에 대한 뚜렷한 찬사를 발견하게 될 것이다. 마지막 장은 그들 작업의 강력한 요소이자 어쩌면 그들의 삶에서도 마찬가지로 강력한 요소였을 '내적 체험' 혹은 '한계경험'을 해명하는 데 바쳐질 것이다.

9장

경험에 대한 구조주의적 재구성

바타유, 바르트, 푸코

1981년 장프랑수아 리오타르가 다소 경멸 섞인 투로 설명한 바에 따르면 "경험은 근대적 형상이다."

> 우선 그것은 주체를 필요로 한다. 일인칭 시점으로 말하는 사람인 '나'라는 심급 말이다. 그것은 그 유형의 시간적 배열을 필요로 한다. 예컨대 아우구스티누스의 『고백론』 제11권(매우 전형적인 근대적 작품)에서는 과거, 현재, 미래의 견해가 언제나 파악 불가능한 현재 의식의 관점에서 취해진다. 이 두 가지 공리를 가지고도 이미 경험의 본질적 형태를 야기할 수 있을 것이다. 즉 나는 더 이상 지금의 내가 아니고, 나는 아직도 지금의 내가 아니다. 삶은 지금 누군가의 죽음을 의미한다. 그리고 이 죽음은 삶이 하나의 의미를 지닌다는 것, 그는 돌멩이가 아니라는 것을 증명한다. 세 번째 공리는 경험에 충분한 운신의 여지를 마련해준다. 즉, 세계는 주체 외부에 있는 하나의 실체가 아니며, 그것은 주체가 자신에게 도달하기 위해, 즉 살기 위해 스스로를 멀리하게끔(자신을 잃어버리게끔, 자신을 버리게끔) 해주는 대상들에게 붙여진 공통의 이름이다.[1]

리오타르에게 이런 식으로 이해된 경험은 구원의 기독교적 모델에서 파생되었는데, 그것의 철학적 상관물은 안티테제의 변증법적 지양이고 미학적 상관물은 아우라다. 그것은 쥘 미슐레의 작업만큼이나 마르셀 프루스트의 작업에도 영향을 미쳤다. 그것은 또한 헤겔의 사유("**경험**이라는 단어는 **정신의 현상학**, 즉 의식의 경험의 학의 단어다"[2])든 후설의 사유("경험은 현상학적 변증법에 의해서만 기술될 수 있다. 예컨대 이 사물이 이 각도에서는 흰색으로 보이고 다른 각도에서는 회색으로 보이는 그런 지각적 경험에서처럼 말이다"[3])든 간에 현상학적 사유에서도 나타났다. 마찬가지로 미학적 경험의 반성적 판단력을 통해 인식적·윤리적·정치적 담론 간의 간극을 메우는 방식을 도출하는 위르겐 하버마스식의 시도들은, 언어게임이나 불화 중인 문장을 나누는 통약 불가능한 '분쟁들differends'을 극복하려고 헛되이 시도하는, '경험의 통일'이라는 유토피아적 목표를 무심코 내비친다.[4]

그러나 리오타르의 주장에 따르면, 이제 우리의 포스트모던 시대에 와서 그 어떤 형태로든 최종적 위기에 처한 경험은 자본주의적 기술-과학, 메트로폴리스의 대중적 삶, 그리고 회고적 의미에서 정점에 달한 시간 변증법의 의미 상실에 의해 약화되었다. 포스트모던 예술은 실험적이지만, 그렇기 때문에 "철학자의 담론에서 자아의 총체적 표현에 도달하기 위한 질서의 인지 가능한 형태들을 가로지르는 정신의 열정이란 의미에서의 (…) 경험과는 판이하다."[5] 홀로코스트는 그런 열정의 쇠퇴가 가장 강력히 발현된 것이다. 리오타르가 아도르노에게 동의를 표하며 주장했듯이 '아우슈비츠'란 이름은 기껏해야 '유사-경험'을 가리킨다.[6] 그것은 근대적 삶에서의 경험의 궁극적 약화를, 정상적인 죽음보다 훨씬 더 나쁜 어떤 사건—변증법적 지양의 경험적 서사를 통해 파악한다는 것이 완전히 불가능한 사건—을 의미한다.

그러한 논증을 통해서 리오타르는 그와 같은 포스트현상학 세대의 수많은 프랑스 지성인이 공유했으리라 짐작되는, 이제는 친숙해진 판단을 표출하고 있었는데, 그것은 다양하게 구조주의, 포스트구조주의, 포스트모더니즘 사유라고 알려지게 되었다. 추측건대 그들의 통합적 자아에 대한 가차없는 해소와 언어의 구성적 중요성에 대한 강조는 결국 그들을 앞서 우리가 일부 실용주의와 프랑크푸르트학파의 저작들에서 파악한 주체 없는 경험에 대한 탐구를 넘어서도록 이끌었다. 조앤 월랙 스콧의 페미니즘 역사학의 사례에서 보았듯이, 영미 학계에서의 구조주의 및 포스트구조주의 이론의 전유는 시몬 드 보부아르 같은 초창기 페미니스트들의 작업을 특징지었던 '생생한 경험'이라는 순진한 개념에 대한 깊은 의혹을 동반하곤 했다.[7] 전형적인 설명을 인용하자면, "구조주의는 경험을 문화의 토대가 아니라 그것의 결과로, 즉 개인이 상이하게 구조화된 상징적 교환관계의 맥락에서 상이한 유형으로 사고하고 느끼고 지각하는 주체로 변모되는 방식의 산물로 바라본다."[8]

그리고 실제로 이런 일반화에 대한 충분한 근거가 존재한다. 우리가 앞서 정치와 경험에 관한 논쟁에서 언급했듯이, 루이 알튀세르는 '생생한 경험'을 실재와의 이데올로기적 관계와 동일시했고, 자신의 마르크스주의 과학만이 이것을 객관적으로 조사할 수 있다고 보았다. 해체 이론에서도 이와 유사한 혐의가 종종 드러난다. 폴 드 만은 『맹목과 통찰』에서 직설적인 말투로 "언어는 경험을 포함하거나 반성하는 대신에 그것을 구성한다"고 주장한다.[9] 마찬가지로 자크 데리다는 『그라마톨로지』에서, 경험은 "형이상학의 역사에 속하며 우리가 그것을 단지 삭제하에sous rature 사용할 수 있을 뿐인 거추장스러운" 개념이라고 단언한다. "'경험'은 언제나 현전과의 관계를—그 관계가 의식의 형태를 갖든 아니든 간에—지정해왔다."[10] 계속해서 데리다는, 경험을 초월론적 수준으로 올리려는 현상학적 시도는 상당히 문제인데, 왜냐하면 그것은 "현전이라는 주제의 지배를 받으며, 흔적을 줄이는 운동에 참여하기" 때문이라고 말한다.[11] 결국 이러한 시도는 '차이difference'의 시간적 분열을 이해하지 못하게 된다. 데리다가 한 인터뷰에서 설명한 대로, 현상학은 "모든 경험이 의미의 경험"이라고 순진하게 믿는다.[12] 또한 그는 에마뉘엘 레비나스에 관한 논문에서, "타자 혹은 차이의 **경험**을 말할 수 있는가? 경험 개념은 항상 현전의 형이상학에 의해 규정되어오지 않았는가? 경험은 항상 환원 불가능한 현전의 맞닥뜨림, 즉 현상성의 지각이지 않은가?" 라고 덧붙였다.[13]

마찬가지로 데리다는 대화적 경험의 해석학적 호소에도 적대적이었는데, 이는 1981년에 유감스럽게도 비생산적인 가다머와의 만남 중에 그를 비판한 데서 잘 드러났다. "가다머 교수는 그 자체로는 형이상학적으로 취해지지 않는 경험을 묘사하기 위해 '우리 모두가 인정하는 그 경험[경험Erfahrung]'을 줄곧 언급해왔다. 그러나 통상—그리고 거의 언제나—형이상학은 스스로를 경험 자체, 현시 자체로서 제시한다. 게다가 나는 가다머 교수가 기술하는 식의 경험, 그러니까 완벽하게 이해되는 대화에서의 앎의 경험, 혹은 성공적인 확증의 경험을 우리가 진정으로 가지고 있는가에 대해 확신하지 못한다."[14]

이 모든 사례는 포스트구조주의가 한 논자가 '경험의 종언'이라 부른 것을 반기고 심지어 그것을 추구했다는 결론을 확인시켜주는 듯이 보인다.[15] 포스트구조주의의 지지자들은 경험을 변증법적 합리성, 현전의 형이상학, 의미의 편재성에 대한 지나치게 성급한 확신, 그리고 유의미한 삶이 일관된 방식으로 이야기될 수 있는 중심적 주체라는 강력한 개념 등 여러 가지와 동일시했다. 헤겔이 『정신현상학』에서 경험이라는 용어를 사용한 것에 대해 하이데거가 『헤겔의 경험 개념』을 통해 한 많은 비판은—앞서 본 것처럼, 그래서 아도르노의 분노를 자아낸—마침내 그의 프랑스 독자들의 담론

속으로 들어간 듯이 보인다.

하지만 내적 합의 때문이라기보다는 외적 표지 때문에 외견상 통일성을 띤 일단의 사상가들을 근거로 예측해보건대, 이 단순한 거부의 서사가 제시하는 것보다 그 이야기는 더 복잡하고 그것의 함의들은 더 흥미로울 것이다. 반대되는 지금의 일반적인 견해, 현상학 및 현상학의 경험에 대한 관심과의 단절은 흔히 가정되는 것과 달리 꼭 그런 것은 아니었다.[16] 앞으로 논의될 내용에서, 나는 그 이야기의 변주들 중에서 특히 크게 다가오는 세 인물을 검토해보고자 한다. 그중 한 명은 '포스트구조주의'라 불리게 된 것의 영예로운 선배였고, 나머지 두 명은 전형적인 사례에 해당하는 인물이었다. 조르주 바타유(1897~1962), 롤랑 바르트(1915~1980), 미셸 푸코(1926~1984)가 바로 그들이다.[17] 각각의 사례에서, 우리는 그들이 명시적으로 경험이라 부른 것에 대한 복잡하고 종종 긍정적으로 기우는 태도를 발견하게 될 것이다.

사실 그러한 태도가 이들만의 것은 아니었는데, 이들의 작업을 소개하기에 앞서 데리다의 경우를 잠깐 언급한다면 이 점을 알 수 있을 것이다. 앞에서 인용된 그 전형적 비판들을 무시하는 몇몇 해석자가 최근에 데리다의 작업에서도 유사한 태도를 포착했기 때문이다. 레이 테라다는 『이론에서의 감정: '주체의 죽음' 이후의 정서』에서, 데리다가 일찍이 데카르트에 대한 1964년의 논문 「코기토와 광기의 역사」에서 그 철학자의 "코기토의 작업틀"만을 다룰 뿐 "그것의 비판적 경험"에 대해서는 논하지 않는 이들을 비판했다고 주장한다.[18] 그녀의 주장에 따르면, 경험에 대한 데리다의 공공연한 적대감에도 불구하고, 정서적 정체성과 이성적 정체성 간의 간극을 강조할 때면 그는 중심적 주체를 약화하기 위한 방법으로 경험—특히 정서적 불안정성이 야기한 자기 구별self-differentiation의 경험—을 동원했다.[19] 이때 경험은 앞서 살펴봤듯이 그 용어의 원천이 되는 그리스어의 의미들 중 하나인 '정념pathos'이라는 계기, 즉 자기 산출적인 활동성보다는 체념 및 수동성의 계기와 관련된다. 테라다는 "데리다의 작업은 현상학의 기술적 꼼꼼함을 확장하면서도 그러한 기술의 의미를 재정식화한다. 그것은 자기 차이self-difference ―데카르트적 전통에서는 그릇되게 해소되고 실재론적 전통에서는 난센스로 거부된―가 경험 자체이며 비주체적 경험임을 시사한다"라고 적는다.[20] 혹은 달리 말하자면, 데리다는 자신이 통합적 주체라는 후설의 반성적 개념에서 인식한 유아론적인 '자율적 정감성auto-affectivity' 개념에 맞서, 정서가 완전히 자기 충족적인 주체의 이상을 약화하는 데 복무하게 되는, '이형적 정감성hetero-affectivity'이라 불릴 법한 것을 선호했다. 이런 의미에서, 경험은 저자가 갖는 힘의 해산에 따른 텍스트성의 적 또는 이데올로기적 대립물이 아니라, 오히려 그것의 상관물인 것이다. 리처드 로티에게는 미안한 말이지만, 언어와 경험 중 하나를 선택해야 하는 것이 아닌데, 왜냐하면 이 둘 사이에는 잠재적인 양립 가능성이 존재하기 때문이다.

좀더 최근에는, 하이데거의 능동적 주체 비판의 영향을 강조하는 데이비드 우드가 데리다를 언제나 개념적 이성의 폐쇄성에 맞서 경험의 개방성을 동원하는 급진적 현상학자로 읽어야 한다고 주장한 바 있다. 우드는 경험이 의미의 한없는 상실에 저항하는 통일된 주체를 의미한다면 그 단어가 오도하는 것임을 인정하지만, 그 단어를 그러한 상실과의 대면에서 야기되는 전율과 동일시한다면 경험은 데리다의 어휘에서 명예로운 용어가 될 것이라고 주장한다. 그의 결론에 의하면, 사실상 데리다의 글쓰기의 전개는 "회복된 경험이나 다름없다. 이렇게 말해도 좋다면, 해체는 경험의 경험이다."[21]

: 바타유와 내적 체험

방대하고 여전히 발행되고 있는 데리다의 문헌들에 대한 일면적인 평가가 가능하다 할지라도, 어떤 하나의 경험 형태에 대한 이런 놀라운 옹호들은 이 장에서 초점을 둔 세 인물에게서 좀더 믿을 만하게 확장될 수 있다. 먼저 조르주 바타유부터 시작해보자. 바타유 자신이 '내적 체험inner experience'이라 부른 것에 대한 그의 주목할 만한 고찰은, 그 개념과 어떤 현전의 형이상학의 공모라는 것을 리오타르를 비롯한 비판자들이 간단히 헤겔의 개념과 동일시하여 생각한 것에 비해, 그 개념을 구별하는 데 도움을 주었다는 것이다.[22] 주목해야 할 것은, 데리다의 경우 적어도 1967년에 바타유에게 헌정한 중요한 논문 「제한경제에서 일반경제로: 유보 없는 헤겔주의」에서만 해도 그러한 차별화가 가능한지에 대해 확신하진 못했던 것으로 보인다는 점이다. 데리다는 다음과 같이 썼다. "내부적interior 경험으로서 **스스로를 나타내는** 것은 경험이 아니다. 왜냐하면 그것은 어떤 현전과도, 어떤 풍부함과도 관련이 없으며, 단지 그것이 고통 속에서 '겪는' '불가능'과 관계 맺을 뿐이기 때문이다. 무엇보다도 이 경험은 내부적이지 않으며, 그것이 다른 어떤 것과도, (비관계, 은밀함, 단절의 양식을 제외하면) 어떤 외부적인 것과도 무관해서 그렇게 보인다 할지라도, 그것은 또한 어떤 내부적 유보나 감정도 없이, 철저히 피상적으로, 완전히 고통에 **노출되어** 있고 외부에 드러나고 열려 있다."[23]

그러나 우리는 물어야 한다. 과연 그 이름에 걸맞은 경험, 즉 현전, 풍부함, 내부적 깊이, 서사적 완성을 거부하는, 강력하고 통합적인 주체가 없는 경험이 존재할 수 있는가? 능동적으로 '지내'기보다 겪고 견뎌내는 것으로서의 비현상학적 경험 개념은 존재할 수 있는가? 신뢰할 수 있는 경험 개념은 대상, 사물 혹은 그 밖의 것이 적어도 어느 정도는 주체나 작인이나 자아에 깃들거나 달라붙어 있다는 통찰을 거부하는 것을 의미해야 하는가? 자아의 도취적인 탈중심화는 통합적이고 정합적인 에고 안에 놓이기를 거부하는 경험을 산출하는가? 이것이 바타유, 푸코, 바르트가 제기하는 질문들이다(그리고 테라다와 우드가 옳다면, 데리다 자신은 그의 저서 어딘가에서 긍정적으로 답했다).

바타유가 '내적 체험'의 사상을 가장 정교하게 발전시킨 것은 그의 경력이 중반에 이르렀을 때인 제2차 세계대전 시기, 프랑스가 독일에 점령당한 시기의 일이었다. 당시는 그가 활력 넘치는 공동체의 신성한 토대를 회복함으로써 근대사회를 재마법화하려는 그리 성공적이지 못한 협력 작업을 이미 포기한 뒤였다. 바타유는 초현실주의 운동과 그 운동의 지도자 앙드레 브르통과 오랫동안 불안정한 관계를 유지하면서 그 운동에 거북스럽게 엮여 있었고,[24] 공동의 황홀경과 신비적 의식이 나치에 점령된 파리의 암울한 시기 동안에는 직접적인 의제가 될 수 없다는 결론에 이르기 전까지 여러 집단적 모험—'반격'이라 불린 반파시스트 정치 그룹, 비밀결사이자 잡지인 『무두인』, 그리고 가장 중요한 것인 사회학회 활동[25]—을 실험했다. 그 결과는 총 3권으로 된 『무신론대전』의 첫 번째 권인 『내적 체험』—1941년에 집필에 들어가 1943년에 출간되었다—에서 명확히 드러났다.[26] 바타유의 반복되는 여러 주제—희생제의sacrifice, 자기희생auto-mutilation, 소비expenditure(dépense), 주권sovereignty, 비정형formlessness(informe), 기저 유물론base materialism, 이종성heterogeneity, 광인mad laughter, 무두주의acephalism, 폐기abjection, 수평상태horizontality, 시각의 폄훼denigration of vision—는 여전히 간접적으로 감지될 수 있을 뿐이지만, 그래도 그것들은 새로운 음조로 울려 퍼졌다.[27]

어쩌면 자신의 정치적 모험들이 위험스럽게도 자신이 고통스럽게 맞서 싸운 파시즘에 가까워졌음을 인식하게 된 탓일 수도 있고 또 어쩌면 1942년 결핵의 재발로 인한 극심한 건강 문제 탓일 수도 있었겠지만, 어쨌든 바타유는 고통스러운 개인의 고독 속으로 퇴각하는 모습을 보였다. 바타유는 1930년대 들어 여러 친구에게 버림받았고 1938년에는 연인이었던 콜레트 페뇨(또는 로르라고 알려진)의 죽음에 슬퍼했으며, 그러는 가운데 집단적 활동이라는 신념을 잃어버린 듯했다. 한 논자는 이 같은 그의 새로운 활동 국면에서는 "경험 자체가 한 개인의 것이며, 적어도 어떤 명상적인 실천들과 관련된다"고 말할 정도였다.[28] 또 다른 논자에 의해 1930년대의 '정력적 행동주의'로 불린 것은 '내부로의' 전환으로 대체되었고, 이로써 그는 직접적인 정치적 구원의 수준에서 근대적 삶의 위기에 대한 해법을 찾는 것을 중단했다.[29]

하지만 분명 '내적 성찰inwardness'의 대안적 '수준'이 되리라 여겨졌던 것에 대해 말하는 것은 쉽지 않다. 바타유는 집단적 흥분, 희생제의의 역할, 신성한 것의 힘(종교 지도자나 정치 지도자의 '우파'적 신성이 아니라 천하고 저속한 이들의 '좌파'적 신성)에 대한 뒤르켐적 사회학의 교훈을 아주 잘 받아들였다.[30] 그는 마르키 드 사드까지는 아니더라도 19세기 데카당스까지 거슬러 올라가는 신성모독적인 가톨릭 계열에 위치해 있으면서, 제도와 제의의 기능을, 위반을 제한하는 동시에 갈망하는 한정적인 맥락으로 이해했다. 경험은 여기서 발생할 것이다.[31] 그 결과 그는 주관적 개별성—주로 프로테스탄트에서 기원하는—이나 능동적 작인으로서의 자아의 견실함이라는 관례적 개념들에 결코 매력을 느끼지 못했다. 뒤르켐학파, 그중에서도 특히 앙리 위베르와 마르셀 모스의 작업은 그에게, 완전한 능동도 완전한 수동도 아닌 자동사적 '중간태middle voice'의 문법적 양식에 대한 인류학

적 형태, 즉 집행인과 제물이 하나가 되는 신성한 자기희생의 중요성을 일깨워주었다.[32]

따라서 경험은 형성이나 함양(교양Bildung)의 점증적 과정을 겪을 수 있는 자아라는 전통적 개념 안에 위치할 수 없게 되었다. 그의 주장에 따르면 "인간은 자신에게 저항하는 외부의 무언가를 찢는 것이 아니라 자기 스스로를 찢는다고 느끼며 번데기 상태에서 벗어나는 순간 내적 체험을 획득한다."[33] 게다가 적어도 무의식이 외부 세계에 선행하고 외부 세계보다 더 근본적이라고 간주된다면, 무의식적 내면성에 대한 순전히 정신분석적인 이해는 신빙성이 떨어질 수밖에 없었다.[34] 이처럼 외적인 것의 안으로의 범람은 바타유의 친구 자크 라캉이 자아 형성의 '거울 단계'라 부르게 되는 것에 근거한 통합적 자아가 견고할 수 없음을 의미했다. 그리고 쥘리아 크리스테바가 나중에 언급했듯이, "내적 체험은 주체 구성의 초기 국면인 거울화specularization를 거스르는 일종의 방해다."[35] 대자pour-soi는 자신이 추구하는 기획을 결정할 능력에 있어 전적으로 무제약적인, 무한한 가능성의 비본질적인 장소라는 사르트르의 주장조차 바타유에게는 매우 문제적인 것으로 보였다. 우리가 간략히 살펴보게 되겠지만, 실제로 그 두 사람은 내적 체험의 함의를 두고 격렬하게 다툰 바 있다.

다른 많은 주제에서처럼, 그 용어에 대한 바타유의 해석은 독일과 그 밖의 나라들에서 비합리적 **체험**의 전문가들에게 찬사받아온 니체에 대한 호의적인 독해에 상당 부분 빚진 것이었다.[36] 그렇지만 바타유는 그의 유산에 대한 저들의 단순화된 이해와 거리를 두려 했는데, 특히 그 이해가 제1차 세계대전의 전쟁 체험에 대한 정당화로 돌변할 경우 그러했으며, 그는 니체의 작업을 양차 대전 사이의 파시즘과의 동일시로부터 구제하고자 애썼다.[37] 또한 바타유는 허무주의자로서의 니체에 대한 비판에도 저항했는데,

그것은 알베르 카뮈가 바타유에게까지 확장시킨 견해였다. 1946년에 그는 다음과 같이 항변했다. "마지막까지 나는 니체의 경험이 갖는 함의와 의의를 찾으려 노력했다. 나는 거기서 오직, 나로서는 반복을 말하게 되는, 붕괴로 시작되는 매우 개방적인 경험만을 발견했다. (…) 니체에 관한 카뮈의 어떤 말은 아마도 직접 이야기된 것은 아닌 듯한데, 어쨌든 내가 보기에 그 말들은 니체에 관한 통상적인 판단, 즉 그의 경험은 외부에서 유래한다는 판단을 시사하는 것처럼 보인다."[38]

내면으로부터, 니체의 경험은 바타유에게 정신뿐만 아니라 신체와도 관계하며 위험을 무릅쓰고 특정 형태의 구원을 탐구하는 급진적 실험으로서 삶을 살려는 의지를 의미한 것으로 보인다. 그것은 또한 세계에 대한 신적 관조의 견해를 찾기보다 미궁의 심연 속에서 목적 없이 방랑하는 것을 수반하는 것일 수도 있었다.[39] 니체가 『아침놀』의 한 잠언aphorism인 '경험과 발명'에서 고심했듯이, "어쩌면 우리는 그 경험들 속에는 아무 것도 담겨 있지 않다고 말해야 할까? 그것들 자체는 단지 공상의 산물이라고 말해야 할까?"[40] 이러한 공상의 발명들을 동기짓는 것은 상실된 디오니소스적 공동체를 회복하려는 희망 속에서 황홀한 자기희생, 즉 통합적이고 견고한 자아의 희생을 기꺼이 무릅쓰고 심지어 그것을 자초하려는 의지였다.[41] 니체가 『선악을 넘어서』에서 주장한 철학자는 "가장 폭넓은—아마도 가장 충격적이고 전율적인—경험들"을 통해서만 삶을 긍정할 수 있다. "[그는] '비철학적'이고 '현명치 못하게' 그리고 무엇보다 '신중치 못하게' 살아가며, 무수한 시도와 삶의 유혹들의 부담 및 의무를 견뎌낸다. 그는 스스로 항상 위험을 감수하며 그 위험한 게임을 즐긴다."[42] 『차라투스트라는 이렇게 말했다』에서 상정된 '초인'의 끝없는 도전으로서의 '자기극복'은 자아의 강력한 개념을 극복하려는 것으로 이해될 수 있을 것이다. 이에 관해 카를 야스퍼스가 말했듯이 "[니체에게] 경험은 더 이상 자아를 확신하는 실체가 아니며, 인식은 결코 영원하고 불변적인 지식이 아니다. 따라서 그는 언제나 자신을 확신하지 않는다. 그는 가능한 것, 단순한 실험하기의 해체적 경험, 참과 거짓의 뒤섞임이라는 위험을 의도적으로 무릅쓴다. 결국 그는 대부분의 사람이 알지 못한 채로 있거나 혹은 치명적인 것으로 입증하는 수준에 이르기까지 이 위험에 스스로를 노출시킨다."[43] 혹은 니체 자신의 말을 빌리자면, 기적의 체험을 믿는 종교 전문가들과 달리 "이성 이후를 갈망하는 우리 타자는 (…) 우리의 경험을—매 시간 그리고 매일—과학적 실험과 같이 엄격하게 탐구할 것을 결심한다. 우리는 스스로 우리의 실험과 실험 대상이 되기를 바란다."[44]

바타유의 니체 독해에 따르면, 신의 죽음에 대한 찬사조의 선포에도 불구하고 니체는 고대의 신성한 공동체의 중요성을 인식했으며 신화와 폭력을 통한 그것의 부활을 희망했다. 게다가 니체는 근대 세계에서의 그러한 경험들의 빈곤을 예리하게 인식했다. 『도덕의 계보학』 서문에서 그는 유감을 표했다. "달리 어떤 것이 삶에 존재하는가? 이른바 '경험들'—우리 중 누가 그것들에 충분한 열의를 보였는가? 혹은 충분한 시간을 투자했는가? 나는 우리가 언제나 현재의 경험에 '무심한' 상태에 있는 것이 두렵기까지 하다. 우리는 그것에 도통 마음을 열 수 없다. 하물며 귀를 기울이랴."[45] 근대인이 귀를 닫는 중요한 이유는 고통에 대한 두려움에 있었다. 니체가 『즐거운 학문』에서 언급했듯이, "우리 근대인들 모두는 노쇠와 쇠락에도 불구하고 공상에 의존하는 초보자들이라 할 수 있는데, 왜냐하면 충분한 직접적 경험을 결여하고 있기 때문이다. 개개인이 스스로를 보호해야만 했던 모든 시대 중에서 가장 길었던 그 공포의 시대와 비교하면 특히 그렇다."[46] 고통에 대한 공포, 비참을 견디지 못하는 무능력 때문에 우리는 최소한 그리스인들이 수용했던 '선악'에 대한 주 도덕의 관점에서 볼 때 도덕적으로 결핍되었다. 왜냐하면 "모든 경험은 도덕적 경험이며, 심지어 감각 지각의 영역에서도 그렇기" 때문이다.[47]

바타유는 고통과 자기희생의 가치에 대한 니체의 확신을 수용했을 뿐만 아니라, 자신의 신조를 삶 속에서 일관되게 실천할 수 없었다는 이 독일 철학자의 인정 또한 자신의 삶에서 깊이 공명했다. 니체는 차라투스트라가 아니었고 또 그것을 알았으며, 이와 마찬가지로 직업적 사서이자 내밀한 혁명가였던 바타유 역시 자신의 삶 속에서 '내적 체험'의 도취적 상태를 유지할 수는 없었다. 성적 방탕의 실험—그는 상습적으로 사창가에 드나들었고 자주 간통을 범했다—과 모호한 성격의 공동 제의에의 참여에도 불구하고, 바타유는 유혹의 손길을 보내는 광기와 자기-적출self-evisceration로의 총체적 타락과 거리를 두고자 했다.[48] 삶과 작업 사이의 어떠한 유기적 통일도 없었고, 근대적 삶의 '균질화'되고 '제한경제'로 축소된 세계를 넘어서는 방식으로 그가 부여했던 솔직히 불가능한 임무가 실현되는 것도 무망했다.[49] 따라서 그의 가장 유명한 전기작가인 미셸 쉬리아는 정당하게도 그 전기에 "죽음에서 작품까지"라는 부제를 달아,[50] 바타유가 자신의 삶을 예술작품인 양 형성하는 것에 저항했음을 (그리고 삶의 불가피한 제한으로서의 죽음에 대한 그의 매혹도) 암시했다. 심지어 그의 저자로서의 페르소나조차 사후에 폭로된 다수의 비밀스러운 필명(포르노라는 추문을 낳은 그의 초기 저작들에 부여된)과 더불어 균열되기에 이르렀다. 만약 그가 사적으로 '내적 체험들'을 했다면, 그것들은 적어도 표면적으로는 대다수의 다른 사람들만큼이나 평범해 보였던 그의 삶에서 순식간에 중단되었을 것이다.[51] 알렉산더 어윈이 논한 것처럼, 그가 자기희생적인 성인의 삶을 살고자 했다면, 그것은 '불가능함'의 성인적 삶이었을 것이다.[52] 니체의 사례에서처럼, 오직 확보되지 않는 것을 지향하는 태도만이, 자기성과 내면성이라는 기존 모델들의 폭발적인 파열만이, 담론이라는 표현 수단을 넘어서는 것을 담론적으로 제시하려는 바타유의 고투로부터 출현했다.[53] 바타유는 몽테뉴의 개인적 평정심을 갖지는 못했지만, 그 위대한 선배와 마찬가지로, 삶에도, 그리고 삶의 가장 강렬하고 황홀하고 심오한 순간에도 통합시킬 수 없는 것인 죽음 속에서만 경험의 한계에 맞닥뜨릴 수 있다는 점을 잘 알고 있었다.

『내적 체험』이라는 책 자체는 내적 체험이 으레 그렇듯이 통일성 있는 논증을 결여하는 까닭에 설명적인 재기술을 방해한다. 실제로 내용뿐 아니라 형식과 관련해서도 그것은 손쉬운 범주화에 저항한다. 데니스 홀리어의 지적처럼 말이다.

> [그것은] 스스로를 위반하는 책이다. 다시 말해 그것은 책이 아니다. 그것을 쓰는 데에는 오랜 시간이 걸렸다. 시간 스스로 그것을 썼다고 말할 수도 있을 정도로 오랜 시간이 그 안에 새겨져 있다. 바타유는 계획을 거부하고 시간과 함께 그 책을 썼다. 말 그대로 그 안에 시간을 넣은 것이다. 이는 그 책 외부의 문자적 이종성의 공간과는 다른 방식으로 우리가 그 책을 읽는 것을 방해한다. 그것을 구성하는 텍스트들은 동시대적이지 않다. 다시 말해 그것들 사이에는 어떤 동시성도 존재하지 않는다. 텍스트들의 병치는 우리로 하여금, 그 텍스트들을 그것들을 낳은 계획과는 전혀 다르게 만드는 간극을 읽게 한다.[54]

또한 '내적 체험'의 시간성은 시간에 따른 누적적인 지혜, 즉 회고적 총체화를 낳는 자기 형성 프로젝트의 전개라는 이상에 저항한다. 1930년대에 고등연구원에서 알렉상드르 코제브의 유명한 강의를 통해 접했던[55] 헤겔

변증법에 대한 바타유의 뿌리 깊은 혐오는—어떤 매혹이 혼재된—, 전체가 경험된 후에야 전체를 알고 이해하는 미네르바의 올빼미 개념도 그가 거부했음을 의미했다. 그는 "니체가 껍질을 깨고 나온 새라면, 헤겔은 알맹이를 기꺼이 내부로 흡수하는 새와 같다"고 적은 바 있다.[56]

게다가, 우주와의 합일이나 신과의 일치로 이해된 신비적 경험에 의해 암시되는 또 다른 종류의 전체화가 내적 체험 자체의 목표였다고 주장할 수도 없다. 쉬리아가 언급했듯이 "『내적 체험』이 하나의 동기를 갖고 있다면, 그것은 어쩌면 **모든 것**이 되려는 것이 아니라 더 이상 모든 것이 되지 않으려는 것이다 (…) 다시 말해 [더 이상] **구원**에 대한 터무니없는 욕망이."[57] 확실히 바타유는 폭력적으로 기독교를 거부하기 전, 깊이 있게 종교적 국면을 거쳤던 청년기에 신비주의의 유혹들을 알고 있었고, 그의 후기 작업에도 그것들이 긍정적으로 인식되는 구절들이 있다.[58] 그의 양가성은 『내적 체험』의 서두에서 명확히 드러난다.

> 내가 해석하는 **내적 체험**은 통상 **신비적 경험**이라 불리는 것이다. 그것은 도취와 황홀경의 상태이며, 최소한 명상적인 감정 상태에 해당한다. 그러나 내가 생각하고 있는 것은 누군가 지금까지 고수해야만 했던 **고백적** 경험이라기보다는, 구속들로부터, 심지어 기원으로부터도, 그리고 일체의 고백들로부터도 자유로운 발가벗겨진 어떤 경험이다. 이것이 내가 **신비적**이란 단어를 좋아하지 않는 이유다.[59]

신비주의는 그것이 관습적 종교—바타유가 '교조적 노예 상태'라 부른 것—를 상기시키는 경우뿐만 아니라, 그것이 자아와 신의 완전한 합일을, 확연한 구별이 이루어지기 이전의 어떤 원초적 결합으로의 회귀를 의미하는 경우에도 문제적이다.[60] 바타유의 이종성, 상실, 불가능성에 대한 '무신론적' 고수는 이 용어들에 대한 그 어떤 신비적 탐구도 실패할 운명임을 잘 보여주었다. "계시—미지의 것 말고는 아무것도 드러나지 않는—에서 비롯된 것이 아닌 그런 어떤 경험을 특징짓는 것은, 그것이 안심이 되는 무언가를 전혀 말해주지 않는다는 것이다."[61] "내적 체험의 병폐들" 중 하나는 바로 "자기 맘에 드는 것에 생기를 불어넣는" 신비주의자의 "힘"이다. "그 강렬함은 의심을 질식시켜 제거하고, 사람들은 자신이 기대하고 있던 바를 감지해낸다."[62]

두 번째 병폐는 내적 체험의 습득을 의도적인 계획, 행동 계획의 목표, '참여적 지성인'이 되는 근거로 만드는 것이다. 바타유의 주장에 따르면, 사실상 "내적 체험은 행동과 반대되는 것이다. 그뿐이다. '행동'은 전적으로 계획에 의존한다."[63] 그런데 계획의 문제점은, 계획이 그에 앞서는 담론적 의도들에 의존하며 이 의도들이 계획을 사전에 정의하는 것이라고 설명했다. 그 결과 계획은 과도하게 반성의 결과가 되어버린다. 다시 말해, 바타유가 헤겔적 총체화를 거부할 의도로 내적 체험의 안티테제로 간주한 지식의 결과가 되어버린다.[64] 그것은 또한 도취적 유희나 소비의 신성한 세계보다는 생산적 작업의 세속적 세계에 지나치게 가까워졌다. 그 계획에는 결함도 있는데, 그것이 그 자체로 풍부한 의미와 자기충족의 계기일 수 없는 현재보다는 상상된 미래에 시간적 강조점을 두었기 때문이다. 그리고 이 모든 점에도 불구하고 내적 체험이 어떤 의미에서 여전히 하나의 계획으로 여겨질 수 있다 하더라도, 그것은 이제 "구원이라는 긍정적 의미가 아니라 말들의 힘, 따라서 계획의 힘을 철폐한다는 부정적 의미"를 지닐 뿐이다.[65]

따라서 그 용어가 전쟁과의 연관 속에서 에른스트 윙거가 찬양한 '내적 체험'과 위험한 유사성을 지님에도 불구하고, 바타유의 대안은 윙거가 촉진한 행동주의적이고 남성적인 영웅주의를 거부하는 것이었다. 『내적 체험으로서의 전쟁』은 1938년에 프랑스에서 『전쟁, 우리의 어머니』라는 제목으로 번역되었고, 바타유의 1938년 논문인 「군대의 구조와 기능」에 어느 정도 흔적을 남겼을 수도 있다.[66] 하지만 윙거의 고통에 대한 사도-마조히즘적 집착과 신비적 의식으로의 복귀에 대한 요구가 바타유 사상의 유사한 계기들과 비슷한 반면, 그의 의지와 금욕적 자기 지배에 대한 강조는 그렇지 않았다. 바타유는 금욕주의가 대상에 대한 욕망을 진정시킴으로써 경험의 특정한 변종에 도움이 된다는 점을 인정하면서도, 그것이 경험 자체를 욕구되는 일종의 대상—혹은 차라리 존재의 지복 상태—으로 만들기 때문에 금욕주의만으로는 충분치 않다고 주장했다. 그의 설명에 따르면, "금욕에 반하는 내 원칙은 극단적 한계란 결핍이 아닌 과잉을 통해 접근 가능하다는 것이다. (…) 금욕은 해탈, 구원, 가장 바람직한 대상의 소유를 요구한다. 금욕에서 가치는 쾌락이나 고통과 무관한 경험만의 것이 아니다. 오히려 그것은 언제나 지복과 해탈인바, 우리는 우리 자신을 위해 그것을 구하려 애쓴다."[67] 사실상 욕망과 정서는 완전히 지배될 수 없다. 실제로, 주체를 그 자신의 밖으로 데려가고 그 어떤 사적인 자기만족의 요구도 약화시키는 것이 바로 욕망을 만족시킬 수 없다는 점이다.

게다가 바타유는 궁극적으로 경험을 체험의 강렬함과 동일시하는 윙거의 입장을 받아들이지 않았는데, 친구인 발터 벤야민과 마찬가지로 그는 그것이 생생한 직접성과 현재의 순간을 강조하기 때문에 문제적이라 여겼다.[68] 그의 입장은 적어도 그 용어가 서사적 정합성 및 누적된 지혜와 동일시되지 않았던 그 시점에 벤야민이 경험Erfahrung이라고 칭한 것에 다소 가깝게 다가간 것일 수 있다. 하지만 그 대신에 그것이 원초적 풍부함의 순간에 대한 상상적 특징을 기록하는 것을 의미하고, 또 그것의 회복을 추구하는 것이 언제나 헛됨을 인정하는 것을 의미할 때, 경험은 바타유의 '내적 체험' 개념에 가까웠다. 이런 의미에서, 레베카 코메이가 언급했듯이 "경험—즉 **상실된** 경험—은 **상실의 경험**이나 다름없다."[69]

보상 없는 상실, 신과의 융합 없는 개별 자아의 철수—능동적 자기 형성도 구원의 계획도 아닌—, 내적 체험은 결코 하나의 긍정적인 정식으로 포착될 수 없었다. 바타유는 **비정형**informe을 견고한 의미를 지니는 단순한 단어라기보다 하나의 임무로, 즉 "사물들을 세상 속으로 끄집어 내리는 기능을 하는 용어"로 자신이 도발적으로 정의했던 선례를 따라,[70] '내적 체험'을 직설적인 진술로 포착될 수 있는 무언가로 전환하는 데 저항했다. 그의 설명에 따르면 "내적 체험과 철학의 차이는 원칙적으로 이 점에 있다. 즉 체험에서는, 하나의 수단 말고는, 심지어 수단만큼이나 하나의 장애 말고는 진술될 만한 게 아무것도 없다. 즉 고려해야 할 것은 바람wind에 대한 진술이 아니라 바로 그 바람이다."[71] 수단인 동시에 장애이고, 형식보다는 힘에 가까운 내적 체험은 그러므로 긍정적 해법의 가능성이 없는, 부정否定이다. 혹은 좀더 정확히 말해서 "그것이 다른 가치들, 다른 권위들의 부정이라는 사실로 인해, 긍정적 실존을 갖는 경험은 그 자체로 긍정적 가치**이자 권위**가 된다."[72] 즉 그것은 자기 이외의 다른 권위에 결코 신세를 지지 않는다. 하지만 그런 뒤 그는 각주에서 다음과 같이 덧붙였다. "경험의 권위에서의 역설. 도전에 기반을 둔 경험은 권위에 도전하는 것이다. 긍정적인 도전, 인간의 권위는 인간 자신에게 도전하는 것으로 정의된다."[73]

따라서 그런 권위는 바타유와 절친한 사이였던 모리스 블랑쇼가—그의 소설 『토마 알 수 없는 자』는 『내적 체험』에서 동의적으로 인용된다—"그 자체에 대한 이의 제기와 비지식"이라고 부른 것을 항상 추구하고 있다.[74] 그런 이의 제기는, 자아의 경계들에는 구멍이 뚫려 있어 자아의 본래 모습이 항상 분산되고 흩어지며, 따라서 '내적 체험'은 바타유가 그토록 열심히 회복하려 한 좀더 큰 신성한 공동체를 환기한다는 것을 의미했다. 그의 설명에 따르면 "내적 체험에는 더 이상 제한된 경험이란 존재하지 않는다. 거기서 한 인간은 어떤 식으로든 타자와 구별되지 않는다. 그의 안에서 소용돌이치는 것은 타자 안에서 소멸된다. 극한과 연결된 '저 대양이 되라'라는 매우 단순한 계명은 동시에 하나의 인간, 하나의 군중, 하나의 사막을 형성한다. 그것은 공동체의 의미를 되찾고 분명하게 만드는 표현이다."[75]

장뤼크 낭시가 언급했듯이 바타유에게서는 "공동체의 밖에는 어떤 경험도 존재하지 않"지만,[76] 이를 통해 그가 의미하려는 바를 파악하기란 쉽지 않다. 앞에서 보았듯이, 공동체는 모든 경계의 극복과 구성원들의 집단적 전체 속에서의 혼융을 의미하지 않는다. 이 같은 어떤 회의주의는 에로틱한 경험이라는 과정에서의 어떤 유사한 극복 방식인, 방탕함에 대한 그의 혐오의 동기가 되었다.[77] 게다가 공동체는 조직된 교회나 질서 같은 것을 의미하지도 않는다. 공동체의 이종적 활기를 근대국가 같은 동종적 형태 속에 담으려는 시도가 이뤄질 때, 그 결과는 사실상 파시즘이 될 수 있다.[78] 한계, 특히 개인의 죽음을 뜻하는 극단적 한계는 공통성을 안출하는 동시에 그것을 단층선으로 쪼갠다. 실제로 바타유는 항상 한계와 한계 위반의 비지양적 변증법을 상정하는데, 이는 그가 자신이 조롱하고 도전한 그 동종적 체계들—기독교, 헤겔적 관념론, 국가, 초현실주의적 숭고, 모든 종류의 미학적 변형—에 부여한 연속적 힘에서 찾아볼 수 있다. 그것들은 한계들을 제공했고, 그 한계들에 대한 위반은 그 불가능을 달성하기 위한 끝없는 전투를 벌여야 했다. 에로틱한 경험과 종교적 경험이 그렇듯 밀접하게 뒤섞이는 것은 바로 이런 이유에서였다. "에로티시즘의 내적 체험은 주체에게, 그를 금기의 위반으로 이끄는 욕망만큼이나 큰, 금기의 핵심에 대한 고뇌에 민감할 것을 요구한다. 그것은 종교적 감수성이며, 언제나 욕망을 공포, 강렬한 쾌락, 고뇌와 밀접하게 연결시킨다."[79] 위반을 품고 있지 않은 한계란 없으며, 따라서 양자는 내적 체험이 제시하는 공동체에 대한 그 어떤 이해에서도 핵심적이었다.

내적 체험과 공동체의 관계에 대한 바타유의 이해를 가장 예리하게 해석한 이들 가운데 장뤼크 낭시와 블랑쇼가 있었다. 낭시는 1986년에 펴낸 『무위의 공동체』('작동되지 않는unworked' 공동체라고 번역할 수도 있다)에서, 유한성과 필사의 운명mortality에 대한 깨달음에 기초한, 어떤 도취적 공동체에서의 완벽한 교감과 절대적 내재의 불가능성을 강조했다. "그것이 바로 바타유가 말하는 '내적 체험'이 결코 '내부적'이거나 '주관적'이지 않고, 오히려 이런 비교 불가능한 외부와의 관계에 대한 경험과 분리될 수 없는 이유다. (…) 이 경험의 핵심은 모든 향수와 모든 공동의 형이상학을 뒤집으면서 분리의 '투명한 의식'을 위기에 처하게 했다는 것이고, (…) 그 내재성이나 친밀성은 회복될 수 없고, 향후에도 그럴 것 같지 않다."[80] 게다가 그것은 현재의 공통적 본질이나 공유된 실체의 표현이 아니었다. 사실상 그것은 완전히 긍정적인 형태로 실제로 존재하는 것이 아니라, 언제나 "도래할" 예정이다.

그러한 공동체는 메타 주체나 심지어 상호주관적 계약의 의도적인 작품이 아니기 때문에, 언제나 타율성의 조건, 즉 내재성 내의 초월의 조건을 시사한다. 따라서 그것은 예술작품과 다른 것이며, 후자가 유기적으로 형성된 총체성, 즉 자기 목적을 지니는 자족적 실체로 이해될 경우 특히 그렇다.[81] 실제로 작품이 공동체의 본질이 아닌 것은, 생산과 교환보다는 소비와 낭비가 제한경제에 대립되는 것으로서 일반경제를 규제하는 원리들이 되는 것과 같은 방식이다. 우리가 경험에서 실천 및 행위와 구별되는 것으로 종종 간주해온 수동성의 계기가 여기서 가장 중요한 위치를 차지한다. 블랑쇼가 1983년의 『밝힐 수 없는 공동체』에서 바타유의 주도로 '내적 체험'을 실현하고자 했던 것으로 보이는 한 집단을 주목하며 언급했듯이, 희생에 복종하는 것은 그 구성원들의 주요 활동이었다. "스스로를 무두인과 연결짓는 것은 자기를 버리고 내맡기는 것, 즉 자신을 완전히 한계 없는 포기에 내맡기는 것이다. 그것이 바로 공동체를 무효로 함으로써 공동체를 발견하는 희생인 것이다."[82]

또한 바타유의 무위 혹은 밝힐 수 없는 공동체 개념을 특징짓는 것은 그것이 의사소통의 규약들과 거리가 멀다는 것인데, 적어도 의사소통이라는 용어가 대칭적인 합리적 대화를 통해 상호주관적 합의와 언어적 투명성에 도달하려는 시도로 이해되는 한에서 그렇다. 그러니 『근대성의 철학적 담론』을 쓴 하버마스처럼 그 대안을 옹호하는 이들에게 그가 혹평을 받는 것도 하등 이상할 게 없다.[83] 바타유에게 경험이란 분명 그것의 주장들을 정당화하려는 담론의 시도들을 초월하는 것이었다. 크리스테바가 언급했듯이, "바타유에 따르면, 기독교의 약점은 담론 자체로부터 비담론적 작용들을 분리시키지 못하는 것, 경험과 담론을 혼동하는 것, 따라서 대체로 담론을 초과하는 것을 담론의 가능성들로 환원하는 것이다."[84]

바타유를 기독교와도 분리시키는 것은, 종교적 경험의 대화적 개념에서 대화 상대인 초월적 신이라는 전제를 그가 거부했다는 점이다. 그 결과, 앞서 보았듯이 카를 바르트 같은 종교적 경험의 비판자들이 신성한 타자를 암묵적으로 축소하거나 심지어 제거한다고 비난하면서 제기한 혐의에 그가 특별히 취약한 듯 보이는 것도 무리는 아니다. 왜냐하면 그가 프리드리히 슐라이어마허나 루돌프 오토보다 훨씬 더, 종교적 경험 자체에서 조우하는 형언 불가능한 신인 '온전한 타자'의 독립된 실존에 반대했기 때문이다. 하지만 이 반대가 경건의 대상보다는 경건한 주체에게 특권을 부여했다는 관련 결론으로부터 바타유를 구제할 수 있는 것은, 겉보기에 가장 균질한 듯한 내적 체험에서조차 언제나 이종적인 차이가 존재한다는 그의 주장이었다. 따라서 이후 블랑쇼가 "도취에 이유가 없는 것처럼, 도취가 모든 확실성에 도전하는 것처럼, 도취에 목적이 없다는 것은 압도적으로 명백하다"고 주장했을 때,[85] 이는 또한 경험의 정합적 주체도 약화됨을 의미한다고 덧붙여야 할 것이다.

그렇지만 1943년 그 책이 출간되었을 때 최초의 독자들 다수를 곤란하게 한 것이 바로 이 약화였다. 심지어 어떤 사람은 그것을 독일 점령과의 은밀한 공모로 치부했다.[86] 패트릭 월드버그 같은 초현실주의자들과 가브리엘 마르셀 같은 기독교인들도 그 책의 비판자들이었지만, 가장 저명한 인물은 같은 해에 『존재와 무』를 펴낸 사르트르였다. 사르트르는 『남방 노트』의 1943년 10월, 11월, 12월호에 기고한 세 편의 글—이후 『시튀아시옹』 제1권에 수록—에서, 바타유가 에밀 뒤르켐의 객관주의 사회학에 진 빚의 잔재를 드러내면서 마치 자신은 다른 인류의 구성원인 양 주체에 대한 불가능한 외적 관점을 취했다고 주장했다.[87] 바타유는 그릇되게 내적 체험과 단일한 강렬함의 계기를 동일시하고 지향성의 역할을 무시했기 때문에, 그것의 미래적 시간 흐름 역시 잘못 파악했다. 바타유가 고백적 탐닉으로 순교를 수용한 것을 비꼬듯이 조롱하고 바타유의 신비주의의 옹호에서 니체보다는 블레즈 파스칼을 더 많이 알아보면서, 사르트르는 『내적 체험』을 '사악한 믿음'의 행사로 치부했고, 그 속에 담론적 설명이 합리성 및 소통 가능성의 거부와 변덕스럽게 뒤섞여 있다고 비판했다. 희생에 대한 그의 열렬한 요청과 관련해서는 사르트르는 "진심인가?"라고 반문했다. "왜냐하면 결국 바타유 씨는 자신이 국립도서관에서 한 자리를 차지하고 있고 독서를 하고 섹스를 하고 식사를 한다고 적고 있기 때문이다."[88] 그는 그런 부류의 책은 궁극적으로 심리학적 설명을 필요로 한다고 결론지었다. 그렇지만 사르트르가 『내적 체험』을 싫어한 가장 큰 이유는 인간의 주관성을 정의하는 데 있어서의 능동적 투사와 그것이 야기할 헌신의 유의미한 경험의 중요성을 그 책이 명백히 거부한 데 있었을 것이다. 그 결과는 인간 자율성의 포기였고, 하이데거가 세인世人, Das Man이라 불렀던 것의 진정성 없는 실존에 대한 가치 부여였다.

이 비판의 공격적인 특징에도 불구하고, 바타유와 사르트르는 그 주제들에 대한 대화를 이어갔고, 이는 1944년 3월에 두 사람과 친분관계가 있던 지인의 집에서 논쟁으로 이어졌다. 이 논쟁을 촉발한 것은 훗날 바타유가 「죄악에 관한 논쟁」으로 발표하게 되는 한 강연이었다.[89] 바타유는 경험이 전적으로 주체의 소관임을 믿기보다는 두 관점—'외부'로부터의 사회학적 관점과 '내부'로부터의 현상학적 관점—을 도입할 필요를 옹호했다. 그의 항변에 따르면 "사르트르에게 코기토는 불가침적이고 무시간적이며 환원 불가능한 토대다. (…) 나에게 그것은 오직 관계 속에서만 존재한다. (…) **그것은 시간 속에 존재하는 의사소통들의 망이다.** (…) 사르트르는 한 권의 책을 한 명의 저자, 바로 그 저자의 의도로 환원한다. **내가 생각하듯이 한 권의 책이 하나의 의사소통이라면, 저자는 단지 상이한 독해들 사이의 하나의 연결일 뿐이다.**"[90]

이 두 사람의 관계는 이러한 부딪침 이후 어느 정도 누그러지긴 했지만, 전후 프랑스의 분위기는 분명한 정치적 함의를 갖지 않은 듯이 보인, 내적 체험에 대한 바타유의 옹호보다, 조만간 마르크스주의적 용어들로 이해될, 지식인의 참여와 계획에 대한 사르트르의 옹호에 분명 더 우호적이었다. 도취보다는 행동, 황홀보다는 헌신, 불가능함보다는 가능함이 유행하는 듯 보였다. 바타유의 새로운 저널인 『비평』이 그의 가장 성공적인 경력의 하나였음은 분명하지만, 전후 세대에 대한 영향력 면에서 사르트르의 『현대』에 비할 바가 못 되었다. 바타유는 일자리 때문만이 아니라 건강상의 이유로도 1945년 이후부터는 파리 외곽에 거주했고, 그 결과 더욱더 주변화된 삶을 살았다. 1949년의 『저주의 몫』과 1957년의 『에로티즘』처럼 소설과 논문을 계속 쓰긴 했으나, 그는 자신의 죽음이라는 임박한 한계경험에 점점 더 심취한 듯 보였고, 그것은 결국 1962년에 다가왔다.[91]

: 바르트와 경험의 계략

바타유가 새로운 청중을 얻게 된 것은 아마도 실존주의 이후 세대의 프랑스 사상가들이 등장하고 나서였을 것이다. 그들은 다소 불분명하게 '구조주의 시대'라 불리게 된 때에 등장했다. 『현대』의 참여적 철학에 대한 해독제로 1960년에 발행된 『텔켈』 같은 잡지들 주위에서는 '내적 체험'에 대한 탐구가 위반의 시학에 대한 자극이 되었다.[92] 그 주요 인물들인 필리프 솔레르와 쥘리아 크리스테바는 정치에 무관심한 전위주의에서 출발해 알튀세르적 마르크스주의와 마오주의를 거쳐 최종적으로 반공산주의적 반체제로 이어지는 그 잡지의 이후 20여 년간의 격동적 여정 내내 바타유의 사상을 전파했다.

바타유의 이종성과 에로틱한 과잉의 옹호가 갖는 의미를 정당하게 평가한 그 집단의 초창기 구성원들 중에는 바타유가 사망한 해에 『눈 이야기』에 대해 긍정적인 반응을 내놓은 문화비평가이자 문화분석가인 롤랑 바르트가 있었다.[93] 사실 그것은 전에는 무시되었던 포르노그래피적 텍스트를 진지하게 검토한 최초의 시도들 중 하나였다. 당시 바르트는 구조주의적 언어학과 기호학을 비판적 실천을 위한 메타언어의 토대로 삼고자 하는, 그 자신의 가장 '과학적인' 시기의 절정에 있었는데, "바타유의 에로틱한 언어는 조르주 바타유라는 바로 그 존재에 함축되어 있다. 그것은 하나의 스타일이다. 그 둘 사이에서 무언가가 태어나는바, 모든 경험을 뒤틀린 언어로 변형시키는 무언가, 문학이라는 무언가가 태어나는 것이다."[94]

이 논문에서 경험의 변형된 극점으로서의 문학적인 것에 대한 바르트의 찬사는 언어, 시, 텍스트성에 대한 초기의 텔켈적 집착과 상당히 유사한 것이었다. 그는 1971년에 "당신은 조르주 바타유 같은 작가를 어떻게 분류하는가?"라고 물었다. "소설가, 시인, 에세이스트, 경제학자, 철학자, 신비주의자? 그 대답은 매우 어려워서, 일반적으로 문학 해설서들은 사실상 글을 쓴, 어쩌면 계속해서 하나의 글만 쓴 바타유를 망각하는 쪽을 택한다."[95] 그러나 바르트는 그 자신의 마르크스주의적·구조주의적 국면에 영향을 미쳤던 것인 "과학성이라는 행복한 꿈"에 대한 신념을 이내 버렸고,[96] 욕망과 쾌락의 경험들의 텍스트적 표현을 초과하는, 좀더 직접적으로 신체적인 그러한 경험들을 인정하게 되었다. 바타유가 바르트의 이후의 모든 저작에서 산발적으로 거듭 등장하긴 했지만—특히 바타유의 글 「엄지발가락」의 함의에 대해 1972년에 쓴 호의적인 글에서[97]—, 그가 바타유의 내적 체험에 대한 태도를 상당 부분 수용했는지에 대해서는 논란의 여지가 있다. 왜냐하면 바타유는 텍스트들의 상이한 장르를 가르는 경계들을 넘어선 인물로 이해될 수 있었을 뿐만 아니라, 텍스트성의 영역과 언어 자체의 자족성을 약화시킨 인물로도 평가될 수 있었기 때문이다.

바르트는 솔레르나 크리스테바처럼 '내적 체험'을 명시적으로 찬양하지는 않았지만, 그렇다고 자기 작품에서 종종 일인칭 소유대명사로 말문을 열며 '경험'이란 단어를 긍정적으로 사용한 것에 대해 굳이 변명도 하지 않았다. 아주 많은 경우에, 그는 자신이 개인적 경험에서 배우고 있다는 것을 분명하게 인정했다.[98] 예컨대 자신의 정체성을 정의해달라는 요청을 받았을 때, 그는 "내가 내면에서 하는 일은 철학하는 것, 즉 나의 경험을 반성하는 것이다"라고 대답했다.[99] 심지어 그의 가장 전투적인 구조주의 시기였던 1963년에도 그는 "구조의 특정 작용(그것의 사유만이 아니라)이 독특한 경험을 대표한다고 보는 어떤 작가, 화가, 음악가가 존재하며, 분석가나 창작자나 모두 그의 사상이나 언어에 의해서가 아니라 그의 상상력—달리 말해 그가 정신적으로 구조를 경험하는 방식—에 의해서 정의되는 것인, 우리가 **구조적 인간**structural man이라 부를 법한 것의 공통 기호 아래에 놓여야 한다"고 주장하게 된다.[100]

분명 바르트는 오랫동안 정력적인 구조주의자로 머물지는 않았기 때문에, 그 자신의 경험을 일반화해서 구조적 인간homo structuralis의 경험과 동일시하는 것은 잘못일 터이다. 그렇다면 그가 제시한, 혹은 더 적절하게 말해서, 구현한 대안은 무엇인가? 물론 여기서 '구현하다embody'는 순수한 동사가 아니다. 그것은 하나의 답변을 시작하도록 우리를 도와준다. 왜냐하면 바르트는 경험이 단지 정신적 범주만이 아니라 인간 실존의 신체적 차원과도 연관된다는 사실을 알고 있었기 때문이다. 따라서, 『텍스트의 즐거움』 같은 그의 저작들은 저자의 생리학적이고 해부학적인 심취가 생생하게 통합되어 있는 몽테뉴의 중요한 에세이 「경험에 대하여」에 필적하는 것이었다.[101] 세계의 살 속에 자리한 현상학적 신체를 넘어서는, 말하자면 메를로퐁티의 신체를 넘어서는 그의 신체는 무엇보다 세계나 타자와의 감각적 조우에 굶주린, 욕망하는 신체였다.[102] 바르트처럼 자신의 강렬한 쾌락, 깊은 좌절, 다양한 욕망, 다양한 병폐를 자신의 독자들과 풍부하게 공유하는 작가도 없을 것이다. 게다가 노래하는 음성뿐만 아니라 몸짓을 표현하는 사지, 글을 쓰는 손에서도 나타나는, 그가 타자의 신체의 '결정grain'이라고 부르고자 한 것에 대한 그의 초감수성은, 그것들을 파악할 수 있는—즉 에로틱하게 파악할 수 있는—어느 누구에게나 경험될 물질적 의미들에의 열려 있음을 시사하는 것이었다.[103] 하지만, 그의 조심스러운 지적에 따르면, 타자를 구별해주는 그 결정에 에로틱하게 열려 있는 것은 그의 안에 있는 심리학적 주체, 즉 그가 라캉을 통해 이데올로기적 함의들을 알게 된 이른바 거울 이중화specular doubling에 의해 구성된 교정심리적orthopsychic 자아가 아니었다. 오히려 그것은 정합적인 서사적 재구성을 거부하는, 덜 조직되고 덜 통합된 무엇, 어떤 분산된 자아였다. 바르트는 자신의 영화 관람 습관에 대해 글을 쓰면서, 자신이 스크린 위의 이미지에도 극장 안의 다른 모든 것에도 동시에 매료된다고 말한 바 있다. 이것은 "마치 내가 두 개의 신체를 동시에 가지고 있는 것과 같다. 즉, 거울의 삼킴에 의해 소멸되고 마는 응시하는 자기애적narcissistic 신체와, 이미지에 집착하는 것이 아니라 바로 이미지를 초과하는 것들에 집착할 준비가 되어 있는, 즉 소리의 질감, 극장 로비, 어둠, 희미한 윤곽의 다른 신체들, 빛의 광선, 극장으로 들어감, 로비를 떠남 등등에 집착할 준비가 되어 있는 도착적perverse 신체가 그것이다. 요컨대 나는 거리를 유지하기 위해, 다시 말해 '떨어뜨리기take off' 위해, 어떤 '상황'을 부여함으로써 어떤 '관계'를 복잡하게 만든다."[104] 리오타르에게는 미안한 말이지만 이것은 강력한 중심적 주체 없이 겪어지거나 누려지는 경험 형태였으며, 바르트가 단언했듯이, 그럼에도 불구하고 경험이었다.

바타유의 경우와 마찬가지로, 그 대안은 바르트가 말한 모더니즘 시대 글쓰기의 특징인 자동사적 '중동태'라는 언어적 개념을 적용하는 것으로 이해될 수 있었다. 바르트가 그것을 정의하기에 이르렀을 때 희생의 사례에 의지했다는 점은 매우 의미심장하다. "[앙투안] 메예와 [에밀] 방브니스트가 제시한 고전적인 사례에 따르면, (제의적으로) **희생하다**sacrifice라는 동사는 사제가 나를 대신해서 제물을 희생한다면 능동태이고, 내가 신부의 손으로부터 칼을 취해 나 자신을 위해 희생제의를 한다면 그것은 중동태다. 능동태의 경우 행위는 주체 밖에서 수행되는데, 왜냐하면 사제가 제의를 수행한다 해도 그는 그로부터 영향을 받지 않기 때문이다. 반대로 중동태의 경우 주체는 행위를 함으로써 스스로 영향을 받고, 그 행위가 대상과 관련된다 할지라도 언제나 그 행위 안에 머문다."[105]

바르트가 추구한 경험 유형에 대한 또 다른 단서는 그가 르노 카뮈의 소설 『계략』에 부친 서문 중 게이 크루징gay cruising•을 언급한 대목에서 찾아 볼 수 있다. 여기서 도착적 신체는 자기애적 신체보다 우위를 차지한다.

> 『계략』은 주체가 단조로운 일상에 사로잡혀 있다고 반복해서 말한다. 반복은 애매한 형태를 띤다. 때때로 그것은 실패, 무기력을 나타낸다. 그러나 또 다른 경우 그것은 열망, 낙담하지 않는 탐구의 고집 센 운동으로 읽힐 수도 있다. 그러니 우리가 유람적 서사cruising narrative를 신비적 경험의 은유로 여기는 것도 당연하다.[106]

금지된 성적 쾌락에 대한 반복적 추구를 감히 신과의 합일을 획득하려는 열망에 비교하는 이런 과감한 비유를 우리는 어떻게 해석할 것인가? 진정 바르트는 유람cruising이 종교적 신비주의자의 경험과 유사함을 믿으라고 우리에게 요구하는 것인가?

물론 신비적 경험 그 자체는, 우리가 그것에 대한 바타유 자신의 양가적 환기를 논하며 언급했듯이, 정의하기가 쉽지 않다. 하지만 어쩌면 그것의 외형들 중 하나에서, 경험은 바르트의 도발적 비유를 그럴듯하게 지지할 수도 있다. 미셸 드 세르토가 지적했듯이, 신비적 경험에 대한 탐구는 발화들을 신학적 진술들의 객관적이고 형식적인 질서로부터, 즉 발화 행위가 형식적

• gay crusing은 직역하면 '즐거운 유람'쯤으로 해석될 수 있다(예컨대 니체의 저서 『즐거운 학문』의 영어 제목은 The gay science다). 하지만 gay라는 단어가 '게이'라는 일반명사로 고정된 것에서 짐작할 수 있듯이, '게이 크루징'은 전혀 다른 의미로 사용되고 있다. 사전적 의미는 주로 동성애자들이 "섹스 파트너를 구하기 위해 공공장소를 물색하는 행위"이며, 그 행위는 적어도 17세기까지 거슬러 올라간다(Gay cruising in England and Wales, Wikipedia 참조). 그러나 이하에서는 맥락을 고려해 cruising만을 단독으로 사용할 경우 '유람' 또는 '유람적'으로 옮기고 원어를 병기했다.—옮긴이

의미들의 체계에 복속되게끔 하는 그런 질서로부터 분리하는 것과 연관될 수 있다. 오히려 그것은 발화하는 주관적 행위와 발화되는 메시지들의 좀더 직접적인 관계를 수반한다. 드 세르토는 다음과 같이 적었다. "'경험'이라는 용어는 이 관계를 함축한다. 창조 행위와 동시발생적인, 불가해한 역사의 외부에 있는 것인 '유토피아적' 공간은 새로운 이성 능력에게 텍스트로서의 세계를 창조하는 능력을 발휘할 비非-공간을 제공한다. 즉, 신비적 공간은 지식의 영역 밖에서 구성된다. 타자에 대한 욕망에 의한 언어의 활기를 통해 탄생되는 글쓰기 노동이 벌어지는 곳이 바로 그곳이다."[107]

신비적 경험에 대한 이런 독해가 열망인 동시에 좌절을 뜻하는 유람cruising의 양가적 반복에 대립되는 것으로서의 창조적 순간의 여기 지금hic et nunc을 강조하고 있긴 하지만, 양자 모두 경험이 리오타르에 의해 그것의 본질적 원형으로 상정된 진보적 교양의 변증법적 서사에 상응한다는 관념에 도전한다고 말할 수 있다. 그러므로 그것이 어쨌든 종교적이라고 한다면, 적어도 그것은 리오타르가 경험 그 자체의 모델로 간주한 정통파 기독교의 구원론적soteriological 서사의 것은 아니다. 왜냐하면 신비주의자의 종교적 경험은 상당수 서구 문화가 접하는 순수로부터의 다행스러운 추방Fortunate Fall이라는 구원적 서사와 같은 것이 결코 아니기 때문이다.[108] 오히려 그것은 르노 카뮈의 『계략』에서 묘사되는 것과 다르지 않은 방식으로, 그와 같은 진보적 서사에 병합되기를 거부하는 강렬함의 순간을 특권화한다.

바르트가 이해한 바에 따르면, 신비적 경험과 유람cruising은 모두 그것이 세속적 연애 대상의 성적 신체든 신의 영적 신체든 간에 타자에 대한 욕망의 텍스트화와도 관련된다. 반드시 강조해야 할 것은, 드 세라토가 '글쓰기 노동'—거기서 세계는 텍스트로 구성된다—이라 부른 것이, 경험을 그것의 본질적 요소들에 대한 사후적인 이차적 정교화로 환원함을 의미하는 것은 아니라는 점이다.[109] 그것은 종결의 궁극적 순간을 갖는 플롯화된 서사가 아니다. 예수회 교단 창설자 이그나티우스 로욜라를 연구하면서, 바르트는 신비적 경험의 이미지들에 대한 특유의 반감—그 대신에 어둡고 그늘져서 볼 수 없는 '숭고한 무의 얼굴'에 열중하는—에 주목했다.[110] 그런 뒤 그는『정신의 훈련』에서 신비주의를 극복하려는 로욜라의 시도를 이미지들에 특권을 부여하는 것으로, 그러나 그러면서 그것들을 하나의 견고한 언어 체계에 버금가는 것으로 조직하는 것으로 특징지었다. "언어 체계로 이미지의 영역을 구성하는 것은 사실상 신비적 경험의 의심스러운 주변 구역들에 맞서 자신을 무장하는 것이다. 즉 언어는 (무엇보다) 확실히 정통과 신앙의 보증인인데, 왜냐하면 그것이 기독교적 고백의 특수성이 진짜임을 입증해주기 때문이다."[111]

다른 한편, 신비적 발화는 이미지들뿐만 아니라 그것들을 언어 체계 같은 통제된 질서로 변모시키는 것에도 확고하게 저항한다. 그것은 지크문트 프로이트가 꿈 작업의 최종 작업으로 설정한 사후적 이야기들인 이차적 정교화와 어떤 거래관계에 있지 않다. 그 대신에 신비적 발화는 그것을 포함하려는 그 같은 시도를 초과하는 텍스트, 즉 언어의 조직성뿐만 아니라 언어를 도구적으로 활용하는 이들의 중심적 주관성까지 약화시키는 텍스트를 생산한다. 신비적 주체가 신과의 합일을 통해 자신의 통합적 자아성을 포기하려 애쓴다면, 자기애적이기보다 도착적인 신체를 가진 유람적 주체 cruising subject는 익명성의 권위를 떠맡고 자신의 고유한 이름을 특유하게 은폐함으로써 똑같은 일을 한다. D. A. 밀러가 바르트의 유람적 수기들cruising journals에 대한 유동적이고 도발적인 고찰에서 지적했다시피, 이름Name에 매여 있는 의미화된 주체가 바르트에게 "지배와 죽음의 도구"로 이해된다면 "이와 대조적으로, 문자Letter는 그에게 언제나 선한 대상이 된다."[112] 심지어

'동성애자'라는 명칭을 포용하는 일견 해방적인 행위도, 부지불식간에 친구의 성적 행위를 '남색자pederast'라는 고정된 정체성으로 물화시키는, 선의를 가진 신실함의 옹호자에 대한 저 유명한 사르트르의 비판에 공명하면서 그가 피하려 한 행위다.[113] 그러므로 로욜라가 정통파 신앙을 보증하는 방식으로 고백하는 잠재적이거나 은폐되어 있는 진리란 존재하지 않는다.

그렇지만 의미심장하게도, 바르트는 과거가 성공적으로 현재에 통합될 수 있는 방식의 관습적인 변증법 개념과 결별했음에도 불구하고, 현재의 경험을 형성함에 있어서의 과거의 중요성에 대한 사르트르의 반감은 공유하지 않았다. 그의 주장에 따르면, 신체는 순간을 즐기거나 순간에 시달릴 수 있을 뿐 아니라 이전에 발생했던 것의 효과를 기록할 수도 있다. 그가 「남서쪽의 빛」의 고찰에서 언급했듯이, "나는 나만의 방식으로, 즉 내 신체를 가지고 이러한 실재의 지역들로 들어선다. 그리고 내 신체는 나의 유년기다. 역사가 그것을 만들었듯이 말이다. (…) 시골을 '읽는다는 것'은 무엇보다도 신체와 기억의 관점, 즉 신체의 기억이라는 관점에서 그것을 감지하는 것이다. 나는 그것이 작가에게 할당된 지식과 분석의 연결 통로라 믿는다. 그것은 능숙함의 틈새들을 의식하는, 능숙하다기보다는 의식적인 것이다."[114]

바르트가 시사한 바에 따르면, 능숙함의 틈새들 안에 미처 소화되지 않은 과거의 잔재들이 놓여 있으며, 이것들은 신체에서, 아마도 자기애적 신체의 전체론적 통일을 부인하는 도착적 신체에서 가장 분명하게 느껴진다. 게다가 경험이 불완전하게 모습을 드러내는 것은 신체의 욕망 못지않게 그것의 기억에 대한 글쓰기와 텍스트화를 통해서다. 바르트는, 실험에 상응하는 경험의 차원을 구제하고 우리가 그의 펜의 결정이라 부를 법한 것을 통해 그것들을 수행한다는 점에서, 혁신으로써 오랫동안 존중받아온 문장가였다. 심지어 『롤랑 바르트』 같은 자서전적 작품에서도 그는 글쓰기를 통해 자신에 대한 실험을 제시했다. 다시 한번 밀러를 인용하자면, 바르트가 "자칭 사적인 것의 보장들을 자신이 텍스트라 부른 일탈 원리에 의해 주체에게 생겨난 혼란스러운 결과들—간헐, 복수성, 위반, 탈진—과" 맞바꾼 것이 바로 여기서다.[115] 드 세르토의 신비적 경험에 대한 정의와 마찬가지로, 문자의 물질성을 거치는 통로인 '글쓰기 노동'은 경험 자체의 일부이지, 그것에 회고적인 정합성을 부여하려는 지연된 시도가 아니다.

물론 바르트가 경험의 다양한 세속적 형태 속에서 신비적 경험을 이상화하려는 것에 저항감이 들 수도 있겠지만, 적어도 그것은 경험에 대한 성급한 묘비명을 쓰려는 자들에게 맞서 그 용어가 지닌 회복력을 우리가 제대로 평가할 수 있게끔 도와준다. 왜냐하면 바르트가 중심적 주체라는 강력한 개념이 없는 경험의 가능성을 고수함으로써 수행한 것은, 우리가 리오타르의 것과 같은 비판들에 직면한 자의적으로 토착화된 코드, 즉 바르트가 행동적proairetic이라 부르고자 했던 코드의 존재에 경각심을 갖게끔 해주기 때문이다. 즉 순수, 소외, 구원에 기초한 기독교적 구원 이야기의 세속적 판본으로 이해된 경험은 그 자체로 시간에 따른 일방향적이고 순차적이고 서사적인 전개에 의존하는 것으로서 의미의 근간 개념에 지배를 받는다.[116] 경험의 비판자들은 경험을 고전적 교양소설Bildungsroman 모델에서 볼 법한 익숙한 플롯 구성의 모델로 너무나 빨리 환원시킴으로써, 저하되거나 약화된 형태의 지배적 규범들이 아닌 대안들의 가능성을 방해한다고 바르트는 주장했다. 그렇기 때문에 앞서 영국의 레이먼드 윌리엄스나 독일과 미국에서의 아도르노 같은 다른 20세기 문화비평가들의 저서를 관통하는, 이른바 참된 경험의 약화, 상실, 붕괴에 관한 비통한 유감을 바르트에게서는 거의 찾아볼 수 없다.

확실히 향수에 대한 이러한 저항은 바르트가 그것에 필적할 만한 유토피아적 경험 개념으로서 앞서 아감벤이 비판적으로 고찰했던 언어 이전의 순수에 대한 역설적 회복을 고수했다는 것을 의미하지는 않았다. 필사의 운명의 함의들에 대한 그의 냉철한 반성들은 이 점을 강력하게 입증한다. 실제로 바르트는 바타유가 그랬듯이 인간 경험에서 죽음과 그것의 역할의 문제에 심취했다. 『카메라 루시다』는 아마도 그 불가능한 주제에 대한 가장 심오한 묵상이지 않을까 싶다. 이 글의 의도는 그 책의 복잡한 논증을 반복하거나 그것이 야기한 무수한 논평을 고찰하는 데 있지 않다. 다만 그가 사진을 바라보는 경험을, 각각의 계기에 앞서는 것의 변증법적 부정을 통해 점진적으로 나아가는 삶으로서의 경험이라는 리오타르의 개념과 명확히 대립되는 것으로 인식했다는 점에 주목할 필요가 있다. 계속 언급하는 바지만, 리오타르는 "삶은 현재 누군가의 죽음을 의미하며, 이 죽음은 삶이 의미를 지니며 그가 단지 돌멩이가 아니라는 것을 증명한다"고 적었다. 바르트는 다음과 같이 응수했다. "변증법이 부패할 수 있는 것을 지배하고 죽음의 부정을 노동의 힘으로 바꾸는 그런 사유라고 한다면, 그렇다면 사진은 비변증법적이다. 즉 그것은 죽음이 '관조될 수도', 반성될 수도, 내면화될 수도 없는 변질된 극장이다."[117] 그러므로 사진은 기억과 애도에 복무하는 것이 아니라, 비변증법적으로, 그리고 귀속된 의미라는 위안 없이 죽음을 이해하는 데 복무한다.

그의 어머니가 다섯 살 때 겨울 정원이라 불린 유리 온실에서 찍은 사진과의 유명한 만남은 바르트 자신에게 결정적이고 경이로운 경험을 제공했다. 바르트는 "궁극적으로 나는 어머니를 예전의 그녀만큼이나, 또 나의 내적 규범을 내 여성스러웠던 아동기 때만큼이나 강렬하게 경험했다. 그것이 바로 죽음을 해결하는 나만의 방식이었다"라고 적었다. 그런 해결책이 제시될 수 있었던 것은, 자녀도 없었고 따라서 우리 인류의 구원 이야기에서 개인의 죽음에 유의미한 공간을 부여한다고 알려진 출산이라는 거대 서사에 참여할 수 없었던 바르트가 어쩐 일인지 자신을 자기 어머니의 부모라고 상상했기 때문이다. 하지만 사진 속의 그 아이가 죽었을 때, 바르트는 "나는 더 이상 나 자신을 우월한 생명력Life Force(인종, 인류)의 진보에 조화시킬 그 어떤 이유도 가질 수 없었다. (…) 이제부터 나는 나의 총체적, 비변증법적 죽음을 기다릴 뿐이다."[118]

게이 크루징에 대한 헛되고 지루한 탐구, 신비로운 경험에 대한 반복적 탐색, 이름에 우선한 문자의 특권화에서 보였던 것처럼, 조증과 울증은 마구 뒤섞인 채 종결과 완성의 서사에 포함되는 것을 거부하는 경험적 강렬함을 야기했다. 바르트가 푼크툼punctum이라 부른 것, 즉 그 자신이 사진의 스투디움studium이라 이름 붙인 통합된 이미지를 벗어나는 탈코드화된 사소한 것들은 거울적 반사성specularity의 총체화하는 잠재력을 파열시키고 환유적 전치의 무한한 사슬을 풀어버릴 수 있었다. 여기에는 거울 단계의 권력과 서사적 회복을 피하는 시각적 실천, 즉 자기애적 신체의 통합보다는 도착적 신체의 분산을 부추기는 실천이 놓여 있다. 바르트는 그런 사진들이 우리로 하여금 총체화된 서사가 결코 가능하지 않다는 진리와 대면하게 한다고 냉정하게 결론지었다. "어머니의 어렸을 적 사진 앞에서 나는 스스로에게 말한다. 그녀는 죽어가고 있다. 위니콧의 정신병 환자처럼, 나는 **이미 발생한 어떤 재난**에 몸서리친다. 주체가 이미 죽었든 아니든, 모든 사진은 이러한 재난이다."[119]

앞서 보았듯이 프랑크 앙커스미트가 옹호한 그 숭고한 역사적 경험의 충격처럼, 사진의 푼크툼은 그것을 단일한 메타서사 속에 맥락화하려는 모든 시도를 방해한다. 사후적 합일화에 의해 주장되기를 거부하는 외상적인 경험처럼, 그것은 기념적 동화commemorative assimilation라는 회고적 작업으로의 승화를 거부한다.[120] 따라서 그것은 아도르노가 옹호한 부정적인 유형의 것이 아니라면, 굳이 변증법적인 경험Erfahrung과 동일시될 필요는 없다. 게다가 그 단어는 인류의 삶의 진화적 서사 속에서 극단적 강렬함의 순간들에 위치함을 의미할 때의 체험Erlebnis의 측면에서 이해될 리 없다. 그렇기에, 리오타르에게는 안된 일이지만, 어쩌면 경험은 우리가 어떤 의미에서는 삶의 이데올로기가 인정하길 거부하는 무의미한 돌멩이에 지나지 않는다는 냉혹한 진리를 우리에게 가르쳐줄 수도 있을 것이다.

: 푸코와 한계경험

그 용어의 관습적 정의들의 또 다른 대안들이 바타유에게 우호적인 또 다른 독자의 작업 속에서 정교화되었는데, 그가 바로 19세기의 하나의 허구로서의 삶의 이데올로기에 의문을 표한 미셸 푸코다.[121] 그 이데올로기에 대한 푸코의 불신은 현상학에서 '생생한 경험'이라 부르는 관념에 대한 그의 점증하는 의심과 궤를 같이했다. 푸코가 『사물의 질서』에서 "현실적 경험의 기술—자기도 모르게 경험적인—로, 그리고 무심결에 '나는 생각한다'의 우선성을 방해하는 비사고의 존재론으로" 귀착하는 것으로 묘사한 철학인 그 현상학 말이다.[122] 푸코는 분명 데카르트적 자아의 '나는 생각한다'를 회복하는 것에 흥미가 없었지만, 그렇다고 그것의 해결책으로서, 대부분의 용법에서 **체험**이라는 독일적 관념에 가까운 선반성적 경험에 특권을 부여하지도 않았다.

아직 현상학적으로 굴절돼 있었던 초기 작업에서, 확실히 푸코는 다른 것을 암시하는 듯한 말투를 어느 정도 허용했다. 예컨대 그는 1961년에 출간된 『광기와 문명』 서문에서 "광기가 미분화된 경험으로 있는, 광기의 과정에서의 영점zero point"으로 복귀할 것을 촉구했다.[123] 하지만 1969년 그의 최초의 방법론적 논문인 『지식의 고고학』을 썼을 때 그는 분명하게 이전의 발언을 철회했다. "일반적으로 말해서, 『광기와 문명』은 내가 '경험'이라 부른 것에 지나치게 큰 장소를, 그것도 아주 수수께끼 같은 장소를 부여함으로써, 우리가 역사의 익명적이고 일반적인 주체를 인정하는 것에 여전히 얼마나 가까이 있는지를 보여주었다."[124]

과학철학자 가스통 바슐라르와 조르주 캉길렘으로부터, 푸코는 과학의 구조적 무의식이 날것 그대로의 경험이 아니라 그들의 기대에 부합하도록 고안된 담론적 하부구조들이자 기술적 도구들이라는 가르침을 얻었다. 따라서 그는 후기 후설이 주장했던 식으로 과학을 선반성적 세계에서의 구체적인 실천들로 축소하는 데 저항했다.[125] 결국 이러한 가정에 대한 푸코의 거부 때문에 어떤 논자는 1963년 이후의 그의 작업에서 "'경험' 개념의 완전한 사라짐에 누구나 놀라게 된다"고 주장하게 되었고,[126] 또 어떤 논자는 그의 주된 성취가 "현상학에서 인식론으로의 전환"이었고 "모든 것은 지식이며, 이것이 어떠한 '야생적 경험'도 존재하지 않는 첫 번째 이유다. 다시 말해 지식의 이면에나 지식의 이전에나 어떤 것도 존재하지 않는다"라고 주장하게 되었다.[127]

이런 평가들은 적어도 그의 텍스트 일부와 관련해서는 어느 정도 진실인바, 이제 그것들의 함의를 살펴볼 것이다. 그러나 푸코가 바타유 전집의 기획과 출간을 도울 정도로 바타유의 가장 밀접하고 가장 주의 깊은 독자들 중 한 명이었다는 사실 또한 짚고 넘어가야 할 것이다. 그는 바타유의 사망 직후인 1963년에 『비평』지에 「조르주 바타유에게 바침」(영어로는 「위반에 대한 서문」이라는 제목으로 번역됨[128])이라는 감동적인 추도사를 쓰기도 했다. 수년 뒤 『성의 역사』 1권을 통해 유명해질 과감한 주장을 예고하면서, 푸코는 해방된 성이 근대 세계에서 자연의 사실로서 자신의 모든 본질적 진리를 드러냈다는 가정을 반박하는 것으로 그 글을 시작했다. 오히려 그것은 기독교의 신비적 영성의 세계에서 훨씬 더 급진적으로 표현되었다고 그는 주장했다. 그 세계에서는 그것이 그것과 대응하는 신의 사랑의 유출처럼 보였다. 그렇지만 이제 성은 자신 외에 아무것도 지시하지 않는 내적 균열, 자기파괴적 열광, 한계 조건의 위치에 놓이게 되었다. 니체와 그의 후대에 바타유가 인식했듯이, 그 변화는 신의 죽음 때문이었고, 그로 인해 무한성은 유한성으로 대체되었다.

> 우리에게 한계 없음의 한계를 부인함으로써, 신의 죽음은 그 어떤 것도 다시는 존재의 외부성을 선언할 수 없게 만드는 그런 경험으로 이어지고, 결국 **내부적**이고 **주권적**인 경험으로 이어진다. 그러나 신의 죽음이 충격적인 현실이 되는 그런 경험은 그 자체의 비밀과 해명을, 그 자체의 고유한 유한성을, 한계의 한계 없는 통치를, 그리고 그것이 스스로를 소모하고 결핍을 발견하게끔 하는 그 과잉의 공허함을 폭로한다. 이런 점에서 내적 체험은 전적으로, **불가능한 것**(불가능한 것은 우리가 경험하는 바이자 경험을 구성하는 것이다)의 경험이다.[129]

푸코는, 신의 죽음은 우리가 "세계의 한계들의 경험에 의해 드러나는, 세계에 변형을 가져오는 그 과잉에 의해 만들어지기도 하고 파괴되기도 하는 그런 세계"에 살고 있음을 의미한다는 것을 바타유가 깨달았다고 생각했다.[130] 그 결과 위반은, 언젠가 모순을 대체할 수 있는 "유례없는 경험"이 된다. 즉 "우리 문화에 결정적"인, 전체의 맥락에서만 부정을 사유하는 변증법적 양식이 된다.[131] 그러나 변증법과 달리, 그러한 철학은 블랑쇼가 "이의 제기"라고 부른 "비긍정적 긍정non-positive affirmation", 즉 "아무것도 긍정하지 않는 긍정, 타동성의 급진적 단절"의 하나가 될 수 있었다.[132]

동시에 바르트와 마찬가지로, 푸코는 언어와 경험 사이의 대립이 아니라 오히려 그것들의 상호 침투성을 주장했다. 하지만 내적 체험이 드러날 수 있는 언어는 전통 철학에서 주장하는 통일된 주체를 제거하는 에로틱한 파괴를 현시하기에, 결정적으로 '비담론적'이다. "이 경험은 적어도 소크라테스 이후의 서구의 지혜를, 즉 철학적 언어가 주관성—철학적 언어에 의해서 그리고 철학적 언어를 통해서 온전히 구성되어 철학적 언어 속에서 승리를 거두었을—의 고요한 통일을 약속하게끔 한 지혜를 지속시켜온 운동의 정확한 반전을 형성한다."[133] 바르트처럼 푸코에게도, 바타유의 『눈 이야기』는 내적 체험이 자신의 표현을 발견하는 이러한 비담론적 언어의 중심지였다.

또한 그것은 주관성—문장 술어에 선행하는 일인칭 단수 혹은 복수라는 문법적 가정, 즉 완전히 자기에 내재적인 통합적 자기의식—이 완전히 허물어진 언어이기도 했다. 1966년에 블랑쇼의 「외부의 경험」에 찬사를 보내며 쓴 한 논문에서 푸코는, 자신이 마르키 드 사드와 프리드리히 횔덜린이 개시한 전통이라고 칭한 것을 고수할 것임을 분명히 했다. 그것은 소외와 내면화라는 헤게모니적인 변증법 전통에 짙은 그늘을 드리웠다. 그는 "똑같은 경험이 19세기 후반에 언어의 바로 그 핵심에서 재등장했는데, 그것은 외부의 광채가 되었다—여전히 우리 문화는 언어가 내면성의 비밀을 간직한 것인 양 그것을 통해 자기를 비추기를 갈망했지만—"고 주장했다.[134] 프리드리히 니체, 스테판 말라르메, 앙토냉 아르토, 피에르 클로소프스키, 블랑쇼, 바타유에게서 "사유가 모순의 혹은 무의식의 담론이기를 중단하고 한계의, 파열된 주관성의, 즉 위반의 담론이 될 때" 이 경험은 새로운 삶을 발견하게 된다.[135]

「위반에 대한 서문」에서 푸코는 역설적으로 '외부'에 개방되는 '내적 체험', 즉 경험이라는 단어를 성적 과잉, 광기, 죽음이라는 한계경험에서 정점에 달하는 황홀한 자기부정의 영역으로 옮기면서 그것에 대한 모든 승인을 사실상 초과하는 경험에 대한 바타유의 정교화를 엄밀히 따랐다. 어쩌면 푸코는 궁극적으로 위반의 긍정적 미덕에 관해 바타유보다 더 양가적이었을 수도 있지만,[136] 이 논문에서 그는 자신들의 두 입장 간에 거의 거리를 두지 않았다. 사실상 그는, 데리다로 하여금 합리성과 비합리성을 지나치게 이원적으로 구분했다고 자신을 비판하게 한 데카르트적 이성의 길들여지지 않은 '타자'를 지지하는 듯 보였다.[137] 심지어 그는 1971년의 인터뷰에서 다음과 같이 주장하기까지 했다. "거칠게 개괄하자면, 미래 사회는 마약, 섹스, 코뮌들, 의식의 다른 형태들, 그리고 개별성의 다른 형태들에 관한 근래의 경험에 의해 공급될 것이다. 과학적 사회주의가 19세기의 **유토피아들**로부터 출현했다면, 20세기에는 **경험들**로부터 진정한 사회화가 나타날 수도 있다."[138]

그렇지만 초기 저작의 어딘가에서 푸코는, 향후 자신의 지속적인 관심사라고 일컫게 되는 "주체, 진리, 경험 구조 사이의 관계"에 대한 좀더 냉철한 ―본질적으로 완전히 인식론적인―분석을 전개했다.[139] 캉길렘과 바슐라르의 가르침을 급진화하면서, 그는 어떻게 경험이 구성되는지뿐만 아니라 어떻게 진리 자체가 자신에 앞서는 언어적 의미 체계의 기능이 되는지를 물었다. 여기서 그는 바타유의 내적 체험에 대한 자신의 찬사에서는 배제했던 것으로 보이는 담론성discursivity―심지어 객관적인 연구자에 의해 알려질 수 있는 담론적 결정론―개념에 의존했다(바타유 본인은 양자 사이에서 동요했다는 비난을 받을 수도 있었고, 실제 하버마스가 그렇게 비난했다).[140] 베아트리스 한이 최근 보여준 것처럼, 이 분석은 칸트의 유산에서 주체의 초월론적 개념과 경험적 개념 사이의 양가성에 대한 장기적인 탐구의 형식을 취한 것으로, 그의 비판적이고 인류학적인 충동들이라 불릴 만한 것이었다.[141] 그녀의 주장에 따르면 푸코는 후자의 편에 서서,

> 비판적 과정의 방향과 경험의 의미 모두를 전복시켰다. 즉 칸트가 그 자체의 법칙들에 앞서서 경험을 규정함으로써 모든 지식의 가능성을 **예견**하고자 했던 곳에서, 푸코는 오히려 그것들을 가능하게 했던 바를 회고적으로 정의하기 위해 이미 구성된 지식 형태들로부터 시작하고자 한다. 여

기서 그것을 선비판적 의미로 의도한 푸코의 입장에서, 경험이란 그 가능성의 조건들이 다른 곳에서—즉 역사적 선험성a priori에서—탐색되어야만 하는 소여다.[142]

초창기에 이 탐구는 상이한 역사적 시대들에서 담론적인 규칙성들을 식별하려는 '고고학적archaeological' 시도를 의미했고, 그런 뒤에는 그것들이 마주하는 권력 장치들에 대한 '계보학적genealogical' 조사를 의미했다. 그러나 이 시도는 다수의 평론가로 하여금 푸코가 단지 경험 문제를 순진하게 방치했다거나 최소한 그것을 전적으로 경험의 '가능성의 조건들'의 문제로 환원했다고 결론내리게끔 했다.

하지만 최종 작업에서, 푸코는 관심의 초점을 경험이 인식적 담론이든 권력 장치든 그런 조건들로 환원되는 것에 다시금 저항하는 방식으로 앎의 주체가 구성되는 문제에 두기 시작했다. 그렇게 함으로써 그는 바타유의 내적 체험 개념에 대해 자신이 초기에 매혹되었던 것으로 되돌아온 동시에, 하버마스 같은 비판자들이 그 주제와 관련해 바타유의 접근 방식에서 식별해낸 미해결된 긴장들의 일부를 재생산했다. 아마도 이런 애매성들을 강조하기 위한 최선의 방식은 다시 한번 경험이 분명한 주제가 되었던 두 편의 후기 텍스트에 초점을 맞추는 것일 터이다. 하나는 그가 죽은 해인 1984년에 출간된 『성의 역사』 2권인 『쾌락의 활용』이고, 다른 하나는 그보다 6년 앞서 공산당 기관지 『루니타』의 편집자인 이탈리아 저널리스트 두치오 트롬바도리와 한 인터뷰들이다.

우선 나중의 작업을 먼저 살펴보면, 푸코는 그리스의 성적 코드와 관행에 관한 역사를 다룬 『쾌락의 활용』을 시작하면서, 자신의 목표는 어떻게 하나의 "'경험'이 근대 서구사회들에서 구성되기에 이르렀는지"를, 그리고 "개인으로 하여금 스스로를 '성'의 주체로 인식하게 하는 경험은 매우 상이한 지식의 영역들로 접근 가능하고 지배 및 통제 체제와 연결되어 있음"을 이해하는 데 있다고 말한다.[143] 이런 맥락에서 그가 '경험'이라는 말로 의미한 것은 정확히 무엇이었는가? 흥미롭게도 푸코의 답변은 바타유의 영향을 느낄 만한 단서를 거의 제공하지 않았다. "경험은 특정 문화에서 지식 영역들, 규범성의 유형들, 주관성의 형식들 간의 상관관계로 이해된다."[144] 달리 표현하자면, 그것은 문화에 보편적인, 그리고 요소들 상호 간의 분쟁보다는 요소들의 상관관계에 기초한 다층적 구조로서, 조사 대상으로서 무사심한 역사가에 의해 외부로부터 관찰될 수 있는 것이다. 게다가 그것은 인식적 담론이나 규범적 규칙들의 파생적 결과로서의 구조가 아니라, 그것들이 주관성의 상이한 형식들과 연관을 맺을 때 발생하는 무엇으로서의 구조다. 그렇기 때문에 이런 의미에서의 경험은 서구 문화에서 성 담론에 의해 발생하는 것이 아니라 오히려 그것을 **야기하는** 것으로 이해된다.

그러나 이처럼 객관적인 방식으로 이해되는 경험을 야기하는 데 있어 '주관성의 형식들'이 갖는 역할로 인해, 또 다른 좀더 온건한 개념 역시 암묵적으로 그의 분석에 영향을 미친 듯 보인다. 지식 영역들과 규범적 권력 장치들과의 그것의 결합에 앞서는, 주체의 '경험'이라는 관념이 그것이다. 베아트리스 한이 언급했듯이, 이 용법은 푸코가 1979년 한 인터뷰에서 받은 "광기, 고통, 죽음, 범죄, 욕망, 개별성 같은 근본적인 경험들이, 우리가 인식하지 못한다 할지라도, 지식 및 권력과 어떻게 연결되는가?"라는 질문에 답하고자 했던 저서들의 또 다른 구절들에서 명백히 드러난다.[145] 여기서 경험은 지식 및 권력과 상이한 것으로 간주되며, 아직은 그것들과 주관성의 형식들 간의 좀더 큰 문화적 상관관계의 결과로도 여겨지지 않는다. 그것은 경험이 성이나 권력의 결과라기보다 그것들에 **관한** 것이게끔 해주는 어떤 자기형성 양식을 암시한다. 그 결과 베아트리스 한은 "따라서 경험은 전적인 구조인 동시에 그 구조에 의해 통일된 것으로 추정되는 요소들 중 하나로 정의되며, 이는 경험적-초월론적 이중체empirico-transcendental doubles를 특징짓는 퇴행들의 달갑지 않은 기억을 상기시킨다"고 우려한다.[146]

그녀는 출구가 존재한다면 그것은 반성적 경험이 자기구성 과정의 중심이 되는 인식 과정으로서의 주체화에 대한 푸코의 논의에 있는 것 같다고 주장한다. 주체는 선험적 실체가 아니라 그 과정의 결과다. 베아트리스 한은 "의식은 경험을 통해서, 의식이 매번 자기 자신으로 인식하게끔 해주는 일련의 명백히 객관적인 형상들에서 스스로를 규정한다"[147]고 보는, 자신이 헤겔적 경험 개념이라고 부르는 것과의 있을 수도 있는 유사성을 언급한 후, 즉 푸코가 경험의 변증법적 수사를 모방한다는 리오타르의 비난을 부른 어떤 유사성을 언급한 후, 푸코가 오히려 "자아의 창조/파괴라는 니체적 관점 (…) 즉 어떤 매개도 거부하는 타자성alterity에 대한 주장"을 채택한다고 결론내린다.[148] 하지만 그녀의 결론에 따르면, 궁극적으로, 역동적인 자기-구성으로서의 이 주관주의적인 경험 형태는 인식적 담론들, 규범적 권력 장치들, 주관화 양식들 사이의 상관관계로서의 푸코의 좀더 객관주의적인 경험 형태에 완전히 통합되지는 않는다. 사실상 이 두 경험 형태는 화해되지 않는 모순으로 남아 있다.

푸코 자신이 경험 문제에 대한 자신의 다양한 접근에 놓인 긴장들을 이해했을 수도 있고, 어쩌면 심지어 그것들을 미덕으로 간주했을 수도 있다는 것이 1979년에 트롬바도리와의 인터뷰에서 그가 한 솔직한 답변들에서 드러나는데, 유감스럽게도 베아트리스 한은 이 점을 무시한다.[149] 놀랍게도 여기서 문제의 그 경험은 분명 그 자신의 것으로, 이는 그가 다른 맥락들에서는 그토록 부인하고자 애썼던 사적인 차원의 인정이다.[150] 이제 그는 다음과 같이 인정했다. "내가 쓰는 책들은 나에게 하나의 경험이 되어주는데, 나는 그것이 가능한 한 풍부해지기를 바란다. 하나의 경험은 사람이 변화되어 나오게 해주는 무엇이다. (…) 이런 점에서 나는 나 자신을 이론가라기보다는 실험가로 본다. 나는 상이한 연구 영역들에 획일적으로 적용하기 위한 연역적 체계들을 발전시키지 않는다."[151] 푸코의 설명에 따르면, 그는 전통적인 의미에서의 비철학자들, 특히 니체, 바타유, 블랑쇼, 클로소프스키에게서 영감을 받았다. "그들과 관련해 나를 놀라게 하고 나를 매혹시킨 것은, 그들이 체계들을 구성하는 문제가 아니라 직접적이고 사적인 경험들을 갖는 데 더 관심을 기울였다는 점이다."[152]

그들의 경험과 현상학자들의 경험을 자세히 구별해달라는 요청에, 푸코는 『눈 이야기』에 대해 쓴 1963년의 논문에서 자신이 했던 주장을 재확인시키는 것으로 응답했다.

> 현상학자의 경험은 기본적으로 일시적인 형태로 있는 일상의 생생한 경험의 한 측면에 대한 성찰적 응시regard réflexif를 조직해 그것의 의미를 포착하는 한 방법이다. 이와 대조적으로 니체, 바타유, 블랑쇼는 경험을 통해 생의 불가능성에 가능한 한 밀접하게 놓여 있는, 즉 한계나 극단에 놓여 있는 삶의 그 지점에 다다르고자 노력한다. 그들은 최대한의 강렬함과 최대한의 불가능성을 동시에 모으려고 시도한다.[153]

푸코의 이어지는 주장에 따르면, 현상학이 일상적 경험 안에서 궁극적으로 통합된 초월적 주체를 찾으려 애쓰는 반면에 그가 따르는 인물들은 경험에 "주체를 그 자체로부터 '찢어내는tearing' 임무"를 부여했다. "주체가 더는 주체 자체일 수 없는 방식으로, 혹은 주체가 그 자체와는 완전히 '다른'

것이어서 결국 그것의 전멸 혹은 분열에 이르고 마는 방식으로" 말이다. "주체를 그 자체로부터 찢는 것은 이렇듯 주체로부터 벗어나게 만드는 일, 어떤 '한계경험'의 관념이며, 이것이야말로 내가 그 저자들에게 배운 근본적인 교훈이다."[154]

푸코는 고고학적이든 계보학적이든 자신의 방법들이 진리의 부적합한 기준을 제공했다는—베아트리스 한이 비난했듯이, 참된 앎의 주체에 대한 초월적 개념과 역사적 개념 사이의 극심한 동요를 드러내면서—혐의를 예고하면서, 자신의 책들이 "역사적 진리에 대한 논증보다는 경험으로 더 많이 기능한다. (…) 본질적인 것은 역사적으로 입증 가능한 일련의 증거에서 발견되지 않는다. 오히려 그것은 그 책이 우리로 하여금 갖게 하는 경험 속에 놓여 있다"라고 주장했다.[155] 그러므로 그 목표는 과거를 정당하게 얻는 것도, 역사적 실재에 관한 진리 게임을 하는 것도 아니고, 차라리 현재의 경험을 갖는 것이 된다.

그런 뒤 푸코는 자신의 논증을 위해 새로운 묘안을 덧붙였는데, 경험에 관한 두 가지 더 나아간 차원, 즉 경험의 사후적 순간과 경험의 집합적 국면을 도입하는 것이었다. "경험은 참도 거짓도 아니다. 그것은 항상 허구이고 구성된 것이며, 경험된 이후에나 있는 것일 뿐 그 이전에는 존재하지 않는 것이다. 그것은 '참된' 어떤 것이 아니라, 하나의 실재였던 것이다."[156] 즉, 경험은 역설적으로 주체를 그 자체로부터 주도적으로 '찢는' 것일 뿐만 아니라 그 행위를 반응적으로, 사후적으로 재구성하는 것이기도 하다. 이런 의미에서, 경험은 바르트가 부인하고자 했던 사후적인 '이차적 정교화'의 순간을 포함할 수 있게 된다.

경험이 전적으로 사적이라는 점에 관해서 말하자면, 푸코는 자신의 광기, 질병, 심지어 죽음에 대한 경험이 그의 주제 선택에서 핵심 역할을 했음에도 불구하고, 경험이 타자들에게 유의미할 수 있다는 점을 강조했다. "경험으로부터 시작해, 개인적인 것일 뿐만 아니라 타자들에게 접근할 수 있는 특징을 지닌 것이기도 한 그런 변환, 변형의 방식을 해명하는 것이 필수적이다. 다시 말해 이런 경험은 어느 정도까지는 집단적 실천 및 사유 방식과 연결될 수 있는 것이다."[157] 바타유의 내적 체험의 경우와 마찬가지로, 무시할 수 없는 공동의 차원이 존재한다. "물론 하나의 경험은 누구나 자기만이 갖고 있는 것이다. 그러나 그것은 한 개인이 타자가 그 경험과 마주치고 그것을 되짚어볼 수 있는 방식—그것을 꼭 추체험이라고 일컫지는 않겠다—으로 순수한 주관성에서 벗어나려고 하지 않는다면 완전한 영향력을 가질 수 없을 것이다."[158] 따라서 푸코는 딜타이의 추체험이나 콜링우드의 재연 개념에—함의에 있어 서로 너무나 조화로운—의지하지 않으면서도, 한계경험들이 기원의 순간을 초월해 이후의 전용을 위해 활용될 수 있다고 주장했다.

아마도 푸코의 복잡한 프로젝트에 관한 가장 설득력 있는 묘사는 트롬바도리와의 인터뷰 중에 표명된 그의 다음과 같은 의견에서 찾아볼 수 있을 것이다.

> 나는 어떻게 사람들이 자신의 한계경험들의 일부를 지식connaissance의 대상으로 환원했는지 이해하려 애썼다. 광기나 죽음이나 범죄 같은 것 말이다. 여기서는, 뭐랄까, 조르주 바타유의 주제들이 집단적 역사의 관점, 즉 서구의 관점과 그것의 앎savoir의 관점optique에서 인식되고 재고될 수 있을 것이다. 나는 이처럼 한계경험과 진리의 역사 간의 관계라는 복잡한 문제들에 다소간 유폐되어 있는 상황이다.[159]

다시 말해 프랑스 과학철학자들에게 빚진 고고학자 혹은 계보학자의 역할 속에서 푸코는 한계경험들을 인식론적 대상들로, '진리'의 대상들로 환원하는 것을, 역사적으로 가변적인 그러한 환원을 폭로하고자 노력했다. 하지만 자신의 삶에서는 그는 자신의 주관성을 실험에 부치고 바타유가 '비-앎non-savoir'이라고 지칭한 이종적 불가능성들에 자신을 개방하면서, 그렇듯 황홀한 한계경험 자체를 직접 겪고 싶어 했다.

그 결과는 삶의 수준이든 작업의 수준이든 해법을 거부하는 '문제들의 얽힘' 속으로의 솔직한 '유폐imprisonment'였다. 이렇듯 해결되지 않은 문제들을 수습하고 푸코의 저작을 한계경험에 대한 그의 삶의 탐구의 유기적 표현으로 읽으려는 시도들은, 바타유를 따랐고 바르트에게 우호적이었던 그가 이해한 것처럼 경험의 핵심에 도사리고 있는 불가능성을 인식하는 데 실패하고 만다.[160] 말하자면 이 저자들에게 있어 경험은 유의미한 전개(즉 교양)의 변증법적 서사도, 미학적 자기 형성의 유기적 개념의 결과도 아닌 것이다. 게다가 그들은 그것을 주관적 내면성에 앞서는 담론적이거나 언어적인 구조들의 파생적 기능으로도, 또는 이와 정반대의 실수를 범하는 것으로서, 그 구조들에 앞서 선반성적이며 현상학적으로 포착된 '삶'에 이미 제시된 것으로도 보지 않는다.

오히려 경험은 완전히 자아—어떤 방식으로든 경험에 선행하지 않고, 또 초월론적 양식이든 경험적 양식이든 그 어떤 것으로도 환원되지 않는 자아—의 밖도 안도 아닌, 이 모든 요소의 역동적인 힘의 장으로 밝혀진다. 그것은 욕망의 에너지로 가득 채워진 채, 타율적이고 출산에 관계된, 따라서 종의 번식이라는 서사에 의존적인, 관습적인 성 담론으로 순치되는 것을 거부한다. 그것은 어떤 단일한 시간적 양식을 거부하긴 하지만, 대체로 변증법적 지양의 논리보다는 반복과 대체의 논리를 따른다. 그것은 언어와 관계하지만 언어를 초과한다. 그것은 객관적 관찰을 위해 이용될 수 있지만 사실을 좇아 생성된 하나의 허구다. 마지막으로 경험은 능동적으로 황홀한, 어쩌면 신비적이기까지 한 강렬함의 순간들을 찾고자 하지만, 그러면서도 그것을 의욕함 없이 나타날 수 있는 것에 대한 수동성과 개방성의 힘을 인정하는 것이다. 그러한 경험은 바타유의 제한경제보다는 일반경제에 속한다고 볼 수 있으며, 여기서는 어떤 상실도 완전히 회복될 수 없고, 소외의 상처들도 완벽히 치유될 수 없으며, 의미는 결코 온전하게 인식될 수 없다. 푸코는 『사물의 질서』에서 '인간의 죽음'에 대한 널리 회자하는 자신의 진술—휴머니즘의 옹호자들에게는 매우 경악스러운—에 다음과 같이 주해를 달면서 바타유와 바르트 모두를 변호했다. "인간은 경험의 동물이다. 그는 대상들의 영역을 정의함으로써 주체로서 자신을 동시에 바꾸고, 변형하고, 변환하고, 변모시키는 그런 과정 속에 무한히 관계하는 존재인 것이다."[161]

: 결론

그렇게나 많은 종류의 경험이 있어야 한다는 것은 유감이지만,
어쨌든 그 모두가 경험이다.[1]
- 킹즐리 에이미스

오랜 기간 이 신비스러운 단어를 획득해온 서로 경쟁하고 때로는 불화하는 의미들에 대해 에이미스가 보인 냉소적인 감정을 공유한다면, 적어도 독자들은 지금까지의 설명에 대해 어느 정도 아량을 베풀 수 있을 것이다. 우리의 연가곡은, '내적 체험'을 '외부의 경험'이라고 부르면서 그것이 전통적으로 경험의 운반자라고 여겨져온 바로 그 주체의 해체를 요구한다고 주장한 이론가들을 소개하는 것으로 마무리되었다. 결국 이것은 그 용어가 과연 완전히 정합적인 것을 의미하는가 하는 의심을 충분히 정당화하는 듯 보인다. 이제껏 내가 어떤 경쟁자에게든 '실제의' '진정한' 혹은 '참된' 경험의 규범적 아우라를 부여하려는 유혹에 저항해왔기 때문에, 그 결과는 단지 기존의 불협화음에 또 다른 소음을 추가하는 것에 불과할지도 모르겠다. 따라서 우리가 애초에 경험을 어떻게 정의할지 결정할 수 없다면, 아마도 경험의 반대자들—신뢰할 수 없는 감각을 배척하거나, '삶'의 직접성보다 언어를 중시하거나, 과거의 권위에 대한 비판을 선호하는 사람들—의 명예가 회복되는 것처럼 보일 수도 있을 것이다.

하지만 이 책이 청각적인 것에서 시각적인 것으로의 은유의 전환을 통해 그려보려 한 상이한 의미들의 지도는, 이 논쟁적인 단어가 과거에 수행했고, 그것에 애도를 표하려는 시도에도 불구하고 오늘날에도 계속 행하고 있는 작업에 대해 반성하길 원하는 이들에게 어느 정도 유용한 지침을 제공

하리라 믿는다. 푸코의 "인간은 경험의 동물이다"라는 주장은 인간의 조건을 정의하고자 했던 여타의 시도들—정치적 동물zoon politikon, 경제적 인간homo economicus, 지혜로운 인간homo sapiens, 도구적 인간homo faber, 유희적 인간homo ludens 등등—처럼 부적합한 것일 수도 있겠지만, 적어도 경험의 일정한 의미들을 참고하지 않고는 세계 속에서의 우리의 수수께끼 같은 역할을 사유하는 것이 불가능하다는 점을 경고해준다.

한스 게오르크 가다머는 긴 생애의 끝 무렵에 이루어진 어떤 인터뷰에서, 『진리와 방법』에서 과학적 실험 방법과 대조시킨 자신의 경험 개념에 대해 질문을 받았다. 그는 다음과 같이 대답했다. "경험된다는 것은 지금 누군가가 어떤 것을 완전히 안 뒤 그것을 지식으로 견고하게 만드는 것을 뜻하지 않는다. 오히려 새로운 경험들에 더욱더 열리는 것을 의미한다. 경험된 사람은 교조적이지 않다. 경험이란 새로운 경험에 개방되기 위해 자유로워지는 효과인 것이다. (…) 경험 속에서 우리는 그 어떤 폐쇄적인 것도 이끌어내지 않는다. 거꾸로 우리는 경험으로부터 새로운 무언가를 항상 배우는 중이다. (…) 이것이 바로 내가 모든 경험의 무기한성interminability이라고 부르는 것이다."[2] 비록 이 책은—이 책을 쓰는 경험이자 이 책을 읽는 경험인—끝이 날 수밖에 없지만, 경험이 야기해온 많은 질문에 대해 결정적인 답변보다는 가설적인 제안들을 내놓는 것으로 마무리함으로써 가다머의 말에 담긴 정신을 기리는 것이 유용할 것이다.

그 제안들 중 첫 번째는 모든 것을 포괄하는 하나의 범주로서의 경험과 다양한 하위 범주들로 경험을 양태화하는 것 사이의 관계를 문제 삼는 것이다. 앞서 보았듯이, 근대화 특유의 분화 과정은 역사적·정치적 맥락에서 경험의 중요성을 별도로 분석하려는 시도들뿐만 아니라 상대적으로 자율적인 인식적·종교적·미학적 경험에 관한 담론들을 발전시켰다. 이처럼 각각의 영역에서 경험으로 간주되는 것을 탐구함으로써 우리는 일반적 범주 속에 잠복해 있는 다양하고 때로 모순적이기까지 한 가능성들을 기록할 수 있게 되었다. 이것들은 공통분모로 손쉽게 환원되는 것을 거부한다.

그렇지만 그와 반대되는 흐름으로서, 우리는 그 양태화가 야기했을 법한 상처들을 치료하기 위해 강력한 경험 개념을 회복하려 했던 수많은 노력도 기록했다. 여기서는 가장 포괄적인 의미에서의 '경험'의 신성한 장소로서 '살아 있는 신체'가 강조되듯이, 경험과 생활세계Lebenswelt의 일상적 삶 사이의 연결이 강조되곤 한다. 마이클 오크숏의 경우처럼 단지 인식되어야만 하는 '언제나 이미'의 상태로 해석되든, 서로 논쟁적인 경우도 있었지만 프랑크푸르트학파와 미국 실용주의자들처럼 세계의 변화를 통해 절실하게 구하고자 하는 것으로 해석되든, 결국 경험의 빈곤을 극복하는 것이 목표로 설정되곤 했다.

그러나 앞서 보았듯이, 차이를 약화시키려는 노력들은 때때로 하나를 다른 것들보다 암묵적으로 특권화한 뒤 대안적인 형태들을 제국주의적으로 식민화하는 경향이 있다. 혹은 무의식중에 그러한 대안들을 '참된' 형태에 비추어 권위가 떨어지거나 잘못 정향된 것으로 폄하한다. 포괄적인 경험 개념에 대한 동경을 반드시 문제적인 것으로 치부할 수는 없겠지만, 양태화의 성공적인 극복이 야기할 수 있는 손실에 대한 판단은 아직은 시기상조다. 아이러니하게도 '절대 경험'이라는 성배를 탐구하는 것은 윌리엄 블레이크가 이해했던 것처럼 오로지 그 자체만으로 이루어진 하나의 가곡집을 낳을 수 있는 어떤 순수의 순결함을 헛되이 갈망하는 것과 다를 바 없어 보인다.

용어들은 다소 다르지만, 두 번째 제안은 어느 정도는 첫 번째 제안에서 파생된 것이다. 그것은 경험 주체와 경험 대상의 골치 아픈 관계를 다룬다. 확실히, 좀더 포괄적인 경험 개념에 대한 욕망은 존재론보다 인식론을 우위에 놓은 데카르트 이후 서구 사상의 대부분을 차지해온 비변증법적인 주객 이원론을 참을 수 없어 했다. 현상학자, 비판 이론가, 실용주의자, 포스트구조주의자 그 누구를 막론하고 주장하다시피, 경험은 어떤 고립되고 관조적이고 통합된 주체가 완전히 그 주체의 밖에 있는 어떤 대상에 대해 취하는 것으로 환원될 수 없다. 이 논자들에게는 경험이 전적으로 홀로 설 수 있는 뭔가에 대한 내적 기입이나 반성에 앞서거나 혹은 그러한 내적 기입이나 반성보다 심원한 그런 상태나 조건을 시사한다. 비록 동등하게 존재하는 어떤 대안적 경험 개념이 추구될 수 있는 명확한 방식에 대해 논쟁하기는 하지만—어떤 이들은 이항대립을 넘어서는 중용의 입장via media을 선호하고, 또 어떤 이들은 경계들에 침투하지만 경계들을 완전히 없애지는 않는, 내부와 외부의 지양 불가능한 변증법을 지지한다—, 그들 모두는 경험이 전적으로 어떤 대상과 마주하는 어떤 주체의 속성이라는 단순한 생각을 약화시키고자 했다.

하지만 오랜 골칫거리인 주객 이원론을 극복하는 방식들을 찾으려는 다른 많은 시도에서처럼 여기서도, 주객 이원론이 경험과 관련해서도 애를 먹이게 되는 것은 아닌지, 특히 그것이 일원론적인 대안을 야기할 조짐이 있는 것은 아닌지 의심스러울 수도 있을 것이다. 왜냐하면 사실상 모든 형태의 경험이 주체를 그가 시작된 곳 너머로 이동시키는, 장애물이나 도전 같은 새로운 무엇과의 조우에 의해 야기되는 잠재적 학습 과정과 연관된다면, 주체의 내면성에 대한 외부의 필요성을 부인하기란 어렵기 때문이다. 앞서 종교적 경험에 대한 논쟁에서의 신의 상실과 미학적 경험에서의 예술작품의 상실에 대한 근심을 논하며 본 것처럼, 경험을 가능케 하는 것은 바로 주체와 대상 사이의 긴장이다. 인식론적 상황에서도, 프란츠 브렌타노와 에드문트 후설 이후의 철학자들이 의식의 지향성이라 부른 것—언제나 자기 밖의 대상을 향하는—을 우리가 받아들인다면 똑같은 쟁점이 나타난다.

이 주장을 제기하는 또 다른 방식은 앞서 보았듯이 '언어적 전회' 이후에도 역사적 경험을 정당한 위치로 복구시키려 한 앙커스미트 식의 시도들에 동기를 부여한 것으로서, 언어 속에서의 경험의 완전한 해체를 완강히 거부하는 것과 관련된다. 예상치 않은 것이겠지만, 언어가 "시종일관 아래에 놓여 있다"는 생각에 대한 유사한 불신은 우리가 대략 포스트구조주의라 불리는 곳에 위치시킨 사상가들의 상이한 어휘들에서 발견될 수 있다. 물론 그들도 언어가 마치 '날것의' '직접적인' '감지되는' 현실을 가리는 투명한 베일인 양 무시될 수는 없다는 점을 잘 알고 있지만, 그것이 모든 것을 결정한다는 식의 정반대되는 충동을 경멸한다. 그 같은 동기에서 그들은, 진보적이고 누적적인 교양이라는 모델, 혹은 프로이트가 꿈의 회고적인 이차적 정교화라 불렀을 것을 따라 필연적으로 경험이 형식상 이야기 구조를 띤다는 주장을 의심한다.

확실히 그러한 의심은, 최대의 위반과 강렬함의 순간들만이—그것들을 맥락적이거나 서사적인 틀에 가두려는 일체의 시도에 저항하는—경험이란 이름을 보증할 수 있다는, 마찬가지로 문제적인 주장으로 이어질 수도 있다. 묘하게도 이런 입장은 이론을 거부하는 보수적이고 근본적인 정치사상가들의 입장과 양립하는데, 그들은 '경험'이라 불리는 것이 기초적인 용어이며, 어떻게든 이데올로기나 재현의 신비화를 회피하는 강직한 직접성을 제공할 수 있다고 믿는다. 두 경우 모두에서 그 단어는, 매끈하게 짜인 서사 형태에서 나온 것이든 언어게임의 규칙들에서 나온 것이든 이론적 관념들에서 나온 것이든 간에, 자발성과 창조성을 억제할 조짐이 있는 것의 반대로서 사용된다.

그보다는 경험을 이 모든 경합하는 충동들이나 요구들 간의 생산적인 투쟁의 장소로, 즉 그 어떤 이원론이나 환원론적 일원론도 삶의 실험적인 순간을 배제하지 않는, 우리 삶의 장소로 간주하는 것이 더 나을 것이다. 앞서 본 것처럼 특히 롤랑 바르트가 전면에 내세운 '중동태'라는 도발적인 개념은 능동/수동의 이항을 벗어나는 진동을 정확히 포착해낸다.[3] 경험은 '이중적 의미의 단어'라는 윌리엄 제임스의 주장과, 경험Erfahrung에서 타자의 미메시스적 역할을 강조한 발터 벤야민에 대한 아도르노의 전용 또한 마찬가지다. 다시 말해 경험의 주체는 주권적이고 자기애적인 자아가 된다기보다는, 오히려 자신의 내면성을 넘어 언제나 타자—인간과 자연 모두—에게 상당한 정도로 의존한다. 우리의 논자들 다수가 인식했다시피, 경험은 결코 계획적인 행위에 의해서만 만들어지지 않으며, 오히려 계획적인 행위가 아닌 것에의 일종의 양도나 의존, 즉 자족적인 안전의 상실과 위험한 탐험을 무릅쓰는 의지와 관련 있다.

'경험'이 때로는 주체의 극으로 때로는 대상의 극으로 이끌리면서 불안정한 개념이 되는 이유를 해명해주는 또 다른 방식은 그것이 주격 속격이나 목적격 속격[of]으로 활용될 수 있음을 보면 이해가 될 것이다. 즉 그것은 인식론적 경험 혹은 세계 속의 실재 대상들의/에 대한 경험, 미학적 경험 혹은 예술의/에 대한 경험, 종교적 경험 혹은 신의/에 대한 경험 등등으로 이해될 수 있다. 그렇다면 의문은, 그것이 전적으로 주격 속격으로 해석—주체에 의해 수행된 것, 소유된 것 혹은 심지어 발생된 것—된다거나 또는 목적격 속격으로 해석—전적으로 대상의 기능이고, 대상의 실재성은 그것의 경험에 앞선다—된다고 했을 때 그것이 의미하는 바가 무엇인가 하는 것이다. 그것은 독실한 신자의 내면에 위치하는가, 아니면 그가 신성한 관계를 맺고 있는 신에 더 가까이 자리하는가? 혹은 그것은 아름다움을 감상하는 사람의 감정이나 판단 혹은 공감에 속하는가, 아니면 자연적이든 인공적이든 고유하게 미학적 반응을 야기하는 대상과 과정에 해당되는가? 그것은 역사학자의 서사적 재구성인가, 아니면 습관적인 지혜와 단절하면서 역사적 경험을 제공하는 과거 유산의 강력한 힘인가? 또한 그것은 정치적 행동주의의 설렘인가, 아니면 공적 영역에 관여함으로써 유발되는 객관적인 결과들인가? 심지어 우리는 경험이 사실상 주체보다 객체에 의해 수행된다고 말할 수 있는가? 신을 참된 주어로, 그리고 인간을 단순히 술어로 만들고자 하는 신학자들의 주장처럼 말이다.[4]

선택 가능한 격들이 야기하는 긴장들 속에서 계속 오가지 못한다면 잠재적으로는 문제적인 결과에 이를 수도 있다. 주격이 극단으로 내몰리면, 그것은 그것의 촉발 대상이 무엇이든 간에 모든 것을 미학적 경험으로 바꾸는 부적절한 편향에 빠질 수 있다. 미학적 관점에서 자연적이고 인공적이기까지 한 대상들, 사건들, 과정들을 경험하는 능력이 유효할 수 있다 하더라도—실제로 그 분위기로 보건대 존 듀이 같은 사상가들에게서 그것은 가장 성공적인 형태의 경험을 정의한다—, 도덕적으로나 정치적으로 걱정스러운 현상들의 무차별적인 미학화는, 벤야민이 훌륭하게 경고한 대로 재앙적인 결과들을 야기할 수도 있다. 똑같은 것이 종교적 경험의 마구잡이식 확장에서도 발생할 수 있는데, 우리는 그것을 신성함이나 성스러움이 아니라 (그들의 실존이 수용된다고 한다면) 사물이나 사람들에 대한 신격화라고 부를 수 있을 것이다. 왜냐하면 그것은 경건한 신앙심을 받을 만하지 않은 것들에 대한 무비판적인 숭배로 이어질 수 있기 때문이다. 마찬가지로 그 자체로 중요한 정치적 행위의 목표들에 무관심한 어떤 경험의 정치는 세계에서 타자들에 대한 행위의 실질적 결과들에 대해 일종의 자기애적인 태평함을 야기할 수도 있다. 에른스트 윙거가 전쟁과 투쟁을 '내적 체험'의 최고 형태들로 찬양할 때, 폭력은 수단보다는 목적이 될 소지가 다분하다. 경험을 주객 이원론을 넘어선 무언가와 동일시하려는 시도들이 이루어질 때조차 다음과 같은 질문에 답할 수 있어야 한다. 어떤 목적에 봉사하는 경험인가?

반대의 극단은 주체를 철저하게 외부적 영향들의 수동적인 용기容器로 전환시키면서—실증주의자들의 후험적 인식론이든 별 생각 없이 신에게 도취된 (혹은 악마적 형상에 매혹된) 독실한 신자의 생각이든—경험이 단순한 감각적 자극을 초월하게끔 해주는 구성적 계기를 차단한다. 그것은 벤야민과 아도르노가 체험에서 상당히 문제적인 것으로 인식한, 순간적 흥분에 불과한 것으로의 경험의 축소를 부추기면서 기억의 역할과 현재에 대한 지나간 경험의 역할을 말소하거나 적어도 억누를 수 있다. 게다가 그것은 또한 경험이 강력한 미래지향성을 가질 수 있는 방식들을 기록하지도 못하는데, 그 결과 '개별 경험'의 정수로서 절대적 현전이나 직접성에 대한 그 어떤 믿음도 한층 더 복잡하게 만든다.

선험적 종합판단에서 인식론적 경험을 근거지으려는 칸트의 유명한 시도는 널리 비판받아왔다. 하지만 수동성과 능동성의 혼합, 즉 세계가 마음에 영향을 미치지만 마음 또한 외부의 자극을 받아들이는 공허한 수취인이 아니라는 식의 혼합에서 답을 찾으려는 그의 직관은, 적어도 가장 생산적인 그 의미들의 대부분에서 경험의 혼합된 본성을 적절하게 포착해낸다고 말할 수 있을 것이다. 여기서 경험은 언어, 반성, 그리고 판단의 안티테제가 아니라 그 각각의 차원을 포함한다. 그것들이 조화로운 결과를 산출하든 아니든 간에 말이다. 마찬가지로, 규칙으로의 포섭에 저항하는 주관적 판단인 동시에 보편적 동의의 요구인 취미의 이율배반에 대한 칸트의 해법은 모든 비판자를 만족시키지 못할 수 있다. 그러나 그것은 우리로 하여금 주관성과 상호주관성 사이의, 신체적 감각들과, 미를 판단함에 있어 같은 능력을 공유하는 모든 사람의 동의 사이의 섬세한 상호 작용에 주의를 기울이게 함으로써, 경험이 충분히 개인적이면서도 상당한 정도로 타자와 공유될 가능성이 있는 것임을 인식하게 해준다.

마지막 질문군은 우리가 앞서 만난 이론가들 중에서, 통상 명예로운 용어로 이해되었던 경험이 이제 그 자체로 멸종 위기 목록에 등재되었다고 단언하는 이들에 의해 제기된다. 벤야민과 아도르노, 어떤 심정적 측면에서의 실용주의자들, 마르틴 하이데거와 그의 몇몇 포스트구조주의 후예들, 영국 마르크스주의자들 같은 반구조주의자들 모두는 진정한 경험의 상실을 납득하긴 했지만 그럼에도 그 점을 유감스러워한다. 앞선 시기가 실제로 더욱 충만한 경험의 삶을 허용했다는 것을 증명하는 것은 어렵겠지만, 그들은 무언가를 감지했음에 틀림없다. 물론 또 다른 관점에서지만, 덜 바람직한 경험의 우세가 분명 오늘날의 시대를 규정하는 것이라고 주장되어왔다는 점은 아이러니하다. 우리는 이러한 주장을 미학적 혹은 종교적 경험 대상의 소멸에 대한 논쟁에서 주목했을 뿐만 아니라, 프랑크푸르트학파의 비판 이론가들이 단순한 체험에 가한 비판에서 그것이 표면화된 것으로 간주한 바 있다.

익스트림 스포츠에서 패키지여행에 이르기까지 우리 시대의 가장 만연한 경향들 중 하나로 경험의 상품화를 지적한 사회학자들이 현 사회를 체험사회Erlebnisgesellschaft로 부를 때, 그들은 이런 국면을 찬양하고 있는 것이 아니다. 사실상 우리가 말할 수 있는 것은, 판매를 위한 상품으로서의 이 경험 개념은 앞서 검토한 많은 이론가가 내놓았던, 경험은 결코 그것을 가진 자에게 완전히 소유될 수 없는 무엇이라는 주장과는 명확히 대립된다는 점이다. 오히려 경험들은 타자와 만나고 과거나 현재에 완전히 포함될 수 없는 미래로 열려 있기 때문에, 감각들의 시장에서 그 경험들을 만족스러운 강렬함의 순간들로 환원하려는 시도에 저항한다. 사실, 예술과 오락을 구분하는 변별점들 중 하나는, 후자가 경험을 상품화하려는 데 반해 전자는 그렇지 않은 것이라고 이야기할 수 있을 것이다.

경험을 사고파는 상품으로 뭉뚱그리는 유쾌하지 않은 결과는 정체성 정치 논쟁에서의 경험적 정당성의 기능이라는 최근의 비판적 이슈로 우리를 이끈다. 왜냐하면 대화 속에 타자들을 포함할 가능성을 차단하는 기능을 하는 방식을 규정하는 것이 바로 한 집단의 구성원들에게만 공유되는, 경험의 배타적 소유에 대한 주장이기 때문이다.[5] 다시 말해 그것은 새로운 여정을 위한 피난처의 안락함을 저버릴 위험을 거부하면서, **현재** 속에서 집단 정체성의 의심의 여지 없는 원천으로 인식된 **과거**의 경험을 가지려고 노력하는 것이다. 그것은 경험이 타자와의 조우와 연관된다는 것—이는 주체 혹은 주체들을 경험이 발생하기 전에 그들이 있었던 곳에 더 이상 머물지 못하게 만든다—을 망각함으로써, 동일성의 성채를 생산한 뒤 더 나아간 실험에 맞서서 이를 고수하려는 것이다. 그 결과는 배타적인 종족 정체성을 강화할 뿐만 아니라, 보수적 본질주의의 오명으로 경험 개념을 얼룩지게 만들어, 그것을 약화시키는 효과를 낳는다.

사실상 상이한 경험 개념에 대한 우리의 여정은 경험이—무언가 의미를 지닌다면—배타주의자들의 성벽 뒤에 남겨진 세계로의 개방성과 연관된다는 것을 입증한다. 이런 의미에서, 강력한 정체성 정치의 경험 형태가 종종 트라우마와 연결되었던 주인 없는unclaimed 경험에 완전히 배치된다고 말할 수도 있을 것이다. 즉 그것은 과도하게 주장된claimed 경험의 한 유형으로서, 앞서 가다머가 경험 자체의 주된 교훈들 중 하나와 동일시했던 '무기한성'을 가로막는다. 우리가 몇몇 20세기 이론가들에게서 발견한 주체 없는 경험이라는 개념을 탐구하기 전에도, 이미 경험은 위험스럽지만 그럼에도 잠재적으로는 시작할 만한 가치가 있는 여행을 용인하면서 일견 통합적이고 자족적인 주체를 기꺼이 외부로 개방하려는 것과 관련돼 있었다.

윌리엄 블레이크는 프랑스혁명의 아직 불확실한 결과의 그늘 속에서 『경험의 노래들』을 썼을 때 이미 이러한 것을 간파하고 있었던 것 같다. 『순수의 노래들』에서는 텍스트와 이미지가 완전히 일치한 반면, 『경험의 노래들』에서는 그것들이 종종 아이러니하고 불명확하고 심지어 모순된 관계에 있었다는 점은 그의 작품의 연구자들이 오랫동안 인정해온 바다.[6] 앞세대인 몽테뉴와 뒷세대인 바타유와 마찬가지로, 블레이크는 자신이 전달하려는 사상을 수행적으로 예시했다. 따라서 이 책 『경험의 노래들』을 읽는 경험은 자의식 강한 독자로 하여금, 시인/예술가가 자신에게 제시한 과제들을 이해하도록 분투해야 하지만 결국 만족스러운 해법을 찾을 수 없으리라는 것을 깨달음으로써 자신의 지위가 하락되었음을 느끼게 하는 경험이다.

영국 철학자 스튜어트 햄프셔는 이러한 통찰이 주는 한 가지 함의를 다음과 같이 도출했다. "경험이라는 관념은 죄책감을 느끼는 지식, 불가피한 누추함과 불완전함의 기대, 필연적인 실망과 엇갈리는 결과들, 절반의 성공과 절반의 실패라는 관념이다. 경험의 당사자는 일상적으로 자신이 둘 이상의 악 중에서 그나마 덜한 것을 선택하리라는 기대를 가진다."[7] 블레이크의 관점에서 확고한 유토피아적 순간과 일치하는 덜 불쾌한 해석은, 경험을 과거 못지않게 미래와 연결짓는 과감한 실험들을 인정하면서 그러한 노력 자체를 일종의 보상으로 간주할 것이다.

그렇지만 경험에 관한 이 경험-책을 시작한 여정은 이제 그 자체로 종결되었거나, 여전히 불확실한 종착지로 가는 중에 잠시 멈춰 있다. 너무 오래전에 작성되어 서슴없이 인정하기는 어렵지만, 서문에서 나는 "『경험의 노래들』을 쓰는 경험이 아마 내가 예상치 못하는 곳으로 나를 데려갈 것"이라고 말했다. 이것은 분명 사실이지만, 나는 그 여정이 완전히 끝나지 않기를 희망한다. 진심을 갖고 이 책을 읽어준 이들, 다시 말해 나 자신의 경험을 가능하게 해준 타자들이자 바라건대 자신들의 경험이 거꾸로 한층 더 풍부해질 것이 분명한 이들에게, 인내심을 갖고 지켜봐준 것에 감사한다. 그리고 이 길에 함께하기를 권한다.

: 감사의 말

저술에서 출간에 이르기까지의 시간 동안 한 권의 책을 넘어 그 책의 저자에게까지 주어진 도움에 대해 감사를 전하는 일은 유쾌한 동시에 두려운 경험이다. 유쾌함은 어떤 프로젝트가 완수를 향한 위태로운 여정을 따라 나아가도록 도와준 다수의 친절함에 대해 공개적으로 고마움을 표할 수 있다는 데서 온다. 두려움은 결국 기억력이 그간의 빚을 빠짐없이 기록하는 데 결국 실패할 거라는 자각에서 온다. 회고적이고 누적적인 지혜로서의 경험은 그것이 불균등하게 선택적으로 보존할 수 있을 뿐인 모든 즉각적인 경험과 결코 충분히 일치하지 않는다. 따라서 나는 이어지는 영예로운 명단에서 피치 못하게 누락되었을 수도 있는 이들에게 사과의 말을 먼저 전하고자 한다.

먼저 연구와 저술을 위한 수단들을 아낌없이 제공해준 기관들에 감사를 표하며, 그것의 결과들을 개선시키는 데 있어 매우 귀중한 비판적 응답을 해준 한 지적 공동체의 도움을 덧붙이고 싶다. 스탠퍼드 인문학센터는 1997년부터 1998년까지, 프린스턴 고등연구소는 2001년부터 2002년까지 도움을 주었다. 특히 후자는 국립인문학재단의 연구비를 통해 내 주거를 지원해주었다. 또한 나는 꽤 오래전의 언젠가 이 프로젝트에 처음 착수했을 때, 캘리포니아 대학 총장 후원 인문학연구장학금의 지원으로 혜택을 받은 바 있다. 그리고 캘리포니아 대학 인문학연구원직과 시드니 헬먼 에어먼 석

좌교수직도 빠뜨릴 수 없는데, 그 덕분에 1997년 이래 저명한 동료 얀 드 브리스와 교류하는 영예를 누렸기 때문이다.

수년에 걸쳐 나는, 나를 초대해 내 연구에 대해 토론하게 해주고 무수한 질문에 답해주고 내 초고들을 개선해주고 지속적인 대화를 나눠준 이들에게 크고 작은 다양한 빚을 졌다. 프랑크 앙커스미트, 키스 베이커, 존 벤더, 잔 볼프 베른슈타인, 마크 베버, 워런 브렉먼, 프레드 달마이어, 수전 벅모스, 폴 브라인스, 에두아르도 카다바, 케네스 치밀, 폴 크로더, 캐롤라인 딘, 에드워드 디멘드버그, 존 에프론, 알레스 에리야비치, 앤드루 핀버그, 제이미 피셔, 핼 포스터, 마이클 티모 길모어, 로렌 그린, 데이비드 그로스, 피터 고든, 게리 거팅, 말라키 하코헨, 미리엄 핸슨, 칼라 헤스, 앤드루 휴잇, 호러스 제프리 호지스, 데이비드 홀링어, 페터 우베 호엔달, 데니스 홀리어, 악셀 호네트, 로버트 헐롯켄터, 크레이그 아일랜드, 조너선 이즈리얼, 제럴드 아이젠버그, 앤턴 케이스, 로버트 코프먼, 제임스 클로펜버그, 로런스 크리츠맨, 도미닉 라카프라, 토머스 래커, 패멀라 매슈스, 데이비드 맥훠터, 루이스 메넌드, 새뮤얼 모인, 엘리엇 니먼, 존 오닐, 마크 포스터, 앤슨 라빈바흐, 폴 레비노, 폴 로빈슨, 데이비드 로버츠, 존 런델, 에두아르도 사브로프스키, 칼 쇼스크, 조앤 월랙 스콧, 리처드 셔스터맨, 브렌트 소크니스, 제럴드 사이겔, 랜돌프 스탄, 폴 토머스, 마이클 가이 톰프슨, 제임스 버넌, 헤이든 화이트, 모턴 화이트, 고故 버나드 윌리엄스, 제이 윈터, 리처드 울린, 루이스 워가프트가 그들이다. 그리고 도쿄, 이위베스퀼레, 대만, 코펜하겐, 베를린, 류블랴나, 프랑크푸르트, 칠레 산티아고 등 상이한 장소들에서 만난 다수의 학식 있는 청중들에게도 감사의 말을 전한다. 그들은 자신들의 경험을 제공해줌으로써 그 단어와 그것의 역사를 이해하려는 나의 시도에 유익한 도움을 주었다. 특히 나는 2002년에 프린스턴 대학 가우스 세미나에 참석했던 이들에게 고마움을 전하고 싶은데, 거기서 나는 결과적으로 이 책의 세 장을 이루게 된 글들을 제출했다. 데이비드 마시페, 빈센트 캐넌, 앤드루 자인칠, 이매뉴얼 로타, 벤저민 레이지어, 줄리언 버그, 녹스 페든은 내 연구의 탁월한 조력자들이었다. 그들은 내게 필요한 정보들을 준비해주기도 했다. 나는 캘리포니아 대학 출판사의 편집진에게 다시 한번 빚을 졌다. 특히 실라 러바인, 수 하인먼, 찰스 디블, 대넛 데이비스가 큰 도움을 주었다. 또한 출판사는 고맙게도 두 명의 독자 로이드 크레이머와 웨인 프라우드풋을 선택해주었고, 원고에 대한 그들의 세심하고 포괄적인 반응들은 건설적인 비판의 모델이 되었다. 각 장의 부분 또는 유사 내용을 앞서 실어준 『컨스틸레이션스』 『예일비평저널』 『필로조프스키 베스크니크』 『프리스마스』 같은 저널들에도 감사한다. 그것들을 여러 선집에 포함시켜준 벨랭출판사, 미네소타 대학 출판부, 소피, 버건북스, 매사추세츠 대학 출판부에도 고마움을 전한다.

언제나 그렇듯이, 나는 일상의 삶을 최고의 경험들의 노래로 만들어주는 이들에게 가장 큰 빚을 지고 있다. 섀나, 네드, 프랜시스, 새뮤얼 린지, 레베카 제이, 맥스 랜더스가 그들이다. 마지막으로, 내 글의 애독자이자 가장 관용적인 비판자이며 변함없는 삶의 조력자인 아내 캐서린 갤러거에게 고마움을 전한다.

: 주

서문

1 이 두 권은 아담과 이브의 에덴동산으로부터의 추방을 보여주는 속표지와 함께 1794년에 동시에 첫 출간되었다.

2 Peter Fenves, "Foreword: From Empiricism to the Experience of Freedom," in Jean-Luc Nancy, *The Experience of Freedom*, trans. Bridget McDonald (Stanford, Calif., 1993), p. xiii.

3 예컨대 Philip Rahv, "The Cult of Experience in American Writing," *Literature and the Sixth Sense* (New York, 1969); George L. Mosse, *Fallen Soldiers: Reshaping the Memory of the World Wars* (Oxford, 1990), chapter 10 ("전쟁 경험의 신화"를 다루고 있다); Max Weber, "Science as Vocation," in *From Max Weber: Essays in Sociology*, ed. H. H. Gerth and C. Wright Mills (New York, 1958), p. 137 (여기서 '개인적 경험'은 '우상'이라 불린다)과 Paul Mendes-Flohr "Buber's Erlebnis-Mysticism," *From Mysticism to Dialogue: Martin Buber's Transformation of German Social Thought* (Detroit, 1989)를 보라.

4 Walter Benjamin, "Experience and Poverty" (1933), in *Selected Writings*, vol. 2, *1927–1934*, ed. Michael W. Jennings, Howard Eiland, and Gary Smith, trans. Rodney Livingstone and others (Cambridge, Mass., 1999), p. 732.

5 Theodor W. Adorno, "In Memory of Eichendorff," Notes to Literature, 2 vols., trans. Shierry Weber Nicholsen (New York, 1991), vol. 1, p. 55.

6 Peter Bürger, *The Decline of Modernism,* trans. Nicholas Walker (University Park, Pa., 1992), p. 17.

7 Giorgio Agamben, *Infancy and History: Essays on the Destruction of Experience*, trans. Liz Heron (London, 1993), p. 13. 이탈리아판 원문은 1978년에 출간되었다.

8 Hans-Georg Gadamer, *Truth and Method* (New York, 1975), p. 310.

9 "A Discussion: The Black Canon: Reconstructing Black American Literary Criticism," *New Literary History* 18, no. 2 (Winter 1987)에서 Joyce A. Joyce, Henry

Louis Gates Jr., Houston Baker의 기고문들과 Barbara Christian, "The Race for Theory," *Cultural Critique* 6 (Spring 1987)을 보라.

10 그 문헌을 검토하고 현상학적 경험 개념을 옹호하려는 최근의 조사에 대해서는 Sonia Kruks, *Retrieving Experience: Subjectivity and Recognition in Feminist Politics* (Ithaca, N.Y., 2001)를 보라.

11 Alice A. Jardine, "The Demise of Experience: Fiction as Stranger than Truth?" *Gynesis: Configurations of Woman and Modernity* (Ithaca, N.Y., 1985).

12 Joan Wallach Scott, "The Evidence of Experience," *Critical Inquiry* 17, no. 4 (Summer 1991).

13 같은 책, p. 797. 관념들을 그것들을 지지하는 이들의 경험적 특권에 호소함으로써 정당화함에 따라 생겨난 문제들이 이제는 완전히 끝났다고 가정하는 것은 잘못일 것이다. 맥락적 정당화의 집착에 대한 최근의 공격에 대해서는 David Simpson, *Situatedness; or, Why We Keep Saying Where We're Coming From* (Durham, N.C., 2002)과 그것에 대해 *London Review of Books*, November 28, 2002에 실린 내 논평을 보라.

14 Kitaro Nishida, *An Inquiry into the Good*, trans. Masao Abe and Christopher Ives (New Haven, 1990), p. xxix. 이 논문은 원래 1911년에 나왔다. 유용한 분석들에 대해서는 Andrew Feenberg and Yoko Arisaka, "Experiential Ontology: The Origins of the Nishida Philosophy in the Doctrine of Pure Experience," *International Philosophical Quarterly* 30, no. 2 (1995)와 Andrew Feenberg, "Experience and Culture: Nishida's Path 'To the Things Themselves'," *Philosophy East and West* 49, no. 1 (January 1999), pp. 28–44를 보라.

15 William Halbfass, *India and Europe: An Essay in Philosophical Understanding* (New Delhi, 1990), chapter. 21; and Ananta Ch. Sukla "Aesthetic Experience and Experience of Art and Nature: Arguments from Indian Aesthetics," in Sukla, *Art and Experience* (Westport, Conn., 2003).

16 Scott, "The Evidence of Experience," p. 793.

17 John C. O'Neal, *The Authority of Experience: Sensationist Theory in the French Enlightenment* (University Park, Pa., 1996).

18 René Girard, *Deceit, Desire, and the Novel: Self and Other in Literary Structure*, trans. Yvonne Freccero (Baltimore, 1965). 지라르의 초점은 욕망의 매개에 있지만, 그의 핵심은 앞선 모델들에 의존하는 것으로서의 경험에까지 쉽게 확장될 수 있다. 지크문트 프로이트가 입증했듯이, 성인의 성적 경험조차 유년기의 '순수함'으로 추정되는 시기 동안 느꼈던 충동들과 희열들에 의지한다.

19 Cathy Caruth, *Unclaimed Experience: Trauma, Narrative, and History* (Baltimore, 1996).

20 Michel Foucault, "How an 'Experience-Book' is Born," in *Remarks on Marx: Conversations with Duccio Trombadori*, trans. R. James Goldstein and James Cascaito (New York, 1991), pp. 33–34.

21 원고를 탈고한 이후에 쓰인 이 주석의 관점에서 보면, 1997년의 이 문장은 솔직하진 않은 것 같다. 물론 이제 나는 그 결과를 알고 있다. 하지만 다음과 같은 이유로 여전히 이 문장을 유지할 가치가 있다. 학술적 출판물의 규범적 관례는 최종 결과를 산출하는 과정의 흔적을 지우는 것이다. 그것은 전통적 화법의 '굴곡진 화폭licked canvases'에서 붓 자국을 지우는 것과 약간 비슷하다. 하지만 그렇게 함으로써 생산된 것은 프로이트가 꿈 작업의 한 요소로 상정한 '이차적 정교화' 같은 것이 되고 만다. 이때 꿈에서 깬 사람은 밤에 한 사고와 감정의 무질서를 좀더 정합적인 이야기로 대체한다. 이로써 그는 암암리에 특정한 경험 개념, 즉 회고적 정합성과 그때의 좀더 혼란스러운 방식에서 수행된 것의 종결을 제시하는 경험을 특권화한다. 사실 학술서들은 마치 그 책들의 논증이 그것들이 실제 발생한 시간과 공간의 특수성, 즉 그것들의 직증적 특징들deictic particulars이라 불릴 수 있는 것에 대한 어떤 참조도 없이 만들어진 것처럼 보이려고 노력한다. 그러나 그것들은 그렇게 함으로써 그 발생의 실험적이고 불확실한 특징을 숨기게 되는데, 결국 이것이 경험의 대안적 의미들 중 하나인 것이다. 사실, 조르주 바타유의 『내적 체험』에 대한 데니스 홀리어의 독해 사례에서 보게 되겠지만, 이단적 방식으로 경험을 서술하려는 특정 시도들에 생기를 불어넣는 것은 분명 이렇듯 시간적 개방성을 포착하고 사후적 정합성에 저항하는 욕망이다. 내 텍스트의 문장과 6년 후에 쓰인 이 주석 사이의 긴장을 보존함으로써, 나는 그런 노력들의 조그마한 수행적 사례를 제공하길 원한다.

1장

1 Michael Oakeshott, *Experience and Its Modes* (Cambridge, 1933), p. 9.

2 같은 책.

3 Derek Attridge, "Language as History/History as Language: Saussure and the Romance of Etymology," in Derek Attridge, Geoffrey Bennington, and Robert Young, eds., *Post-structuralism and the Question of History* (Cambridge, 1987), p. 202.

4 *Oxford English Dictionary*; Raymond Williams, *Keywords*, rev. ed (Oxford, 1983)의 'experience'와 'empirical' 항목; F. E. Peters, *Greek Philosophical Terms: A Historical Lexicon* (New York, 1967) 그리고 *Historisches Wörterbuch der Phlisophie*의 'Erfahrung' 항목을 참고했다.

5 Gerhard Schulze, *Die Erlebnisgesellschaft: Kultursoziologie der Gegenwart*

(Frankfurt, 1992).

6 "experiencing"과 "experience"를 구분하려는 심리학적 시도에 대해서는 Eugene T. Gendlin, *Experiencing and the Creation of Meaning: A Philosophical and Psychological Approach to the Subjective* (New York, 1962)를 보라.

7 John Deely, *New Beginnings: Early Modern Philosophy and Postmodern Thought* (Toronto, 1994), p. 17.

8 경험의 고전적 개념에 대한 듀이의 논의에 대해서는 특별히 *Reconstruction in Philosophy* (New York, 1920), chapter 4와 1925년에 첫 출간된 "An Empirical Survey of Empiricisms," in *The Later Works, 1925-1953*, vol. 2, *1935-37*, ed. Jo Ann Boydston (Carbondale, Ill., 1987)을 보라. 또한 1925년에 처음 출간된 *Experience and Nature* (La Salle, Ill., 1987), chapter 9에서의 그의 언급을 보라.

9 Dewey, *Reconstruction in Philosophy*, p. 92.

10 Aristotle, *Posterior Analytics*, 1.31. "특정 시간과 특정 장소에서 개별자를 인식하는 것은 필연적이다. 그러나 보편적이고 모든 사례를 보유하는 것을 인식하는 것은 불가능하다."

11 Dewey, "An Empirical Survey of Empiricisms," pp. 74-75.

12 듀이에 대한 초기의 암시적 반론은 John Burnet "Experiment and Observation in Greek Science," in *Essays and Addresses* (Freeport, N.Y., 1930)에서 찾아볼 수 있다. 그때 이후로 그리스 과학에서의 경험적 관찰의 정도와 역할을 두고 활발한 논쟁들이 벌어졌는데, 특히 프랜시스 콘퍼드, 칼 포퍼, G. S. 커크, 그레고리 블라스토스가 중 요한 참여자들이었다. 그 문제의 현재 상황과 논쟁들의 요약에 대해서는 G. E. R. Lloyd, Magic, *Reason and Experience: Studies in the Origin and Development of Greek Science* (Cambridge, 1979); *The Revolutions of Wisdom: Studies in the Claims and Practice of Ancient Greek Science* (Berkeley, 1987); *Methods and Problems in Greek Science* (Cambridge, 1991)를 보라. 로이드는 그리스의 과학적 실천들을 완전히 개괄하기에 앞서, 세부적인 탐구영역들과 상이한 시기들을 검토하는 것이 필수적이라고 주장한다.

13 Francis Bacon, *Novum Organum*, trans. and ed. Peter Urbach and John Gibson (Chicago, 1994), pp. 80-87.

14 Franz Boll, "Vita Contemplativa," *Sitzungsberichte der Heidelberger Akademie der Wissenschaften* (Heidelberg, 1920)에서의 논의를 보라.

15 예컨대 에우리피데스의 「안티오페」나 아리스토파네스의 「구름」을 보라.

16 이런 주장에 대한 가장 유명하고 영향력 있는 논증은 Hannah Arendt, *The Human Condition* (Chicago, 1958)에서 찾아볼 수 있다.

17 David Couzens Hoy, *The Critical Circle: Literature and History in Contempor-*

ary Hermeneutics (Berkeley, 1978), p. 58.

18 John J. McDermott, *The Culture of Experience: Philosophical Essays in the American Grain* (New York, 1976), p. 8.

19 Aristotle, *Ethics*, 1143b, 10–15.

20 아리스토텔레스의 『분석론 후서』에 따르면 "감각적 지각은 이른바 기억을 야기하고, 같은 것에 대한 반복된 기억들은 경험empeiria을 야기한다. 왜냐하면 기억들은 수적으로는 다수일지라도 하나의 단일한 경험이기 때문이다. 그리고 경험, 즉 영혼 속에 머물고 있는 온전히 보편적인 것으로부터, 예술techne이나 과학episteme의 원리가 따라 나오는데, 전자는 제작하는 것과 관계하며, 후자는 존재하는 것과 관계한다." (99b38–100a9). 이 구절의 의미에 대한 논의로는 Patrick H. Byrne, *Analysis and Science in Aristotle* (Albany, N.Y., 1997), pp. 173–176을 보라. 패트릭 번은 아리스토텔레스에게 경험이란 "익숙함의 영역, 즉 누구나 충분히 기억들을 향상시킬 수 있는 곳에서 좋은 판단을 할 수 있는 개인을 형성하는 인간 영혼의 향상된 습관"을 의미한다고 논한다(p. 175). 하지만 그는 그것이 경험으로 관찰된 연관들에 대한 설명을 이끄는 분석보다 열등한 것이었다고 지적한다.

21 디오게네스와 그가 '견유학파적' 전통이라 부른 것에 대한 최근의 평가에 대해서는 Peter Sloterdijk, *Critique of Cynical Reason*, trans. Michael Elred (Minneapolis, 1987)를 보라.

22 Mario Untersteiner, *The Sophists,* trans. Kathleen Freeman (Oxford, 1954), p. 42에서 인용.

23 이러한 논쟁들에 대해서는 같은 책 참조.

24 에릭 해블록은 영원하고 이상적인 진리들에 대한 플라톤적 강조와 구술적 수행의 일시성에 대립되는 글쓰기의 불변성을 처음으로 연관시켰다. 그의 Preface to Plato (Cambridge, Mass., 1963)를 보라.

25 Ernst Cassirer, *The Platonic Renaissance in England*, trans. James P. Pettegrove (New York, 1970).

26 플라톤에 대한 슐라이어마허의 부채에 관한 논의로는 Albert L. Blackwell, *Schleiermacher's Early Philosophy of Life: Determinism, Freedom, and Phantasy* (Chico, Calif. 1982), part 2, chapter 2를 보라. 우리는 유사한 열정을 3장에서 논의된 루돌프 오토의 작업에서 보게 될 것이다.

27 Klaus Herding, "Diogenes als Bürgerheld," in *Im Zeichen* der *Aufklärung: Studien zur Moderne* (Frankfurt, 1989).

28 예컨대 John of Salisbury, *The Metalogican*, trans. Daniel D. McGarry (Berkeley, 1962), p. 223을 보라. 일부 사람은 감각들에 대한 그 같은 믿음의 표현들이 의미하는 바는, 중세 과학이 조악한 경험에 대한 의존으로 인해 반직관적인 지식에 이르려

는 실험들을 사용하지 못하도록 했다는 점이라고 주장했다. 예컨대 Anneliese Maier, *Metaphysische Hintergründe der spätscholastischen Philosophie* (Rome, 1955), p. 405를 보라. 하지만 상식적 경험이 교리적 권위에 맞서 승리할 수 있었는지는 분명치 않다.

29 예컨대 로버트 그로스테스트는 교리의 확고한 토대가 없는 실험들에 의존하고자 하는 이들을 비판했다. Bruce S. Eastwood "Medieval Empiricism: The Case of Grosseteste's Optics," *Speculum* 43 (1968), pp. 306-321의 논의를 보라.

30 로저 베이컨과 경험에 대한 논의에 대해서는 E. J. Dijksterhuis, *The Mechanization of the World Picture*, trans. C. Dikshoorn (London, 1969), pp. 135-141을 보라.

31 Charles B. Schmitt "Experience and Experiment: A Comparison of Zabarella's View with Galileo's in De Motu," *Studies in the Renaissance* 16 (1969)을 보라. 이 탁월한 논문은 여전히 아리스토텔레스적인 야코포 자바렐라(1533~1589)의 과학에서 청년 갈릴레오 갈릴레이(1564~1642)의 과학으로 이행하는 과정을 추적한다. 전자는 '경험'이라 불린 것을 소중히 여겼고 이런 점에서 원proto-경험론자라 볼 수 있지만, 그는 가설을 시험하거나 자연의 비밀을 캐내기 위한 능동적 개입을 위해 experimenta를 사용하지 않았다. 반면 후자는 초기 저작 『운동에 대하여』(1589-1592)에서 그러한 목적을 위해 스스로 periculum이라 부른 것을 명확히 지지했다. 물론 experimenta란 단어를 단순한 관찰이라는 좀더 수동적인 의미로 사용했고, 그 둘에 비해 수학을 더 특권화하기는 했지만 말이다. 슈미트의 주장에 따르면, 파도바 대학으로 옮긴 이후로 갈릴레오는 베이컨이 옹호했던 것과 매우 가까운 방법을 개발했다.

32 윌리엄스는 *Keywords*, p. 99에서 1621년의 한 사례를 제시한다.

33 Charles Taylor, *Sources of the Self: The Making of the Modern Identity* (Cambridge, Mass., 1989), p. 131.

34 Hans Blumenberg, *The Legitimacy of the Modern Age*, trans. Robert M. Wallace (Cambridge, Mass., 1983), p. 287.

35 프란치스코회에 대해서는 Malcolm D. Lambert, *Franciscan Poverty* (London, 1961)를 보라. 이 시기 전만 해도, 통상 예수의 비인격적 주 되심이 그의 신성한 인간성보다 더 강조되었고 취약하고 고통 받는 개인으로서의 그 자신의 경험은 아직 완전히 평가받지 못했다. 초기 기독교적 신비주의자들과 중세 후기 신비주의자들을 그들의 경험들 속에서 고통 받는 그리스도의 상대적 존재에 근거해서 비교한 논의로는 Jess Byron Hollenback, *Mysticism: Experience, Response, and Empowerment* (University Park, Pa., 1996), pp. 86-87을 보라.

36 Hans Blumenberg, *The Legitimacy of the Modern Age*, part 3. 호기심과 특정 경험 개념 사이의 연관은 괴테의 『파우스트』 같은 작품이 그러하듯, 경험 그 자체에 대한 숭배에서 극명히 드러난다.

37 Jürgen Habermas, *The Philosophical Discourse of Modernity: Twelve Lectures*, trans. Frederick Lawrence (Cambridge, Mass., 1987), p. 7 (강조는 원문).

38 Reinhart Koselleck, *Futures Past: On the Semantics of Historical Time*, trans. Keith Tribe (Cambridge, Mass., 1985), p. 276.

39 *Selected Writings*, vol. 1, ed. Marcus Bullock and Michael W. Jennings (Cambridge, Mass., 1996)에 수록된 것으로, 벤야민이 청년운동에 몸담으면서 어른들이 고상한 지혜라고 불렀던 주장들에 적의를 품었던 1919년 논문인 「경험」을 보라. 『현대성의 철학적 담론』에서 하버마스는 후기 벤야민을 코젤레크와 대조시키면서 언급하는 대목에서 "벤야민은 기대 지평과 기대 공간의 **과감한 전도**를 제시한다. 모든 과거의 시대들에 대해, 그는 충족되지 않은 기대 지평을 할당하고, 미래지향적 현재에 대해, 우리의 허약한 메시아적 힘으로 그 기대들을 충족할 수 있는 방식으로, 기억함을 통해 상응하는 과거를 경험하라는 임무를 할당한다." (p. 14) (강조는 원문).

40 Taylor, Sources of the Self, p. 14.

41 루터의 『탁상 담화』에서 발췌한 이 언급들은 B. A. Gerrish, *Continuing the Reformation: Essays on Modern Religious Thought* (Chicago, 1993), p. 186에서 인용한 것이다. 게리시는 "그것이 의미하는바, 믿음에 의해 사는 것에 대한 신학적 관심에 초점을 둠으로써, 루터는 신중심적 현상에 대한 인간중심적 연구로서 신학의 근대적 관점을 예시하는 경험의 신학을 만들어냈다"고 주장한다(p. 56).

42 Nikolaus Ludwig von Zinzendorf, *Der Deutsche Socrates* (Leipzig, 1732), p. 289, reprinted in *Pietists: Selected Writings*, ed. Peter C. Erb (New York, 1983), p. 291.

43 Thomas Aquinas, *Summa Theologica*, quoted in Gershom G. Scholem, *Major Trends in Jewish Mysticism* (New York, 1974), p. 4.

44 Scholem, *Major Trends in Jewish Mysticism*, p. 8.

45 미셸 드 세르토에 따르면 "16, 17세기 동안, 신비주의자들은 주로 사회경제적으로 침체되거나 변화에 불이익을 받거나 사회적 진보에 의해 밀려나거나 전쟁에 의해 파괴된 지역들 혹은 사회적 범주들로부터 나왔다." *Heterologies: Discourse on the Other*, trans. Brian Massumi (Minneapolis, 1986), p. 84. 그렇지만 신비주의는 아마도 교회 내에서 상당한 혼란의 시기였던 14세기 동안 절정에 달했던 것 같다. 이블린 언더힐에 따르면, 일반적으로 신비주의는 하이고딕이나 르네상스 시대같이 지적이고 미학적인 창의성의 시대 직후에 번성한다. 그녀의 *Mysticism* (New York, 1961), p. 453을 보라.

46 Hollenbeck, *Mysticism*, chapter 5.

47 Bibliothèque Nationale in de Certeau, *Heterologies*, p. 93의 한 수고에서 인용.

48 신비적 전통에서 블레이크가 차지하는 위치와 이를 입증하려는 그의 시도에 관해서는 Underhill, *Mysticism*, p. 235를 보라.

49 Jacob Burckhardt, *The Civilization of the Renaissance in Italy*, trans. S. G. C. Middlemore and Irene Gordon (New York, 1960), p. 121.

50 유용한 입문서를 참고하려면, Peter Burke, Montaigne (Oxford, 1981); and Arne Melberg, *Versuch über Montaigne*, trans. Lothar Schneider (Egginen, 2003)를 보라.

51 Montaigne, "Of Experience," in *The Complete Essays of Montaigne*, trans. Donald Frame (Stanford, 1965), p. 857.

52 Mavì de Fillipis, "L'esperienza secondo Montaigne," *La Cultura* 18, no. 1 (1980), p. 106.

53 몽테뉴의 텍스트들을 그의 마지막 친구 에티엔 드 라 보에티에게 다시 한번 말하려는 시도로 분석하는 것에 대해서는 de Certeau, "Montaigne's 'Of Cannibals'," *Heterologies*를 보라. 『수상록』이 쓰인 좀더 큰 맥락에 대해서는 Natalie Zemon Davis, "Boundaries and the Sense of Self in Sixteenth-Century France," in Thomas C. Heller, Morton Sosna, and David E. Wellbury, eds., *Reconstructing Individualism: Autonomy, Individuality, and the Self in Western Thought* (Stanford, 1986)를 보라.

54 Montaigne, "Of Experience," *Complete Essays*, p. 882.

55 Montaigne, "Of the Education of Children," *Complete Essays*, p. 124.

56 Montaigne, "Of Repentence," *Complete Essays*, p. 611.

57 몽테뉴에게서 불완전하고 허약한 기억이 갖는 역할에 대한 논의로는 Richard Regosin "The Text of Memory: Experience as Narration in Montaigne's Essais," in John D. Lyons and Nancy J. Vickers, eds., *The Dialectic of Discovery* (Lexington, Ky., 1984)를 보라. 기억의 불완전함은 우리가 과거의 권위들에 복종하는 것에서 벗어나도록 해주지만, 그렇다고 자아에 대해 시간에 따른 서사적 정합성의 의미에 기여하는 것을 방해할 정도로 그렇게 결점이 있는 것은 아니다. 특히 그것의 능동적이고 재구성적인 계기가 중시될 때 그렇다. 『수상록』을 저술하는 바로 그 행위가 몽테뉴 자신에게 이러한 방식으로 기능한다. "사적인 수준에서, 그 에세이는 그의 경험이 끝없이 이어지는 현재에서 별개의 순간들의 단순한 연속 그 이상이 되도록 해준다. 그 저자가 현실성의 순간들에서 자신의 판단을 내리는 것처럼 보인다면, 그의 경험 역시 시간의 흐름 속에서 살아간 삶의 현실성이다." (p. 147).

58 예컨대 F. J. Warnke, *Versions of the Baroque* (New Haven, 1972); and José Antonio Maravall, *Culture of the Baroque: Analysis of a Historical Structure*, trans. Terry Cochran (Minneapolis, 1986), chapter 7을 보라.

59 근대 초기 프랑스어 용법들의 비교분석에 기초해 다양한 의미를 정리하려는 시도에 대해서는 W. G. Moore "Montaigne's Notion of Experience," in Will Moore,

Rhoda Sutherland, and Enid Starkie, eds., *The French Mind: Essays in Honor of Gustave Rudler* (Oxford, 1952)를 보라. 무어는 몽테뉴가 그 단어를 사변에 대립되는 직접적이고 개인적인 지식의 의미에서, 혹은 점증적으로 소급해가는 처세나 지혜의 의미보다는 상상력의 차원에서 좀더 자주 사용한다고 결론짓는다.

60 몽테뉴에게서 보이는 전형성에 대해서는 John D. Lyons "Circe's Drink and Sorbonnic Wine: Montaigne's Paradox of Experience," in Alexander Gelley, ed., *Unruly Examples: On the Rhetoricity of Exemplarity* (Stanford, 1995)를 보라.

61 이 주제에 관한 논의로는 F. Joukovsky, *Montaigne et le problème du temps* (Paris, 1972)을 보라.

62 1827년 5월 6일자, 괴테의 요한 페터 에커만과의 대화는 *Conversations and Encounters*, trans. and ed. David Luke and Robert Pick (Chicago, 1966), p. 160에서 인용.

63 제3비판서에서 미학적 대상들에 대한 '반성적'('규정적'에 반대되는) 판단들을 논하는 칸트와의 유사성이 눈에 띈다. 이는 4장에서 검토할 것이다. 그 밖의 유사점들에 대해서는 Ernst Cassirer, *Kant's Life and Thought*, trans. James Haden (New Haven, 1981), p. 86을 보라.

64 Montaigne, "Of Experience," *Complete Essays*, p. 815.

65 피론주의보다는 덜 절대적이긴 하지만, 후자의 중요성에 대한 설명으로는 José R. Maia Neto, "Academic Skepticism in Early Modern Philosophy," *Journal of History of Ideas* 58, no. 2 (April 1997)를 보라.

66 계몽주의에 대한 몽테뉴의 중요성에 대해서는 Peter Gay, *The Enlightenment: An Interpretation*, 2 vols., 1: *The Rise of Modern Paganism* (New York, 1968), pp. 287–290; and Ira O. Wade, *The Intellectual Origins of the French Enlightenment* (Princeton, 1971), pp. 84–107을 보라.

67 「레몽 스봉에 대한 변호」에서 몽테뉴는 주지하다시피 모든 것은 감각들을 통해 오지만, 그것들 속에는 "우리의 무지라는 거대한 토대와 증거가 놓여 있다"고 인정했다. *Complete Essays*, p. 443.

68 같은 책, p. 418.

69 하나의 설명을 보려면 Richard H. Popkin, *The History of Skepticism from Erasmus to Descartes* (New York, 1964), chapter 3을 참조.

70 스티븐 툴민의 언급에 따르면 "인본주의적 회의주의자들은 (…) 보편적인 철학적 테제들을 단언하는 것과 마찬가지로 그것들을 거부하는 것조차 바라지 않는다. 몽테뉴가 자신과 비교한 두 명의 고전 철학자인 피론과 섹스투스와 마찬가지로, 인본주의자들은 철학적 질문들을 변호하기 어려운 방식으로 경험의 범위를 넘어서서 다다르는 것으로 간주했다." *Cosmopolis: The Hidden Agenda of Modernity* (Chicago, 1990), p. 29.

71 Ralph Waldo Emerson, "Montaigne; or, The Skeptic," *Selections from Ralph Waldo Emerson*, ed. Stephen E. Whicher (Boston, 1960), p. 296.

72 Montaigne, "Of Experience," *Complete Essays*, p. 855.

73 Daniel Aris and François Joukovsky, "Une philosophie de l'expérience," *Bulletin de la société des amis de Montaigne* 21–22 (July–December 1990), p. 87.

74 Montaigne, "That to Philosophize Is to Learn to Die," *Complete Essays*, pp. 56–60.

75 Montaigne, "Of Practice," *Complete Essays*, p. 267.

76 Giorgio Agamben, *Infancy and History: Essays on the Destruction of Experience*, trans. Liz Heron (New York, 1993), p. 19.

77 Regosin, "The Text of Memory," p. 157.

78 Hans Blumenberg, *The Genesis of the Copernican World*, trans. Robert M. Wallace (Cambridge, Mass., 1987), p. 629.

79 Montaigne, "Of Experience," *Complete Essays*, p. 821.

80 Robert Boyle, *The Works of the Honourable Robert Boyle*, ed. Thomas Birch, 6 vols. (London, 1672), vol. 5, p. 539, quoted in E. A. Burtt, *The Metaphysical Foundations of Modern Science* (Garden City, N.Y., 1954), p. 171.

81 Funkenstein, *Theology and the Scientific Imagination* (Princeton, 1986), p. 298. 실제 실험에 대한 데카르트의 헌신은 베이컨의 그것보다 덜 확고했다. 이 논의에 대해서는 Bernard Williams, *Descartes: The Project of Pure Enquiry* (New York, 1978), chapter 9를 보라.

82 이 주제에 대해서는 Paolo Rossi, "Truth and Utility in the Science of Francis Bacon," trans. Salvator Attanasio, in Benjamin Nelson, ed., *Philosophy, Technology and the Arts in the Early Modern Era* (New York, 1970)를 보라. 그리고 베이컨이 강한 의미에서 원-공리주의자였다는 주장에 관한 비판에 대해서는 Perez Zagorin, *Francis Bacon* (Princeton, 1998), p. 88을 보라.

83 몽테뉴의 유산을 베이컨과 데카르트의 유산과 비교하면서 전자에 대한 후자의 승리를 애석해하는 입장에 대해서는 Toulmin, *Cosmopolis*를 보라. 그리고 베이컨과 몽테뉴의 관계에 대한 초창기 논의에 대해서는 Pierre Villey, *Montaigne et Francis Bacon* (Paris, 1913)을 보라.

84 첨부된 모토에는 "다수가 통과할 것이며 지식이 증대될 것이다"(Multi pertransibunt et augibetur scientia)라고 적혀 있다.

85 관련 논의로는 Antonio Pérez-Ramos, "Bacon's Forms and the Maker's Knowledge Tradition," in Markku Peltonen, ed., *The Cambridge Companion to Bacon* (Cambridge, 1996) 참조.

86 예컨대 *Novum Organum*, p. 96에 나와 있는 수사적 방법에 대한 베이컨의 경멸적

언사를 보라. 수사학에 대한 베이컨과 데카르트의 저항을 다룬 논의로는, Thomas M. Conley, *Rhetoric in the European Tradition* (Chicago, 1990), chapter 6 참조. 확실히 베이컨은 수사학의 이전 비판자들이 그러했듯이, 새로운 지식의 원천으로서 귀납법보다 증명적 논리를 상위에 놓지는 않았다. 이 논의와 관련해서는 Lia Formigari, *Language and Experience in 17th-Century British Philosophy* (Amsterdam, 1988), chapter 1을 보라. 수사학이 언제나 베이컨의 논증학에 복속되었던 것은 아니라는 주장에 관한 최근 시도에 대해서는 Brian Vickers "Bacon and Rhetoric," in Peltonen, *The Cambridge Companion to Bacon*을 보라. 그러나 비커스조차 베이컨이 궁극적으로 과학이 신뢰할 수 없는 단어들의 매개 없이 우리를 사물들과의 관계 속에 직접적으로 위치시키길 바랐다고 결론짓는다. 확실히 베이컨은 세계를 발견하는 데 결함을 지닌 도구로서 스콜라 철학의 자기폐쇄적인 아리스토텔레스적 논리에 비판적이었다. 이에 대해서는 Zagorin, *Francis Bacon*, chapter 2를 보라.

87 우연성과 확실성 개념의 갈등에 대해서는 Paula R. Backscheider, ed., *Probability, Time, and Space in Eighteenth-Century Literature* (New York, 1979); and Barbara J. Shapiro, *Probability and Certainty in Seventeenth-Century England* (Princeton, 1983)를 보라.

88 Toulmin, *Cosmopolis*, chapter 1.

89 Montaigne, *Complete Essays*, p. 429.

90 상식적 경험의 가치절하에 대해 새로운 천문학이 갖는 함의에 대해서는 Blumenberg, *The Genesis of the Copernican World*, p. 62를 보라. 흥미롭게도 베이컨 자신은 코페르니쿠스 혁명에 대해서는 아닐지라도 망원경에 대해서는 약간의 유보적 입장을 표명했다. 그는 *Novum Organum*에서 그것이 너무나 적은 발견만을 야기했다고 실망스러워했다(p. 226).

91 Dewey, *The Quest for Certainty* (New York, 1960).

92 그 단어를 파생시킨 라틴어 Instauratio는 갱신뿐만 아니라 회복도 의미하는데, 베이컨은 후자의 의미를 강조했다. 이에 대해서는 Zagorin, *Francis Bacon*, p. 76의 논의를 보라.

93 *Novum Organum*, pp. 78–79.

94 같은 책, pp. 91–92.

95 Lisa Jardine, "Experientia literata or Novum Organum? The Dilemma of Bacon's Scientific Method," in William A. Sessions, ed., *Francis Bacon's Legacy of Texts* (New York, 1990)를 보라. 자다인은 베이컨의 작업에서 가상디와 흄의 입장에서 경험론에 가까운 좀더 온건한 experientia literata 모델과 본질적 형식의 확고한 지식을 추구하는 novum organum 모델 사이의 긴장을 언급한다.

96 '사실' 개념과 그것의 경험과의 관계의 부상에 관한 최근의 논의들로는 Mary Poovey,

A History of the Modern Fact: Problems of Knowledge in the Sciences of Wealth and Society (Chicago, 1998); and Barbara J. Shapiro, *A Culture of Fact, 1550–1720* (Ithaca, N.Y., 2000)을 보라.

97 Walter J. Ong, *Ramus, Method, and the Decay of Dialogue* (Cambridge, Mass., 1983), chapter 11. 또한 Neal W. Gilbert, *Renaissance Concepts of Method* (New York, 1960); and Peter Dear "Method in the Study of Nature," in Michael Ayers and Daniel Garger, eds., *The Cambridge History of Seventeenth-Century Philosophy* (Cambridge, 1998)를 보라.

98 에리히 아우어바흐는 다소 도발적으로 몽테뉴 자신도 이러한 일반화에 포함되어야 한다고 주장했다. "사전에 형성된 어떠한 계획도 따르지 않는 몽테뉴의 명백히 공상적인 방법은 기본적으로 엄격하게 실험적인 방법, 즉 그런 주체에 부합하는 유일한 방법이다. (…) 이것이야말로 몽테뉴가 유지하려고 애썼던 엄격하고 심지어 근대적 의미에서 과학적인 방법이다." *Mimesis: The Representation of Reality in Western Literature*, trans. Willard R. Trask (Princeton, 1953), p. 256. 그러나 몽테뉴의 접근법이 유동성과 일시성의 연구에 적합했으리라고 여겨지는 반면, 새로운 과학의 방식은 구조적인 규칙성과 본질적 진리를 추구했다.

99 Peter Dear, *Discipline and Experience: The Mathematical Way in the Scientific Revolution* (Chicago, 1995), p. 121. 디어는 근대적 실험과학의 개념을 양성하는 데 있어 특히 17세기 예수회 철학자들이 수학에 보인 새로운 존중의 중요성을 논증한다.

100 D. M. 클라크는 데카르트에게 있어 경험을 사용하는 여섯 가지 구별되는 특징으로 내성introspection, 정식 교육에 의하지 않은 시험untutored test, 관찰감sense of observation, 객관적 현상objective phenomena, 일상적 경험ordinary experience 그리고 과학적 실험scientific experiment을 꼽았다. 그의 *Descartes' Philosophy of Science* (Manchester, 1982), pp. 17–24를 보라. 또한 언급되어야 하는 데카르트의 의심은 결코 무비판적으로 우리의 믿음과 습관 모두를 향했던 것은 아니다. 예컨대 종교적 경험을 제공했던 것들은 배제되었다. 이에 대해서는 Nicholas Wolterstorff, *John Locke and the Ethics of Belief* (Cambridge, 1996), chapter 3을 보라.

101 데카르트가 생각하기에 본유 관념은 그 자체로 내적 경험의 다양성을 보여준다고 주장될 수도 있을 것이다. 실제로 1628년에 「정신지도를 위한 규칙들」에서 데카르트는 경험을 "우리가 감각으로 지각하는 것, 우리가 상대방의 입술로부터 듣는 것, 그리고 외적 원천들로부터든 우리의 마음이 우리 내부로 향하는 숙고를 통해서든 우리 이해에 이르는 모든 것"과 동일시했다. *The Philosophical Works of Descartes*, trans. Elizabeth Haldane and G. R. T. Ross (Cambridge, 1968), pp. 43–44. 하지만 대부분의 맥락을 살펴보건대, 그는 그 단어를 감각들로부터 오는 것으로 지정했다. 베이컨과 데카르트의 관계에 대해서는 Antonio Pérez-Ramos, "Bacon's Legacy," in Peltonen, *The Cambridge Companion to Bacon*, pp. 312–314를 보라.

102 사람들이 흔히 추측하는 것과 달리, 베이컨의 귀납은 단순히 사례들을 모으고 그것들로부터 일반화하는 것을 의미하진 않았다. 오히려 그는 가설의 중요성과 만족스럽지 않은 설명들을 배제하는 과정의 중요성을 이해했다. 이에 대해서는 Zagorin, *Francis Bacon*, pp. 91–103을 보라.

103 Montaigne, "Of Experience," in *Complete Essays*, p. 815.

104 Walter Pagel, *Paracelsus* (Basel, 1982), p. 50. 그렇다고 파라셀수스적 전통이 즉각적으로 퇴각된 것은 아니었다. 실제로 그것은 영국에서 청교도혁명의 시기 중간에 다시 유행하기도 했다. 에벌린 폭스 켈러가 언급했듯이 "직접적 경험(그 기예를 추구하는 어느 누구라도 이용할 수 있는)에서 파생된 깨달음에 대한 강조는 그 시대에 정치적이고 종교적인 야망들과 매우 잘 일치했다. *Reflections on Gender and Science* (New Haven, 1985), pp. 45–46. 그렇긴 해도 1670년대에는 베이컨주의가 승리를 구가했다.

105 변칙들에 대한 변화된 태도에 대해서는 Dear, *Discipline and Experience*, pp. 20–21을 보라.

106 이에 대해서는 *Meteorology* (1637), in *Discourse on Method, Optics, Geometry, and Meteorology*, trans. Paul J. Olscamp (Indianapolis, 1965), p. 338을 보라.

107 확실히 베이컨은 자연을 지배하고 그것의 숨겨진 비밀들에 침투하려는 초기의 마술적이고 주술적인 시도들에 약간의 빚을 지고 있었다. William Leiss, *The Domination of Nature* (New York, 1972)를 보라. 하지만 개방적인 과학사회의 모델은 그것들과는 달랐다.

108 이것과 다른 관점에서 베이컨과 계몽철학자들을 비교한 것에 대해서는 Wade, *The Intellectual Origins of the French Revolution*, pp. 118–126을 보라.

109 Timothy J. Reiss, *The Discourse of Modernism* (Ithaca, N.Y., 1982), chapter 6. 권력과 지식에 관한 푸코의 주장을 빌리자면, 라이스는 베이컨의 작업 방식에서 정치적 변증법을 감지한다. "일반적 경험 개념—문법학자들이 가진 것처럼 보편적이고 추론적인—은 자유주의 국가의 노력과 실천을 가능케 하는 것으로서, 각각이 유사한 의지를 소유한 평등한 개인들 간의 계약에 기초해 있다. 데카르트와 마찬가지로, 베이컨은 그런 식의 지식과 사회적 실천을 가능하게 만드는 '담론적 공간'의 창출에 상당한 관여를 했다."(p. 206). 그러나 그의 주장에 따르면, 이런 모델에서 은폐된 것은 그것이 스스로를 그 자체로 드러내길 거부하는 담론, 즉 오직 일부 사람들에게만 실험적으로 '읽고 쓸' 권리를 허락하는 권력관계를 반영하는 담론에 기초하고 있다는 사실이다.

110 Steven Shapin, "Pump and Circumstance: Robert Boyle's Literary Technology," *Social Studies of Science* 14 (1984), pp. 481–520. 또한 Steven Shapin and Simon Schaffer, *Leviathan and the Air-Pump: Hobbes, Boyle, and the Experimental Life* (Princeton, 1985); and Steven Shapin, *A Social History of Truth: Civility and*

Science in Seventeenth-Century England (Chicago, 1994)를 보라.

111 Taylor, *Sources of the Self*, p. 162.

112 예컨대 Susan R. Bordo, *The Flight to Objectivity: Essays on Cartesianism and Culture* (Albany, N.Y., 1987); and Keller, *Reflections on Gender and Science*를 보라. 이에 대한 방어에 대해서는 Zagorin, *Francis Bacon*, p. 122를 보라.

113 블루멘베르크에 따르면, 데카르트와 베이컨은 완벽한 지식의 최종 상태에 대한 희망을 드러냈다. 그것에 대한 무한한 추구는 파스칼에게만 유일한 주제가 되었다. *The Legitimacy of the Modern Age*, pp. 83–84를 보라.

114 Montaigne, "Of Experience," *Complete Essays*, p. 817.

115 Gadamer, *Truth and Method* (New York, 1986), p. 311.

116 Dear, *Discipline and Experience*. 여기서 그는 뉴턴과 보일의 작업과 함께 1670년대에 발생한 변화에 방점을 찍었다. 이와 대조적으로, 아리스토텔레스와 스콜라 철학의 합리주의적 보편론에 기초한 이전의 경험 개념은 그것을 "**어떻게 무언가가** 특정한 경우에 **발생했는가**보다는 **어떻게 사물들이** 본성에서 **발생하는가**의 진술"로 이해했다(p. 4[강조는 원문]).

117 Bruno Latour, *We Have Never Been Modern*, trans. Catherine Porter (Cambridge, Mass. 1991), p. 22.

118 Agamben, *Infancy and History*, p. 17. 확실히 베이컨은 데카르트, 갈릴레오, 뉴턴처럼 세계를 수학화하고 기하학적으로 고찰하는 데 관심을 두진 않았다. 그리고 이것은 알렉상드르 쿠아레 같은 일부 과학사가들로 하여금 과학혁명에서 그의 중요성을 무시하도록 만드는 데 기여했다. 과학혁명을 복수화한 뒤, 베이컨을 자연에 대해 실험했던 장인들의 전통과 연관시킴으로써 그 혁명 안에 위치시키려는 시도에 대해서는 Thomas Kuhn, "Mathematical versus Experimental Traditions in the Development of the Physical Sciences," in *The Essential Tension: Selected Studies in Scientific Tradition and Change* (Chicago, 1977)를 보라.

119 나는 "Scopic Regimes of Modernity," in *Force Fields: Between Intellectual History and Cultural Critique* (New York, 1993); and *Downcast Eyes: The Denigration of Vision in Twentieth-Century French Thought* (Berkeley, 1993)에서, 모더니티가 갖는 시각 중심적 편향의 영향에 대해 다소나마 해명하고자 했다. 베이컨의 광학적 도구들의 중시를 과대평가하는 것에 대한 최근의 경고에 대해서는 Catherine Wilson, *The Invisible World: Early Modern Philosophy and the Invention of the Microscope* (Princeton, 1995), p. 50을 보라.

120 Bacon, *Novum Organum*, p. 60. 베이컨이 진리와 지식의 이미지로서 빛을 사용한 것에 대해서는 Zagorin, *Francis Bacon*, p. 88을 보라.

121 Pagel, *Paracelsus*, p. 50.

122 Deely, *New Beginnings*.

123 Latour, *We Have Never Been Modern*.

124 John T. Kearns, *Reconsidering Experience: A Solution to the Problem Inherited from Descartes* (Albany, N.Y., 1996).

125 Keith Hutchison "What Happened to Occult Qualities in the Scientific Revolution?" *Isis* 73 (1982), pp. 233–253을 보라. 역설적으로, 이런 특징들은 과학이 자연의 비밀을 점진적으로 드러낸다고 여겨짐에 따라 덜 신비적으로 되었지만, 흄 같은 회의론자들이 그 결과의 신뢰성에 의문을 표하면서 되살아났다.

2장

1 확실히 몽테뉴는 계속 일군의 옹호자를 보유하고 있었다. 예컨대 *The Literary Works of Matthew Prior*, ed. H. Bunker Wright and Monroe K. Spears, vol. 1 (Oxford, 1959)에 수록된, 1721년에 매슈 프라이어가 쓴 유쾌하고 재치 있는 「존 로크Lock[원문 그대로] 씨와 몽테뉴 선생의 대화」를 보라. 프라이어는 포괄적인 인간 오성에 전적으로 초점을 맞춘 로크의 주장에 대립하여, 수사법의 사용과 방법에 대한 혐오 그리고 사회적 세계에 처해 있음을 주장하는 몽테뉴를 옹호한다. 그는 몽테뉴의 입을 빌려 "당신이 줄곧 쓰는 동안 하는 거라곤 자신이 사유한다는 것을 생각하는 것뿐이다. 당신과 당신의 오성은 드라마의 페르소나에 불과하다. 그리고 그 전체는 존과 로크의 대화에 지나지 않는다."(p. 620).

2 자기 존재의 원천인 코기토의 확실성에 의존하는 데카르트의 초기 행보는 물론 내성적인 내적 고찰과 관련되었지만, 그의 계승자들은 외적 세계의 실재성에 관한 논쟁 속에서 이러한 조치를 이내 포기해버렸다.

3 이것이 초기 근대의 남성들과 여성들이 어떻게 자신들의 죽을 운명과 마주하는지에 대한 굉장한 질문을 망각했다고 말하는 것은 아니다. 종교적이고 세속적인 접근들의 설명에 대해서는 John McManners, *Death and the Enlightenment: Changing Attitudes to Death in Eighteenth-Century France* (Oxford, 1985)를 보라. 그러나 개인적 경험이 학문에서 주체의 초월적 경험에 종속되었을 때, 죽음은 해명되어야 할 한 계경험이기보다는 해결되어야 할 문제로 변환되었다. 맥매너스에 따르면 "근대 과학의 부상 이후로, 17세기는 자연이 조작하고 통제하는 대상이라는 관념에 휩싸이면서, 급기야 인간 수명의 장벽을 넘어설 가능성에 대한 고찰들로 이어졌다. 그리고 데카르트와 베이컨은 과학적 미래에 대한 자신들의 비전 속에서 그 관념을 다룬다."(p. 116).

4 Hans Blumenberg, *The Legitimacy of the Modern Age*, trans. Robert M. Wallace (Cambridge, Mass. 1983), chapter 10을 보라.

5 Richard H. Popkin, *The History of Skepticism from Erasmus to Descartes* (New York, 1964), p. 217.

6 아그리콜라에 대해서는 Thomas M. Conley, *Rhetoric in the European Tradition* (Chicago, 1990), pp. 125-128을 보라.

7 예컨대 Stephen Toulmin, *Cosmopolis: The Hidden Agenda of Modernity* (Chicago, 1990)를 보라.

8 Michel de Montaigne, "*Of Experience*," *The Complete Essays of Montaigne*, trans. Donald M. Frame (Stanford, 1965), p. 852.

9 계몽주의 인식론에서의 오류의 긍정적 역할에 대해서는 David Bates, *Enlightenment Aberrations: Error and Revolution in France* (Ithaca, N.Y., 2002)를 보라.

10 Wilhelm Dilthey, *Introduction to the Human Sciences: An Attempt to Lay a Foundation for the Study of Society and History*, trans. Ramon J. Betanzos (Detroit, 1988), p. 73.

11 Raymond Williams, *Keywords* (New York, 1983)의 목록 중 '경험적Empirical'을 보라.

12 피터 게이에 따르면 "다원적 경험론이 의학 연구의 진로를 변경시킨 것은 계몽주의자들이 영향력의 정점에 달한—사실 부분적으로는 자신들의 프로파간다의 결과로서—세기 중반에야 이루어졌다." *The Enlightenment: An Interpretation*, vol. 2: *The Science of Freedom* (New York, 1969), p. 22.

13 G. W. F. Hegel, *Vorlesungen über die Geschichte der Philosophie* 3, Werke, ed. E. Moldenhauer and K. M. Michel, vol. 20 (Frankfurt, 1971), pp. 76ff.

14 Francis Bacon, *Novum Organum*, trans. and ed. Peter Urbach and John Gibson (Chicago, 1994), p. 105. 베이컨이 그렇게 경험론의 아버지로 불릴 수 있었는지 여부는, 로버트 훅은 찬성하고 헤겔은 찬성하지 않은 것처럼, 논란이 많은 문제다.

15 그들의 삶과 작업에 대한 유용한 개관에 대해서는 John Dunn, *Locke; J.* O. Urmson, *Berkeley;* and A. J. Ayer, *Hume*, collected as *The British Empiricists* (New York, 1992)를 보라.

16 경험론의 수동성은 이후 관념론과 실용주의 진영 모두에서의 비판자들이 선호한 공격지점이었다. 그러나 경험론의 수용에서 그 외 많은 것들과 마찬가지로, 심지어 그 인식론에서 수동성의 상대적 중요성조차 논쟁이 되어왔다. H. H. 프라이스의 주장에 따르면 "경험론자들이 인간 정신을 수동적이라고 여겼다는 것은 역사적으로 그릇된 생각이다. 오히려 그들이 생각할 수 있는 것 이상으로 그것을 능동적으로 만든 데 대해 비판하는 것이 더 타당할 터이다." *Thinking and Experience* (Cambridge, Mass., 1962), p. 199. 이것이 경험론자들이 오성에 상당수 무의식적이고 의도하지 않은 활동들을 포함시켰다는 의미에서 진실이라 하더라도, 그들은 베이컨적 학문을 특징지었던, 세계에 능동적으로 개입하는 것을 중시하지 않았다. 게다가 그 활동들은 외부로부터 들어온 소여들에 시간적으로 뒤따르는 것으로 이해되었다.

17 귀납법의 개념 일부를 구원하려는 최근의 시도들조차 흄이 가한 비판의 힘을 인식하고 있다. 예컨대 Max Black, "Induction and Experience," in Lawrence Foster and J. W. Swanson, eds., *Experience and Theory* (Amherst, Mass., 1970)를 보라.

18 Ian Hacking, *The Emergence of Probability* (Cambridge, 1975).

19 앞으로 보겠지만, 20세기 초반에 과학적이고 인식론적인 방법들로의 환원을 전복시킬 만한 강력한 경험 개념을 회복하려는 발터 벤야민의 시도를 특징지었던 것이 정확히 이러한 접근의 반복이었다. 하지만 그는 개연성 이론에 의지하지 않고 그렇게 했다.

20 Keith Michael Baker, *Condorcet: From Natural Philosophy to Social Mathematics* (Chicago, 1976), chapter 3을 보라. 베이커는 데카르트주의의 잔재로서 콩도르세가 품었던 보편과학의 희망은 개연성의 계산법에 기초해 있음을 보여준다.

21 로크의 작업을 회의주의와 종교적 열광의 이중적 위협에 대한 반응으로 간주하는 설명에 대해서는 Nicholas Wolterstorff, *John Locke and the Ethics of Belief* (Cambridge, 1996)를 보라. 종교적 열광은 헨리 모어(1614–1687) 같은 영국국교회 신학자들에게 두려움의 대상이었다. 콘리(*Rhetoric in the European Tradition*, p. 168)는 정서적으로 강렬한 수사에 대한 모어의 혐오감을 새롭게 창설된 왕립협회에서 베이컨이 선보인 '간결한 스타일'의 선호와 연결지었다.

22 Richard H. Popkin, "Scepticism with regard to Reason in the 17th and 18th Centuries," and G. A. J. Rogers, "Locke and the Skeptical Challenge," in G. A. J. Rogers and Sylvana Tomaselli, eds., *The Philosophical Canon in the 17th and 18th Centuries: Essays in Honor of John W. Yolton* (Rochester, N.Y., 1996) 참조.

23 때로 '상식common sense'은 경험론자들의 좀더 역설적인 논증들을 퇴치하기 위해 동원되기도 했는데, 교본으로 꼽히는 것이 버클리의 반유물론을 논박하기 위한 존슨 박사의 돌멩이 차기 사례다. 토머스 리드와 윌리엄 해밀턴 경이 주도했던 상식철학의 스코틀랜드학파는 그들이 경험론에서 감지했던 회의적 함의들에 대응하기 위해 고심하곤 했다. 하지만 대개의 경우 로크, 버클리, 흄은 자신들이 평범한 사람이 공유하는 지각들과 의미들로 해석했던 것에 호소해왔다.

24 이에 대한 훌륭한 약술로는 Ira O. Wade, *The Intellectual Origins of the French Enlightenment* (Princeton, 1971), pp. 207–230을 보라. 로크의 합리론적 계기들에 불만을 표한 일부 사람들은 토머스 홉스를 영국 경험론의 진정한 아버지로 간주했지만, 역사적으로 그 영예를 수여한 사람은 로크였다. 『리바이어던』 1장에서, 홉스는 "모든 [인간의 사유들]의 기원은 우리가 **감각**이라 부르는 바의 것인데, 처음으로든, 전체적으로든 혹은 부분적으로든 감각 기관들에 의해 야기되지 않은 인간 정신에서는 어떠한 개념도 존재하지 않기 때문"이라고 주장했다. *Leviathan; or The Matter, Forme and Power of a Commonwealth Ecclesiasticall and Civil*, ed. Michael Oakeshott (New York, 1962), p. 21. 홉스가 정의한 경험은 좀더 제한적이었다. "상당한 기억 혹

은 많은 것들의 기억"(p. 24).

25 I. C. Tipton, "Introduction," *Locke on Human Understanding: Selected Essays* (Oxford, 1977), p. 2. 확실히 로크는 철학적 담론에서 용어들을 분명히 할 필요를 충분히 인식했다. *An Essay Concerning Human Understanding*, ed. John Yolton (London, 1995), p. 280을 보라. 이러한 목표를 완수하는 데 있어 그가 얼마나 성공적이었는지는 분명치 않다.

26 Locke, *An Essay Concerning Human Understanding*, p. 4.

27 로크의 전의론적tropological 논증 방식의 중요성은 일찍이 1704년에 라이프니츠의 『인간 오성에 관한 새로운 시론』에서 언급된 바 있다. 그것이 본격적으로 전면에 부상하게 된 것은 아마도 폴 드 만의 "The Epistemology of Metaphor," in *Critical Inquiry* 5, no. 1 (Autumn 1978) 이후였을 것이다. 최근 문학비평가들이 쓴 아래 네 권의 책은 서로 다른 결론으로 끝나지만 적어도 로크를 수사학적으로 읽는다. John Richetti, *Philosophical Writing: Locke, Berkeley, Hume* (Cambridge, Mass., 1983); Cathy Caruth, *Empirical Truths and Critical Fictions: Locke, Wordsworth, Kant, Freud* (Baltimore, 1991); Jules David Law, *The Rhetoric of Empiricism: Language and Perception from Locke to I. A. Richards* (Ithaca, N.Y., 1993); and William Walker, *Locke, Literary Criticism, and Philosophy* (Cambridge, 1994). 리케티가 로크에게 있어 문자 그대로의 은유를 사용하려는 충동을 강조한 반면, 드 만은 그에게서 무한한 형상성figurality을 본다. 그리고 로는 이 두 가지 경향들 사이의 긴장을 강조한다. 캐루스는 드 만의 분석에 동의했지만, 워커는 그 입장을 비판적으로 논했다. 이러한 반응에 대해서는 Adam Potkay "Writing About Experience: Recent Books on Locke and Classical Empiricism," *Eighteenth-Century Life* 19 (1995)를 보라.

28 Peter Alexander, "Boyle and Locke on Primary and Secondary Characteristics," in Tipton, *Locke on Human Understanding*, and "Locke's Philosophy of Body," in Vere Chappell, ed., *The Cambridge Companion to Locke* (Cambridge, 1994), p. 60. **회의적 화학자**는 보일이 1661년에 출간한 책의 제목이었다. 미립자 이론은 가상디에 의해 재차 유명해진, 그리스 철학자 데모크리토스와 에피쿠로스가 신봉한 원자론의 부활이었다.

29 James L. Axtell, "Locke, Newton, and the Two Cultures," in John Yolton, ed., *John Locke: Problems and Perspectives: A Collection of New Essays* (Cambridge, 1969) 참조.

30 예컨대 R. M. Yost Jr., "Locke's Rejection of Hypotheses about Sub-Microscopic Events," *Journal of the History of Ideas* 12, no. 1 (1951)을 보라. 비판적 시각에 대해서는 Laurens Laudan, "The Nature and Sources of Locke's Views on Hypotheses," in Tipton, *Locke on Human Understanding*; and Margaret J. Olser "John Locke and the Changing Ideal of Scientific Knowledge," *Journal of the History of Ideas* 31, no. 1 (1970)을 보라.

31 로크는 『의학의 기술』의 저자로 알려지게 된 저명한 의사 토머스 시드넘의 동료였다. 그 논의에 대해서는 J. R. Milton, "Locke's Life and Times," in Chappell, *The Cambridge Companion to Locke*, p. 9를 보라. 그의 의학적 훈련의 중요성에 대한 논의로는 Patrick Romanell, "Some Medico-Philosophical Excerpts from the Mellon Collection of Locke's Papers," *Journal of the History of Ideas* 25, no. 1 (1964); and Douglas Odegard "Locke's Epistemology and the Value of Experience," *Journal of the History of Ideas* 26, no. 3 (1965)을 보라.

32 Locke, *An Essay Concerning Human Understanding*, p. 154.

33 같은 책, p. 155. 그 은유에 관한 논의로는 Laurens Laudan "The Clock Metaphor and Probablism," *Annales of Science* 22 (1966)를 보라.

34 Descartes, *Rules for the Direction of the Mind*, in *The Philosophical Works of Descartes*, trans. Elizabeth Haldane and G. R. T. Ross (Cambridge, 1968), p. 44.

35 Locke, *An Essay Concerning Human Understanding*, p. 45.

36 그 용어는 1671년에 작성된 『인간 오성론』의 초고에 등장할 뿐, 최종적으로 출간된 판본에는 나오지 않는다. 이 논의에 대해서는 Walker, *Locke, Literary Criticism, and Philosophy*, pp. 31–32를 보라.

37 Locke, *An Essay Concerning Human Understanding*, p. 17.

38 로크의 작업에서 시각의 우선성 문제는 상당한 논란을 일으켰다. 그의 '반성의 문법'에서의 시각과 언어의 연루에 대한 탁월한 논의로는 Law, *The Rhetoric of Empiricism*, chapter 2를 보라. 캐서린 윌슨은 합리론자들이 실제로 시각적 경험의 역설들에 대해 로크보다 더 민감했다고 주장했다. "Discourses of Vision in Seventeenth-Century Metaphysics," in David Michael Levin, ed., *Sites of Vision: The Discursive Construction of Sight in the History of Philosophy* (Cambridge, Mass., 1997), p. 118을 보라.

39 이 글은 로크가 '관념'을 통해 의도한 바가 무엇인가라는 까다로운 문제를 해결하기 위한 것이 아니다. 그 논쟁을 다룬 중요한 논문들로는 Maurice Mandelbaum, "Locke's Realism," in *Philosophy, Science, and Sense Perception* (Baltimore, 1964); John W. Yolton, *Locke and the Compass of Human Reason* (Cambridge, 1970) and *Perceptual Acquaintance* (Oxford, 1984); Douglas Greenlee, "Locke's Idea of 'Idea'," in Tipton, *Locke on Human Understanding*; Vere Chappell, "Locke's Theory of Ideas," in Chappell, *The Cambridge Companion to Locke*를 보라.

40 이러한 구분에 관한 논의로는 Lorenz Krüger, "The Grounding of Knowledge on

Experience: A Critical Consideration of John Locke," *Contemporary German Philosophy* 2 (1983), p. 29를 보라.

41 Locke, *An Essay Concerning Human Understanding*, p. 310. 미립자설에 대한 로크의 부채를 다룬 설명으로는 Edwin McCann "Locke's Philosophy of Body," in Chappell, *The Cambridge Companion to Locke*를 보라.

42 Locke, *An Essay Concerning Human Understanding*, p. 78.

43 John Dewey, "An Empirical Survey of Empiricisms," *The Later Works, 1925–1953*, vol. 2, *1935–1937*, ed. Jo Ann Boydston (Carbondale, Ill., 1987), p. 77. 로크가 마음을 완전히 수동적인 것으로 간주했다는 주장에 관한 비판으로는 John W. Yolton, "The Concept of Experience in Locke and Hume," *Journal of the History of Philosophy* 1, no. 1 (1963)을 보라.

44 Locke, *An Essay Concerning Human Understanding*, p. 44 (강조는 원문).

45 같은 책, p. 31.

46 실제로 로크는 『인간 오성론』 2권 33장에서 단순연합을 광기와 연결시키는데, 이는 데이비드 하틀리의 '연합주의'로부터 자신이 얼마나 멀리 떨어져 있는지를 보여주고자 하는 것이다. 로크의 경험적 체험에 대한 설명에 아른거리는 연합주의의 비합리성을 고찰한 논의로는 Caruth, *Empirical Truths and Critical Fictions*, pp. 20-33을 보라.

47 예컨대 Elliot D. Cohen, "Reason and Experience in Locke's Epistemology," *Philosophy and Phenomenological Research* 45, no. 1 (September, 1984)을 보라. 『인간 오성론』 4권 17장에서, 로크는 "감각과 직관은 큰 도움이 되지 않는다. 우리 지식의 가장 거대한 부분은 연역과 매개적인 관념에 의존한다"고 시인한다(*An Essay Concerning Human Understanding*, p. 395).

48 Locke to Stillingfleet, *The Works of John Locke*, 10 vols., vol. 4 (London, 1823), p. 19.

49 보일은 1666년에 출간된 『질료와 형상의 기원』에서, 자신에 앞서 가상디가 1658년에 『철학총서』에서 했던 것과 유사하게, 실체론적이고 본질론적인 형상에 대해 경고를 보낸 바 있다.

50 『인간 오성론』에서, 로크는 기호학 혹은 '기호의 교리'를 자연철학과 윤리학 다음에 오는 지식의 세 번째 가지로 불렀다(p. 415). 로크의 기호학에의 기여, 그에 대한 퍼스의 평가, 그리고 그의 작업과 동시대 및 이전 사상가들과의 관계에 관한 논의로는 Lia Formigari, *Language and Experience in 17th-Century British Philosophy* (Amsterdam, 1988), chapter 3; John Deely, *New Beginnings: Early Modern Philosophy and Postmodern Thought* (Toronto, 1994), chapter 5; and Norman Kretzmann, "The Main Thesis of Locke's Semantic Theory," in Tipton, *Locke on*

*Human Understanding*을 보라.

51 Aarsleff, *From Locke to Saussure: Essays on the Study of Language and Intellectual History* (Minneapolis, 1982).

52 「19세기 영국에서의 로크의 평판」이란 논문에서 아슬레프는 한 가지 주요한 예외를 언급했는데, 그것이 바로 헨리 로저스가 1854년에 로크의 글들에 대한 한 논평에서 그가 경험 개념을 무매개적 감각으로 환원했다고 비판한 사례였다. *From Locke to Saussure*, p. 138.

53 Law, *The Rhetoric of Empiricism*, p. 13 (강조는 원문).

54 20세기 분석철학이 항상 지각 대신에 언어를 내세운 게 아니라는 점은 분명하다. 예컨대 콰인은 "진리 일반은 언어와 언어 외적 사실 모두에 의존한다"고 주장했다("Two Dogmas of Empiricism," in *From a Logical Point of View* [New York, 1963], p. 36).

55 이와 관련한 논의로는 Jonathan Bennett, *Locke, Berkeley, Hume: Central Themes* (Oxford, 1971), p. 148을 보라.

56 Locke, *An Essay Concerning Human Understanding*, pp. 225, 226 (강조는 원문).

57 "로크는 의미 이론을 가지지 않았다. 또한 그는 공적 담론의 이론도 가지지 않았다. 그가 가진 것은 관념의 이론이었다. 그것은 정신적 담론의 이론이다."(*Why Does Language Matter to Philosophy?* [Cambridge, 1975], p. 52)라는 이언 해킹의 주장은 조금 지나친 감이 없지 않아 보인다.

58 Locke, *An Essay Concerning Human Understanding*, p. 380 (강조는 원문).

59 Yolton, "The Concept of Experience in Locke and Hume," *Journal of the History of Philosophy* 1, no. 1 (1963), p. 60. 그렇지만 로크에게 우호적인 입장에서는 그가 결코 마음에 있는 모든 것을 경험과 완전히 동일시하지는 않았다고 주장될 수도 있을 것이다. 예컨대 매우 흥분된 것처럼 보이는 욕망들이 그렇다. 따라서 이러한 동일시는 과장된 것이다. 그럼에도 불구하고 그의 저술이 보이는 모호함들은 이런 결론으로 이어질 수밖에 없었다.

60 로크의 경우처럼, 최근 버클리의 언어론의 중요성에 대해서도 많은 관심이 쏠리고 있다. 예컨대 Richetti, *Philosophical Writing; Law, The Rhetoric of Experience*; and Colin M. Turbayne, *The Myth of Metaphor* (Columbia, S.C., 1970)를 보라.

61 Richard Popkin "Berkeley and Pyrrhonism," *Review of Metaphysics* 3 (1951).

62 Law, *The Rhetoric of Empiricism*, p. 94.

63 이런 주장에 대한 논의로는 Geneviève Brykman, "Common Sensibles and Common Sense in Locke and Berkeley," in Rogers and Tomaselli, *The Philosophical Canon in the 17th and 18th Centuries*를 보라.

64 *The Enlightenment: An Interpretation*, 1: *The Rise of Modern Paganism* (New

York, 1968)에서, 피터 게이는 흄을 '근대의 이단아'(p. 67)로 부르며, 그의 작업을 고전적 사유에 대한 일반적인 계몽주의적 전유에 위치시키고 있다. 흄은 20대 초에 로크와 클라크를 읽은 뒤로 종교적 믿음을 버렸고, 기적, 성직자의 위선, 종교적 열광, 미신에 반하는 글을 썼으며, 1757년에 『종교의 자연사』란 폭로물을 출간했다. 이 논의에 대해서는 James Noxon, "Hume's Concern with Religion," in Kenneth R. Merrill and Robert W. Shahan, eds., *David Hume: Many-sided Genius* (Norman, Okla., 1976); and J. C. A. Gaskin, "Hume on Religion," in David Fate Norton, ed., *The Cambridge Companion to Hume* (Cambridge, 1993)을 보라. 비록 흄은 설계 논증 같은 합리적인 신 존재 증명을 공격했지만, 어떤 것을 절대적으로 반박하는 것에 대한 회의적인 의구심과, 이 모든 것에도 불구하고 일종의 최고 존재가 있을 수도 있다는 믿음으로 인해 단호한 무신론자가 되는 것을 피할 수 있었다.

65 Hume, *An Abstract of a Book Lately Published, entitled, A Treatise on Human Nature etc.* (Cambridge, 1938), pp. 13–14.

66 이 주제에 대한 논의로는 Yolton, *Perceptual Acquaintance*, chapter. 8을 보라.

67 David Hume, *An Enquiry Concerning Human Understanding* (La Salle, Ill., 1966), p. 173.

68 David Owen, "Hume's Doubts about Probable Reasoning: Was Locke the Target?" in M. A. Stewart and John P. Wright, eds., *Hume and Hume's Connexions* (Edinburgh, 1994)를 보라. 노먼 캠프 스미스의 자연주의자로서의 흄 해석에 의존한 것으로서, 일부 타당한 지식을 제공하는 개연성의 능력에 대한 흄의 믿음을 좀더 긍정적으로 평가한 것으로는, Baker, *Condorcet*, chapter 3을 보라. 또한 Paul K. Alkon "The Odds against Friday: Defoe, Bayle, and Inverse Probability," in Paula Backscheider, ed., *Probability, Time, and Space in Eighteenth-Century Literature* (New York, 1979), pp. 39–40의 논의를 보라.

69 Hume "Of the Immortality of the Soul," in *Essays: Moral, Political and Literary*, ed. Eugene F. Miller (Indianapolis, 1987). 또한 John P. Wright, "Hume, Descartes, and the Materiality of the Soul," in Rogers and Tomaselli, *The Philosophical Canon in the 17th and 18th Centuries*를 보라.

70 Hume, *Treatise of Human Nature*, p. 262. 우리가 문법을 해체하지 않으면 그 모든 것의 절대 주체인 신을 제거할 수 없을 거라는 니체의 주장과 비교해보라.

71 이미 1764년에 토머스 리드는 『인간 정신의 탐구』에서 흄을 철저한 현상주의자로 읽은 바 있다. 현상주의가 흄의 최종 입장임을 부인하는 반대 해석들에 대해서는 Livingston, *Hume's Philosophy of Common Life*, chapter 1; and Charles H. Hendel, *Studies in the Philosophy of David Hume* (Indianapolis, 1963), appendix 4를 보라. 그러나 만델바움에 따르면 "철학자로서 흄은 현상주의자였지만, 그가 현상주의를

수용한 것은 오직 철학자로서였다. 그의 다른 역할들이나 경향들에 있어서는 그렇지 않았다." Mandelbaum, *Philosophy, Science, and Sense Perception*, p. 122.

72 흄의 자연주의에 대한 고전적 변호는 Norman Kemp Smith, *The Philosophy of a David Hume* (London, 1941); see also Barry Stroud, *Hume* (London, 1977), and R. A. Mall, *Naturalism and Criticism* (The Hague, 1975)에서 찾아볼 수 있다. 그의 회의주의를 재단언하는 반응에 대해서는 Robert J. Fogelin, *Hume's Skepticism in the Treatise of Human Nature* (London, 1985)를 보라. 그를 '후기-피론주의자 post-Pyrrhonian'로서 옹호하는 입장에 대해서는 Donald W. Livingston, *Hume's Philosophy of Common Life* (Chicago, 1984)를 보라. 친-회의론적 반박에 대해서는 Wayne Waxman, *Hume's Theory of Consciousness* (Cambridge, 1994)를 보라. 가장 최근에, 클라우디아 슈미트는 흄을 자연주의적 사상가라기보다는 이성을 역사에 위치시킴으로써 회의주의를 벗어난 역사적 사상가로 읽었다. Claudia M. Schmidt, *David Hume: Reason in History* (University Park, Pa., 2003).

73 Hume, *Treatise of Human Nature*, p. 636.

74 같은 책, p. 253.

75 예컨대 흄은 「의회의 독립에 대하여」란 논문에서 "분파적 관심이 점검되지 않고 또 공중을 향하지도 않는다면, 우리는 그런 정부로부터 당파, 무질서, 독재를 기대할 수밖에 없다. 이러한 입장을 나는 경험에 의해 정당화한다"고 주장했다. *Essays: Moral, Political and Literary*, p. 43. 그는 역사에 대한 탐구를 찬양했는데, 다음의 구절에서 보이듯이 역사 연구에 상당한 에너지를 투입했다. "우리는 우리의 경험을 모든 과거 시대로, 그리고 가장 먼 민족들로 확장시키는 이런 개입이 없었다면, 영원히 어린아이로 머물렀을 것이다." *Essays: Moral, Political and Literary*, p. 566.

76 흄이 경험을 원자론적이고 기계론적인 방식으로 보았다는 가정을 약화시키는, 그에게 시간성과 서사가 중요했다는 주장에 대해서는, Livingston, *Hume's Philosophy of Common Life*, chapter 5; and Schmidt, *David Hume*을 보라.

77 이렇게 함으로써, 흄은 뒤마르세(1676~1756) 같은 수사학의 옹호자들에게 기대를 받을 수 있었다. 뒤마르세가 1730년에 쓴 『전의』에 대한 논의로는 Conley, *Rhetoric in the European Tradition*, pp. 197–198을 보라. 일반적으로, 흄은 로크보다 수사학에 훨씬 더 친숙했다. 고전적 웅변의 쇠퇴에 대한 그의 유감에 대해서는 "Of Eloquence," *Essays: Moral, Political and Literary*를 보라.

78 반드시 언급할 필요가 있는 점은, 흄이 인과성 자체를 부정한 것이 아니라, 단지 추론적으로 정당화하는 능력만을 거부했다는 것이다. 그가 한 친구에게 쓴 편지를 보자. "나는 어떤 것이 원인 없이도 생겨날 수 있다는 식의 터무니없는 명제를 단언한 적이 결코 없다. 다만 나는 그 명제가 틀렸다는 우리의 확신이 연역이든 논증이든 그런 것들로부터는 절대 나올 수 없고, 그 외의 다른 원천에 의해 나온다고 말했을 뿐이다."

Mall, *Naturalism and Criticism*, p. 6에서 인용.

79 흄은 수학적 진리가 '사실의 문제'와 구별되는 '관념들의 관계'에 기초해 있다는 점을 인정했다. *An Enquiry Concerning Human Understanding*, p. 25를 보라. 이런 구분은 그의 저작에서 가장 유명한 구절들 중 한 곳에서 적절하게 선보였다. "만약 우리가 손에 예컨대 신학에 관한 혹은 강단 형이상학에 관한 어떤 책을 쥐고 있다면, 이렇게 물어보자. 그것은 양이나 수에 관련한 어떤 추상적 추론을 담고 있는가? 아니다. 그렇다면 그것은 사실과 경험의 문제에 관련한 어떤 경험적 추론을 담고 있는가? 물론 아니다. 그렇다면 그것을 불태워버리자. 왜냐하면 그것은 궤변과 망상만을 담고 있을 뿐이기 때문이다." *An Enquiry Concerning Human Understanding*, p. 184. 그 구분에 대한 그의 사용에 대해서는 Alexander Rosenberg "Hume and the Philosophy of Science," in Norton, *The Cambridge Companion to Hume*을 보라. 따라서 존 듀이의 다음과 같은 주장, 즉 "수학적 관념들을 설명하는 데 있어 경험론의 실패는 그것들을 수행된 행위들과 연결하는 데 있어서의 실패에 기인한다. 전통적 경험론은 감각주의적인 특징에 따라, 자신의 기원을 감각 인상들이나 기껏해야 그에 앞서 물리적 사물들을 특징짓는 속성들로부터의 추출에서 찾았다"라는 주장은 부정확한 것이었다. John Dewey, *The Quest for Certainty: A Study of the Relation between Knowledge and Action* [New York, 1929], p. 156. 흄의 '관념들의 관계들' 전부가 동어반복적인 동일시에 기초한 칸트의 분석적 진리와 완전히 같은 것인지, 그리고 그의 '사실의 문제들'이 칸트의 종합적 판단에 상응하는지에 대해서는 Robert E. Butts "Hume's Skepticism," *Journal of the History of Ideas* 20, no. 3 (June–September, 1959)을 보라.

80 Hume, *An Enquiry Concerning Human Understanding*, p. 39.

81 이러한 전제에 대한 논의로는, Yolton "The Concept of Experience in Locke and Hume," pp. 63–65를 보라.

82 흄은 『인간 본성론』 서문에서 학문과 예술에 있어 궁극적 진리에 대한 모든 설명을 논하면서 "그것들 어느 것도 경험을 넘어설 수 없고, 또는 경험의 권위에 기초하지 않은 그 어떤 원리도 형성할 수 없다"고 적었다(p. xviii).

83 그의 사유에서의 상상력의 중요성에 관한 설명으로는 Mall, *Naturalism and Criticism*, chapter 2; Yolton, *Perceptual Acquaintance*, chapter 9; and Waxman, *Hume's Theory of Consciousness*, chapter 2를 보라.

84 Hume, *Treatise of Human Nature*, p. 265.

85 같은 책, pp. 424–427. 『인간 본성론』 2권은 정념passion만을 다루고 있는데, 그것의 중요성은 "이성은 정념의 노예이고 또 단지 노예이어야만 하며, 그것에 봉사하고 복종하는 것 이외의 어떤 다른 직분도 탐해서는 안 된다"(p. 415)라는 가장 널리 인용되는 구절에 잘 드러나 있다. 이 주제에 관한 논의로는 Fogelin, *Hume's Skepticism in the*

Treatise of Human Nature, chapter 9를 보라.

86 P. F. Strawson, "Imagination and Perception," in Foster and Swanson, *Experience and Theory*, p. 34.

87 Hume, *Treatise of Human Nature*, p. 225. 훗날 그는 오성을 "상상력의 보편적이고 좀더 확실한 속성들"이라고 정의하고자 한다(p. 267).

88 따라서 흄의 인식론은 그가 공언한 정치학과 동류다. 이것이 바로 그가 '최초의 보수주의 철학자'로 불리게된 계기였다. Livingston, *Hume's Philosophy of Common Life*, p. 122.

89 흄은 『인간 본성론』(pp. 280-281)에서 인간 본성의 보편성과 변경 불가능성을 분명하게 주장했다. 따라서 후대의 비판자들이 그를 두고 당시 막강한 영향력을 발휘했던 상류층 신사들—그들의 신뢰도가 과학혁명에서도 하나의 전제가 될 정도로—을 성급하게 일반화했다고 비난한 것도 무리는 아니었다. Steven Shapin, *A Social History of Truth: Civility and Science in Seventeenth-Century England* (Chicago, 1994) 참조.

90 Mall, *Naturalism and Criticism*, p. 38.

91 A. J. Ayer, *Hume, in The British Empiricists*, p. 229.

92 Wilfrid Sellars, *Empiricism and the Philosophy of Mind* (Cambridge, Mass., 1967).

93 John T. Kearns, *Reconceiving Experience: A Solution to a Problem Inherited from Descartes* (Albany, N.Y., 1996), p. 104.

94 Yolton, "The Concept of Experience in Locke and Hume," p. 69.

95 칸트의 경험Erfahrung에서의 "여행을 떠나는 것"에 대해서는 최근 Charles P. Bigger, *Kant's Methodology: An Essay in Philosophical Archeology* (Athens, Ohio, 1996), p. 1에서 강조되었다.

96 크루지우스의 중요성에 대해서는 Giorgio Tonelli "Crusius, Christian August," *Encyclopedia of Philosophy*, I, p. 270을 보라. 크루지우스는 순전한 합리주의자였던 크리스티안 볼프로 대표되는 경쟁 학파에 비해 좀더 실용적이고 경험주의적으로 경도된 크리스티안 토마지우스 학파의 일원이었다.

97 칸트가 흄을 읽고 파악한 것(확실히 『인간 본성론』 전부는 포함되지 않았다)의 타당성에 대한 평가와 함께 언제 그리고 어떤 점에서 그에게 영향을 받았는지를 명확히 해명하려는 다수의 시도들이 있었다. 예컨대 Arthur Lovejoy, "On Kant's Reply to Hume," *Archiv für die Geschichte der Philosophie* 19 (1906); E. W. Schipper, "Kant's Answer to Hume's Problem," *Kant-Studien*, 53 (1961); M. E. Williams, "Kant's Reply to Hume," *Kant-Studien*, 55 (1965); Mall, *Naturalism and Criticism*; Lewis White Beck, *Essays on Kant and Hume* (New Haven, 1978), and his "A Prussian Hume and a Scottish Kant," in Beryl Logan, ed., *Immanuel Kant's*

Prolegomena to Any Future Metaphysics: in Focus (London, 1996); and Manfred Kuehn "Kant's Conception of 'Hume's Problem'." 로건과 마찬가지로, 퀸은 18세기 독일에서 흄이 수용된 흐름에 대해 세부적인 묘사를 제공했다.

98 주로 미간행된 원고들에 의지해서, 칸트가 흄과 처음 만난 때부터 『순수이성비판』이 출간된 해까지의 시기를 집중적으로 독해한 글로는 Paul Guyer, *Kant and the Claims of Knowledge* (Cambridge, 1987)를 보라.

99 『순수이성비판』 1판 서문에서 칸트는 다음과 같이 적었다. "확실성과 관련하여, 나는 다만 나 자신의 판결에만 제약되어왔다. 의견들을 고수하는 것은 이런 종류의 연구에서는 절대 허용될 수 없다. 그리고 그 무엇이든 거기에 가설과 유사한 것조차 반입되어서는 안 되는데, 아주 싼값으로도 판매용으로 제공될 게 아니라 발견 즉시 압수되어야만 한다." *Critique of Pure Reason*, unified edition, trans. Werner S. Pluhar (Indianapolis, 1996), p. 10. 나는 원본(1781년 혹은 1787년)이 인용된 'A'판과 'B'판 페이지를 부여하는 오래된 관습보다 이 판본의 페이지를 참고하고자 한다. 후자의 내용은 출처를 확인하고자 하는 이들을 위해 이 판본의 여백에 적혀 있다. 칸트의 수사학에 대한 적대감을 보여주는 글로는 Conley, *Rhetoric in the European Tradition*, p. 244를 보라.

100 칸트의 스베덴보리에 대한 혐오가 갖는 중요성을 강조한 글로는 Hartmut Böhme and Gernot Böhme, "The Battle of Reason with the Imagination," in James Schmidt, ed., *What Is Enlightenment? Eighteenth-Century Answers and Twentieth-Century Questions* (Berkeley, 1996)를 보라.

101 칸트에 대한 문헌들에는, 상상력에 대한 그의 의심이 얼마나 멀리까지 확장됐는지에 대한 활발한 논의가 있어왔다. 하이데거의 비판과 디터 헨리히의 응수에 초점을 둔, 그것에 관한 최근 논의로는 Schmidt, *What Is Enlightenment?*에 있는 Jane Kneller, "The Failure of Kant's Imagination"을 보라. 또한 그의 혐오를 강조하고 있는 것으로는 Jonathan Bennett, *Kant's Analytic* (Cambridge, 1966); and Eva Schaper, *Studies in Kant's Aesthetics* (Edinburgh, 1979)를, 그리고 좀더 관대한 독해를 주장하는 것으로는 Strawson "Imagination and Perception"을 보라. 그리고 John H. Zammito, *The Genesis of Kant's Critique of Judgment* (Chicago, 1992)는 칸트의 미학에 관한 후기 작업에서 상상력이 더욱 긍정적인 역할을 수행하고 있음을 보여준다. 생산적 상상력의 역할이 칸트의 작업 전체에서 매우 중요하다고 보면서 그의 전 저작들을 도발적으로 읽는 시도에 대해서는 Sarah L. Gibbons, *Kant's Theory of Imagination: Bridging Gaps in Judgement and Experience* (Oxford, 1994)를 보라. 이 주제는 그 용어가 두 사상가에게 동일한 의미를 갖지 않을 가능성으로 인해 복잡해진다. 한 논평자는 흄의 상상력이란 "단지 위장된 칸트의 오성에 불과"하다고 주장할 정도였다. W. H. Walsh, "Hume's Concept of Truth," in *Reason and Reality*,

Royal Institute of Philosophy Lectures, vol. 5 (London, 1970–1971), p. 116을 보라. 유사한 주장이 Mall, *Naturalism and Criticism*에서 제기되었는데, 그는 "흄의 선험적 상상력은 칸트의 '오성'에 의해 마련된 '범주들'의 느슨한 형태에 해당하는 '원리들'을 제공했다"고 주장한다.

102 칸트 작업의 직접적 수용에 관한 설명에 대해서는 Frederick C. Beiser, *The Fate of Reason: German Philosophy from Kant to Fichte* (Cambridge, Mass., 1987)를 보라. 바이저는 그것을 스콜라적 합리주의로의 회귀로 간주한 독일의 로크주의자들과, 그의 '모든 것을 파괴하는' 철학이 갖는 회의론적 함의를 두려워한 모제스 멘델스존 같은 이들이 있었음을 보여준다. 실행 가능하고 비교조적인 형이상학의 토대를 마련하려는 관점에서 칸트가 자신의 작업의 특징을 묘사한 것은 1783년에 쓴 『미래 형이상학을 위한 서설』(여기서 '독단의 잠' 구절이 소개되고 있다)이란 제목에서 포착된다. 이에 대한 유용한 논평으로는 Logan, *Immanuel Kant's Prolegomena to Any Future Metaphysics*를 보라.

103 그의 작업에 대한 이런 은유(칸트 자신이 결코 사용한 적 없는 은유)의 타당성에 의문을 제기한 글로는 Robert Hahn, *Kant's Newtonian Revolution in Philosophy* (Carbondale, Ill., 1988)를 보라. 한은 칸트가 코페르니쿠스보다는 뉴턴의 가설-연역적 방법에 더 가까웠다고 주장한다. 하지만 대부분의 논평자는 칸트 철학의 두 가지 근본적 특면을 시사한다는 점에서 그 표현을 고수한다. 하나는 감각들의 명확한 증거에 기초한 상식적 지식 개념에 도전하는 것이고(코페르니쿠스가 보여주는 것처럼, 태양은 우리 감각들이 느끼듯이 지구 주위를 돌지 않는다), 다른 하나는 그것이 무게중심을 연구 대상에서 주체로 돌린다는 점이다(지구 중심의 우주에서 태양 중심의 우주로의 전환에 대략 상응한다. 물론 전자에 비해 후자가 덜 인간 중심적인 함의를 지니는 것으로 비치긴 하지만 말이다).

104 이런 독해에 대한 도발적인 대안으로는 Guyer, *Kant and the Claims of Knowledge*를 보라. 가이어는 칸트가 그 자체의 필연적이고 보편적인 규칙을 제공하는 '경험 대상' 자체의 개념을 강조할지 아니면 그 규칙을 부여하는 구성적이고 초월론적인 주체를 강조할지에 관한 초기의 동요를 결코 성공적으로 극복하지 못했다고 주장한다.

105 Antonio Pérez-Ramos, *Francis Bacon's Idea of Science and the Maker's Knowledge Tradition* (Oxford, 1988), p. 60. 제작과 인식이 전환 가능하다는 것을 보여주는 비코의 유명한 '진리는 만들어진 것verum/factum'의 원리는 인간에 의해 만들어진다고 말해질 수 있는 역사적 세계에만 한정된 것이었다. 제1비판에서 칸트는 역사보다는 자연에 관심을 보였다. 물론 『세계시민의 관점에서 본 보편사의 이념』 같은 후기 저작들에서 그것의 함의를 다루긴 했지만 말이다. 그의 설명은 주로 역사의 궤적에 대한 섭리적 해석에 기초해 있지만, 그 계획의 외부에서 작동하는 점증하는 인간적 개입의 역할 또한 포함하는 것이었다.

106 칸트가 두 입장을 하나로 합치는 제1비판에 대한 초창기 논평에 대한 반응으로 만든 이 구분에 대해 모든 논평자가 확신을 보낸 것은 아니었다. 예컨대 Colin Turbayne "Kant's Relation to Berkeley," in Lewis White Beck, ed., *Kant Studies Today* (La-Salle, Ill., 1969)를 보라. 강력한 반박들에 대해서는 Gordon Nagel, *The Structure of Experience: Kant's System of Principles* (Chicago, 1983), chapter 1; and Arthur Collins, *Possible Experience: Understanding Kant's Critique of Pure Reason* (Berkeley, 1999)을 보라. 또한 Guyer, *Kant and the Claims of Knowledge*, part 4와 Ralph Walker, *The Real and the Ideal* (New York, 1989)에 수록된 논문들을 보라.

107 Kant, *Prolegomena to Any Future Metaphysics*, p. 131. 또한 칸트는 자신이 데카르트의 '회의적 관념론'이라 부른 것과 자신의 입장을 구별했다.

108 그의 옹호자 중 한 명인 고든 네이글은 다음과 같이 주장했다. "칸트의 경험 이론은 그의 다른 모든 이론—과학, 수학, 종교, 윤리, 미학, 교육 등—의 기초에 해당된다. (…) 그의 경험 이론은 분파 이론들 각각의 경우에 다소 상이한 기초적 역할을 수행하지만, 어쨌든 각각에 대해 근본적이다. 과학은 자신의 중심 소재를 경험의 실증적 내용에서 취한다. 수학은 경험의 형식적 측면 일부에 의존하고 또 그것을 해명한다. 종교와 윤리는 경험을 초월하기 때문에, 경험 이론이 한정한 경계 너머에서 자신들의 주제의 조건들을 설정하고 작동시키고자 한다. 칸트의 미학 및 교육 이론은 경험의 탐구 과정에서 마음의 본성과 관련해 획득한 발견들에 의존한다." *The Structure of Experience*, p. 30.

109 예컨대 후설의 현상학에 의지해서 칸트의 선험적 구조들의 관념을 오성 못지않게 감성도 중요한 역할을 하는 역사, 예술, 사회, 신체로 확장시키려는 시도에 대해서는 Mikel Dufrenne, *The Notion of the A Priori*, trans. Edward S. Casey (Evanston, Ill., 1966)를 보라. 또한 금욕적인 방식으로 감수성을 구체적 대상들의 중립적 기록으로 환원하고 그 대신 '생생한 경험'에 기초한 인식론을 요청하려는 시도에 대해 마르크스주의적-페미니즘적 관점에서 칸트를 공격하는 입장에 대해서는 Robin May Schott, *Cognition and Eros: A Critique of the Kantian Paradigm* (Boston, 1988) p. 196을 보라. 이런 유형의 불만들은 일찍이 1770년대 후반에 칸트의 인간 능력들의 분할에 대한 요한 고트프리드 폰 헤르더의 전체론적 공격에서 개시된 바 있다. 이 논의에 대해서는 Zammito, *The Genesis of Kant's Critique of Judgment,* p. 43을, 그리고 좀더 확대된 설명에 대해서는 그의 *Kant, Herder, and the Birth of Anthropology* (Chicago, 2002)를 보라. 좀더 관대한 결론을 가지고 이 주제를 숙고한 최근의 글로는 Susan Meld Shell, *The Embodiment of Reason: Kant on Spirit, Generation, and Community* (Chicago, 1996)를 보라.

110 F. H. Jacobi, *David Hume on Belief* 혹은 *Idealism and Realism*(1787)을 보라.

111 이 논의에 대해서는 Holly L. Wilson "Kant's Experiential Enlightenment and

Court Philosophy in the 18th Century," *History of Philosophy Quarterly* 18, no. 2 (April 2001)를 보라.

112 Kant, *Critique of Pure Reason*, p. 43.

113 Kant, *Prolegomena to Any Future Metaphysics*, p. 119.

114 Kant, *Critique of Pure Reason*, p. 247. 그렇지만 캐시 캐루스는 칸트에게서는 '경험'과 '실증적 관찰' 사이의 결정적 구분이 존재한다고 주장한다. "'경험'은 실증적 관찰로부터 파생된 개념이 아니라, 담론적 논증들이 자기-표상을 보충하기 위해 발생시킨 형상이다. 따라서 '경험'은 언제나 실증적 사례를 동반하는 언어적 사례로서 기능한다." *Empirical Truths and Critical Fictions*, pp. 84–85.

115 *Critique of Pure Reason*, p. 45.

116 그 복잡한 내용들은 엄청난 학문적 문헌들의 원천이 되어왔다. 두 가지 대조적인 설명에 대해서는 Henry S. Allison, *Kant's Transcendental Idealism: An Interpretation and Defense* (New Haven, 1983)와 Guyer, *Kant and the Claims of Knowledge*를 보라.

117 때때로, 칸트는 지각과 직관이 판단에 앞선다고 말함으로써, 일부 논평자로 하여금 외부로부터의 자료들의 최초 기입과 그것들의 유의미한 경험들로의 조직화 사이에 지연이 발생한다고 여기게끔 했다. 그러나 공간과 시간이 모든 지식에 기초적인 초월론적 기여를 하고 어떠한 직접적 지각도 시간과 공간의 틀 외부에 위치할 수 없다는 점에서, 그 지각이 인과성 같은 규칙에 반성적으로 포섭되는 경우를 제외하곤 그 지연의 본성을 파악하기가 어렵다. 그가 제3비판에서 특별히 미학적 경험을 논하는 경우에만 그 구분이 의미를 갖게 된다. 이 논의에 대해서는 Zammito, *The Genesis of Kant's Critique of Judgment*, p. 104를 보라.

118 칸트에게서 상상력이 역할을 하는 지점은 개념적 규칙들에서 개별적 사례들로의 이행—포섭을 통해서건 아니면 제3비판서에서 특별히 주장하는 것처럼 유추적이고 범례적인 반성을 통해서건—에 있었다. 주목해야 할 것은, 유추들이 칸트가 세 가지 "경험의 유추"를 해명하는 제1비판서에서도 핵심적 역할을 수행한다는 점이다. 즉 "실체의 영원성의 원리" "인과성의 법칙에 따른 시간적 연속의 원리" "상호 작용의 법칙 혹은 공동체에 따른 동시성의 원리"(pp. 247–282)가 그것이다. 각각의 의미와 비판에 대해서는 Guyer, *Kant and the Claims of Knowledge*, pp. 61–70을 보라. 사실상 저 이행에 대한 칸트의 설명은 끝없는 논쟁의 원천이 되어왔는데, 특히 오성에 대립하는 것으로서 상상력이 어떻게 규칙-구속적이고 보편적이며 필연적일 수 있는가 하는 문제가 그렇다.

119 이 문제에 대한 유용한 설명으로는 Allison, *Kant's Transcendental Idealism*, chapter 12를 보라.

120 비랑뿐만 아니라 펠릭스 라베송, 쥘 라슐리에, 샤를 르누비에를 비롯한 프랑스 유심

론자들의 전통에 대한 논의로는 Philip P. Hallie, "Hume, Biran and the Méditatifs Intérieurs," *Journal of the History of Ideas* 18, no. 3 (June 1957)을 보라. 나는 칸트가 특별히 젊은 세대에 속한 비랑에게 반발한 것이라기보다는 다른 이들 중에서 특히 비랑이 설파한 '내적 체험' 개념에 저항한 것이라고 말하고 싶다. 그러한 저항에 대한 논의로는 Candace Vogler "Sex and Talk," *Critical Inquiry* 24, no. 2 (Winter 1998); and Collins, *Possible Experience*, chapter 12를 보라.

121 Kant, *Critique of Pure Reason*, p. 291.

122 상식철학자들의 전통에 있는 윌리엄 해밀턴과 토머스 리드 같은 좀더 포괄적인 실재론자들에 견준다면, 칸트는 결코 현상주의를 벗어나지 못했다. 예컨대 D. J. B. Hawkins, *The Criticism of Experience* (London, 1947)를 보라. 그가 그러했으리라고 여겨지는 이유들에 대한 설득력 있는 분석들로는 Allison, *Kant's Transcendental Idealism*, pp. 30–34와 Collins, *Possible Experience*, chapter 15를 보라.

123 *Reconceiving Experience*에서 컨스는 자신의 해법을 언어적 틀 내에서의 칸트의 해법의 파생이라 부른다(p. 109).

124 제3유추의 중요성에 대한 상세한 분석으로는 Guyer, *Kant and the Claims of Knowledge*, chapter 11을 보라.

125 하나의 예외에 대해서는 Nagel, *The Structure of Experience*를 보라.

126 J. J. Valberg, *The Puzzle of Experience* (Oxford, 1992). 또한 Foster and Swanson, *Experience and Theory*; and Tim Crane, ed., *The Contents of Experience: Essays on Perception* (Cambridge, 1992)을 보라.

127 John Dewey, *The Quest for Certainty* (New York, 1929), p. 61.

3장

1 Giorgio Agamben, *Infancy and History: Essays on the Destruction of Experience*, trans. Liz Heron (London, 1993), p. 23.

2 Charles Taylor, *Sources of the Self: The Making of the Modern Identity* (Cambridge, Mass., 1989), p. 230. 그렇지만 프로테스탄티즘 일반에서는 성경에 대한 자구적 충실함과 성령에의 자극 사이의 잠재적인 긴장이 존재했고, 이것은 이율배반적인 방향들로 이어졌다.

3 에드워즈와 로크와의 관계에 관한 논의로는 David Laurence, "Jonathan Edwards, John Locke, and the Canon of Experience," *Early American Literature* 15, no. 2 (Fall 1980); Norman Fiering, *Jonathan Edwards's Moral Thought in Its British Context* (Chapel Hill, 1981); and James Hoopes, "Jonathan Edwards's Religious Psychology," *The Journal of American History* 69, no. 4 (1983)를 보라. 그의 가장 유명한 책은 1746년에 나온 『종교적 감정』이다. 에드워즈는 우리가 영혼 속에서 성

령을 직접 경험할 수 있다고 믿은 점에서 로크를 넘어섰다. 에드워즈와 이후 종교적 경험 학파들의 연속성에 대한 분석으로는, Wayne Proudfoot, "From Theology to a Science of Religions: Jonathan Edwards and William James on Religious Affections," *Harvard Theological Review* 82 (1989)를 보라.

4 1780년대 범신론 논쟁에서 합리론적 반대파들에 맞서 신에 대한 인격적이고 경험적인 개념을 발전시킨 야코비의 역할을 적절히 논한 글로는 Warren Breckman, *Marx, the Young Hegelians, and the Origins of Radical Social Theory* (Cambridge, 1999), chapter 1을 보라.

5 Anthony O'Hear, *Experience, Explanation and Faith: An Introduction to the Philosophy of Religion* (London, 1984), p. 26.

6 믿음과 행위의 구분을 정교화한 것으로는 John Hick "Religious Faith as Experiencing-As," in *Talk of God, Royal Institute of Philosophy Lectures*, vol. 2, *1967–1968* (London, 1969)을 보라. 힉은 비트겐슈타인의 '보는 것'과 '처럼 보는 것'의 대조와 함께, 지식의 다른 양식들에서의 해석적 계기와 다르지 않은 종교적 인식에서의 해석적 요소가 존재한다고 주장하는 게슈탈트 심리학을 활용했다.

7 영국과 미국의 신학도 그러한 혁신가들—예컨대 새뮤얼 테일러 콜리지, F. D. 모리스, 너새니얼 윌리엄 테일러, 호러스 부슈널, 윌리엄 엘러리 채닝—을 보유하긴 했지만, 프로테스탄트 사유에서 주요한 발전들은 중부 유럽의 독일어권 지역에서 이루어졌다. 독일에서는 신학부들이 수적으로 더 많았고, 교리적 자유 또한 그 외의 지역보다 더 광범위했다. Hugh Ross Mackintosh, *Types of Modern Theology: Schleiermacher to Barth* (London, 1945), pp. 3–4를 보라. 때때로 가톨릭 신학도 경험적 정당성의 문제를 수용하고자 했다는 점을 언급할 필요가 있겠다. 예컨대 Michel de Certeau, "L'expérience religieuse: 'Connaissance vécue' dans l'Église," in Luce Giard, ed., *Le voyage mystique de Michel de Certeau* (Paris, 1988)를 보라. 그 문제에 대한 최근 한 예수회 신학자의 평가에 대해서는 George P. Schner, "The Appeal to Experience," *Theological Studies* 53 (1992)을 보라. 그렇지만 로버트 오시에 따르면 "미국에서 종교에 관한 이러한 사유 방식[종교적 경험의 우선성과 자율성]의 심층적인 근원들에는 그곳 문화에 고유한 반가톨릭주의가 놓여 있다." Robert Orsi, "Between Theology and Culture: Culture Studies in 'Religion'," *Intellectual History Newsletter* 18 (1996), p. 49.

8 전체 인용문(Anselm of Canterbury, Prosol[ogion]. 1,a de fide trin. 2b의 것으로 여겨진)은 다음과 같다. "저는 믿기 위해 이해하려고 노력하는 것이 아니라, 이해하기 위해서 믿습니다—왜냐하면 믿지 않은 자는 경험할 수 없으며, 경험하지 못한 자는 이해할 수 없기 때문입니다(Neque enim quaero intelligere ut credam, sed credo ut intelligam,—Nam qui non crediderit, non experietur, et qui expertus non fuerit,

non intelliget).” 이것은 Friedrich Schleiermacher, *Der Christliche Glaube: Nach den Grundsätzen der Evangelischen Kirche im Zusammenhange Dargestellt*, 2nd ed., vol. 1 (Berlin, 1930)의 속표지에 나온다. 그러나 영어 번역본에는 이 인용문이 빠져 있다.

9 B. A. Gerrish, *The Old Protestantism and the New: Essays on the Reformation Heritage* (Chicago, 1982), p. 57. 루터의 경험에 대한 호소를 폭넓게 참고하려면, Gerrish's note 40 on p. 296을 보라.

10 루터에게서의 지각katalepsis의 중요성에 관한 논의로는 Marjorie O'Rourke Boyle, *Rhetoric and Reform: Erasmus' Civil Dispute with Luther* (Cambridge, Mass., 1983), chapter 2를 보라.

11 17세기에 프로테스탄트 스콜라주의는 루터가 그토록 경멸했던 아리스토텔레스의 관심을 새롭게 불러일으켰다. Mackintosh, *Types of Modern Theology*, pp. 8ff를 보라. 케임브리지 플라톤주의 학파에서의 경험의 역할에 대한 논의로는 Ernst Cassirer, *The Platonic Renaissance in England,* trans. J. P. Pettegrove (Edinburgh, 1953), pp. 30–34를 보라. 앞서 본 것처럼, 플라톤적 전통이 감각 경험을 의심스러워하고 신체를 신뢰하진 않았지만, 그것의 직관적 이해에 대한 강조는 비실증적 경험이라는 종교적 개념으로 번역될 수 있었다.

12 ‘열광’이란 말은 꿈, 환상, 흥분 그리고 기타 계시의 망상적 표현들로 추정된 것들을 믿음으로써 종교적 정설의 경계를 넘어선다고 여겨진 사람들을 향해 퍼부은 경멸적 단어였다. 물론 존 웨슬리처럼 표적이 된 이들은 이러한 낙인을 거부했지만 말이다. 이 논의에 대해서는 Ann Taves, *Fits, Trances, and Visions: Experiencing Religion and Explaining Religion from Wesley to James* (Princeton, 1999), pp. 16–17을 보라.

13 이 시기에 대한 유용한 개관으로는 Claude Welch, *Protestant Thought in the Nineteenth Century*, vol. 1, 1799–1870 (New Haven, 1972), chapter 2를 보라.

14 프리드리히 2세 치하에서 프로이센 절대주의와 이성 신학 사이의 연관에 대한 논의로는 Günter Birtsch, “The Christian as Subject: The World Mind of the Prussian Protestant Theologians in the Late Enlightenment Period,” in *The Transformation of Political Culture: England and Germany in the Late Eighteenth Century*, ed. Eckhart Hellmuth (Oxford, 1990)를 보라. 계몽주의 시대의 유대교와 가톨릭에서의 유사한 흐름들에 대한 비교분석으로는 David Sorkin, *The Berlin Haskalah and German Religious Thought: Orphans of Knowledge* (London, 2000)를 보라.

15 확실히 신학자들은 이러한 증거들에 대한 칸트의 파괴가 결정적인지를 두고 지속적인 논쟁을 벌이고 있다. 그 증거들의 측면들을 종교적 경험에 대한 의존과 결합시키는 최근의 시도에 대해서는 John E. Smith, *Experience and God* (New York, 1995), chapter 5를 보라.

16 Immanuel Kant, *Religion within the Limits of Reason*, trans. T. M Greene and H. H. Hudson (New York, 1960). 관련 논의들에 대해서는 Allen W. Wood, *Kant's Moral Religion* (Ithaca, N.Y., 1970); Michel Despland, *Kant on History and Religion* (Montreal, 1973); and Gordon E. Michaelson Jr., *The Historical Dimension of a Rational Faith: The Role of History in Kant's Religious Thought* (Washington, D.C., 1979)를 보라. 우드는 종교적이든 그 반대든 내적 감정들에 부재한 이성적 판단들에서의 보편적인 전달 가능성의 중요성을 강조하면서, 슐라이어마허와 오토에 맞서 칸트의 비판적 접근을 옹호하려고 시도한다(pp. 201–207).

17 칸트의 '지고선' 개념에서 행복과 덕의 엄밀한 관계는 그의 작업을 다루는 학자들 사이에서 끊이지 않는 논쟁의 원천이 되어왔다. 두 가지를 화해시키려는 시도에 대해서는 Wood, *Kant's Moral Religion*, chapters 2 and 3을 보라.

18 Kant, "Idea for a Universal History with a Cosmopolitan Intent," in Carl J. Friedrich, ed., *The Philosophy of Kant: Immanuel Kant's Moral and Political Writings* (New York, 1993), p. 135.

19 이 논의에 대해서는 Mackintosh, *Types of Modern Theology*, chapter. 5를 보라. 분명 리츨의 사유에는 마찬가지로 비칸트적 계기들도 다수 존재하며, 빌헬름 헤르만 같은 그의 제자들 중 일부는 슐라이어마허의 측면들과 리츨의 신칸트주의를 화해시키고자 노력했다. Brent W. Sockness "The Ideal and the Historical in the Christology of Wilhelm Hermann: The Promise and the Perils of Revisionary Christology," *Journal of Religion* 72, no. 3 (July 1992)을 보라.

20 사후 출간된 코엔의 *Die Religion der Vernunft aus den Quellen des Judentums* (Berlin, 1921)는 프란츠 로젠츠바이크 같은 인물들에게 영감을 주었던 윤리에 대한 그의 전형적인 신칸트적 강조에서 최근 스스로 벗어났음을 보여주었다. 이 논의에 대해서는 Amos Funkenstein, *Perceptions of Jewish History* (Berkeley, 1993), chapter 8을 보라. 그렇지만 푼켄슈타인은 "이제 코엔이 마지막 저서에서 종교의 이성적 윤리로의 환원을 거부했다"는 사실만으로 "그가 결국 비합리주의의 유행에 굴복했다"고 생각해서는 안 된다고 말한다. 그의 결론에 따르면 "그의 사유는 그에게 상당한 빚을 지고 있는 부버나 로젠츠바이크의 사유와는 하늘과 땅만큼의 차이가 난다. (…) 종교는 오토의 '누미노제'처럼 알 수 없는 그 무엇je ne sais quoi이라는 불확실한 토대에 근거하지 않는다"(p. 282).

21 듀이의 상황적 윤리학에 관한 논의로는 Gregory F. Pappas, "Dewey's Ethics: Morality as Experience," in Larry A. Hickman, ed., *Reading Dewey: Interpretations for a Postmodern Generation* (Bloomington, 1998)을 보라.

22 칸트의 '윤리신학ethicotheology'에 대한 비판적 반응을 탁월하게 개관한 것으로는

Walter Jaeschke, *Reason in Religion: The Foundations of Hegel's Philosophy of Religion*, trans. J. Michael Stewart and Peter C. Hodgson (Berkeley, 1990)을 보라.

23 경험에 관한 칸트 이후의 논쟁들에 대한 개관으로 Frederick C. Beiser, *The Fate of Reason: German Philosophy from Kant to Fichte* (Cambridge, Mass., 1987)를 보라. 그는 하만의 1759년 텍스트인 『소크라테스 회상록』에 대해, 종교적 신념이 감각Empfindung과 마찬가지로 그 자신의 타당한 지식을 만들어내는 직접적 경험이라고 주장한 최초의 저서들 중 하나라고 보았다.

24 그 역할에 관한 논의로는 Rudolf Otto, *The Philosophy of Religion Based on Kant and Fries*, trans. E. B. Dicker (New York, 1931), chapter 10을 보라. Ahndung은 현대 독일어에서 Ahnung으로 바뀌었다.

25 William James, *The Varieties of Religious Experience*, ed. Martin A. Marty (New York, 1987), chapter 8 참조.

26 미국의 복음주의적 대항계몽주의counter-Enlightenment에 의한, 특히 청각 같은 감각들의 동원에 관한 생생한 설명으로는 Leigh Eric Schmidt, *Hearing Things: Religion, Illusion and the American Enlightenment* (Cambridge, Mass., 2000)를 보라. 슈미트는 종교의 신탁적이고 예지적인 주장들의 정체를 폭로한 계몽주의의 감각에 대한 과학적 설명들과, 자신들의 입장을 방어하기 위해 스베덴보리의 시대에 이르기까지 과학적 논증과 정신적 논증을 결합하고 있던 계몽주의의 종교적 반대자들 사이에 벌어진 전투를 추적한다.

27 Taves, *Fits, Trances, and Visions*, p. 16을 보라. 테이브스는 이 용어들이 이미 17세기에 청교도들에 의해 사용된 적이 있다고 지적한다.

28 슐라이어마허와 칼뱅의 관계는 그 자체로 논란이 많은 주제다. Gerrish, *The Old Protestantism and the New*, chapter 12; and Gerrish, *Continuing the Reformation: Essays on Modern Religious Thought* (Chicago, 1993), chapter 8을 보라.

29 전체 목록에 대해서는 Terence N. Tice, *Schleiermacher Bibliography* (Princeton, 1966)를 보라.

30 Wilhelm Dilthey, *Leben Schleiermachers, Gesammelte Schriften* (Göttingen, 1958–1990), 13.1, p. xxxiii. 2권은 끝내 완성되지 못했다. 또 다른 표준적인 전기로는 Martin Redeker, *Schleiermacher: Life and Thought*, trans. John Wallhausser (Philadelphia, 1973)를 보라. 또한 Albert L. Blackwell, *Schleiermacher's Early Philosophy of Life: Determinism, Freedom, and Phantasy* (Chico, Calif., 1982); 그리고 슐라이어마허 본인이 쓴 *The Life of Schleiermacher as Unfolded in His Autobiography and Letters*, trans. Federica Maclean Rowan, 2 vols. (London, 1860)를 보라. 칸트와 슐라이어마허에 대한 딜타이의 구분, 즉 전자는 그의 사상을 조명하는 데 전기적인 세부 사항이 필요치 않고 후자는 그것이 필요하다는 구분은 표준

적인 비유가 되었다. 예컨대 Mackintosh, *Types of Modern Theology*, pp. 31-32에서 매킨토시는 딜타이를 언급하지 않은 채 그 구분을 반복한다.

31 슐라이어마허와 낭만주의에 관한 논의로는 Jack Forstman, *A Romantic Triangle: Schleiermacher and Early German Romanticism* (Missoula, Mont., 1977); and Gerald N. Izenberg, *Impossible Individuality: Romanticism, Revolution, and the Origins of Modern Selfhood, 1787–1802* (Princeton, 1992), chapter 1을 보라. 여기서 슐라이어마허의 모순적 개념인 개별성—자기 확대인 동시에 자기 절멸을 의미하는—은 대체로 낭만주의의 전형적 표현으로 간주된다.

32 Friedrich Schleiermacher, *On Religion: Speeches to Its Cultured Despisers*, trans. Richard Crouter (Cambridge, 1994). 이것은 초판의 번역이다. 그 텍스트는 1806년, 1821년, 1831년에 개정되어 나왔고, 이 중 세 번째 것이 존 오만(New York, 1958)에 의해 영어로 번역되었다. 크로터는 탁월한 서문을 통해 그 판본들 간의 변화에 대해 논했다. 익명으로 출간한 것은 프로이센 검열관의 비난을 피하기 위한 신중한 장치였다. 이때의 검열관은 슐라이어마허의 교회 직속 상급자인 F. S. G. 자크로 밝혀졌다. 자크의 복잡한 반응에 대해서는 Blackwell, *Schleiermacher's Early Philosophy of Life*, pp. 115-118을 보라.

33 B. A. Gerrish, *A Prince of the Church: Schleiermacher and the Beginnings of Modern Theology* (Philadelphia, 1984), p. 44.

34 Gerrish, *A Prince of the Church*, pp. 26-27에서 인용.

35 가장 포괄적인 최근의 논의는 Martin Brecht and Klaus Deppermann, eds., *Geschichte des Pietismus*, 2 vols. (Göttingen, 1993)에서 찾아볼 수 있다. 번역된 텍스트들의 선집에 대해서는 Peter C. Erb, ed., *Pietists: Selected Writings* (New York, 1983)를 보라.

36 Philipp Jakob Spener, *Pia desideria*, trans. and ed., Theodore G. Tappert (Philadelphia, 1964).

37 그의 부모의 경건주의적 신념과 그가 나중에 고통스러운 내성에 대한 집착으로 개탄해 마지않았던 프레데리키아눔 신학교에서의 교육에 대한 논의로는 Ernst Cassirer, *Kant's Life and Thought*, trans. James Haden (New Haven, 1981), pp. 16-18을 보라. 또 다른 관점에서의 프로테스탄트주의에 대한 칸트의 부채라는 입장에 대한 거센 반론으로는, Wood, *Kant's Moral Religion*, pp. 197-198을 보라. *Religion within the Limits of Reason Alone*에서 칸트는 '경건'을 인간의 자율성을 약화시키는 신에 대한 수동적 태도로 공격한 바 있다(p. 173).

38 Erb, *Pietists: Selected Writings*, p. 284.

39 같은 책, p. 292.

40 경건주의 작가들이 계몽주의 초기에 생산한 고백적 문헌들에 관한 설명으로는 Dorothea von Mücke, "Experience, Impartiality, and Authenticity in Confessional Discourse," *New German Critique* 79 (Winter 2000)를 보라. 뮈케는 이 저작들이 경건한 영혼들의 가상적 공동체 내에서의 이야기들처럼 다른 것들에 비견될 수 있는 개종들에 대해 공감적으로 기록하기보다 불편부당하게 기록함으로써 아직 충분히 감상적이거나 심리학적이진 않았음을 보여준다. 그렇지만 슐라이어마허의 시대까지는, 좀더 정서적인 파토스로 채워져 있었다.

41 Schleiermacher, *The Christian Faith*, p. 69: "설교는 항상 간증의 형태를 취해야 하며, 자기 자신의 경험에 따른 간증은 다른 이들에게도 똑같은 경험을 갖고자 하는 욕망을 불러일으켜야 한다."

42 Albrecht Ritschl, *Geschichte des Pietismus*, 3 vols. (Berlin, 1966). 1820년대의 근본주의적이고 권위주의적인 경건주의에 대한 슐라이어마허의 적대감은 John Toews, *Hegelianism: The Path Toward Dialectical Humanism, 1805-1841*(Cambridge, 1980), pp. 245-246에서 논의되고 있다. 토스는 새로운 경건주의의 귀족주의적 근원을 그 이전의 대중주의적 기원에 반대되는 것으로서 강조한다.

43 Rudolf Otto, "Zinzendorf Discovered the Sensus Numinis," (1932), reprinted in *Autobiographical and Social Essays* (Berlin, 1996).

44 Karl Barth, *The Theology of Schleiermacher*, ed., Dietrich Ritschl, trans. Geoffrey W. Bromiley (Grand Rapids, Mich., 1982), p. 106.

45 슐라이어마허가 낭만주의적 이상과 가치에 어느 정도 고취되어 있는지에 대한 논란과 관련해서는 *On Religion*에 대한 크로터의 서문을 보라(pp. 33-34). 슐라이어마허의 작업에 대한 기독교적 해석가들은 그의 교회 상급자인 자크가 의심스러운 친구들(그들의 유대계 살롱 여주인과의 인연과 거리낌 없는 애정생활은 또 다른 근심거리였다)과의 절교를 충고한 것과 맥을 같이하면서, 그와 슐레겔 및 그들의 모임과의 연관에서 곤란한 상황을 찾으려는 경향이 있었다.

46 Schleiermacher, *On Religion*, p. 85. 실러와 괴테는 설득당하진 않았지만, 셸링, 피히테와 노발리스는 상이한 방식으로 그 작품에 감명을 받았다. John Oman's translation, p. x.에 소개된 루돌프 오토의 논문을 보라.

47 Marshall Brown, *The Shape of German Romanticism* (Ithaca, N.Y., 1979).

48 음악에 대한 슐라이어마허의 심취는 1805년의 논문 「크리스마스 축하의식: 하나의 대화」 같은 작업들에서 잘 드러난다. 그것의 중요성을 논한 글로는 Gerrish, *A Prince of the Church*, pp. 27-31을 보라.

49 환상에 대한 슐라이어마허의 평가를 다룬 철저한 논의로는 Blackwell, *Schleiermacher's Early Philosophy of Life*, part 3를 보라.

50 그렇지만 분명 슐라이어마허의 세계교회주의적인 관용이 얼마나 멀리까지 미쳤는가 하는 문제는 처음부터 논란거리였다. 게리시가 언급했듯이 "교양적인 경멸자들은 마

지막 강연에서 그들이 수용해야만 하는 것이 기독교적 종교였다는 것을 발견하고 실망했다. 그럼에도 불구하고 슐라이어마허의 동료 교인들은 자신들이 두 번째 강연을 다 읽었을 무렵에 이미 그가 추천한 것이 결코 기독교가 아니라는 사실을 깨달았다." *Continuing the Reformation*, pp. 158–159.

51 『종교론』에서 슐라이어마허는 종교적 활동을 "처녀의 키스처럼 수수하고 섬세하며, 부부의 포옹처럼 신성하고 유익한 것, 물론 실제로는 이것들과 같진 않지만 그래도 그 자체로는 이 모든 것"으로 부르고자 했다(p. 113). 이보다 덜 과장적인 『기독교적 신념』에서조차 그는 신의 사랑에 대한 함의들을 지속적으로 숙고하고자 했다(pp. 727–732). 슐라이어마허의 여성, 부부의 사랑, 가족의 이상화에 관한 논의로는 Gerrish, *A Prince of the Church*, p. 29를 보라.

52 소홀히 취급되곤 하는 『변증법』(그가 1811년부터 1831년까지 한 강연들의 사후 출간집)에 근거해서, 슐라이어마허에게서의 감정, 삶, 체현 간의 관계에 대해 포괄적으로 설명한 글로는 Thandeka, *The Embodied Self: Friedrich Schleiermacher's Solution to Kant's Problem of the Empirical Self* (Albany, N.Y., 1995)를 보라.

53 Schleiermacher, *On Religion*, p. 211. 이렇듯 유대교와 활력 없는 율법 중심의 직역주의의 동일시는 일부 유대계 구성원들을 포함한 베를린의 계몽주의에 의해 만들어졌다. 이것은 예컨대 유대교를 반생기론적 원한의 '노예 종교'로 비판한 니체의 주장에서 되풀이되면서 19세기에도 여전히 독일사상의 주요한 요소가 되었다. Nathan Rotenstreich, *Jews and German Philosophy: The Polemics of Emancipation* (New York, 1984); and Michael Mack, *German Idealism and the Jew: The Inner Anti-Semitism of Philosophy and German Jewish Responses* (Chicago, 2003)를 보라.

54 Hans-Georg Gadamer, *Truth and Method* (New York, 1986), p. 57. 가다머는 505쪽에 있는 117번 주석에서 다수의 동의어를 열거한다. 아이러니하게도, 그가 발견한 처음으로 기록된 사용은 헤겔이 여행을 기술하면서 사용한 편지에서 등장한다(오래된 독일어 단어 Erfahrung에서 흔히 듣는 말인 Fahrt). 505쪽에 있는 주석 108번을 보라.

55 Blackwell, *Schleiermacher's Early Philosophy of Life*, p. 133.

56 Schleiermacher, *On Religion*, p. 104.

57 Schleiermacher, *On Religion*에 대한 크로터의 서문(p. 35)에서 인용.

58 Dilthey, *Leben Schleiermacher*, 1st ed.에서 요약된 Schleiermacher, "Über die Freiheit des Menschens"의 내용. 확대된 논의에 대해서는 Blackwell, *Schleiermacher's Early Philosophy of Life*, part 1을 보라.

59 다른 방식들로도 슐라이어마허는 칸트 이후의 관념론자들과 비교될 수 있었다. 에밀 파켄하임의 관찰을 인용하자면, 셸링의 경우 "참된 종교적 경험과 참된 신은 동일하다." 워런 브렉맨의 첨언에 따르면, "칸트 이후 주요 관념론자들은 각각 이런 근본적 주

장의 판본을 진전시켰나갔다. 따라서, 예컨대 상당히 영향력 있는 슐라이어마허의 경건 개념은 그 혹은 그녀가 '전적인 의존'을 보이거나, 같은 말이지만, 신과의 관계 속에 [있는] 개별 신자의 의식적 '감정'에 초점을 두었다." Marx, *The Young Hegelians, and the Origins of Radical Social Theory*, p. 29.

60 그 비난은 일찍이 자크가 그 혐의의 부인을 담고 있었던 『종교론』 초판(p. 199)을 비판하면서 시작되었다. 슐라이어마허가 그 책을 썼을 때 그가 실제로 스피노자를 얼마나 알았는가 하는 것은 그것이 야코비의 비판을 거쳐 걸러진 만큼 논란이 되는 문제다. 이 문제에 대한 세세한 고찰로는 Blackwell, *Schleiermacher's Early Philosophy of Life*, pp. 125–127; and Redeker, *Schleiermacher: Life and Thought*, pp. 43–45를 보라. 독일 지성인들 특히 낭만주의자들(예컨대 슐레겔) 사이에서 일반적으로 스피노자가 매력적이었다는 점—심지어 범신론 논쟁이 종결된 이후에도—은 Gerrish, *Continuing the Reformation*, chapter 5에서 검토되고 있다.

61 James, *The Varieties of Religious Experience*, pp. 127–128. 실제로 후대 비판자들에 의해 슐라이어마허에게 제기된 혐의들 중 하나는 그가 지나치게 낙관적으로 근본악의 실재에 대한 평가를 결하고 있다는 것이었다.

62 Schleiermacher, *On Religion*, p. 104.

63 Izenberg, *Impossible Individuality*, pp. 18–27. 또한 *Schleiermacher's Early Philosophy of Life*, part 2에서 블랙웰이 제시한 슐라이어마허의 까다로운 자유 개념에 대한 탁월한 설명을 참조하라. 그의 시대에 주관성의 표현주의적 개념에 대한 일반적 분석으로는 Charles Taylor, *Hegel* (Cambridge, 1975), chapter 1을 보라.

64 Schleiermacher, *On Religion*, p. 102.

65 Schleiermacher, *The Christian Faith*, p. 12. '절대적인'으로 번역되는 Schlechthin은 또한 '상대가 없는'을 의미하기도 한다. 슐라이어마허는 절대의존감정이 상대적인 측면에서 우리가 비종교적이고 시간적인 사태로 여기는 자유라는 대조적인 감정에 입각해 있다고 언급할 정도로 충분히 변증법적이었다. 그러나 여전히 그의 정식은 인간 자유에 대한 모욕으로 종종 간주되어왔는데, 아마도 가장 유명한 비판자는 절대의존보다 절대지식을 선호한 헤겔일 것이다. 그는 경멸조로 만일 슐라이어마허가 옳다면, 그의 개는 살아 있는 피조물들 중 가장 종교적인 존재일 거라고 언급했다. Hegel, "Vorrede zu Hinrichs Religionsphilosophie", *Werke*, ed. E. Moldenhauer and K. M. Michel, 20 vols. (Frankfurt, 1969–1972), vol. 11, pp. 42–67을 보라. 베를린에서 그들의 동료로서의 긴장 관계에 대해서는 Richard Crouter, "Hegel and Schleiermacher at Berlin: A Many-Sided Debate," *Journal of the American Academy of Religion* 48 (1980) and Toews, *Hegelianism*, p. 56–67을 보라. 헤겔의 종교관에 관한 일반적 설명으로는 Emil L. Fackenheim, *The Religious Dimension in Hegel's Thought* (Boston, 1967)를 보라. 파켄하임은 헤겔의 입장이 보이는 포괄적인 실재론

을 강조하는데, 여기서 모든 경험은 구원적인 공명이 부여된다.

66 Schleiermacher, *On Religion*, p. 102.

67 같은 책, p. 103.

68 같은 책, p. 152.

69 Rudolf Otto, *West-östliche Mystik* (Gotha, 1929), p. 325.

70 Schleiermacher, *On Religion*, p. 195.

71 트뢸치와 슐라이어마허의 관계에 관한 논의로는 Mackintosh, *Types of Modern Theology*, pp. 189–190; and Gerrish, *Continuing the Reformation*, chapter 12를 보라. 유사한 영향은 미국 신학자 더글러스 클라이드 메킨토시의 이른바 경험신학에서도 식별될 수 있다. Douglas Clyde Macintosh, *Theology as an Empirical Science* (New York, 1919)를 보라. 그렇지만 슐라이어마허가 실제 얼마나 진정으로 역사적인 것에 관심을 두었는가 하는 것은 논쟁의 여지가 있다. 종교철학이 자신의 역사적 현시를 진지하게 취한 것은 헤겔에 와서야 가능했다는 주장에 대해서는 Fackenheim, *The Religious Dimension in Hegel's Thought*, p. 230을 보라.

72 전형적인 것으로는 Emil Brunner, *Die Mystik und das Wort* (Tübingen, 1924)를 보라. 슐라이어마허를 그의 해석학과 관련하여 이러한 비판에서 벗어나게 하려는 시도에 대해서는 Andrew Bowie, *From Romanticism to Critical Theory: The Philosophy of German Literary Theory* (London, 1997), chapter 5를 보라.

73 Barth, *The Theology of Schleiermacher; Emil Brunner, The Christian Doctrine of Faith and Knowledge*, trans. Olive Wyon (Philadelphia, 1946). 19세기 내내 슐라이어마허에 대한 비판은 헤겔과 리츨을 포함한 다수의 인물들에 의해 가해졌지만, 그의 독일 프로테스탄트주의에서의 영향력이 심각하게 도전받기 시작한 것은 1917년 바르트의 『로마서 강해』의 출간으로 전조를 드리운 전후 맹공격의 시대에 들어서다.

74 Forstman, *A Romantic Triangle*, p. 104.

75 Barth, *The Theology of Schleiermacher*, p. 264. 『그리스도교 세계』는 마르틴 레데가 편집자로 있었던 자유주의적 프로테스탄트 주간지였다. 바르트의 전쟁에 대한 반감과 사회주의에 대한 공감을 논한 것으로는 James Bentley, *Between Marx and Christ: The Dialogue in German-Speaking Europe, 1870–1970* (London, 1982), chapter 4를 보라.

76 사실상 포이어바흐는 주관적 감정이 종교의 원천이란 것을 깨달았다는 점에서 헤겔에 대항해 슐라이어마허를 명시적으로 옹호했다. 그러면서 "신학적 편견으로 인해 자신의 관점에서 필연적인 결론을 도출하지 못했다"는 이유로 헤겔을 비판했다. "왜냐하면 [헤겔은] 주관적으로 감정이 종교의 결정적 측면이라면, 객관적으로 신은 그 자체로 감정의 본질이라는 점을 인식하거나 인정하려는 용기를 갖지 못했기 때문이다." Ludwig Feuerbach, *Sämtliche Werke*, ed. Wilhelm Bolin and Friedrich Jodl

(Stuttgart, 1960), vol. 7, p. 266.

77 Barth, *The Theology of Schleiermacher*, p. 253.

78 브루너가 주장했듯이, "신의 신성함은 신에 대한 성경적 개념을 식별한 뒤 이를 신에 대한 다른 모든 개념들과 차별화하는 절대적 불관용의 특징과 밀접히 연결된다." *Dogmatics*, vol. 1, *The Christian Doctrine of God*, trans. Olive Wyon (Philadelphia, 1950), p. 160.

79 Martin Kusch, *Psychologism: A Case Study in the Sociology of Knowledge* (London, 1995). 나는 「모더니즘과 심리주의의 유령」에서 모더니즘 미학에 있어 심리주의에 대한 비판이 갖는 함의를 파악하고자 시도했다. *Cultural Semantics: Keywords of Our Time* (Amherst, Mass., 1998).

80 Georg Wobbermin, *Systematischer Theologie nach religionspsychologischer Methode*, 2 vols. (Leipzig, 1921). 보버민은 1907년에 『종교적 경험의 다양성』을 독일어로 번역했다. 비록 그가 에드워드 스타벅과 제임스 루바 같은 당대의 다른 저명한 종교심리학자들에게 의존하긴 했지만, 어쨌든 본인의 작품은 제임스가 인용하기에는 너무 늦게 나왔다. 그들의 작품에 대한 설명으로는 David Hay, "Psychologists Interpreting Conversion: Two American Forerunners of the Hermeneutics of Suspicion," *History of the Human Sciences* 12, no. 1 (February 1999)을 보라. 종교심리학의 일반적 역사에 대해서는 David M. Wulff, *Psychology of Religion: Classic and Contemporary Approaches* (New York, 1997)를 보라.

81 제임스의 종교적 경험에 대한 탐구들은 광범위한 이차문헌을 야기했다. 예컨대 Julius Seelye Bixler, *Religion in the Philosophy of William James* (Boston, 1926); Henry Samuel Levinson, *The Religious Investigations of William James* (Chapel Hill, N.C., 1981); Eugene Fontinell, *Self, God, and Immortality: A Jamesian Investigation* (Philadelphia, 1986); Bennett Ramsey, *Submitting to Freedom: The Religious Vision of William James* (Oxford, 1993); and Ellen Kappy Suckiel, *Heaven's Champion: William James's Philosophy of Religion* (Notre Dame, Ind., 1996)을 보라.

82 Taves, *Fits, Trances, and Visions*, p. 351.

83 James, *The Varieties of Religious Experience*, pp. 340–348.

84 *The Letters of William James*, ed. Henry James, 2 vols. (Boston, 1920), vol. 2, p. 127. 그 외 주도적인 실용주의자들은 종교적 경험에 대해 상이한 반응을 보였다. 찰스 샌더스 퍼스는 별 흥미를 보이지 않았고, 존 듀이는 제임스의 열정을 공유했다. 퍼스의 태도가 고전적으로 표현된 것으로는, 1877년 그의 논문인 "The Fixation of Belief," in David Hollinger and Charles Capper, eds., *The American Intellectual Tradition*, vol. 2 (Oxford, 1997)를 보라. 듀이의 태도에 대한 개관으로는 Steven C. Rockefeller, *John Dewey: Religious Faith and Democratic Humanism* (New York, 1991), and "Dewey's Philosophy of Religious Experience," in Hickman, *Reading Dewey*를 보라. 후자의 책에서, 록펠러는 "듀이는 경험이 갖는 종교적 특징에 대한 자신의 개념이 미학적, 과학적, 도덕적, 정치적 경험 혹은 동료애와 우정 같은 경험과 구별되는 특수한 종류의 경험을 지칭하지는 않는다고 조심스럽게 지적했다. 경험의 종교적 특징은 초자연적 신이나 신비한 존재 같은 어떤 뚜렷한 종교적 대상과의 상호 작용의 결과가 아니다"라고 적었다(p. 138). 그는 첫 문장을 통해 듀이가 실제로 슐라이어마허를 따르지 않았음을, 그리고 두 번째 문장을 통해 그가 바르트와 오토 모두로부터 얼마나 멀리 떨어져 있었는지를 보여준다.

85 William James, *The Will to Believe and Other Essays in Popular Philosophy* (Cambridge, Mass., 1979). 이 책이 비판하는 주요 대상은 영국의 수학자 W. K. 클리퍼드로, 제임스는 그의 실증주의적 회의론에 도전장을 내밀었다. 그에 대한 제임스의 성급한 독해에 맞서 클리퍼드를 옹호하는 최근의 글로는 David Hollinger, "James, Clifford, and the Scientific Conscience," in Ruth Anna Putnam, ed., *The Cambridge Companion to William James* (New York, 1997)를 보라. 제임스의 논증에 대한 개론서들로는 Robert J. O'Connell, *William James and the Courage to Believe* (New York, 1984); and James C. S. Wernham, *James's Will-to-Believe Doctrine: A Heretical View* (Kingston, Ontario, 1987)를 보라. 어떤 측면에서, 제임스의 입장은 1960년대와 1970년대에 위르겐 하버마스와의 논쟁에서 한스 게오르크 가다머가 제기한 것으로서 비판이성에 맞선 편견의 옹호를 예견하기도 한다.

86 James, *The Varieties of Religious Experience*, p. 27.

87 종교적 믿음에 대한 제임스의 양가적 태도의 한 사례에 대해서는 Suckiel, *Heaven's Champion*, pp. 4–5를 보라. 스베덴보리와 초월주의에 심취했던 아버지 헨리 제임스의 "칼뱅주의와 공화주의의 기이한 혼합"(p. 11)을 포함해 그가 자란 종교적 환경에 관한 논의로는 Levinson, *The Religious Investigations of William James*, chapter 1을 보라.

88 George Angier Gordon "A Profoundly Religious Man," in Linda Simon, ed., *William James Remembered* (Lincoln, Neb., 1996), p. 46. 1905년에 제임스는 「휴머니즘의 본질」이라는 논문을 쓴 바 있다. *Essays in Radical Empiricism* (Lincoln, Neb., 1996)에 수록.

89 James, *The Varieties of Religious Experience*, p. 31 (강조는 원문).

90 레빈슨에 따르면, 남북전쟁 이전 제임스가 성인이 되었던 시기에 "감리교의 우세에 따른 교리적 문제들의 모호함과 경험의 강조는 '경험'의 해석 방식에 따라 양날의 칼로 작용했다. 당시 종교부흥 운동가들은 남부와 북부 모두에서(이후의 호전적 분위기의 맥락을 준비하면서) 전승되어온 후천년설postmillennialism, 구원, 사회적 책임을 강

조했다. 그들이 경험을 내적인 것에 맞추고 회심을 그 종교적 경험과 동일시함에 따라, 구원과 사회적 책임은 분리되기 시작했다." *The Religious Investigations of William James*, p. 5. 헨리 제임스 경은 아들에게 상속시킨 유산으로서, 이 둘을 결합하는 데 관심을 두었던 북부인 중 한 명이었다.

91 G. William Barnard, *Exploring Unseen Worlds: William James and the Philosophy of Mysticism* (Albany, N.Y., 1997), p. 244.

92 미국 실용주의에서 이 사상가들의 중요성에 대한 논의로는 James T. Kloppenberg, *Uncertain Victory: Social Democracy and Progressivism in European and American Thought*, 1870–1920 (New York, 1986) 2장과 3장을 보라.

93 제임스는『종교적 경험의 다양성』의 한 지점에서 말하자면 우울, 행복 또는 최면 상태 같은 깨달음이라는 종교적 경험은 "그것들 각각 그리고 모두가 좀더 넓은 범위의 인간 경험의 특수 사례들"이라고 주장한다(p. 24). 프라우드풋은 이 지점에서 슐라이어마허와의 대조를 언급한다. Wayne Proudfoot, *Religious Experience* (Berkeley, 1985), p. 157. 그러나 그런 경험들을 설명하고 판단하는 방식에 관한 한, 양자 모두 종교적 경험을 다른 변종들에 적합한 유사한 기준으로 포섭하는 것에 저항하고자 시도했다.

그렇지만 제임스 디터스가 지적했다시피 "독특함의 논증이 종종 수반되거나 혼동되기도 하지만, 논리적으로 이것은 좀더 극단적인 현상학적 논증과는 매우 구별될 수 있는 것이다. 종교적 현상들은 그것들이 그 현상을 경험하는 주체들이 사용하는 것들과는 다른 범주들로 이해될 경우 적합하지 않게 되기 때문이다. 또한 독특함의 논증이 종종 수반되거나 혼동되기도 하지만, 논리적으로 그것은 좀더 일반적인 반과학주의 논증과도 매우 구별될 수 있는 것이다. 종교적 경험의 타당성은 그 어떤 다양한 심리학적 분석에 의해서도 도전받지 않을 것이기 때문이다. Charles Y. Glock and Phillip E. Hammond. ed. "Beyond William James," *Beyond the Classics? Essays in the Scientific Study of Religion* (New York, 1973), p. 311.

94 그럼에도 불구하고 레빈슨은 종교적 열정과 정서에 대한 자신의 편견뿐만 아니라 아버지의 공화주의적 이데올로기와도 일치하는 것으로서 제임스가 다양화된 다원주의를 수용하고 분파적인 배타성을 반대한 것에서 낭만주의의 잔재가 있음을 지적한다. The Religious *Investigations of William James*, pp. 18–21.

95 19세기 후반 심리학자들 사이에서의 유심론에 대한 존중의 맥락에서 제임스를 논하는 것으로는 Judith Ryan, *The Vanishing Subject: Early Psychology and Literary Modernism* (Chicago, 1991), chapter 1; and Taves, *Fits, Trances, and Vision*, chapter 6을 보라.

96 James, *The Varieties of Religious Experience*, p. 502.

97 같은 책, p. 18. 제임스는 스스로 감정을 영혼이 아니라 신체에 위치시켰지만, 그것은 심리학적 수준과 생리학적 수준이 불가분 뒤섞여 있는 생기 있고 환원 불가능한 신체

였다.

98 제임스가 의학적 유물론에 반해 다윈을 사용한 것에 대한 논의로는 Taves, *Fits, Trances, and Visions*, p. 278을 보라.

99 James, *The Varieties of Religious Experience*, p. 456.

100 확실히 제임스는 상이한 종교들에 대한 지식과 동감에 있어 한계를 지녔다. *The Religious Investigations of William James*(p. 23)에서 레빈슨이 지적했듯이, 그는 가톨릭에 냉담했고 유대교와 불교에 무관심했으며 '이교적' 숭배들은 경멸했다. 제임스는 실험적이고, 비교조적이며, 개방적이고, 영적으로 살아 있다고 여긴 종교들에 대해 가장 우호적으로 대했다.

101 James, *The Varieties of Religious Experience*, p. 424 (강조는 원문). 제임스의 신비주의에 대한 동감을 다룬 포괄적인 논의로는, Barnard, *Exploring Unseen Worlds*를 보라.

102 James, *The Varieties of Religious Experience*, p. 427.

103 같은 책, pp. 498–499.

104 같은 책, p. 515 (강조는 원문). 제임스는 '무의식적'보다 '잠재의식적'에 대한 선호의 이유를 설명하고 있다(p. 207). 1886년에 프레더릭 마이어스가 '의식의 한계 아래subliminal'의 영역을 발견한 것을 두고, 제임스는 "내가 심리학을 공부한 이래로 그 분야에서 이뤄낸 가장 중요한 진전"이라 말한다(p. 233). 잠재의식 개념의 활동에 대한 철저한 설명에 대해서는 Taves, *Fits, Trances, and Visions*, chapter 7을 보라.

105 실제로 제임스는 "경험적 감각에서 종교적 경험의 현상학을 **최초**로 시도한 인물"로 불렸다. James M. Edie, *William James and Phenomenology* (Bloomington, Ind., 1987), p. 52.

106 John E. Smith, *Experience and God* (New York, 1995), pp. 46–47을 보라. 또한 Vincent M. Coal-pietro, ed., *Reason, Experience and Dialogue: John E. Smith in Dialogue* (New York, 1997)를 보라. 제임스는 『종교적 경험의 다양성』에서, 개인적인 경험의 사실은 "의식 장을 포함하는바, 여기에는 느끼고 생각하는 것으로서 그것의 대상이 **추가**되고 그 대상에 대한 태도가 **추가**되며 그 태도를 갖고 있는 자아의 감각 또한 **추가**된다"고 주장했다(p. 499). 그러나 그 대상 자체는 여전히 이 정식에서는 부재한다. 제임스에 있어 주관적이지 않은 경험의 장 개념을 구하는 것에 관한 상이한 평가로는 Fontinell, *Self, God, and Immortality*를 보라. 이 글에서 폰티넬은 순수경험에 대한 후기 작업을 활용한다.

107 James, *Essays in Radical Empiricism*. 1904년에 쓰이기 시작한 이 논문들은 1912년에 랠프 바턴 페리가 처음으로 묶어냈다. '순수 경험' 교리는 20세기에 주체 없는 경험 개념을 발전시키려는 다른 이들의 노력을 살펴볼 때 검토할 예정이다. 제임스의 종교에 대한 마지막 사유들은 1909년에 첫 출간된 *A Pluralistic Universe* (Cambridge,

Mass., 1977)에서 찾아볼 수 있다. 일the one과 다the many의 관계에 대한 제임스의 오랜 고심은 범신론만큼이나 다신론 혹은 만유내재신론(신은 우주 내에 있지만, 그것으로 환원되지 않는다)을 쉽게 암시할 수 있는 입장으로 결론 없이 마무리되었다.

108 이런 비판은 프라우드풋의 *Religious Experience*, p. 167(여기서 그는 조너선 에드워즈가 믿음의 뿌리가 아니라 그 과실에만 관심을 가졌다는 제임스의 주장을 반박한다)에도 재등장하지만 전형적으로는 버트런드 러셀과 에이어 같은 분석철학자들에 의해 제기되었다. 그들의 입장과 그것이 가정하는 객관주의적 지시론에 의문을 표하고 제임스가 진리와 삶을 위한 단순한 유용성을 구분하고자 했다고 주장함으로써 이를 논박하는 시도에 대해서는 Suckiel, *Heaven's Champion*, chapter 5를 보라. 그렇지만 제임스가 얼마나 성공적으로 그런 구분을 했는지(제임스는 *The Varieties of Religious Experience*, p. 509에서 진전시켰다)는 분명치 않다. 서킬 본인은 그 책 결론부에서의 수사에도 불구하고 그가 결코 일관된 실재론자는 아니었다고 결론짓는다.

109 James, *The Varieties of Religious Experience*, pp. 160–161. 병적인 우울증과 기도를 통한 그것의 초월이라는 이 에피소드는 이후 1895년에 하버드대 YMCA에서 "삶은 살 가치가 있는가?"란 제목으로 행한 자살에 대한 제임스의 강의(*The Will to Believe and Other Essays*에 수록)에서 다시 거론되었다. 여기서 제임스는 삶을 살아갈 가치 있게 만드는 비가시적이고 초자연적 실재에 대한 믿음에 지지를 보내면서 종교적 범신론이나 자연적 초자연주의를 비판한다.

110 James, *The Varieties of Religious Experience*, p. 162.

111 조지 코와 제임스 루바 같은 초기의 비판자들 대다수에 대해 논하고 있는 글로는 Bixler, *Religion in the Philosophy of William James*, p. 203을 보라. 이에 필적할 만한 불만은 Proudfoot, *Religious Experience*, p. 13에서도 찾을 수 있는데 이는 마찬가지로 슐라이어마허에까지 거슬러 확장된다. 제임스에 대한 최근의 옹호글로는 Barnard, *Unseen Worlds*, chapter 2를 보라.

112 예컨대 O'Hear, *Experience, Explanation and Faith*, chapter 2를 보라.

113 George Santayana, "William James," in Simon, ed., *William James Remembered*, pp. 98–99.

114 과학자들 사이에서 그에 대한 빈약한 수용을 논하고 있는 글로는 Dittes "Beyond William James"를 보라. 또한 독일 사회학에서의 그의 중요성에 관한 논의로는 Wilhelm Hennis "The Spiritualist Foundation of Max Weber's 'Interpretive Sociology': Ernst Troeltsch, Max Weber and William James' Varieties of Religious Experience," *History of the Human Sciences* II, no. 2 (May 1998)를 보라. 헤니스는 1905년경에 쓰인 텍스트를 인용하는데, 거기서 베버는 다음처럼 논한다. "물론 종교적 경험은 모든 경험과 마찬가지로 그 자체로 비합리적이다. 최고 형태인 신비적인 것에서, 그것은 분명—제임스가 매우 친절하게 정교화했듯이—절대적인 전달 불가능

성에 의해 구별되는 탁월한katexochén 경험이다. 그것은 **특정한** 성격을 지니며, 우리의 언어적이고 개념적인 장치들로 정확하게 재생산될 수 없는 인식으로 출현한다." (p. 90).

115 실용주의에 대한 독일에서의 회의적이고 오도적인 반응에 관한 논의로는 Hans Joas, *Pragmatism and Social Theory*, trans. Jeremy Gaines, Raymond Meyer, and Steven Minner (Chicago, 1993), chapter 4를 보라.

116 Joachim Wach, *Types of Religious Experience: Christian and Non-Christian* (Chicago, 1951). 라이프치히에서 시작되어 1933년 이후 미국으로 망명해 브라운과 시카고 대학에서 가르친 바흐의 전체 경력에 대한 평가로는, Rainer Flasche, *Die Religionswissenschaft Joachim Wachs* (Berlin, 1978)를 보라. 그와 오토의 차이에 대한 개요는 Rudolf Otto, *Autobiographical and Social Essays*(Berlin, 1996)의 그레고리 알레스 판 서문에 서술되어 있다(pp. 22–23).

117 그것은 존 오만이 번역한 *Religious Essays*(p. xii) 영어판의 서문에 나와 있다. 오토는 특별히 초판에 끌렸는데, 이것은 좀더 조심스러운 후임자들이 결하고 있는 과잉된 에너지를 여전히 간직한 것이었다.

118 오토의 삶에 대한 설명으로는 Otto, *Autobiographical and Social Essays*, and Philip C. Almond, *Rudolf Otto: An Introduction to His Philosophical Theology* (Chapel Hill, N.C., 1984)를 보라.

119 Otto, "How Schleiermacher Rediscovered the Sensus Numinis," *Religious Essays* (London, 1931).

120 Otto, *Autobiographical and Social Essays*에 수록된 그가 북아프리카에서 보낸 편지(1911)를 보라. 오토는 1925년과 1927년에 근동과 인도로 돌아왔다.

121 Otto, *The Idea of the Holy*, trans. John W. Harvey (London, 1958), p. 11.

122 Otto, "On Feeling Guilty," in *Autobiographical and Social Essays*, p. 266. 그는 자신의 저작 어딘가에서 Erfahrung이란 단어도 사용했다.

123 Rudolf Otto, *The Philosophy of Religion Based on Kant and Fries*, trans. E. B. Dicker (New York, 1931). 특히 15페이지에서 오토는 자신이 1904년에 쓴 『자연주의와 종교』에서 그들 사상가 각각의 가치에 대한 초기의 입장을 뒤집었다고 진술한다. 19세기에 프리스는 데 베테와 아펠트 같은 인물들을 통해 독일 신학에서 완만한 영향력을 누렸지만, 이는 벨슈의 『19세기 프로테스탄트의 사유』 1권에서조차 언급될 가치가 없을 정도로 수그러드는 중요성을 시사하는 것이었다.

124 오토는 전쟁 이전 대학정책에서 자유주의적 입장을 넬슨과 공유했고 프로이센 주 의회에서 사실상 국민자유진영으로 활동했다. 오토의 정치적 관여들에 대한 문서들에 대해서는 그의 *Autobiographical and Social Essays*, pp. 102–161을 보라. 넬슨의 정치 경력, 특히 그가 엘리트적인 국제청년연맹을 이끌던 바이마르 공화국 시기에 관한

논의에 대해서는 Walter Struve, *Elites Against Democracy: Leadership Ideals in Bourgeois Political Thought in Germany, 1890–1933* (Princeton, 1973), chapter 6을 보라.

125 Otto, *The Philosophy of Religion Based on Kant and Fries*, p. 23.

126 같은 책, p. 24. 오토는 자신의 주장을 입증하기 위해 믿음과 지식에 대한 슐라이어마허의 대립을 과장했던 것 같다.

127 같은 책, p. 26.

128 Otto, *The Idea of the Holy*, p. 11.

129 선험적 토대들에 관한 오토의 주장에 공감하는 설명으로는 Ansgar Paus, *Religiöser Erkenntnisgrund: Herkunft und Wesen der Aprioritheorie Rudolf Ottos* (Leiden, 1966)를 보라. 파우스는 에른스트 프리드리히 아펠트와 에른스트 트뢸치가 이미 종교적 선험이라는 사상을 소개했지만 그리 효과적이지는 않았다고 말한다.

130 Otto, *The Philosophy of Religion Based on Kant and Fries*, p. 93. 슐라이어마허의 사례에서처럼, 오토는 경험의 종교적 개념을 위한 투쟁에서 플라톤을 아군으로 인식했다. 또한 『성스러움』(p. 94)에서 플라톤과 아리스토텔레스의 대조를 서술한 부분을 보라.

131 Otto, *The Idea of the Holy*, p. 22. 오토가 누미노제와 신비적 경험을 근본적으로 구별했다는 주장이 종종 제기된다. 예컨대 Ninian Smart, *Reasons and Faiths* (London, 1958)를 보라. 이 견해에 대한 반박으로는 Almond, *Rudolf Otto*, p. 127을 보라.

132 실제로 『칸트와 프리스의 종교철학』과 『성스러움』 사이에는 미묘한 차이들이 존재했는데, 이는 참고문헌들의 상대적인 빈약함을 설명해주는 것으로 보인다. 그 차이들, 특히 종교적 선험의 독특함에 대한 후자의 주장에 관한 설명으로는 Almond, *Rudolf Otto*, p. 91을 보라.

133 Otto, "Zinzendorf Discovered the Sensus Numinis," p. 183.

134 1936년 10월에 있었던 오토의 자살기도와 5개월 후 합병증으로 인한 사망에 대해서는 Almond, *Rudolf Otto*, pp. 24–25를 보라. 오토는 그의 생애 동안 몇몇 심각한 우울증 증상의 발현을 보였던 듯하다.

135 신약의 비신화화를 위한 불트만의 계획이 바르트의 것과 정확히 일치하지는 않지만, 어쨌든 그 둘은 경험적 종교 개념을 비판하는 데 있어서 같은 편이었다.

136 Almond, *Rudolf Otto*, p. 1에서 인용. 후에 바르트와 그의 학파는 이보다는 덜 너그럽게 될 것이었다. Otto, *Autobiographical and Social Essays*에서 그레고리 알레스의 서문에 인용된 다양한 언급을 보라(pp. 7–9).

137 그들의 논문들은 Carsen Colpe, ed., *Die Diskussion um das "Heilige"* (Darmstadt, 1977)에 수록되어 있다. 이 논의에 대해서는 Almond, *Rudolf Otto*, pp. 58–65를 보라.

138 Otto, *foreword to the first English edition of The Idea of the Holy*, p. xix.

139 Otto, *The Idea of the Holy*, pp. 45–49. 도식화 교리에 대한 비판적 독해로는 Almond, *Rudolf Otto*, pp. 97–102를 보라.

140 그렇지만 두 단어의 어원은 같지 않다. noumenal은 nous 혹은 마음에서 비롯된 그리스어 noein(알다 혹은 생각하다)의 과거형 noumenos에서 파생되었다.

141 Otto, *The Idea of the Holy*, p. 10.

142 같은 책, p. 56.

143 같은 책, p. 11.

144 Almond, *Rudolf Otto*, p. 154. 호르크하이머가 '전적인 타자'를 거론한 것은 특별히 Martin Jay, *The Dialectical Imagination: A History of the Frankfurt School and the Institute of Social Research, 1923–1950*, 2nd ed. (Berkeley, 1996), p. xxvi의 그가 쓴 서문에 나타난다.

145 Otto, *The Idea of the Holy*, p. 70.

146 같은 책, p. 132.

147 오토의 주된 비교 작업들로는 *India's Religion of Grace and Christianity Compared and Contrasted*, trans. Frank Hugh Foster (New York, 1930)와 *Mysticism East and West: A Comparative Analysis of the Nature of Mysticism*, trans. Bertha L. Bracey and Richenda C. Payne (New York, 1932)이 있다. 후자의 한계—이는 신비주의에 대한 제임스의 언급들에까지 이어진다—에 대한 비판으로는 Jess Byron Hollenback, *Mysticism: Experience, Response, and Empowerment* (University Park, Pa., 1996), introduction을 보라.

148 Otto, *The Idea of the Holy*, p. 8.

149 Jean-François Lyotard, *The Differend: Phrases in Dispute, trans. Georges Van Den Abbeele* (Minneapolis, 1988).

150 예컨대 Wood, *Kant's Moral Religion*, pp. 201–204를 보라.

151 Gadamer, *Truth and Method*, p. 296.

152 Joseph Geyer, *Intellekt oder Gemüt? Ein philosophische Studie über Rudolf Ottos Buch "Das Heilige"* (Freiburg, 1921). 이 책에 대한 탁월한 논의와 오토 저작을 온전히 수용하고 있는 글로는 Otto, *Autobiographical and Social Essays*에 있는 알레스의 서문을 보라.

153 예컨대 Walter Baetke, "Das Phänomen des Heiligen"과 함께 Werner Schilling, "Das Phänome des Heiligen: Zu Baetkes Kritik an Rudolf Otto"에서의 반응을 보라. 두 글은 모두 Colpe, *Die Diskussion um das "Heilige"*에 실려 있다.

154 Friedrich Karl Feigel, "Das Heilige," in Colpe, *Das Diskussion um das "Heilige"*, p. 405.

155 이 지점을 정교화한 글로는 Proudfoot, *Religious Experience*를 보라. 이 작업은 마찬가지로 Steven Katz, *Mysticism and Philosophical Analysis* (New York, 1978)에서도 찾아볼 수 있다.

156 그렇지만 그것이 완전히 소멸했다고 말하는 것은 잘못일 터이다. 예컨대 그것에 대한 미묘한 논의로는 Schner, "The Appeal to Experience"와 Jonathan Shear "Mystical Experience, Hermeneutics, and Rationality," *International Quarterly* 30, no. 120 (December, 1990)을 보라. 가장 최근의 정력적인 옹호로는 Keith E. Yandell, *The Epistemology of Religious Experience* (Cambridge, 1993)를 보라. 그는 브로드와 데이비드 콘웨이 같은 옹호자들에 마틴과 조지 마브로데스 같은 회의론자들이 맞서온 지난한 논쟁에 참여하고 있다. 관련 문헌들을 보려면 얀델의 참고문헌 목록을 참고하라.

157 C. C. J. Webb, *God and Personality* (London, 1918). 그의 작업에서와 그 외 영국 관념론자들에게서의 종교적 경험의 역할에 관한 일반적 설명으로는 Alan P. F. Sell, *Philosophical Idealism and Christian Belief* (New York, 1995)를 보라.

158 예컨대 Mircea Eliade, *The Sacred and the Profane: The Nature of Religion*, trans. Willard Trask (New York, 1959)를 보라. 엘리아데는 때로 오토의 견해에 동의하기도 하지만(*The Quest* [Chicago, 1969], p. 25에서 그는 종교란 "무엇보다도, 인간의 신성과의 만남에 의해 야기되는 독특한 경험"이라고 적었다), 주로 신화와 상징에 관한 해석학에 에너지를 쏟았다.

159 게르숌 숄렘에 따르면, 그 영향은 아이러니하게도 유대인들보다는 상류계급들 사이에서 더 컸다. 그의 *On Jews and Judaism in Crisis*, ed. Werner J. Dannhauser (New York, 1978)에 수록된 「마르틴 부버의 유대교 개념」을 보라(p. 128). 그렇지만 그는 다른 곳에서 자기 자신이 학생시절 부버의 초기 저작에 깊은 영향을 받았다고 고백했다. 이것은 부버의 75번째 생일을 축하하기 위해 숄렘이 (히브리어로) 쓴 한 에세이에 나오는 내용이다. Maurice Friedman, *Martin Buber's Life and Work: The Early Years, 1878–1923* (Detroit, 1988), p. 145에서 인용.

160 Schleiermacher, *On Religion*, p. 213.

161 Levinson, *The Religious Investigations of William James*, p. 23.

162 Almond, *Rudolf Otto*, p. 25. 여기서 강제수용소로의 이주에 대한 두려움으로 야기된 1933년의 야콥슨의 자살은 오토의 우울증과 그 자신의 자살 시도의 원천으로 논의되고 있다. 프리스의 반유대주의에 대해서는 Shlomo Avineri, *Hegel's Theory of the Modern State* (Cambridge, 1972), pp. 119–121을 보라. 프리스는 1816년에 유대인의 추방, 남은 자들에 대한 배지 착용의 의무화, 유대인 교육과 결혼권에 대한 탄압을 요구하는 팸플릿을 작성한 것에 더해서, 독일학생연맹들Burschenschaften의 열렬한 민족주의를 지지했으며 1819년에 열린 바르트부르크 축제에서 연설한 바 있다. 그 결

과로 그는 『법철학』에서 헤겔의 맹비난을 받았다.

163 Otto, *The Idea of the Holy*, p. 75. 여기서 그는 히브리 성경에서 이사야서를 이러한 혼합의 가장 명민한 사례로 지목했다. 오토는 또한 누미노제 찬가에 대한 사례들로 유대교의 예배식을 포함시켰다.

164 부버의 초기 삶과 작품에 관한 논의로는 Maurice Friedman, *Martin Buber's Life and Work: The Early Years, 1878–1923* (Detroit, 1988); Paul Mendes-Flohr, *From Mysticism to Dialogue: Martin Buber's Transformation of German Social Thought* (Detroit, 1989); and Gilya Gerda Schmidt, *Martin Buber's Formative Years: From German Culture to Jewish Renewal, 1897–1909* (Tuscaloosa, Ala., 1995)를 보라.

165 본인의 설명으로는 Martin Buber, "My Way to Hasidism" in *Hasidism and Modern Man*, ed. and trans. Maurice Friedman (New York, 1958)을 보라.

166 Steven Aschheim, *Brothers and Strangers: The East European Jew in German and German Jewish Consciousness, 1800–1923* (Madison, Wis., 1982), chapter 6.

167 초판은 각각 1906년과 1908년에 출간되었고, 모리스 프리드먼의 번역본을 참조했다.

168 Gershom Scholem, "Martin Buber's Interpretation of Hasidism," *The Messianic Idea in Judaism and Other Essays in Jewish Spirituality* (New York, 1971). 여기에는 그 비판의 초기 판본에 관한 부버의 방어에 대해 숄렘이 어떻게 반응했는지가 담겨 있다. 숄렘은 부버가 카발라와 하시디즘적 사유를 그릇되게 동일시하고 하시디즘 전통의 이론적 텍스트들보다 전설과 이야기에 특권을 부여하는 우를 범하면서, 그 전통에 종교적 무정부주의와 원-실존주의적 파토스라는 브랜드를 부여했다고 비판한다.

169 이에 대한 탁월한 논의로는 Mendes-Flohr, *From Mysticism to Dialogue*, chapter 1을 보라.

170 독일 유대인들 사이에서 니체의 사유가 널리 수용된 맥락에서 부버의 니체에 대한 관심과 관련해서는 Steven Aschheim, *The Nietzsche Legacy in Germany, 1890–1990* (Berkeley, 1992), pp. 93–112를 보라. 그는 시오니스트 2세대가 부버를 매개로 해서 니체의 사상을 주입받았음을 보여준다.

171 그렇지만 부버는 슐라이어마허가 형이상학적 개인주의의 가장 조화로운 표현을 성취했다고 믿었다. 그 논의에 대해서는 Schmidt, *Martin Buber's Formative Years*, pp. 44–45를 보라.

172 부버는 *Between Man and Man*, trans. Roger Gregor Smith (New York, 1966)에서 다음과 같이 적었다. "칸트와 달리, 포이어바흐는 인간의 인식이 아니라 온전한 존재에게 철학함의 개시를 마련해주기를 바란다. (…) 청년기에 나 자신은 포이어바흐로부

터 결정적인 자극을 받았다"(pp. 146–148).

173 Eugene Lunn, *Prophet of Community: The Romantic Socialism of Gustav Landauer* (Berkeley, 1973), chapter 3을 보라. 신낭만주의적 사유와 그것이 이 시기 유대인 지식인들에 끼친 영향에 대한 좀더 넓은 맥락에 대해서는 Michael Löwy, *Redemption and Utopia: Jewish Libertarian Thought in Central Europe*, trans. Hope Heaney (Stanford, 1992)를 보라.

174 Mendes-Flohr, *From Mysticism to Dialogue*, p. 50.

175 Martin Buber, *On Judaism*, trans. Nahum N. Glatzer (New York, 1967), and *Daniel: Dialogues on Realization*, trans. Maurice Friedman (New York, 1965). 멘데스 플로어는 후자의 번역에서 경험에 대한 두 독일어 단어를 그릇되게 혼용하는 것에 대해 경고한다. *From Mysticism to Dialogue*, p. 161에서의 그의 언급을 보라.

176 전쟁 이전 부버의 사유와 다른 독일 시오니스트들의 사유에서 드러난 민족적인 요소들에 대한 비판에 대해서는 George L. Mosse, *Germans and Jews: The Right, the Left, and the Search for a "Third Force" in Pre-Nazi Germany* (New York, 1970), chapter 4를 보라. 이후 *German Jews Beyond Judaism* (Bloomington, Ind., 1985)에서의 부버 사유의 민족주의적 관점에 대한 조지 모스의 평가는 좀더 관대하다(p. 36).

177 부버의 입장은 Mendes-Flohr, *From Mysticism to Dialogue*, chapter 5에서 비판적으로 논의된다. 온건한 옹호에 대해서는 Friedman, *Martin Buber's Life and Work*, chapter 9를 보라.

178 Siegfried Kracauer "Vom Erleben des Kriegs," *Schriften* 5.1 (Frankfurt, 1990). 원래 이 책은 1915년에 Preussische Jahrbücher에서 출간되었다.

179 *The Letters of Martin Buber*, ed. Nahum N. Glatzer and Paul Mendes-Flohr, trans. Richard and Clara Winston and Harry Zohn (New York, 1991), p. 185에 실린, 란다우어가 부버에게 보낸 1916년 5월 12일자 보낸 편지.

180 Gershom Scholem, *Walter Benjamin: The Story of a Friendship*, trans. Harry Zohn (New York, 1981), p. 29.

181 그것은 Scholem, *On Jews and Judaism in Crisis*, ed. Werner Dannhauser (New York, 1976)에 영어로 실려 있다.

182 란다우어의 역할에 관한 확장된 논의에 대해서는 Mendes-Flohr, *From Mysticism to Dialogue*, chapter 5를 보라. 또한 Friedman, *Martin Buber's Life and Work*, chapter 16을 보라. 부버의 입장과 심경의 변화는 대다수 독일 유대인에게 전형적이었다. 조지 모스가 레오 베크 기념강의인 "The Jews and the German War Experience, 1914–1918"(New York, 1977)에서 지적했듯이 "대부분의 독일 유대인은 독일의 전쟁 경험을 최대한 공유하려는 저항 불가능한 유혹에 굴복했다. 하지만 전쟁이 끝난 뒤 대

다수는 불시의 깨달음을 얻고 자유주의적이고 계몽주의적인 전통을 다시금 붙잡았다."(p. 25).

183 Martin Buber "Replies to My Critics," in Paul A. Schlipp and Maurice Friedman, eds., *The Philosophy of Martin Buber* (LaSalle, Ill., 1967), p. 711.

184 Martin Buber "Preface to 1923 Edition," *On Judaism*, p. 7.

185 Schleiermacher, *On Religion*, p. 213.

186 Martin Buber, *The Knowledge of Man: Selected Essays*, ed. Maurice Friedman (New York, 1965), p. 44.

187 같은 책.

188 Buber, *I and Thou*, trans. Walter Kaufmann (New York, 1970), p. 127.

189 Glatzer and Mendes-Flohr, *The Letters of Martin Buber*, p. 276에 실린 플로렌스 크리스티안 랑이 마르틴 부버에게 보낸 1922년 9월 19일자 편지. 확실히 이런 찬사는 신과의 조우 가능성이라는 부버의 믿음이 지닌 전적으로 낙관적인 본성에 대한 유보에서 비롯된 것이다.

190 David Biale, *Gershom Scholem: Kabbalah and Counter-History* (Cambridge, Mass., 1979), p. 246.

191 예컨대 이런 관점에서 헤르만 코엔이 "The God of Love and the Idea of the Deity," in *Israel and the World: Essays in a Time of Crisis* (New York, 1963)에서 행한 후기 작업에 보낸 그의 칭찬을 보라.

192 1920년대 부버에게 여전히 신비체험의 잔여가 있을 수 있다는 숄렘의 의혹에 관한 논의에 대해서는 Biale, *Gershom Scholem: Kabbalah and Counter-History*, chapter 4를 보라. 언어 문제는 부버가 처음에 프란츠 로젠츠바이크와의 협업으로 성경을 번역한 이후에 특히 중요했다. 그것이 야기한, 벤야민, 숄렘, 크라카우어가 번역자들과 격돌하게 된 논란을 설명한 글로는 Martin Jay, "Politics of Translation: Siegfried Kracauer and Walter Benjamin on the Buber-Rosenzweig Bible," in *Permanent Exiles: Essays on the Intellectual Migration from Germany to America* (New York, 1985)를 보라.

193 Scholem "Martin Buber's Conception of Judaism," p. 151.

194 이 논의에 대해서는 Reiner Wiehl, "Experience in Rosenzweig's New Thinking," and Bernard Casper "Responsibility Rescued," in Paul Mendes-Flohr, *The Philosophy of Franz Rosenzweig* (Hanover, 1988)를 보라. 또한 Leora Batnitzky "On the Truth of History or the History of Truth: Rethinking Rosenzweig via Strauss," in *Jewish Social Studies* Quarterly 7, no. 3 (2000)을 보라. 바트니츠키는 역사적 표현들에서 계시적 진리를 발견하려는 로젠츠바이크의 시도가 역사가 그 중심이 될 수 있다는 점을 부인한 레오 스트라우스에 의해 반박되었음을 보여준다. 그 부

인의 전제들은 슐라이어마허에 대한 바르트의 비판이 갖는 반역사주의가 기초하고 있는 전제들과 비교해볼 만하다.

195 Feuerbach "Zinzendorf und die Herrnhüter," *Sämtliche Werke*, ed. Bolin and Jodl, vol. 10, pp. 80–85.

196 슐라이어마허의 입장에 놓인 미학적 요소의 뉘앙스에 대한 고찰들로는 Redeker, *Schleiermacher: Life and Thought*, pp. 45–48; and Jaeschke, *Reason in Religion*, pp. 113–116을 보라.

197 Otto, *The Philosophy of Religion Based on Kant and Fries*, p. 144.

198 Otto, *The Idea of the Holy*, p. 148.

4장

1 Umberto Eco, *Art and Beauty in the Middle Ages*, trans. Hugh Bredin (New Haven, 1986)을 보라. 에코는 성당의 시선 위에 놓인 조각상들의 뒤틀림에서 주관적 욕구의 실천적 인식을 지적하고 13세기에 시각적 지각에 대한 급증하는 관심을 긍정한다. 하지만 그는 "아퀴나스적 견지에서, 쾌락은 완전히 객체화된 사물들 내의 그 잠재력에 의해 야기된다"고 결론 내린다(p. 71).

2 그렇지만 신플라톤주의 미학이 낭만주의 기간 동안 즐겨 반복했고 이후 섀프츠베리 같은 인물들에서 재등장하는 것처럼, 단순히 전후 상황을 단순 비교하는 것은 수용하기 어렵다. 19세기에 존 러스킨 같은 작가들은 여전히 객관주의적 미의 견해를 고집했고, 이는 20세기에 T. E. 흄 같은 반낭만주의 비평가들에 의해 옹호되기도 했다.

3 Terry Eagleton, *The Ideology of the Aesthetic* (Cambridge, Mass. 1990), chapter 1을 보라.

4 변동의 조짐은 데이비드 흄의 논문에서도 찾아볼 수 있다. David Hume, "Of Refinement in the Arts," in *Essays Moral, Political and Literary*, ed. Eugene F. Miller (Indianapolis, 1987). 그 개념에 대한 논쟁에 대해서는 C. J. Berry, *The Idea of Luxury: A Conceptual and Historical Investigation* (Cambridge, 1994)을 보라. 프리벤 모텐슨에 따르면, 예술 개념은 사치를 둘러싼 부정적 아우라에서 벗어나야만 했으며 이전에 종교와 연관되었던 고상한 도덕적 가치와 접목되어야만 했다. 그의 *Art and the Social Order: The Making of the Modern Conception of Art* (Albany, N.Y., 1997), pp. 122–128을 보라.

5 Peter Bürger, *Theory of the Avant-Garde*, trans. Michael Shaw (Minneapolis, 1984), chapter 3을 보라. 이 책 서문에서, 조헨 슐테 자세는 뷔르거의 작업에서 경험 개념이 갖는 중요성을 평가한다. 그에 따르면, 그 개념은 진정성 있는 경험의 약화에 대한 벤야민과 아도르노의 유감에 빚지고 있다(p. xiii–xvii).

6 Martha Woodmansee, *The Author, Art, and the Market: Rereading the History* *of Aesthetics* (New York, 1994)를 보라.

7 에른스트 카시러에 따르면 "비판의 시대"에 "철학과 문학 및 미학 비평의 결합은 당시 대부분의 저명한 지식인들에겐 너무나도 명백한 것이었다." *The Philosophy of the Enlightenment*, trans. Fritz C. A. Koelln and James P. Pettegrove (Boston, 1951), p. 275.

8 Alexander Baumgarten, *Aesthetica* (1750 and 1758), ed. and trans. Hans Rudolf Schweitzer as *Theoretische Aesthetik* (Hamburg, 1983). 아직까진 완벽한 영어 번역이 없는 상태다. 바움가르텐은 1735년의 논문에서 그 용어를 사실상 처음 만들어냈다. 라이프니츠적 전통에서 그의 작업에 관한 재맥락화에 대해서는 Jeffrey Barnouw, "The Beginnings of 'Aesthetics' and the Leibnizian Conception of Sensation," in Paul Mattick Jr., ed., *Eighteenth-Century Aesthetics and the Reconstruction of Art* (Cambridge, 1993)를 보라. 정확히 '미학적 경험'이란 말은 바움가르텐에게선 보이지 않는다. 실제로 그것은 구스타프 페히너가 1876년에 쓴 『미학입문』에서 처음 사용된 것으로 보인다. 그 논의에 대해서는 Wolfgang Welsch, "Rettung durch Halbierung? Zu Richard Shusterman's Rehabilitierung ästhetischer Erfahrung," *Deutsche Zeitschrift für Philosophie* 41, no. 1 (1999), p. 112를 보라. 여전히 그 요소들의 다수는 그 신조어가 실제 만들어지기 전에 형성된 것들이다.

9 Wladyslaw Tatarkiewicz, "Aesthetic Experience: The Early History of the Concept," *Dialectics and Humanism* 1 (1973), and "Aesthetic Experience: The Last Stages in the History of a Concept," *Dialectics and Humanism 1* (1974)을 보라. 첫 번째 논문에서, 타타르키비츠는 피타고라스가 삶을 향한 방관자적 태도에 대해 말했고 이를 미학적 경험의 초기 개념과 동일시했다고 언급한다(p. 19). 우리는 계몽주의 미학에서 민족적 차이들을 공정하게 다룰 수 없다. 그것은 진지한 검토를 요구한다.

10 이러한 발생적 포섭이 갖는 문제적인 함의들에 관한 최근의 숙고에 대해서는 Jean-Luc Nancy, *The Muses*, trans. Peggy Kamuf (Stanford, 1996)를 보라. 낭시는 그 변화를 낭만주의의 탓으로 보지만(p. 4) 그것이 일찍이 샤를 바퇴의 1746년 논문 『단일한 하나의 원리로 환원되는 아름다운 예술』에서 진행된 것으로 보는 것도 가능하다. 물론 개별적인 예술 장르들의 특수한 경험적 차원들을 지속적으로 탐구하는 것도 가능하다. 예컨대 Ananta Ch. Sukla, ed., *Art and Experience* (Westport, Conn., 2003)에서 그림, 음악, 문학, 영화, 사진, 춤 등의 경험에 대한 논문들을 보라.

11 '고상한 예술polite arts'이란 말은 '순수 예술fine arts'이란 말에 직접적으로 선행한 것으로, 예컨대 섀프츠베리의 작업에서 등장했다. 이 용법은 미학적 우아함과 사회적 엘리트주의의 공모를 좀더 분명하게 보여주는 듯하다. Preben Mortensen, *Art in the Social Order*, p. 136 참조. 디드로의 『백과전서』에서의 아름다운 예술에 대한 여전히 기능주의적인 해석에 관한 논의로는, Peter Bürger, "Problems in the Functional

Transformation of Art and Literature during the Transition from Feudal to Bourgeois Society," in Peter Bürger and Christa Bürger, *The Institutions of Art*, trans. Loren Kruger (Lincoln, Neb., 1992)를 보라. 뷔르거는 예술의 절대적 자율성에 대한 잘 다듬어진 변호가 1780년대에 괴테의 친구 카를 필리프 모리츠와 함께 등장했다고 본다. 계몽Aufklärung의 정치적 논쟁의 맥락에서 모리츠가 한 기여에 관한 포괄적인 논의에 대해서는 Jonathan M. Hess, *Reconstituting the Body Politic: Enlightenment, Public Culture and the Invention of Aesthetic Autonomy* (Detroit, 1999)를 보라.

12 Clive Bell, *Art* (London, 1927); and Roger Fry, *Vision and Design* (London, 1929).

13 이런 변화들이 미친 영향들에 대해서는 Thomas E. Crow, *Painters and Public Life in Eighteenth- Century Paris* (New Haven, 1985)를 보라.

14 예술 시장은 처음에 이탈리아, 네덜란드, 영국에서 출현했고, 거기서 왕정복고 기간 동안 경매가 본격적으로 시작되었다. Michael North and David Ormod, eds., *Art Markets in Europe, 1400–1800* (Aldershot, 1998)을 보라.

15 이러한 역할을 증진시키기 위해 고안된 초창기 소책자들 중에는 Jonathan Richardson, *The Connoisseur: An Essay on the whole Art of Criticism as it relates to Painting* (London, 1719)이 있다.

16 Lydia Goehr, *The Imaginary Museum of Musical Works: An Essay on the Philosophy* of *Music* (Oxford, 1992)을 보라.

17 Jürgen Habermas, *The Structural Transformation of the Public Sphere: An Inquiry into a Category of Bourgeois Society*, trans. Thomas Burger (Cambridge, Mass. 1989), p. 38–40. 철학적 미학의 부상과 예술의 자율성 이론 그리고 공론장의 명확한 관계는 헤스가 『정치체의 재구성』에서 치밀하게 분석한 주제였다. 어느 정도 하버마스의 모델을 따르고 있긴 하지만, 그는 그 요소들 중 몇몇에 대해서는 강력한 비판을 제기한다.

18 그렇다고 해서 그런 작업들을 정의하고 그 작업들의 경계를 설정하는 데 상당한 에너지가 바쳐졌고 지금도 여전히 그러하다는 것을 부인하는 것은 아니다. 그런 노력들의 결과들을 선별하려는 매우 통찰력 있는 최근의 시도로는 Gérard Genette, *The Work of Art: Immanence and Transcendence*, trans. G. M. Gosharian (Ithaca, N.Y., 1997)을 보라.

19 예술작품에서 그런 형이상학적 아우라의 일부를 회복하려는 최근의 시도에 대해서는 George Steiner, *Real Presences* (Chicago, 1989)를 보라.

20 여행소설의 중요성에 대한 간략한 설명에 대해서는 Ira O. Wade, *The Intellectual Origins of the French Enlightenment* (Princeton, 1971), chapter 9를 보라.

21 Jean-Baptiste Dubos, *Réflections critiques sur la poésie, la peinture et la mu-*

sique (Paris, 1719). 이 논의와 관련해선 Cassirer, *The Philosophy of the Enlightenment*, chapter 7을 보라. 또한 Francis X. J. Coleman, *The Aesthetic Thought of the French Enlightenment* (Pittsburgh, 1971); and John C. O'Neal, *The Authority of Experience: Sensationist Theory in the French Enlightenment* (University Park, Pa., 1996)를 보라. 오닐은 그 시기 미학에서 에티엔 드 콩디야크와 샤를 보네로부터 생겨난 프랑스의 감각주의적 사유가 갖는 중요성을 보여준다.

22 미학이 과학의 특권화에 대한 보상적 반작용이었다는 주장에 관한 회의적 검토로는 Mortensen, *Art in the Social Order*, chapter 6을 보라. 미학적 경험을 실험적으로 연구한 구스타프 페히너와 빌헬름 분트 같은 과학자들의 19세기 후반의 시도들에 대한 논의로는 Tatarkiewicz, "Aesthetic Experience: The Last Stages in the History of the Concept"를 보라. 그런 탐구들은 역으로 에드문트 후설 같은 철학자들에 의해 '심리주의적'인 것으로 공격받기도 했다. 그의 비판에 대한 논의로는 Peter J. McCormick, *Modernity, Aesthetics and the Bounds of Art* (Ithaca, N.Y., 1990), chapter 8을 보라.

23 David Hume, "Of the Standard of Taste," in *Essays: Moral, Political, and Literary*, p. 230. 미학에 대한 흄의 일반적 사고들에 대한 유용한 설명으로는, Peter Jone, "Hume's Literary and Aesthetic Theory," in David Fate Norton, ed., *The Cambridge Companion to Hume* (Cambridge, 1993)을 보라. 칸트의 입장에 반해 흄의 입장을 옹호하는 글로는 George Dickie, *The Century of Taste: The Philosophical Odyssey of Taste in the Eighteenth Century* (Oxford, 1996)를 보라.

24 "Of the Standard of Taste," p. 231.

25 같은 책, p. 242. 흄의 확신이 기초하고 있는 것은 그의 시대에 학식 있는 신사층이 인간 일반을 대표한다고 여겨진 가정이었다. 이런 편견에 대한 비판으로는, Richard Shusterman, "Of the Scandal of Taste: Social Privilege as Nature in the Aesthetic Theories of Hume and Kant," in Mattick, *Eighteenth-Century Aesthetics*를 보라.

26 그 용어는 윌리엄 해밀턴 경의 신조어 '향락apolaustics' 같은 대안들이 거부됨에 따라 얼마간 보편적으로 수용되기도 했다. 이 논의는 Friedrich Schiller, *On the Aesthetic Education of Man in a Series of Letters* (New York, 1965)의 번역본에 실린 레지널드 스넬의 서문(p. 5)을 보라. 처음부터 그 단어는 볼프강 벨슈가 지적했다시피 '감각'과 '지각' 모두에 대한 애매한 강조를 포함하고 있었다. 벨슈가 '쾌락적 의미소'라 부른 전자는 주체의 쾌락과 감정적 반응을 중시한다. 반면 그가 '이론적 의미소'라 칭한 후자는 형식과 비율의 인식적 가치를 강조하며 따라서 관심을 대상으로 향하게 한다. 그러나 그는 후자의 경우에도 "있는 그대로의 사물에 대한 직접적인 존재에 관심을 두지 않으며 거리를 두고—명백히 관조의 방식으로—그것에 특이한 대상들을 즐긴다"는 데 동의한다. 그의 *Undoing Aesthetics*, trans. Andrew Inkpin (London, 1997), p.

12를 보라.

27 아이스테시스/포이에시스 구분에 대한 논의로는 Hans Robert Jauss, *Aesthetic Experience and Literary Hermeneutics*, trans. Michael Shaw (Minneapolis, 1982), p. 34를 보라.

28 이런 견지에서 취미의 기원에 관한 논의에 대해서는 Howard Caygill, *Art of Judgment* (Oxford, 1989), chapter 2를 보라. 여기서 그는 그 단어의 어원이 프랑스 고어 tast와 이탈리아어 tasto에서 왔으며 그 의미에 만짐touching을 포함하고 있다고 지적한다. 그 은유의 좀더 큰 함의와 말 그대로 감각적인 기원을 논하는 글로는 Carolyn Korsmeyer, *Making Sense of Taste: Food and Philosophy* (Ithaca, N.Y., 1999)를 보라. 코스마이어는 미학 이론에서 시각과 청각의 특권화는 다른 근접한 감각들과 더불어 문자 그대로 취미의 감각이 폄하되었음을 의미했다. 심지어 취미의 은유가 탁월함으로 드러난 형언 불가능한 식별로 간주될 때도 그렇다.

29 앙투안 공보('메레의 기사'로 불린)에 의해 유명하게 된 이 개념의 역사에 대해서는 Erich Köhler "Je ne sais quoi: Ein Kapital aus der Begriffsgeschichte des Unbegreiflichen," *Romantisches Jahrbuch* 6 (1953-1954)을 보라. 천재들에 의해 창조된 작품들은 그렇듯 신비로운 특징을 가지고 있으며, 그것은 평가될 수는 있어도 완전히 이해될 수는 없다고 여겨졌다.

30 Peter de Bolla, *Art Matters* (Cambridge, Mass., 2003), p. 4.

31 John Dewey, *Art as Experience* (New York, 1934), p. 47.

32 칸트가 '생산적 상상력'이라 부른 것이—비록 오성의 지도하에서이긴 하지만—정상적인 인식에서 작동하는 한 미학적 평가에서 역할을 수행한다는 것은 사실이다. 하지만 생산된 것은 정신적 종합이었을 뿐 세계에서의 능동적 개입은 아니었다. 그 중요성에 관한 논의에 대해서는 Michael R. Neville "Kant's Characterization of Aesthetic Experience," *Journal of Aesthetics and Art Criticism* 33, no. 2 (Winter 1974), p. 197을 보라.

33 유용한 설명들로는 Dabney Townsend, "From Shaftesbury to Kant: The Development of the Concept of Aesthetic Experience," *Journal of the History of Ideas* 48, no. 2 (April-June 1987), pp. 287-305; and Jauss, *Aesthetic Experience and Literary Hermeneutics*를 보라. 미학적 담론의 의심스러운 정치적 함의들을 전면에 두면서 좀더 일반적인 역사들을 논한 것으로는 Eagleton, *The Ideology of the Aesthetic*, and Hess, *Reconstituting the Body Politic*을 보라.

34 섀프츠베리가 17세기 케임브리지 플라톤학파에, 그리고 그것을 거쳐 마르실리오 피치노의 피렌체 신플라톤주의에 진 빚에 대한 논의로는 Ernst Cassirer, *The Platonic Renaissance in England*, trans. James P. Pettegrove (New York, 1970), chapter 6을 보라. 우리가 현실적인 신체적 경험에 대한 플라톤주의의 일반적 불신을 언급하긴

했지만, 초월적 진리와 연결된 플라톤적 전통에서 직관의 역할은 그것이 무관심하고 숭고한 미학적 쾌의 이론을 준비하는 데 있어 하나의 역할을 부여받는다는 것을 의미했다. 카시러는 홉과 심리주의 학파가 예술적 창조보다는 단순히 수용 원칙만을 제시했다고 언급하면서 "미학은 영국 경험론의 일반적 경향에서 나온 산물이 아니라 영국 플라톤주의의 산물이다"(p. 197)라고 주장하기까지 한다.

35 그 은유가—칸트에게선 이처럼 명백한 형태로 나타나 있진 않았다—순수이성비판의 혁신을 정확히 기술하는지 여부는 지금 우리의 관심사는 아니다. 그것의 적용 가능성에 대한 회의적 설명에 대해서는 Robert Hahn, *Kant's Newtonian Revolution in Philosophy* (Carbondale, Ill., 1988)를 보라.

36 Tatarkiewicz, "Aesthetic Experience: The Early History of the Concept," p. 23에 있는 그 논의를 보라. 야우스는 미학적 경험의 중세적 예견들에 관한 또 다른 사례들을 지적한다. 그것들은 신의 세계에 몰입하기보다 그 세계에 관해 게으른 호기심과 연결되기 때문에 근심을 자아냈다. *Aesthetic Experience and Literary Hermeneutics*, p. 4 참조. 카시러는 쾌락적인 것과 아름다운 것의 구분을 주장했는데, 미학적 관조에 기초하고 있는 후자는 일찍이 플라톤의 『플레보스』에서 찾아볼 수 있다. *The Platonic Renaissance in England*, p. 186을 보라.

37 초기 자본주의에서 열정보다 이익을 중시한 것에 대한 분석으로는, Albert O. Hirschman, *The Passions and the Interests: Political Arguments for Capitalism before Its Triumph* (Princeton, 1977)를 보라. 홉스에 대한 섀프츠베리의 비판을 논한 것으로는 Mortensen, *Art in the Social Order*, chapter 10을 보라.

38 그 개념의 역사에 대해서는 Jerome Stolnitz, "On the Origins of 'Aesthetic Disinterestedness'," *Journal of Aesthetics and Art Criticism* 20, no. 2 (Winter 1961)를 보라. 또한 무관심성의 다른 유형에 대한 논의로는 그의 "The Actualities of Non-Aesthetic Experience," in Michael H. Mitias, ed., *Possibility of the Aesthetic Experience* (Amsterdam, 1986)를 보라. 그 교설의 앞선 예측에 대해서는 David Summers, *The Judgment of Sense: Renaissance Naturalism and the Rise of Aesthetics* (Cambridge, 1987)를 보라. 무관심성에 대한 대안이 공감 혹은 독일 낭만주의가 감정이입Einfühlung이라 부른 것의 옹호자들에 의해 제시되었다는 점을 주목할 필요가 있다. 대표적으로 헤르더는 미학적 경험과 연관된 정서적 투입을 강조했다.

39 Immanuel Kant, *Critique of Judgment*, trans. J. H. Bernard (New York, 1951), pp. 37–45.

40 Angelika Rauch, *The Hieroglyph of Tradition: Freud, Benjamin, Gadamer, Novalis, Kant* (Madison, N.J., 2000), p. 81.

41 같은 책, p. 79

42 미학적 판단에서 칸트가 공통감각을 환기한 것의 다층적 의미들에 관한 탁월한 분석

에 대해서는 David Summers, "Why Did Kant Call Taste a 'Common Sense'?" in Mattick, *Eighteenth-Century Aesthetics and the Reconstruction of Art*를 보라.

43 Eva Schaper, *Studies in Kant's Aesthetics* (Edinburgh, 1979), chapter 6. "마치 ~처럼as-if" 개념은 한스 파이힝거가 취한 것이지만, 샤퍼는 그것을 칸트의 제1비판에서 논해진 인식적 판단이 아니라 미학적 판단에만 제한하고자 한다.

44 John H. Zammito, *The Genesis of Kant's Critique of Judgment* (Chicago, 1992), p. 113.

45 James H. Johnson, *Listening in Paris: A Cultural History* (Berkeley, 1995).

46 Catherine Gallagher, *Nobody's Story: The Vanishing Acts of Woman Writers in the Marketplace, 1670–1820* (Berkeley, 1994).

47 George Dickie, *Aesthetics* (Indianapolis, 1971); and Pierre Bourdieu, *The Field of Cultural Production: Essays on Art and Literature*, ed. Randal Johnson (New York, 1993). 디키에 대한 비판으로는 Richard Shusterman, *Pragmatist Aesthetics: Living Beauty, Rethinking Art* (Cambridge, Mass, 1999), pp. 38–41을 보라. 부르디외에 대한 비판으로는, Paul Crowther "Sociological Imperialism and the Field of Cultural Production: The Case of Bourdieu," *Theory, Culture and Society* II, no. 1 (1994)을 보라.

48 Jürgen Habermas, *The Philosophical Discourse of Modernity*, trans. Frederick Lawrence (Cambridge, Mass., 1987), p. 10. 새로운 미학적 자율성 담론의 표면 아래에 잠복한 타율적 요소들의 존재 유무는 헤스(*Reconstituting the Body Politic*에서)가 제기한 의문이다. 그는 그것이 자신과 더불어 자유로운 공간을 제공하는 척하는 바로 그 순간에 권위주의 국가의 암묵적 정당화를 위해 기능하고 있다고 본다.

49 특히 Zammito, *The Genesis of Kant's Critique of Judgment*를 보라. 여기서 그는 자신이 제3비판에서 '인식적이고 윤리적인 전환'이라 부르는 것에 대해 논한다.

50 Kant, *Critique of Judgment*, pp. 196–200.

51 이런 입장에서 추방된 종교적 경외와 이타적 사랑의 잔재들을 보는 건 어렵지 않다. 이 논의에 대해서는 M. H. Abrams, "Kant and the Theology of Art," *Notre Dame English Journal* 13 (1981)을 보라. 앞 장에서 언급했듯이, 종교적 경험을 미학적 경험과 분리하려는 시도에도 불구하고, 두 경험들의 관계에는 수많은 교차점들이 존재한다.

52 Welsch, *Undoing Aesthetics*, pp. 64–68.

53 그러한 예술의 소외를 극복하기 위한 이후의 시도들의 개관으로는 J. M. Bernstein, *The Fate of Art: Aesthetic Alienation from Kant to Derrida and Adorno* (University Park, Pa., 1992)를 보라.

54 실러는 미학적 연극이 "가능한 최대한의 조화 속에서 우리의 모든 감각적이고 지성적

인 힘들"을 함양할 수 있기를 희망했다. *On the Aesthetic Education*, p. 99. 요한 요하임 빙켈만에서 허버트 마르쿠제와 발터 스피스에 이르기까지 이 프로젝트에 관한 전반적인 개관에 대해서는 Josef Chytry, *The Aesthetic State: A Quest in Modern German Thought* (Berkeley, 1989)를 보라. 처음부터, 미학적 구원이 발생할 수 있는 실질적인 방안들을 상상하기란 어려웠다. 실러의 경우에서조차, 세계를 변형시킨다는 초기의 정치적 목표는 이내 미학적 자유라는 좀더 순수하게 내적인 개념으로 대체되었다. 이 논의에 대해서는 Woodmansee, *The Author, Art, and the Market*을 보라.

55 이 주제에 관하여 부분적으로 아도르노와 데리다가 도출한 미학적 부정성 개념을 통해 자율성과 주권성의 이분법을 극복하고자 하는 탐구로는 Christoph Menke, *The Sovereignty of Art: Aesthetic Negativity in Adorno and Derrida*, trans. Neil Solomon (Cambridge, Mass., 1999)을 보라.

56 Schiller, *On the Aesthetic Education*, pp. 82, 140.

57 칸트의 무관심성 개념에 대한 니체의 유명한 비판—그가 그것의 치명적인 영향을 쇼펜하우어에게서도 본—에 대해서는 *The Genealogy of Morals*, trans. Walter Kaufmann and R. J. Hollingdale (New York, 1967), pp. 103–104를 보라. 니체는 금욕적인 "시골뜨기" 칸트의 해독제로 "진정한 '관객'이자 예술가"인 스탕달을 언급한다. 마르쿠제 역시 '행복의 약속une promesse de bonheur'을 언급했다. "The Affirmative Character of Culture," *Negations: Essays in Critical Theory*, trans. Jeremy J. Shapiro (Boston, 1968), p. 115 참조. 이런 불만을 지속적으로 제기하면서 칸트의 미학을 비판한 최근의 글로는 *Robin May Schott, Cognition and Eros: A Critique of the Kantian Paradigm* (Boston, 1988)을 보라.

58 이 논의에 대해서는 Phillipe Lacoue-Labarthe and Jean-Luc Nancy, *The Literary Absolute: The Theory of Literature in German Romanticism, trans. Philip Barnard and Cheryl Lester* (Albany, N.Y., 1988), p. 103을 보라. 그들은 독일 낭만주의자들이 이념의 주관적 생산을 가장 중시하는 '선언미학eidaesthetics' 개념으로 대체했다고 주장한다.

59 Rauch, *The Hieroglyph of Tradition*, p. 85.

60 그러한 강조는 이미 모리츠, 고트홀트 레싱 그리고 심지어 초기 바움가르텐의 입장에서 분명히 드러난 바 있다. 이들은 미메시스를 수동적으로 세계를 반영하는 것이 아니라 오히려 그 저자의 창조적 에너지를 재현하는 것으로 이해했다. 이 논의에 대해서는 Hess, *Reconstituting the Body Politic*, p. 164를 보라.

61 이 개념의 역사에 관한 유용한 조사들로는 Giorgio Tonelli, Rudolf Wittkower, and Edward E. Lowinsky in the *Dictionary of the History of Ideas: Studies of Selected Pivotal Ideas*, ed. Philip P. Wiener (New York, 1973), vol. 2에 있는 항목들을 보라. 르네상스기의 그 기원들에 대해서는 Stephen Greenblatt, *Renaissance*

Self-Fashioning: From More to Shakespeare (Chicago, 1980)를 보라.

62 물론 낭만주의를 전적으로 남성적 생산주의로 이해하는 것은 잘못일 것이다. 괴테의 '온화한 경험론'과 자연을 고유한 여성성으로 보면서 그것에 대한 지배를 거부한 입장에 대한 논의로는, Lisbet Koerner "Goethe's Botany: Lessons of a Feminine Science," Isis 84 (1993)를 보라. 쾨르너의 지적에 따르면 "괴테는 그가 생의 사건Lebensereignisse이라 부르고 자신의 지도를 따라 헤겔과 딜타이가 경험의 특권적 계기로서 체험Erlebnis이라고 새롭게 칭한 것에, 말 그대로든 학문적으로든 지식의 기초를 두었다. 그렇지만 이후의 대다수 독일인과 달리, 괴테는 경험 그 자체를 숭배하진 않았다. 오히려 그는 생의 사건을 우리가 그것을 통해 문학, 예술, 학문을 파악할 수 있는 환원 불가능한 매체로 보았다."(p. 485).

63 이런 구분들은 새뮤얼 테일러 콜리지에게서 가장 포괄적인 방식으로 전개되었다. 그 논의에 대해서는 M. H. Abrams, *The Mirror and the Lamp: Romantic Theory and the Critical Tradition* (Oxford, 1971), p. 176을 보라.

64 *On the Aesthetic Education*에서 실러는 천재를 두고 다음과 같이 말했다. "우리는 [그것이] 야만성과 매우 밀접하게 접해 있다는 것을 알고 있다."(p. 58).

65 Peter Bürger, "Some Reflections upon the Historico-Sociological Explanation of the Aesthetics of Genius in the Eighteenth Century," *The Decline of Modernism*, trans. Nicholas Walker (University Park, Pa., 1992), p. 60.

66 순수와 경험의 겹침에 대한 블레이크의 시적 숙고들에 대한 도발적인 분석들로는 Morton D. Paley, ed., *Twentieth-Century Interpretations of Songs of Innocence and Songs of Experience* (Englewood, N.J., 1969); Stewart Crehan, *Blake in Context* (Atlantic Highlands, N.J., 1984); Harold Bloom, ed., *William Blake's Songs of Innocence and Experience* (New York, 1987); E. P. Thompson, *Witness against the Beast: William Blake and the Moral Law* (New York, 1993)가 있다.

67 M. H. 에이브럼스는 블레이크를 실러 및 헤겔과 비교하면서 그를 종교에서 '다행스러운 타락fortunate fall'을 세속화한 패턴을 따르는 변증법적 사상가에 포함시킨다. *Natural Supernaturalism: Tradition and Revolution in Romantic Literature* (New York, 1971), p. 262를 보라.

68 이것은 크레한의 『맥락으로 본 블레이크』 3장 제목이기도 하다. 또한 Ronald Paulson, *Representations of Revolution (1789–1820)* (New Haven, 1983), chapter 4를 보라. 블레이크의 정치학에 대한 좀더 최근의 고찰로서, 칸트의 숭고에 대한 방관자적 관찰자와 유사하게, 실제 혁명의 실패 속에서도 살아남은 미학화된 열정과 선동의 하나로 보고 있는 글로는, Steven Goldsmith "Blake's Agitation," *South Atlantic Quarterly* 95, no. 3 (Summer 1996)을 보라.

69 Abrams, *Natural Supernaturalism*, pp. 356–372.

70 T. E. Hulme, *Speculations: Essays on Humanism and the Philosophy of Art*, ed. Herbert Read (London, 1924), p. 118.

71 그 의의에 대한 고전적 설명에 대해서는 Abrams, *Natural Supernaturalism*을 보라.

72 Arthur Danto, *The Transfiguration of the Commonplace: A Philosophy of Art* (Cambridge, Mass., 1981). 또한 George J. Leonard, *Into the Light of Things: The Art of the Commonplace from Wordsworth to John Cage* (Chicago, 1994)를 보라.

73 1785년 야코비가 스피노자적 범신론을 수용한다고 여긴 레싱에 대한 공격으로 시작된 '범신론 논쟁'에서, 칸트는 세계와 신의 융합에 대한 맹렬한 비판자였다. 그는 이 입장의 결정론적 함의가 인간의 자유 가능성을 침해하고 실천이성의 의지 작용을 무의미하게 만든다고 보면서 반대했다. 이 논의에 대해서는 Zammito, *The Genesis of the Third Critique*, chapters 11과 12를 보라.

74 이 전통에 관한 설명으로는 Leonard, *Into the Light of Things*를 보라.

75 Robert Goldwater, *Primitivism in Modern Art* (Cambridge, Mass., 1968).

76 Walter Benjamin, "The Work of Art in the Era of Mechanical Reproduction," *Illuminations*, ed. Hannah Arendt, trans. Harry Zohn (New York, 1968). 이 분석의 함의에 관한 논의에 대해서는 Martin Jay "'The Aesthetic Ideology' as Ideology; or, What Does It Mean to Aestheticize Politics?" *Force Fields: Between Intellectual History and Cultural Critique* (New York, 1993)를 보라. 또한 좀더 일반적인 현실의 미학화에 대한 분석으로는, Welsch, *Undoing Aesthetics*, chapter 1을 보라.

77 Goethe, *Faust*, trans. Walter Kaufmann (Garden City, N.J., 1961), pp. 186-187.

78 Goethe, *Conversations and Encounters*, ed. and trans. David Luke and Robert Pick (Chicago, 1966), p. 81.

79 Søren Kierkegaard, *Either/Or*, trans. David F. Swenson and Lillian Marvin, 2 vols. (Princeton, N.J., 1959).

80 이런 종류의 논증에 대해서는 O'Neal, *The Authority of Experience*, chapter 6을 보라.

81 Charles Baudelaire, *Mon coeur mis à nu*, ed. Beatrice Dedier (Paris, 1972), p. 127.

82 Roger L. Williams, *The Horror of Life* (Chicago, 1980)를 보라. 로저는 보들레르, 귀스타브 플로베르, 쥘 드 공쿠르, 기 드 모파상, 알퐁스 도데에게서 질병과 우울증의 중요성을 해명한다. 그렇지만 보들레르의 "그것에 수반되는 모든 탐욕 및 비하와 더불어 감각의 증식을 위해 살고자 하는 보헤미안적 욕구의 수용"은 제럴드 사이겔에 의해 "예술과 삶의 경계가 더는 유지될 수 없었던 모더니즘적 아방가르드의 이후의 발견"의 화신으로 간주되었다. Jerrold Seigel, *Bohemian Paris: Culture, Politics, and the Boundaries of Bourgeois Life, 1830–1930* (New York, 1986), p. 124를 보라. 만약 그렇다면, 그것은 그 경계를 가로지르는 불안하고 불행한 길이었을 것이다.

83 이 주제에 대한 고전적 논문으로는 Baudelaire "The Painter of Modern Life," in *The Painter of Modern Life and Other Essays*, trans. and ed. Jonathan Mayne (London, 1965)이 있다. 산책자에 대한 최근의 논의들로는 Keith Tester, ed., *The Flâneur* (London, 1994)를 보라.

84 '예술을 위한 예술'과 예술에서의 무목적성 이론에 대한 니체의 비판에 대해서는 『우상의 황혼』의 26번 경구를 보라(Nietzsche, *The Twilight of the Idols*, in Walter Kaufmann, ed., *The Portable Nietzsche* (New York, 1968), p. 529). 문학 작품인 양 생생한 삶에 대한 니체의 호소에 대한 설명으로는 Alexander Nehamas, *Nietzsche: Life as Literature* (Cambridge, Mass., 1985)를 보라.

85 John Wilcox, "The Beginnings of l'art pour l'art," *Journal of Aesthetics and Art Criticism* 11, no. 2 (June 1953); Albert L. Guérard, *Art for Art's Sake* (New York, 1963); and Gene H. Bell-Villada, *Art for Art's Sake and Literary Life: How Politics and Markets Helped Shape the Ideology and Culture of Aestheticism, 1790–1990* (Lincoln, Neb., 1996)을 보라. "예술을 위한 예술처럼 종교를 위한 종교, 도덕을 위한 도덕이 있어야만 한다"는 유명한 정식이 등장한 것은 바로 쿠쟁의 강의들 중 하나에서였다.

86 Kant, *Critique of Judgment*, p. 65.

87 Graham Hough, *The Last Romantics* (London, 1947), p. 167.

88 그런 결과들에 대한 논의로는, Richard Cándida Smith, *Mallarmé's Children: Symbolism and the Renewal of Experience* (Berkeley, 1999)를 보라. 스미스는 상징주의를 좀더 활력적인 종류의 경험을 회복하려는 윌리엄 제임스의 시도라는 맥락 속에 위치시킨다.

89 Edmund Wilson, *Axel's Castle: A Study in the Imaginative Literature of 1870–1930* (London, 1959). 윌슨은 다음과 같이 이제는 친숙한 주장을 피력한다. "경험 그 자체—사랑, 여행, 정치—를 찾기 위한 것이 낭만주의자들의 특징이었던 반면, 상징주의자들은 (…) 단지 문학의 영역에서만 자신들의 실험들을 수행한다. 그리고 그들 역시 본질적으로 탐험가이긴 했지만, 오로지 상상력과 사유의 가능성들만을 해명할 뿐이다."(p. 211).

90 Richard Aldington and Stanley Weintraub, eds., *The Portable Oscar Wilde* (New York, 1981), p. 733.

91 쇼펜하우어가 개시한 경험의 태도로의 환원과 관련된 논쟁들에 대해서는 Bohdan Dziemidok, "Controversy about Aesthetic Attitude: Does Aesthetic Attitude Condition Aesthetic Experience?" in Mitias, *Possibility of Aesthetic Experience*를 보라.

92 이 점과 관련해 칸트와 쇼펜하우어를 비교한 글로는 Eagleton, *The Ideology of the*

Aesthetic, p. 169를 보라.

93 야우스에 따르면 "미학적 쾌의 새로운 이상으로서, 자기향유적 주관성은 사교적인 공감의 표현인 공통감각을 포기했고, 바로 그 순간 천재의 미학은 결국 수사의 미학으로 대체되었다." *Aesthetic Experience and Literary Hermeneutics*, p. 26.

94 Paul Crowther, "The Significance of Kant's Pure Aesthetic Judgment," *British Journal of Aesthetics* 36, no. 2 (April 1996), p. 118.

95 그것들 간의 투쟁에 관한 설명으로는, Linda Dowling, *The Vulgarization of Art: The Victorians and Aesthetic Democracy* (Charlottesville, Va., 1996)를 보라.

96 William J. McGrath, *Dionysian Art and Populist Politics in Austria* (New Haven, 1974). 또한 Carl E. Schorske, *Fin-de-Siècle Vienna: Politics and Culture* (New York, 1980); and Jacques Le Rider, *Modernity and Crises of Identity: Culture and Society in Fin-de-Siècle Vienna*, trans. Rosemary Morris (New York, 1993)를 보라. 보헤미안주의의 야심만만한 정치적 함의에 대해서는 Seigel, *Bohemian Paris*, chapter 10을 보라.

97 상당한 논란을 야기하긴 했지만, 이러한 갈등에 대한 고전적인 설명은 Bürger, *Theory of the Avant-Garde*에 담겨 있다. 삶과 예술을 재통합하려는 아방가르드의 기획에 냉담했던 모더니스트들은 자신들의 작업을 직접적이고 강렬하며 진정성 있는 경험의 회복과 제시라는 방식으로 개념화할 수 있었다. 이 논의에 대해서는 Sanford Schwartz, *The Matrix of Modernism: Pound, Eliot, and Early 20th Century Thought* (Princeton, 1985)를 보라. 슈워츠는 "흄과 마찬가지로 파운드와 엘리엇은 시를 직접적 경험의 제시로 간주한다. 하지만 그들 중 어느 누구도 경험에 대한 일관된 견해를 갖고 있지는 않은 것 같다. 그들은 경험이 주관적인지 객관적인지, 예술가의 경험 제시가 인격적 표현 형식인지 비인격적 관찰 형식인지 결정할 수 없는 듯하다"(pp. 62–63)고 언급한다. 그는 파운드가 앙리 베르그송에게, 엘리엇이 에드문트 후설에게 영향을 받은 것으로 본다. 예컨대 후설에게 빚진 흄에게서 보이는 모더니즘의 반심리학적 충동은 미학적 생산에 대한 전적으로 주관적인 해석에 대한 반작용으로 간주될 수 있다. Martin Jay "Modernism and the Specter of Psychologism," in *Cultural Semantics: Keywords of Our Time* (Amherst, Mass., 1998)을 보라.

98 헨리 파울루치가 편집한 *Hegel: On the Arts* (New York, 1979)에서 그가 쓴 「미학」의 서문을 보라.

99 Martin Heidegger, *Poetry, Language, Truth*, trans. Albert Hoftstadter (New York, 1990), p. 79.

100 Martin Heidegger, "The Origin of the Work of Art," in *Basic Writings*, ed. David Ferrell Krell (New York, 1977), p. 151. 하이데거 자신의 미학적 경험 개념을 옹호하는 시도로서, 이론화할 수 없는 '사건' 혹은 생기ereignis가 역사의 매끄러운 과정에

침입하는 것, 즉 근대의 경험을 기술적 계산으로 환원하는 것에 저항하는 것과 그 개념을 동일시하는 입장에 대해서는 Krzysztof Ziarek, *The Historicity of Experience: Modernity, the Avant-Garde, and the Event* (Evanston, Ill., 2001)를 보라. 그렇지만 그 결과로 초래된 경험 개념은 주관주의에 적대적일 뿐만 아니라, 구성적 주체를 정립하는 것에서 비롯된 예술 대상 개념에도 비판적이다. 왜냐하면 하이데거의 어휘에서 '사물적thingly'이란 '주체'를 정립하는 것과 관련된 '대상'의 있음과 구별되기 때문이다. 그 결과는 경험을 그 구분들에 앞서는 실존적 영역으로 해소하는 것이며, 하이데거가 그 밖의 다른 곳에서 마찬가지로 추구했던 존재의 탈은폐와 구별 불가능한 것처럼 보인다.

101 이런 노력은 일찍이 벤야민의 논문 『독일 낭만주의의 예술비평 개념』에서 분명하게 드러났다. 비어트리스 핸슨과 앤드루 벤저민의 묘사에 따르면 "[그것은] 20세기 초의 체험 이데올로기를 극복하려는 그의 시도에서 중요한 단계로서, 예컨대 슈테판 게오르게 학파와 프리드리히 군돌프의 비판을 특징짓는 영웅으로서의 시인에 대한 숭배에서, 혹은 빌헬름 딜타이의 『체험과 시』의 근거를 제공하는 주관주의에서 드러난다." "Walter Benjamin's Critical Romanticism: An Introduction," in Hanssen and Benjamin, eds., *Walter Benjamin and Romanticism* (New York, 2002), p. 2.

102 Michael Fried "Art and Objecthood" (1967), reprinted in *Art and Objecthood: Essays and Reviews* (Chicago, 1998), p. 158. 프라이드의 유명한 일화는 뉴저지의 고속도로를 질주하면서 전통적인 예술은 죽었다는 깨달음을 얻은 예술가 토니 스미스의 경험에서 비롯된 것이다.

103 Murray Krieger, *Arts on the Level: The Fall of the Elite Object* (Knoxville, Tenn., 1981), p. 56. 20여 년이 지난 후에, 피터 드 볼라는 여전히 미학적 경험에 대한 작업의 중요성을 강조할 필요가 있다고 느꼈다. "정서적 혹은 미학적 경험을 다른 것들과 구별하게하는 것은 이것들이 예술작품들과의 조우에 의해 야기된다는 사실에 있다. 이것은 상호적인 정의를 제안하는바, 미학적 경험을 이끌어내는 것은 예술작품이며 예술작품은 미학적 경험을 생산하는 대상으로 정의된다. 이런 상호관계는 이른바 순환추론의 논증으로 인해 손상될 수도 있겠지만 꼭 그렇게 볼 필요는 없다. 다수의 논증은 그것들의 초기 전제들과 관련해 더 큰 선명성을 얻기 위해 피드백에 의존한다." *Art Matters*, p. 9.

104 Welsch, *Undoing Aesthetics*, p. 136.

105 이런 추세들을 해명하기 위한 시도로는 Martin Jay, "Diving into the Wreck: Aesthetic Spectatorship at the Fin-de-siècle," *Refractions of Violence* (New York, 2003)를 보라.

106 경험 일반에 대한 듀이의 입장을 가장 철저하게 설명한 글로는 Gérard Deledalle, *L'idée d'expérience dans la philosophie de John Dewey* (Paris, 1967)를 보라.

107 Jauss, *Aesthetic Experience and Literary Hermeneutics*, p. 112.

108 듀이와 반스의 우정과 그 책의 기원에 대해서는 Robert B. Westbrook, *John Dewey and American Democracy* (Ithaca, N.Y., 1991), chapter 11을 보라. 듀이의 전작에서 『경험으로서의 예술』이 차지하는 위치에 대한 최근의 평가에 대해서는 Thomas M. Alexander "The Art of Life: Dewey's Aesthetics," in *Reading Dewey: Interpretations for a Postmodern Generation*, ed. Larry A. Hickman (Bloomington, Ind., 1998)을 보라. 또한 Thomas Alexander, *John Dewey's Theory of Art, Experience and Nature: The Horizons of Feeling* (Albany, N.Y., 1987); and Ulrich Engler, *Kritik der Erfahrung: Die Bedeutung der ästhetischen Erfahrung in der Philosophie John Deweys* (Würzburg, 1992)를 보라.

109 예컨대 Lewis Mumford, *The Golden Day*, 3rd ed. (New York, 1968). 리처드 로티는 이와는 정반대의 결론에 이르면서 "듀이는 예술, 과학 그리고 철학 사이의 구분을 지우고자 했으며 문제들을 해결하고 의미를 제공하기 위해 지성이라는 모호하고 논란의 여지가 적은 개념으로 대체하고자 했다"고 주장했다. *Consequences of Pragmatism: Essays (1972–1990)* (Minneapolis, 1982), p. 51. 이런 주장에 대한 비판으로는 David Fott, *John Dewey: America's Philosopher of Democracy* (Lanham, Md., 1998), p. 106을 보라.

110 Westbrook, *John Dewey and American Democracy*, chapter 1에 있는 논의를 보라.

111 Dewey, *Art as Experience*, p. 35.

112 그 대신에 셔스터맨은 "단순한 경험과 '하나의 경험'에 대한 듀이적 구분은 대륙철학의 해석학에서 흔한, 경험과 체험의 딜타이적 구분과 분명한 유사성을 갖는다. 물론 듀이는 『경험으로서의 예술』에서 딜타이를 언급하고 있지는 않지만 말이다." *Pragmatist Aesthetics*, p. 267. 우리는 앞으로 딜타이의 그 이분법의 개념화가 벤야민의 개념화와는 같지 않다는 것을 보게 되겠지만, 나는 그 구분에 대한 벤야민의 해석이야말로 듀이가 추구한 것을 가장 잘 포착한다고 생각한다.

113 듀이는 『경험으로서의 예술』에서 칸트가 "가장 먼저 구분들을 만든 뒤 그것들을 구획된 분할들로 확립한 대가"가 되었다고 비판한다. 그는 칸트의 "이론적 강조"가 이성이 격정을 지배했던 18세기의 예술적 경향들을 반영한다고 여겼다(pp. 252-253). 듀이가 '예술적'과 '미학적'을 대립시킨 것은 일찍이 그가 1894년에 쓴 *The Study of Ethics: A Syllabus, in The Early Works of John Dewey* (Carbondale, Ill., 1971), p. 301에서 찾아 볼 수 있다.

114 Dewey, *Art as Experience*, p. 237.

115 같은 책, p. 9.

116 같은 책, p. 39.

117 Shusterman, *Pragmatist Aesthetics*, p. 6.

118 Dewey, *Art as Experience*, p. 59.

119 Dewey, *Experience and Nature* (La Salle, Ill., 1987), p. 290.

120 Dewey, *Art as Experience*, p. 19. 이후—즉 우리 자신의 시대에—상당수 예술은 유기적 완성이란 개념을 명백히 거부해왔고, 파괴된 문화의 파편들에 머물면서 신체적 통합의 붕괴에 맞서기보다 그것과 함께 작업하는 것을 선호했다. 듀이에게서의 그것의 함의들에 대한 분석으로는 Martin Jay, "Somaesthetics and Democracy: John Dewey and Contemporary Body Art," in *Refractions of Violence*를 보라.

121 Dewey, *Art as Experience*, p. 248.

122 같은 책, p. 326.

123 Jauss, *Aesthetic Experience and Literary Hermeneutics*, p. 113. 그 대신에 야우스는 듀이가 "관찰자의 태도로 돌아가 대상의 미학적 성질과 일상세계의 현상들을 추적하지 않은 채 객관적으로 아름다운 것이라는 환상에 머물러서는" 안 된다고 주장했다. 이렇게 주장하면서, 그는 실용주의가 극복하고자 했던 주관주의(혹은 상호주관주의)로 되돌아갔다. 또 다른 우호적 비평가인 셔스터맨 역시 "한 가지 문제는 미학적 경험이 너무 다루기 어려워서 상당한 설명적 힘을 가지기 어려워 보인다는 점이다. 그것이 있다는 건 명백하지만, 우리가 분명하게 떼어내어 정의할 수 있는 그런 것으로는 존재하지 않는다. 따라서 미학적 경험으로서 예술을 정의할 경우, 우리는 애매모호하고 정의하기 어려운 것을 통해 상대적으로 분명하고 확실한 것을 정의할 수밖에 없다"고 말한다. *Pragmatist Aesthetics*, p. 55.

124 Dewey, *Art as Experience*, p. 45.

125 Theodor W. Adorno, *Aesthetic Theory*, trans. Robert Hullot-Kentor (Minneapolis, 1997), pp. 335와 354. 아도르노의 작업에서 미학적 경험이 차지하는 위치에 대해서는 Shierry Weber Nicholsen, *Exact Imagination, Late Works: On Adorno's Aesthetics* (Cambridge, Mass., 1997), chapter 1을 보라.

126 예컨대 Richard Rorty, "Dewey's Metaphysics," *Consequences of Pragmatism* (Minneapolis, 1982); and Richard Shusterman, *Practicing Philosophy: Pragmatism and the Philosophical Life* (New York, 1997)를 보라.

127 Dewey, *Art as Experience*, p. 193에 참고문헌 없이 인용되어 있음.

128 Westbrook, *John Dewey and American Democracy*, pp. 401–402.

129 Fott, *Dewey: America's Philosopher of Democracy*, p. 109. 그렇지만 포트는 듀이가 정치에서 열정의 역할을 소홀히 했다고 지적한다. 이는 미학에서의 숭고의 중요성에 대한 듀이의 냉담함과 유사하다.

130 이 의문에 대한 특히 독일적 맥락에서의 날카로운 분석에 대해서는 Hess, *Reconstituting the Body Politic*을 보라.

5장

1 Jane Gallop "Quand nos lèvres s'écrivent: Irigaray's Body Politics," *Romanic Review* 74 (1983), p. 83.

2 Terry Eagleton, *Criticism and Ideology: A Study in Marxist Literary Theory* (London, 1976), p. 15.

3 Jeffrey Herf, *Reactionary Modernism: Technology, Culture and Politics in the Third Reich* (New York, 1990), p. 226.

4 Perry Anderson, *Arguments within English Marxism* (London, 1980).

5 Jim Egan, *Authorizing Experience: Refigurations of the Body Politic in Seventeenth-Century New England Writing* (Princeton, 1999).

6 같은 책, p. 119.

7 H. Trevor Colbourn, *The Lamp of Experience: Whig History and the Intellectual Origins of the American Revolution* (Chapel Hill, N.C., 1965)의 제사에서 인용.

8 Douglass G. Adair, "Experience Must Be Our Only Guide: History, Democratic Theory, and the American Constitution," in Jack P. Greene, ed., *The Reinterpretation of the American Revolution, 1763–1789* (New York, 1968), pp. 399–400; and in Jack P. Greene, "'An Instructive Monitor': Experience and the Fabrication of the Federal Constitution," in *Imperatives, Behaviors and Identities: Essays in Early American Cultural History* (Charlottesville, Va., 1992)에서 인용되고 논의되었다. 모턴 화이트가 "Philosophy, The Federalist, and the Progressive Era," *Rutgers Law Review* 41, no. 2 (Winter 1989)에서 보여주었듯이, 제임스 매디슨과 알렉산더 해밀턴의 사유에는 합리주의적 색채가 상당수 존재한다.

9 좀더 정확히 말해서, 그린이 "'An Instructive Monitor'"(p. 324)에서 지적하다시피, 반연방주의자들이 1776년 이전 시대의 분권적인 교훈들에 의존한 반면, 연방주의자들은 독립 이후 공화적 실험들의 교훈들을 더 선호했다. 경험에의 호소에서 흔히 그렇듯이, 그것의 정확한 함의들은 쉽게 논쟁으로 이어질 수밖에 없었다.

10 그들의 노력에 관한 설명으로는 James Kloppenberg, *Uncertain Victory: Social Democracy and Progressivism in European and American Thought, 1870–1920* (New York, 1986), pp. 224–226을 보라.

11 Claude Lefort "L'expérience prolétarienne," *Socialisme ou Barbarie* II (November–December 1952); and Oskar Negt and Alexander Kluge, *Public Sphere and Experience: Toward an Analysis of the Bourgeois and Proletarian Public Sphere*, trans. Peter Labanyi, Jamie Owen Daniel, and Assenka Oksiloff (Minneapolis, 1993)를 보라. 이 책의 1972년 영어판에 실린 미리엄 핸슨의 서문에는 그들의 분석에서의 경험의 핵심적 역할에 대해 말하는 통찰력 있는 내용이 담겨 있다.

12 R. D. Laing, *The Politics of Experience* (New York, 1967). 랭의 이력에 관한 설명으로는 Daniel Burston, *The Wing of Madness: The Life and Work of R. D. Laing* (Cambridge, Mass., 1996)을 보라.

13 Michael Rutschy, *Erfahrungshunger: Ein Essay über die siebziger Jahre* (Frankfurt, 1982).

14 아마도 그 단어가 최초로 사용된 것은 1818년에 프랑수아 르네 샤토브리앙이 발간한 잡지 『보수주의자』에서였던 것 같다. 흄이 종종 원-자유주의자로 간주되었다는 점도 언급할 필요가 있다. 예컨대 Stephen Holmes, *The Anatomy of Antiliberalism* (Cambridge, Mass., 1993)을 보라. 그를 명백히 보수주의 진영에 위치시키는 최근의 설명으로는 Donald W. Livingston, *Philosophical Melancholy and Delirium: Hume's Pathology of Philosophy* (Chicago, 1998)를 보라. 이에 걸맞게 흄의 작업을 다룬 선집으로는 *Conservatism: An Anthology of Social and Political Thought from David Hume to the Present*, ed. Jerry Z. Muller (Princeton, 1997)를 보라. 그럼에도 불구하고, 여전히 흄이 미국의 혁명가들에게 영감을 불어넣곤 했다는 점이 인정되어야 한다. 이 논의에 대해서는 Adair "Experience Must Be Our Only Guide," pp. 401–402를 보라. 실제로 흄은 일찍이 식민지들의 독립을 지지했다. Livingston, *Philosophical Melancholy and Delirium*, chapter 2를 보라.

15 이런 현상의 대표적인 사례에 대해서는 David L. Schalk, *The Spectrum of Political Engagement: Mounier, Benda, Nizan, Brasillach, Sartre* (Princeton, 1979)와 M. Adereth, *Commitment in Modern French Literature: Politics and Society in Péguy, Aragon and Sartre* (New York, 1968)를 보라.

16 예컨대 Simonetta Falasca-Zamponi, *Fascist Spectacle: The Aesthetics of Power in Mussolini's Italy* (Berkeley, 1997)를 보라.

17 소렐에 대한 윙거의 부채는 Elliot Y. Neaman, *A Dubious Past: Ernst Jünger and the Politics of Literature after Nazism* (Berkeley, 1999), p. 29에서 논의되고 있다.

18 Ernst von Salomon, *Die Geächteten* (Berlin, 1930), quoted in Robert G. L. Waite, *Vanguard of Nazism: The Free Corps Movement in Postwar Germany 1918–1923* (New York, 1952), p. 269.

19 George L. Mosse, *Fallen Soldiers: Reshaping the Memory of the World Wars* (New York, 1990), p. 7. 모스는 프랑스혁명 전쟁과 나폴레옹에 맞선 독일의 해방전쟁의 신화적 기원을 추적하며, 제2차 세계대전 이후에 시작된 신화의 쇠퇴를 주목한다.

20 Robert Wohl, *The Generation of 1914* (Cambridge, Mass., 1979), p. 54를 보라.

21 모즐리에게서의 전쟁의 중요성과 이후의 파시즘 수용에 대해서는 Robert Skidelsky, *Oswald Mosley* (London, 1975)에서 「특별한 종류의 경험」이란 제목이 붙은 3장을 보라.

22 Max Weber "Science as Vocation," in Hans Gerth and C. Wright Mills, ed. and trans., *From Max Weber* (New York, 1958), p. 149; Julien Benda, *The Treason of the Intellectuals*, trans. Richard Adlington (New York, 1969), pp. 168, 173.

23 이 주제들에 대한 나의 고찰에 대해서는 "'The Aesthetic Ideology' as Ideology: Or, What Does It Mean to Aestheticize Politics?," in *Force Fields: Between Intellectual History and Cultural Critique* (New York, 1993)를 보라.

24 Hannah Arendt, *The Human Condition* (Garden City, N.Y., 1958), p. 294. 물론 아렌트는 발터 벤야민과 가까웠고, 경험에 대한 그의 사상의 몇몇 중요한 진술이 포함된 『역사철학테제』의 첫 영역본에 서문을 썼다.

25 Hannah Arendt "On Hannah Arendt," in Melvin A. Hill, ed., *Hannah Arendt: The Recovery of the Public World* (New York, 1979), p. 308.

26 보수적 전통과 이를 대표하는 텍스트들에 관한 전반적인 고찰로는 Muller, *Conservatism*의 참고문헌을 보라. 여전히 없어서는 안 될 고전적인 논문으로는 Karl Mannheim, "Conservative Thought," in Kurt H. Wolff, ed., *From Karl Mannheim* (New York, 1971)을 보라.

27 Kant, "On the Common Saying: 'This May Be True in Theory, but It Does not Apply in Practice'," *Political Writings*, ed. Hans Reiss, trans. H. B. Nisbet (Cambridge, 1971), p. 86.

28 그렇지만 보수주의적 전통을 특징짓는 데 있어 역사와 자연의 이분법을 지나치게 근본적으로 만드는 것은 잘못일 터이다. 적어도 일부 보수주의자는 양자의 호소를 결합하고자 했기 때문이다. 이러한 결합을 논하고 있는 버크에 대한 독해에 대해서는 Peter J. Stanlis, *Edmund Burke and the Natural Law* (Ann Arbor, Mich., 1958)를 보라.

29 David Hume "Of the Independency of Parliament," and "Of Civil Liberty," in *Essays Moral, Political and Literary*, ed. Eugene F. Miller (Indianapolis, 1987), pp. 43과 87.

30 로크에 대한 버크의 혼합된 부채에 관한 고전적 논의로는 Alfred Cobban, *Edmund Burke and the Revolt against the Eighteenth Century* (London, 1929), chapter 2를 보라. 그와 흄의 좀더 깊은 연관에 대해서는 Paul Lucas "On Edmund Burke's Doctrine of Prescription; or, An Appeal from the New to the Old Lawyers," *Historical Journal* 40, no. 1 (1968), pp. 60–61을 보라.

31 Edmund Burke, *Reflections on the Revolution in France*, ed. J. G. A. Pocock (Indianapolis, 1987) p. 35.

32 이 주장의 또 다른 고전적 표현은 Alexis de Tocqueville, *The Old Regime and the French Revolution*, trans. Stuart Gilbert (Garden City, N.Y., 1955)에 나타난다. 여기서 토크빌은 계몽사상가들에 대해 다음과 같이 주장한다. "그들의 삶의 방식 자체

가 그 저자들로 하여금 추상적 이론들과 정부의 본성에 관한 일반화에 몰두하게 했으며 이것들에 대한 맹목적인 확신을 부여하게 했다. 그들은 실천적 정치와는 확실히 담을 쌓고 살았기 때문에, 자신들의 열정들을 누그러뜨릴 수도 있었을 경험을 결여했다." (p. 140). 버크와 토크빌이 단언한 것처럼 계몽사상가들 모두가 정치 기술에서 실천을 결했다는 비난에 관한 논박으로는 Peter Gay, *Voltaire's Politics: The Poet as Realist* (New York, 1959)를 보라.

33 기원들에 대해 버크와 페인이 벌인 복잡한 논쟁에 대해서는 Steven Blackmore, *Burke and the Fall of Language: The French Revolution as Linguistic Event* (Hanover, 1988), chapter 2를 보라.

34 Burke, *Reflections on the Revolution in France*, p. 145.

35 예컨대 프랑스혁명가들에 대한 버크의 거부를 생각해보라. 버크에 따르면, 그들에게는 "실험 때문에 자신의 아기가 다칠 수도 있다는 생각에 두려움을 갖는 부드러운 부모의 배려라고는 찾아볼 수 없다." 같은 책, p. 146.

36 적어도 19세기 후반의 존 몰리와 레슬리 스티븐스의 시대 이후로, 버크가 일관된 공리주의자였는가 하는 문제는 오랫동안 논란이 되어왔다. 그의 사유에서의 공리주의적 계기에 대한 옹호로는 Gerald W. Chapman, *Edmund Burke: The Practical Imagination* (Cambridge, Mass., 1967), pp. 156–159를 보라. 버크에게는 유용성에 기초한 것보다는 자연법에 호소하는 것이 더 중요했다고 보는, 레오 스트라우스의 관점에서 취해진 정반대의 입장에 대해서는 Stanlis, *Edmund Burke and Natural Law* 와 *Edmund Burke: The Enlightenment and the Revolution* (New Brunswick, N.J., 1991)을 보라. 부르주아들이 버크가 전통적인 기독교적 자연법을 부여한 것에 만족해한다고 주장한 스탠리스에 대한 응답으로는 C. B. McPherson, Burke (New York, 1980); Isaac Kramnick, *The Rage of Edmund Burke: Portrait of an Ambivalent Conservative* (New York, 1977), pp. 45–48 그리고 다음 호에서 스탠리스와의 논쟁을 촉발한 John R. Dinwiddy, "James Mill on Burke's Doctrine of Prescription," *Studies in Burke and His Times* 18 (1977)을 보라. 또한 Frank O'Gorman, *Edmund Burke: His Political Philosophy* (Bloomington, Ind., 1973), pp. 12–15와 Conor Cruise O'Brien, *The Great Melody: A Thematic Biography and Commented Anthology of Edmund Burke* (Chicago, 1992), introduction을 보라. 그렇다고 이 비판자들이 그를 단순한 공리주의자의 원조로 만들려는 시도를 한 것은 아니다. 이들 모두는 버크가 다음의 두 가지, 즉 그가 갈채를 보낸 역사의 구체적 현실들에서의 자연법의 발현과 그가 개탄한 추상적이고 무역사적인 자연권에서의 자연법의 표현을 구별했다는 점에 동의를 표하는 것으로 보인다.

37 새로운 상업정신에 대한 버크의 비판이 갖는 중요성에 대해서는 『프랑스혁명에 관한 성찰』에 실린 J. G. A. 포콕의 「서문」을 보라.

38 버크의 이런 생각에 관한 중요성에 대해서는 J. G. A. Pocock "Burke and the Ancient Constitution: A Problem in the History of Ideas," in *Politics, Language and Time: Essays on Political Thought and History* (New York, 1973)를 보라. 이 논문에 대한 영리하고 박식한 반응으로서, 버크의 처방 개념이 영국의 관습법 전통이 그것에 부여한 것을 상당한 수준에서 능가하고 있음을 보여주는 논문으로는 Lucas, "On Edmund Burke's Doctrine of Prescription"을 보라.

39 Rufus Choate, "The Position and Functions of the American Bar, as an Element of Conservatism in the State," in Muller, *Conservatism*, pp. 163-164.

40 예컨대 James T. Boulton, *The Language of Politics in the Age of Wilkes and Burke* (London, 1963)와 Terry Eagleton, *The Ideology of the Aesthetic* (Oxford, 1990), chapter 2를 보라.

41 만하임은 "보수주의자는 과거를 현재와 함께 있는 존재로 경험한다. 따라서 그의 역사 개념은 시간적이라기보다는 공간적으로 되는 경향이 있다. 그것은 연속보다는 공존을 강조한다"고 주장한다. "On Conservative Thought," p. 170.

42 그의 유산에 관한 논의에 대해서는 W. H. Greenleaf, *Oakeshott's Philosophical Politics* (London, 1966); Paul Franco, *The Political Philosophy of Michael Oakeshott* (New Haven, 1990); Robert Grant, *Oakeshott* (London, 1990); *Political Theory* 4, no. 3 (August 1976)에서 오크숏에게 헌정된 심포지엄, 그리고 그의 은퇴 기념 논문집 *Politics and Experience*, ed. Preston King and B. C. Parekh (Cambridge, 1968)를 보라.

43 심지어 데이비드 스피츠는 '정치 이론' 심포지엄에서 발표한 자기 논문의 제목을 「본의 아닌 합리주의자: 마이클 오크숏이란 존재의 당혹스러움」이라고 붙였다.

44 Michael Oakeshott, *Experience and Its Modes* (Cambridge, 1978)에서 그는 "내가 가장 많은 가르침을 얻었다고 생각하는 저작들은 헤겔의 『정신현상학』과 브래들리의 『현상학과 실재』다"(p. 6)라고 언급한다. 이 주제에 대한 브래들리의 논의와 관련해서는 Robert D. Mack, *The Appeal to Immediate Experience: Philosophic Method in Bradley, Whitehead and Dewey* (New York, 1945)를 보라.

45 홉스의 정치철학의 수용을 계기로 해서 『경험과 그 양식들』 이후 오크숏의 관념론에서 회의주의로의 차분한 입장 변화를 파악하려는 최근의 도발적인 시도로는 Steven Anthony Gerencser, *The Skeptic's Oakeshott* (New York, 2000)을 보라. 그렇지만 저렌서는 오크숏이 홉스를 통상 이해되어온 것처럼 유물론자와 경험적 명목론자로 읽지는 않았다고 인정한다.

46 Martin Heidegger, *Hegel's Concept of Experience* (New York, 1970); Hans-Georg Gadamer, *Truth and Method* (New York, 1986), pp. 317ff; and Theodor W. Adorno, "The Experiential Content of Hegel's Philosophy," in *Hegel: Three*

Studies, trans. Shierry Weber Nicholsen (Cambridge, Mass., 1993).

47 G. W. F. Hegel, *Phenomenology of Spirit*, trans. A. V. Miller (Oxford, 1977), p. 55 (강조는 원문).

48 같은 책 (강조는 원문).

49 같은 책, p. 56 (강조는 원문).

50 같은 책.

51 실제로 오크숏은 가장 자유지상주의적이고 가장 역사주의적이지 않은 책으로 종종 간주되는 마지막 주저 『인간행동론』에서도 여전히 윤리적 공동체 혹은 인륜성Sittlichkeit 사상에 기초한 인간적 유대의 다양성에 대한 헤겔의 이해를 높이 평가했다(pp. 257-263). 헤겔 『법철학』에 대한 그의 부채와 이 텍스트에서의 헤겔로부터의 벗어남에 대한 논의로는 Franco, *The Political Philosophy of Michael Oakeshott*, pp. 206-210을 보라. 오크숏이 그들의 영향력하에 있을 당시, 영국의 신관념론자들은 버트런드 러셀과 무어의 분석철학, 제1차 세계대전이 촉발한 반독일 정서 그리고 전쟁기간 중 지식인들 사이에 만연한 종교적 신념의 퇴조에 의해 거의 완전히 쇠퇴해갔다는 점을 언급할 필요가 있다. 따라서 『경험과 그 양식들』이 매우 저조한 판매실적을 올리고 콜링우드 같은 몇몇 예외를 제외하고는 거의 냉담한 평을 받은 것도 그리 놀라운 일은 아니다.

52 Oakeshott, *Experience and Its Modes*, p. 2.

53 같은 책, p. 3.

54 같은 책, pp. 9-10.

55 같은 책, p. 26.

56 같은 책, p. 28.

57 같은 책, p. 47.

58 같은 책, p. 57.

59 같은 책, p. 58.

60 같은 책, p. 85.

61 그는 "내 의도는 단순히 그것들을 불신하는 것에 있지 않고, 그것들을 폐기하려는 시도는 더더욱 아니다. 단지 그것들을 철학의 관점에서 고찰하려는 것이다"라고 적는다. 같은 책, p. 84. 하지만 그렇게 주장하면서 오크숏은 그 양식들을 실현된 전체의 완전한 복잡성으로 이끄는 과정에서의 변증법적 계기들로 간주했던 헤겔로부터 멀어져 갔다.

62 같은 책, p. 355.

63 같은 책, p. 356.

64 T. E. Jessop, *Review of Experience and Its Modes, in Philosophy* 9 (1934), p. 358.

65 Oakeshott, "Rationalism and Politics," in *Rationalism in Politics and Other*

Essays (London, 1962). 일찍이 『스크루티니』 창간호(1932–1933)에 실린 「새로운 벤담」에서, 오크숏은 자신이 사이비철학philosophisme이라 부른 것, 즉 정치적 문제들에 대한 지적 해법들의 사기행각을 공격했다.

66 Oakeshott "Rationalism in Politics," p. 5.

67 같은 책, p. 16. 오크숏의 주장에 따르면, 그들이 만든 전통에는 영국 왕실에 반란을 일으켰던 미국 식민주의자들이 포함되었다. 앞서 인용했던 후속 연구가 보여준 것을 알지 못한 채, 그는 "그 혁명 훨씬 이전부터, 미국 식민주의자들의 마음의 성향, 정치에서 지배적인 지적 특징과 습관은 합리론적이었다'"고 주장했다(p. 27). 합리주의를 정의하는 데 있어 오크숏의 느슨함은 합리주의 진영에 나치들을 추가로 포함시킨 것에서 드러난다(p. 32).

68 물론 좌파 비판자들이 덧붙인 것은 자본주의 상품화에 의해 야기된 경험의 빈곤에 대한 비판이었다. 그것은 도구적 합리성과 추상적 이론의 문제를 넘어서는 것이었다.

69 Oakeshott, "Rationalism in Politics," p. 2.

70 같은 책, pp. 2–3.

71 Franco, *The Political Philosophy of Michael Oakeshott*, p. 110.

72 Oakeshott, "Rational Conduct," in *Rationalism in Politics*, p. 101.

73 같은 책, pp. 101–102(강조는 원문).

74 『정치에서의 합리주의』에 실린 1948년 논문인 「바벨탑」에서, 오크숏은 (비록 그가 한 극단에서 다른 극단으로의 이동을 전적으로 옹호하진 않았지만) 도덕적 습관에 대한 좀더 큰 강조로의 복귀를 주장하면서, 오늘날의 도덕적 관념론의 우세를 공격한다.

75 Oakeshott, "Rational Conduct," p. 109.

76 같은 책, p. 23.

77 Colin Falck, "Romanticism in Politics," *New Left Review* 18 (January–February 1963), p. 68.

78 Fred Inglis, *Radical Earnestness: English Social Theory, 1880–1980* (Oxford 1982), p. 175.

79 『뉴레프트 리뷰』의 승인 허가로 출간된 역사에 대해서는 Francis Mulhern, *The Moment of 'Scrutiny'* (London, 1979)를 보라. 주목할 점은 오크숏이 케임브리지의 리비스학파에 우호적인 구성원이 결코 아니었다는 사실이다. 실제로 그는 자신이 리비스를 만났다고 주장한 적도 없다. Grant, *Oakeshott*, p. 14. 그는 문학에 대한 글을 거의 쓰지 않았지만 그들의 세계관에는 많은 수렴점이 존재한다. "The Voice of Poetry in the Conversation of Mankind" in *Radicalism in Politics*에 실린 오크숏의 1962년 논문을 보라. 마틴 터넬 같은 다른 보수주의자들은 『스크루티니』의 정치적 성향이 전반적으로 좌파적이었음에도 그 잡지를 우호적으로 보았다.

80 F. R. Leavis, *The Common Pursuit* (Harmondsworth, 1976), p. 194; "The Literary

Mind," *Scrutiny* 1, no. 1 (May 1932), p. 22.

81 새로운 댄디즘과 그것에 대한 반작용에 관한 설명으로는 Martin Green, *Children of the Sun: A Narrative of "Decadence" in England after 1918* (New York, 1976)을 보라.

82 Mulhern, *The Moment of 'Scrutiny'*, p. 171 (강조는 원문).

83 F. R. Leavis, *Civilization and Minority Culture* (Cambridge, 1930), p. 4.

84 예컨대 Fred Inglis, *Raymond Williams* (London, 1995), chapter 8; and Dennis Dworkin, *Cultural Marxism in Postwar Britain* (Durham, N.C., 1997)을 보라. 후자에 따르면, 리비스는 "『스크루티니』의 비판적 접근을 확장시킨" 1957년의 논문 『교양의 효용』의 저자 리처드 호가트에게도 중요한 인물이었다. "그는 생생한 경험을 텍스트인 양 읽으면서 문화적 경험의 의미를 이해하기 위해 문학비평적 방법을 사용했다." (p. 85). 리비스에게 진 빚에 대한 윌리엄스 본인의 설명으로는 Williams, *Politics and Letters: Interviews with New Left Review* (London, 1979)의 인터뷰와 Williams "Seeing a Man Running," in Denys Thompson, ed., *The Leavises: Recollections and Impressions* (Cambridge, 1984)를 보라. 리비스의 지속적인 영향에 관한 개관으로는 Geoffrey H. Hartman, *Minor Prophecies: The Literary Essay in the Culture Wars* (Cambridge, Mass., 1991), chapter 5를 보라. 프랜시스 멀헌이 *Culture/Metaculture* (London, 2000)에서 지적했다시피, 리비스와 윌리엄스의 주요한 차이는 리비스의 경우 "권위 있는 경험만이 유일하게 배타적인 보편성을 지닌다"고 보는 것이다. "기본적인 논리에서 윌리엄스는 이런 의미의 '경험'에 호소하지는 않았다. 그의 창의성 분석은 경험을 개념적 상수가 아니라 사회들 사이에서 그리고 사회 내에서 끊임없이 변하는 주관성의 역사적 형성물로 상정하면서 근본적으로 반본질주의적인 입장을 드러냈다."(p. 90).

85 그들의 저 용어 사용에 대한 전반적인 평가에 대해서는 Michael Pickering, *History, Experience and Cultural Studies* (New York, 1997), chapter 6을 보라. 그들의 경력과 유산에 대한 전반적인 설명으로는 Bryan D. Palmer, *The Making of E. P. Thompson: Marxism, Humanism, and History* (Toronto, 1981); Jan Gorak, *The Alien Mind of Raymond Williams* (Columbia, Mo., 1988); Alan O'Connor, *Raymond Williams: Writing, Culture, Politics* (Oxford, 1989); Terry Eagleton, ed., *Raymond Williams: Critical Perspectives* (Oxford, 1989); Harvey J. Kaye and Keith McClelland, eds., *E. P. Thompson: Critical Perspectives* (Cambridge, 1990); Nick Stevenson, *Culture, Ideology and Socialism: Raymond Williams and E. P. Thompson* (Aldershot, 1995); Christopher Prendergast, ed., *Cultural Materialism: Essays on Raymond Williams* (Minneapolis, 1995); Jeff Wallace, Rod Jones, and Sophie Nield, eds., *Raymond Williams Now* (New York, 1997); and John

Higgins, *Raymond Williams: Literature, Marxism and Cultural Materialism* (London, 1999)을 보라.

86 Ioan Davies, *Cultural Studies and Beyond: Fragments of Empire* (London, 1995), p. 8.

87 Raymond Williams, *Culture and Society, 1780–1950* (New York, 1958), p. 5.

88 같은 책, pp. 10-11.

89 같은 책, p. 47.

90 같은 책, pp. 52와 93.

91 같은 책, p. 193.

92 같은 책, p. 244.

93 같은 책, p. 261.

94 같은 책, p. 292. 윌리엄스의 오웰에 대한 이후 판단은 덜 너그러워진다. 그의 근대적 지배자들에 대한 연구인 *George Orwell* (New York, 1971)과 *Politics and Letter*에서의 비판적 언급들을 보라. 그의 오웰에 대한 태도의 전반적 고찰로는 David Lloyd and Paul Thomas, *Culture and the State* (New York, 1998), epilogue를 보라.

95 같은 책, p. 127.

96 예컨대 Gorak, *The Alien Mind of Raymond Williams*, p. 54를 보라. Prendergast, *Cultural Materialism*에 수록된 "Raymond Williams and Cultural Studies"에서 캐서린 갤러거 또한 지적하듯이, 윌리엄스의 추상에 대한 적대감과 문화에 대한 찬사 사이에는, 후자가 불가피하게 그 의미과정을 통해 본질화하는 경향들과 연관되는 한, 긴장이 존재한다. 윌리엄스에겐 부재했다고 여겨지는, 그에 앞서 유사한 주장을 밝힌 문화 개념 비판에 대해서는 Theodor W. Adorno "Cultural Criticism and Society," *Prisms*, trans. Samuel and Shierry Weber (London, 1967)를 보라.

97 Williams, *Culture and Society*, p. 317.

98 같은 책, p. 327.

99 Raymond Williams, *The Long Revolution* (London, 1961). 잉글리스에 따르면 "그의 주제는 항상 사회적 경험, 특히 그 자신의 경험과 상상적 포착의 접속이었다."(*Raymond Williams*, p. 248). *Border Country* (1960)와 *Second Generation* (1964) 같은 소설들에서 자신의 삶을 살짝 허구화해 설명하는 것은 윌리엄스가 그것에 접근하는 하나의 방식이었다. 그 논의들과 관련해서는 Dennis L. Dworkin and Leslie G. Roman, eds., *Views Beyond the Border Country: Raymond Williams and Cultural Politics* (New York, 1993)와 Tony Pickney, *Raymond Williams* (Bridgend, Mid Glamorgan, 1991)를 보라. 후자는 그가 포스트모더니즘 소설가로 가장 잘 이해된다고 주장한다.

100 Williams, *The Long Revolution*, p. 48.

101 문학비평에서 신역사주의 운동에 활력을 제공한 대항-역사counter-history 사상에 대한 윌리엄스의 기여를 다룬 논의로는 Catherine Gallagher and Stephen Greenblatt, *Practicing New Historicism* (Chicago, 2000), pp. 60–66을 보라. 갤러거와 그린블랫은 그의 작업과 톰프슨의 작업을 구분했는데, 왜냐하면 그가 경험의 가로막히고 은폐되고 억압된 특징에 대해 최고로 민감했기 때문이다.

102 E. P. Thompson "The Long Revolution," *New Left Review* 9 (May–June 1961)와 "The Long Revolution II," *New Left Review* 10 (July–August 1961). 이런 논평에 대한 톰프슨의 이후 회상과 윌리엄스의 '문화주의'에 대한 그의 깊은 불신에 대해서는 "The Politics of Theory," in Raphael Samuel, ed., *People's History and Socialist Theory* (London, 1981), pp. 397–398을 보라.

103 E. P. Thompson, *The Making of the English Working Class* (New York, 1966). '아래로부터의 역사'와 일상적 삶에 대한 작업을 위한 가장 중요한 장소는 옥스퍼드의 러스킨 대학에서 1967년에 설립되어 『히스토리 워크숍』이란 잡지를 발행한 역사 작업장이었다. 노동자 역사가들과 사회주의 진영 학자들로 구성된 작업장은 톰프슨뿐만 아니라, 크리스토퍼 힐, 로드니 힐턴, 모리스 돕을 포함하는 영국의 마르크스주의 역사기록학의 활발한 전통에도 기댔다. 이 논의에 대해서는 Dworkin, *Cultural Marxism in Postwar Britain*, chapter. 5와 Raphael Samuel "On the Methods of History Workshop: A Reply," *History Workshop* 9 (Spring 1980)을 보라.

104 Thompson, *The Making of the English Working Class*, pp. 12–13.

105 같은 책, p. 10.

106 버거의 작업에서 그것이 갖는 지속적인 역할에 대해서는 Bruce Robbins "Feeling Global: John Berger and Experience," *Boundary* 2, II, nos. 1 and 2 (Fall /Winter 1982/83)를 보라.

107 그렇지만 영국 좌파 진영 내에서도 스튜어트 홀 같은 인물들이 이미 그 문제들을 제기했다는 점을 잊지 말아야 한다. 그는 호가트가 극찬한 노동계급의 경험에 자본주의적 상품화가 침입했다고 주장했다. 1960년대 초 현대문화연구센터의 주도적 인물인 홀에 의한 호가트의 대체에 관한 논의에 대해서는 Mulhern, *Culture/ Metaculture*, pp. 93–131을 보라.

108 그 역사를 추적하기 위한 나 자신의 시도에 대해서는 *Marxism and Totality: The Adventures of a Concept from Lukács to Habermas* (Berkeley, 1984)를 보라. 톰프슨의 관점에서의 『뉴레프트 리뷰』의 방향에 대한 쟁론에 대해서는 *The Poverty of Theory and Other Essays* (New York, 1978)에 실린 그의 "레셰크 코와코프스키에게 보내는 공개 서한"을 보라. 앤더슨의 판본으로는 *Arguments within English Marxism*, chapter 5를 보라.

109 Dominique Lecourt, *Marxism and Epistemology: Bachelard, Canguilhem and*

Foucault, trans. Ben Brewster (London, 1975), p. 137 (강조는 원문). 이 번역은 New Left Editions series에서 발간되었다.

110 알튀세르 라캉의 관계가 언제나 평탄했던 것은 아니지만, 1969년 『뉴레프트 리뷰』에 번역되어 실린 그의 논문 「프로이트와 라캉」은 영국에서의 그의 사상의 수용에 엄청난 영향을 미쳤다. 라캉 본인의, 결코 적대적이지 않은 경험(프랑스어 expérience 역시 '실험'을 의미한다)에 대한 사유들은 François Regnault "Lacan and Experience," in Alexandre Leupin, ed., *Lacan and the Human Sciences* (Lincoln, Neb., 1991)에서 논의되었다.

111 Louis Althusser, *Lenin and Philosophy and Other Essays*, trans. Ben Brewster (London, 1971), p. 223. 알튀세르의 경험에 대한 이해를 논하는 글로는, Ted Benton, *The Rise and Fall of Structural Marxism: Althusser and His Influence* (London, 1984), pp. 203-209를 보라.

112 Terry Eagleton "Raymond Williams—An Appraisal," *New Left Review* 95 (January-February 1976). 이 논문으로 야기된 혼란에 대한 설명으로는 Inglis, *Raymond Williams*, pp. 249-251을 보라.

113 Eagleton, *Criticism and Ideology*, p. 15.

114 같은 책, p. 32.

115 Raymond Williams "David Hume: Reasoning and Experience," in Hugh Sykes Davies and George Watson, eds., *The English Mind: Studies in the English Moralists Presented to Basil Willey* (Cambridge, 1964). 윌리엄스의 결론은 이렇다. "그의 전 활동은 사회적이고 개인적인 덕들의 정체성을 회복하려는 시도로 간주될 수 있다. 특히 변화의 긴장들이 몰아닥치고 그러한 덕들을 파편화하는 시기에 말이다. 그가 실패하는 것은 불가피한 일이었다. 그는 자신의 분명한 견해에 따라 단지 적절한 사회적 경험이었던 것을 무의식적으로 제약함으로써 성공할 수 있었다. 그러나 공동체에 대한 강조 속에서 버크가 펼친 활동과 마찬가지로, 그의 진취적인 활동은 일부의 실패를 넘어서 사유 흐름의 일부가 되었다."(p. 144).

116 Eagleton, *Criticism and Ideology*, p. 42.

117 이글턴은 마르크스주의적 휴머니즘에 대한 알튀세르주의적 대안이 "결국 심각하고 때때로 전자만큼이나 결점을 가진 것으로 판명났다"고 시인했다. 알튀세르주의의 유산에 대한 그의 재고에 대해서는 Eagleton, *Against the Grain: Essays 1975-1985* (London, 1986), p. 3을 보라. 윌리엄스에 대한 그의 공격의 "신랄하고 비열한" 톤에 대한 사과는 *Raymond Williams: Critical Perspectives*에 실린 이글턴의 「서문」(pp. 10-11)을 보라.

118 Terry Eagleton, *Walter Benjamin*; or, *Towards a Revolutionary Criticism* (London, 1981), p. 35.

119 Anthony Barnett "Raymond Williams and Marxism: A Rejoinder to Terry Eagleton," *New Left Review* 99 (September–October 1976), p. 62.

120 같은 책.

121 Williams, *Politics and Letters*. 그들의 구성 방식에 대한 설명으로는, Inglis, *Raymond Williams*, chapter 11를 보라.

122 Raymond Williams, *Marxism and Literature* (Oxford, 1977). 한 가지 언급되어야 할 점은 일찍이 1971년에 뤼시앵 골드만에 대한 기념비적인 논문—*Problems in Materialism and Culture* (London, 1980)에 수록되었다—에서 윌리엄스가 대륙의 마르크스주의 이론을 탐구하기 시작했다는 사실이다. 전체적으로 그 이론에 대한 그의 반응을 고찰한 글로는 Michael Moriarty, "'The Longest Cultural Journey': Raymond Williams and French Theory," in Prendergast, *Cultural Materialism*을 보라.

123 Raymond Williams, *Keywords: A Vocabulary of Culture and Society* (London, 1976). 1984년의 제2판에서는 이론적 공백이 채워졌다.

124 Williams, *Politics and Letters*, p. 35.

125 같은 책, pp. 120–121.

126 같은 책, p. 165.

127 같은 책, p. 167.

128 같은 책, p. 168.

129 같은 책.

130 같은 책, pp. 171–172.

131 같은 책, p. 172.

132 Inglis, *Raymond Williams*, p. 299.

133 Raymond Williams, *Keywords: A Vocabulary of Culture and Society* (New York, 1984), p. 126.

134 같은 책.

135 같은 책, p. 127.

136 같은 책, p. 128.

137 같은 책, pp. 128–129.

138 Thompson, *The Poverty of Theory*, p. 4.

139 같은 책.

140 같은 책, p. 7 (강조는 원문).

141 같은 책, p. 8 (강조는 원문).

142 같은 책, p. 194. 톰프슨은 자신의 주장을 펼치기 위해 오크숏의 책 168쪽을 인용했지만, 가장 높은 수준에서 철학적 경험이 역사적 양식과 과학적 양식 모두를 포함한다

는 『경험과 그 양식들』의 더 큰 주장은 무시했다.

143 같은 책, p. 25.

144 같은 책, p. 171.

145 같은 책, p. 170.

146 '히스토리 워크숍' 논쟁에서 매우 중요한 기여를 한 논문들은 다음과 같다. Richard Johnson, "Edward Thompson, Eugene Genovese, and Socialist-Humanist History," 6 (Autumn 1978); Keith McClelland, "Some Comments on Richard Johnson, 'Edward Thompson, Eugene Genovese, and Socialist-Humanist History'" and Gavin Williams "In Defense of History," 7 (Spring 1979); Simon Clarke, "Socialist Humanism and the Critique of Economism," and Gregor McClennan "Richard Johnson and His Critics: Towards a Constructive Debate," 8 (Autumn 1979); and David Selbourne "On the Methods of the History Workshop," and Raphael Samuel, "History Workshop Methods," 9 (Spring 1980).

147 Anderson, *Arguments within English Marxism*, p. 26.

148 같은 책, pp. 27-28. 순전히 인식론적인 경험에 대한 앤더슨 본인의 충실함이 여기서 명백히 드러난다는 점은 의미심장하다. 유일하게 중요한 문제는 그것이 이론적 분석보다 더 타당한 지식을 제공하는가 여부다.

149 같은 책, pp. 28-29.

150 같은 책, p. 57.

151 같은 책, p. 58.

152 E. P. Thompson, "The Politics of Theory," in Raphael Samuel, ed., *People's History and Socialist Theory* (London, 1981), p. 405.

153 같은 책, p. 406.

154 같은 책, *The Poverty of Theory*, p. 9에서 인용.

155 같은 책.

156 Samuel, *People's History and Socialist Theory*, p. 378.

157 Harvey J. Kaye and Keith McClelland, eds., *E. P. Thompson: Critical Perspectives* (Oxford, 1990). 특히 William H. Sewell Jr., "How Classes are Made: Critical Reflections on E. P. Thompson's Theory of Working-Class Formation," Robert Gray, "History, Marxism and Theory"와 Kate Soper "Socialist Humanism"을 보라.

158 Michael Bess, *Realism, Utopia, and the Mushroom Cloud: Four Activists and Their Strategies for Peace, 1945–1989* (Chicago, 1993), p. 128 (강조는 원문).

159 예컨대 Joan Scott, "Women in The Making of the English Working Class," in *Gender and the Politics of History* (New York, 1988)와 Morag Shiach, "A Gendered History of Cultural Categories," in Prendergast, *Cultural Materialism*을

보라.

160 예컨대 Gauri Viswanathan, "Raymond Williams and British Colonialism," in Prendergast, *Cultural Materialism*을 보라.

161 Craig Ireland, "The Appeal to Experience and Its Consequences: Variations on a Persistent Thompsonian Theme," *Cultural Critique* 52 (Fall 2002), p. 95. 또한 아일랜드의 *The Subaltern Appeal to Experience: Self-Identity, Late Modernity, and the Politics of Immediacy* (Montreal, 2004)를 보라.

162 이 주제에 대한 검토로는 Bill Readings, "Why Is Theory Foreign?," in Martin Kreiswirth and Mark A. Cheethem, eds., *Theory between the Disciplines* (Ann Arbor, Mich., 1990)를 보라. 리딩스는 이론을 '독해'에 고유한 양식의 이상과 대조시키는데, 후자는 독자의 내면성을 그가 레비스까지 추적하는 이상인 텍스트의 내면성과 일치시킨다.

163 앞서 본 것처럼, 버크를 자연법의 신봉자로 만들려는 시도들이 있었지만, 그리 설득력이 있지는 않았다. 앞의 주 36을 보라.

164 Sewell, "How Classes are Made," p. 63을 보라. 여기서 수엘은 다음과 같이 적는다. "전적으로 보편적인 자신의 경험 개념 때문에, 톰프슨은 본인의 서사가 생산관계의 토대에 의한 최종 심급에서의 결정뿐만 아니라 상대적으로 자율적인 문화적, 제도적, 정치적 체계의 전 계열에 의한 중층결정도 암묵적으로 가정하고 있다는 점을 외면한다. 이런 점에서 그의 사회 건축학은 사실상 알튀세르의 그것과 매우 유사하다."

165 Raymond Williams, *Writing in Society* (London, 1984), pp. 162–163.

166 E. P. Thompson, *Witness against the Beast: William Blake and the Moral Law* (New York, 1993).

167 생생하고 체험된 것으로서의 실천의 불변성에 대한 윌리엄스의 강조를 비판한 글로는 Stuart Hall, "Politics and Letters," in Eagleton, *Raymond Williams: Critical Perspectives*, p. 62를 보라. 아렌트적 시각에서 보면, '형성'에 대한 톰프슨의 강조는 도구적 동물로서의 인간과 연관된 활동적 삶의 한 양식을 특권화하고 그 밖의 다른 것들, 예컨대 생산적 노동보다는 가정과 재생산 노동과 연관된 것들을 주변화한다고 볼 수도 있겠다.

168 Edmund Burke, "Speech on Conciliation with America, March 22, 1775," *The Works of Edmund Burke* (16 vols., 1815–1827), vol. 3, p. 48 (강조는 원문).

6장

1 Michael Oakeshott, *Experience and Its Modes* (Cambridge, 1933), p. 148. 오크숏은 1955년에 "The Activity of Being an Historian," *Rationalism in Politics and Other Essays* (London, 1962)와 *On History and Other Essays* (Oxford, 1983)

에서 다시 역사 문제로 되돌아왔지만, 그의 입장에 실질적인 변화는 없었다. 그의 논증에 관한 고찰로는 William H. Dray, "Michael Oakeshott's Theory of History," in Preston King and B. C. Parekh, eds., *Politics and Experience* (Cambridge, 1968); David Boucher, "The Creation of the Past: British Idealism and Michael Oakeshott's Philosophy of History," *History and Theory* 23 (1984); Christopher Parker, *The English Idea of History from Coleridge to Collingwood* (Aldershot, 2000), chapter 8; and Luke O'Sullivan, *Oakeshott on History* (Exeter, 2003)를 보라.

2 Oakeshott, *Experience and Its Modes*, p. 152.

3 니체의 역사 비판에 대한 유용한 개관으로는 David D. Roberts, *Nothing but History: Reconstruction and Extremity after Metaphysics* (Berkeley, 1995), chapter 4를 보라. 과거의 유용성에 대한 오크숏과 니체의 구별을 파악하려는 시도에 대해서는 Parker, *The English Idea of History*, p. 142를 보라.

4 Oakeshott, *Experience and Its Modes*, p. 158. 저 라틴어 구절은 "지나간 것의 관점으로부터"를 의미한다. 오크숏은 『정치에서의 합리주의』에 수록된 역사에 관한 논문에서 지속적으로 다음과 같은 주장을 편다. "실천적인 사람은 과거를 거꾸로 읽는다. 그는 자신이 현재의 활동들과 관련지을 수 있는 과거의 사건들에만 관심을 가지며 인정한다. (…) 그러나 특별히 '역사적인' 태도(…)에서, 과거는 현재와의 연관 속에서 조망되지 않으며, 또한 그것이 현재였던 것처럼 다뤄지지도 않는다."(pp. 153–154). 그 구별에 관한 비판적인 평가로는 W. H. Walsh "The Practical and the Historical Past," in King and Parekh, *Politics and Experience*를 보라.

5 R. G. Collingwood, *The Idea of History* (New York, 1956), pp. 155–156.

6 Oakeshott, *Experience and Its Modes*, p. 93.

7 같은 책, p. 99.

8 오크숏조차도 109쪽에서 "모든 역사는 현재의 역사다"라는 크로체의 정식을 (인용 없이) 반복한다. 그 정식은 저 이탈리아 철학자의 저서 *History: Its Theory and Practice*, trans. Douglas Ainslee (New York, 1921)에서 만들어진 것이다. 그 둘에 관한 비교에 대해서는 Jack W. Meiland, *Scepticism and Historical Knowledge* (New York, 1965)를 보라. 메일랜드는 그들 사이에 중대한 차이가 있다고 주장한다. 즉 크로체는 오크숏이 거부하는, 현재의 역사가가 관심을 가지고 개입한다는 점을 강조한다. 그리고 그는 과거 사건들의 명백한 실존을 믿었는데, 이것은 오크숏이 경험될 수도 판단될 수도 없는 것이라고 주장한 것이다. 화이트는 오크숏을 인용하지 않고서 유사한 결론들에 이른 것 같고, 내가 아는 한 결코 그를 인용하지 않는다.

9 Oakeshott, *Experience and Its Modes*, p. 151.

10 같은 책, p. 100.

11 같은 책, p. 111.

12 Oakeshott, "The Activity of Being an Historian," p. 166.

13 심지어 페미니스트로 간주되기 매우 어려운 거트루드 히멜파브 같은 보수주의 역사가들조차 그 주장이 매우 공격적이라고 생각했다. 그녀의 "Does History Talk Sense?" *The New History and the Old: Critical Essays and Reappraisals* (Cambridge, Mass., 1987), p. 175를 보라. 그녀는 다음과 같이 결론지었다. "오크숏의 이론에서 가장 놀라운 점은 그것이 영국사의 미래나 과거 그 어떤 것에서도 거의 희망을 걸지 않았다는 것이다. 거기에는 미래가 없는데 왜냐하면 역사의 기술보다는 기술하지 않은 것에 더 많은 처방을 부여하기 때문이다. 그리고 과거 또한 부재하는데 왜냐하면 그것이 역사적 저술의 거의 모든 전집을 서자 취급하고 있기 때문이다. (…) 오크숏은 본인이 그토록 훌륭하게 진단했던 합리주의의 오류에 책임이 있는지도 모른다."(p. 181).

14 Reinhart Koselleck, "Transformation of Experience and Methodological Change," in *The Practice of Conceptual History: Timing History, Spacing Concepts*, trans. Todd Samuel Presner and others (Stanford, 2002).

15 Hans-Georg Gadamer, *Truth and Method* (New York, 1986), p. 319.

16 또한 영국의 관념론적 전통에 전적으로 초점을 두는 것도 가능할 것이다. 그 전통은 새뮤얼 테일러 콜리지로 거슬러 올라가며, 버나드 보샌켓과 F. H. 브래들리 같은 인물들을 포함하고 오크숏과 콜링우드에서 정점에 달한다. 이들은 흄의 경험론이 갖는 회의주의적 함의들에 도전했으며 역사적 지식을 위한 좀더 굳건한 토대를 추구했다. Parker, *The English Idea of History from Coleridge to Collingwood*를 보라. 그러나 딜타이는 경험의 문제를 19세기 영국 역사학자들보다 더 큰 복잡성을 가지고 탐구했다.

17 딜타이가 신학에 열정적인 관심을 가졌고 종교적 경험에 대한 슐라이어마허의 관점을 지지했다는 증거에 대해서는 *Der junge Dilthey: Ein Lebensbild in Briefen und Tagebüchern, 1852–1870*, ed. Clara Misch née Dilthey (Göttingen, 1960)를 보라.

18 Dilthey, *Poetry and Experience, Selected Works*, ed. Rudolf A. Makkreel and Frithjof Rodi (Princeton, 1985); and Gadamer, *Truth and Method*, p. 56. 또한 René Wellek, "Genre Theory, the Lyric, and 'Erlebnis'," in Herbert Singer and Benno von Wiese, eds., *Festschrift für Richard Alweyn* (Cologne, 1967)을 보라.

19 딜타이의 *Gesammelte Schriften*, 20 vols. (Göttingen, 1958–1990)에서 단편들만이 영어로 출간되었다. H. P. Rickman, ed., *Pattern and Meaning in History: Thoughts on History and Society* (New York, 1962); H. P. Rickman, ed., *Wilhelm Dilthey: Selected Writings* (Cambridge, 1976); and Rudolf Makkreel and Frithjof Rodi, ed., *Wilhelm Dilthey: Selected Works*, 6 vols. (Princeton, 1985–)를 보라. 포괄적인 이차문헌들 중에서는 아래의 설명들이 두드러진다. H. A. Hodges, *The*

Philosophy of Wilhelm Dilthey (London, 1952); Otto Friedrich Bollnow, *Dilthey: Eine Einf ührung in seine Philosophie* (Stuttgart, 1955); William Kluback, *Wilhelm Dilthey's Philosophy of History* (New York, 1956); Rudolf A. Makkreel, *Dilthey: Philosopher of the Human Sciences* (Princeton, 1975); Michael Ermarth, *Wilhelm Dilthey: The Critique of Historical Reason* (Chicago, 1978); H. P. Rickman, *Wilhelm Dilthey: Pioneer of the Human Mind* (Berkeley, 1979); Ilse Bulhof, *Wilhelm Dilthey: A Hermeneutic Approach to the Study of History and* Culture (The Hague, 1980); Theodore Plantinga, *Historical Understanding in the Thought of Wilhelm Dilthey* (Toronto, 1982); and Jacob Owensby, *Dilthey and the Narrative of History* (Ithaca, N.Y., 1994).

20 딜타이와 신칸트주의가 공유한 실증주의 비판의 유용한 개관으로는 H. Stuart Hughes, *Consciousness and Society: The Reorientation of Social Thought, 1880–1930* (New York, 1958)을 보라. 딜타이와 신칸트주의의 관계에 관한 좀더 최근의 설명으로는 Klaus Christian Köhnke, *The Rise of Neo-Kantianism: German Academic Philosophy between Idealism and Positivism*, trans. R. J. Hollingdale (Cambridge, 1991); and Charles R. Bambach, *Heidegger, Dilthey, and the Crisis of Historicism* (Ithaca, N.Y., 1995)을 보라. 때로 정신과학Geisteswissenschaften은 '인간학human studies'으로 번역되기도 하지만, 자신의 실천에 대한 딜타이의 이해에 놓인 경험적 계기는 '과학science'이 그의 의도에 좀더 가까울 수 있다는 점을 시사한다. 종종 언급되듯이, 과학/학문Wissenschaft이란 말은 단지 자연과학보다 더 많은 것을 의미한다.

21 해석학의 역사에서의 딜타이의 역할에 대해서는 Richard E. Palmer, *Hermeneutics: Interpretation Theory in Schleiermacher, Dilthey, Heidegger, and Gadamer* (Evanston, Ill., 1969); Roy J. Howard, *Three Faces of Hermeneutics: An Introduction to Current Theories of Understanding* (Berkeley, 1982); 그리고 David Couzens Hoy, *The Critical Circle: Literature and History in Contemporary Hermeneutics* (Berkeley, 1978)를 보라.

22 Rudolf A. Makkreel and John Scanlon, eds., *Dilthey and Phenomenology* (Washington, D.C., 1987)를 보라. 딜타이와 하이데거의 차이에 관한 논의로는 Bambach, *Heidegger, Dilthey, and the Crisis of Historicism*을 보라. 적어도 딜타이와 초기 하이데거의 유사성들을 강조하려는 시도에 대해서는 Robert C. Scharff "Heidegger's 'Appropriation' of Dilthey before Being and Time," *Journal of the History of Philosophy* 25, no. 1 (January 1997)을 보라. 딜타이와 실용주의자들의 비교에 대해서는 James Kloppenberg, *Uncertain Victory: Social Democracy and Progressivism in European and American Thought, 1870–1920* (New York,

1986), chapter 2를 보라.

23 '통상'이라는 말이 추가된 이유는 딜타이가 '경험'에 대한 두 독일어를 언제나 일관되게 대조적으로 사용하고 있지는 않기 때문이다. 특히 그의 초기 작업에서 체험과 경험은 교환 가능한 단어들로 쓰였다.

24 앞에서 인용된 작업들에 덧붙여서 Karol Sauerland, *Diltheys Erlebnisbegriff: Entstehung, Glanzzeit und Verkümmerung eines literaturhistorisches Begriffs* (Berlin, 1972)를 보라.

25 Dilthey, *Introduction to the Human Sciences: An Attempt to Lay a Foundation for the Study of Society and History*, trans. Ramon J. Betanzos (Detroit, 1988), p. 173.

26 내적 체험과 외적 경험의 절대적이기보다 상대적인 구분에 대한 논의로는 Ermarth, *Wilhelm Dilthey*, p. 104를 보라. 딜타이는 자신이 실증주의와 동일시한 경험주의 Empirismus와, 외적 경험과 내적 체험 모두를 포함하는 것으로서 본인이 명명한 '편견 없는 경험론unbefangene Empirie' 개념을 구별하고자 했다. 그의 *Gesammelte Schriften*, vol. 1, p. 81을 보라.

27 시각의 특권화에 대한 그의 적대감을 다룬 글로는, Ermarth, *Wilhelm Dilthey*, pp. 118–119를 보라. *Downcast Eyes: The Denigration of Vision in 20th-Century French Thought* (Berkeley, 1993)에서 내가 제시했듯이, 이런 입장을 견지한 이는 비단 그뿐만이 아니었다.

28 또한 딜타이는 역사성에 대한 내성의 무관심함 때문에 니체의 내성에 대한 비-방관자적 가치화에 대해서도 반박했다. *Pattern and Meaning in History*, p. 92의 그의 언급을 보라.

29 Dilthey, *Introduction to the Human Sciences*, p. 73.

30 Dilthey "Fragments for a Poetics," *Selected Works*, vol. 5, p. 223.

31 딜타이에게서의 '내적 체험'의 좀더 광범위한 함의들에 대해서는 Owensby, *Dilthey and the Narrative of History*, p. 28을 보라.

32 Dilthey, *Descriptive Psychology and Historical Understanding*, trans. Richard M. Zaner and Kenneth L. Heiges (The Hague, 1977). 딜타이와 심리주의에 대한 훌륭한 논의로는 Makkreel, *Dilthey: Philosopher of the Human Sciences*, pp. 9ff와 *Descriptive Psychology and Historical Understanding*의 그의 서문을 보라. 저 혼란스러운 개념에 대한 논쟁을 다룬 전반적인 설명으로는 Martin Kusch, *Psychologism: A Case Study of the Sociology of Philosophical Knowledge* (New York, 1995)를 보라.

33 Dilthey, *Leben Schleiermachers*, 2nd ed. (Berlin, 1922), p. 341 (Gadamer, *Truth and Method*, p. 58에서 인용).

34 Kluback, *Wilhelm Dilthey's Philosophy of History*, p. 76.

35 칸트의 경험 개념에 대한 코엔의 선험론적 재해석에 대한 설명으로는, Köhnke, *The Rise of Neo-Kantianism*, pp. 178–189를 보라.

36 Dilthey, *Pattern and Meaning in History*, p. 74 (약간 수정해서 번역).

37 John Dewey, *Art as Experience* (New York, 1958), chapter 3. 이런 방식으로 이해되는 체험은, 일단 그 용어가 과학적 혹은 경험론적 외연에서 자유롭게 되면서, 역설적이게도 가다머와 벤야민 같은 이후 평론가들이 부른 경험과 유사해졌다.

38 Dilthey, *Selected Works*, vol. 1, p. 270.

39 특히 Makkreel, *Dilthey: Philosopher of the Human Sciences*를 보라.

40 예술에서의 딜타이의 진리 탐구에 대해서는 Palmer, *Hermeneutics*, p. 122를 보라.

41 Dilthey, *Poetry and Experience*, p. 278.

42 Dilthey, *Pattern and Meaning in History*, p. 85.

43 딜타이의 후설에 대한 반응과 그와의 대화에 관한 논의로는 Makkreel, *Dilthey: Philosopher of the Human Sciences*, chapter 7을 보라.

44 Dilthey, "Fragments for a Poetics," *Selected Works*, vol. 5, p. 229.

45 감정과 느낌에 기초한 예술에 대한 표현주의 이론들과 딜타이의 표현 사용 사이의 구분에 관한 논의로는 Palmer, *Hermeneutics*, pp. 111–112를 보라.

46 Dilthey, *Dilthey's Philosophy of Existence: Introduction to Weltanschauungslehre*, trans. William Kluback and Martin Weinbaum (Westport, Conn., 1978). 그가 특권화한 유형들은 '유물론 혹은 자연주의' '객관적 관념론' 그리고 '주관적 관념론 혹은 자유의 관념론'이었다.

47 사실상 딜타이의 대다수 용어들과 마찬가지로 이해Verstehen는 여러 가지 중첩되는 의미를 가진 것으로 드러났다. 그것들을 구분하려는 유용한 시도에 대해서는 Owensby, *Dilthey and the Narrative of History*, chapter 5를 보라. 한 가지 주된 모호함은 말하자면 기하학적 증명의 객관적 의미를 이해하는 것과, 그것을 만들어냈거나 그것에 설득당했던 이들의 동기나 근거들을 이해하는 것을 구분하는 것과 관련되었다. 전자는 논증의 논리를 이해하는 것과 관련되고, 후자는 그것의 출현과 확산의 조건들을 이해하는 것과 관련된다. 둘을 구분하지 않으면, 발생론적 오류라고 불리게 된 것이 뒤따른다. 한 논증에 의해 설복당한 이들의 경험을 다시 체험하는 것은 그것의 무역사적인 논리적 힘을 이해하게 되는 것과는 같지 않다.

48 '그들 중 일부'라는 말은 불가피한데, 왜냐하면 딜타이는 모든 문화적 표현들을 그 창작자들의 전기들로 환원하는 것이 곤란함을 점점 더 인식하게 되었기 때문이다. 3장의 주 30을 보라.

49 그 둘의 비교에 대해서는 H. P. Rickman, "Vico and Dilthey's Methodology of the Human Studies," and H. A. Hodges, "Vico and Dilthey," in Giorgio Tagliacozzo

and Hayden White, eds., *Giambattista Vico: An International Symposium* (Baltimore, 1969); and H. N. Tuttle, "The Epistemological Status of the Cultural World in Vico and Dilthey," in Giorgio Tagliacozzo and Donald P. Verene, eds., *Giambattista Vico's Science of Humanity* (Baltimore, 1976)를 보라. 또한 David D. Roberts, *Nothing but History*, chapter 2를 보라.

50 Dilthey, *Pattern and Meaning in History*, p. 125.

51 Dilthey, "Plan der Fortsetzung zum Aufbau der geschichtlichen Welt in den Geisteswissenschaften," *Gesammelte Schriften*, vol. 7, p. 278.

52 같은 책, pp. 213-216. 추체험과 감정이입의 차이에 대한 논의로는 Makkreel, *Dilthey: Philosopher of the Human Sciences*, pp. 252-253을 보라. 마크릴은 릭먼이 *Pattern and Meaning of nacherleben*에서 추체험을 감정이입으로 번역한 것에 의문을 제기했는데, 왜냐하면 후자는 과거 행위자들을 상상력으로 해석하기보다는 현재의 감정들을 그들에게 투사하는 걸 의미하기 때문이다.

53 Dilthey, *Gesammelte Schriften*, vol. 1, p. 254.

54 Owensby, *Dilthey and the Narrative of History*, p. 155.

55 Hayden White, *Metahistory: The Historical Imagination in Nineteenth-Century Europe* (Baltimore, 1973). 화이트의 설명에서 딜타이는 단지 크로체에 의해 극복될 '신헤겔주의자'로만 표면화되면서 사실상 무시된다(p. 381).

56 Dilthey, *Pattern and Meaning in History*, p. 122. 내성에 대한 자신의 초기 신뢰에 대한 딜타이의 비판을 논한 글로는 Plantinga, *Historical Understanding in the Thought of Wilhelm Dilthey*, pp. 47-48을 보라.

57 딜타이가 제기한 물음들을 다루려는 다른 노력들의 일반적인 맥락에서 딜타이를 여전히 유효하게 평가하는 글로는 Hughes, *Consciousness and Society*, chapter 6을 보라.

58 이 질문은 Hannah Arendt, *The Human Condition* (Chicago, 1958)에서 통찰력 있게 다뤄지고 있다.

59 Reinhart Koselleck, *Futures Past: On the Semantics of Historical Time*, trans. Keith Tribe (Cambridge, Mass., 1985), pp. 92-104.

60 딜타이에 대해 공정하게 말하자면, 그는 특수한 사례들, 예컨대 종교개혁에서 종교 분파들을 이해하려는 자신의 시도에 실천적인 장애들이 있음을 인정했다. 그는 이것을 "나로서는 완전히 이해할 수 없는" 것이라 불렀다. *Der junge Dilthey*, p. 152에 있는 그의 언급들을 보라.

61 논평가들 모두가 이런 결론을 받아들인 것은 분명 아니다. 예컨대 Hodges, *The Philosophy of Wilhelm Dilthey*, p. 319를 보라.

62 '인류의 기억'으로서의 역사라는 사상에 대해서는 Bulhof, *Wilhelm Dilthey*, chapter

3을 보라. 게다가 전기를 강조하는 것은 딜타이로 하여금 어쨌든 위대한 인간이 자신의 시대정신Zeitgeist을 대표한다고 가정하게 했다.

63 Michael Pickering, *History, Experience and Cultural Studies* (New York, 1997), p. 128.

64 Rudolf Makkreel, introduction to Dilthey, *Descriptive Psychology and Historical Understanding*, p. 20 (강조는 원문).

65 Georg Simmel, "On the Concept and Tragedy of Culture," in John Rundell and Stephen Mennell, eds., *Classical Readings in Culture and Civilization* (London, 1998). 체험 문제에 대한 지멜의 일반적 접근에 관한 논의로는 Rudolph H. Weingartner, *Experience and Culture: The Philosophy of Georg Simmel* (Middletown, Conn., 1962)과 Sauerland, *Diltheys Erlebnisbegriff*, pp. 151-154를 보라. 생생한 경험과 문화적 표현의 화해에 관한 유사한 비관론으로는 대략 같은 시기에 게오르크 루카치가 썼고 *Soul and Form*, trans. Anna Bostock (Cambridge, Mass., 1971)에 취합된 논문들을 보라.

66 Gadamer, *Truth and Method*, p. 58. 이전의 역사가들이 자신들이 과거 세대와의 경험의 공통성을 가정할 수 있다고 생각한 것이 옳았는지 여부와 무관하게—실제로 기번은 타키투스와 같은 세계를 살았는가?—그들은 그 차이를 고민하지는 않는 경향이 있었다.

67 예컨대 Dilthey, *Gesammelte Schriften*, vol. 7, p. 106을 보라.

68 상이한 주장들의 요약으로는 Bambach, *Heidegger, Dilthey, and the Crisis of Historicism*, pp. 169-176을 보라.

69 Fritz K. Ringer, *Max Weber's Methodology: The Unification of the Cultural and Social Sciences* (Cambridge, Mass, 1997); Bambach, *Heidegger, Dilthey and the Crisis of Historicism*; and Georgia Warnke, *Gadamer: Hermeneutics, Tradition and Reason* (Stanford, 1987), chapter 1을 보라. 확실히 오스카어 발첼과 요제프 쾨르너같이 딜타이의 체험 개념을 자신의 작품에서 지속적으로 활용한 일부 문학비평가들이 있었다. 그들의 작품에 관한 논의로는 Sauerland, *Diltheys Erlebnisbegriff*, pp. 154-162를 보라.

70 Fritz Ringer, *Fields of Knowledge: French Academic Culture in Comparative Perspective, 1890–1920* (Cambridge, 1992), p. 206.

71 R. G. Collingwood, *The Idea of History* (New York, 1956), pp. 171-176. 약간 개정된 판이 1993년에 얀 판 데어 두센의 편집에 의해 발간되었다. 그것은 최근 발견된 수고들에 기초해 있고, 그것들의 의미에 대해서는 판 데어 두센이 "Collingwood's 'Lost' Manuscript of The Principles of History," *History and Theory*, vol. 36, no. 1 (1997)에서 논하고 있다. 모든 참고문헌들은 좀더 앞선 판에 있는 것으로서, 이것들

은 콜링우드의 독자 세대들에 영향을 미쳤던 것들이다. 그 시기 이후로 무수한 미출간 수고들이 활용될 수 있게 되었다. Donald S. Taylor, *R. G. Collingwood: A Bibliography* (New York, 1988)를 보라.

72 Holborn, "Wilhelm Dilthey and the Critique of Historical Reason," *European Intellectual History since Darwin and Marx*, ed. W. Warren Wager (New York, 1966), pp. 78–80.

73 R. G. Collingwood, *An Autobiography* (Oxford, 1939), p. 76.

74 두 입장을 비교한 글로는 Hodges, *The Philosophy of Wilhelm Dilthey*, chapter 10을 보라. 그의 작업에 대한 관대한 평가들로는 Louis O. Mink, *Mind, History and Dialectic: The Philosophy of R. G. Collingwood* (Bloomington, Ind., 1969); Michael Drausz, ed., *Critical Essays on the Philosophy of R. G. Collingwood* (Oxford, 1972); W. J. van der Dussen, *History as a Science: The Philosophy of R. G. Collingwood* (The Hague, 1981); David Boucher, James Connelly, and Tariq Modood, eds., *Philosophy, History and Civilization: Interdisciplinary Perspectives on R. G. Collingwood* (Cardiff, 1995); William H. Dray, *History as Re-enactment: R. G. Collingwood's Idea of History* (Oxford, 1995) 그리고 "Reassessing Collingwood"에게 헌정된 *History and Theory* 29 (1990) 특별판이 있다.

75 역사가이자 고고학자로서의 콜링우드의 작업에 관한 저작 목록에 대해서는 I. M. Richmond, *Proceedings of the British Academy* 29 (1943), pp. 481–485를 보라.

76 Collingwood, *The Idea of History*, p. 158.

77 루이스 밍크에 따르면 "사실상 콜링우드가 철학사에서 단 한 명의 인물과 연관될 수 있다고 한다면 그건 바로 헤겔일 것이다. 물론 이런 판단은 『역사의 관념』에서 그가 보인 헤겔에 대한 짧지만 명쾌한 재해석에 근거한 것이긴 하지만 말이다." *Mind, History and Dialectic*, p. 5. 콜링우드 본인은 이러한 동일시를 싫어했다. 그는 1935년에 길버트 라일에게 쓴 편지에서 그러한 감정을 드러냈다. "나는 그런 꼬리표와 그것을 붙이는 무책임한 방식에 분개하지 않을 수 없다." "The Life, Times and Legacy of R. G. Collingwood," in Boucher, Connelly, and Modood, eds., *Philosophy, History and Civilisation*, p. 27 (David Boucher로부터 인용).

78 Collingwood, *Speculum Mentis* (Oxford, 1924). 콜링우드의 분석은 『경험과 그 양식들』에서의 오크숏보다는 헤겔적인 입장에 더 가까운 것 같다. 왜냐하면 경험의 양상들을 점증하는 구체성의 위계하에 배치하며 각각의 단계는 앞선 것의 모순을 극복하고 있기 때문이다.

79 Mink, Mind, *History and Dialectic*, p. 271.

80 Collingwood, *The Idea of History*, p. 302.

81 같은 책.

82 같은 책, pp. 172–173.

83 같은 책, p. 115.

84 같은 책, p. 251.

85 같은 책, p. 215.

86 같은 책, p. 286.

87 때때로 콜링우드는 예컨대 지크프리트 크라카우어에 의해 크로체와 유사한 입장으로 해석되기도 한다. *History: The Last Things before the Last* (New York, 1969), chapter 3. 하지만 그는 전적으로 묵시록적 예언의 실현을 주창하는 입장을 피하고자 애썼다. 확실히 크라카우어는 콜링우드가 과거와 현재의 추정적인 친화성에 기초해 현재에서 과거로 손쉽게 이동한 것에 대해 정당한 의문을 표한 바 있다.

88 Collingwood, *The Idea of History*, p. 300. 그렇지만 또 다른 저서에서 콜링우드는 좀더 상대주의적인 분위기를 취했다. 예컨대 항구적인 문제들에 대해 철학적으로 '실재론적'인 가정을 반박한 그의 『자서전』이 대표적이다. "정치 이론의 역사는 동일한 질문에 부여된 다양한 답변들의 역사가 아니라, 그 해법도 함께 변화하는, 사실상 항구적으로 변화하는 문제의 역사다."(p. 62). 그렇지만 과거와 현재의 연속성을 가능하게 해주는 것은 역사가 독립된 사건들이 아니라 무한한 과정들과 관련된다는 그의 추가적인 가정 때문이었다. 그것은 과거와 현재가 근본적으로 통약 불가능하지 않다는 것을 암시했다(p. 97).

89 어마스에 따르면, 딜타이의 이해Verstehen 역시 과거 사상들에 대한 내재적 비판과 관련되어 있었다. 이 점에 대해 콜링우드와 비교한 글로는, *Wilhelm Dilthey*, pp. 316–317을 보라. 콜링우드가 명제 논리에 대립되는 것으로서 질문 답변 논리를 옹호한 것의 요약에 대해서는 *An Autobiography*, chapter 5를 보라. 그것이 쿠엔틴 스키너와 그의 학파의 작업에 미친 영향에 대한 논의로는, James Tully, ed., *Meaning and Context: Quentin Skinner and His Critics* (Oxford, 1988)를 보라. 한스 게오르크 가다머는 자신의 사상적 발전에 콜링우드가 지대한 영향을 미쳤음을 인정했다. 그의 *Reason in the Age of Science*, trans. Frederick G. Lawrence (Cambridge, Mass., 1983), pp. 45–46과 *Truth and Method*, pp. 333–341을 보라. 그는 콜링우드의 『자서전』 독일어판의 서문을 쓰기도 했다. 그렇지만 가다머는 역사가가 던지는 질문들이 단순히 역사적 행위자들이 던지는 질문들의 재연은 아니라고 주장했다. 가다머의 비난과 달리, 콜링우드는 『자서전』에서 다음과 같이 적었을 때 이러한 구별을 인식한 것처럼 보였다. "역사적 문제들은 실천적인 문제들에서 발생한다. 우리는 우리가 행동하도록 요구받는 상황을 좀더 명확하게 들여다보기 위해 역사를 공부한다. 따라서 결국 모든 문제들이 제기되는 수준은 '실제' 삶의 수준이며, 그것들의 해법으로 언급되는 것이 바로 역사다."(p. 114).

90 Collingwood, *The Idea of History*, p. 294.

91 Dray, *History as Re-enactment*, p. 109. 드레이는 모호함들을 실증적으로 설명하고 콜링우드의 저작들 중 출간된 것뿐만 아니라 미출간된 것까지 포함해 상당한 사료들을 바탕으로 반례들을 제시하면서, 다수의 이런 비난들에 맞서 콜링우드를 은근히 방어하고자 한다.

92 Gadamer, *Reason in the Age of Science*, p. 46.

93 이 점에 대한 논의로는 Dray, *History as Re-enactment*, p. 118, and van der Dussen "Collingwood's 'Lost' Manuscript of The Principles of History," p. 44를 보라. 여기서 콜링우드는 그 연관성을 인정하진 않았지만, 막스 베버의 다음과 같은 계율을 따르고 있었다. "유형학적으로 과학적인 분석을 위해서는, 모든 비합리적이고 정서적으로 규정된 요소들을 개념적으로 순수한 합리적 행위 유형에서 일탈한 요소들로 취급하는 게 편리하다." *The Theory of Social and Economic Organization*, ed. Talcott Parsons, trans. A. M. Henderson and Talcott Parsons (New York, 1947), p. 92.

94 콜링우드의 원고들이 인간 사유의 좀더 확장적인 개념을 시사한다는 주장에 대한 고찰로는 Parker, *The English Idea of History from Coleridge to Collingwood*를 보라. 파커는 "그렇지만 콜링우드가 정서의 재연을 자신의 역사철학에서 중요한 요소로 만들고자 의도했다면, 그것은 확실히 그가 상당수의 지적 자산을 투자해온 입장을 포기했음을 보여주는 것이었다. 어느 쪽이든, 1946년 『역사의 관념』의 출간 이후로 우리가 알고 있었던 역사적 '콜링우드'는 이런 점에서 본질적으로 합리주의자로 드러났고, 그의 새로운 입장은—그것이 정녕 새로운 것이라면—철저하게 사유되지는 못했던 것으로 보인다."(pp. 207–208).

95 가다머가 언급했듯이, 개인들의 합리적인 의도들에 초점을 두는 것은 "헤겔의 조건들, 즉 역사철학이 부분적으로 세계정신의 계획에 따라 이루어지고 이런 심원한 지식에 기초해서 특정 개인을 세계사적 중요성을 갖는 인물로 지시하고 그의 특수한 사상과 세계사적 사건의 의미 사이의 참된 조화가 존재한다는 주장이 유효할 때만이 정당한 일로 간주된다." *Truth and Method*, p. 334.

96 기이하게도, 칼 포퍼는 콜링우드에게 그가 그토록 피하고자 했던 심리주의를 전가하면서 비난했다. *Objective Knowledge: An Evolutionary Approach* (Oxford, 1972), p. 187을 보라. 포퍼의 오독에 대한 철저한 비판에 대해서는 Peter Skagestad, *Making Sense of History: The Philosophies of Popper and Collingwood* (Oslo, 1975)를 보라. 콜링우드의 심리주의에 대한 전반적인 적개심은 그가 『자서전』에서 그것을 마음의 과학으로서 가혹하게 비난한 내용에서 잘 드러난다. 거기서 그는 심리주의를 점성학, 연금술, 골상학처럼 "그 시대에 유행한 과학적 사기"에 비유한다(p. 95).

97 Collingwood, *The Idea of History*, p. 304.

98 그 중요성에 대한 유력한 분석으로는 David Bates "Rediscovering Collingwood's Spiritual History (In and Out of Context)," *History and Theory* 35, no. 1 (1996)

을 보라.

99 이 논의에 대해서는 Dray, *History as Re-enactment*, p. 139를 보라. 또한 Makkreel, *Dilthey: Philosopher of the Human Sciences*, pp. 409-410을 보라. 그의 주장에 따르면, 콜링우드는 예술적 경험을 완전히 무분별하고 경솔한 것으로 간주함으로써, 자신의 정서에 관한 예술가의 표명에 대한 믿음을 넘어서는 것에 기초한 예술사에서는 어떤 재연도 불가능하게 만든다. 양식들의 역사적인 발전에 대한 관심의 부재로 인해, 콜링우드는 하인리히 뵐플린의 오류와 반대되는 오류, 즉 "이름 없는 예술의 역사"라기보다는 "역사 없는 예술의 이름"이라는 오류를 저지를 위험에 놓여 있다.

100 S. M. Amadae, *Rationalizing Capitalist Democracy: The Cold War Origins of Rational Choice Liberalism* (Chicago, 2003)을 보라.

101 첫 번째 비난에 대해서는 Keith Jenkins, *Re-Thinking History* (London, 1991), p. 44를 보라. 『자서전』에서 콜링우드는 "정치를 바라보는 나의 태도는 항상 영국에서는 민주주의적이고 대륙에서는 자유주의적이라고 불리는 것이었다"고 인정했으며(p. 153), 스페인 내전에서는 반파시스트 진영에 대한 열렬한 지지를 서술했다. 두 번째 비난에 대해서는 Collingwood, *Essays in the Philosophy of History* (New York, 1996), p. xxxi의 윌리엄 데빈스의 서문을 보라.

102 일반적인 평가에 대해서는 Jim Sharpe, "History from Below," *New Perspectives on Historical Writing*, ed. Peter Burke (University Park, Pa., 1992)를 보라. 이 용어는 *Times Literary Supplement*, April 7, 1966에서 톰프슨이 쓴 논문에 나온다.

103 Pickering, *History, Experience and Cultural Studies*, chapter 3.

104 Henri Lefebvre and Norbert Guterman, "La mystification: Notes pour une critique de la vie quotidienne," *Avant-Poste* 2 (August 1933). 그들의 작업이 논의된 글로는 Bud Burkhard, *French Marxism Between the Wars: Henri Lefebvre and the "Philosophies"* (Amherst, N.Y., 2000), chapter 7을 보라. 그리고 그 정점에 달한 것이 르페브르의 3부작인 *Critique de la vie quotidienne* (Paris, 1947-1962)으로서, 첫 권이 *Everyday Life in the Modern World*, trans. S. Rabinovich (New York, 1971)로, 이어서 *Critique of Everyday Life*, vols. 1-2 trans. John Moore and vol. 3 trans. Gregory Elliott (London, 1994, 2002, 2004)로 번역되었다. 미셸 드 세르토는 1980년에 자신의 2부작 *L'invention du quotidien*을 썼고, 첫 권은 *The Practice of Everyday Life*, trans. Steven Rendall (Berkeley, 1984)로 번역되었다. 문화 연구에서의 일상의 역할에 관한 비판적 분석으로는 Laurie Langbauer "Cultural Studies and the Politics of the Everyday," *Diacritics* 22, no. 1 (Spring 1992)을 보라. 같은 주제에 관한 철학적 고려로는 Agnes Heller, *Everyday Life*, trans. G. L. Campbell (London, 1984)을 보라. 그 중요성에 관한 개관으로는, Ben Highmore, *Everyday Life and Cultural Theory: An Introduction* (London, 2002)을 보라.

105 Yi-Fu Tuan, *Space and Place: The Perspective of Experience* (Minneapolis, 1977). 또한 Paul C. Adams, Steven Hoelscher, and Karen E. Till, eds., *Textures of Place: Exploring Humanist Geographies* (Minneapolis, 2001)에서 그에게 헌정된 논문을 보라.

106 Lynn Hunt, ed., *The New Cultural History* (Berkeley, 1989)에 있는 그 논문들을 보라.

107 예컨대 Alf Lüdtke, ed., *Alltagsgeschichte: Zur Rekonstruktion historischer Erfahrungen und Lebensweisen* (Frankfurt, 1989)을 보라. 이를 분석한 글들로는 David F. Crew, "Alltagsgeschichte: A New Social History 'From Below'," *Central European History* 22, nos. 3-4 (1989)와 나의 "Songs of Experience: Reflections on the Debate over Alltagsgeschichte," *Cultural Semantics: Keywords of Our Time* (Amherst, Mass., 1998)을 보라.

108 아날학파의 이런 경향을 분석한 글로는 Philippe Carrard "Theory of a Practice: Historical Enunciation and the Annales School," in Frank Ankersmit and Hans Kellner, eds., *A New Philosophy of History* (Chicago, 1995)를 보라. 역사가들은 대부분 텍스트들에 대한 전통적인 해석보다 자기고백적인 '자아비판moi criticism'에 기댔던 문학비평가들보다는 통상 더 절제적이긴 했지만, 20세기의 지난 20년 동안 역사가들의 경험들을 그들의 서사들 속에 통합시키려는 거대한 의지의 상용한 사례를 상당수 발견할 수 있다. 아마도 가장 기이한 사례는 Edmund Morris, *Dutch: A Memoir of Ronald Reagan* (New York, 1999)으로서, 여기서 저자는 레이건의 삶에 대한 자신의 논픽션으로 보이는 연출을 통해 대통령과의 만남에 대한 공상적인 설명들을 끼워넣었다.

109 Raphael Samuel "On the Methods of History Workshop: A Reply," *History Workshop* 9 (Spring 1980), pp. 165-166.

110 여성사의 발흥에 관한 짧은 설명으로는 Joan Scott "Women's History," in *New Perspectives in Historical Writing*을 보라. 영국의 '아래로부터의 역사'의 맥락에서의 그것의 출현에 관한 설명으로는 Dennis Dworkin, *Cultural Marxism in Postwar Britain* (Durham, N.C., 1997), chapter 5와 Carolyn Steedman "The Price of Experience: Women and the Making of the English Working Class," *Radical History Review* 59 (Spring 1994)를 보라.

111 이성의 젠더적 본성에 대한 이러한 비판의 전형은 Genevieve Lloyd, *The Man of Reason: "Male" and "Female" in Western Philosophy* (Minneapolis, 1984)였다.

112 R. D. Laing, *The Politics of Experience and the Bird of Paradise* (London, 1967), p. 16. Juliet Mitchell, *Psychoanalysis and Feminism* (London, 1974), p. 236에서 인용됨.

113 Mitchell, *Psychoanalysis and Feminism*, p. 240 (강조는 원문).

114 같은 책, p. 255 (강조는 원문).

115 그렇지만 제인 갤럽이 평했듯이 "'역사'라는 말은 미첼의 정신분석 논의에 만연해 있다. 미첼은 라캉을 정신분석의 역사적 측면을 강화하는 것으로 해석하는, 라캉에 대한 색다른 독해를 한다"는 점이 주목되어야 할 것이다. Gallop, "Moving Backwards or Forwards," in Teresa Brennan, ed., *Between Feminism and Psychoanalysis* (London, 1989), p. 34. 또한 미첼은 앤 오클리와 공동으로 펴낸 *The Rights and Wrongs of Women* (Harmondsworth, 1976) 같은 역사적 프로젝트들에 관련되어 있기도 했다.

116 예컨대 Aletta Biersack "Local Knowledge, Local History: Geertz and Beyond," in Hunt, *The New Cultural History*를 보라. 역사가들 사이에서의 인류학의 유행을 고무하는 데 있어서 클리퍼드 기어츠가 한 핵심 역할에 관한 두 가지 분석으로는, Ronald Walters, "Signs of the Times: Clifford Geertz and the Historians," *Social Research* 47, no. 3 (1980)와 William H. Sewell Jr., "Geertz, Cultural Systems, and History: From Synchrony to Transformation," *Representations* 59 (Summer 1997)를 보라. 인류학이 '아래로부터의 역사'에 끼친 일반적인 영향에 대해서는 Renato Rosaldo "Celebrating Thompson's Heroes: Social Analysis in History and Anthropology," in Harvey J. Kaye and Keith McClelland, eds., *E. P. Thompson: Critical Perspectives* (Oxford, 1990)를 보라.

117 Victor W. Turner and Edward M. Bruner, eds., *The Anthropology of Experience* (Urbana, Ill., 1986). 그 책의 에필로그에서, 클리퍼드 기어츠는 경험을 "이 선집의 포착하기 어려운 주요 개념, 즉 그 저자들 중 어느 누구도 그것과 함께 참으로 기쁨을 느끼지 못하는 것으로 보이며 또 그것 없이는 실제로 수행할 수 있을 것 같지 않아 보이는 그런 것"이라 부르고, 그 용어가 현재 겪는 부침들은 "그 단어의 순수한 사용이 불가능한 것처럼 보이게 한다"고 덧붙였다. "하지만 그것 혹은 그와 유사한 것 없이는, 문화분석들이란 인간적 지반을 떠나 허공에 떠 있는 것처럼 보일 뿐이라는 점도 똑같이 참이다."(p. 374).

118 James Clifford, *The Predicament of Culture: Twentieth-Century Ethnography, Literature, and Art* (Cambridge, Mass., 1988), p. 35.

119 같은 책, p. 37.

120 Kathleen Canning "Feminist History after the Linguistic Turn: Historicising Discourse and Experience," *Signs* 19, no. 2 (1994), p. 417.

121 Agamben, *Infancy and History: Essays on the Destruction of Experience*, trans. Liz Heron (London, 1993). 나는 역사적 실천에 대한 이 책의 여하한 직접적 영향을 암시하지 않는다. 단지 그것이 언어와 역사적 발생으로부터 (유아기와 결합된 언어 이

전의 지복 상태로 이해되는) 경험을 근본적으로 차별화한 점이 경험의 회복을 방법론적 원리로 삼는 것에 비판적인 역사가들이 표명한 일부 유사한 태도들을 예고해주었음을 제시할 뿐이다.

122 Patrick Joyce, *Visions of the People: Industrial England and the Question of Class*, 1848–1914 (Cambridge, 1991), p. 9.

123 지성사의 관점에서 그것들을 분류하려는 내 시도에 대해서는 "Should Intellectual History Take a Linguistic Turn? Reflections on the Habermas-Gadamer Debate," in *Fin-de-Siècle Socialism* (New York, 1988)과 "The Textual Approach to Intellectual History," in *Force Fields: Between Intellectual History and Cultural Critique* (New York, 1993)를 보라.

124 John E. Toews, "Intellectual History after the Linguistic Turn: The Autonomy of Meaning and the Irreducibility of Experience," *American Historical Review* 92, no. 4 (1987), pp. 906–907.

125 Joan Wallach Scott, *The Glassworkers of Carmaux: French Craftsmen and Political Action in a Nineteenth-Century City* (Cambridge, Mass., 1974) 그리고 Louise Tilly, *Women, Work and the Family* (New York, 1978).

126 Scott, "Women in The Making of the English Working Class," in *Gender and the Politics of History* (New York, 1988), p. 89.

127 Roberts, *Nothing but History*, p. 263.

128 Scott, "The Evidence of Experience," *Critical Inquiry* 17, no. 4 (Summer 1991), reprinted in James K. Chandler, Arnold I. Davidson, and Harry Harootunian, eds., *Questions of Evidence* (Chicago, 1994). 또한 Dominick LaCapra, *History and Reading: Tocqueville, Foucault, French Studies* (Toronto, 2000)를 보라. 이 책은 토스에 대한 스콧의 반응에 의지해 이를 확장시켰다.

129 Scott, "The Evidence of Experience," *Critical Inquiry* 17, no. 4 (Summer, 1991), p. 777.

130 같은 책, p. 779.

131 같은 책, p. 783.

132 같은 책, p. 790.

133 같은 책, p. 797.

134 같은 책.

135 Laura Lee Downs, "If 'woman' is just an empty category, then why am I afraid to walk alone at night? Identity Politics Meets the Postmodern Subject," *Comparative Studies in Society and History* 35 (1993). 스콧은 "The Tip of the Volcano"로 응답했고, 그에 뒤이어 같은 주제로 다운스가 "Reply to Joan Scott"을 썼다.

136 Gertrude Himmelfarb "Some Reflections on the New History," *American Historical Review* 94, no. 3 (June 1989). 이것은 Joan Wallach Scott, "History in Crisis? The Others' Side of the Story"에 뒤이어 나온 것이다. 또한 그들의 논쟁을 다룬 글로는 Roberts, *Nothing but History*, chapter 10을 보라. 두 번째 비판에 대해서는 John Zammito, "Reading 'Experience': The Debate in Intellectual History among Scott, Toews and LaCapra," in Paula M. L. Moya and Michael R. Hames-García, eds., *Reclaiming Identity: Realist Theory and the Predicament of Postmodernism* (Berkeley, 2000), pp. 302–303을 보라.

137 Pickering, *History, Experience and Cultural Studies*, p. 228.

138 Louise Tilly, "Gender, Women's History and Social History," *Social Science History* 13, no. 4 (1989)와 Eleni Varakis "Gender, Experience and Subjectivity: The Tilly-Scott Disagreement," *New Left Review* 211 (May–June 1995).

139 Thomas Holt, "Experience and the Politics of Intellectual Inquiry," in Chandler, Davidson, and Harootunian, *Questions of Evidence*, p. 391.

140 Canning, "Feminist History after the Linguistic Turn," p. 424.

141 Scott, "A Rejoinder to Thomas Holt," in Chandler, Davidson and Harootunian, *Questions of Evidence*, p. 399.

142 확실히 단순한 정체성 정치의 재현주의를 넘어서는 덜 비타협적인 다른 포스트구조주의적 논쟁들도 존재했다. 예컨대 사티야 P. 모한티와 그의 추종자들의 작업에서 '포스트실증주의적 실재론'으로 알려진 것에 대한 논의를 보라. 그들의 작업은 Moya and Hames-García, *Reclaiming Identity*에 수록되어 있다. 스콧의 입장은 Zammito, "Reading 'Experience'"에서뿐만 아니라 William S. Wilkerson "Is there something you need to tell me? Coming Out and the Ambiguity of Experience"에서도 비판받았다. 후자의 경우는 게이 정체성과 더불어 새뮤얼 델러니의 "The Evidence of Experience"에 대한 스콧의 활용에 초점을 두고 있다.

143 Carl Bridenbaugh, "The Great Mutation," *American Historical Review* 68, no. 1 (January 1963), p. 328. 스콧이 이런 주장에 불쾌함을 느낀 첫 번째 사람은 아니다. 로런스 W. 러바인은 "브리든바우의 한탄은 당혹스러운 침묵을 불러왔고 일종의 기이한 일탈로 취급받았다"고 기억했다. "The Unpredictable Past: Reflections on Recent American Historiography," *American Historical Review* 94, no. 3 (1989), p. 675.

144 Scott, "History in Crisis?" p. 685.

145 Oakeshott, "The Activity of Being an Historian," p. 166.

146 Scott, "The Evidence of Experience," p. 797.

147 그의 *Narrative Logic: A Semantic Analysis of the Historian's Language* (The Hague, 1983)를 보라.

148 그의 입장에 대한 나의 이해는 스탠퍼드 대학 출판사에서 출간될 예정인 그의 책 *Historical Experience: The Embrace of Romeo and Juliet*을 우연히 접한 뒤로 상당히 향상되었다.

149 F. R. Ankersmit, *History and Tropology: The Rise and Fall of Metaphor* (Berkeley, 1994), chapter 7; "Can We Experience the Past?," in Rolf Torstendahl and Irmline Veit-Brause, eds., *History-Making: The Intellectual and Social Formation of a Discipline* (Stockholm, 1996) 그리고 "Historicism: An Attempt at a Synthesis," *History and Theory* 34, no. 1 (1995). 앙커스미트의 작업에 관한 전반적인 개관과 비판으로는 John H. Zammito, "Ankersmit's Postmodernist Historiography: The Hyperbole of 'Opacity'," *History and Theory* 37, no. 3 (1998)을 보라.

150 Ankersmit, *History and Tropology*, p. 20.

151 Ankersmit, "Can We Experience the Past?" p. 51.

152 같은 책, p. 56.

153 Ankersmit, *History and Tropology*, p. 200 (강조는 원문). 향수에 관한 상이한 이해에 대해서는 8장 주 96에 인용된 앙겔리카 라우흐의 논의를 보라.

154 Ankersmit, "Can We Experience the Past?" p. 56. 이것이 확실히 무엇을 의미하는지 말하기는 어렵지만, 전에 내가 앙커스미트를 읽은 하나의 경험은 그의 주장을 예고해주는 것처럼 보인다. "The Manacles of Gavrilo Princip," in *Cultural Semantics*를 보라.

155 Ankersmit, "Historicism: An Attempt at Synthesis," p. 161.

156 같은 책, p. 67.

157 같은 책, p. 68.

158 같은 책, p. 71.

159 같은 책, p. 73.

160 "Ankersmit's Postmodernist Historiography"에서, 자미토는 "앙커스미트는 자신이 기술한 것이 관습적인 역사가에게서 보이는 '신비감의 태도와 거의 종교적인 계시'를 가질 수 있으리라고 생각지 않았다. 물론 이 생각은 옳다"(p. 345)고 무미건조하게 언급한다.

161 정상적인 역사주의적 서사들의 부드러운 작동들에 균열을 일으키는 것인, 과거의 물질적 잔재들의 경험이 주는 충격에 열려 있으라는 푸코의 경고가 갖는 중요성에 대해서는 Catherine Gallagher and Stephen Greenblatt, *Practicing New Historicism* (Chicago, 2000)을 보라. 갤러거와 그린블랫은 푸코가 자신의 작업에서 그 강렬함을 충분히 이해하지 않은 채 보존하고자 했던 유일무이한 삶들의 기록들과 우연히 조우한 것을 논하면서 "그 삶들을, 나로 하여금 그것들을 경험하게 했던 것과 똑같은 채로 남겨두는 것이 최선이 아니었을까?"라고 묻는 구절을 인용한다(p. 67). 일화의 특유한

'새로운 역사주의적' 사용은 서사들의 정상화—앙커스미트의 용어로는 맥락화—가 지나치게 손쉽게 통합시켰던 과거의 낯설음과 유사한 효과를 불러일으키기 위해 고안되었다.

162 Cathy Caruth, *Unclaimed Experience: Trauma, Narrative, and History* (Baltimore, 1996). 캐루스의 주장에 따르면 "트라우마의 경험과 그것이 잠복해 있다는 사실은 따라서 결코 완전히 알려질 수 없는 실재를 망각하는 것이 아니라 그 경험 자체에 내재한 잠복에 있는 것처럼 보인다. 트라우마의 역사적 힘은 그 경험이 망각 이후에도 반복된다는 사실뿐만 아니라 그것이 최초로 경험되는 것은 그것에 고유한 망각 속에 그리고 그것을 통해서만 존재한다는 것이다."(p. 17). 트라우마에 가장 관심을 보인 역사가는 도미닉 라카프라다. 하지만 그는 그것에 하나의 판본(혹은 기껏해야 후대 역사가들의 편에서의 가상적인 모조품)을 만들어내기보다 모호하게 하는 것을 선호한다. 그의 논의에 대해서는 *History and Reading*, pp. 62–63을 보라.

7장

1 이 용어는 1874년에 「비미학적 폭로와 철학의 요점」이라는 벤저민 폴 블러드의 팸플릿에 나온다. 윌리엄 제임스는 이 글을 열정적으로 평론했다. 그 평론은 제임스의 *Essays, Comments, and Reviews*, vol. 17 of *The Works of William James* (Cambridge, Mass., 1987)에 수록되었다. 제임스에게서의 블러드의 중요성을 다룬 논의로는 G. William Barnard, *Exploring Unseen Worlds: William James and the Philosophy of Mysticism* (Alnbvany, N.Y., 1997), pp. 29–34를 보라.

2 이 이원론을 극복해야 한다는 호소는 거의 20세기 사유의 경구가 되었다. 따라서 전형적인 사례를 꼽자면, 1969년에 "관념주의와 자연주의 공히 기본적인 오류는 그것들에 특유한 탐구의 관점이 모두의 허위적인 이분법의 사용을 통해 정의된다는 것"이라고 다시금 우리에게 주장한 현상학자 캘빈 O. 슈랙을 지목할 수 있겠다. 이어지는 그의 말에 따르면 "필요한 것은 주관주의적이고 객관주의적인 범주들보다 더 오래된 경험된 세계와의 교류에 관한 설명이다. 그것은 양자의 주제와 관련된 구성에 앞서며 전통적으로 표현되고 있는 딜레마를 약화시킨다." *Experience and Being* (Evanston, Ill., 1969), p. 6.

3 '다소간more or less'이라는 수식어는, 우리가 경건한 신자에게서의 신에 대한 절대의 존감정을 강조한 슐라이어마허 같은 종교적 경험의 옹호자들이 제기한 급진적인 휴머니즘적 자율성에 대한 비판을 상기한다면, '자율적인'에 결부되어야 한다. 하지만 심지어 그도 개인들이 자신들의 천부적인 잠재력을 절대적으로 예정된 것으로 가정하기보다는 점차 개발해야 한다는 점을 부인하지 않았다.

4 예컨대 Pater, *The Renaissance* (New York, 1919), pp. 247–248을 보라. 여기서 페이터는 "처음에 경험은 예민하고 성가신 현실 속에서 우리를 내리누르고 수천 가지 형

태들의 행동으로 우리를 끌어들이면서 외부 대상들의 범람 속에 우리를 매장시키는 것처럼 보인다. 그러나 이러한 대상들을 반성하기 시작하면, 그것들은 반성의 영향력 하에서 소멸되고 만다. (…) 이미 무수한 인상으로 환원되어버린 경험은, 어떠한 참된 음성도 우리에게 이르는 길을 뚫고 들어오지 못하게 하는, 혹은 우리로부터 우리가 그것 없이 존재한다고 추측할 뿐인 그 음성으로 다가가는 것을 가로막는, 인격성이라는 두꺼운 장벽에 의해 우리 각자에게 고지된다. 이러한 인상들의 모든 것은 고립된 개인의 인상이며, 각각의 마음은 세계에 대한 자신의 꿈에 갇혀 있는 죄수처럼 내맡겨져 있다"고 말한다.

5 퍼스, 제임스, 듀이, 조지 허버트 미드, 올리버 웬들홈스, 촌시 라이트 같은 대표적인 인물들의 개별 연구들을 포함하는 실용주의에 대한 문헌은 너무 방대해서 인용하기 어렵다. 최근 선별된 참고문헌 목록으로는 Louis Menand, ed., *Pragmatism: A Reader* (New York, 1997)와 Morris Dickstein, ed., *The Revival of Pragmatism: New Essays on Social Thought, Law, and Culture* (Durham, N.C., 1998)를 보라.

6 John J. McDermott, *The Culture of Experience: Philosophical Essays in the American Grain* (New York, 1976), p. 15.

7 John J. Stuhr, *Genealogical Pragmatism: Philosophy, Experience, and Community* (Albany, N.Y., 1997), p. 32.

8 John E. Smith, *America's Philosophical Vision* (Chicago, 1992), p. 4.

9 Bruce Wilshire, *The Primal Roots of American Philosophy: Pragmatism, Phenomenology, and Native American Thought* (University Park, Pa., 2000).

10 Daniel J. Boorstin, *The Genius of American Politics* (Chicago, 1953).

11 John Patrick Diggins, "Theory and the American Founding," in Leslie Berlowitz, Denis Donoghue, and Louis Menand, eds., *Theory in America* (New York, 1988).

12 Oliver Wendell Holmes, *The Common Law*. Menand, ed., *Pragmatism*, p. 137에서 발췌.

13 Philip Rahv, "The Cult of Experience in American Writing," in *Literature and the Sixth Sense* (New York, 1969). 그렇지만 라브는 세속적이기보다는 종교적인 집착이 지배적이고 소설과 드라마처럼 경험적으로 풍부한 장르들이 로맨스와 시에 비해 덜 주목받았던 이른 시대에도 그런 숭배가 존재했다고 주장한 것은 아니었다.

14 Paul Tillich, "The Conquest of Intellectual Provincialism: Europe and America," in *Theology of Culture* (New York, 1959), p. 164.

15 Charles Sanders Peirce, *Collected Papers*, ed. Charles Hartshorne and Paul Weiss, vol. 5 (Cambridge, 1934), p. 37.

16 George Santayana, "Apologia Pro Mente Sua," in Paul Arthur Schilpp, ed., *The*

Philosophy of George Santayana (LaSalle, Ill., 1940), p. 540.

17 Henry Adams, *The Education of Henry Adams* (New York, 1934), p. 294.

18 Bruce Kuklick "Does American Philosophy Rest on a Mistake?" in Marcus G. Singer, ed., *American Philosophy* (Cambridge, 1985). 또한 제임스 클로펜버그도 청교도주의자들과 실용주의자들 간의 껄끄러운 관계가 늘 발견되었다고 개인적인 대화에서 언급한 바 있다.

19 McDermott, *The Culture of Experience*, p. 17.

20 로크의 연역적 진리에서 한 가지 중요한 잔재는 도덕적 직관에 대한 그의 믿음이었는데, 그것은 또한 미국 철학에도 영향을 미쳤다. 나는 이러한 관찰을 모턴 화이트에게 빚지고 있는데, 그는 그것을 멀게는 헨리 시지윅까지 거슬러 추적했다.

21 William James, "Philosophical Conceptions and Practical Results," in *Pragmatism* (Cambridge, Mass., 1975). 퍼스는 본인의 사상이 제임스의 것과 똑같이 취급받는 것을 싫어했고 자기 자신의 사상을 '프래그매티시즘pragmaticism'이라고 부르기 시작했다. 물론 그는 이렇듯 추한 신조어가 다른 이들에게 쉽게 도용당하지 않으리라는 점을 잘 알고 있었다. 전통적으로 애초의 실용주의 진영을 포함해서 느슨하게 정의된 사상가들의 집단은 주요 철학자들 외에도 올리버 웬들 홈스, 제인 애덤스, 조지 허버트 미드, 랜돌프 본을 추가하는 것으로 확장된다. 최근에는 아프리카계 미국인 W. E. B. 두보이스와 알레인 로크가 새롭게 포함되었다. Cornel West, *The American Evasion of Philosophy* (Madison, Wis., 1989)와 Nancy Fraser "Another Pragmatism: Alain Locke, Critical 'Race' Theory, and the Politics of Culture," in Dickstein, *The Revival of Pragmatism*을 보라. 그들의 유럽 쪽 지지자들에는 프랑스의 테오도르플루르누아, 이탈리아의 조반니 파피니, 줄리오 체사레 페라리, 조반니 바일라티 그리고 영국에서 F. C. S. 실러와 윌리엄 맥두걸이 포함될 것이다.

22 Morton White, *Social Thought in America: The Revolt against Formalism* (New York, 1976), p. 13. 화이트는 형식주의에 대한 역사주의적이고 유기체론적인 비판을 다룬 자신의 이후 설명에 제임스를 포함시켰고(*Pragmatism and the Politics of Epistemology* [Kyoto, 1986]), 그 비판을 건국의 아버지들에게 남아 있는 합리주의에 대한 지연된 반응으로 간주하기에 이르렀다.

23 White, *Social Thought in America*, p. 6. 화이트는 듀이와 홈스뿐만 아니라 소스타인 베블런, 찰스 비어드, 제임스 하비 로빈슨에게 관심을 집중했다. 그는 역사주의를 "사실을 그보다 앞선 사실로 설명하려는 시도"로, 문화적 유기체론을 "사회과학들에서 주로 탐구하고 있는 것과는 다른 설명들과 관련 자료들을 찾으려는 시도"로 보았다 (p. 12). 그 책의 혼합된 수용에 관한 화이트의 회상에 대해서는 White, *Philosopher's Story* (University Park, Pa., 1999), chapter 8을 보라.

24 Jeffrey C. Isaac "Is the Revival of Pragmatism Practical?; or, What Are the Consequences of Pragmatism?" *Constellations* 6, no. 4 (1999), p. 564.

25 Jackson Lears, *No Place of Grace* (New York, 1981).

26 Louis Menand, *The Metaphysical Club: A Story of Ideas in America* (New York, 2001), p. x. 이 책의 제목은 1872년 퍼스, 제임스, 홈스, 라이트를 중심으로 매사추세츠의 케임브리지에서 가진 비공식적 모임을 지칭한다. 메넌드는 "제임스가 실용주의를 소개한 그해는 미국 경제가 무한 경쟁의 개인주의적 이상으로부터 관리와 규제의 관료주의적 이상으로 이동하기 시작한 해이기도 했다"고 밝힌다(p. 371). 『메타피지컬 클럽』의 전반적으로 긍정적인 수용에도 불구하고, 일부 미국 지성사 연구자들은 그 주장의 양상들을 반박했다. *Intellectual History Newsletter* no. 24 (2002)의 심포지엄에 실린 브루스 큐클릭, 제임스 클로펜버그, 자일스 건, 캐런 핸슨, 토머스 해스컬의 기고문들과 그에 이은 메넌드의 응답을 보라.

27 René Berthelot, *Un romantisme utilitaire: Étude sur le mouvement pragmatiste*, vol. 1 (Paris, 1911). 이는 Richard Rorty "Pragmatism as Romantic Polytheism," in Dickstein, *The Revival of Pragmatism*, p. 21에서 논의되었다.

28 Emile Durkheim, *Pragmatism and Sociology*, trans. J. C. Whitehouse (Cambridge, 1983). 서문들에서 아르망 퀴빌리에와 존 B. 올콕은 프랑스의 실용주의 수용에 관한 유용한 요약들을 제공한다. 프랑스에서는 듀이보다는 제임스의 사례가 더 많이 수용되었다. 뒤르켐의 실용주의 독해에 관한 최근의 비판으로는 Hans Joas, *Pragmatism and Social Theory* (Chicago, 1993), chapter 2를 보라.

29 Cuvillier, preface to the French edition of 1955, p. xviii. 그런 뒤 그는 다음과 같이 덧붙인다. "게다가—이것은 특별히 언급되어야 할 부분인데—집단적 경험은 합리적 사유의 대상이 되어야 한다." 이것은 실용주의자들이 공유하지 않는 입장이다.

30 James T. Kloppenberg, *Uncertain Victory: Social Democracy and Progressivism in European and American Thought, 1870–1920* (Oxford, 1986), p. 101.

31 2장에서 언급했지만, 로크에서 흄에 이르는 경험론자들은 확실한 지식보다는 개연적인 지식에 더 편안함을 느끼곤 했다. 그리고 당연히도 그들 이전에 미셸 드 몽테뉴는, 조르조 아감벤의 말로 옮긴다면, "경험은 확실성과 양립 불가하며 일단 경험이 측정 가능하고 확실하게 되는 순간, 즉각적으로 그 권위를 상실한다"는 점을 이해했다. *Infancy and History: Essays on the Destruction of Experience*, trans. Liz Heron (London, 1993), p. 18. 2장에서 논의된 이언 해킹, 바버라 샤피로, 데이비드 베이츠 그리고 그 외 평론가들의 작업이 보여주었듯이, 듀이가 서구 사상을 묘사하면서 끈질긴 "확실성에 대한 탐구"로 특징지은 것—이는 또한 클로펜버그 주장의 전제이기도 하다—은 마치 허수아비를 상대로 해서 그것을 중요하게 검토하는 것과 유사하다. 하지만 실용주의자들은 그러한 탐구를 분명하게 폐기했던 그만큼 주관주의로부터 벗어나는 운동을 표명했다. 왜냐하면 확실성이란 세계 자체 혹은 그에 대한 참된 지식의 특징

이 아니라, 결국 마음이나 믿음에 대한 개인적 상태이기 때문이다.
이탈리아의 원-파시즘과 실용주의의 관계에 관한 논의로는 Anthony Marasco, "Papini's Corridor: Pragmatism, Democracy and the Lure of the Irrational in the Later Work of William James" (Ph.D. diss., University of California, Berkeley, 2003)를 보라. 또한 제3제국 시절 아르놀트 겔렌과 에두아르트 바움가르텐 같은 독일 지식인들이 나치의 목적들을 위해 실용주의를 활용하려 시도했다는 점도 언급할 가치가 있다. 그리고 확실치는 않지만, 무솔리니도 자신의 세계관을 확립하는 데 그것이 중요함을 인정했다고 한다. 한스 요아스에 따르면 "바움가르텐은 제1차 세계대전 동안 전선에서 겪은 자신의 경험을 미국의 개척 경험과 결합하고 1933년 히틀러의 권력 장악을 새로운 개척 시대의 시작으로 간주한다." *Pragmatism and Social Theory*, p. 110.

32 Judith Ryan, *The Vanishing Subject: Early Psychology and Literary Modernism* (Chicago, 1991). 주체를 넘어선 경험에 대한 모더니즘적 탐구의 특징적인 기술에 대해서는 조르조 아감벤의 마르셀 프루스트에 대한 주석을 보라. 그에게는 "더 이상 참된 어떤 주체도 없고, 다만—단일한 유물론과 함께—대상과 감각의 무한한 표류 그리고 우연한 충돌만이 있을 뿐이다. 여기서 경험을 위해 수용된 주체가 있다면 그것은—과학의 관점에서—경험의 가장 급진적인 부정으로만 나타날 수 있는 것을 정당화하기 위해 출현하는 것에 불과하다. 다시 말해 주체도 대상도 완전히 부재하는 경험을 위해 말이다." *Infancy and History*, p. 42.

33 Linda Simon, *Genuine Reality: A Life of William James* (New York, 1998), p. xxii. 제임스에 관한 또 다른 주된 전기로는 Gerald E. Myers, *William James: His Life and Thought* (New Haven, 1986)와 여전히 불가결한 책인 Ralph Barton Perry, *The Thought and Character of William James*, 2 vols. (Boston, 1935)를 보라. 그의 사상에 대한 수용과(1987년까지) 그의 삶을 쓰려는 시도들을 개관한 글로는 Daniel W. Bjork, *William James: The Center of His Vision* (New York, 1988)에 있는 자전적 에세이를 보라.

34 Kim Townsend, *Manhood at Harvard: William James and Others* (New York, 1996), p. 52를 보라.

35 Ralph Waldo Emerson, *The Complete Works of Ralph Waldo Emerson*, ed. Edward Waldo Emerson, 12 vols. (Boston, 1903–1904), vol. 1, p. 10. Emerson "Self-Reliance," in *Complete Works*, vol. 2. 여기에 모순이 있는 것처럼 여겨진다면, 그것이 '어리석은 일관성'을 '속 좁은 도깨비'라고 경멸한 에머슨의 말임을 기억하라.

36 에머슨의 위대한 에세이 「자연」에서조차 시인과 자연의 합일에 대한 초기의 흥분된 어조에서 양자 사이의 소외를 인정하는 애통한 어조로의 현격한 변화가 나타난다. 이러한 급작스러운 이동에 대한 통찰력 있는 독해로는 R. Jackson Wilson, "Emerson's Nature: A Materialist Reading," in David Simpson, ed., *Subject to History: Ideol-*

ogy, Class, Gender (Ithaca, N.Y., 1991)를 보라.

37 예컨대 Ross Posnock, *The Trial of Curiosity: Henry James, William James, and the Challenge of Modernity* (New York, 1991), p. 18에 제시된 설명을 보라. 제임스의 에머슨에 대한 성숙한 평가는 Milton R. Konvitz and Stephen E. Whicher, eds., *Emerson: A Collection of Critical Essays* (Westport, Conn., 1978)에 수록된 그의 글 "Address at the Emerson Centenary in Concord"에서 찾아볼 수 있다. 듀이도 Joseph Ratner, ed., *Characters and Events: Popular Essays in Social and Political Philosophy* (New York, 1929), vol. 2에 실린 글 "Ralph Waldo Emerson"에서 그를 긍정적으로 논했다. 에머슨의 확고한 낙관주의와 제임스의 인간적 실현의 장애들에 대한 좀더 현실적인 이해는 종종 대조되곤 한다. 예컨대 Arthur O. Lovejoy, *The Thirteen Pragmatisms and Other Essays* (Baltimore, 1963), p. 103을 보라.

38 에머슨을 실용주의 전통의 선구자로 고찰한 것으로는 Stanley Cavell, "What's the Use of Calling Emerson a Pragmatist?" in Dickstein, *The Revival of Pragmatism*을, 미국의 반지성주의 전통에서의 그들의 역할에 관한 비교에 대해서는 Morton White, *Pragmatism and the American Mind: Essays and Reviews in Philosophy and Intellectual History* (New York, 1973), chapter 6을 보라. 화이트 역시 *Science and Sentiment in America: Philosophical Thought from Jonathan Edwards to John Dewey* (New York, 1972), chapter 5에서 에머슨과 그의 수용에 대해 통찰력 있는 글을 썼다. 또한 에머슨, 실용주의 그리고 미국의 문학과 비평의 논의에 대해서는 Richard Poirier, *Poetry and Pragmatism* (Cambridge, Mass., 1992)을 보라. 에머슨과 실용주의자들의 비교에 관한 좀더 신중한 설명은 David Van Leer, *Emerson's Epistemology: The Argument of the Essays* (Cambridge, Mass., 1986), pp. 47–48에서 찾아볼 수 있다.

39 *The Complete Works of Ralph Waldo Emerson*, vol. 2, p. 95. 에머슨은 1837년 하버드대의 사교 모임 파이베타카파Phi Beta Kappa에서 "미국의 학자"라는 주제의 연설을 통해 우리의 경험들에 기초한 독특한 미국적 전통을 지지한 최초의 사람들 중 한 명이었다.

40 Emerson, "Experience," *Essays and Lectures* (Cambridge, 1983).

41 같은 책, p. 473.

42 같은 책.

43 Sharon Cameron, "Representing Grief: Emerson's 'Experience'," *Representations* 15 (Summer 1986), p. 29. 또한 Van Leer, *Emerson's Epistemology*, chapter 5에서 그 에세이에 관한 일관된 분석을 보라. 밴 리어는 '경험'을 에머슨이 초기 작업에서 행한 본질적으로 칸트적인 인식론적 기획을 포기하고 그와 함께 인간의 자율성에 대한 믿음도 포기했음을 표현하는 것으로 간주한다. 이제 남아 있는 것은 우연성의 수

용과 경험적 자아와 초월적 자아의 좁힐 수 없는 간극의 인정이다. 에머슨의 비탄에 관한 좀더 일반적인 고찰로서, 남북전쟁 이전 시기의 미국 역사의 과정에 대한 그의 양가성을 해명하는 글로는 Eduardo Cadava, *Emerson and the Climates of History* (Stanford, 1997)를 보라.

44 Emerson "Experience," p. 486 (강조는 원문).

45 같은 책, p. 492.

46 Stuart Hampshire, *Innocence and Experience* (Cambridge, Mass., 1989), p. 150.

47 Bjork, *William James*, p. 240. 제임스 가족의 기이한 정신 역학은 학문적으로도 흥미로운 주된 원천이자 고려 지점이었다. 아마도 가장 극적인 피해자는 진 스트라우스가 *Alice James* (Boston, 1980)에서 그 비극적 삶을 적절히 거론한 바 있는 그의 누이 앨리스였겠지만, 그의 동기들 모두가 아버지에 의해 겪은 이런저런 형태의 '황폐화'로 인해 고통을 받았다.

48 절대자에 대한 제임스의 의심은 1906년 12월 11일에 그가 친구 엘리자베스 글렌다워 에번스에게 보낸 편지에서 가장 분명하게 설명되고 있다. 그 마지막 구절을 보자. "절대자는 '자연'과 마찬가지로 무한정으로 연장된 경험 내용에 대한 추상적인 이름에 불과하게 되었고, 우리 모두는 다시 한번 실용주의자들이 되었다. 물론 절대자가 있을 수도 있을 것이다. 그리고 그것이 실용적으로 사용된다면 우리를 좀더 낙관적으로 만들 수도 있을 것이다. 하지만 그것은 로이스와 브래들리가 생각하는 것처럼 논리로서 우리에게 강요될 수는 없다. 그리고 그것의 현금등가물은 그 **믿음을 대속하는 경험**이다." Elizabeth Glendower Evans, "William James and His Wife," in Linda Simon, ed., *William James Remembered* (Lincoln, Neb., 1996), p. 65에서 인용(강조는 원문).

49 James "Governor Roosevelt's Oration" (1899), in *Essays, Comments, and Reviews*, vol. 17 of *Complete Works* (Cambridge, Mass., 1987). 그 쟁점은 제국주의였고 필리핀에 대한 부당한 처우였다. 그렇지만 제임스는 남북전쟁 이후 미국의 상당한 부분을 차지했던 호전적인 남성성과 불굴의 삶의 문화를 공유했다. 이에 대해서는 Townsend, *Manhood at Harvard*를 보라.

50 Rahv, "Paleface and Redskin," in *Literature and the Sixth Sense*. 라브에게 있어 그 구분—그의 제목은 거꾸로 되어 있다—은 "경험과 의식" 사이, 그러니까 "에너지와 감수성, 행위와 행위에 대한 이론, 기회로 인식된 삶과 훈육으로 인식된 삶 사이의 분열"이었다(p. 1). 라브에 따르면, 월트 휘트먼은 전형적인 '붉은 피부'인 반면, 그의 맞상대인 '창백한 얼굴'은 헨리 제임스였다. 후자의 이런 식별에 관한 설득력 있는 논박으로는 Posnock, *The Trial of Curiosity*를 보라. 산타야나는 1913년에 쓴 중요한 논문에서 윌리엄 제임스와 조사이어 로이스 사이에 유사한 대립을 설정했다. George Santayana, "The Genteel Tradition in American Philosophy," in David A. Hollinger and Charles Capper, eds., *The American Intellectual Tradition*, vol. 2 (New

York, 2001). 산타야나는 제임스 형제 모두가 전통의 비판자였다고 주장한다. 이때 헨리는 외부로부터 그것을 분석함으로써 파열시킨 반면 제임스는 자신의 생기론을 통해 내부로부터 그렇게 했다고 평가된다.

51 공적 영역에서의 제임스의 역할에 대한 분석으로는 George Cotkin, *William James: Public Philosopher* (Baltimore, 1990)를 보라. 그 이전에 많은 이가 그랬듯이, 코트킨은 영웅적 행동에 대한 제임스의 격려가 그 자신의 우유부단함과 불확정성의 감정을 보상하려는 시도에서 나왔음을 인정한다(pp. 100–101).

52 Simon, *Genuine Reality*, p. xxii.

53 William Joseph Gavin, *William James and the Reinstatement of the Vague* (Philadelphia, 1992).

54 Bjork, *William James*, p. 219.

55 그와 제임스의 우정에 대해서는 Perry, *The Thought and Character of William James*, vol. 1, chapters 38–40을 보라.

56 Shadworth H. Hodgson, *Philosophy and Experience: An Address Delivered before the Aristotelian Society,* October 26, 1885 (Edinburgh, 1885).

57 같은 책, pp. 6과 16.

58 Shadworth H. Hodgson to James, February 14, 1884, in *The Correspondence of William James*, 13 vols., ed. Ignas K. Skrupskelis and Elizabeth M. Berkeley, vol. 5 (Charlottesville, Va., 1997), p. 489.

59 1882년 5월 8일에 그가 샤를 르누비에에게 보낸 편지를 보라. *The Correspondence of William James*, vol. 5, p. 208. 자유주의 성향의 프랑스 신칸트주의자 르누비에는 자유의지의 존재에 대한 강력한 믿음을 제임스에게 심어주었다. 이것은 그가 1870년에 있었던 첫 번째 심각한 우울증에서 벗어나도록 도움을 준 것으로 보인다. Perry, *The Thought and Character of William James*, vol. 1에서 그들의 우정을 다룬 장들에 자유로이 인용된 호지슨과의 서신교환을 통해, 제임스는 직접적으로 유사한 의구심을 표했다. 그렇지만 호지슨이 1885년 강의의 말미에서 상식, 과학, 철학과 마찬가지로 종교 같은 문제에서조차 실험적인 접근법을 지지함으로써 그 용어의 범위에 대한 제임스 본인의 확장을 예고했다는 점을 언급할 필요가 있어 보인다.

60 *James to Hodgson*, June 10, 1900. Perry, *The Thought and Character of Williams James*, vol. 1, p. 647에서 인용(강조는 원문).

61 같은 책에 있는 *James to Hodgson*, October 7, 1900. 또한 1900년 10월 18일자 그의 편지에 대한 호지슨의 답장을 보라. 여기서 그는 다음과 같이 적었다. "내 입장은 정신과 물질 사이의 이원론이 아니라, 사유에서 만들어진 것과 경험에 의해 필연적으로 만들어진 구분, 즉 본질ousia과 기원genesi 사이의 구분에 의해 부과된 이원론이다." 같은 책, p. 649. 제임스는 비록 *Pragmatism* (1907), *Works*, vol. 1 (Cambridge, Mass.,

1975), p. 30에서 자신의 입장의 선구자로서 "실재들은 단지 그것들이 '~처럼 알려진' 것일 뿐"이라는 호지슨의 주장을 인정했음에도 불구하고, 아직 확신에 이르진 못했던 것으로 보인다.

62 이 논의에 대해서는 Bjork, *William James*, pp. 215–227을 보라.

63 *William James and the Metaphysics of Experience* (Cambridge, 1999), pp. 83–87에서 데이비드 램버트가 보여준 것처럼, 그 용어는 경험비판론의 독일 철학자 리하르트 아베나리우스로부터 차용되었다. 제임스는 그의 책 *Kritik der reinen Erfahrung of 1888–1890*을 잘 알고 있었다.

64 James, *Essays in Radical Empiricism* (Lincoln, Neb., 1996), pp. 4와 23.

65 확실히 그가 그처럼 궁극적인 실재들에 관한 불가지론을 주장한 작업에는 그런 여지들이 존재하긴 한다. 예컨대 1906년에 월터 피트킨의 비판에 대한 응답에서, 그는 "나는 본체적 존재들이나 사건들에 대해 그것들이 실용적인 가치를 보여줄 수 있다고 한다면 얼마든지 인정할 용의가 있다"고 동의한 바 있다. "Discussion: Mr. Pitkin's Refutation of 'Radical Empiricism'," in Eugene Taylor and Robert H. Wozniak, eds., *Pure Experience: The Response to William James* (Bristol, 1996), p. 122.

66 제임스는 *Essays in Radical Empiricism*, p. 27에서 이 점에 대해 호지슨의 『경험의 형이상학』을 호의적으로 인용하고 있다.

67 James, *Essays in Radical Empiricism*, p. 23. 제임스와 딜타이는 서로의 작품을 알고 있었고 중요시했으며 실제로 1867년에 만난 바 있다. Kloppenberg, *Uncertain Victory*, p. 29를 보라. 클로펜버그는 1890년대에 제임스와 듀이가 딜타이의 체험 개념에 가까이 다가갔다고 주장한다(p. 70).

68 1903년 2월 25일에 베르그송에게 보낸 편지에서, 그는 자신의 친구의 작업을 "순수 경험의 철학"이라 불렀다. 베르그송 역시 *A Pluralistic Universe* (New York, 1909)에서 삶의 유동성을 표현하는 데 있어 논리의 부적합성을 보인 점에 대해 칭찬을 아끼지 않았다. 그 후 얼마 지나지 않아, 제임스의 가장 열렬한 제자들 중 한 명인 호러스 칼렌은 그 둘에 대한 지속적인 비교로서 *William James and Henri Bergson* (Chicago, 1914)을 썼다. 여기서 그는 제임스의 휴머니즘적 다원론과 베르그송의 생의 약동에 대한 신념을 대조시켰다. 그렇지만 제임스 본인은 다르게 생각했던 것 같다. 1907년 6월 13일에 실러에게 쓴 편지에서, 그는 『창조적 진화』의 출간에 대해 다음과 같이 거침없이 쏟아냈다. "나에게는 그처럼 신성한 현현과 비교하자면 그 어떤 것도 중요하지 않은 것처럼 보인다. 매시간 우리 모두의 입장들은 성장해가는 세계를 당당하게 옹호했고, 야수 같은 지성주의는 완전히 죽은 것을 살해했다!" *William James: Selected Unpublished Correspondence, 1885–1910*, ed. Frederick J. Down Scott (Columbus, Ohio, 1986), p. 442.

69 James, *Essays in Radical Empiricism*, p. 42 (강조는 원문).

70 같은 책. 여기서 우리는 그가 『종교적 경험의 다양성』에서 종교적 경험을 편견 없이 포함한 근거를 발견하게 된다.

71 James, *Essays in Radical Empiricism*, p. 65. 그와 로이스와의 오래된 논쟁에 관한 논의로는 James Conant "The James/Royce Dispute and the Development of James's 'Solution'," in Ruth Anna Putnam, ed., *The Cambridge Companion to William James* (Cambridge, 1997)를 보라.

72 James, *Essays in Radical Empiricism*, p. 110.

73 같은 책, p. 194.

74 T. L. S. Sprigge, *James and Bradley: American Truth and British Reality* (Chicago, 1993), p. 45.

75 제임스의 범심론적 다원론에 관한 지속적이고 체계적인 고찰로는 Lamberth, *William James and the Metaphysics of Experience*, pp. 185–196을 보라.

76 James, *Essays in Radical Empiricism*, p. 160.

77 James, *Pragmatism*, p. 97.

78 같은 책, pp. 99 and 106 (강조는 원문).

79 같은 책, p. 107.

80 그의 입장 중 이런 측면에 관한 유용한 논의로는 David A. Hollinger, "William James and the Culture of Inquiry," *In the American Province: Studies in the History and Historiography of Ideas* (Bloomington, Ind., 1985)를 보라.

81 이 구절은 Gavin, *William James and the Reinstatement of the Vague*, p. 103에서 인용된 것이다. 이 책 5장은 이것과 다른 주제들에 대한 퍼스와 제임스의 유용한 비교를 제공한다. 개빈은 듀이가 궁극적인 합의의 가능성에 대한 퍼스의 신념으로 되돌아갔다고 주장한다. 또 다른 논의로는 Christopher Hookway, "Logical Principles and Philosophical Attitudes: Peirce's Response to James's Pragmatism," in Putnam, *The Cambridge Companion to William James*를 보라. 훅웨이는 그들의 핵심적인 차이를 다음과 같이 논하고 있다. "제임스가 단지 명제가 참일 경우 발생하게 될 경험들이나 그러한 상황들 속에서 수행되어야 할 행위를 찾는 곳에서, 퍼스는 경험에서의 패턴들과 법률처럼 행위와 경험의 상호관계들을 추적한다."(p. 152).

82 제임스는 1904년에 하버드 동료인 윌리엄 호킹을 통해서 후설의 사상을 처음 접했다. 무엇보다도 『인간 경험에서 신의 의미』(1912)라는 책의 저자였던 호킹에 관한 논의로는 Wilshire, *The Primal Roots of American Philosophy*, chapter 8을 보라.

83 James, *Essays in Radical Empiricism*, pp. 93–94.

84 Gavin, *William James and the Reinstatement of the Vague*, p. 93.

85 Herbert Nicholls, "Discussion: Professor James's Hole," in Taylor and Wozniak, *Pure Experience*, pp. 147–148. 이 책은 근본적 경험론을 직접적으로 수용하는 가

장 중요한 텍스트들의 상당수를 편의적으로 모으고 있다. 제임스의 경우 경험에 대한 양립 불가능한 해석들에 관한 불만들이 오늘날에도 지속되고 있다는 점을 언급할 필요가 있다. 예컨대 조너선 크레리가 19세기 후반의 주의attention의 심리학의 맥락에서 제임스에 대해 논하는 글을 보라. 여기서 그는 "제임스에게 있어, 주변부들, 변천들, 각자의 특별한 '순수 경험'의 맥박들에 대한 개별적인 주의력은, 공유되고 공통적으로 거주하는 세계의 복잡하게 얽힌 밀도 속으로 침잠하는 것으로서의 '경험'과 결코 적절하게 화해될 수 없었다." *Suspensions of Perception: Attention, Spectacle, and Modern Culture* (Cambridge, Mass., 1999), p. 352.

86 예컨대 Hilary Putnam, "Pragmatism and Realism," in Dickstein, *The Revival of Pragmatism*을 보라. 약간 상이한 접근법에 대해서는 Charlene Haddock Seigfried, "William James's Concrete Analysis of Experience," *The Monist* 75, no. 4 (October 1992)를 보라. 여기서 그녀는 다음과 같이 적고 있다. "실용주의적 실재론은 독립적으로 존재하는 세계, 즉 어떠한 왜곡 없이도 추상될 수 있는 본질적 구조에 대한 확신이라는 가장 식별 가능한 의미에서의 실재론이 아니다. (…) 따라서 형이상학을 경험의 사실들이라는 강력한 토대 위에서 설정하려는 제임스의 주장은 경험의 충만한 사실들에 대한 호소로서 재해석될 수 있다. (…) 그의 형이상학은 실용주의적 해석학으로, 그의 자연과학적 심리학은 인간되기의 실용주의적 현상학으로 더 잘 이해될 수 있다. 양자 모두 경험에 대한 그의 구체적인 분석으로 이루어진다."(pp. 547–548).

87 Bertrand Russell, "A Review of 'Essays in Radical Empiricism' by William James," in Taylor and Wozniak, *Pure Experience*, pp. 216–217.

88 Arthur O. Lovejoy, "James's Does Consciousness Exist?" in *The Thirteen Pragmatisms and Other Essays* (Baltimore, 1963).

89 1904년 10월 3일에 쓴 퍼스의 편지를 보라. *The Collected Papers of Charles Sanders Peirce*, 8 vols., ed. Charles Hartshorne and Paul Weiss (vols. 1–6) and Arthur W. Burks (vols. 7–8) (Cambridge, Mass., 1931–58), vol. 8, p. 206, para. 301. 같은 편지에서 퍼스는 "**경험**은 그 단어의 본질에서 세계—진리—에 관한 우리의 믿음을 구성한다. 그 맞은편에는 부정확하고 무지한 것으로 여겨지는 우리의 의견과 믿음이 있다"(p. 204, para, 294)고 말한다. 퍼스의 제임스로부터의 거리두기를 표현하는 것으로 이러한 특징 묘사보다 더 적절한 것은 없는데, 이는 공적이고 상호주관적인 과학적 탐구로 구해지는 진리에 관한 궁극적인 합의에 대한 그의 신념을 보여준다. 그들의 두 입장에 관한 간략한 비교로는 John Patrick Diggins, *The Promise of Pragmatism: Modernism and the Crisis of Knowledge and Authority* (Chicago, 1994), pp. 164–170을 보라.

90 Charles Morris, *The Pragmatic Movement in American Philosophy* (New York, 1970), p. 114. 힐러리 퍼트넘같이 제임스에게 우호적인 독자들조차 이런 문제로 인해

당혹해하곤 했다. "Pragmatism and Realism," in Dickstein, *The Revival of Pragmatism*의 다음과 같은 구절을 보라. "제임스에게 세계는 **경험 가능한** 세계고 또 그는 정당하게도 우리의 삶에서 실제적인 기능을 수행하는 여하한 종류의 대화를 배제하기를 꺼리기 때문에, 그는 물리학에서의 관찰 불가능한 것들에 대한 대화, 반사실적인 연관들에 대한 대화, 수학적 대화 등등이 불확실하고 궁극적으로는 실패할 수밖에 없다는 식으로 말하지 않을 수 없다."(p. 48).

91 그의 인격과 사상이 갖는 변치 않는 힘은 Linda Simon, *William James Remembered*에 수록된 헌사들에서 두드러지게 나타난다. 후대 사상가들에게서의 제임스 사상의 중요성에 관한 일반적 평가로는 Ross Posnock, "The Influence of William James on American Culture," in Putnam, *The Cambridge Companion to William James*를 보라.

92 최근 나온 듀이 자서전들 중 가장 훌륭한 것으로는 Robert B. Westbrook, *John Dewey and American Democracy* (Ithaca, N.Y., 1991); Steven C. Rockefeller, *John Dewey: Religious Faith and Democratic Humanism* (New York, 1991) 그리고 Alan Ryan, *John Dewey and the Hightide of American Liberalism* (New York, 1995)을 들 수 있다. 그의 작업에 대한 해설서의 충실한 목록으로는 Barbara Levine, ed., *Works about Dewey, 1886–1995* (Carbondale, Ill., 1996)를 보라. 시디롬 판은 좀더 최근의 작업들에 대한 추가분을 담고 있다. 아마도 그의 경험 개념에 관한 가장 포괄적인 연구는 Gérard Deledalle, *L'idée d'expérience dans la philosophie de John Dewey* (Paris, 1967)일 것이다.

93 신헤겔주의에 관한 제임스의 공격에 대해서는 그의 1882년 논문인 "On Some Hegelisms," in *The Will to Believe* (Cambridge, 1979)를 보라. 그렇지만 제임스는 헤겔의 내적 관계들에 대한 강조와 더불어 그의 사상에서 변증법적이고 역동적인 계기들에 대해서만은 우호적으로 평가했다. 헤겔에 대한 그의 미묘한 반응을 설명한 글로는 Lamberth, *William James and the Metaphysics of Experience* (pp. 172–174)를 보라. 다른 한편, 듀이는 독일 관념론을 열정적으로 가르친 버몬트 대학(초월주의자 제임스 마시가 당시 총장이었다)의 감수성 예민한 학부생이었다. 듀이는 마시의 후임자인 철학과 학과장 조지프 토리 아래서 칸트를 공부했고 자연스럽게 그들의 관념론 전통에 노출되었다. 초기 듀이에 관한 설명으로 여전히 유효한 Morton White, *The Origin of Dewey's Instrumentalism* (New York, 1943)을 보라.

94 John Dewey, "The New Psychology," "The Psychological Standpoint," and "Psychology as Philosophic Method," in *The Early Works of John Dewey, 1882–1898*, 5 vols. (Carbondale, Ill., 1967–72), vol. 1; Shadworth Hodgson, "Illusory Psychology," *Mind* 9 (1886); James to Hodgson, March 1887, quoted in Perry, *The Thought and Character of William James*, vol. 1, p. 641.

95 듀이는 늦어도 1906년까지는 관념론의 한계를 완전히 이해했고, 이를 "Experience and Objective Idealism," in *The Influence of Darwin on Philosophy and Other Essays* (Bloomington, Ind., 1910)에서 자세히 설명했다. 독일 관념론에 대한 그의 적대감은 제1차 세계대전을 거치면서 더 강해졌다. 이 시기에 그는 별 주목을 받지 못한 저서인 *German Philosophy and Politics* (New York, 1915)를 출간했는데, 여기서 놀랍게도 독일의 권위주의적 군사주의에 대한 책임을 물어 칸트를 비난했다.

96 Dewey, *Experience and Nature* (La Salle, Ill., 1987), p. 52.

97 그의 사유에서의 이런 충동에 관한 유용한 설명으로는 Morton White, "John Dewey: Rebel Against Dualism," in *Science and Sentiment in America: Philosophical Thought from Jonathan Edwards to John Dewey* (New York, 1972)를 보라.

98 Dewey, *Experience and Nature*, p. 10.

99 이런 탐구의 원천들과 함의들에 관한 철저한 해명으로는 Rockefeller, *John Dewey*, chapter 1을 보라.

100 듀이가 제임스에게 진 부채와 그로부터 벗어남의 정도에 대해서는 Westbrook, *John Dewey and American Democracy*, pp. 66–67과 Richard M. Gale "John Dewey's Naturalization of William James," in Putnam, *The Cambridge Companion to William James*를 보라. 게일의 주장에 따르면, 제임스에 대한 빈번한 옹호에도 불구하고 듀이의 논문들은 "뻔뻔스러울 정도로 제임스의 철학에 대한 왜곡되고 자기중심적인 설명을 제공한다. 이 글들의 기본적인 목표는 그 철학의 신비감을 없애고 몰개성적으로 만듦으로써 듀이의 자연주의와 모든 인간적인 것들의 사회화 작업에 합치하도록 만드는 것이다."(p. 49).

101 "The Reflex Arc Concept in Psychology," in his *Early Works*, vol. 5. 이 글은 심리학 내의 '내성주의자' 학파에 강한 충격을 던졌고 심리학의 기능주의적 계승자를 배출하는 데 도움을 주었다. 제임스에 대한 듀이의 부채와 그것이 얼마나 분명한지를 간략히 소개한 글로는, Westbrook, *John Dewey and American Democracy*, chapter 3을 보라.

102 듀이가 자신의 사상에서 선험적이고 초월적인 계기들을 퇴치하는 데 충분히 성공적이었는지는 명확치 않다. 이 질문에 관한 회의적인 고찰로는 Morton White, "Experiment and Necessity in Dewey's Philosophy," in *Pragmatism and the American Mind: Essays and Reviews in Philosophy and Intellectual History* (New York, 1973)를 보라.

103 1903년에 출간된 공동연구인 *Studies in Logical Theory, Dewey, The Middle Works, 1899–1904*, vol. 2, ed. Jo Ann Boydston (Carbondale, Ill., 1976)을 보라. 듀이의 『경험의 논리』에 대한 최고의 논의로는 R. W. Sleeper, *The Necessity of Pragmatism: John Dewey's Conception of Philosophy* (Urbana, Ill., 2001)를 보라. 슬리

퍼는 듀이의 초월적인 잔재들에 대한 화이트의 비판에 이의를 제기한다.

104 이미 우리는 1장에서 듀이가 그리스의 반실험주의와 그것의 한계를 비판했음을 살펴본 바 있다. 그렇지만 그는 본질이 탐구의 궁극적인 목적이라는 그리스 철학자들의 믿음을 거부한 반면, 발견의 도구적 기관으로 탐구를 인식한 아리스토텔레스에게는 우호적인 시선을 보냈다.

105 Dewey, *The Quest for Certainty* (New York, 1929), p. 99 (강조는 원문).

106 Dewey, "Experience and Objective Idealism," pp. 220–221.

107 이런 비교들에 대해서는 Robert D. Mack, *The Appeal to Immediate Experience: Philosophic Method* in Bradley, *Whitehead and Dewey* (New York, 1945)와 Sprigge, *James and Bradley*를 보라.

108 Dewey, *Reconstruction in Philosophy* (New York, 1920). 이런 입장이 갖는 난점에 관한 고찰로는 White, *Science and Sentiment*, pp. 280–285를 보라.

109 Dewey, "The Experimental Theory," in *The Influence of Darwin on Philosophy* (Bloomington, Ind., 1910), p. 103. 그렇지만 듀이는 과학적 지식이 일상적 삶에서 실천들의 생활세계로부터 생겨난다는 후기 후설의 주장에는 동의했다. 퍼스의 형식주의와 제임스의 심리주의를 극복하려는 그의 시도에 관한 호의적인 설명으로는 Sleeper, *The Necessity of Pragmatism*, chapter 3을 보라.

110 이 주제를 붙잡고 고심한 듀이의 대표적인 시도들에 대해서는 "A Short Catechism Concerning Truth" (1909)와 "The Problem of Truth" (1911), in *Middle Works*, vol. 6을 보라.

111 듀이는 '상호-작용'을 다음과 같은 방식으로 정의했다. "최종적으로 '요소들', 그 외에 추정상 분리 가능하거나 독립적인 '실체들' '본질들' 혹은 '실재들'로 귀속됨 없이 그리고 그처럼 분리 가능한 '요소들'로부터 추정상 분리 가능한 '관계들'을 고립시킴 없이, 행동의 양상들과 국면들을 다루기 위해 기술과 명명의 체계들이 활용되는 곳." Dewey and Arthur F. Bentley, *Knowing and the Known* (1949), in *The Later Works, 1925~1953*, ed. Jo Ann Boydston (Carbondale, Ill., 1981–89), vol. 16, pp. 101–102.

112 Dewey, *The Quest for Certainty*, p. 260 (강조는 원문).

113 같은 책, p. 6.

114 Dewey, *Experience and Nature*, p. 3. 『확실성의 탐구』 1장은 '위험으로부터의 도피'를 절대자와 확실한 지식에 대한 문제적인 탐구로 이끄는 욕망과 동일시한다. 리처드 번스타인 같은 논평가들이 제기한, 듀이가 '경험의 형이상학'을 옹호했다는 주장에 관한 비판으로는 Sleeper, *The Necessity of Pragmatism*을 보라. 오히려 슬리퍼는 듀이가 경험을 세계에 상응한다기보다 그것이 드러나는 매체라는 입장을 가진 '실존의 형이상학'을 선호했다고 주장한다. 그리고 그것이 발견하는 것은 일시적이고 우연적인 실

존의 기저를 이룬다고 여겨지는 존재the Being처럼 그리 고상한 것이 결코 아니다.

115 듀이가 저 우연성—동일성보다는 연속체로서, 하나에서 다른 것으로의 성장 가능성—을 통해 의미하고자한 것은 파악하기가 쉽지 않다. 그 모호함들에 관한 세심한 고찰로는 David Fott, *John Dewey: America's Philosopher of Democracy* (Lanham, Md., 1998), pp. 68–72를 보라. 초기의 비판자들은 조지 산타야나가 자연적인 것에 대한 인간적인 것의 '전경화foregrounding'라고 부른 것으로서, 경험 자체를 강력한 자연주의의 기초로 삼으면서 우선시하는 태도에 우려를 표했다. George Santayana, "Dewey's Naturalistic Metaphysics," *Journal of Philosophy* 22, no. 25 (1925)를 보라.

116 Dewey, *Experience and Nature*, p. 31. 그렇지만 듀이는 직접적 경험에 대한 반성의 필요성을 강조함으로써, 자신이 항상 피하고자 애썼던 인식론적 주제들을 도입했는지도 모른다. 결국 세계와의 경험적 연속성이 갖는 직접적인 성격이 불충분한 척도라고 한다면, 어떻게 우리는 하나의 반성이 다른 것에 비해 더 우월하다는 것을 판단할 수 있는가? 그가 빠졌던 딜레마에 관한 예리한 비판으로는 Lovejoy, *The Thirteen Pragmatisms*, chapter 6을 보라.

117 죽음의 문제에 관한 듀이의 회피를 다룬 논의로는 Richard Shusterman, *Practicing Philosophy: Pragmatism and the Philosophical Life* (New York, 1997), p. 48을 보라. 셔스터맨은 그의 태도를 가사성의 함의들과 정면으로 대면했던 비트겐슈타인과 푸코의 태도와 대조한다.

118 셀마 라비니에 따르면 "에머슨과 듀이의 수사학에서는 자아와 더 큰 자아, 자연, 공동체 그리고 일부 신성의 원천과의 성스러운 통일의 시적 상징주의가 유사하게 흐른다. 그 목표는 **통일의 과정과 경험을 통한, 그리고 이기심 및 자아와 타자 사이의 '간극, 격차, 분할'을 극복하는 일체감을 통한 구원**이다. "The Contemporary Significance of the American Philosophical Tradition: Lockean and Redemptive," in Larry A. Hickman, ed., *Reading Dewey: Interpretations for a Postmodern Generation* (Bloomington, Ind., 1998), pp. 222–223. 이런 해석은 일반적으로는 그럴듯하지만, 우리가 에머슨의 '경험'에서 보았던 절망의 순간과 풀리지 않는 트라우마를 경시하는 경향이 있다. 이것은 제임스에 비해 듀이의 경우에는 덜 분명했던 것이다. 듀이의 과도한 낙관주의에 관한 전형적인 비판으로는 Diggins, *The Promise of Pragmatism*을 보라. 여기서 그는 헨리 애덤스와 듀이를 병치시킨 후 "우리는 다윈주의 이후 진리가 더 이상 사유의 고유한 특징으로 간주될 수 없다는 것을 인정하긴 하지만, 애덤스의 주장처럼 경험으로부터 배우게 될 것에 대해서만큼은 궁금해할 수 있다. 경험 자체는 어떻게 권위가 작동하고 왜 사람들이 복종하는지뿐만 아니라 더 어려운 질문—왜 그들이 복종해야 하는가?—에 대해서도 설명해주면서, 도덕적이고 정치적인 권위의 본성을 조명해줄 수 있는가?"라고 묻는다(p. 220).

119 Dewey, *Reconstruction in Philosophy*, pp. 83과 94. 듀이가 제시하고 있는 것처럼 이런 변화의 시점은 매우 불분명한데, 다만 로크와 흄의 경험론 이후에 도래했고 과학혁명 이후에 발전된 것으로 추정될 뿐이다.

120 듀이는 좀더 폭넓고 거의 자연주의에 가까운 믿음을 수용하기에 앞서 자신의 어머니가 강요한 억압적인 경건함을 극복해야만 했다. 그러한 믿음은 *A Common Faith* (1934), in *Later Works*, vol. 9, pp. 3-4에서 설명되어 있다. 그의 종교적인 정서에 관한 논의로는 Rockefeller, *John Dewey;* Rockefeller's summary essay "Dewey's Philosophy of Religious Experience," in Hickman, *Reading Dewey*와 Westbrook, *John Dewey and American Democracy*, pp. 418-428을 보라.

121 *The Quest for Certainty*, pp. 10-14에서 신성과 세속의 구분에 대한 그의 언급들을 보라. 록펠러는 *John Dewey*, p. 492에서 듀이가 카를 바르트의 위기신학에 대해 훨씬 더 큰 거부감을 표했지만 오토로부터도 거리를 두려고 했음을 언급한다(pp. 452-453). 듀이는 슐라이어마허에 더 가까웠음에도, 절대의존감정을 종교적 경험의 가장 근본적인 측면으로 결코 강조한 바 없었고, 칸트적 실천이성과 정서적으로 스며든 경건은 양립할 수 없다고 생각했다.

122 이처럼 독특한 순간은 그가 1879년부터 1881년에 펜실베이니아의 오일시티에 거주할 무렵 발생했고, 이는 맥스 이스트먼에 의해 상당히 나중에 보고되었다. Rockefeller, *John Dewey*, p. 67을 보라. 당시 무엇이 발생했든지 간에, 초자연적인 실재들에 대해 듀이가 어떤 실제적인 공감을 하지는 않았던 것 같다.

123 그의 작업에서 이런 측면은 하나의 본질적인 논평을 야기했다. 예컨대 James Campbell, "Dewey's Conception of Community," and John J. Stuhr "Dewey's Social and Political Philosophy," in Hickman, *Reading Dewey* 그리고 Fott, *John Dewey*를 보라.

124 Dewey, *Experience and Nature*, p. 167.

125 Dewey, *Individualism: Old and New*, in *Later Works*, vol. 5. Westbrook, *John Dewey and American Democracy*는 시민 종교에 관한 요점을 밝히고 있다(p. 427). 개인주의와 사적인 삶을 지나칠 정도로 공동적이고 공공적인 것에 포섭하려는 시도의 위험성은 Ryan, *John Dewey and the High Tide of American Liberalism*, pp. 219-220과 368에 나타나 있다.

126 Diggins, *The Promise of Pragmatism*, p. 20.

127 예컨대 Hent de Vries, *Philosophy and the Turn to Religion* (Baltimore, 1999)을 보라. 여기에는 데리다의 경우 "민주주의 사상은 모든 심급과 각각의 개별 심급에서 언제나 아직 '도래해야 할à venir' 것으로 남아 있는 것으로 간주된다. 시간의 모든 주어진 시점에서 항상 다른 단계로 나아가는 것이 결코 그 자체로 예측될 수 없듯이, 그것은 결코 완전한 충만함이나 (자신에 대한) 현전에 이를 수 없고, 그 대신 무한한 -비록

무한하게 한정된 것이긴 하지만—미래avenir의 까다롭지만 그만큼 절박한 특징을 획득할 뿐이다"라고 언급한다(p. 322).

128 Kloppenberg, *Uncertain Victory*, p. 140.

129 Dewey, *Experience and Nature*, p. 290.

130 '알렉산더 기술'에 대한 듀이의 평가는 Rockefeller, *John Dewey*, pp. 333–344와 Shusterman, *Practicing Philosophy*, pp. 167–177에서 논의되고 있다.

131 Dewey, *Democracy and Education (1916), Middle Works*, vol. 9; *Experience and Education* (1938), *Later Works*, vol. 13.

132 듀이의 교육적 유산에 관한 논쟁들의 훌륭한 요약으로는 Westbrook, *John Dewey and American Democracy*, chapter 6을 보라. 그것의 비판은 일찍이 로버트 허친스가 서구에서 위대한 책들의 고전적 전통으로 돌아갈 것을 촉구하면서 시작되었다. Robert M. Hutchins, *The Higher Learning in America* (New Haven, 1936)를 보라.

133 이러한 비난은 1917년 미국의 참전에 대한 듀이의 예기치 않은 지지의 여파 속에서 그의 소원해진 친구 랜돌프 본에 의해 최초로 제기되었다. Randolph Bourne "The Twilight of the Idols," in Olaf Hansen, ed., *The Radical Will: Selected Writings* (New York, 1977)를 보라. 그것은 「듀이의 자연주의적 형이상학」에서 조지 산타야나에 의해 반복되었고, 또다시 한 세대 후에 막스 호르크하이머에 의해 *Eclipse of Reason* (New York, 1947)에서 재차 가해졌다. 실용주의에 대한 프랑크푸르트학파의 평가에 관한 비판으로는 Joas, "An Underestimated Alternative: America and the Limits of 'Critical Theory'," in *Pragmatism and Social Theory*를 보라. 하버마스가 조지 허버트 미드와 찰스 샌더스 퍼스의 작업을 포함시킨 이후에야 2세대 비판 이론가들은 실제로 실용주의 전통에서 교훈을 도출할 수 있었다. 하버마스와 듀이의 유사성에 관한 설명으로는 Ryan, *John Dewey*, p. 357을 보라. 여기서는 하버마스가 1998년에 『확실성의 탐구』의 독일어 번역에서 썼던 관대한 평론이 확인된다. 그는 이것을 *Zeit der Übergänge: Kleine politische Schriften* 9 (Frankfurt, 2001)에 재수록했다.

134 예컨대 John Herman Randall Jr., "The Religion of Shared Experience," in Sidney Ratner, ed., *The Philosopher of the Common Man: Essays in Honor of John Dewey to Celebrate His Eightieth Birthday* (New York, 1940), pp. 37–38을 보라.

135 듀이와 그의 신학적인 추종자들—그들 중에는 라인홀드 니부어도 있다—에 대한 신정통주의적 반응에 관한 설명으로는 Bruce Kuklick, *Churchmen and Philosophers: From Jonathan Edwards to John Dewey* (New Haven, 1985)를 보라.

136 John Patrick Diggins, "Pragmatism and Its Limits," in Dickstein, *The Revival of Pragmatism*, p. 217. 더 나아가 디긴스는 경험에의 호소가 다수의 실용주의자들이 부여하듯이 민주주의적 급진주의뿐만 아니라 여러 상이한 정치적 결과를 낳을 수도 있다고 주장한다.

137 그렇지만 경우에 따라서 이런 접근법은 역전되어서 찬사를 위한 근거가 되기도 했다. 예컨대 Phil Oliver, *William James's "Springs of Delight": The Return to Life* (Nashville, Tenn., 2001)를 보라. 올리버는 전통적으로 알려진 것에 반대해서 제임스가 "적어도 순수 경험만큼이나 주관성에도 힘입고 있는 인격적 초월의 한 유형에 대한 지지자"였다고 주장한다(p. 9).

138 Diggins, *The Promise of Pragmatism*, p. 220.

139 Dewey, *Later Works*, vol. 1, p. 361. 그러나 이후 새 판의 부록에서, 그는 그것의 필요성을 집요하게 주장하고자 했다. "사람들이 (과학에서 오랫동안 그래왔듯이) 철학에서 '실재'를 미학적, 도덕적 혹은 논리적 규범들에 따라 정의하고 예측하는 것을 선호하는 한, 경험 개념은 우리로 하여금 '실재'가 그 무엇이 됐든 지시적으로 발견된 것을 포함한다는 사실을 상기하도록 하기 위해 필요하다. (…) 경험처럼 교훈적이고 지시적인 단어는 우리로 하여금 논리적으로 사유되는 만큼이나 체험되고 겪어지며 향유되는 세계가 인간의 모든 탐구와 추측에 있어 결정적 단어를 갖는다는 점을 상기하도록 하기 위해 필요하다."(p. 372).

140 Menand, *The Metaphysical Club*, p. 437에 따르면, 올리버 웬들 홈스도 1881년에 쓴 『관습법』에서 '문화'와 '경험'을 동의어로 간주했었다. 경험에서 문화로 듀이의 잠정적인 전환을 고찰하면서 그것은 실수였다고 주장하는 글로는 Sleeper, *The Necessity of Pragmatism*, chapter 5를 보라.

141 Dewey and Arthur Bentley, *Knowing and the Known*, in *Later Works*, vol. 16. 용어를 변경하도록 자극한 사람은 벤틀리였다. 1944년 5월 12일에 쓴 편지에서, 듀이는 그에게 다음과 같이 적었다. "나는 '경험'을 필요치 않은 것으로서 버리라는 당신의 말에 동의한다. 나는 그것을 다루는 방식이 조금 더 공감을 불러일으켰으면 한다. 아마도 나 자신의 지난 투쟁들 때문일 것이다."(T. Z. Lavine's introduction, p. xxxvi에서 인용).

142 John E. Smith, *Experience and God* (New York, 1968); Sidney Hook, *Pragmatism and the Tragic Sense of Life* (New York, 1974); and McDermott, *The Culture of Experience*. 심지어 시카고 대학의 철학자 리처드 매키언 같은 신아리스토텔레스주의자들의 작업에도 명백한 영향의 흔적이 남아 있다. *The Selected Writings of Richard McKeon*, ed. Zahava K. McKeon and William G. Swenson, vol. 1 (Chicago, 1998)에 있는 그의 "Experience and Metaphysics"(1953)를 보라.

143 Morris Dickstein, "Introduction: Pragmatism Then and Now," in *The Revival of Pragmatism*, p. 1. 물론 실용주의의 과학적 충동이 분석철학의 승리를 위한 길을 예비했다고 주장할 수도 있다. Timothy V. Kaufman-Osborn, *Politics/Sense/Experience: A Pragmatic Inquiry into the Promise of Democracy* (Ithaca, N.Y., 1991), pp. 13-14를 보라.

144 Menand, *The Metaphysical Club*, p. 441. 비판자들은 W. V. O. 콰인과 모턴 화이트 같은 철학자들, 토머스 쿤 같은 과학사가들, 아서 슐레진저, 루이스 하츠, 멀 커티, 헨리 스틸 코메이저, 대니얼 부어스틴 같은 냉전자유주의 학자들에게 실용주의가 지속적으로 끼친 영향의 중요성을 메넌드가 과소평가했다고 응답했다.

145 이러한 기각은 지속적으로 논란을 야기한다. 어떤 사적인 편지에서, 제임스 클로펜버그는 다음과 같이 적었다. "듀이의 『자유주의와 사회적 행동』에서 [민주사회를 위한 학생연맹SDS이 배포한] 포트 휴런 선언으로 이어지는 계보는 대부분의 진보노동당PLP 대중 선동가들에게는 불분명했을지라도 톰 헤이든에겐 명확했다." Letter of December 16, 2002.

146 Herbert Marcuse, *One-Dimensional Man* (Boston, 1964), p. 167. 이보다 앞서 *Soviet Marxism: A Critical Analysis* (New York, 1958)에서 좀더 포괄적으로 듀이를 논할 때, 마르쿠제는 실용주의에 대한 소비에트의 비판들을 요약하면서 그것들과 거리를 두지 않았다(pp. 210~214).

147 Hollinger "The Problem of Pragmatism in American History," In the *American Province*, p. 25. 1980년의 해당 논문이 이 모음집에 재수록될 무렵, 홀링거는 그 주장이 시기상조였음을 이미 인식하고 있었다.

148 예컨대 Hickman, *Dewey: Interpretations for a Postmodern Generation*에 있는 논문들을 보라. 실용주의의 전환에 관한 개관으로는 Richard J. Bernstein "The Resurgence of Pragmatism," *Social Research* 59 (Winter 1992)를 보라.

149 West, *The American Evasion of Philosophy*.

150 로티의 경력상의 발전에 관한 통찰력 있는 분석으로는 Neil Gross, "Richard Rorty's Pragmatism: A Case Study in the Sociology of Ideas," *Theory and Society* 32, no. 1 (February 2003)을 보라. 그로스는 로티가 초기 입장과의 급진적인 단절을 경험했다기보다는 자신의 경력 초기부터 실용주의와 관계를 맺었음을 보여준다. 게다가 로티가 분석철학 내부, 무엇보다도 특히 비트겐슈타인과 쿤 외에도 도널드 데이비드슨, 콰인, 윌프레드 셀러스로부터 배운 가르침들은 그로 하여금 1970년대 후반과 1980년대 들어 과감한 변절로 보인 것을 예비하게 했다.

151 Richard Rorty, *Philosophy and the Mirror of Nature* (Princeton, 1979). 그 제목이 시사하는 것처럼, 로티는 실용주의의 반-방관자적 경향들이 하이데거와 포스트구조주의자들의 시각중심주의에 대한 적대감과 양립할 수 있음을 보이려고 애썼다.

152 Richard Rorty, *Consequences of Pragmatism* (Minneapolis, 1982), p. 56.

153 Richard Rorty, *Contingency, Irony, Solidarity* (Cambridge, 1989).

154 Richard Rorty, *Truth and Progress: Philosophical Papers*, vol. 3 (Cambridge, 1998), p. 307.

155 이 글이 로티의 경력 전반이 갖는 풍부함을 공정하게 다루기 위한 것은 아니지만, 그

가 공적 영역으로부터 명백히 퇴각했다는 주장은 그의 *Achieving Our Country* (Cambridge, Mass., 1998)에 의해 허위임이 밝혀졌다. 여기서 그는 학계의 문화적 급진주의로 방치되었던 정치적·경제적 문제들로 돌아가는 것을 지지했다.

156 Rorty "Dewey's Metaphysics," in *Consequences of Pragmatism*, p. 77. 치유 개념은 로티가 비트겐슈타인에게 빚진 것이다. 비트겐슈타인은 자신이 기꺼이 수용한 언어적 명료성을 통해 우리 안에 있는 철학적 혼동들을 제거하기를 바랐다.

157 같은 책, p. 78.

158 같은 책, p. 80.

159 같은 책, p. 84.

160 Rorty, "Pragmatism as Romantic Polytheism," in Dickstein, *The Revival of Pragmatism*, p. 30.

161 Rorty, "Dewey between Hegel and Darwin," in *Truth and Progress*; Kloppenberg, *Uncertain Victory*; and Hollinger, *In the American Province*.

162 Rorty, "Dewey between Hegel and Darwin," p. 296.

163 같은 책, p. 298.

164 이런 태도의 한 사례로는 Rorty "The End of Leninism, Havel, and Social Hope" (1991), in *Truth and Progress*를 보라.

165 예컨대 Alan Malachowski, ed., *Reading Rorty: Critical Responses to Philosophy and the Mirror of Nature* (Cambridge, 1990); Herman J. Saatkamp, ed., *Rorty and Pragmatism* (Nashville, Tenn., 1995); and John Pettegrew, ed., *A Pragmatist's Progress? Richard Rorty and American Intellectual History* (Lanham, Md., 2000)를 보라.

166 Westbrook, *John Dewey and American Democracy*, pp. 541–542.

167 James Kloppenberg, "Pragmatism: An Old Name for Some New Ways of Thinking," in Dickstein, *The Revival of Pragmatism*, p. 84. 클로펜버그는 조앤 스콧을 좀 더 관대한—그렇지만 아마도 완전히 정확치는 않은—방식으로 읽으면서 "로티가 그랬듯이 그 개념을 기각하는 대신, 스콧은 경험이 견고한 지식을 산출한다고 여겨지는 방식을 검토할 것을 권고한다. 이 전략은 제임스와 듀이의 것과 유사하다"라고 주장한다(p. 108).

168 Richard J. Bernstein, *Beyond Objectivism and Relativism: Science, Hermeneutics, and Praxis* (Philadelphia, 1983); *The New Constellation: The Ethical-Political Horizons of Modernity/Postmodernity* (Cambridge, Mass., 1992); Hilary Putnam, *Renewing Philosophy* (Cambridge, 1992), *Pragmatism: An Open Question* (Cambridge, Mass., 1995), and *Realism with a Human Face* (Cambridge, 1999).

169 Lamberth, *William James and the Metaphysics of Experience*, p. 213. 제임스에 대한 로티의 반응이 램버스가 주장하는 것보다는 덜 비판적일 수 있다는 점은 그의 "Religious Faith, Intellectual Responsibility and Romance," in Putnam, *The Cambridge Companion to William James*에서 잘 드러난다.

170 Joseph Margolis, "Dewey in Dialogue with Continental Philosophy," in Hickman, *Reading Dewey*, p. 249.

171 Sleeper, *The Necessity of Pragmatism*, pp. 107–109.

172 Richard Shusterman, *Pragmatist Aesthetics: Living Beauty, Rethinking Art* (Cambridge, Mass., 1992), pp. 246–250. 그렇지만 셔스터맨은 무한한 호기심과 실험에 대한 로티의 아이러니스트적 강조와, 미학적 수단을 통해 자기 통일을 강제할 수 있는 자로서의 강력한 시인에 대한 로티의 신뢰 사이에 갈등이 있음을 간파했다.

173 Richard Shusterman, "Dewey on Experience: Foundation or Reconstruction," *Philosophical Forum* 26, no. 2 (Winter 1994).

174 같은 책, p. 135.

175 같은 책, p. 138.

176 같은 책, p. 139.

177 자신이 '신체미학somaesthetics'이라 부른 이 기획에 대한 셔스터맨 본인의 생각은 다수의 후속 출간물들에 의해 전개되었다. 그중에서도 주목할 만한 것으로는 *Performing Live: Aesthetic Alternatives for the Ends of Art* (Ithaca, N.Y., 2000); and *Surface and Depth: Dialectics of Criticism and Culture* (Ithaca, N.Y., 2002)가 있다. 그의 작품에 헌정된 심포지엄의 내용을 보려면 *Journal of Aesthetic Education* 36, no. 4 (Winter 2002)를 보라. 여기에는 내 논문 "Somaesthetics and Democracy: Dewey and Contemporary Body Art"도 실려 있다.

178 F. R. Ankersmit, "Between Language and History: Rorty's Promised Land," *Common Knowledge* 6, no. 1 (Spring 1997).

179 같은 책, p. 68.

180 같은 책, p. 65.

181 같은 책, p. 75.

182 같은 책, p. 77.

183 같은 책, p. 78.

184 Rorty, "Afterword: Intellectual Historians and Pragmatism," in Pettegrew, *A Pragmatist's Progress*, p. 209.

185 같은 책, p. 210.

186 Rorty, "Charles Taylor on Truth," in *Truth and Progress*, p. 86.

187 Rorty, "The Contingency of Philosophical Problems: Michael Ayers on Locke," in *Truth and Progress*, p. 282.

188 Agamben, *Infancy and History*, p. 47.

189 Rorty, "Pragmatism, Relativism, and Irrationalism," in *Consequences of Pragmatism*, p. 161.

8장

1 Walter Benjamin to Theodor Adorno, Paris, May 7, 1940, in Theodor W. Adorno and Walter Benjamin, *The Complete Correspondence 1928–1940*, ed. Henri Lonitz and Nicholas Walker (Cambridge, Mass., 1999), p. 326. 벤야민의 경험 개념은 사실상 그에 대한 광범위한 문헌들 전체에서 논의되고 있다. 그것에 초점을 둔 최근 네 편의 논문으로 Marino Pulliero, "Erfahrung: Genèse d'une problématique de l'expérience dans la pensée de Walter Benjamin", *Internationale Zeitschrift für Philosophie* 1 (1993); Linda Simonis, "Walter Benjamins Theorie der Erfahrung," *Études Germaniques* 51, no. 1 (Jan.–Mar. 1996); Thomas Weber, "Erfahrung," in *Benjamins Begriffe*, ed. Michael Opitz and Erdmut Wizisla (Frankfurt, 2000); and Kai Lindroos, "Scattering Community: Benjamin on Experience, Narrative and History," *Philosophy and Social Criticism* 27, no. 6 (2001)이 있다. 확장된 논의를 담고 있는 책으로는 Marleen Stoessel, *Aura: Das vergessene Menschliche* (Munich, 1983); Torsten Meiffert, *Die enteignete Erfahrung: Zu Walter Benjamins Konzept einer "Dialektik im Stillstand"* (Bielefeld, 1986); Michael Jennings, *Dialectical Images: Walter Benjamin's Theory of Literary Criticism* (Ithaca, N.Y., 1987); Michael Makropolous, *Modernität als ontologischer Zustand? Walter Benjamins Theorie der Moderne* (Munich, 1989); and Richard Wolin, *Walter Benjamin: An Aesthetic of Redemption* (Berkeley, 1994)이 있다. Miriam Hansen "Benjamin, Cinema and Experience: 'The Blue Flower in the Land of Technology'," *New German Critique* 40 (Winter 1987)도 여전히 상당한 가치가 있는 글이다.

2 Detlev Claussen, *Theodor W. Adorno: Ein letztes Genie* (Frankfurt, 2003), p. 20.

3 Benjamin to Adorno, May 7, 1940, in *The Complete Correspondence* 1928–1940, p. 326. 문제의 그 동생은 게오르크 벤야민(1895–1942)으로, 공산주의자가 된 뒤 나치의 강제수용소에서 사망했다.

4 주목할 것은 개별적인 이름들이 중요할 뿐만 아니라, 추상적이고 균질적인 공간space에 대립되는 것인, 그 자체로 질적으로 구별되는 '장소place'의 가치화 역시 중요하다는 점이다. 일시적인 벤야민의 기여에 포함되는, 20세기 장소의 회복에 대한 분석으로는 Edward S. Casey, *The Fate of Place: A Philosophical History* (Berkeley, 1998)

를 보라. 케이시는 공간에 비해 장소를 더 가치 있는 것으로 보는 데 있어 생생한 신체적 경험의 중요성을 지적한다. 예컨대 에드문트 후설이 1931년의 단편에서 논한 보행자의 운동감각적 경험을 들 수 있다. Edmund Husserl, "The World of the Living Present and the Constitution of the Surrounding World External to the Organism." 이후 산책자에 대한 벤야민의 매혹은 이와 유사한 이해를 표현하고 있다.

5 Benjamin "A Berlin Chronicle" (1932), in *Selected Writings*, vol. 2, 1927–1934, ed. Michael W. Jennings, Howard Eiland, and Gary Smith, trans. Rodney Livingstone and others (Cambridge, Mass., 1999). 통일적인 자아보다 파편화된 신체에 대한 까다로운 호소를 포함하고 있는 벤야민의 산발적인 자전적 저작들은 게르하르트 리히터가 통찰력 있게 분석하는 주제다. Gerhard Richter, *Walter Benjamin and the Corpus of Autobiography* (Detroit, 2000). 자신의 경험에 대한 벤야민의 완곡한 회상들은 장자크 루소 같은 인물들이 도입한 자기표현의 고백적 양식을 의도적으로 약화시켰다.

6 Walter Benjamin, "Experience" (1913), in *Selected Writings*, vol. 1. 1913–1926, ed. Marcus Bullock and Michael W. Jennings (Cambridge, Mass., 1996), p. 3.

7 같은 책.

8 같은 책, p. 4.

9 같은 책, pp. 4–5.

10 벤야민을 그의 전체적인 지성적이고 문화적인 '장'(피에르 부르디외의 개념)에 위치시키려는 야심찬 시도에 대해서는 John McCole, *Walter Benjamin and the Antinomies of Tradition* (Ithaca, N.Y., 1993)을 보라.

11 그렇지만 이 사상가들이 그에게 직접적인 영향을 끼쳤다는 증거는 없다. 벤야민은 1918년 베른에서 심리학자 파울 헤베를린과 함께 받은 수업에서 슐라이어마허의 심리학에 대한 논문을 썼지만, 유일하게 "그것에서 부정적인 방식으로 흥미로운 점은 그의 언어 이론이다"라고 친구 에른스트 쇼엔에게 말했다. Benjamin to Schoen, January 13, 1918, in *The Correspondence of Walter Benjamin, 1910–1940*, ed. Gershom Scholem and Theodor W. Adorno, trans. Manfred R. Jacobson and Evelyn M. Jacobson (Chicago, 1994), p. 109. 내가 말할 수 있는 한, 오토는 벤야민의 편지나 작품에서 언급된 바 없으며, 그 또한 카를 바르트의 역사주의 신학 비판을 따르진 않았던 것으로 보인다. 1939년 6월 8일자 편지에서 그가 카를 티메에 대한 무지를 인정한 것은 같은 책, p. 606을 보라.

12 1915년 3월 9일에 구스타프 비네켄에게 쓴 감정적인 편지에서, 그는 자신들의 공동의 이상을 배반한 것에 대해 통렬한 비판을 쏟아냈지만 "사람들 사이에 순수한 영성이 존재함을 경험해온 것"의 중요성을 여전히 강조했다. *The Correspondence of Walter Benjamin*, p. 76.

13 그 자살에 대한 벤야민의 반응을 이해하려는 시도에 대해서는 나의 논문 "Against Consolation: Walter Benjamin and the Refusal to Mourn," in *Refractions of Violence* (New York, 2003)를 보라.

14 Benjamin "The Life of Students" (1915), in *Selected Writings*, vol. 1, p. 46.

15 이런 추세들에 관한 논의로는 Michael Löwy, *Redemption and Utopia: Jewish Libertarian Thought in Central Europe*, trans. Hope Heany (Stanford, 1992); Anson Rabinbach, *In the Shadow of Catastrophe: German Intellectuals between Apocalypse and Enlightenment* (Berkeley, 1997); and Noah Isenberg, *Between Redemption and Doom: The Strains of German-Jewish Modernism* (Lincoln, Neb., 1999)을 보라.

16 Benjamin "Theories of German Fascism" (1930), in *Selected Writing*, vol. 2, p. 320. 게르숌 숄렘도 부버의 체험에 대한 숭배를 격렬하게 반대했다는 점을 주목할 필요가 있다. 이는 1916년 8월에 쓴 그의 일기 목록에 잘 드러난다. Gershom Scholem, *Tagebücher nebst Aufsätzen und Entwürfen bis 1923*, vol. 1, Halbband 1913–1917, ed. Karlfried Gründer and Friedrich Niewöhner, with Herbert Kopp-Oberstebrink (Frankfurt, 1995), p. 386. 벤야민은 1918년 3월 30일에 쓴 편지에서 부버와 체험에 대한 그의 공격에 수긍하는 입장을 밝혔다. *The Correspondence of Walter Benjamin*, p. 122.

17 Benjamin "Aphorisms on Imagination and Color" (1914–1915) and "A Child's View of Color" (1914–1915), in *Selected Writings*, vol. 1. "Die Reflexion in der Kunst und in der Farbe" (1915), in *Gesammelte Schriften*, vols. 1–8, ed. Rolf Tiedemann and Herman Schweppenhaüser (Frankfurt, 1972), vol. 6; "Der Regenbogen," (1919), and "Der Regenbogen: Ein Gespräch über die Phantasie," in *Gesammelte Schriften*, vol. 9; Howard Caygill, *Walter Benjamin: The Colour of Experience* (London, 1998). 케이길은 이런 초기 단편들의 중요성에 대해 과대평가했을 수도 있다. 그는 벤야민이 "무엇보다도 시각적인 것의 사상가"(p. xiv)라고 말하기 위해 이것들을 사용하지만, 그의 관심을 끈 것은 이제껏 주변화되어온 벤야민의 작품이 처한 상황이다.

18 Benjamin "A Child's View of Color," p. 51.

19 Benjamin "Notes for a Study of the Beauty of Colored Illustrations in Children's Books" (1918–1921), in *Selected Writings*, vol. 1, p. 264.

20 Caygill, *Walter Benjamin: The Colour of Experience*, p. 12.

21 때로 벤야민은 신칸트주의자들을 공격했다. 칸트 본인의 작업에서, 칸트의 유산에서 지배적인 순수하게 인식론적이고 수학적이고 기계적이고 주체지향적인 경험 개념을 넘어서는 방식들을 암시하는 충동들을 상실했다는 이유에서였다. 하지만 다른 경우

에 칸트 자신은 그의 악당으로 간주되었던 것처럼 보인다. 비록 벤야민은 신칸트주의자 하인리히 리케르트의 제자였고 또 생철학의 '순전한 삶'의 찬사에 대한 그의 비판으로부터 많은 것을 배웠지만, 그는 그 운동의 마르부르크 학파에 대해서는 훨씬 덜 공감적이었다. 그는 헤르만 코엔의 『칸트의 경험 개념』을 집중적으로 다룬 수업을 받았고 숄렘에게 자신의 깊은 실망감을 드러내기도 했다. Gershom Scholem, *Walter Benjamin: The Story of a Friendship*, trans. Harry Zohn (New York, 1981), p. 61을 보라. 이 주제를 좀더 포괄적으로 다룬 글로는 Astrid Deuber-Mankowsky, *Der frühe Walter Benjamin und Hermann Cohen: Jüdische Werte, kritische Philosophie, vergängliche Erfahrung* (Berlin, 2000)을 보라.

22 Benjamin, "On Perception," p. 94.

23 같은 책, p. 95.

24 Benjamin, "On Language as Such and the Language of Man" (1916), in *Selected Writings*, vol. 1, p. 65.

25 Benjamin, "Reflections on Humboldt" (1925), in *Selected Writings*, vol. 1, p. 424.

26 Benjamin, "The Task of the Translator" (1923), in *Selected Writings*, vol. 1.

27 Benjamin, "On Language as Such and the Language of Man," p. 70.

28 같은 책, p. 74.

29 Benjamin, "On the Program of the Coming Philosophy" (1918), in *Selected Writings*, vol. 1.

30 Benjamin "On Perception," p. 96.

31 Scholem, *Walter Benjamin: The Story of a Friendship*, p. 73. 벤야민 작업의 신학적 차원에 관한 최근의 논의로는 David Kaufmann, "Beyond Use, Within Reason: Adorno, Benjamin and the Question of Theology," *New German Critique* 83 (Spring–Summer 2001); and Lieven de Cauter, *The Dwarf in the Chess Machine: Benjamin's Hidden Doctrine*을 보라.

32 Benjamin, "On the Program of the Coming Philosophy," p. 105.

33 같은 책, p. 104.

34 같은 책, p. 106.

35 같은 책, pp. 107–108.

36 같은 책, p. 108. 리벤 데 카우터에 따르면, 이런 목표들은 후설의 초월적 현상학에 대한 친화성을 배반하는 것인데, 주관주의와 심리주의에 대한 후설의 비판은 벤야민도 분명히 공유했던 것이다. 이후 벤야민은 현상학의 경험 개념이 갖는 무역사적 특징에 대해 강력한 반대의 입장을 피력하곤 했다.

37 Giorgio Agamben, *Infancy and History: Essays on the Destruction of Experience*, trans. Liz Heron (London, 1993), p. 18. 지식 주장에 방점을 찍은 확실성보다,

벤야민이 구제하고자 했던 그에 선행하는 전통은 권위에 더 의존하는 것이었고, 이는 존경을 요구하는 대상들의 힘을 수반한다.

38 벤야민에게 있어 독서 경험의 중요성에 대해서는 Karlheinz Stierle, "Walter Benjamin und die Erfahrung des Lesens", *Poetica* 12, no. 1 (1980)을 보라. 의미심장하게도, 슈티를레는 벤야민을 몽테뉴와 비교하는 것으로 출발하는데, 몽테뉴는 세계에 대한 열렬한 독서가로서 텍스트의 독서가 세계에 접근하는 데 유용하다는 점을 이해했다.

39 Benjamin, "On the Program of the Coming Philosophy," p. 103.

40 Benjamin, "The Concept of Criticism in German Romanticism" (1920), in *Selected Writings*, vol. 1, p. 148.

41 벤야민은 "The Concept of Criticism in the German Romanticism," p. 192의 한 주석에서 괴테의 이 언급들을 인용하고 있다.

42 Ibid., p. 151. 낭만주의에 대한 벤야민의 부채에 관한 논의로는 Beatrice Hanssen and Andrew Benjamin, eds., *Walter Benjamin and Romanticism* (New York, 2002)을 보라.

43 Benjamin, "Experience" (1932), in *Selected Writings*, vol. 2, p. 553.

44 Benjamin, "The Program of the Coming Philosophy," p. 108.

45 Benjamin to Scholem, September 16, 1924, *The Correspondence of Walter Benjamin*, p. 248.

46 클라게스에 대한 벤야민의 복잡한 부채에 관한 논의로는 McCole, *Walter Benjamin and The Antinomies of Tradition*, pp. 178–180과 236–240을 보라. *Selected Writings*, vol. 1에서 요한 야코프 바호펜에 대한 카를 알브레히트 베르누이의 책에 관해 1926년에 쓴 서평에서 벤야민이 클라게스를 잡다하게 언급한 대목을 보라. 그리고 Anja and Georg Mendelssohn's Der Mensch in der Handschrift에 대한 1928년 서평과 1930년 논문인 "Graphology: Old and New," in *Selected Writings*, vol. 2에서 그의 좀더 열정적인 논의들을 보라.

47 Benjamin, "On Astrology" (1932 [?]), in *Selected Writings*, vol. 2, p. 685.

48 Benjamin, "On the Mimetic Faculty" (1933), in *Selected Writings*, vol. 2. 대부분이 미출간 단편들로서 이 주제를 다루고 있는 다른 작품들에 대해서는 "Analogy and Relationship" (1919) "On Semblance" (1919–1920) "Beauty and Semblance" (1920–1921), and "Goethe's Elective Affinities" (1919–1922), in *Selected Writings*, vol. 1, and "Doctrine of the Similar" (1933) and "The Lamp" (1933), in *Selected Writings*, vol. 2를 보라.

49 미메시스 사상에 대한 벤야민의 전유와 아비 바르부르크의 전유 사이의 유사성들뿐만 아니라 이 사상가들에 대한 그의 부채를 설명한 글로는 Matthew Rampley,

"Mimesis and Allegory: On Aby Warburg and Walter Benjamin," in Richard Woodfield, ed., *Art History as Cultural History: Warburg's Projects* (Amsterdam, 2001)를 보라. 그 개념에 대한 벤야민과 아도르노의 사용을 좀더 긴 역사 속에 위치시키려는 시도에 대해서는 Gunter Gebauer and Christoph Wulf, *Mimesis: Culture—Art—Society*, trans. Don Reneau (Berkeley, 1992)를 보라.

50 Benjamin, "The Lamp," p. 692.

51 Benjamin, "On the Mimetic Faculty," p. 722.

52 Benjamin, "Surrealism" (1929), in *Selected Writings*, vol. 2., p. 208. 초현실주의에 대한 벤야민의 부채를 다룬 유용한 논의들로는 Margaret Cohen, *Profane Illumination: Walter Benjamin and the Paris of Surrealist Revolutions* (Berkeley, 1993); and Beatrice Hanssen, *Walter Benjamin's Other History: Of Stones, Animals, Human Beings, and Angels* (Berkeley, 1998)를 보라.

53 Benjamin, "Dream Kitsch" (1927), in *Selected Writings*, vol. 2, p. 4.

54 Benjamin to Scholem, October 30, 1928, in *The Correspondence of Walter Benjamin*, p. 342.

55 Benjamin to Adorno, Paris, May 31, 1935, in Adorno and Benjamin, *The Complete Correspondence*, p. 88.

56 Benjamin, *The Arcades Project*, trans. Howard Eiland and Kevin McLaughlin (Cambridge, Mass., 2002).

57 Benjamin, "Review of Hessel's Heimliches Berlin" (1927), in *Selected Writings*, vol. 2.

58 벤야민의 마르크스주의로의 전환은 1924년 카프리 섬에서 시작된 라트비아 여배우 아샤 라치스와의 연애 사건과 종종 얽혀 있다. 그의 사상이 허무주의적 아나키즘에서 강력한 아나키즘적 잔재들을 가진 이교적 마르크스주의로 정치적으로 전개된 것에 대한 통찰력 있는 설명으로는 Uwe Steiner, "The True Politician: Walter Benjamin's Concept of the Political," *New German Critique* 83 (Spring–Summer 2001)을 보라.

59 Caygill, *Walter Benjamin: The Colour of Experience*, chapter 2, for an analysis of the relationship between experience and immanent critique를 보라.

60 Benjamin, "Surrealism," p. 209.

61 같은 책, p. 215.

62 Robert Musil, *The Man without Qualities*, vol. 1, trans. Sophie Wilkins (New York, 1996), pp. 158–159. 1권은 1930년에 처음 출간되었다.

63 Lindroos, "Scattering Community," p. 19.

64 Benjamin, "Experience and Poverty" (1933), in *Selected Writings*, vol. 2, p. 730.

65 Benjamin, "Experience" (1932), in *Selected Writings*, vol. 2, p. 553.

66 Benjamin, "On Proverbs" (1932), in *Selected Writings*, vol. 2, p. 582.

67 Benjamin, "Experience and Poverty," p. 732.

68 같은 책.

69 1931년에 쓴 단편에서, 벤야민은 미키 마우스 만화들을 인류가 문명의 붕괴 속에서도 살아남을 수 있도록 준비하는 데 도움을 주는 도구들로 불렀다. 그의 첨언에 따르면 "이 영화들은 그 어느 때보다도 더 급진적으로 경험을 부인한다. 그런 세계 속에서는 경험을 가질 가치가 없다." *Selected Writings*, vol. 2, p. 545.

70 Benjamin, "Experience and Poverty," p. 734.

71 Benjamin, "Bert Brecht" (1930), in *Selected Writings*, vol. 2, p. 370.

72 같은 책.

73 Benjamin, "The Author as Producer" (1934), in *Selected Writings*, vol. 2, p. 779.

74 '좌익 멜랑콜리'는 그가 1931년에 에리히 캐스트너 같은 바이마르 시대 독립적인 좌파들을 비판할 때 쓴 책 제목이고, '파괴적 특징'은 이듬해에 쓴 기사 제목이다. 둘 모두 *Selected Writings*, vol. 2에 실려 있다. 파괴와 경험의 연관을 다룬 논문들로는, Andrew Benjamin and Peter Osborne, eds., *Walter Benjamin's Philosophy: Destruction and Experience* (London, 1984)가 있고, 이 중에서도 특히 Irving Wohlfahrt "No-man's-land: On Walter Benjamin's 'Destructive Character'"를 보라.

75 Benjamin, "The Storyteller," in *Illuminations*, ed. Hannah Arendt, trans. Harry Zohn (New York, 1968).

76 Benjamin, "The Handkerchief " (1932), in *Selected Writings*, vol. 2, p. 658.

77 Benjamin, "The Storyteller," pp. 83–84. 하지만 이 논문에는, 이 결과에 대해 이전 글에서는 분명했던 억지스러운 환호를 찾아볼 수 없다.

78 같은 책, p. 87.

79 Benjamin to Adorno, June 6, 1936, in *The Complete Correspondence*, p. 140.

80 Benjamin, "Little History of Photography" (1931), in *Selected Writings*, vol. 2, p. 518. 그의 작업에서 골치 아픈 개념인 '아우라'에 대한 포괄적인 문헌이 존재한다. 아마도 가장 뛰어난 설명으로는 Marleen Stoessel, *Aura: Das vergessene Menschliche* (Munich, 1983)를 보라.

81 Benjamin, "The Work of Art in the Age of Mechanical Reproduction," *Illuminations*; and "The Newspaper" (1934), in *Selected Writings*, vol. 2.

82 Benjamin, "On Some Motifs in Baudelaire," *Illuminations*, p. 161.

83 Benjamin, "The Return of the Flâneur," p. 266.

84 같은 책, p. 262.

85 Benjamin, "The Crisis of the Novel" (1930), in *Selected Works*, vol. 2, p. 299. 그가

번역했고 분명 자극을 받았던 마르셀 프루스트조차 이런 비난으로부터 벗어날 수 없었다. 1929년에 쓴 논문 『프루스트의 이미지』에서, 벤야민은 "프루스트의 글쓰기 역시 그것의 중심으로서 세계를 대혼란의 위력이 미치는 소용돌이 속으로 허물어뜨리는 고독을 가지고 있다. 그리고 프루스트 소설들에서 포효하고 있는 시끄럽고 상상할 수 없을 정도로 공허한 저 수다는 이런 고독의 심연으로 빠져든 사회의 아우성이다." *Selected Works*, vol. 2, p. 245. 그렇듯 급진적으로 소설로부터 서사시(와 산문적 후손들, 이야기, 대하소설, 속담 그리고 희극적 이야기)를 구분하면서, 벤야민은 게오르크 루카치가 『소설의 이론』에서 소설을 '부르주아의 서사시'로 정의한 것을 암암리에 비판했다. 벤야민은 무시했지만, 그럼에도 그가 서사시에서 경험에 해당된다고 여겼던 그 무언가를 표현하고 있는 전통적인 소설의 차원을 구제하려는 시도에 대해서는 내 논문 "Experience without a Subject: Walter Benjamin and the Novel," in *Cultural Semantics: Keywords of Our Time* (Amherst, Mass., 1998)을 보라.

86 Benjamin, "The Crisis of the Novel," p. 299.

87 비록 지속duration에 대한 강조가 베르그송의 지속durée 개념을 환기시키는 것처럼 보일 수도 있겠지만, 벤야민은 그것의 묵시록적 함의들과 함께 과거와 현재의 역사적 간극들을 무마하려는 시도를 반대했다.

88 켈러에 관한 벤야민의 평가에 대해서는 그의 글 "Gottfried Keller" (1927), in *Selected Works*, vol. 2를 보라.

89 그 결과, 기억에 대한 벤야민의 판본은 프랑크푸르트학파와 관계한 또 다른 인물인 허버트 마르쿠제의 것과는 상당한 차이를 지니게 됐다. 상기적 전체화에 대한 그의 믿음을 설명한 글로는 나의 *Marxism and Totality: The Adventures of a Concept from Lukács to Habermas* (Berkeley, 1984), chapter 7을 보라.

90 Benjamin, "The Return of the Flâneur," p. 265.

91 특히 Benjamin and Adorno, *The Complete Correspondence*에서 1938년 11월 10일에 아도르노가 비판적인 편지를 쓰면서 시작된 서신 교환들을 보라.

92 같은 책, p. 283.

93 Benjamin to Adorno, September 1, 1938, in *The Complete Correspondence*, p. 292. 경험의 약화에 관한 본인의 모든 유감으로 인해, 아도르노는 자신의 1938년 논문 『음악의 물신적 특성과 청각의 퇴행』이 "본질적으로 여기 미국에서 내가 겪은 경험의 표현"으로 간주되어야 한다고 주장한 1939년 2월자 편지에서처럼, 똑같이 직설적인 방식으로 그 용어를 계속해서 사용하려 했다(p. 305).

94 벤야민의 주장에서의 이런 측면에 관한 통찰력 있는 분석으로는 Gyorgy Markus, "Walter Benjamin; or, The Commodity as Phantasmagoria," *New German Critique* 83 (Spring–Summer 2001)을 보라.

95 Benjamin, "On Some Motifs in Baudelaire," *Illuminations*, p. 183. 린드로스는 그

일치들이 체험과 경험을 뛰어넘는 경험의 세 번째 변종을 지칭한다고 주장한다. 왜냐하면 그것은 모더니즘 소설, 필름 몽타주, 포토 몽타주에서 서술하기의 새로운 형식들에 기반하고 있기 때문이다. Lindroos, "Scattering Community," p. 29. 나는 그것들을 벤야민의 초기 작업에 있는 경험의 유비적이고 모방적인 개념의 변종들로 보는 게 더 낫다고 생각한다.

96 그 구분은 *The Hieroglyph of Tradition: Freud, Benjamin, Gadamer, Novalis, Kant* (Madison, N.J., 2000)에서 앙겔리카 라우흐가 명확하게 만든 것이다. 그녀의 언급에 따르면, 멜랑콜리는 "그것이 다른 이들이 있었던 곳으로 가기를 열망하지 않는다는 점에서 향수와는 구별된다. 그것은 고향이나 모성적 토대처럼 리비도적으로 투여된 상상적 공간으로 회귀하지 않는다. 향수가 다른 장소와 다른 시간에 대한 그와 같은 갈망에 따른 고통을 의미한다고 하면, 그럼에도 불구하고 자아와 타자 사이의 거리와 분리는 예리하게 관찰될 수 있다. 이와 대조적으로, 멜랑콜리는 능동적으로 이런 타자를 현재로 옮겨놓고 그것을 이 대상이나 장소가 현시점에서 가질 수 있는 상징적 지위 속으로 이전시킨다. 타자가 자아의 일부가 된다면, 향수는 상상적인 것의 수준에 머무르게 된다. 멜랑콜리는 과거에 대하여 인식적인 작용을 수행한다. 다시 말해 그것은 미래의 상징적 의미와 그리고 미래라는 바로 그 개념에 대한 과거의 잠재력을 발굴해낸다."(p. 210).

97 Benjamin, "Little History of Photography," p. 510. 벤야민이 외젠 아제의 비인격적인 사진술을 두고 대상들을 그것들의 아우라로부터 해방시키는 것으로 찬양한 것은 아우라적 경험의 쇠퇴로부터 하나의 미덕을 만들고자 하는 그의 욕망에 대한 또 다른 사례다.

98 2002년 3월 20일에 있었던 사적 대화에서, 앙커스미트는 자신의 입장과 벤야민의 사진술에 대한 이해 사이에 어떤 유사성들이 있음을 인정한 바 있다. 벤야민은 숭고를 강조하진 않았지만, 그가 신즉물주의neue Sachlichkeit 사진작가 알베르트 렝거 파치가 "세계는 아름답다"(그의 사진 앨범들 중 하나의 제목)는 것을 보여주기 위해 당대에 한 시도를 혐오했다는 점은 의미심장하다. 이런 노력은 "절망적인 빈곤조차—완전히 유행을 좇는 방식으로 그것을 파악함으로써—향유의 대상으로 전환시키는 데 성공했다." "The Author as Producer," p. 775. 파시스트적인 정치의 미학화에 대한 벤야민의 유명한 비판과 유사하다는 점은 명확하다.

벤야민이 사진과 역사를 연계시킨 것에 관한 또 다른 분석으로는 Eduardo Cadava, *Words of Light: Theses on the Photography of History* (Princeton, 1997)를 보라. 또한 Lindroos, "Scattering Community"를 보라. 여기서는 이미지들과 텍스트-단편들에서 과거의 순간들에 대한 벤야민의 환기가 전체적으로 이해될 수 있는 총체로서의 과거라는 매끄러운 개념을 파열시키려는 의도에서 나왔다고 주장한다(p. 32).

99 Benjamin, "Little History of Photography," p. 520. 이 인용에 이어 그런 사진술의

'과학적' 함의들을 이해한 소설가 되블린에 대한 동의가 뒤따른다.

100 Benjamin, "The Image of Proust," p. 238. 이 용어에 대한 가장 유용한 주해들 중 하나는 리베카 코메가 "Benjamin's Endgame," in Benjamin and Osborne, *Walter Benjamin's Philosophy*에서 제시했다. 그것은 "정확히 그 자체의 형성이나 교양의 회상 속에서 자기 자신으로 복귀하는 문화로서의 자기 현실화를 긍정하는 사유의 통일하는 내적 성찰에 대한 **반대**(한마디로, 그것이 어휘적으로 회상하는 헤겔식 상기에 대한 반대)"를 의미한다. "벤야민의 회상Eingedenken은 더 이상 엄밀한 의미에서의 하나 혹은 내부(Ein-)도 아니고, 더 이상 엄밀한 의미에서의 사유(-Denken)도 아니다. 차라리 그것은 스스로를 본질적 유산의 지속성, 즉 전달되거나 전개되거나 제정될 과제나 임무로서 승인하는 전통을 수용하기를(혹은 그것에 의해 수용되기를) 거부하는 유념함 혹은 경계함을 선언한다.

101 Benjamin, "On the Image of Proust," p. 239.

102 프로이트가 그러한 대조를 만들었는지는 불분명하다. 그러나 벤야민 본인은 『쾌락 원리를 넘어서』에는 그러한 구분이 존재하지 않는다고 언급한다. "On Some Motifs in Baudelaire," p. 162에서 그의 언급들을 보라. 프로이트와 벤야민의 유용한 비교에 대해서는 Rauch, *The Hieroglyph of Tradition*, chapter 1을 보라.

103 Benjamin "On Some Motifs in Baudelaire," p. 163.

104 Adorno to Benjamin, February 29, 1940, in *The Complete Correspondence*, p. 321.

105 같은 책, p. 322.

106 Benjamin to Adorno, May 7, 1940, in *The Complete Correspondence*, p. 327.

107 하나의 예외가 있다면 제프리 멜먼의 시도인데, 그는 근대 초 유대 문화에 상당한 피해를 입혔던 이단적 샤베타이파의 해로운 잔재를 벤야민의 작품에서 감지해냈다. Jeffrey Mehlman, *Walter Benjamin for Children: An Essay on His Radio Years* (Chicago, 1993).

108 스펜서, 테일러, 프레이저의 인류학과 그것의 원시적인 모방적 사고방식에 대한 믿음은 G. E. R. Lloyd, *Demystifying Mentalities* (Cambridge, 1990)에서 비판받았다. 또한 Stanley Tabiah, *Magic, Science, Religion and the Scope of Rationality* (Cambridge, 1990)를 보라.

109 Adorno, "A Portrait of Walter Benjamin", *Prisms*, trans. Samuel and Shierry Weber (London, 1967), pp. 235–236.

110 Agamben, *Infancy and History*, p. 50 (강조는 원문).

111 같은 책, p. 53.

112 벤야민에 대한 데리다의 숙고에 의존하는, 이 주제에 관한 미묘한 분석에 대해서는 Hent de Vries, *Religion and Violence: Philosophical Perspectives from Kant to*

Derrida (Baltimore, 2002), chapter 3을 보라.

113 Benjamin, "Critique of Violence" (1921), in *Selected Writings*, vol. 1. 소렐과 슈미트에 공감을 표한 이 논문은 최근 엄청난 논쟁을 야기했고, 자크 데리다가 그것을 조심스럽게 논하면서 더욱 촉발되었다. Jacques Derrida, "Force of Law: The 'Mystical Foundation of Authority'," *Cardozo Law Review* 11 (1990).

114 Benjamin, "Theses on the Philosophy of History," *Illuminations*, p. 259. '비상사태'란 표현은 카를 슈미트로부터 도출된 것인데, 벤야민의 정치학에 그가 미친 영향은 이처럼 최후의 시점에서도 여전히 발견될 수 있다.

115 이 상황에 대한 나 자신의 주해로는 "Fin-de-siècle Socialism," in *Fin-de-siècle Socialism and Other Essays* (New York, 1989); and "The Paradoxes of Religious Violence," in *Refractions of Violence* (New York, 2003)를 보라.

116 독일에는 아도르노의 경험 개념에 대한 상당한 논의들이 존재한다. 예컨대 Hans-Hartmut Kappner, *Die Bildungstheorie Adornos als Theorie der Erfahrung von Kultur und Kunst* (Frankfurt, 1984); Peter Kalkowski, *Adornos Erfahrung: Zur Kritik der Kritischen Theorie* (Frankfurt, 1988); and Anke Thyen, *Negative Dialektik und Erfahrung: Zur Rationalität des Nichtidentischen bei Adorno* (Frankfurt, 1989)를 보라.

117 Adorno, *Negative Dialectics*, trans. E. B. Ashton (New York, 1973), p. 405.

118 같은 책, p. 373 (번역은 수정됨).

119 Adorno, *Minima Moralia: Reflections from Damaged Life*, trans. E. F. N. Jephcott (London, 1974), p. 247.

120 Adorno, *The Psychological Technique of Martin Luther Thomas' Radio Addresses* (Stanford, 2000), pp. 89–90.

121 Adorno, "The Position of the Narrator in the Contemporary Novel," in *Notes to Literature*, vol. 2, trans. Shierry Weber Nicholsen (New York, 1992), p. 31.

122 Adorno, *Minima Moralia*, pp. 54–55.

123 Adorno, "Presuppositions: On the Occasion of a Reading by Hans G. Helms," in *Notes to Literature*, vol. 2, p. 101.

124 Adorno, "Theory of Pseudo-Culture," *Telos* 95 (Spring 1993), p. 33.

125 Adorno, *Aesthetic Theory*, ed. Gretel Adorno and Rolf Tiedemann, trans. Robert Hullot-Kentor (Minneapolis, 1997), p. 31.

126 Adorno, *The Jargon of Authenticity*, trans. Knut Tarnowski and Frederic Will (London, 1973), p. 99.

127 Adorno to Horkheimer, November 28, 1936, in Horkheimer, *Gesammelte Schriften*, ed. Gunzelin Schmid Noerr, vol. 15 (Frankfurt, 1995), p. 759. 호르크하

이머는 그 시기에 『사회연구지』 6호에 「형이상학에 대한 가장 최근의 공격」이라는 논문을 쓰고 있었다.

128 Adorno, introduction to Adorno and others, *The Positivist Dispute in German Sociology*, trans. Glyn Adey and David Frisby (London, 1976), pp. 57–58.

129 Adorno, *Against Epistemology: A Metacritique*, trans. Willis Domingo (Cambridge, Mass., 1983), p. 91. 후설은 *Experience and Judgment: Investigations in a Genealogy of Logic*, ed. Ludwig Landgrebe, trans. James M. Churchill and Karl Ameriks (Evanston, Ill., 1973)에서 경험의 문제를 가장 명확하게 다루었다.

130 경험 이론에 대한 후설의 후기 저작의 미덕들에 대한 전형적인 현상학적 설명으로는 Calvin O. Schrag, *Experience and Being: Prolegomena to a Future Metaphysics* (Evanston, Ill., 1969), pp. 42–44를 보라.

131 이 주제에 대한 이전의 방대한 문헌을 참조해서 그것을 해명하려는 나의 시도에 대해서는 "Mimesis and Mimetology: Adorno and Lacoue-Labarthe," in *Cultural Semantics*를 보라.

132 Adorno to Benjamin, August 2–August 4, 1935, and September 22, 1937, in Benjamin and Adorno, *The Complete Correspondence*, pp. 107 and 212.

133 Adorno, "Theses against Occultism", *Minima Moralia*, and *The Stars Down to Earth and Other Essays on The Irrational in Culture*, ed. Stephen Crook (New York, 1994).

134 그의 작업이 갖는 정치적 함의들을 분류하려는 두 가지 우호적인 시도로는 Russell Berman "Adorno's Politics"와 Henry W. Pickford, "The Dialectic of Theory and Practice: On Late Adorno," in Nigel Gibson and Andrew Rubin, eds., *Adorno: A Critical Reader*. (Oxford, 2002)를 보라.

135 논평가 브라이언 오코너는 심지어 "아도르노의 경험 개념은 주로 『정신현상학』의 서문에서 헤겔이 제시한 경험에 빚지고 있다"고 주장하기까지 한다. O'Connor, ed., *The Adorno Reader* (Oxford, 2000), p. 11의 서문을 보라. 하지만 그는 곧장 그 둘 사이의 결정적인 차이로 "헤겔이 경험을 돌이킬 수 없는 과정으로 제시하는 반면, 아도르노는 그것이 자신들의 삶을 명백히 형성하는 모순을 인식할 수 없는 자들에게는 부재한다고 주장한다"고 덧붙인다(p. 13).

136 해당 부분은 Martin Heidegger, *Hegel's Concept of Experience* (New York, 1970)에 번역되어 있다. 시사적인 논평에 대해서는 Robert Bernasconi, *The Question of Language in Heidegger's History of Being* (Atlantic Highlands, N.J., 1986), chapter 6을 보라.

137 하이데거에 대한 벤야민의 기록된 반응들은 모두 비판적이었다. 그러나 하이데거는 벤야민의 작업을 알지 못했던 것으로 보인다. 그럼에도 불구하고, 하이데거와 벤야민

의 유사성들은 벤야민의 작품들을 편역한 『조명들』에 실린 논쟁적인 서문을 통해 한나 아렌트에 의해 처음으로 강조되었다. 약간의 구별들과 더불어 유사성들을 찾으려는 좀더 최근의 시도들로는 Howard Caygill, "Benjamin, Heidegger and the Destruction of Tradition," and Andrew Benjamin, "Time and Task: Benjamin and Heidegger Showing the Present," in Andrew Benjamin and Peter Osborne, eds., *Walter Benjamin's Philosophy: Destruction and Experience* (London, 1994); and Willem van Reijin, *Der Schwarzwald und Paris: Heidegger and Benjamin* (Munich, 1998) and Christopher P. Long, "Art's Fateful Hour: Benjamin, Heidegger, Art and Politics," *New German Critique* 83 (Spring–Summer 2001)을 보라. 둘 사이의 차이들을 다룬 논의들로는 Wolin, *Walter Benjamin: An Aesthetic of Redemption*, p. 102; and Hanssen, *Walter Benjamin's Other History*, p. 2를 보라.

138 Heidegger, *Hegel's Concept of Experience*, p. 112 (강조는 원문).

139 같은 책, p. 114.

140 같은 책.

141 같은 책, p. 119.

142 같은 책, p. 120–121.

143 같은 책, p. 139.

144 같은 책, p. 143.

145 Bernasconi, *The Question of Language in Heidegger's History of Being*, pp. 83–85. 또 다른 분석으로는, Walter Lammi, "Hegel, Heidegger, and Hermeneutical Experience," in Shaun Gallagher, ed., *Hegel, History, and Interpretation* (Albany, N.Y., 1997)을 보라. 라미는 가다머가 헤겔의 경험 개념을 하이데거의 오독으로부터 구제했다고 주장한다.

146 Hans-Georg Gadamer, *Truth and Method* (New York, 1986), pp. 318–319.

147 Adorno, *Hegel: Three Studies*, trans. Shierry Weber Nicholsen (Cambridge, Mass., 1993), p. 53.

148 같은 책, p. 61.

149 같은 책, p. 76.

150 같은 책, p. 87.

151 Adorno, "Skoteinos; or, How to Read Hegel," in *Hegel: Three Studies*.

152 같은 책, p. 138.

153 같은 책, p. 144.

154 Adorno, "The Essay as Form," in *Notes to Literature*, vol. 1, p. 10. 아도르노는 분명하게 자신의 입장을 초기 근대 학문의 방법에 대한 집착에 거부감을 보였던 몽테뉴의 입장과 동일시한다.

155 같은 책, p. 21. 이 구절에서 아도르노는 자신이 벤야민으로부터 물려받은 경험의 구원적 개념을 잊은 듯 보이며, 대신 그 용어를 단지 칸트의 제1비판에 나오는 선험적 종합 판단을 언급하기 위해서만 사용한다.

156 Adorno, *Aesthetic Theory*, p. 335; John Dewey, *Art as Experience* (New York, 1934).

157 Hans Robert Jauss, *Aesthetic Experience and Literary Hermeneutics*, trans. Michael Shaw (Minneapolis, 1982), pp. 13–22.

158 최근의 유용한 논의들로는 Shierry Weber Nicholsen, *Exact Imagination, Late Work: On Adorno's Aesthetics* (Cambridge, Mass., 1997); and Thomas Huhn and Lambert Zuidervaart, eds., *The Semblance of Subjectivity: Essays on Adorno's Aesthetic Theory* (Cambridge, Mass., 1997)를 보라.

159 Adorno, "On an Imaginary Feuilleton," in *Notes to Literature*, vol. 2, p. 33. 『미학이론』에서 그는 유사한 주장을 펼친다. "어떤 특정한 미학적 경험도 경험하는 의식의 지속성과 무관하게 고립 속에서 발생하지 않는다. (…) 미학적 경험의 지속성은 다른 모든 경험과 지식에 의해 영향을 받는다. 물론 그것이 현상과의 실질적인 대면 속에서만 확증되고 정정될 뿐이긴 하지만 말이다."(pp. 268–269).

160 Adorno, "On Proust," in *Notes to Literature*, vol. 2, p. 317.

161 Adorno, *Aesthetic Theory*, pp. 244–245.

162 Kalkowski, *Adornos Erfahrung*, pp. 110–111.

163 Agamben, *Infancy and History*, p. 42.

164 Dominick La Capra, *Writing History, Writing Trauma* (Baltimore, 2001), chapter 2. 라카프라의 범주들과 관련해 아도르노를 분석한 글로는 Katja Garloff, "Essay, Exile, Efficacy: Adorno's Literary Criticism," *Monatshefte* 94, no. 1 (Spring 2002)을 보라. 갈로프는 다음과 같이 결론짓는다. "내가 믿기로, 아도르노는 역사적 판단 능력과 트라우마의 상이한 형식들을 구별하는 능력이 그것에 대한 적절한 반응을 위해서는 불가결하다는 라카프라의 견해를 대체로 지지했던 것 같다. 그럼에도 불구하고 그는 자신의 저술에서 라카프라가 최소한 암묵적으로 요구한 해석학적 순환의 폐쇄에 대해서는 거부한다. 즉 아도르노는 역사적 차이를 숨기려는 그 경향을 논박하는 반면 [그의 에세이 「하이네라는 상처」에서] 상처Wunde라는 단어의 트라우마적 모호함을 해결하지 않은 채로 남겨둔다."(p. 91).

165 Albrecht Wellmer, *The Persistence of Modernity: Essays on Aesthetics, Ethics and Postmodernism*, trans. David Midgley (Cambridge, Mass., 1993), p. 12.

166 Adorno, *Negative Dialectics*, p. 191 (번역은 수정됨).

167 같은 책, p. 374 (번역은 수정됨).

168 Bernstein, "Why Rescue Semblance? Metaphysical Experience and the Possibil-

ity of Ethics," in Huhn and Zuidervaart, *The Semblance of Subjectivity*, p. 203. 또한 그 '복합 개념'에 대한 아도르노의 옹호를 다룬 탁월한 설명으로는 J. M. Bernstein, *Adorno: Disenchantment and Ethics* (Cambridge, 2001)를 보라. 이 글은 그것을 계몽주의의 추상적 혹은 보편화된 개념과 구별하고 그것의 경험과의 양립 가능성을 지지한다.

9장

1 Jean-François Lyotard and Jacques Monory, *The Assassination of Experience by Painting—Monory*, trans. Rachel Bowlby (London, 1998), p. 85.

2 Jean-François Lyotard, *The Differend: Phrases in Dispute*, trans. George Van Den Abbeele (Min-neapolis, 1988), p. 153.

3 같은 책, p. 45. 의미심장하게도, 포스트구조주의적 사유에 끼친 영향이 심대한 하이데거는 그의 현상학 판본이 주관적 경험이라는 문제적 개념에 의존했다는 비판에서 면제되고 있다. 실제로 하이데거는 마르틴 부버의 '나-너' 관계에 대한 비판에서 보이듯이, 경험을 주관성으로 환원하는 것에 종종 도전하곤 했다. 그의 "A Dialogue on Language," in *On the Way to Language*, trans. Peter Hertz and Joan Stambaugh (New York, 1971), pp. 35–36을 보라.

4 Jean-François Lyotard, *The Postmodern Condition: A Report on Knowledge*, trans. Geoff Bennington and Brian Massumi (Minneapolis, 1984), p. 72.

5 Jean-François Lyotard "Philosophy and Painting in the Age of Their Experimentation: Contribution to an Idea of Postmodernity," in Andrew Benjamin, ed., *The Lyotard Reader* (Cambridge, Mass., 1989), p. 191.

6 Lyotard, *The Differend*, p. 88.

7 확실히 보부아르에게 있어 경험의 역할은 그 자체로 매우 복잡했다. 토릴 모이가 언급했다시피 "사르트르에게서와 마찬가지로, 보부아르에게 경험은 결코 '충만하지' 않다. 우리 삶의 가장 황홀한 순간들에서조차, 우리는 언제나 우리 자신을 미래로 투사한다. 보부아르에게 소설은 언제나 우리를 벗어나는 경험의 충만함을 생산하려는 시도다." *Simone de Beauvoir: The Making of an Intellectual Woman* (Oxford, 1994), p. 248.

8 Tony Bennett and others, eds., *Culture, Ideology, and Social Process: A Reader* (London, 1981), p. 12.

9 Paul de Man, *Blindness and Insight* (New York, 1971), p. 232.

10 Jacques Derrida, *Of Grammatology*, trans. Gayatri Chakravorty Spivak (Baltimore, 1976), p. 60.

11 같은 책, pp. 61–62. 현상학적 경험 개념에 대한 데리다의 비판은 후설의 명증 개념

과 시각의 특권화 사이의 연관에 의해 강화되었던 것 같다. 예컨대 *Cartesian Meditations*, trans. Dorion Cairns (The Hague, 1960)에서 후설은 "극단적으로 광의의 의미에서 명증은 존재하는 그리고 이와 같이 존재하는 것의 '**경험하기**'다. 그것은 분명 어떤 것 자체의 정신적 바라봄이다"라고 적는다(p. 52, 강조는 원문). 시각중심주의에 관한 데리다의 복잡한 반응을 다룬 논의로는 나의 *Downcast Eyes: The Denigration of Vision in Twentieth-Century French Thought* (Berkeley, 1993), chapter 9를 보라.

12 Jacques Derrida, *Positions*, trans. Alan Bass (Chicago, 1981), p. 30.

13 Jacques Derrida, *Writing and Difference*, trans. Alan Bass (Chicago, 1978), p. 152. 경험의 자기확신에 반대하는 데리다의 입장이 앞서 보았듯이 종교적 경험에 의존했던 슐라이어마허를 공격한 카를 바르트와 비교되는 것도 놀랄 일은 아니다. Graham Ward, *Barth, Derrida, and the Language of Theology* (Cambridge, 1995)를 보라. 레비나스의 작업이 경험을 유효화한다는 주장에 맞서 그를 옹호하는 글로는 Paul Davies, "The Face and the Caress: Levinas's Ethical Alterations of Sensibility," in David Michael Levin, ed., *Modernity and the Hegemony of Vision* (Berkeley, 1993)을 보라. "얼굴, 즉 '타자의 얼굴'이라는 구절을 철학의 작업으로 도입한 것은 '경험' 개념을 변경시키는 효과를 지닌다. 그것은 얼굴을 수용하기 위해서 경험 개념을 확장시키는 문제가 아님을 주목하라. 왜냐하면 이런 식으로 그 주제에 접근하려 한다면, 그것은 이미 얼굴이 경험의 대상이라는 사실을 인정하는 꼴일 테니 말이다."(p. 255).

14 Jacques Derrida, "Three Questions to Hans-Georg Gadamer," in Diane P. Michelfelder and Richard E. Palmer, eds., *Dialogue and Deconstruction: The Gadamer-Derrida Encounter* (Albany, N.Y., 1989), pp. 53–54.

15 Alice A. Jardine, *Gynesis: Configurations of Woman and Modernity* (Ithaca, N.Y., 1985), chapter 7. 똑같은 평가가 한참 뒤에 Sonia Kruks, *Retrieving Experience: Subjectivity and Recognition in Feminist Politics* (Ithaca, N.Y., 2001)에서 발견될 수 있다. 여기서 그녀는 "데리다, 푸코 등에 의해 영향을 받은 포스트모던 페미니즘 이론은 그러한 자아들과 그들의 경험들이 담론적 효과들과 결코 다른 것이 아니라고 주장한다"며 불만을 호소한다(p. 132).

16 이렇듯 고전적 견해에 관한 최근의 비판에 대해서는 Tilottama Rajan, *Deconstruction and the Remainders of Phenomenology: Sartre, Derrida, Foucault, Baudrillard* (Stanford, 2002)를 보라.

17 또 다른 유력한 후보자는 자크 라캉일 것이다. 그는 자신의 작업에서 그 용어를 정신적이든 실천적이든 실험과 종종 혼용하면서 긍정적인 의미로 사용하곤 한다. 이 분석에 대해서는 François Regnault, "Lacan and Experience," in Alexandre Leupin, ed., *Lacan and the Human Sciences* (Lincoln, Neb., 1991)를 보라. 반면 다른 이들은 여기에 필리프 라쿠라바르트, 장뤼크 낭시, 브리짓 맥도널드, 필리프 솔레르를 포함시킬 수도 있을 것이다. Philippe Lacoue-Labarthe, *Poetry as Experience*, trans. Andrea Tarnowski (Stanford, 1999); Jean-Luc Nancy, *The Experience of Freedom*, trans. Bridget McDonald (Stanford, 1993); and Philippe Sollers, *Writing and the Experience of Limits*, ed. David Hayman, trans. Philip Barnard and David Hayman (New York, 1983)을 보라. 이 모든 것들은 신뢰할 만하고 비현상학적인 경험의 개념을 만들어내려고 시도한다.

18 Derrida, "Cogito and the History of Madness," *Writing and Difference*, p. 56, discussed in Rei Terada, *Feeling in Theory: Emotion after the "Death of the Subject"* (Cambridge, Mass., 2001), pp. 22–24.

19 이렇게 주장할 때, 데리다는 또한 우리의 경험이 "예상치 않게 **끓어넘쳐서** 우리로 하여금 현재의 정식을 수정하게끔 하는 방식을 가지고 있다"고 말할 수 있었던 윌리엄 제임스와 실제로 멀리 떨어져 있지 않다. William James, *Pragmatism and the Meaning of Truth* (Cambridge, Mass., 1978), p. xxiv (강조는 원문).

20 Terada, *Feeling in Theory*, p. 24. 루돌프 버넷도 이와 유사한 결론을 도출했다. 그가 말한 바에 따르면, "무엇보다도 자기경험의 분석에 대한 데리다의 긍정적인 기여는 자기-**표상**과 그것의 **차별적** 구조의 필요성을 암시한 것이다. 여기서는 공표, 몸짓, 활동 등등에 있어 주체의 외적인 현상 없이는 내적인 자기의식도 존재하지 않는다. 주체는 이러한 표현들을 통해서만 자기 자신의 자아를 경험한다." "The Other in Myself," in Simon Critchley and Peter Dews, eds., *Deconstructive Subjectivities* (Albany, N.Y., 1996), p. 178.

21 David Wood, *Thinking after Heidegger* (Malden, Mass., 2002), p. 26 (강조는 원문).

22 Georges Bataille, *Inner Experience*, trans. Leslie Anne Boldt (Albany, N.Y., 1988). 바타유에 관한 일반적인 논의들로는 Michele H. Richman, *Reading Georges Bataille: Beyond the Gift* (Baltimore, 1982); Allan Stoekl, *Politics, Writing, Mutilation: The Cases of Bataille*, Blanchot, *Roussel, Leiris, and Ponge* (Minneapolis, 1985); Francis Marmande, *Georges Bataille Politique* (Lyon, 1985); Denis Hollier, *Against Architecture: The Writings of Georges Bataille*, trans. Betsy Wing (Cambridge, Mass., 1989); Allan Stoekl, ed., *On Bataille, Yale French Studies* 78 (1990); Carolyn J. Dean, *The Self and Its Pleasures: Bataille, Lacan and the History of the Decentered Subject* (Ithaca, N.Y., 1992); Carolyn Bailey Gill, ed., *Bataille: Writing the Sacred* (London, 1995); Denis Hollier, ed., *Georges Bataille après tout* (Paris, 1995); and Michel Surya, *Georges Bataille: An Intellectual Bi-*

ography, trans. Krzysztof Fijalkowski and Michael Richardson (London, 2002).

23 Jacques Derrida, "From Restricted to General Economy: A Hegelianism without Reserve," *Writing and Difference*, p. 272.

24 초현실주의에 대한 바타유의 저작들은 *The Absence of Myth: Writings on Surrealism*, ed and trans. Michael Richardson (London, 1994)에 수록되어 있다. 여기에는 그의 브르통과의 불화와 화해를 상세히 소개한 글이 포함되어 있다.

25 Denis Hollier, ed., *The College of Sociology, 1937–1939*, trans. Betsy Wing (Minneapolis, 1988).

26 각각 1944년과 1945년에 처음으로 출간된 다른 두 권은 *Guilty*, trans. Bruce Boone (New York, 1988); and *On Nietzsche*, trans. Bruce Boone (New York, 1992)이다.

27 바타유에 관한 포괄적인 문헌에는 이 주제들에 대한 풍부한 논의가 존재한다. 그것들 중 일부를 해명하려는 내 초기 노력의 결과물로는 "The Reassertion of Sovereignty in a Time of Crisis: Carl Schmitt and Georges Bataille," in *Force Fields: Between Intellectual History and Cultural Critique* (New York, 1993)와 "The Disenchantment of the Eye: Bataille and the Surrealists," in *Downcast Eyes*를 보라. 이 장의 논의의 이전 판본은 "The Limits of Limit-Experience: Bataille and Foucault," in *Cultural Semantics: Keywords of Our Time* (Amherst, Mass., 1998)에서 찾아볼 수 있다.

28 Allan Stoekl, *Agonies of the Intellectual: Commitment, Subjectivity, and the Performative in the Twentieth-Century French Tradition* (Lincoln, Neb., 1992), p. 268.

29 Susan Rubin Suleiman, "Bataille in the Street: The Search for Virility in the 1930's," in Gill, *Bataille*를 보라. 이와 대조적으로, 장미셸 베스니에는 바타유의 경력에 단절은 별로 없다고 주장한다. 그의 주장에 따르면, 『내적 체험』은 "전환점을 구성하지 않는데, 왜냐하면 바타유는 스스로를 부정하는 데까지는 이르지 않았기 때문이다. 행동을 특권화하는 것은 그것의 비등점이 실존함을 받아들이는 것, 혹은 달리 말해 누군가의 한계들을 체험하고 개인들을 함께 연결하는 근본적인 연속성을 느낀다는 것을 의미했다. 금욕적 경험을 특권화하는 경우, 이제부터 그 탐구가 역사의 유혹으로부터 벗어나 고립된 채 이루어진다 할지라도, 문제는 다를 바 없는 것이다." "Bataille, the Emotive Intellectual," in Gill, *Bataille*, p. 20. 내면으로의 전환으로 추정되는 것에 관한 또 다른 비판에 대해서는 Alexander Irwin, *Saints of the Impossible: Bataille, Weil, and the Politics of the Sacred* (Minneapolis, 2002), chapter 1을 보라.

30 Michele H. Richman, *Sacred Revolution and the College of Sociology* (Minneapolis, 2002)를 보라. 또한 바타유는 에밀 뒤르켐의 제자인 마르셀 모스와 앙리 위베르에게도 배웠는데, 그들은 뒤르켐의 분석에서 희생이 갖는 공리주의적 기능을 경시하

고 대신 그것의 파괴적인 무익함을 강조했다.

31 데카당스 가톨릭의 전통과 그의 연관에 관한 논의로는 Michael Weingrad, "Parisian Messianism: Catholicism, Decadence, and the Transgressions of Georges Bataille," *History and Memory* 13, no. 2 (Fall–Winter 2001)를 보라.

32 Irwin, *Saints of the Impossible*, p. 31을 보라.

33 Bataille, *Erotism: Death and Sensuality*, trans. Mary Dalwood (San Francisco, 1986), p. 39.

34 라캉과의 우정과 연결되어 있는, 바타유의 정신분석과의 복잡한 관계는 Dean, *The Self and Its Pleasures*에서 섬세하게 논의되고 있다. 바타유 본인이 1925년부터 1927년까지 아드리앙앵 보렐에게 정신분석을 받았고, 이후 평생에 걸쳐 그와 연을 이어갔다는 점은 주목할 만한 대목이다.

35 Julia Kristeva, "Bataille, l'expérience et la pratique," in Philippe Sollers, ed., *Bataille* (Paris, 1973), p. 290.

36 마르틴 부버와 에른스트 웡거 같은 열성가들에 의한 이와 같은 독해에 대해서는 Steven E. Aschheim, *The Nietzsche Legacy in Germany 1890–1990* (Berkeley, 1992)을 보라. 아슈하임은 토마스 만의 1918년의 언급을 인용해, 사람들은 니체를 단순히 '읽는' 것이 아니라 그를 '체험'한다고 적고 있다(p. 10).

37 그의 논문들인 "Nietzsche and the Fascists" and "Nietzschean Chronicle," in Allan Stoekl, ed., *Visions of Excess: Selected Writings, 1927–1939* (Minneapolis, 1985), and *On Nietzsche*를 보라. 바타유에게서의 니체의 중요성에 대한 해석으로는 Stoekl, *Agonies of the Intellectual*, chapter 10을 보라. 프랑스 포스트구조주의에서의 니체의 중요성에 관한 전반적인 평가로는 Alan D. Schrift, *Nietzsche's French Legacy: A Genealogy of Poststructuralism* (New York, 1995)을 보라.

38 Bataille, "The Problems of Surrealism," in *The Absence of Myth*, p. 101.

39 미궁과 관련하여 니체와 바타유를 비교한 글로는 Hollier, *Against Architecture*, chapter 3을 보라.

40 Friedrich Nietzsche, *The Dawn of Day*, trans. J. M. Kennedy (New York, 1964), p. 128.

41 니체에게 있어 금욕적 경험의 중요성에 관해서는 David B. Allison, "Musical Psychodramatics: Ecstasis in Nietzsche," in Alan D. Schrift, ed., *Why Nietzsche Still?: Reflections on Drama, Culture and Politics* (Berkeley, 2000)를 보라.

42 Friedrich Nietzsche, *Beyond Good and Evil*, trans. R. G. Hollingdale (London, 1972), p. 113 (강조는 원문).

43 Karl Jaspers, *Nietzsche: An Introduction to the Understanding of His Philosophical Activity*, trans. Charles F. Wallraff and Frederick J. Schmitz (Baltimore, 1997), pp. 389–390.

44 Friedrich Nietzsche, *The Gay Science*, ed. and trans. Walter Kaufmann (New York, 1974), p. 253.

45 Friedrich Nietzsche, *On the Genealogy of Morals*, ed. and trans. Walter Kaufmann (New York, 1969), p. 15.

46 Nietzsche, *The Gay Science*, p. 112.

47 같은 책, p. 174.

48 쉬리아의 전기는 바타유의 방탕하고 위반적인 행동에 관한 무수한 사례를 담고 있지만, 그가 만든 '무두인' 같은 비밀 모임들에서 무슨 일이 일어났는지는 확실히 알기 어렵다고 적고 있다.

49 바타유가 만든 가장 중요한 이분법들 중에는 동종성homogeneity/이종성heterogeneity과 일반경제general economy/제한경제restrict economy가 있다. 동종성이 분산된 요소들의 통일된 전체로의 통합과 강화를 의미하는 반면, 이종성은 그러한 요소들의 통약 불가능성을 의미한다. 그것들은 자신들을 억제하려는 시도들에 언제나 저항한다. '일반'경제에서는 보상되지 않는 상실, 과도한 낭비, 구제되지 않는 희생, 무분별한 소비가, 그것의 '제한적'인 안티테제인, 결핍, 교환, 생산의 경제가 갖는 경계들을 넘어 범람한다.

50 앞의 주 22에서 제시한 쉬리아 전기의 영역본에는 다른 부제가 채택되었다.

51 그의 전기작가들 중 한 명인 피에르 프레보는 *Rencontres avec Georges Bataille* (Paris, 1987)에서 전쟁 발발 직후 바타유가 파리 시내를 산책한 일화를 소개하는데, 이때 그는 비가 그친 뒤에도 여전히 우산을 펼치고 다녔다고 한다. "어느 순간, 그는 웃음을, 그것도 강렬한 웃음을 터뜨렸다. 그리고 우산을 떨어뜨렸는데, 결국 우산은 그의 머리를 덮어버렸다. 갑자기 그는 자신이 전에 알았던 사람이 아닌 듯이, 독특한 무아경의 상태에 빠졌다. (…) 그가 '내적 체험'이라 부른 것을 발견한 건 그날 밤이었다."(p. 74). 아무리 그 상황이 미친 듯한 웃음을 야기했다 하더라도, 바타유가 줄곧 머리 위에 우산을 쓴 채 걸을 수는 없었다는 점은 충분히 짐작되는 대목이다.

52 Irwin, *Saints of the Impossible*.

53 바타유가 전달 불가능하지만 그렇다고 완전히 침묵이나 허튼소리로 빠질 수 없는 것을 전달하기 위해 사용한 수사적 수단에 대해 유용한 분석을 시도한 글로는 Leslie Ann Boldt-Irons, "Sacrifice and Violence in Bataille's Erotic Fiction: Reflections from/upon the mise en abîme," in Gill, *Bataille*를 보라.

54 Hollier, *Against Architecture*, p. 45.

55 바타유는 1946년의 논문에서 코제브의 강의들이 갖는 중요성에 대해 인정했다. "From the Stone Age to Jacques Prévert," *The Absence of Myth*, p. 153.

56 Bataille "The Obelisk," in *Visions of Excess*, p. 219.

57 Surya, *Georges Bataille*, p. 398.

58 1922년에 바타유는 와이트 섬에 위치한 베네딕트 수도원에서 시간을 보냈다. 거기서 그는 신비적 체험들을 찾으려 했던 것으로 보인다. 그의 작품 곳곳에, 예컨대 *Literature and Evil*, trans. Alistair Hamilton (New York, 1973), pp. 14–15의 에밀리 브론테에 관한 논의에서 그는 긍정적인 방식으로 신비적 체험을 언급하고 있다.

59 Bataille, *Inner Experience*, p. 3.

60 확실히 바타유의 작업에는 그의 수사가 이런 목표를 암시하는 시점들이 존재한다. 그것들 중 일부는 Rebecca Comay, "Gifts without Presents: Economics of 'Experience' in Bataille and Heidegger," *Yale French Studies* 78 (1990), p. 78에 열거되어 있다.

61 Bataille, *Inner Experience*, p. xxxii.

62 같은 책, P. 54.

63 같은 책, P. 46.

64 그가 『에로티즘』에서 말했듯이, 헤겔의 체계는 "관념들을 모으지만, 동시에 그렇게 취합된 관념들을 경험과 단절시킨다. 이것은 의심의 여지 없이 그의 야심인바, 헤겔의 정신에서 직접적인 것은 나쁘기 때문이다. 그리고 확실히 그는 내가 경험이라 부른 것을 직접적인 것과 동일시했다."(p. 255). 이와 유사하게 『내적 체험』에서는 경험 자체보다 지식을 특권화했다는 이유로 좀더 최근의 후설 현상학을 비판했다. "최근까지, 살아 있는 유일한 철학—즉, 독일학파의 철학—은 최고의 지식을 내적 체험의 확장으로 만들려는 경향이 있었다. 그러나 이 **현상학**은 우리가 경험을 통해 달성하는 목표의 가치를 지식에 부여한다. 이것은 어울리지 않는 조화다. 왜냐하면 경험에 주어진 척도는 과도한 동시에 충분히 크지 않기 때문이다."(p. 8). 현상학과 그의 관계에 관한 분석으로는 Brian Wall, "Written in the Sand: Bataille's Phenomenology of Transgression and the Transgression of Phenomenology," in Tilottama Rajan and Michael J. O'Driscoll, eds., *After Poststructuralism: Writing the Intellectual History of Theory* (Toronto, 2002)를 보라.

65 Bataille, *Inner Experience*, p. 22.

66 Bataille, "The Structure and Function of the Army," in Hollier, *The College of Sociology*. 홀리어는 138쪽에서 웡거가 끼쳤을 법한 영향을 검토한 뒤, 1941년에 쓴 바타유의 노트들에서 반전의 정서가 담긴 몇몇 구절을 인용해 덧붙인다. 그보다 2년 전에는 바타유는 "The Practice of Joy Before Death," *Visions of Excess* (p. 239)에서 "나 자신이 전쟁이다I MYSELF AM WAR"라고 주장했었다. 하지만 「헤라클레이토스적 명상」이란 장에 나오는 이 구절은 타인들을 죽이는 스릴보다는 자신의 폭력적인 자기-파괴를 상상하는 방식이었던 것으로 보인다.

67 Bataille, *Inner Experience*, pp. 21–22.

68 Comay, "Gifts without Presents," p. 84. 어윈은 바타유가 초기에 웡거의 입장에 매혹되었다는 논거를 설득력 있게 제시하면서도, 그가 목표지향적 활동으로서의 전쟁에 대한 독일의 구제에 대해 의문을 품었음을 인정한다. *Saints of the Impossible*, chapter 4를 보라.

69 Comay, "Gifts without Presents," p. 85.

70 Bataille, "Formless," in *Visions of Excess*, p. 31.

71 Bataille, *Inner Experience*, p. 13.

72 같은 책, p. 7.

73 같은 책.

74 같은 책, p. 102. 수십 년이 지난 후, 1983년에 쓴 『밝힐 수 없는 공동체』에서 블랑쇼는 이러한 정의를 반복했다. 그는 말하길 "내적 체험은 주체로부터 나와서 그것을 파괴하는 논쟁의 운동이다. 그러나 그것은 심원한 기원으로서 타자와 관계를 맺는데, 이때 타자는 공동체 자체, 그러니까 타자성의 무한함을 위해 그것에 자신을 드러내면서도 동시에 그것의 불변적인 유한성을 결정하는 것을 개방하지 않는다면 아무것도 아닐 그런 공동체다." Blanchot, *The Unavowable Community*, trans. Pierre Joris (Barrytown, N.Y., 1988), p. 17. 바타유와 블랑쇼의 우정에 대한 문제는 Eleanor Kaufman, *The Delirium of Praise: Bataille, Blanchot, Deleuze, Foucault, Klossowski* (Baltmore, 2001)에서 섬세하게 다루어졌다. 엘리너 코프먼은 그 우정을 몽테뉴와 라 보에티의 우정과 비교하면서, 후자가 좀더 조화와 일치에 근거했다면 전자는 단절과 모순을 포함한다고 보았다(pp. 42-43).

75 Bataille, *Inner Experience*, p. 27.

76 Jean-Luc Nancy, *The Inoperative Community*, ed. Peter Connor, trans. Peter Connor, Lisa Garbus, Michael Holland, and Simona Sawhney (Minneapolis, 1991), p. 21. 낭시가 자신의 입장을 더 정교하게 다듬은 것으로는 *Community at Loose Ends*, ed. the Miami Theory Collective (Min neapolis, 1991)에 실린 논문들을 보라.

77 바타유가 방탕함과는 반대로 특정한 여인과의 확실한 관계를 더 선호했다는 점에 대해서는 Suzanne Guerlac, *Literary Polemics: Bataille, Sartre, Valéry, Breton* (Stanford, 1997), p. 23을 보라.

78 Bataille "The Psychological Structure of Fascism," in *Visions of Excess*.

79 Bataille, *Erotism*, pp. 38-39.

80 Nancy, *The Inoperative Community*, pp. 18-19.

81 블랑쇼는 예술작품들에서 자기충족적 존재의 결여, 자기현전의 결여를 지시하기 위해 '무위désoeuvrée'란 단어를 사용했다. Blanchot, *The Unavowable Community*, pp. xxviii-xxix에 있는 역자의 주석들을 보라.

82 Blanchot, *The Unavowable Community*, p. 15.

83 Trans. Frederick Lawrence (Cambridge, Mass., 1987), chapter 8.

84 Kristeva "Bataille, l'expérience et la pratique," p. 272.

85 Blanchot, *The Unavowable Community*, p. 19.

86 그 책의 부정적인 수용에 관한 설명으로는 Surya, *Georges Bataille*, pp. 329–336을 보라. 이후 독일의 점령에 암묵적으로 동의했다며 그것을 비난한 사람은 보리스 수바린이었다.

87 Jean-Paul Sartre, *Situations* 1 (Paris, 1947). 주로 바타유 편에서 그 논쟁을 분석한 글로는 Richman, *Reading Georges Bataille*, chapter 5와 Surya, *Georges Bataille*, pp. 331–336을 보라.

88 Sartre, "Un Nouveau Mystique," in *Situations* 1, p. 175.

89 Bataille, "La discussion sur la péché," *Dieu vivant* 4 (1945), in *Oeuvres complètes*, ed. Henri Ronse and Jean-Michel Rey, vol. 6 (Paris, 1973).

90 같은 책, P. 408 (강조는 원문).

91 바타유의 말년에 관한 설명으로는 Surya, *Georges Bataille*, pp. 474–492를 보라.

92 『텔켈』에서 바타유가 차지하는 중요성에 관한 분석으로는 Danielle Marx-Scouras, *The Cultural Politics of Tel Quel: Literature in the Wake of Engagement* (University Park, Pa., 1996), pp. 87–91을 보라.

93 Roland Barthes, "La métaphore de l'oeil," Critique 195–196 (1962), in *Critical Essays*, trans. Richard Howard (Evanston, Ill., 1972). 아래의 인용문은 여기에서 취한 것이다.

94 같은 책, p. 247. 바르트의 활동 경력에서 초기의 구조주의적 계기를 구제하려는 최근의 시도로는 Jonathan Culler, "Barthes, Theorist," *Yale Journal of Criticism* 14, no. 2 (Fall 2001)를 보라.

95 Roland Barthes, "From Work to Text," in *Image, Music, Text*, trans. Stephen Heath (New York, 1977), p. 157.

96 Roland Barthes, "Réponses," *Tel Quel* 47 (Autumn 1971), p. 97.

97 Roland Barthes, "Outcomes of the Text," *The Rustle of Language*, trans. Richard Howard (Berkeley, 1989).

98 예컨대 "An Almost Obsessive Relation to Writing Instruments," in *The Grain of the Voice: Interviews 1962–1980*, trans. Linda Coverdale (New York, 1985), pp. 179 and 181에 실린 1973년의 인터뷰를 보라.

99 Barthes, "On the Subject of Violence," in *The Grain of the Voice*, p. 307.

100 Barthes, "The Structuralist Activity," *Critical Essays*, trans. Richard Howard (Evanston, Ill., 1972), p. 214.

101 Steven Ungar, *Roland Barthes: The Professor of Desire* (Lincoln, Neb., 1983), p. 138.

102 바르트에 따르면 "고전적 현상학은 (…) 내가 기억하는 한, 결코 욕망이나 애도에 대해 말한 적이 없었다." *Camera Lucida: Reflections on Photography*, trans. Richard Howard (New York, 1981).

103 Barthes, "The Grain of the Voice," in *The Responsibility of Forms*, trans. Richard Howard (New York, 1985).

104 Barthes, "Leaving the Movie Theater," in *The Rustle of Language*, p. 349.

105 Barthes, "To Write: An Intransitive Verb?" in *The Rustle of Language*, p. 18.

106 Barthes, "Preface to Renaud Camus's Tricks," in *The Rustle of Language*, p. 294.

107 Michel de Certeau "Mystic Speech," in *Heterologies: Discourse on the Other*, trans. Brian Massumi (Minneapolis, 1986), p. 89.

108 그것의 힘에 대한 고전적 설명은 M. H. Abrams, *Natural Supernaturalism: Tradition and Revolution in Romantic Literature* (New York, 1971)에서 볼 수 있다.

109 17세기 신비주의자 장조제프 쉬랭의 언어를 설명하면서, 드 세르토는 "'언어langue'(세계를 정의하고 그것을 대상들로 채우는 체계)와 '신의 말le langage de Dieu'(언어가 '표현할 수 없'고 '이름도 가지고 있지 않'은 영적 체험) 사이"의 내적인 "변증법"에 주목하고자 했다. "History and Mysticism," in Jacques Revel and Lynn Hunt, eds., *Histories: French Constructions of the Past*, trans. Arthur Goldhammer (New York, 1995), p. 439. 드 세르토의 요점은, 신비적 경험이 아마도 루트비히 비트겐슈타인이 생각한 것처럼 전적으로 언어 밖에 있지 않고, 오히려 그것은 언어 자체 내의 분열, 그래서 침묵보다는 하나의 관계를 수반한다는 것이다.

110 Barthes, *Sade, Fourier, Loyola*, trans. Richard Miller (New York, 1976), p. 66. 인용된 구절은 14세기 벨기에의 신비주의자 얀 반 로이스부르크의 표현이다.

111 같은 책, p. 67.

112 D. A. Miller, *Bringing Out Roland Barthes* (Berkeley, 1992), p. 18. 이후의 논문 "Foutre! Bougre! Écriture!" *Yale Journal of Criticism* 14, no. 2 (Fall 2001)에서, 밀러는 바르트가 은밀히 행하는 자기부정의 전통을 암묵적으로 영속화한다며 비난했던 동성애적 정체성을 마지못해 수용하면서 치러야 했던 대가들에 유감을 표한다.

113 Jean-Paul Sartre, "Existentialism Is a Humanism," Walter Kaufmann, ed., *Existentialism from Dos-toevsky to Sartre* (New York, 1963), pp. 261-262. 게이 정체성과 인정에 대한 요구의 문제들을 다룬 좀더 최근의 글로는 Alexander García Duttman, "The Culture of Polemic: We're queer, we're here, so get fuckin' used to it," in *Between Cultures: Tensions in the Struggle for Recognition*, trans. Kenneth B. Woodgate (London, 2000)를 보라.

114 Barthes, "The Light of the Sud-Ouest," in *Incidents*, trans. Richard Howard (Berkeley, 1992), pp. 7–9.

115 Miller, *Bringing Out Roland Barthes*, p. 50.

116 로런스 크리츠맨이 바르트의 항해적인 일기들을 지칭하면서 언급한 것처럼, "라틴어 인시덴스incidens 혹은 인시데레incidere에서 파생된 말인, 그 책의 제목 '작은 사건들Incidents'은 우연히 발생한 것에 빠지거나, 그것을 떠맡거나 혹은 그로부터 파생됨을 의미한다. 바르트의 텍스트는 생물학적 실체들로서 그리고 동시에 죽음 충동의 관점에서, 성과 죽음의 치명적인 조우를 묘사한다. 따라서 『작은 사건들』에서 바르트의 항해가 보여주는 주유적peripatetic 운동은 로스 체임버스의 '방랑문학loiterature' (열린 결말의 비서사적 형식) 개념을 상기시킨다. 왜냐하면 그것은 공공장소에서 실연되는 '무익한 저녁soirées vaines'의 반복적인 공허를 상징하기 때문이다." "Barthes's Way: Un Amour de Proust," *Yale Journal of Criticism* 14, no. 2 (Fall 2001), p. 540.

117 Barthes, *Camera Lucida*, p. 90.

118 같은 책, p. 72.

119 같은 책, p. 96 (강조는 원문)

120 바르트의 푼크툼과 트라우마의 유사성에 대해서는 Anselm Haverkamp, "The Memory of Pictures: Roland Barthes and Augustine on Photography," *Comparative Literature* 45, no. 3 (Summer 1993), p. 265를 보라.

121 삶을 주제로 한 글로는 Michel Foucault, *The Order of Things: An Archaeology of the Human Sciences* (New York, 1973), chapter 8을 보라.

122 같은 책, p. 326.

123 Michel Foucault, *Madness and Civilization: A History of Insanity in the Age of Reason*, trans. Richard Howard (New York, 1965), p. ix.

124 Michel Foucault, *The Archaeology of Knowledge*, trans. A. M. Sheridan Smith (New York, 1972), p. 16. 번역자는 expérience를 '실험experiment'으로 옮겼는데, 그 단어의 광의의 의미는 푸코가 의도한 것이었다.

125 Foucault, Introduction to Georges Canguilhem, *On the Normal and the Pathological*, ed. Robert S. Cohen, trans. Carolyn B. Fawcett (Dordrecht, 1978); 또한 Dominque Lecourt, *Marxism and Epistemology: Bachelard, Canguilhem, Foucault*, trans. Ben Brewster (London, 1975)를 보라.

126 Allan Megill, *Prophets of Extremity: Nietzsche, Heidegger, Foucault, Derrida* (Berkeley, 1985), p. 2.

127 Gilles Deleuze, *Foucault*, trans. Sean Hand (Minneapolis, 1986), p. 109.

128 Foucault, "A Preface to Transgression," in *Language, Counter-Memory, Practice*, ed. Donald F. Bouchard (Ithaca, N.Y., 1977).

129 같은 책, p. 32.

130 같은 책.

131 같은 책, p. 33.

132 같은 책, p. 36.

133 같은 책, p. 43–44.

134 Foucault, "Maurice Blanchot: The Thought from Outside," in *Foucault/Blanchot*, trans. Jeffrey Mehlman and Brian Massumi (New York, 1987), p. 19.

135 같은 책.

136 그 차이점들을 논한 글로는 Charles C. Lemert and Garth Gillan, *Michel Foucault: Social Theory as Transgression* (New York, 1982), pp. 65–68을 보라.

137 Derrida, "Cogito and the History of Madness." 푸코는 "나의 신체, 저 종이, 저 불 Mon corps, ce papier, ce feu"이라고 제목을 붙인, 『광기의 역사』 2판의 한 부록에서 이에 응답했다. 그들의 논쟁에 관한 논의로는 Peter Flaherty "(Con)textual Contest: Derrida and Foucault on Madness and the Cartesian Subject", *Philosophy of the Social Sciences* 16 (1986)을 보라.

138 Foucault, "Revolutionary Action: 'Until Now'", in *Language, Counter-Memory, Practice*, p. 231 (강조는 원문).

139 Foucault, "An Aesthetics of Existence," in *Politics, Philosophy, Culture: Interviews and Other Writings, 1977–1984*, ed. Lawrence D. Kritzman, trans. Alan Sheridan and others (New York, 1988), p. 48.

140 Habermas, *The Philosophical Discourse of Modernity*. "앎의 주체는—역설적으로—자신의 정체성을 양도했을 수 있지만, 그럼에도 불구하고 도취 속에서 자신에게 노출된 경험들을 회수했을 수도 있다. 그러나 이것은 정서들의 탈중심화된 대양에서 물고기를 잡듯이 경험들을 낚아 올리는 것이다. 이러한 역설에도 불구하고, 바타유는 고집스럽게도 지식의 객관성과 방법의 비인격성을 주장한다. 이렇듯 '내부로부터의' 학문을 위해, '내적 체험'을 포착하기 위해서 말이다."(p. 238).

141 Béatrice Han, *Foucault's Critical Project: Between the Transcendental and the Historical*, trans. Edward Pile (Stanford, 2002). 베아트리스 한의 주장에 따르면, 푸코는 진리 주장을 '진리 내 존재'와 무관한 것이 아니라 그것의 규범적 담론 안에 위치시킨다는 점에서 캉길렘을 넘어섰다(p. 81).

142 같은 책, p. 43.

143 Michel Foucault, *The Use of Pleasure*, trans. Robert Hurley (New York, 1990), p. 4.

144 같은 책.

145 Foucault, "Politics and Reason", *Politics, Philosophy, Culture*, p. 71.

146 Han, *Foucault's Critical Project*, p. 155.

147 같은 책, p. 163.

148 같은 책.

149 또한 한은 「위반에 대한 서문」에서 내적 체험은 불가능한 것, 즉 "우리가 경험하는 동시에 그 경험을 구성하는 것으로 있는 불가능한 것"의 경험이라고 했던 푸코의 초기 주장을 무시한다(p. 32).

150 그러한 부인의 가장 유명한 표현은 『지식의 고고학』 서문의 말미에 등장했다. 거기서 푸코는 다음과 같이 항의했다. "내가 얼굴을 갖지 않기 위해 글을 쓰는 유일한 사람이 아니라는 데는 의문의 여지가 없다. 내가 누군지 묻지 말고, 항상 같은 사람으로 남아 있으라고 나에게 요구하지 마라. 그런 요구는 우리의 서류들이 정돈되어 있음을 보고자 하는 관료 집단들과 경찰에게 남겨두어라."(p. 17).

151 Foucault "How an 'Experience-Book' Is Born", *Remarks on Marx: Conversations with Duccio Trombadori*, trans. R. James Goldstein and James Cascaito (New York, 1991), p. 27.

152 같은 책, p. 30.

153 같은 책, p. 31.

154 같은 책, pp. 31–32.

155 같은 책, p. 36.

156 같은 책.

157 같은 책, pp. 38–39.

158 같은 책, p. 40.

159 같은 책, p. 71.

160 이런 방식으로 푸코를 읽으려는 시도에 대해서는 James Miller, *The Passion of Michel Foucault* (New York, 1993)와 그의 논문 "Foucault's Politics in Biographical Perspective," *Salmagundi* 97 (Winter 1993)을 보라. 이 글은 린 헌트, 리처드 로티, 알래스데어 매킨타이어, 데이비드 M. 핼퍼린의 비판적 반응에 이어 나온 것이다. 밀러의 주장에 관한 나 자신의 비판에 대해서는 "The Limits of Limit-Experience: Bataille and Foucault", pp. 67–69를 보라.

161 Foucault "Adorno, Horkheimer, and Marcuse: Who is a 'Negator of History?'" in *Remarks on Marx*, p. 124.

결론

1 이 제사는 로버트 콘퀘스트에 대한 킹슬리 에이미스의 언급에서 취했다. 출처는 Martin Amis, *Experience: A Memoir* (New York, 2000), p. 214.

2 Hans-Georg Gadamer, *Gadamer in Conversation: Reflections and Commentary*, ed. and trans. Richard E. Palmer (New Haven, 2001), pp. 52–53. 이 인터뷰

는 1993년에 카르스텐 두트에 의해 수행되었다.

3 그렇지만 중간태가 이항의 총체적인 말소를 야기한다면, 그것은 특히 역사에서 행위자들과 희생자들 사이를 구별하는 관점에서 그 대가를 지불하게 될 것이다. 이런 잠재성에 관한 비판으로는 Vincent Pecora, "Ethics, Politics and the Middle Voice," *Yale French Studies* 79 (1991)를 보라. 유사한 관심이 트라우마와 언어를 다룬 캐시 캐루스의 작업에 대한 일부 비판가에 의해 활기를 얻게 되었다. 예컨대 Amy Hungerford, *The Holocaust of Texts: Genocide, Literature, and Personification* (Chicago, 2003), pp. 110–119를 보라.

4 심지어 미학적 관점에서도 주관성의 대상들로의 유사한 투사들이 발생할 수 있다. 예컨대 W. J. T. Mitchell, "What Do Pictures Want?" *October* 77 (Summer 1996)을 보라.

5 물론 인식론에서 주체의 입장들이 갖는 중요성을 완전히 포기하지 않고서도 이런 난국을 극복하려는 정교한 시도들이 존재해왔다. 예컨대 Satya P. Mohanty, "The Epistemic Status of Cultural Identity: On *Beloved* and the Postcolonial Condition," in Paula M. L. Moya and Michael R. Hames-García, eds., *Reclaiming Identity: Realist Theory and the Predicament of Postmodernism* (Berkeley, 2000)을 보라.

6 예컨대 Ronald Paulsen, *Representations of Revolution (1789–1820)* (New Haven, 1983), p. 109를 보라.

7 Stuart Hampshire, *Innocence and Experience* (Cambridge, Mass., 1989), p. 170.

: 찾아보기

ㄱ

ㄹ

ㅁ

ㅂ

ㅇ

ㅊ

ㅋ

ㅌ

ㅍ

ㅎ

경험의 노래들

한 보편적 주제에 대한 근대 미국과 유럽의 변종들

초판 인쇄 2020년 12월 28일
초판 발행 2021년 1월 11일

지은이 마틴 제이
옮긴이 신재성
펴낸이 강성민
편집장 이은혜
편 집 한선예 이은혜 박은아 곽우정 최혜민
독자 모니터링 황치영
마케팅 정민호 김도윤 최원석
홍 보 김희숙 김상만 함유지 김현지 이소정 이미희

펴낸곳 (주)글항아리 | 출판등록 2009년 1월 19일 제406-2009-000002호

주소 10881 경기도 파주시 회동길 210
전자우편 bookpot@hanmail.net
전화번호 031) 955-2696(마케팅) 031) 955-2560(편집)
팩스 031-955-2557

ISBN 978-89-6735-843-3 93100

이 도서의 국립중앙도서관 출판예정도서목록(CIP)은
서지정보유통지원시스템 홈페이지(http://seoji.nl.go.kr)와
국가자료종합목록 구축시스템(http://kolis-net.nl.go.kr)에서
이용하실 수 있습니다.(CIP제어번호: CIP2020047677)

www.geulhangari.com